聊城大学校史

2005.1—2024.6

《聊城大学校史》编纂委员会　编

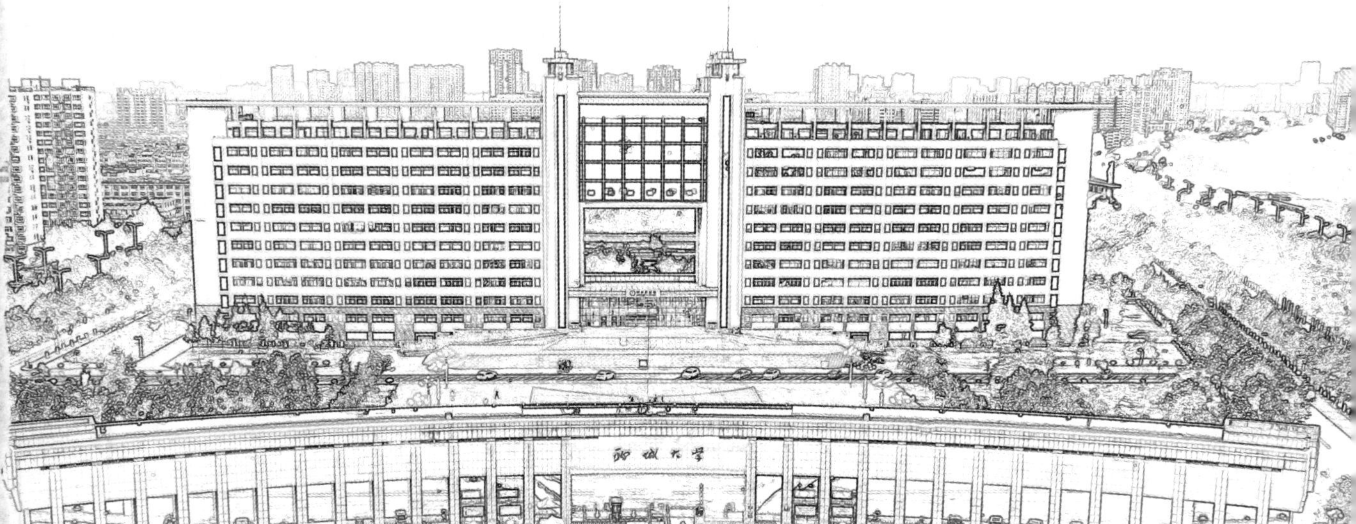

中国文史出版社
CHINA CULTURAL AND HISTORICAL PRESS

图书在版编目（CIP）数据

聊城大学校史:2005.1—2024.6 / 《聊城大学校史》编纂委员会编.-- 北京:中国文史出版社,2024.7.
ISBN 978-7-5205-4780-2

Ⅰ.G649.285.23

中国国家版本馆CIP数据核字第2024AK2827号

责任编辑：赵姣娇

出版发行：中国文史出版社
社　　址：北京市海淀区西八里庄路69号　　邮编:100142
电　　话：010-81136606　81136602　81136603（发行部）
传　　真：010-81136655
印　　装：山东麦德森文化传媒有限公司　0531-88950690
经　　销：全国新华书店
开　　本：787×1092　　1/16
字　　数：806千字
印　　张：43.75
版　　次：2024年9月北京第1版
印　　次：2024年9月第1次印刷
定　　价：198.00元

聊城大学校史（2005.1—2024.6）编委会和编写组名单

（委员和成员名单按姓氏笔画排序）

校史编纂委员会

主　任： 关延平　王昭风

副主任： 胡海泉　房增福　赵明吉　白成林　李兆俊
白　青　高秀鹏　庄　波　苏明海

委　员： 丁延峰　马中东　王　伟　王　欣　王洪月
井　岗　公维才　卢　军　丛　振　包春江
邢晓峰　吕伯东　刘德芳　齐如林　许奎杰
李士峰　李华锋　李　军　李承虎　李　鹏
杨庆实　张丙元　张华筠　张金保　陈传利
明　辉　季昌伟　宗传军　赵少锋　贾仰理
夏立军　高金华　高　峰　郭尚敬　郭　峰
龚树文　康殿峰　韩　军　程　波

校史编写组

组　长：李兆俊

副组长：苏明海　齐如林

成　员：王丽英　王明红　王欣彦　王炜明　王　欣
王　振　王锋波　尹　磊　卢爱华　田兆臣
冯　静　仲伟通　任　杰　刘　冰　刘子亭
刘风山　刘文强　刘丙利　刘治芳　刘　洁
许　利　李永新　李荣华　李树榜　李　姮
李晓鹏　李增洪　杨　莉　肖文昌　吴洪宇
吴　锐　宋义明　宋家臣　张兆林　张保良
张德伟　陈升磊　陈永光　陈晓琳　邵怀领
范华亮　罗清龙　岳增刚　郑永朝　郝学华
胡梦飞　段艳林　秦治洲　秦建波　夏建伟
高国元　唐龙龙　陶珊珊　陶梦山　桑　滨
康建军　梁树广　董文良　韩　伟　景伟超
程德香　解方文　魏京祥

代序：坚守

党委书记　关延平

三省交界，齐风鲁韵；两河相约，文脉赓续；一座学府，跃升蝶变。历经半世纪负重前进、砥砺奋发，一代代聊大人坚守鲁西、实干笃行，与时代同呼吸、与民族共命运，铸就了历经艰辛而弦歌不辍、躬耕一隅而胸怀家国的风骨，谱写了坚守鲁西大地创办高水平大学的恢宏篇章。聊城大学从小到大、从弱到强的发展历程，是山东乃至中国高等教育改革发展的缩影，更是地方高校矢志不渝兴校报国的回响。

自强不息　逐梦启航

1974 年 8 月，山东师范学院抽调 1/3 的教职工和图书设备，利用其在聊城的原有校舍，建立了山东师范学院聊城分院。自此，带着山东师范学院厚重的齐鲁文化底蕴和本科办学传统，凭着分院创业者的饱满激情和奉献精神，聊城大学开启了艰苦创业、负重奋进的办学历程。

荒芜农田，化为桃李芬芳。建校初期，三座小红楼和礼堂是仅有的教学用房；教职工所住的平瓦房，破烂不堪，冬冷夏热；仅有的一座伙房已年久失修，小水塔和两口机井水量不足，水质浑黄；校园春夏秋是污水潭，严冬成溜冰场。艰苦的条件没有挡住学校第一批创业者的步伐，寒冬腊月，学校领导和广大师生昼夜奋战，从一挑土、一担水开始“夯基架梁”，挖路基、拌灰土、运石子、化沥青，亲手修建了学校第一条柏油路，打出了第一眼深 42 米的机井；学校第一批教学楼、宿舍楼和图书馆等也在这一时期开工建设，到 1981 年，房舍建筑面积已从建校之初的不到 2 万平方米增加到了 4.2 万多平方米，做到了从一片荒芜农田瓦舍上建起一座文化地标。

强教必先强师，强校必重科研。学校把知识分子当成宝贵财富，在五湖四海“寻宝”“进宝”，在自己培养的优秀毕业生里选拔，到重点中学和中师里去网罗找寻，有计划地邀请校外专家、学者和优秀教师来校讲学，汇聚了一代名师薛绥之、国际共运史专家王礼训、风范名师张传真、世界数学家杨子胥、著名学者韩立群、名师楷模范汝盐等一批“拓荒者”和“掌灯人”矢志耕耘，在《现代汉语大词典》编撰、鲁迅研究、中国现当代文学研究、棉籽综合利用研究、快速分析用试纸研究、中国现代历史人物研究等领域取得了一批令人瞩目的成果。“晴天一身汗，雨天一身泥”，创业先贤怀着对教育使命的担当、对师范事业的忠诚，扎根在这块古老而贫瘠的土地上，硬是在“不可能中”办起了一座社会主义大学。

从一个个鲜活的个体到一组组生动的群像，学校的第一批创业者在黄河岸上扎根，于桃源深处育才，兴校强校的拳拳信念就像火种一样，在鲁西大地向下扎根、向上生长。1974 年山东师范学院聊城分院建立时，设政治、中文、英语、数学、物理、化学 6 个本科专业；1979 年开始招收培养中国现代文学、基础数学两个专业的硕士研究生；1981 年初，教职工人数由建院初期的 49 人增加至 492 人；全日制在校生由建校初期的 83 人增加到 1414 人，在校舍、师资、设备等各方面，山东师范学院聊城分院均已基本具备独立办本科院校的条件。

习近平总书记说：“人生就像扣扣子，从一开始就要扣好”。回望创业初期栉风沐雨、踔厉奋发的分院 7 年，一批批先行者，靠着穷且益坚、艰苦创业的奋斗精神，扎根聊城，潜心学问，推动学校从无到有，不仅奠定了学校的物质基础，而且熔铸了“自力更生、劳动建校，艰苦创业、负重奋进”的创业精神，涵养出“拿学问当日子过”的治学精神，为聊大注入了艰苦奋斗、不甘人后的积极因子，扣好了办学历程的第一粒扣子。

至此，山东师范大学师范教育的“基因”永久地留在了鲁西，山师和聊师两校并蒂双开，将优质的师范教育向西推进了 100 多公里，成为师范教育立德树人的优秀践行者。这段可歌可泣的“教育西征”，让师范一脉源远流长。

扎根师范　砺教兴邦

1981 年 7 月，经国务院批准，山东师范学院聊城分院改建为聊城师范学院，学校进入新的历史发展时期。在之后的 20 余年间，学校遵循高等教育规律，坚持在困难中发展，在发展中克服困难，走“大师范”之路，办学实力显著增强。

“凿井者，起于三寸之坎，以就万仞之深”，学校因师而立、重教而强，从 80 年代初，就确立了“面向基础教育、服务基础教育、研究基础教育、引领基础教育”的办学理念，矢志不渝为民族铸希望、为国家育栋梁。1987 年召开高师“师范性”与“学术性”的关系研讨会，1988 年全面修订专业教学计划，1993 年、1996 年和2000年召开三次教学工作会议，1998年承办第一次全国师范学院院长联席会，学校师范教育培养目标和基本路径逐渐清晰，知名度和影响力不断提升。

在一系列教学研究和教学改革实践中，学校教研成果《高师语文学科专业技能培养规程》获得全国普通高校优秀教学成果国家级一等奖，形成了鲜明教师教育特色和突出优势。大批聊师毕业生怀揣教育梦想，扎根在基础教育战线，逐步成长为优秀教师和骨干。“聊师群体”所展现出来的优秀品质和奋进精神，广受社会赞誉，成为活跃在齐鲁大地上的一道亮丽风景。

抢抓机遇，顺势而进，推动内涵式增长与外延式发展相统一，是这一时期高等教育的主旋律。经过20多年的创新发展，学校文理学科基础不断夯实。20世纪90年代中后期，学校根据山东省高等教育的结构与布局，主动适应区域经济社会发展需要，在坚持和巩固师范类专业优势的同时，以重点学科和基础型文理专业为依托，开始延伸发展应用型文理专业；并以原有文理专业为基础和支撑，稳步发展管理学、经济学专业，有选择地发展工学、农学专业，初步形成了综合性大学的专业结构体系。同时，学校大力实施“优势学科生长点培育工程”和“面向二十一世纪高层次人才培养工程”，确立了学科科研和人才工作的先导地位，造就了一批特色学科和优势学科，由重基础理论研究转变为基础理论研究与应用技术研究并重，省级重点学科（实验室）数量在全省同类院校中名列前茅，高水平成果不断涌现。“九五”期间，学校取得科研成果5252项，获得省级以上优秀科研成果奖81项，比“八五”期间成倍增加，涌现出一系列学术精品。

在学科和科研快速发展的基础上，学校积极抢抓硕士学位授权点建设机遇，继1998年成功获批硕士学位授权单位和中国古典文献学、分析化学两个硕士学位点之后，到2000年，二级学科硕士学位授权点已达9个，在提升办学层次方面打了一场漂亮仗。在“八五”末学校占地651亩、11个系、1个教学部、22个本科专业，全日制在校生5378人、教职工1004人的基础上，“九五”末“十五”初，学校发展到占地1280亩，校舍面积41.43万平方米，9个学院，15个系，2个教学部，10个专业研究所，9个学科门类、51个本科专业，7个省级重点学科和重点实验室，在校生达18000人，教职工1500人，图书馆藏书160余万册，教学科研设备总值5700多万元，成为山东省规模较大的普通高校，奠定了升格综合性大学的坚实基础。

办好一所大学，不可以没有一种精神信念作支撑，更不可以没有一种思想理念作指导。“艰难困苦，玉汝于成”，在学校更名、硕士点申报等学校一些重大发展机遇面前，一大批中层干部、学术骨干和单位以主人翁的姿态，全校上下拧成一股绳，不怕艰难险阻、不计个人私利，发扬“攻山头”精神，攻克了一个又一个难关，抓住了学校发展中许多稍纵即逝的机遇，通过这些“大仗”“硬仗”的洗礼，凝聚形成了“顾全大局、团结一心，艰苦奋斗、无私奉献，敢为人先、争创一流”的聊大传统，沉淀为学校宝贵的精神财富和文化内核，永久地镌刻在聊城大学发展的基石上。对于这一时期的办学成就，名誉校长季羡林先生曾写过一篇题为《聊城师范学院》的文章，表示“要用世界上最美丽的语言来赞美这所学院，歌颂这所学院。”

奋楫笃行　乘势启新

2002 年 2 月和 5 月，教育部与省政府分别下文，批准更名聊城大学。从师范类院校到综合性大学，几代人的追求和奋斗终于结出了丰硕果实，这是学校发展史上的一个重要里程碑，为学校进一步发展跨越奠定了基础，也终结了山东西部没有综合性大学的历史，也成为当时国内唯一一所不是通过合并，而是走内涵发展道路，由师范院校发展成为综合性大学的高等学府。学校成功更名后，季羡林先生满怀深情地赞美和憧憬道：“聊城大学之成立，诚所谓顺乎天理，应乎人情之盛举”“行将见桃李遍鲁西，文风满山左，流风余韵普及神州矣”。

步入新时期的聊大，目标更加明确，步伐更加坚定。学校扩大校区，搭建平台，突出特色，转型升级，在办学结构、办学层次进一步提升的基础上，实现了学校又一次跨越式发展，建设一流地方综合性大学的路子逐步明晰，综合办学实力与核心竞争力得到了大幅提升。

开疆拓土，积极拓展办学空间，这一时期学校的基本条件建设取得了跨越式发展。经过艰苦的征地拆迁和大规模的基本建设、基础设施建设，学校在徒骇河东岸建设了新校区，占地面积达 3000 亩；为教师建设了聊大花园、聊大花园东苑、明德公寓等共 1400 余套教工住宅；建筑面积成倍增加，入账资产增加到 23.9 亿元，教学科研仪器设备增加到 6.8 亿元，实施各类工程建设与改造项目 700 余项，建成 3.3 万平方米实验实训楼，开工建设 2.8 万平方米工程技术与现代农业产教融合项目，育人环境和条件更加优化，基本办学条件建设走在了国内高校的前列，学校获评山东省首届“文明校园”称号。

抢抓机遇，大力拓展育人格局，学校在学科专业和人才培养等方面成功实现了由师范院校向综合性大学的转变。学校围绕区域经济社会发展需求，初步形成了以教师教育学科为主，文理基础学科、教师教育学科、新兴学科和应用学科相互协调发展，特色优势明显的学科专业布局，化学、工程学、材料科学进入全球前 1%，化学学科入选省一流学科，畜牧学获批山东省高校高水平（培育）学科，新增省部级以上科研平台21个，一级学科硕士学位授权点增至22个，硕士专业学位授权点增至10个。学校全面推进本科教育“三二三”人才培养模式改革和应用型人才培养特色名校建设，创办了创新创业学院和季羡林学院，在教师教育、大学生志愿服务西部计划、国防生教育等方面形成了鲜明特色，建成国家级和省级一流本科专业27个，国家级和省级一流课程25门，荣获国家级教学成果二等奖1项，省特等奖1项、省一等奖5项，获“互联网+”“挑战杯”等学科竞赛国家级、省级奖励5000余项，“学在聊大”声名远播，顺利通过教育部本科教育审核评估。

奋发进取，主动谋求突破创新，学校发展实现了突出质量与特色的转型跨越之路，开始了再次创业的征程。进入“十二五”以后，学校确立了“提升质量，突出特色，全面推进内涵发展”的思路，积极推进科研转型和特色发展，引培双聘院士、“泰山学者”等高层次人才60人，具有博士学位的教师达到877人，培养国务院政府特殊津贴专家、山东省有突出贡献的中青年专家、省教学名师、省智库高端专家等高层次人才30余人次，遴选“百人计划”“光岳人才”系列支持计划377人次；积极培育重大项目和标志性成果，获批国家级和省部级科研项目1500余项，获得省部级以上奖励300项。实施《聊城大学服务聊城行动计划（2016—2020）》《聊城大学主动服务山东省新旧动能转换重大工程行动方案（2018—2020）》，新增校地共建研发机构62家，转移转化科技成果34项，授权专利563项。立足国家战略和区域发展，成立了运河学研究院；主动回应国家外交和海洋战略需求，开展了太平洋岛国研究；立足当前山东省医药产业升级突破需要，积极联合抗体药物国家工程研究中心等单位，建成山东省抗体制药协同创新中心（培育）。

统筹谋划，健全现代大学管理制度，初步构建起了科学管理体系，建设了先进的大学文化。学校大力推进综合改革，出台机构设置、岗位设置、人员编制改革方案，编制组织大纲和办事指南，制定目标管理与考核办法，推动教学实体和后勤实体自行创新改革，努力构建科学管理的执行体系。积极开展现代大学精神研讨，弘扬“宁坐板凳十年冷，不写文章半句空”的“骆驼精神”，建设供师生静思、交流、读书的休读点和标志性人文景观，形成了“崇教、尚学，敦厚、奋进”的聊大精神，聊城大学在新时期改革开放大潮中写下了锐意进取的动人篇章。

聚力融合　奋进一流

岁月峥嵘，波澜壮阔。迈入“十四五”新时期，聊城大学全面开启了高水平应用型大学建设的新征程。学校牢牢把握“国之大者”、胸怀“两个大局”，聚焦国家战略和区域发展所需，主动扛牢服务教育强国、科技强国、人才强国建设的使命，强化立德树人“一个根本”、聚力人才和学科“两大突破”、深化校内融合、校地融合和校企融合“三大融合”、夯实党建引领、政策支撑、条件改善和作风建设“四大保障”，铆足“立竿见影”的拼劲和“静待花开”的韧劲，趟出了一条在“顶天立地”中锻造地方高校风骨的高质量发展之路，深深打上了“位卑未敢忘忧国”“地偏从不肯自闭”精神烙印，一系列核心指标的新突破引领推动学校高质量内涵发展迈上新台阶，彰显出一所地方高校的责任担当。

紧紧围绕高水平应用型大学建设目标，办学格局进一步拓展，办学条件持续优化，学校竞争力显著增强。大力推进融合发展、特色发展和高质量发展，以高站位强化创新前瞻，以高层次平台筑牢创新支点，以高水平人才夯实创新根基，以高效能改革激发创新活力，科学谋划了推动学校发展的一系列重大政策、重大改革、重大行动、重大项目，一体推进“有组织”教育教学、学科建设、科研创新、服务社会能力建设，推动高水平应用型大学全面成势。新建实验实训楼、工程技术与现代农业产教融合楼，建筑面积达82万余平方米，教学科研仪器设备总值8.72亿元，在校本科生、研究生达到3.4万余人。建成涵盖13大学科门类的学科体系，设立24个学院、5个学部，本科招生专业74个，硕士学位授权一级学科点24个，硕士专业学位授权点17个。积极拓展提升办学格局，成为硕士学位研究生培养和推免单位、山东省应用型本科高校建设支持单位，迈入省市共建单位行列，与海内外诸多高校合作培养博士学位研究生。

扛牢服务国家战略和区域经济发展使命，大力强化有组织科研创新，学校支撑力显著增强。学校牢牢把握高等教育“四个服务”时代使命，把国家战略需求、学科专业基础与优势以及地域特色紧密结合，集聚资源立项建设“冲一流”“强特色”学科，打造国家和省级创新平台基地，有效释放多元创新主体协同的“倍增效应”，服务科技自立自强的学科科研力量得到新锤炼。人文社科领域打造出太平洋、北冰洋研究和大运河、黄河研究的“两洋两河”特色品牌；自然科学领域重点打造出抗体药物与靶向治疗、生态环境保育与生物资源创新利用、黑毛驴高效繁育与健康养殖工程、绿色化工和新材料、黄河下游资源环境与生态安全等学科特色。化学、材料科学、工程学、计算机科学4个学科进入ESI全球前1%，化学工程、纳米科学与技术等9个学科进入2023软科世界一流学科榜单；建有大分子药物与规模化制备全国重点实验室、中国—太平洋岛国应对气候变化合作中心和国家马驴遗传评估中心等国家级平台3个；自然指数居山东省属高校第5位、全国高校第128位，省一流学科、高水平培育学科2个，省重点实验室、工程技术研究中心、社科理论重点研究基地、重点新型智库等56个。2021年以来，获批国家和省自然科学基金项目 284 项、人文社会科学基金项目 207 项，立项经费 6838.9 万元；获批自然科学类横向课题 400 项、人文社会科学类横向课题 212 项，到账经费 8760.7 万元，立项数量及经费总额双创历史新高。

大力实施校内、校地和校企融合发展战略，加快推进产教融合、科教融汇，学校服务力显著增强。聚力推动创新链、产业链、教育链、人才链“四链联动”，激活服务区域经济社会高质量发展新动力。实施学部制改革，推动学科融合交叉，设立化学与材料学部等 5 个学部。精心编制高水平应用型大学建设方案，推动人才培养融会贯通，大幅提高“四新”专业与应用型专业占比，重构贯通知识和实践的课程体系，将通识教育、专业教育、实践创新创业教育有机融为一体，打造高素质应用型人才培养体系，大力培养山东省“十强产业”和鲁西重点产业发展人才。打造校企协同创新联合体，与知名企业共建 50 余家合作平台和高端智库；与聊城市高新区共建的大学科技园，致力构建“大学 + 众创空间 + 孵化器 + 科技园”的全链条孵化体系；校企共建产业学院，与上海张江生物技术有限公司、东富龙科技集团以及浪潮集团、鲁商集团、歌尔股份等龙头企业合作共建 8 个现代产业学院，加快推进产学研一体化，其中生物制药及规模化制备现代产业学院获批山东省现代产业学院。打造产科教融合赋能新范式，医药产教融合实验实训基地建设项目获批“十四五”教育强国推进工程，工程技术与现代农业产教融合楼投入使用，加入 6 个省级产教融合共同体；启动高层次人才挂职“科技副总”计划，遴选了三批共 166 名高层次人才进入 147 家企业担任“科技副总”，申请专利、提供咨询 200 余项，筹集项目资金近亿元，有力提升了企业技术创新力。深化校地融合，加快推进城校融合步伐，签订一揽子城校融合发展协议，校地共建聊城大学附属医院、聊城先进技术研究院、聊城人才发展战略研究院、聊城大学科技园以及聊城大学附属学校、山东省基础教育高质量发展示范区等“三院一园、三校一区”，校地融合发展进入了全面深化提升的新阶段。

实施“引育用留”四大工程，高素质人才队伍加快聚集，学校源动力显著增强。学校牢固树立“人才是第一资源”的理念，建立健全集聚人才和激活人才的体制机制，博士人才数量和博士率快速提高，高级职称岗位比例持续增加，高水平成果产出大幅跃升，多元评价的发展体系更加完善，修订实施了有关高层次人才和优秀青年博士引进、“光岳”人才荣誉体系、专业技术岗位设置与竞聘管理办法等 15 个相关文件，构建起具有聊大特色的人才引、育、聘、考分类评价体系。2021 年以来，学校引进优秀博士 300 余人；引育“泰山学者”特聘专家、青年专家、泰山产业领军人才、省理论人才“百人工程”专家等省级以上高层次人才 38 人；国家级、省级教学团队 9 个，山东省黄大年式教师团队 3 个；具有博士学位人员和副高职称以上人员均超过1000人，博士学位教师占比达60%，有力激活了教师队伍“一潭春水”。

坚守立德树人根本使命，打造创新育人特色品牌，学校贡献力显著增强。学校扛牢立德树人根本任务，牢固树立“三全育人”的理念，深化“五育并举”改革创新，打造高质量教育教学体系，人才培养中心地位得到有效突显，圆满通过新一轮本科教育教学审核评估的检验，形成了一批具有聊大底蕴的教育教学特色品牌和经验做法。建成国家级和省级一流专业建设点31个，通过工程教育、师范教育专业认证9个；国家级一流本科课程、精品课程等17门；获省级教学成果奖30项，其中特等奖、一等奖9项。学生专业素质和创新创业能力明显提高，在校生获省级以上大学生创新创业项目，以及“挑战杯”等各类学科竞赛省级以上奖励的“量”与“质”持续提升，12000余人次获得各类奖助学金，6200余人次在全国全省专业技能、综合素质竞赛中获奖，应届毕业生深造率、就业率、用人单位满意率逐年上升。学生社会责任感和奋斗价值观逐步树立，创建“红色文献库”“思政年历”“星火影院”“同城大课堂”等思政教育载体，“矩阵式”赋能思政教育，获省委教育工作简报推广；被团中央誉为志愿服务西部“聊大现象”持续彰显，累计1.3万名学子踊跃报名西部计划，2032人光荣入选，80%以上申请延期服务，405人服务期满选择扎根西部、成长成才，人数位居全国高校第一。获奖居全国高校首位的聊大龙舟队从这里走向世界、为国争光，在世界龙舟锦标赛、世界大学生龙舟锦标赛、亚洲龙舟锦标赛等各类赛场上共斩获金牌300多枚，获评“山东青年五四奖章集体”，8次登上央视《新闻联播》。人才培养美誉度和影响力不断提升，经过多年的本科教育教学改革，学校人才培养质量得到社会广泛好评，锤炼了“齐心协力、敢为人先、同舟共济、奋发有为”的聊大龙舟精神、“弘扬繁森精神 西部建功立业”的聊大志愿精神，锻造出聊大学子“爱国奉献、求实创新、敦厚奋进”的鲜明品格，毕业生入选国家杰青、长江学者等国家级人才50余人，赢得了“学在聊大，奠基人生”的美誉，为地方高校紧紧围绕“为国育人、为党育才”使命，培养努力培养更多让党放心、爱国奉献、担当民族复兴重任的时代新人树立了典范。

扎根齐鲁强自信，弘扬文化促交流，学校影响力显著增强。学校坚持开放办学战略，加快教育国际化步伐，提升教师队伍国际化水平，推进学生国际化培养。与20多个国家及港澳台地区的100多所高校建立了校际关系，在约旦和萨摩亚开办了2所孔子学院，目前有30多个国家的外籍师生在校工作或学习，23万余名校友遍布海内外，逐渐打造出一张响亮的“留学聊大”名片。学校聚焦“一带一路”倡议，成立国内第一个独立建制的太平洋岛国研究机构“聊城大学太平洋岛国研究中心”，获批山东省首批重点新型智库建设试点单位和教育部国别与区域研究中心，2022 年 4 月，国家将建设“中国一太平洋岛国应对气候变化合作中心”的历史重担交给了聊大，举办了“2023 携手太平洋岛国应对气候变化对话会”等国际会议和两期中太应对气候变化培训班，获首届高校区域国别学人才培养案例一等奖。

激活党建“红色引擎”，党建业务深度融合领航高质量发展，在聚势赋能中突破攻坚，学校引领力显著增强。学校深入贯彻新时代党的建设总要求和新时代党的组织路线，纵深推进全面从严治党，以高度的政治自觉思想自觉行动自觉接受省委政治巡视，有力处置突发新冠肺炎疫情。以新时代高校党建示范创建和质量创优工作为抓手，依托国家、省、校三级创建体系，培育创建了 10 多个样板教师党支部和“双带头人”教师党支部书记工作室，以点带面，有效发挥了示范引领作用。创新性塑造教师党支部建设品牌，大力弘扬“支部建在连上”光荣传统，全校 99 个教师党支部全部设在教研室、科研团队、重大项目组等教学、科研一线单位，实现“教师业务组织建在哪里党支部就覆盖哪里”，打通了党的组织体系的“最后一公里”。组织开展“头雁沙龙”“教师沙龙”“青年学者沙龙”等系列交流研讨，将党建引领、思想政治等融入科研项目申报、团队构建、成果产出等全过程各环节，赋能学校高质量发展。创新打造党员队伍建设品牌，开展“靓丽树”活动，在教师党员中广泛创建教书育人“党员先锋”和“党员示范岗”，评选表彰优秀共产党员、优秀党务工作者和先进基层党组织，“亮党员身份、立先进标杆、树先锋形象”成为全校各级党组织和全体党员的思想行动自觉，为学校事业发展提供了坚强队伍保证。

火种熊熊，赓续传承；上下求索，岁月如歌。回望半个世纪办学路程，聊大人肩负责任与使命，怀揣光荣与梦想，在艰难中起步、曲折中前进、困境中崛起、发展中壮大，把推动学校的发展与改革创新紧紧连在一起，艰苦奋斗，矢志不渝，绘就了一幅幅敢于超越、追求梦想的时代画卷。面向未来奋进新征程，聊大人将始终胸怀“国之大者”，坚持“四个面向”，扛牢立德树人根本任务，聚焦高质量内涵发展，赓续聊大精神谱系，与广大校友携手同心，只争朝夕、埋头苦干，踔厉奋发、笃行不殆，为建设教育强国、科技强国、人才强国贡献新的聊大智慧和力量！

目 录

第一章 励精图治谋发展

第二章 百舸争流竞峥嵘

第三章　薪火相传育桃李

附　录

第一章

励精图治谋发展

LIJINGTUZHIMOUFAZHAN

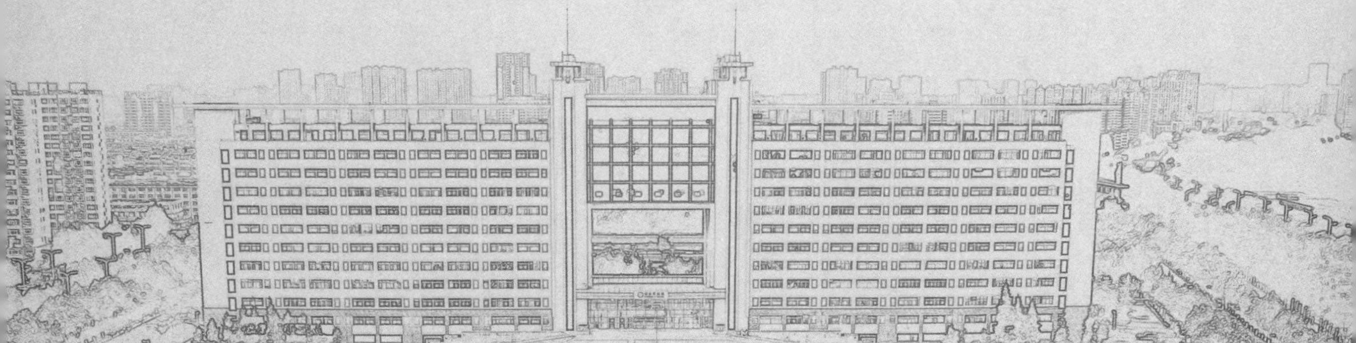

第一节 党的领导全面加强

一、全面贯彻落实党的教育方针，党委领导核心作用有效发挥

1. 政治建设不断加强。深入学习领会党的十七大、十八大、十九大和二十大及历次中央全会精神以及习近平新时代中国特色社会主义思想，深刻领悟“两个确立”的决定性意义，增强“四个意识”，坚定“四个自信”，做到“两个维护”。牢牢把握党对学校工作的领导权，以政治建设为统领，全面落实新时代党的建设总要求，学校党委把方向、管大局、作决策、抓班子、带队伍、保落实的领导职责及全面从严治党的主体责任全面落实。坚持问题导向，强化政治担当，针对省委巡视反馈问题逐条明确责任领导、责任单位、任务分工、整改时限，从严从实推进省委巡视反馈意见的整改落实，按期全部完成各项整改任务。严肃党内政治生活，严格按规矩和程序办事，领导干部纪律意识和规矩意识显著增强，政治生态明显改善。

2. 牢牢把握正确办学方向。学校党委始终坚持社会主义办学方向不动摇，全面贯彻党的教育方针，坚决贯彻执行中央和省委重大决策部署。通过党委会、党委常委会、党委理论学习中心组学习会、党建工作领导小组会议、干部培训班、主题教育等形式的学习教育，使全校上下在政治上、思想上、行动上与党中央保持高度一致。坚持为党育人、为国育才，立德树人更加牢固，切实保证了学校办学正确政治方向。坚持正确价值取向，把牢课堂教学、教材编写、学科发展、师资建设、讲座论坛、媒体宣传等工作中的政治方向，把社会主义核心价值观教育贯穿人才培养全过程。逐步完善和丰富学校党委中心组、院级党委（党总支）中心组和党员干部的政治学习制度和内容，切实提高党员干部的政治敏锐性和政治鉴别力。

3. 总揽事业发展全局。确立战略指导思想，第三次党代会提出的推进质量立校、特色兴校、人才强校三大战略，大力实施教学质量提高、博士学位点建设、人才高地建设三大工程，重塑了学校发展的战略布局。谋划发展方略，第四次党代会确立的推进质量立校、人才强校、学术兴校、特色亮校、开放活校五大战略，汇聚起了团结奋进的强大精神力量。明晰发展思路，第五次党代会确定的坚持质量立校、学科强校、人才兴校、特色亮校、开放活校，强化“一个根本”，聚力“两大突破”，深化“三大融合”，夯实“四大保障”，实施“九大工程”，以及创建国

内知名、特色鲜明的一流区域高水平应用型大学的目标，体现了推动学校高质量发展、转型发展和融合发展的整体发展思路。

4. 统筹推进疫情防控和业务发展。周密部署、联防联控、众志成城，坚决打赢疫情防控阻击战。第一时间成立疫情防控工作领导小组，建设隔离观察区，完善应急处置机制，顺利完成线上办公、线上教学、开学条件核验、毕业生离校、常态化疫情防控、学期开学等各项工作。全校各级党组织，统一思想、尽锐出战，抓细抓实各项防疫工作。党员领导干部坚守岗位、靠前指挥、压实责任，与基层党员干部并肩战斗。广大党员师生主动请缨到重点场所、关键岗位、危险区域开展工作。在学校突发新冠疫情防控工作中充分发挥基层党组织战斗堡垒作用和党员先锋模范作用，涌现出了 19 个先进集体、221 名先进个人，推荐 6 个党组织、10 名党员作为聊城市表现突出党组织和党员暨榜样党组织和榜样党员表彰对象。

5. 党委自身建设不断加强。出台《加强党委会自身建设意见》《党委班子成员“一岗双责”制度》等制度，制定党委常委会及其成员落实全面从严治党责任清单，打造坚强领导集体。深入贯彻落实党委领导下的校长负责制，修订完善校党委常委会、校长办公会议事规则，健全完善党委统一领导、党政分工合作、协调运行的工作机制，科学决策、民主决策、依法决策的水平进一步提高。认真贯彻民主集中制，严格落实“三重一大”决策制度，严肃党内政治生活，落实经常性沟通制度和联系基层制度，形成了团结一心、维护大局、发展事业的良好局面。学校被授予省党建和思想政治工作先进高校等荣誉称号。

二、理论武装持续深化，思想政治工作全面加强

1. 集中党性教育持续深化。坚持把党性教育作为基础性经常性工作抓紧抓实。深入开展保持共产党员先进性教育活动、学习实践科学发展观活动和创先争优活动，党的自身建设不断适应学校改革发展的新形势和新要求。高质量开展党的群众路线教育实践活动、“三严三实”专题教育、“两学一做”学习教育、“不忘初心、牢记使命”主题教育、党史学习教育、学习贯彻习近平新时代中国特色社会主义思想主题教育等 7 次党内集中学习教育，突出抓好理论学习，按时高质量完成问题整改，建立健全主题教育常态长效机制，推动主题教育做实走深，学校各级领导班子和党员领导干部思想进一步提高，作风进一步转变，党员理想信念更加坚定，宗旨意识进一步增强，党建工作和事业发展呈现和谐互动、良性互促的生动局面。学校成为首批获得“山东省理论大众化示范点”的全省 5 所高校之一。

2. 思想理论建设扎实推进。建立健全思想政治工作体系和机制，积极落实“第一议题制度”。出台了加强和改进新形势下思想政治工作的实施意见，积极推进“三进”工作，不断加强思想政治理论课建设和省重点马克思主义学院建设，构建思

政课“262 教学模式”，推进思政课教学改革创新。建成马克思主义理论一级学科硕士点，获评省思政理论课“金课”、省思政课教改项目、省思想政治教育优秀成果奖等 20 余项，获批山东省思政课教学名师工作室。3 人获省思政课教师教学竞赛奖，1 人荣获山东学校优秀思政课教师。大力加强课程思政建设，建立了省、校、院三级课程思政示范建设机制，获批山东省思政课教学名师工作室和省课程思政教学研究示范中心，6 门课程被评为山东省普通高等教育课程思政示范课程。

3. 大学生思想政治教育特色鲜明。系统推进内容完善、标准健全、运行科学、保障有力、成效显著的思想政治工作体系建设，进一步优化“三全育人”工作格局。精心制定“聊城大学重要节日纪念日思想政治教育年历”，精心打造“思政年历”思政育人新品牌。积极推进大学生思想政治工作进网络、进公寓、进社团，大力加强经济困难学生资助服务体系、大学生心理健康教育服务体系、学生公寓服务育人体系、大学生就业创业教育体系、大学生综合服务体系建设。深化“青马工程”六位一体培养模式，开展“同城大课堂”等品牌讲座，优化“星火影院”红色教育平台，积极打造“行走的青年思政课”，依托“易班”平台大力推行网络思政教育。不断加强辅导员队伍建设，配齐配强辅导员，组织参加各类能力提升研修项目，定期举办职业能力大赛，辅导员队伍职业化、专业化建设持续推进，7 名辅导员荣获山东高校优秀辅导员荣誉称号，入选山东高校十佳辅导员。学校多次被评为省思想政治教育工作先进单位。

4. 西部计划的“聊大现象”广受赞誉。自 2003 年西部计划实施以来，经过 20 年的努力，逐步形成了具有聊大特色的“全员化参与、全过程培养、全方位联动、全环境浸润”工作机制，西部计划项目逐步成为大学生思政教育的新阵地、志愿精神传承的新途径、实践育人的新载体以及就业择业的新舞台。学校已累计有 1763 名优秀毕业生到新疆、西藏、青海等西部基层倾情奉献，总人数居全国高校首位，获评西部计划绩效考核优秀等次高校项目办，聊城大学被誉为“培养西部计划志愿者的沃土”。

5. 师德师风建设不断加强。设立党委教师工作部，出台教师思想政治教育和师德师风建设长效机制实施方案，将师德师风考核结果运用于教师管理和职业发展全过程，坚持师德师风在职称评聘、评奖评优等方面“一票否决”。各二级单位和教职工签订师德师风建设责任书、承诺书，实现师德师风教育培训全覆盖。坚持每年定期举办新聘教师宣誓仪式、退休教师荣休仪式、庆祝教师节座谈会和从教 30 年教职工表彰等活动，持续开展最美教师和教书育人楷模评选推荐等活动，涌现出全国优秀教师、师德标兵、优秀教育工作者等先进典型。

6. 宣传思想文化工作持续深入。积极开展校园文化科技活动、大学生社会实践活动和青年志愿者活动，培育“羡林大讲堂”“博雅大讲堂”“光岳学堂”等育人品牌，“文化育人三会一课”项目获批全省高校思政工作创新重点项目。创新舆论宣传的载体和方式，弘扬主旋律，在招生、迎新、毕业等关键时间节点，组织招生宣传、开学季和毕业季等专题系列报道，融入聊大文化、聊大精神、爱校情怀，利用校园媒体积极参与全省的“好客山东”“孔子文化”“黄河文化”等宣传活动，对外宣传形成立体化格局，学校办学形象、社会影响力持续提升。持续推进文明校园建设工作，顺利通过两次省级文明校园复审，获批“全国文明校园创建先进学校”，获批首批全省中华优秀传统文化示范校。

7. 意识形态工作主动权牢牢把握。认真落实意识形态工作责任制，党委常委会定期研究意识形态工作，开展意识形态工作专项督查和校内巡察，落实意识形态工作协调联动机制，出台规范性制度 10 余项，搭建意识形态工作制度体系“四梁八柱”。圆满完成省委意识形态专项检查反馈整改工作，对 14 个院级党组织开展意识形态专项巡察。加强意识形态阵地管控，完善舆情监控体系，及时做好各类舆情排查处理。落实“一会一报”制度，严格审批报告、论坛、讲座、研讨会及各类学术活动，加强网络阵地管理。扎实做好抵御宗教渗透和防范校园传教工作，强化对信教师生的教育转化。获评山东省教育网络安全工作先进单位。

三、干部队伍建设不断加强，基层党组织的创造力、凝聚力、战斗力进一步提升

1. 基层党组织建设持续巩固提升。贯彻落实《中国共产党普通高等学校基层组织工作条例》，推动基层党组织全面进步、全面过硬。认真落实党建工作责任制，坚持每年度组织开展基层党建工作考核和党组织书记履行全面从严治党责任和抓基层党建工作述职评议考核。实施“基层党组织建设质量提升工程”，开展党支部“对标争先”“评星定级”等工作。强化基层组织制度化建设，实行学校党委领导班子成员基层党建工作联系点制度，实施基层党组织书记抓基层党建“突破项目”，建立健全院级党组织会议、学院党政联席会议议事规则。坚持固本强基，扎实开展“基层组织建设年”活动，完成二级单位党委设置，扎实开展基层党组织换届选举，基层党组织设置不断规范完善。打造全省高校党建特色品牌，深入开展党建“双创”工作，实施校级党建工作标杆学院和样板支部培育工程，获批全国、全省党建“双创”项目 12 个。19 个先进基层党组织受到省委、省教育工委表彰，学校党委被山东省委组织部命名为“山东省基层党建工作示范点”。

2. 党员发展和教育管理工作不断加强。严格党员发展标准，提高党员发展质量，重视在优秀青年教师、海外留学归国教师、优秀大学生中发展党员，加强和规范党员发展工作，20 年来共发展党员 25621 人。不断加大党员教育培训和发展

力度，34 名党员被评为全省和全省高校优秀共产党员和优秀党务工作者，获评“山东省高校黄大年式教师团队”3 个。在基层党组织和全体党员中深入开展以“亮党员身份、立先进标杆、树先锋形象”为主要内容的“靓丽树”活动，评选首批校级“党员先锋”36 名，“党员示范岗”31 个，广大党组织和党员立足岗位、创先争优，战斗堡垒作用和先锋模范作用得到较好发挥。加强党员教育管理，严肃党内政治生活，严格落实好三会一课、组织生活会、主题党日活动、党组织书记上党课制度，用好批评和自我批评武器，提高民主生活会、组织生活会质量。获评全省优秀精品党课 6 部、优秀成果 28 项。获批“山东省高校党建工作研究基地”。

3. 干部队伍建设卓有成效。全面落实新时期好干部标准，树立正确选人用人导向，严格执行干部选拔任用工作程序，改进干部推荐考察方式，开展中层领导干部换届调整，完善任期制和交流轮岗制，健全后备干部选拔机制。制定加强年轻干部工作具体措施，出台中层干部选拔任用和管理工作实施办法、中层领导班子和中层及以下干部考核实施办法，干部工作制度化、规范化和科学化水平不断提升。加大干部教育培训力度，通过开展集中教育、组织专题培训等方式，开展系列干部教育培训，不断提升干部培训班质效，支持干部后续职业发展，加强干部队伍能力素质建设。加强外派挂职锻炼和学习培训，先后选派干部 80 余人次参加“省派第一书记”“四进”工作组、民办高校党建工作指导员、其他高校交流锻炼等，服务基层、实践锻炼。从严落实领导干部个人事项报告，规范干部兼职行为，加强干部因私出国（境）管理，完善干部问责机制，修订中层党政领导班子和中层干部年度考核办法，干部教育管理监督持续深化。

4. 人才队伍建设实现新跨越。坚持党管人才，实施“人才强校”战略，创新完善人才引进政策机制，通过提高高层次人才待遇，广开渠道、大力宣传、定期调研、开辟“绿色通道”等措施，实施学科带头人培养工程、青年教师博士化工程、“光岳系列”荣誉体系建设，加大高层次人才引育力度。现拥有双聘院士、“973”首席科学家 3 人，“泰山学者”特聘专家、泰山产业领军人才、泰山学者青年专家等 19 人，海外高层次专家 5 人，享受国务院政府特殊津贴专家 11 人，全国优秀教师、师德标兵、优秀教育工作者、优秀共青团干部、山东省有突出贡献的中青年专家、智库高端专家、齐鲁文化英才、教学名师、高等学校首席专家等 61 人，国家级教学团队 1 个、省级教学团队 8 个。

四、主体责任全面落实，党风廉政建设扎实推进

1. 全面从严治党纵深推进。出台贯彻党风廉政建设“两个责任”的实施意见，切实履行党风廉政建设主体责任和纪委监督责任，强化领导干部“一岗双责”，准确把握形势，保持战略定力，推动全面从严治党向纵深发展的政治自觉更加坚定。

修订《全面落实党风廉政建设主体责任和监督责任实施办法》，形成权责明晰、逐级负责、层层落实的责任体系。召开全面从严治党会议、党建工作领导小组会议、年度纪委全委（扩大）会议，制定院级党组织落实全面从严治党责任清单，与院级党组织和部门签订《党风廉政建设责任书》，开展廉政谈话和述责述廉。扎实开展干部约谈、专项整治等工作，加强重点领域和关键节点的风险防控，早发现早提醒早纠正。出台《政治监督工作办法》，对全校二级单位开展政治监督专项检查，营造了学校良好政治生态。建立党委巡察制度，成立党委巡察机构，完成了对16个学院党委的常规巡察。

2. 监督效能不断提升。强化政治监督，加强日常监督，抓实立项监督，健全“一台账、两清单、双责任、双问责”机制，开展专项监督和重点领域廉政问题专项整治工作。相继开展了反腐倡廉制度创新年、深化年和落实年活动，扎实推进惩防体系建设，建立健全一系列行之有效的监督制度和制约机制。坚持关口前移，加强基建、招生、后勤工程、物资采购招投标等重点领域和关键环节的过程参与和过程监督，聚力推进中层领导干部经济责任审计工作，开展“小金库”“三公”经费、会员卡等专项治理，从源头上防范了各种腐败现象的发生。严格执纪问责，加大信访、违纪案件的查办力度，强化作风监督检查。学校两次被评为全省教育纪检监察工作先进集体。

3. 推动作风建设走深走实。认真落实中央八项规定精神，制定了以转作风改作风为重点的制度20余项，密切关注“四风”苗头性、倾向性、隐蔽性问题，及时提醒纠正，紧盯节日节点，发布廉洁过节通知推文，发送廉洁提醒信息，“四风”问题整改取得明显成效。集中整治形式主义官僚主义问题，加强和改进机关作风与效能建设，对重点工作任务项目化督办，机关作风持续改进。大力倡树“严真细实快”工作作风，严厉整治“慵懒散”，为学校高质量发展事业行稳致远提供坚实作风保障。

4. 廉洁文化建设扎实推进。常态化举办廉政讲堂、“青廉课堂”、廉政党课等廉洁教育活动。开展“廉洁文化季”活动，持续开展校园廉洁文化活动周活动，进行廉洁文化建设政策宣传解读、纪法学习引导、工作交流展示、理论研究探索。注重党章党规党纪教育，强化警示教育，不断增强领导干部的底线思维和廉洁从政意识。面向全校党员干部及家属发出廉洁家风建设倡议书，举办齐鲁好家风主题展。积极开展廉政研究和宣传教育，建立廉政研究中心，不断推进反腐倡廉大宣教格局的形成。获批山东省高校“廉政文化示范点”“山东省反腐倡廉教育基地”“山东省教育系统行风先进集体”。

五、事业发展力量充分凝聚，群团、统战、离退休工作不断加强

1. 群团工作特色明显。支持工会、团委、妇委会、学生会根据自身特点，主

动开展工作，充分发挥其作为党委联系群众的桥梁和纽带作用。不断完善教代会、工代会、团代会制度，成功召开了20次教代会暨工代会和5次团代会。召开学代会、研代会，加强学生会组织管理。学校先后获得“全国厂（校）务公开民主管理工作先进单位”“全国模范职工小家”“山东省学校民主管理先进单位”“山东省教育工会工作先进集体”“山东省先进妇委会”等荣誉称号。校团委获评全国暑期社会实践活动优秀单位，连续六年被评为“山东省红旗团委”，并被评为“山东省红旗团委标兵”，被团中央确定为“全国共青团基层组织建设和基层工作试点单位”。

2. 统战工作创新开展。注重优化统战工作方式方法，建立健全统战工作体制机制、组织体系和制度体系。积极支持和协助各民主党派的组织建设，积极推荐优秀党外知识分子到各级人大、政协任职，逐步完善人大代表、政协委员议政建言的长效机制。拓宽学校各民主党派和无党派代表建言献策渠道，充分发挥党外知识分子参与学校建设的主动性和积极性。获得“全省统战工作先进集体”，获批山东省铸牢中华民族共同体意识研究基地建设项目。

3. 重视离退休工作。强化政治理论学习、规范党内政治生活，突出离退休干部党建引领和作用发挥。加强学校新时代关心下一代工作委员会工作，做好慰问和帮扶，完善离退休工作服务体系，关心离退休同志的生活和健康，健全了老教协、老科协等组织，提高了退休人员生活补贴费，新建离退休职工活动场地，用心用情用力做好离退休老同志服务管理工作。广大老同志发挥余热，老有所为，为学校的改革发展作出了重要贡献。

第二节　人才培养质量持续提高

学校全面落实立德树人根本任务，主动适应高等教育发展形势，持续强化内涵建设，高质量完成人才培养各项目标任务，人才培养质量持续稳步提高，被山东省政府评为“全省教育工作先进单位”。

顺利通过教学评估和教育教学审核评估。2007年，我校以“18A”的优秀成绩通过了本科教学工作水平评估，2015年顺利通过教育部本科教育审核评估，2023年通过新一轮本科教育教学审核评估，充分展现了我校的整体办学水平和实力。

人才培养体系不断完善。学校主动适应区域经济社会发展和学生成长需求，于2005年、2008年、2012年、2016年和2022年先后5次修订专业培养方案。形成了学生四年培养过程分为通识教育、专业教育、分类教育三个学段；通识教育结束后进行一次专业分流，专业教育基本结束后进行一次专业修读方向分流；根据学生自身发展需求，按照专业提高、专业应用、特殊需求等三个方向，对学生进行分类培养的本科教育“三二三”人才培养模式。实施拔尖人才培养计划，2013 年成立季羡林学院。加强学生实践实训和创新创业能力培养，2013 年成立创新创业学院。加强新疆籍少数民族预科生培养，2021 年成立预科生教育学院。完善学分制改革及教学管理模式，建立健全符合校情的选课制，最大限度地赋予学生学习自主权。全面实施双专业双学位主辅修制。获批教育部卓越农林人才教育培养计划改革试点项目 1 项，成为首批进入卓越农林人才教育培养计划试点高校；获批山东省人才培养模式创新实验区 1 个，获批山东省卓越工程师培养项目 3 项、山东省教师教育综合改革试点项目 6 项、山东省教师教育基地 1 个。2012 年成为首批山东省应用型人才培养特色名校建设单位，2014 年成为山东省学分制管理改革试点单位，2016 年获批国家发展和改革委员会“十三五”产教融合发展工程规划项目、山东省高水平应用型大学建设单位，2017 年获批硕士研究生免试推荐单位。

此外，我校于 2003—2010 年签约济南军区开展了国防生培养工作，从 2002 级开始选拔至 2016 级最后一届招收，共选拔和招收 15 届国防生，总计 1557 人。学校党委行政高度重视国防生培养工作，形成了具有聊大特色的“1335 工程”国防生培养模式，打造了“五个过硬”聊大国防生品牌，为学校争得了荣誉。

人才培养合作方式多样。充分利用国外优质教育资源，开展中外合作办学。与韩国建国大学、清州大学，德国安哈尔特应用技术大学联合开展生物工程、广播电视编导、机械设计制造及其自动化专业人才培养工作；与美国北乔治亚州立大学、日本骏河台大学、西班牙纳瓦拉公立大学、意大利卡梅里诺大学、俄罗斯车里雅宾斯克国立大学、中国台湾大学等高校合作交换留学生；与古巴哈瓦那大学共建哈瓦那学院和西班牙语中心。积极开展与企业联合培养项目。与鲁西化工合作开展“订单式”培养本科生，与青岛软件园合作开展“2+1+1”模式培养本科生；与中兴通信有限公司、惠普公司合作共建网络工程、软件工程专业，开展“3+1”模式培养本科生。

本科专业结构更趋合理。学校注重保持长期形成的专业优势，同时，充分发挥综合性大学的多学科专业优势，紧密联系区域经济社会发展的需求，加强重点专业和品牌特色专业建设，进而体现办学特色。2004 年以来，我校本科专业从 49 个最多增加至 95 个，通过调整新增、停招、撤销，招生专业缩减至 2023 年的 75 个，涵盖 13 个学科门类，其中师范类专业 17 个，非师范类专业 58 个，形成主专业、辅修第二专业、微专业“三位一体”的专业人才培养体系。获批国家级本科专业综合改革试点项目 1 项，成为首批国家级地方高校本科专业综合改革试点高校。获批山东省高水平应用型立项建设专业群 8 个（35 个专业）、山东省教育服务新旧动能转换专业对接产业专业群 1 个，山东省应用型人才培养特色名校省级重点建设专业 24 个，省级品牌特色专业 12 个。获批国家级、省级一流专业 31 个，通过师范专业认证与工程教育专业认证专业数 7 个，以教师教育为底色、基础文理为优势、工农经管法艺体为生长点，多学科门类协调发展的专业体系日臻完善合理。

课程建设成效明显。学校围绕立德树人根本任务，紧密结合时代发展需求，结合本科专业教学质量国家标准、专业认证标准、一流专业建设标准等，坚持价值引领、知识探究和能力培养有机统一，持续优化通识教育、专业教育、创新创业教育和生涯教育“四位一体”课程体系及课程内容，编制每个专业每门课程的课程标准，推进学科专业德育建设。先后获批国家级和省级精品课程、双语教学示范课程 31 门，山东省高校基础学科专项资金课程项目 12 项，国家级规划教材 5 部，建设天空教室教学平台，推进与信息技术深度融合的课堂教学改革，选用优质网络课程 200 余门，在中国大学 MOOC、爱课程网、智慧树网、优课联盟、山东省课程联盟等平台上线 87 门，引入在线开放课程资源 18000 余门，教师引用开设线上线下混合式课程 700 余门次，获首批认定国家级一流课程 12 门、省级一流课程 40 门、省思政理论课“金课”4 门、省级课程思政示范课程 11 门、校级一流课程 53 门、校级课程思政示范课程 37 门，1 门课程入选全国慕课与线上线下混合式典型教学案例。立项建设校级规划教材 40 部，评选出聊城大学优秀教材 10 部，其中 1 部获批山东省高等教育优秀教材。

教育教学改革成果丰硕。学校坚持“问题导向、改革创新、突出重点、注重实效”，坚持教学改革问题源于教学实践、教学改革项目融于教学实践、改革研究成果用于教学改革实践，不断深化教学改革。先后获批国家级教研立项 9 项，省级教研立项 13 项；国家级和省级教学成果奖 33 项，省教育科研优秀成果奖 9 项，省级教改项目 76 项；全国多媒体课件大赛奖 26 件（其中一等奖 5 件，总成绩列全国高校前列）。学校“以‘学生为中心、目标导向、分类培养’一流本科教学体系的建设与实践”获评 2018 年国家级教学成果二等奖。开展了“说专业”“说课程”系列活动，启动了课堂教学改革，推进“优质教学体系”建设。

本科生人才培养质量稳步提升。推进“一专业一学科竞赛”活动，在校生每年在“挑战杯”两大赛、“互联网 +”大学生创新创业大赛、全国大学生电子设计竞赛、“外研社杯”英语演讲大赛等重大赛事中获奖 5000 余人次。2020 年全国大学生学科竞赛排行榜首次进入前 300 名榜单（排名第 295 名），2022 年我校在全国普通高校大学生学科竞赛排名中跃升至 159 位。强化创新创业能力训练，实施国家、省、校三级大学生创新创业训练计划，累计立项校级项目 1972 项，省级、国家级获批 719 项，各级支持资金超过 1000 万元，学校获评首批全国 50 强“国创导师工作站”。着力提升师范生从教能力，第七至第九届省师范从业技能大赛获奖人数达 137 人次，连续三年荣获优秀组织奖，第九届还荣获了团体银奖，获奖数量和层次均创历史新高。学校本科毕业生考研率始终居全省本科高校前列，每年涌现一批考研大满贯宿舍，“学在聊大”不断彰显。2023 年，学校被评为山东省高校 2023 届毕业生就业工作“绿灯”先进高校。

研究生培养质量稳步提高。学校坚持“完善制度、提高培养质量、科教产教融合、创新驱动、适应需求”的研究生培养方针，以提高培养质量为核心，认真落实研究生人才培养和研究生教育与学位点建设各项工作，取得较好效果。一是学位点建设取得突破。截至 2023 年我校获批 24 个一级学科授权点，17 个专业学位授权点。其中 2011 年获批应用经济学等 12 个一级学科授权点，2018 年获批中国史等 4 个一级学科授权点和风景园林等 3 个硕士专业学位授权点，2021 年获批马克思主义理论等 4 个一级学科授权点和公共管理等 2 个硕士专业学位授权点。这标志着我校在研究生教育领域取得长足发展。二是导师规模不断扩大。不断完善硕士生导师遴选条例，导师数量由 2010 年的 144 人扩大到 2023 年的 812 人。加强导师日常培训和过程管理，选树典型激励引导，引导导师强化立德树人责任。2023 年，8 位导师获“山东省优秀研究生导师”，1 个团队获“山东省优秀研究生导学团队”，1 人获“山东省优秀研究生教育管理工作者”称号。截至 2023 年，我校现有硕士研究生在校人数 3461 人。三是研究生培养质量不断提高。逐步完善研究生教育体系、课程体系、实践教学体系、规范化培训体系。2005—2023 年累计获批 189 项山东省研究生教育创新计划项目，2021—2023 年获批 3 项山东省“课程思政”示范课程，获批山东省高等教育教学成果奖（研究生教育）12 项，其中一等奖 3 项，二等奖 9 项，荣获 102 项山东省研究生优秀科技创新成果奖。研究生发表高质量学术论文 1000 余篇，获得省级优秀硕士学位论文 88 篇。与山东师范大学、济南大学、意大利卡梅里诺大学联合培养博士工作，15 名学生入选联合培养博士研究生项目。

第三节　学科建设取得长足发展

学科建设是大学发展的根本命脉所在，一部学科发展史如同一面镜子，映射了学校改革发展的历程，体现了学校的价值观念。20 年来，学校始终与国家发展和民族振兴同向同行，无论是建设高水平综合性大学，还是转型建设高水平应用型大学，始终聚焦人才培养，以服务国家需求为导向，直面困难和挑战，无惧阻力和变数，坚定抓住学科建设这个龙头，融会贯通，久久为功，顺时代所趋，应国之所需，不断优化学科结构、强化学科特色、提升学科质量，在不同的发展时期，学科建设呈现良好发展态势和显著特色，支撑保障学校内涵式高质量发展稳步向前。

经过“十五”时期的建设与发展，学校完成了由师范院校向综合性大学的过渡和转型，但是办学基础差、底子薄，特别是学科优势不突出、结构不合理，与建设综合性大学的要求相比有很长的路要走。面对高等教育发展的重要战略期，学校党委心存紧迫、审时度势，擘画“十一五”蓝图，提出了获得博士学位授予权和扩大博士学位点的中心目标，调动一切资源，凝聚一切力量，用好一切政策，先后实施了“学科特区强化建设工程”“博士学位点建设工程”“硕士学位点强化建设工程”，向着这一中心目标勇毅前行不懈奋进，也正是在这奋进的5年，学校实现了山东省“泰山学者”建设工程“零”的突破，10个学科（实验室）被确定为山东省“十一五”高教强省行动计划重点建设项目，获批14个硕士学位授权一级学科点，5个硕士专业学位授权点，并被确定为山东省2010—2015年博士学位授予权建设规划单位，初步形成了相互支撑的学科群落，学科综合实力得到全面提升。

“十二五”时期，教育在现代化整体格局中的基础性、全局性、先导性地位更加突出，已经进入以提高质量与水平为中心的新阶段。学校党委始终保持危机意识和忧患意识，确立了“提升质量，突出特色，全面推进内涵发展”的思路，把学科建设摆在更加突出的位置，积极应对竞争，以改革求发展，把全力实施“博士学位点建设工程”作为当前具有决定性意义的重大工作，以学科建设突破赢得发展主动权的声音比任何一个时期都响亮。学校全面总结“十一五”时期学科建设的得与失，创新重点学科建设管理体制，组建以学术研究为主的实体性科研机构，实行学科建设经费立项制和管理责任制，集全校力量形成一批跨学科的学术创新团队，在保持传统文理学科优势基础上，大力推进学科和科研工作转型，积极服务于地方经济社会需求，突出特色发展和建设质量。当代中国哲学研究、运河文化研究、清洁化学能源技术、光通信科学与技术等优势学科不断壮大，太平洋岛国研究、生物（化学）制药研究等新的科研特色和优势开始凸显。化学学科进入ESI全球排名前1%。新增“泰山学者”特聘教授设岗学科3个，省级重点学科（创新平台）14个、特色重点学科（创新平台）4个；增列一级学科硕士学位点16个、硕士专业学位授权点3个，工程硕士招生领域达到4个；获批省级工程技术中心、山东省协同创新中心、山东省软科学基地等科研平台；获批省级优秀科研创新团队、省高等学校优势学科人才团队培育计划。学校基本形成了文理基础学科、教师教育学科、新兴学科和应用学科相互协调发展、特色优势明显的学科布局，学科体系进一步优化，为创建国内一流地方综合性大学奠定了坚实基础。

“十三五”时期是我国实现全面建成小康社会目标的最后五年，也是我校实现建设特色鲜明、优势突出的国内一流地方综合性大学目标的关键五年。学校主动适应国家总体战略和经济社会发展需要，更新发展理念、转变发展方式，把特色发展作为打造学校品牌的重要手段，突出应用型学科专业建设，实施学科科研创新平台建设工程，扎实推进博士授权培育学科强化建设。经过“十三五”时期的持续建设、强优扶特，部分学科实现率先突破，达到国内一流水平，构建起“红黄绿蓝”学科群，化学学科入选省一流学科，化学、工程学、材料科学3个学科进入ESI全球排名前1%，居全国高校第172位，省属高校第4位。化学学科入选省一流学科，畜牧学获批山东省高校高水平（培育）学科。在全国第四轮学科评估中，学校政治学、世界史、软件工程等3个学科进入全国前60%—70%，获评C-等次。新增省部级以上科研平台21个。毛驴研究、运河学研究、太平洋岛国研究走在全国高校前列。太平洋岛国研究中心获评教育部国别和区域研究中心、山东省“勇于创新奖”先进集体。一级学科硕士学位授权点增至22个，硕士专业学位授权点增至10个，学校被列为山东省博士学位授予立项（培育）A类建设单位。在这一时期，学校的综合实力和办学水平显著提高，办学声誉和社会影响力日益扩大。

“十四五”时期是山东省高等教育进入普及化和高质量发展新阶段，是实施“双高建设”，推动高校分类发展、特色发展的重要五年，也是学校深化综合改革、建设高质量教育体系、实现高质量发展的关键五年。在这关键的历史节点，学校党委在变化中守正创新，在变革中追求卓越，2021年4月27日成功召开中国共产党聊城大学第五次代表大会，开启了创建国内知名、特色鲜明的一流区域高水平应用型大学的新征程，聚力人才和学科“两大突破”，实施“优势特色学科强化工程”，坚持扶优扶特与扶需扶新相结合，集聚发展优势，凝练学科方向，分层分类打造一批具有“话语权”“显示度”的一流学科和高水平特色学科，在“破与立”中形成新的特色优势，全面推动学科筑峰。在第五轮全国学科评估中创佳绩，学校系统科学学科进入全国42%—52%获评C+等次、世界史学科进入全国52%—62%获评C等次、化学学科进入全国62%—72%获评C-等次。到目前为止，学校自然指数排名居山东省属高校第6位；总体学科影响力位列山东省属高校第8位；9个学科进入软科世界一流学科榜单，居山东省属高校第7位。

第四节　科研创新能力明显增强

学术是大学的一种精神、一脉灵魂和一个核心。过去20年，学校始终坚持把学术作为立校之本，聚焦国家战略和地方经济社会发展需求，以创新驱动为引领，以高级别科研项目为抓手，以培育高水平创新团队为动力，以高效的科研管理机制为保障，持续筑牢基础研究根基，不断强化应用研究，高水平科研成果越来越多，学校核心竞争力和学术影响力越来越大。

高级别科研项目不断突破。学校立足文理科较强、工科偏弱的现实，提出巩固社会科学研究传统优势、促进自然科学向更高的水平发展、加快开拓应用研究的科学研究可持续发展之路，组织精干力量，强化科研组织，积极申报高级别科研项目。在哲学社会科学领域，国家社科基金项目已经基本实现了重大项目、重点项目、一般项目、青年项目、后期资助项目、中华学术外译项目、思政课专项项目、教育学单列学科、艺术学单列学科等各类别项目的全覆盖。获批国家社科项目160项、省部级项目619项，年度获批数量始终稳居省属高校前列。尤为值得一提的是，2020年获批国家社科基金重大项目1项，实现了学校国家社科基金重大项目“零”的突破。同时学校发挥人文社会科学优势，助力国家创造力、思想影响力、文化吸引力提升，委托课题到账经费3100余万元。在自然科学领域，立项纵向项目1541项，立项经费2.433792亿元，其中获批国家级项目388项，立项经费1.2695亿元，实现了国家自然科学基金重大科研仪器研制项目、国家重点研发计划重点专项等国家级科研项目“零”的突破，还首次承担了国家科技部对发展中国家常规性科技援助项目。学校的科技攻关项目也实现从无到有、从有到强的突破，到账经费8000余万元，增长约300%，涌现了一些重大科技攻关项目，2019年孟静静主持的《聊城市大气环境分析与源解析实验室项目共建》项目到账经费650万元，2023年白成林主持的《基于智能光互联网络的内容分发机制的优化及性能传输监测》项目到账经费660万元，创单个横向课题到账经费新高。

高水平科研成果和奖励不断涌现。学校围绕科技前沿、国家战略需求和地方经济建设，加强顶层设计，强化高质量成果导向，建立健全激励机制，着力培育高水平、标志性科研成果，原始创新能力不断增强，成果影响力持续增加。出版科技类学术著作40余部，发表科技类学术论文16000余篇，SCI论文9000余篇，EI论文4000余篇。获得省部级以上科技奖励44项，厅局级奖励130余项。在人文社会科学方面，2 项成果入选国家哲学社会科学成果文库。荣获国家社会科学优秀成果奖 5 项，山东省社会科学优秀成果奖一等奖 18 项。在自然科学方面，学校 2022 年、2023 年自然指数排名分别位居全国高校 149 位、137 位，居省属高校前列。获得山东省科学技术奖自然科学奖二等奖 4 项、科技进步奖二等奖 1 项。获得教育部科学技术奖自然科学奖和科技进步二等奖各 1 项。学校科技成果转化工作扎实推进，转化科技成果 128 项，转化数量增长 400%，转化金额达 1140 余万元。

高质量科研平台和团队建设不断优化。学校加强科研平台全过程管理，按照定位准确、结构优化、方向凝练、特色鲜明、梯次推进的原则，在清洁化学能源与新材料、生物制药、新一代信息技术、畜禽疾病防控技术、国别与区域研究、运河学研究、质量管理、人文社科与经济管理等领域，构建了省部、厅级和学校三级平台建设培育体系，在“突出创新能力、突出创新水平、突出创新贡献”的基础上实行目标绩效管理，实现了创新平台优化布局、内涵发展和质量提升。获批国家级研究基地 1 个，省级研究基地、智库 24 个，省级科研平台 32 个、省部共建新型智库 1 个。建设校级协同创新中心 9 个、科研创新平台 17 个，成立研究院 7 个，成立中外联合研究中心 2 个、校级研究中心 11 个，建立学术特区 5 个、培育学术特区 12 个。太平洋岛国研究中心是国内第一个独立建制的太平洋岛国研究机构，山东省首批重点新型智库建设试点单位和教育部国别和区域研究中心，在国内外产生了较大的学术影响力。运河学研究院集山东省社科理论、社科规划、“十二五”人文社科、地方史志重点研究基地于一身，是国内首家以运河及其区域社会为研究对象的院级科研实体单位，在国内运河研究领域居于领先地位。其运河文物文献展览馆累计接待全国人大常委会原副委员长何鲁丽、全国政协原副主席王家瑞、外交部原部长李肇星等国家领导人等专家学者 5 万余人次，成为展示运河文物文献、宣传普及运河文化的重要平台。聊城毛驴高效繁育与生态饲养研究院，是国内外首家现代驴产业关键环节开展科学研究、产业支持、人才培养于一体的高水平创新平台，打造了世界独一无二的驴全产业链发展模式，提交的《全国驴遗传改良计划（2020—2035）》等 7 份报告被国务院、农业农村部、省政府采纳。聊城发展研究院逐步成长为咨政聊城市各级政府及有关部门科学决策的高端平台，其编撰的《聊城经济发展研究报告》蓝皮书是聊城市经济可持续发展和高质量发展的“金钥匙”。学校倡导“骆驼精神”，激发协同智慧，凝聚团队力量，构建学缘结构、年龄结构、知识结构、能力结构合理，具有高度凝聚力、能够冲击学术前沿的创新团队，一批优势学科创新团队雨后春笋般诞生，获批 34 个省级创新团队，产出高质量科研成果 196 项。这些科研平台“硬支撑”和科研团队“软实力”

成为学校内涵式高质量发展的重要保障，更是服务国家战略和区域经济社会发展的重要支柱。

高层次学术交流活动日益频繁。学校坚持“请进来”与“走出去”相结合、学术与宣传相结合、校内与校外相结合的工作思路，以学科建设、项目培育、科研合作、培养人才为目标，搭建高端学术交流载体，举办形式多样的学术交流活动，学校的影响力和学术声誉日益彰显。承办召开高规格学术会议实现常态化，举办国际性学术会议 17 场，全国性学术会议 152 场，持续 10 余年打造“聊大讲坛”特色品牌，越来越多的国内外知名专家学者来校讲学交流，越来越多的校内学者走向学术的舞台，学校的学术吸引力和学术氛围更加浓厚。成功举办 2019 海峡两岸大学校长论坛，来自台湾海洋大学等 8 所台湾高校，中国石油大学（华东）等 22 所省内外高校的 90 余名校长、副校长、高等教育专家等参会，肩负大学的使命与担当，共同谋划高等教育高质量发展的美好未来，为中华民族伟大复兴的中国梦贡献力量。

学报的影响力稳步提升。学校坚持学报与学科建设同频共振，努力提升期刊质量声誉，培育一流学术期刊，打造一流成果汇聚阵地。《聊城大学学报（社会科学版）》办刊特色进一步彰显，刊发稿件 2000 余篇，被二次权威文献转载近百篇次，荣获国家级奖励 7 项，入选“中国人文社会科学综合评价 AMI”扩展期刊。《聊城大学学报（自然科学版）》学术影响力不断增强，刊发高质量文章 1900 余篇，特别是学校设置了优质稿件专项基金提升期刊吸引力，连续 5 年获评中国科技论文在线优秀期刊二等奖，复合影响因子指数达 1.116，居山东省同类期刊前列。

第五节　人才队伍建设富有成效

2002 年，学校作为山东省人事分配制度改革 8 所试点高校之一，启动第一轮人事分配制度改革，到 2005 年顺利完成了第一轮的改革任务，师资队伍日益壮大，人才质量不断提升，办学活力大大增强，我校的人事分配制度改革取得了卓著成效，走在全省乃至全国高校的前列。到 2005 年底，教职工总数由 1367 人发展到 1706 人，其中专任教师 1330 人，教授 165 人，副教授 246 人，硕士 442 人，博士、在读博士 137 人，新增 2 名山东省高等学校学术带头人、8 名山东省高等学校中青年学术骨干，1 人成为山东省首批教学名师，教师总量较大幅度增长，学历层次明显提高，引进人才由以硕士为主转向了以博士为主，教师队伍的职称、年龄、学历、学缘结构得到较大改善。

不断完善人事管理部门职能。随着人事处的工作越来越复杂，职能已经逐渐向人力资源管理转变，为顺应时代发展潮流，2018 年，学校将人事处更名为人力资源处，促进人事管理工作更符合现代管理要求，更贴近教师的实际需求，更关注人才的个性化发展。2021 年，为强化党委对人才工作和教师发展服务工作的全面领导，学校把党委教师工作部与人力资源处合署办公，成立教师工作部（人力资源处），部门下设人事管理服务中心、绩效管理服务中心与教师发展中心，负责学校教职工师德师风建设、岗位评聘、考核、招聘、调配、培养、工资、社保、人事档案、人才服务和单位绩效管理等事宜的职能部门。

持续推进人事分配制度改革。2006 年，学校启动第二轮人事分配制度改革，完善科学设岗、以岗定薪、竞聘上岗的人事管理体制。改革按照“总量控制、微观放权、规范合理、精简高效”的原则进行机构改革，在定编定岗定责的基础上，合理核定机关、教学、教辅等岗位编制，规范校内组织机构；按照“按需设岗、公开招聘、平等竞争、选优聘用、严格考核、合同管理”的原则，对各类各级岗位实行全员聘任制，推行并完善高校教育职员制度；按照“效率优先、兼顾公平”的原则，在第一阶段岗位津贴实施办法的基础上，重新修订各单位岗位津贴实施办法，进一步扩大并规范学院的自主权。2006 年，学校制定出台《聊城大学关于进一步深化人事制度改革的实施意见》《聊城大学竞聘晋升专业技术岗位指导意见》等 10 多个改革文件，对全校现有 1700 多名教职工实行了重新竞聘上岗，建立并完善全员聘任制度和人事分配制度，强化了岗位竞聘机制，破除了专业技术职务和干部职务终身制，初步实现了岗位聘任能上能下、待遇能高能低，科学、有效、合理流动的用人机制；建立了以岗位聘任为主要内容的竞争上岗机制和以固定工资和岗位工资为主体的分配激励机制，逐步实现了由“身份管理”向“岗位管理”的转变，为学校的建设和发展发挥了积极的促进作用。

2010 年，学校启动第三轮人事分配制度改革，积极探索建立具有我校特点的现代大学人事管理制度。改革继续完善教师编制管理、岗位设置管理制度；面向海内外、校内外公开招聘制度；以公开招聘、竞争择优为导向的教师遴选制度。建立由品德、知识、能力、业绩等要素构成的教师评价体系。继续完善以提高待遇和业绩贡献为导向的教师激励保障机制，建立和完善绩效工资分配制度，强化以岗定薪、岗变薪变，努力营建人尽其才，人才辈出的环境，进一步激发广大教师的工作积极性和创造性。2010 年，学校出台《聊城大学 2010 年关于校聘优秀人才岗位竞聘工作的通知》，按照着眼未来、体现发展、鼓励竞争、突出业绩的原则，138 名教师经过严格考核入选第三届“聊城大学优秀人才”，评选充分体现了鼓励竞争、突出业绩的选拔机制。2010年底开始分步实施了教学科研系列专业技术岗位竞聘晋升、思政系列专业技术岗位竞聘晋升、教辅系列专业技术岗位竞聘晋升工作，平稳、顺利地完成岗位竞聘晋升工作。

2011年、2012年，学校重点推进岗位设置管理改革，科学制定我校岗位设置方案，在2008年初步制定了《聊城大学岗位设置方案》的基础上，先后出台了《聊城大学岗位设置与聘用实施意见》《聊城大学专业技术岗位设置与聘用实施办法》《聊城大学管理岗位设置与聘用实施办法》和《聊城大学工勤技能岗位设置与聘用实施办法》等4个文件，合理设置管理、教学科研、教学辅助、工勤等各级各类岗位的结构比例和任职条件，确定了“先入轨，后规范，因事设岗，精简效能”的聘用原则。2012年11月19日，学校隆重召开首次岗位聘用大会，下发了聘用文件，颁发了聘用证书，兑现了岗位待遇，实现岗位明确、职责清晰、责权利相一致，充分调动了各类岗位人员的积极性。2011年9月，学校人事人才工作受到省委、省政府的表彰通报，荣获“山东省人才工作先进单位”称号，并第二次荣获省委组织部、省教育厅2011年度人才工作目标责任制考核优秀等级。

2013—2021年，学校着力推进校内绩效考核分配改革。2014年7月，印发《聊城大学绩效考核分配办法（试行）》，按照“以岗定薪”的原则，于8月落实了教职工的基础绩效和年功绩效，并补齐了2013年11月至2014年7月的差额部分。绩效考核分配办法的实施，极大地提高了教职工的岗位绩效收入。2016年，拟定《聊城大学绩效工资实施办法》（讨论稿），不断深化完善绩效工资改革，并于2021年出台《聊城大学绩效工资实施办法（试行）》，教学科研单位的业绩绩效经费考核指标由2013年的4大项增加到目前的8大项，400多项具体指标，考核指标更全面、更科学，建立起以业绩贡献和能力水平为导向的绩效工资分配办法，调动了各级各类人才的主动性和积极性。

2017年，学校印发《聊城大学专业技术岗位竞聘晋升办法》（以下简称《办法》），进一步深化人事制度改革，激发和调动广大专业技术人员的积极性，推进分类管理。新《办法》通过任选条件的设置，将以教学为主的教师和以科研为主的教师进行分类，使其能够发挥自身的特长。在任选条件中专门设置教学方面的选项，增加了创新创业竞赛指导、毕业论文指导等内容。充分考虑到音体美等学科专业特殊性，使音体美教师有更多的选择。开辟了教授岗位竞聘绿色通道，激励教学科研能力特别突出的教师脱颖而出。一定程度内放开竞聘人员范围，促进管理人员和一线教师的双向流动。具有硕士学位的管理人员完成专业技术岗位所要求的岗位职责，可在专业技术岗位所在单位参加专业技术岗位的竞聘。2017年6月，学校组织实施专业技术岗位分级聘用工作，共有901人参与申报竞聘，其中确定教授三级岗位人选 12 人；副高一级岗位人选 62 人，副高二级岗位人选 71 人。

2020、2021 年，学校出台并修订完善了《专业技术岗位人员聘期考核管理办法（试行）》，全面考核专业技术岗位人员的综合表现，重点考核工作绩效，并将聘期考核结果与是否续聘、奖励性绩效发放结合起来，形成专业技术岗位人员的正向激励和负向激励有机统一的闭环管理制度体系。2020 年 5 月和 6 月聘期到期的 139 名专业技术岗位人员参照《专业技术岗位人员聘期考核管理办法（试行）》进行了首批考核，考核合格率为 84.17%。

2022 年，学校出台《聊城大学业绩奖励性绩效工资、年度考核奖经费来源及使用管理办法（试行）》，明确了学院经费管理使用办法、业绩奖励性绩效工资的分担比例及列支办法、年度考核奖经费列支办法等各项内容，调动学院创收工作的积极性、主动性。研究制定了服务社会工作绩效“白名单”，解决教学科研单位服务社会工作绩效项目杂、乱、重的现状，建立起规范合理、职责清晰的服务社会分配体系。（近几年的工作与成绩呈现不足）

不断加大对优秀人才的激励力度。2010 年，学校继续实施“聊城大学优秀人才”工程，按照着眼未来、体现发展、鼓励竞争、突出业绩的原则，遴选 138 名教师进入第三届“聊城大学优秀人才”，其中第一层次 9 人，第二层次 24 人，第三层次 105 人，其中两名优中选优的讲师竞聘者入选优秀人才，充分体现了鼓励竞争、突出业绩的选拔机制。

2015 年 3 月，学校“百人计划”人才工程全面实施，进一步完善让一流人才享受一流待遇，一流贡献得到一流回报的机制。“百人计划”首批遴选 79 名优秀教师，其中有两名讲师入选，年龄最小的仅 32 岁，共投入 549 万元，遴选条件突破年龄、资历、身份和比例限制，以工作实绩为重点，激发了广大教师特别是青年教师的工作热情。到 2017 年，“百人计划”人选达到了 102 人。其中第一层次人选 4 人，第二层次人选 23 人，第三层次人选 75 人，平均年龄 46 岁，最小入选人员年龄 32 岁。

2018 年，作为对“百人计划”的“换挡提速”版，学校推出了“光岳”系列人才建设荣誉体系。“光岳”系列人才分“光岳学者”“光岳英才”“光岳新秀”三个档次对“光岳”系列教师进行重点支持；同时，作为“光岳”系列人才队伍建设计划的延伸，“二级教学科研单位人才支持计划”（试行）启动实施，两个计划聚焦“放权”“搞活”，将两个层次人才的定义权放到二级教学科研单位，补贴由各相关单位从本单位业绩绩效经费中调配支出，不受单位年终核发的业绩绩效总量的限制。此政策的出台，破除了学校人才成长的机制障碍，打破了制度藩篱，为二级教学科研单位有效激励人才提供了政策依据。2019 年首次遴选，有 227 人入选“光岳”系列人才支持计划，其中有 6 人入选“光岳英才”第一层次、26 人入选“光岳英才”第二层次、145 人入选“光岳英才”第三层次、50 人入选“光岳新秀”，名单公布后，学校随即兑现了相关待遇，发放补贴 934 万元；“二级教学科研单位人才支持计划”共评选出二级单位人才支持计划入选者 275 人，其中一层次 184 人，二层次 91 人，发放补贴 459 万元；2020 年，新增 72 名教师入选光岳系列人才支持计划。通过两个计划的实施，在全校进一步形成“人人关爱人才、人人珍惜人才、人人理解人才、人人善待人才”的浓厚氛围。

2021 年，学校出台《聊城大学“光岳青年学者创新团队”遴选与管理办法（试行）》；2022 年，首批遴选 6 支“光岳青年学者创新团队”。

2022 年，学校制定《聊城大学“光岳人才工程”实施与管理办法》（以下简称《办法》），遴选 192 名同志入选首批“光岳人才工程”，其中“光岳学者”9 人，“光岳英才”100 人，“光岳新秀”83 人。《办法》将原《聊城大学“光岳学者”支持计划》《聊城大学“光岳英才”支持计划》《聊城大学“光岳新秀”支持计划》合并成一个文件，对申报条件和管理期限进行适当的完善和调整，形成了体系完整的“光岳人才工程”。文件坚持激励约束并重原则，在适当提高人才津贴标准的基础上，加强聘期考核，突出契约精神，既通过优厚的待遇进一步树立尊重人才、尊重知识的价值导向，又充分调动入选者的积极性与主动性，助推持续产出高质量的教学科研成果。

2023 年，学校大力实施“引育用留”四大工程，深化党委书记人才工作项目，高层次人才队伍持续扩容、提质，引进优秀博士 110 多人，11 名教师入选泰山系列人才工程和山东省理论人才“百人工程”，6 个团队和个人获评“山东省高校黄大年式教师团队”等省级以上荣誉称号。

持续加大高层次人才引进力度。学校始终把高层次人才引进作为学校发展的重要推动力，2004—2007 年，连续实施“百名高层次人才”引进计划，实施“海内外智力引进工程”，不断加大校外智力引进力度；2005 年引进博士 20 人、硕士 110 人，2006 年引进博士 31 人、硕士 120 人，2007 年引进博士、硕士 98 人，2008 年引进博士、硕士 70 余人，2009 年引进 71 人，其中博士 26 人;2007 年 8 月，“分析化学”学科“泰山学者”特聘教授刘继锋来校工作。到 2009 年 11 月第三次党代会召开时，我校具有博士、硕士学位教师由 266 人增加到 1045 人，其中，在职在岗博士由 45 人增加到 230 人，聘请张新时、薛群基院士等 220 名知名专家学者为特聘或兼职教授，师资队伍结构日趋合理。

2010 年 2 月，我校召开高层次人才政策发布会，正式启动人才高地建设工程，推进新引进人员博士化。出台《聊城大学高层次人才引进与管理办法（暂行）》

和《聊城大学课程教授聘任管理办法》两个重要文件，与之前的《聊城大学特聘教授聘任管理办法》等 8 个文件完善了全方位的人才引进和使用管理规范，形成了“学校主导、学院主体，职能部门配合，齐抓共管”的人才引进体制和工作机制。2010 年，学校择优录用近 40 名博士研究生，实现了新进人员的博士化；同时，学校围绕重点学科建设，进一步加大国内外高层次人才的引进力度，共聘任近 40 名知名专家学者作为我校兼职教授。

2011 年，学校党委将当年确定为“人才建设年”，积极实施高层次人才引进工程，进一步加大国内外高层次人才引进力度，将人才引进计划的重点确定为满足重点特色新兴学科的教学科研需要，大力引进学科领军人物、学科带头人、学术带头人等高层次人才，举全校之力加大高层次人才引进与培养力度，高层次人才引进工作成为全校上下的普遍共识，掀起了人才引进的新高潮。到 2011 年 12 月底，各学院共考察博士 100 余人，最终择优录用了 43 人，数量上较往年翻了一番，质量上也有很大提高，海外博士和优秀博士占到近一半；与 12 名高层次人才达成引进合作意向，国家杰出青年基金获得者、新世纪“百千万人才工程”国家级人选、上海交通大学特聘教授胡卫生受聘我校“泰山学者”特聘教授；王炳全博士受聘我校“泰山学者”海外特聘专家；聘任抗体药物国家工程中心主任、解放军总医院肿瘤中心主任郭亚军教授担任药学院院长，一批高层次人才到校工作或受聘特聘教授，实现学科领军人物和学科带头人引进新突破。

2012 年，学校把实施人才高地建设提升工程列为学校“十大工程”之一，把学科领军人物引进与培养工作列为学校“三项重点工作”之一，着力引进和培养高层次人才。2012 年我校人才引进工作再上新台阶，引进国家“千人计划”1 人，实现了该计划“零”的突破；引进学科带头人、方向带头人、中青年学术骨干，博士引进数量和质量较往年均有较大提高，为第一、第二层次学科建设项目引进配齐学科带头人，优先引进配齐“学科 + 团队”梯队人员打下了良好的基础。山东省高等学校人才工作目标责任制考核工作，2013 年，我校在山东省高校人才工作目标责任制考核评估中第三次被评为优秀等次（位列山东省高校第三），上报的人才工作创新案例《三方搭台，引才“唱戏”—聊城大学 2012 年全职引进国家“千人计划”专家韩军博士》，被遴选为 2012 年度“山东省高校人才工作十佳创新案例”（位列山东省高校第二）。到 2015 年学校第四次党代会召开时，学校共引进双聘院士、“千人计划”专家、“泰山学者”等高层次人才 19 人，引进培养博士 342 人，具有博士学位的教师达到 507 人，比“十一五”末增加 1.5 倍；培养国务院政府特殊津贴专家、山东省有突出贡献的中青年专家、山东省教学名师等高层次人才 28 人次，多次被评为“山东省人才工作先进单位”。

2014—2020年，学校持续实施重点学科和重点研究领域高层次人才引进工作校领导分工包干制，引领高层次人才引育工作不断取得新突破。到2021年4月学校第五次党代会召开时，学校引进双聘院士、“泰山学者”等高层次人才60人，引进培育博士410人，具有博士学位的教师达877人，占比50.6%；培养国务院政府特殊津贴专家、山东省有突出贡献的中青年专家、省教学名师、省智库高端专家等高层次人才29人次，获批省青创人才引育计划团队6个，高级职称专任教师占比达到50.1%。

2021年以来，学校启动实施高质量发展“九大工程”，将“优秀人才队伍建设工程”作为其中之一，推动全面建设高水平师资队伍。学校加大引才聚才力度，突出“高精尖缺”导向，推进学科领军人才精准引进计划；实行二级学院人才目标责任书制度，科学预判未来五年退休和流动情况，对标师资队伍建设目标，建立“一院一清单”引才机制；重视学院学科差异，推行“一学科一策、一人一策”人才引进模式和特殊政策措施，大幅度提升青年博士的引进待遇，探索建立多元化弹性人才引进制度。2021年，新增省级高层次人才11人；2022年，全职引进博士（教授）105人，引进数量实现新突破；柔性引进特聘教授7人；3支团队入选山东省高校“青创引育计划”团队，10支团队入选山东省高校“青创科技计划”团队，师资引进工作取得新突破。

持续加强教师培训和师德师风建设。2005年，学校实现了教师培训模式和内容的重要突破。除了开展山东省新进教师岗前培训外，组织了具有学校特点的新进教师岗前培训，针对青年教师特点，在培训内容中设置现代教师职业发展与教育素养、高等学校双语教学、高等教育方法、多媒体教学和教务、科研、人事政策法规等。

2006年，学校启动实施教师知识更新计划，加大中青年教师特别是新进教师的专业教学技能培训力度。按照聊城大学《教师知识更新计划》《教师出国（境）研修暂行办法》《教师国内进修管理办法》等配套方案的要求，通过举办外语培训班，鼓励教师国内进修、出国研修等措施，加快教师的知识更新，提高教师的教学科研能力和水平。2006—2010年，学校教师中有92人攻读博士，另有50余人次国内外进修、访学。截至2010年底，我校共有全国优秀教师9人、山东省有突出贡献的中青年专家6人、山东省教学名师5人。

2011年是学校的“人才建设年”，学校启动实施学科带头人培养工程、中青年教师博士化工程、中青年学术骨干培养工程，加大对人才培养的投入力度，强化政策引导，大力培养在国内外有较大影响的学科带头人，鼓励教师在职攻读博士学位，特别是到海外攻读博士学位，培养一批基础扎实、具有创新潜能的学术新人，全面提升学校的核心竞争力。到2012年，共有27人考取博士研究生，12人获国际合作培养项目及山东省国内访问学者项目资助，工程实施效果初显。

2014年，学校出台聊城大学《教职工进修学习管理办法》《教职工出国（境）专项基金管理办法》等文件，首次设立教职工出国（境）专项基金，资助优秀骨干教师出国（境）进修学习，加快培养一批学校建设亟须的、具有国际视野的学术带头人。2015—2019年，80余名教师得到留学基金委、省政府公派出国、省教育厅及学校资助出国访学、留学。

2021年，为强化党委对人才工作和教师发展服务工作的全面领导，学校把党委教师工作部与人力资源处合署办公，成立教师工作部（人力资源处），切实加强教师思想政治教育和师德师风建设工作。学校成立校院两级教师工作委员会，研究审议学校教师思想政治和师德师风建设工作重大事项，形成了党委统一领导、党政齐抓共管、单位具体落实、教师自我约束的工作体制机制；制定出台《关于加强和改进新时代师德师风建设的实施意见》《教职工政治理论学习制度》《教师职业道德规范》《学术道德规范》《教职工师德师风考核办法》《师德失范行为负面清单及处理办法》《关于学术不端行为处理实施办法》等规章制度，织密加强师德师风建设的规章制度体系；组建由优秀教师、学生骨干、家长代表、社会人士组成的师德师风监督员队伍；严格师德师风考核，注重思想政治教育，与教师签订师德师风建设和严禁教师违规收受学生及家长礼品礼金等行为责任书、承诺书，对出现师德师风负面清单行为的，一经查实实行“一票否决”。同时注重典型选树宣传，挖掘校内优秀教师典型，开展“最美教师”、教书育人楷模、大学生良师益友等优秀教师选树活动，近年来先后评选出“最美教师”9人、教书育人楷模39人、大学生良师益友30人，3支团队入选山东省高校黄大年式教师团队，1支团队荣获山东省“干事创业好团队”称号，1名教师荣膺全国师德标兵。

第六节 服务社会水平稳步提升

聊城大学在50年的办学历程中，一直重视服务社会工作，尤其是在聊城师范学院向聊城大学的转型过程中，学校主动适应区域经济和社会发展需要，以专业调整为基础，不断加大应用型专业的建设，积极组建工科学院，努力拓宽人才培训途径，为区域经济发展培养应用型技术人才；以应用技术研发为导向，不断强化应用型学科培育，努力打造区域经济发展急需的科技研发平台；以政策为引导，大力促进“政产学研”合作，通过向企业派驻科技特派员、同企业共建实验室、技术中心等，不断增强学校与区域社会经济的联系，提升学校依靠技术优势和人才培养优势为区域社会经济发展服务的能力和水平。特别是2021年第五次党代会以来，学校确立了高水平应用型大学的发展目标，实施校内、校地、校企融合三大融合发展战略，服务社会工作呈现出蓬勃发展的态势、进入崭新历史时期。

一、整合资源构建服务社会学科专业体系

适应经济社会发展需求，学校逐步调整学院与专业设置，加大应用型人才的培养力度，一方面增设了一批适应经济社会需要的工学、管理学、经济学、农学专业，另一方面从传统的文理学科中孵化与衍生了一批应用型专业。学校自2003年成立汽车与交通工程学院、材料科学与工程学院后，2005年根据聊城建筑产业的发展，成立了建筑工程学院；同时及时调整专业设置，大力建设应用型专业，2002年学校更名为聊城大学之前，应用类专业仅有12个，到2011年共新上应用类专业27个，包括工科专业16个，是聊城师范学院时期的2倍多，2012年以来新设艺术类、语言类、法学类、经济管理类、工科类应用型专业24个，2021年以来，通过动态调整优化专业结构，停招传统专业16个，增设5个“四新”专业，设立11个应用型微专业，提高“四新”专业与应用型专业占比。2021年第五次党代会以来，学校适应应用型大学建设要求，着力推动学科融合交叉，设立化学与材料学部等5个学部，推进跨学科科技攻关；优化学科布局，筹措近亿元资金，立项建设12个“冲一流”“强特色”学科，培育建设10个左右省内一流新兴交叉学科专业群，增强服务区域发展的学科支撑能力；推动人才培养融会贯通，与浪潮集团、鲁商集团等知名企业共建5个现代产业学院，校企双方共同开展专业、课程与师资建设，将企业需求融入人才培养、科研创新各环节，实现教学研产无缝对接。

二、不断优化服务社会机构职能

近20年来，学校与时俱进地调整服务社会职能处（室）职责，逐步增强学校产教融合、科教融合的组织协调能力。2005年7月，学校将科技产业开发办公室更名为科技产业处，下设企业管理科、产业开发科，并增设“聊城大学科技转化中心”，处（室）主要职责以科技产业管理为主。2012年12月，为突出大学的服务社会功能，学校将科技产业处更名为服务社会处，下设校地服务科和校企合作科，成立“聊城大学服务地方办公室”，开启了学校服务社会、融入社会的新篇章。2021年12月，为贯彻落实聊城大学第五次党代会精神，深入实施融合发展战略，学校将服务社会处更名为融合发展处，开启了学校产教融合、科教融合的新征程。

三、持续完善服务社会顶层设计

2005年，学校科技产业处成立后，服务社会工作重心逐渐由科技产业开发管

理转向服务区域经济社会发展。

2006 年，聊城市人民政府出台《关于支持聊城大学跨越式发展的实施意见》，为学校发展营造了优越发展环境。2007 年、2008 年，学校组织实施“聊城大学百名博士进企业活动”，拉开了聊城大学服务社会、融合社会发展的序幕。

2009 年，学校与聊城市政府联合成立“聊城市—聊城大学产学研领导小组”，组织召开了聊城市—聊城大学产学研工作会议，并发布《聊城大学服务聊城行动计划（2009—2015）》，着力实施聊城大学服务聊城“1134 工程”。2016 年，《聊城大学服务聊城行动计划（2016—2020）》接续实施。

2012 年 3 月，学校与聊城市政府联合召开了校地战略合作座谈会，成立聊城大学服务地方领导小组和服务地方办公室。与此相适应，学校将科技产业处更名为服务社会处，成立“聊城大学服务地方办公室”，更加突出大学的服务社会功能。

2012 年 2 月，《聊城市人民政府关于支持聊城大学建设山东省高等教育应用型人才培养特色名校的意见》出台。聊城市支持聊城大学建设应用型人才培育特色名校的配套经费不低于省教育厅、财政厅给予的专项建设资金额度，其中拨付财政资金不低于省拨经费的 50%，其余资金由市政府有关部门通过给予聊城大学专项任务支持的方式落实。

2013 年 10 月，学校同聊城市签订了《聊城市—聊城大学共建人才高地战略合作协议书》，双方建立完善的高层次人才共用共享机制。协议本着“资源共享、优势互补、互利互惠、共谋发展”的原则，共同引进、培养、共享高端科技人才，同时，聊城大学定期选派高层次科技人才到聊城基层单位、部门挂职，推动地方人才、技术项目引进。

2018 年 6 月，学校制定实施《聊城大学主动服务山东省新旧动能转换重大工程行动方案（2018—2020）》，推动产教融合、科教融合“十大工程”。“十大工程”紧紧围绕新旧动能转换重大工程的主攻方向和主要目标，紧密对接“十强”产业，增加壮大新动能的科技供给，破解传统产业改造的科技瓶颈，为区域经济社会发展提供有力的科研创新支撑。

2020 年 1 月，聊城市人民政府—聊城大学城校融合发展签约，双方签署《聊城市人民政府·聊城大学城校融合发展框架协议书》等 5 份协议，标志着校地合作迈入全面深化提升的新阶段。根据协议，双方将以全面撬动和支撑聊城崛起，全面支持和推动聊城大学争建一流，全面构建城校融合发展共同体为共建目标，共同推动实施学科产业对接工程、高端人才汇聚工程、基础教育示范工程、产业升级助推工程、创新平台培育工程、大学科技园共建工程、新型智库建设工程、文化与文明引领工程、国际合作拓展工程、基层培训与学历提升工程等“十大工程”。时任市委书记孙爱军表示，聊城市把推进城校融合发展纳入经济社会发展规划，加大在规划、财政、土地、人才等各方面的支持力度，市政府每年安排 2000 万元资金，连续安排三年，用于双方人才引进工作，真心实意、真金白银、真抓实干，为聊城大学发展营造一流外部环境。

2021 年 4 月，聊城大学第五次党代会胜利召开，全面开启高水平应用型大学建设的新征程，学校服务社会工作进入蓬勃发展的崭新历史时期。2021 年 5 月，在第五次党代会精神的指导下，《聊城大学“十四五”发展规划》（以下简称《规划》）印发实施。《规划》明确，学校服务社会工作的基本思路是坚持以国家和区域重大需求为导向，以融合发展为突破，深化校内融合、校地融合和校企融合“三大融合”，推动学科链、科技链、创新链与产业链、服务链精准对接，加快科研成果转移转化，全面提高服务社会能力、水平和质量。

2021 年 12 月，学校将服务社会处更名为融合发展处。2022 年 7 月，学校出台了《聊城大学关于深入推进融合发展的实施意见》，对学校未来一段时期融合发展工作进行了全面、系统和科学地规划。

四、多措并举推进服务社会工作

持续推进科技人员地方挂职。2009 年 12 月，学校出台《聊城大学科技人员服务企业实施意见》，鼓励教师积极服务企业，深入企业一线，加快科技成果向现实生产力转化，探索建立产学研合作长效机制。2010 年 4 月，聊城市科技人员服务企业启动仪式暨聊城市第一批科技特派员下派仪式在学校举行，决定实施“聊城市企业科技特派员工程”。我校选派 17 名科技人员参加聊城市第一批企业科技特派员。2012 年，聊城校地合作选派聊城大学科技人才挂职工程启动。2013—2020 年，学校共向聊城市 9 个县市区、经济开发区、高新技术开发区派驻科技人员 178 人次，担任科技特派员、挂职科技副县区镇局长、助力脱贫攻坚。2021 年 9 月，学校联合聊城市科学技术局实施企业“科技副总”挂职工程，三年共向聊城市辖区 154 家企业派驻 166 名“科技副总”，助力企业转型升级、科技攀登。派驻科技人员主动融入地方与企业，为地方发展建言献策，与企业联合科技攻关，34 名挂职科技副总协助企业获得 2022 年度聊城市科技助力中小企业攀登计划支持，为区域经济社会高质量发展注入人才新动能。

校地校企共建科研平台。2007 年，学校为进一步推动产学研合作，制定出台了《聊城大学校地共建产学研机构管理办法》（以下简称《办法》），其间在 2012 年、2017 年两次对《办法》进行修订，并在 2022 年出台《聊城大学自主设置研究机构管理办法》，不断推进共建科研平台的规范、高质量发展。期间，学校围绕山东省特别是聊城市优势特色行业产业、经济社会发展需求，相继与山东省及聊城市行业企业、科研院所、政府部门合作共建科研机构、智库等研究平台37个。2023年，学校对校级自主设置科研机构进行规范整顿，确定社会服务类共建机构保留26个。这些共建平台紧密联系校地企三方供需，在科技攻关、成果转化、建言献策等方面对地方发展发挥了重要作用。其中，聊城大学科技园获批建设省级大学科技园，并作为全市唯一入选山东省校地企产学研合作项目。聊城毛驴高效繁育与生态饲养研究院推动聊城形成世界独一无二的驴全产业链发展模式，学校凭借驴研究优势特色，获批筹建国家马驴遗传评估中心。中国—太平洋岛国应对气候变化合作中心落户聊城，办公机构设在聊城大学太平洋岛国研究中心。学校的横向科技攻关项目从无到有，经费从少到多，连年快速增长。2007年横向课题1项，学校到账金额5.57万元；2012年课题18项，到账152.67万元；2015年课题43项，到账281万元；2019年课题47项，到账1204万元；2021年课题85项，到账1360万元；2022年课题94项，到账1426万元；2023年获得横向课题95项，学校到账金额1569万元。

科技成果转移转化硕果累累。2005年学校成立科技成果转化中心。为鼓励教师开展科技攻关和科技成果转化，服务区域经济社会发展，2006年，学校出台《聊城大学关于加强科技成果转化工作的意见》《聊城大学科技成果专项孵化基金管理办法》，创新性提出了“学院可创办由学科带头人牵头的学科性公司”“教师或科技人员可带职务技术成果到企业从事技术成果转化工作”，随后在2013年、2017年、2022年学校3次修订科技成果转化相关政策文件，分别将职务技术（含专利）成果转化项目组和学校收益分配比例由6:4提高7:3、8:2、8.5:1.5，不断提高教师收益分配比例。政策的出台，很好提升了教师参与科技创新与成果转化的积极性，2007年，政策出台的第二年，“自动除鱼鳞机”项目获批学校科技孵化基金资助20万元，该项目研制出三代自动除鱼鳞机，建立了全国营销网络。此后，科技成果转移转化到账金额逐年上涨，2012年到账23万元，2017年到账63万元，2019年到账123.5万元，2021年到账134.1万元，2023年签订科技成果转化合同46项，到账金额566万元，其中两项科技成果转让金额超过100万元，较往年实现了“转化数量倍增、转化类型拓展、转化形式多样”的全方位提升。2022年，学校科技成果转移转化中心先后获批“山东省第二批高等学校科技成果转化和技术转移基地”“山东省科技成果转化综合改革试点单位”。2023年获批聊城唯一一家山东省技术经纪服务联盟工作站，聘任26名教师为科技成果转移转化专员，组建学校科技成果转移转化人才队伍建设。2005—2024年间，学校共获得国内授权发明专利600余项。

哲学社会科学主动服务社会。学校充分发挥哲学社会科学研究优势，积极充当“思想库”和“智囊团”作用，服务国家及区域经济社会文化事业发展。创建了运河学研究院、太平洋岛国研究中心、北冰洋研究中心、黄河学研究院、中国乡村研究院、聊城发展研究院、聊城质量发展研究中心、冀鲁豫边区革命史研究中心、孔繁森精神与西部援建研究中心等一批高端智库，围绕运河文化、黄河文化、红色文化、非遗项目传承弘扬、乡村振兴、旅游经济等领域，积极开展研究与实践工作。2005 年以来，学校承办企事业单位委托课题共 300 余项，科研经费 3100 余万元。其中，2018 年承办地方企事业单位科研项目 24 项，经费突破 150 万元，2020 年与聊城市委宣传部签订 15 项政府采购合同，获得事关文旅领域校地合作提升项目经费 199 万元，学校产出的 48 项高水平信息报告被地市级以上党政机关采用或主要领导批示。2022 年，学校与聊城市建立“哲学社会科学城校合作会议”机制，推动学校哲学社会科学服务社会工作开启新局面，当年遴选“聊城市轴承产业链供应链创新路径与对策研究”等 12 个事关聊城市经济社会发展战略核心问题的重大课题。

第七节　对外开放交流深度拓展

对外开放交流是教育现代化的鲜明特征和重要推动力，是回应国家和区域战略发展的神圣使命，也是学校推进高质量内涵发展的必由之路。20 年来，学校主动服务国家对外开放战略和外交工作大局，将开放办学贯穿学校发展始终，牢牢坚持党委在教育对外开放工作中的领导作用，全面推进学校教育对外开放工作，全力开展国际合作项目、国际化师资队伍建设和学生境外交流项目，不断激发学校资源和潜能的内生发展动力，持续提升学校国际化办学水平和国际竞争力，更好地服务教育现代化和教育强国建设。从第二次党代会提出大力实施“大学手拉手”工程，到第三次党代会明确全面构建逐步以外事部门为主导、学院为主体，师生积极参与的国际化办学新体制，到第四次党代会提出大力提升国际化办学水平，再到第五次党代会部署实施优化国际交流合作工程，一系列务实有力的举措使学校全球“朋友圈”不断壮大，开放办学新格局日趋完善，在人才培养、科学研究、创新创业、服务国家发展、促进中外人文交流、构建人类命运共同体中涌现出一批优秀典型，对外开放已成为学校实现高质量内涵式发展的重要动能。

“十一五”时期，经济全球化趋势不断深入，知识经济快速发展，教育、科技与经济的结合日益紧密，给各国高等教育的发展注入了强大的需求动力。特别是我国全面建成小康社会、建设创新型国家，以及经济快速持续发展和国际地位的提升，为高校全面推进开放办学发展提供了宝贵的历史机遇。在此背景下，学校“十一五”事业发展规划将“国际交流与合作”作为12项主要发展指标之一，明确提出“努力推进国际交流与合作，逐步实现全方位开放式办学”的工作思路，同时，注重发挥学院在国际交流与合作中的主体作用，大力开展以项目为主要形式，在教学、科研、师资、学生交流等方面开展实质性的交流与合作；以落实省政府关于建立聊城师范学院国际交流学院的意见，大力发展留学生教育，打造语言生、游学生、学历生、专业生等多种形式并存的留学生培养格局。到2010年，学校与亚、欧、非、美以及大洋洲等五大洲的10余个国家40余所高校建立了交流与合作关系，留学生教育稳步发展，拥有长、短期留学生200余人，并且与日、韩、俄等国多所高校达成了交换留学生的协议，学校国际化办学水平不断提升。

“十二五”时期，面对高等教育国际化进程日益加快的客观形势，高等院校无不大力开拓国际教育市场，引进国外优质教育资源，实施留学生教育，开展联合办学，以此提高自身教学科研水平，不断适应高等教育在国际交流与合作方面所提出的新任务新要求。在此期间，学校通过扩大开放，广泛吸收和利用国内外优质办学资源，国内外合作与交流更加广泛深入，学术交流的层次和水平进一步提高，对外学历教育、聘请国际知名专家、中外合作办学项目、国内共建项目等取得长足发展，产学研合作办学更加深入，开放办学工作再上新水平，有力促进了学校内涵发展、开放发展。到2015年，学校与20多个国家和地区的60多所高校新建校际关系，与德国、韩国高校举办中外合作办学本科项目；850余名学生到国（境）外参加各种形式的交流学习，派出教师220人次赴国（境）外学术交流，引进外籍师资120余名；获得山东省政府来华留学生奖学金和孔子学院来华留学生奖学金接收院校资格，780余名留学生进入我校学习；在约旦建立孔子学院，选派师生57人次赴10余个国家开展汉语国际推广工作。特别是成立了响应“一带一路”倡议、服务国家外交大局，国内首个独立建制的太平洋岛国研究中心，成为学校与国内外高校、科研院所广泛深入开展交流合作的重要窗口与研究平台。

“十三五”时期是我国实现全面建成小康社会目标的最后五年，也是我校实现建设特色鲜明、优势突出的国内一流地方综合性大学目标的关键五年。这五年，我国经济社会发展正处于加快转变经济发展方式、推动产业转型升级的重要时期，国家创新驱动、“一带一路”“中国制造2025”“互联网+”等发展战略全面实施，山东“两区一圈一带”发展战略整体推进。这五年，世界教育也在发生革命性变化，国家间教育与人才竞争更加激烈，党的十八大报告明确提出要推动高等教育内涵式发展，十八届三中全会进一步强调高校要办出特色争创一流，国家和山东省中长期教育改革和发展规划纲要、“十三五”规划提出了高等教育在新时期的发展任务和要求。在此背景下，学校党委将开放发展作为办学思路之一，主动融入国内外高等教育发展主流，加强产学研合作，推动教育、科技、文化交流合作向深度广度发展，提高社会服务质量和效益，在贡献中争取多方支持，为学校可持续发展提供强大动力。同时，明确提出了扩大开放交流合作的具体实施举措，为持续提升学校国际化办学水平指明了路径方向。至“十三五”期末，学校与海外35 所学校新建校际关系，开发各类交流项目 36 个，新建合作科研平台 6 个，与海外 12 所高校开展了博士联合培养项目，引进各类外籍教师 266 人次，各类国际学生总数达 820 人次，在校生海（境）外教育经历 895 人次；在萨摩亚新建成 1 所孔子学院，累计招生 4365 人；有海外访学经历的教师达 500 人次，教育援外教师 23 人次，获首批山东省“外专双百计划”项目和“齐鲁友谊奖”，国际教育交流与合作全面推进。

迈向“十四五”、进入新时代，我国正处于最好的发展时期，而世界正处于百年未有之大变局，两者相互交织、相互激荡，成为当前中国教育发展必须面对的国际大环境。当前，国际格局朝着多极化的趋势发展，科技竞争日趋激烈，以竞争和融合为核心的创新之战成为常态，对作为科技第一生产力、人才第一资源和创新第一动力重要结合点的高校，如何更加深度参与国际交流合作、直面全球科技创新最前沿提出了更为迫切的要求。与此同时，“一带一路”倡议不断推进，国内国际“双循环”联动发展也为中外合作办学带来良好机遇。学校第五次党代会准确把握当代高等教育发展的“时”与“势”，将“开放活校”作为办学思路，明确提出深入实施以完善制度环境、优化国际学生生源结构、提升教师队伍和管理人员的国际化素养、拓展国际资源、积极服务国家战略等为主要内容的“优化国际交流合作工程”，全面提升开放办学水平。即便遭遇世纪疫情冲击影响，学校国际交流合作在负重前行中取得了显著成效，截至 2023 年底，与古巴哈瓦那大学联合申报聊城大学哈瓦那学院；与 10 所国外大学新建合作关系，新签订各类合作协议 11 份，校际关系的地域布局进一步优化；优化发展合作项目，推进博士联培；围绕人才强校战略，引进高层次外专人才 25 人；对接国家战略，发展国际中文教育，积极申报并成功举办多场国际会议，与太平洋岛国在农业、应对气候变化等领域交流合作日益深入；当年度因公临时出国团组 30 个、出国交流 80 人次，国内外来访交流人次创历史新高；实现了在基里巴斯、斐济、蒙古等国家来华留学生招生工作新突破。

第八节 内部治理体系更加完善

习近平总书记指出，建设教育强国，必须“以教育理念、体系、制度、内容、方法、治理现代化为基本路径，以支撑引领中国式现代化为核心功能，最终是办好人民满意的教育”。高等教育治理现代化关乎我国从教育大国到教育强国的跃升。大学内部治理作为教育治理体系的重要组成部分，是实现教育治理现代化、推动高等教育高质量发展的关键一环。大学内部治理体系的创新与优化，既是国家治理体系和治理能力现代化对大学治理提出的目标和要求，也是积极回应“办好人民满意的教育”的群众期盼和诉求的必然举措，更是扎根中国大地办好中国特色社会主义大学的根本保障。2004 年以来的 20 年，是学校牢牢把握社会主义办学方向，用足用好改革关键一招，全面系统深入谋划推进改革发展各项事业，推动学校内部治理体系和治理能力现代化建设取得显著成就的 20 年。20 年来，历届学校党委紧紧围绕建设一流大学的奋斗目标，全面落实学校治理体系和治理能力现代化建设的重点任务，以学校章程为统领，健全和完善党委领导、校长负责、依法治校、教授治学、民主管理、社会参与的内部治理结构，支撑人才培养、科学研究、社会服务、国际交流合作、文化传承创新等职能，更好地承担起了大学的责任和使命。

20 年来，制度体系建设全面加强。学校持续完善、严格落实党委领导下的校长负责制，着力从制度安排上发挥党的领导这个最大优势，确保改革攻坚事业始终沿着正确政治方向稳步推进；对照《深化新时代教育评价改革总体方案》，全面梳理校级 650 个规范性文件，逐步形成以《聊城大学章程》为统领、系统完备、科学规范、运行有效的现代大学制度体系。深化校院两级办学体制改革，整合优化学院、学科和专业布局结构，落实学院办学主体地位，加强自主办学能力建设，完善学院基本治理组织，健全内部管理制度和运行规则，扩大学院财务管理、人事管理以及教学、科研和其他事务管理自主权。切实转变机关职能，优化机构设置，明确各部门职责边界，公布“权力清单”，减少审批事项，进一步优化工作流程，完善管理信息公共服务平台建设，逐步构建起学校与学院、行政与学术、各职能部门等职责明确、边界清晰、协同高效的体制机制。

20 年来，民主决策机制日益完善。修订党委全委会、党委常委会会议和校长办公会议议事规则，以及落实“三重一大”制度实施办法，建立党委书记、校长经常性沟通机制，进一步明确议事决策范围、议事决策原则和程序、议定事项执行与监督等，出台《学院党总支会议议事规则》《学院党政联席会议议事规则》，进一步规范和完善院级党组织、学院重要工作议事程序，同时加快构建师生代表参与学校决策新机制，邀请师生代表参与讨论重大事项成为常态；成立了校务委员会、学校理事会，完成了校学术委员会换届，进一步健全以学术委员会为核心的学术管理体系与组织架构；不断加强教代会、工代会建设，定期审议讨论学校重大事项决策，通过"答复+督办"闭环管理，切实提高提案办理实效，常态化收集师生意见，大力推进二级教代会规范化开展工作，使教代会成为维护教职工合法权益、有效解决教职工关心关注热点问题、凝心聚力促进学校发展的有效方式。

20年来，人才活力持续迸发。牢牢抓住人才第一资源，全面推进核岗定编，下大力气完善分类分层评价，构建起以成果质量和实际贡献为导向的评价标准体系，充分激发调动了广大教职员工干事创业的积极性、主动性和创造性。紧密结合国家和区域发展战略，深入实施"人才强校"战略，积极构建人才"引、育、用、留"链条体系，构建人才工作新格局。精准实施党委书记人才工作项目，突出"一把手"抓第一资源，坚持校领导联系专家、学院班子成员联系专家制度，统筹推进人才与学科、平台、项目一体化建设，形成自上而下的人才发展路线图。全面强化党委对教师引进工作的全面领导，围绕师资引进、培育、聘用、考核关键环节，持续优化顶层设计，修订实施了有关优秀青年博士引进、高层次人才周转房管理、"光岳"人才荣誉体系、工勤岗位和专业技术岗位设置与竞聘管理办法等一系列文件制度，构建起具有聊大特色的人才引、育、聘、考分类评价体系，引导广大教职员工潜心育人、静心治学、安心办学。高度重视解决教师的"关键小事"，建立落实校领导班子联系服务专家制度，健全"引得进、留得下、干得好"的长效机制，确保人才安身、安心、安业。通过一系列务实举措，高层次人才数量和博士率快速提高，具有博士学位人员和副高职称以上人员均达到了1000人;9人荣获"泰山"系列人才工程称号。

20年来，成本、效益意识不断增强。贯彻落实国家"过紧日子"要求，持续强化经营理念、增强成本意识、树立当家思维，通过多方争取资源、全力拓展增量提升办学实力;通过完善预算管理、加强绩效考评提高资金使用效益，出台《关于加强增收节支推动学校健康发展的意见》，整合优化资源配置，近几年，学校各项收入稳步增加，2023年预算总收入达到13.04亿元，实现历史新高；通过出台相关政策鼓励师生创新创业、推动高层次人才挂职"企业副总"、深化校地校企融合、提供全方位服务保障推动科技成果落地转化;持续深化科研用房有偿使用改革，使有限的房产资源向大需求、大平台、大贡献和特色明显的项目流动，办学资源分配的科学性、规范性、流动性和精细化水平不断提升；大力推进校园节能降耗工作，着力打造节约型校园，成功创建节水型高校，获评“绿色校园”。

第九节　公共服务保障更加优化

20 年来，全校上下围绕立德树人根本任务，立足自身办学基础和发展优势，积极投身于学校的建设、改革和发展，大力发扬脚踏实地、奋发有为的精神，不断完善基础设施建设，持续改善办学条件，提升服务保障水平，不断提高全校师生员工的幸福感、满意度，为学校建设发展提供强大条件支撑。

优化空间布局，基础设施不断完善。学校统筹优化办学基础设施建设，办学空间和办学条件逐步拓展改善。调整了聊城大学修建性详细规划，科学布局校园空间，完善校园功能体系，精心营造理念先进、功能完备、环境优雅的文化校园，学校占地面积近 3000 亩，校舍面积 82 万余平方米。东校区图书馆大楼、聊大医院大楼和“聊大桃李桥”顺利投入使用。建设了地理气象园、农业生态园和机械车辆工程实验室等实习实训基地。聊大花园、聊大花园东苑、明德公寓 1400 余套教工住宅全部交付使用，完成工程技术与现代农业产教融合楼（28000 平方米）、东校区实验实训楼（33000 平方米）及配套项目建设，并按期投入使用。完成了“两厂”厂房征地改造、政史楼建设、东校区校门建设、新征土地手续办理、体育场所硬件建设、青年教师公寓和学生宿舍改造等工程，基础设施进一步完善。“十四五”期间，高标准完成田径场、图书馆、校医院的综合改造、毕业生宿舍改造、部分教学、实验场所的装修改造等 120 余项，涉及工程合同金额 1 亿余元。积极推进医药产教融合实验实训基地建设（24000 平方米），总投资 27000 万元，进一步优化办学条件和功能。

深化改革创新，保障能力显著增强。攻坚后勤社会化改革，广泛动员，深入一线，细化方案，精心研究、周密部署，分三批完成了校园物业的托管服务，完成学生食堂的外包服务和楼宇管理保洁、校园环境保洁、绿化维护等校园物业的托管服务，逐步构建了对外包企业多位一体的监管体系，智慧后勤、高效后勤、优质后勤为学校高质量发展提供了坚实的服务保障。持续提升后勤商贸服务保障能力，高标准完成东校区大学生服务中心装修改造和西校区快递服务中心建设工作，完成学生宿舍楼内直饮水机、洗衣机安装工作，图书馆学生阅览室和学生宿舍的空调安装实现全覆盖，升级了校园摆渡车和共享单车，积极探索打造专业与实践相结合的学研服务平台，获评山东省高校商贸与快递管理工作先进单位。不断完善“四位一体”监管模式，编印《后勤服务保障质量标准手册》，完善“接诉即办”服务平台，定期发布质量与安全监控信息。持续推进全面建设节约型校园、低碳环保校园，推行供水、供暖合同管理，服务保障能力和水平显著提升，获评全国绿化模范单位、全国高校节能先进单位、全国高校后勤管理工作先进单位、山东省后勤工作先进集体、山东省绿化先进单位、节能工作先进单位、物业管理工作先进单位、山东省节水型高校、山东省绿色学校等荣誉称号。学校坚持资产管理的“大资产”改革方向，实现了由以采购为主向以资产管理为主的根本转变，强化了资产使用效益，更好地满足了教学、科研、管理等工作需要。优化资源配置，提升公房使用效益，出台了《科研用房有偿使用管理办法（试行）》，试行科研用房有偿使用。加强大型仪器设备共享共用，提高资产使用效益，出台了《大型仪器设备开放共享实施办法》，搭建资产管理一体化平台，实现与大型仪器共享管理平台的数据对接，实现在线设备信息查询、预约和管理功能，为仪器设备有偿使用提供“绿色通道”，为推动有组织科研提供了有力支撑，典型做法入选山东省信息化建设与应用典型案例。

加强规范管理，服务水平稳步提升。全力推进信息化建设，数字校园信息平台服务功能不断提升，各部门业务信息系统全面升级，校园网络安全防护体系同步推进，基本完成智慧校园架构，学校管理与运营效率倍增。迭代升级图书馆业务管理系统，图书馆总面积近5万平方米，纸质藏书266.9万册，订购中外文期刊204种，电子图书383万种，电子期刊137.02万册，各类中外文数据库50个。档案馆现藏有党群、行政、教学、科研、产品与生产、基建、设备、出版、外事、财会、声像、实物等12类档案，各类档案共计3.5万余卷（盘、件）。其中，纸质照片1645卷（2万多张照片），数码照片50余张光盘（3万余张照片），录像带85盘，实物档案500余件。坚持存量数字化、增量电子化、利用网络化的档案管理与服务理念，研发了“高校档案查询利用平台”等数字服务平台，融入全省和国家档案查询利用体系，成为全国范围内唯一的高校档案服务平台。挂牌成立了山东省高校首家档案保护与修复室。财务、审计工作的科学化、规范化水平不断提升，保证了学校稳定运行和健康发展所需资金的供应，保证了学校资金的安全，最大限度地发挥了资金的效益。进一步提高教职工福利，节假日福利和体检费标准明显提升。医疗健康保障能力全方位提高，拨出专款，对西校区医院进行了装修改造，新增200余万元的医疗设备；以校医院为专业依托，科学统筹校内外资源，设置健康驿站，不断完善公共卫生体系建设。学报影响力稳步提升，学报社科版入选“中国人文社会科学综合评价AMI”核心扩展版期刊；先后获得全国高校优秀社科期刊奖、全国高校社科精品期刊奖、全国高校文科学报特色栏目奖等。学报自科版中国知网复合影响因子达 1.116，在全国 287 家同类期刊中排名第 57 位；影响力指数排名第 87 位，居省内同类期刊前列，先后被评为“山东良好期刊”“山东优秀期刊”“中国科技论文在线优秀期刊”二等奖、“RCCSE 中国准核心学术期刊(B+)”“2021 年度新闻出版统计工作优秀单位”“2022 中国高校优秀科技期刊”等。推进教室智慧化、宿舍书院化、餐厅沙龙化、校园审美化建设，育人环境更加高雅，学校获评山东省首届“文明校园”称号。

夯实发展根基，安全稳定防线牢固。学校全面统筹安全与发展两件大事，不断强化红线意识和底线思维，建立健全“六位一体”安保工作机制，构建“横到边、纵到底、无缝隙、全覆盖”的校园安全体系，实现安全教育、执行落实、排查整改、监督问责、校地协同、智慧安防一体推进，抓牢抓实风险防控。压实校园安全三级责任，提升人防物防技防综合水平，深化校园安全综合治理，加强消防、交通、食品卫生、实验室及危险化学品、防电信诈骗等安全工作，推进校园电动自行车常态化治理、机动车校园超速及违停管理。学校不断创新安全教育举措，将安全宣传教育落到实处，增强师生安全意识和应对风险能力，做好敏感节点和重点时段安全稳定工作。持续做好保密工作，确保国家秘密安全。夯实完善网络综合治理体系，建立安全、可信、实时、高效的“校园天眼”视频监控体系，完善“探头站岗、鼠标巡逻”的安全风险防控预警机制，筑牢网络安全屏障，大力营造安定和谐的校园环境。坚决有力扛起疫情防控政治责任，积极构建严密有序的疫情防控组织体系和工作机制，及时调整完善疫情防控工作方案和应急预案，以实而又实、细而又细的作风和举措，经受了疫情防控的实战考验，广大师生安全感明显增强。

火种熊熊，代代传承；上下求索，弦歌不辍。回望 50 载峥嵘岁月，聊大人肩负责任与使命、怀揣光荣与梦想，在艰难中起步、曲折中前进、困境中崛起、发展中壮大，绘就了一幅敢于超越、勇于追梦的奋斗画卷。面向未来奋进新征程，聊大人将牢记“国之大者”，与海内外 23 万余校友携手同心，大力弘扬教育家精神，赓续聊大精神谱系，为早日建成国内知名、特色鲜明的一流区域高水平应用型大学，踔厉奋发、笃行不殆，接续奋斗、再谱华章！

第二章

百舸争流竞峥嵘

BAIGEZHENGLIUJINGZHENGRONG

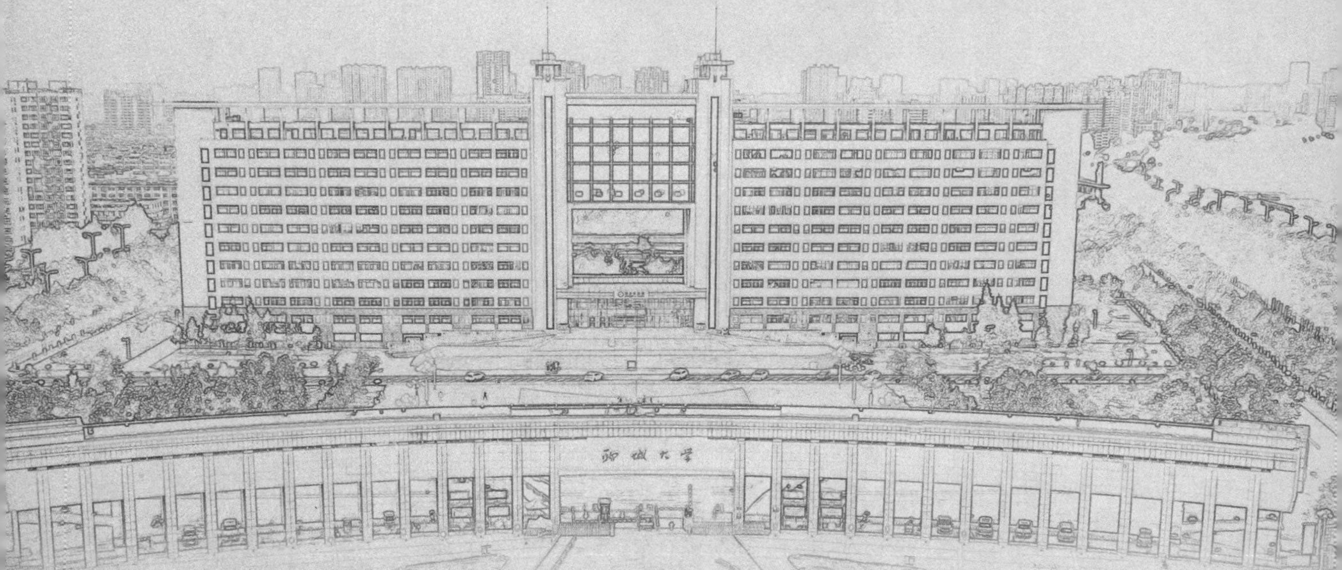

第一节　党的建设工作

学校党委深入学习贯彻习近平新时代中国特色社会主义思想和党的十七大、十八大、十九大和二十大及历次中央全会精神，以政治建设为统领，全面落实新时代党的建设总要求，坚持立德树人根本任务，不断加强和改进党对学校工作的全面领导，牢牢把握中国特色社会主义办学方向，认真落实管党治党、办学治校主体责任，切实发挥把方向、管大局、作决策、保落实作用，进一步加强和改进党的建设工作，以高质量党建引领和保障学校事业高质量发展。

一、强化党的政治建设

（一）突出政治首位，夯实思想根基

20 年来，学校党委坚持将马克思主义中国化时代化的最新理论成果作为办学治校的根本遵循，以马克思列宁主义、毛泽东思想、邓小平理论、“三个代表”重要思想、科学发展观、习近平新时代中国特色社会主义思想为指导，始终把党的政治建设放在首位，深入学习贯彻党的历次全国代表大会精神，坚持不懈强化党的政治领导，始终维护党中央的权威和集中统一领导。持之以恒抓好凝心铸魂，逐步完善和丰富校院两级党委理论学习中心组和党员干部政治理论学习制度和内容，将开学之初的新学期工作部署会固定下来作为加强思想建设和统一思想的重要途径，举办各种形式的学习班、理论读书班、干部培训班，认真学习党的十七大、十八大、十九大、二十大精神，推动党中央重大决策部署和省委工作要求在学校不折不扣落地落实，不断提高政治领悟力、政治判断力和政治执行力，推动党的领导覆盖办学治校各领域、贯穿教育教学各环节、融入人才培养各方面，确保学校办学事业始终沿着正确的方向阔步前进。坚持马克思主义在意识形态领域指导地位的根本制度。学校党委常委会常态化专题研究思政课改革、思政课教师队伍建设等重要事项，充分发挥课堂教学主渠道主阵地作用，把马克思主义中国化时代化最新理论成果的教学和研究作为重中之重，持续深化思政课程和课程思政建设、社会主义核心价值观教育，制定出台《关于进一步加强思想政治理论课建设的实施意见》《关于加强新时代思想政治理论课教师队伍建设的实施办法》《大学生思想政治教育实施大纲》《聊城大学辅导员队伍建设管理办法》等系列文件，切实建好“大课堂”“大平台”“大师资”，不断提高思政课的思想性、理论性和亲和力、针对性。扎实推进党的创新理论成果进教材、进课堂、进头脑，开足开好“思

想道德与法治”“马克思主义基本原理”“中国近现代史纲要”“毛泽东思想和中国特色社会主义理论体系概论”“习近平新时代中国特色社会主义思想概论”，推动党的创新理论在全校青年学生中入脑入心。学校被评选为“山东省高校省级文明校园”，马克思主义学院入选全省重点马克思主义学院。

（二）强化党的领导，把牢办学方向

把党的领导贯穿办学治校全过程。坚持党的全面领导是我国高校鲜明的办学特色，也是最大的办学优势。将制度建设贯穿始终，持续巩固坚持和加强党的领导、深化党建引领的“四梁八柱”，持续完善党对学校工作全面领导的制度体系，出台《中共聊城大学委员会关于加强党的政治建设的实施方案》，围绕党建引领制定实施加强和改进教师、本科生与研究生党支部建设和思想政治教育、加强思想政治工作、推进党建带团建、强化党外知识分子队伍建设和思想政治引领等一系列制度文件，将坚持党的领导、加强党的建设作为学校章程、每个五年事业发展规划和深化综合改革方案的重中之重和头号工程，确保党的全面领导有制可依、有章可循；坚持和完善党委领导下的校长负责制，先后印发《中共聊城大学委员会坚持和完善党委领导下的校长负责制实施办法》《聊城大学党委书记、校长经常性沟通制度》，坚持党委的领导核心地位，保证校长依法行使职权，党委统一领导、党政分工合作、协调运行的工作机制进一步健全；完善校院两级议事决策制度，逐步完善了以贯彻执行民主集中制为核心的各项制度建设和议事规则，于 2012 年先后印发党委全委会议事规则、党委常委会议事规则、党委书记办公会议事规则、校长办公会议议事规则、学院党政联席会议制度，并根据党中央决策部署和学校事业发展面临的新形势新任务新要求及时跟进修订，确保始终坚持重大问题充分发扬民主，集体科学决策，形成了团结一心、维护大局、发展事业的良好局面。

（三）落实主体责任，引领高质量发展

发展是党执政兴国的第一要务。高质量发展是全面建设社会主义现代化国家的首要任务。20 年来，历届学校党委坚持从党和国家事业发展全局的高度谋划和推进各项工作，履行“为党育人、为国育才”重大政治任务，紧紧围绕落实立德树人根本任务，系统研究人才培养、改革发展重大事项，全面推进学校高质量内涵发展。

2009 年 11 月 20 日，中国共产党聊城大学第三次代表大会胜利召开。会议以邓小平理论、“三个代表”重要思想为指导，全面总结了第二次党代会以来的工作，在深入分析学校面临的阶段性特征和问题短板的基础上，明确提出了今后五年的办学定位和发展目标，即按照增列博士学位立项建设单位的要求，全面提高教育教学水平，学科建设水平，特别是重点学科建设水平，师资队伍建设水平，人才

培养质量，科研与学术水平，科学管理水平等决定我校综合实力与核心竞争力的各项指标，实现获取博士立项建设单位和全面内涵发展的新跨越。力争经过五至八年的努力，把我校建成立足山东，面向全国，服务区域经济社会发展，具有较高水平和较大影响力，特色鲜明，优势突出的省属综合性大学。围绕这一奋斗目标，会议提出要继续坚持以德育为先，以教学为中心，以科研为先导，以学科建设为龙头，以师资队伍建设为核心，以深化改革为动力，以党的建设和思想政治工作为保证的办学方针；要继续推进质量立校、特色兴校、人才强校三大战略；大力实施教学质量提高、博士学位点建设、人才高地建设三大工程；重点实现人才培养模式与质量、教学科研水平、产学研结合、科学管理体制与运行机制、国际化办学水平、大学文化建设等六个方面的新突破；突出强调要以改革创新精神加强和改进新形势下党的建设与思想政治工作。会议选举程玉海、李喆、张桓、徐传光、冯健、李军生、张贵桥、孔祥华、窦建民、张跃飞等10名同志为中国共产党聊城大学第三届委员会常务委员会委员，选举于会山、孔祥华、王相水、冯明全、朱德忠、刘牧、江涛、孙德海、宋延婷、宋培宪、张二勋、张乐方、张华筠、张宪平、张桂华、张雪临、张景生、孟卫东、孟庆华、孟宪立、宗培磊、姚广振、姚中平、徐雷、潘群等25名同志为中共聊城大学新一届纪律检查委员会委员。21日，中国共产党聊城大学第三届委员会举行第一次全体会议，选举程玉海同志为书记，李喆、张桓、徐传光同志为副书记；中共聊城大学新一届纪律检查委员会举行第一次全体会议，选举孔祥华同志为纪委书记，姚广振同志为纪委副书记。这次会议进一步增强了各级党组织和全体党员的凝聚力、战斗力，激励全校上下以奋发有为的精神状态，满怀热情地投身到学校建设与发展的工作之中，为实现我校科学发展新跨越努力奋斗。

2015年7月27日，中国共产党聊城大学第四次代表大会胜利召开。会议以邓小平理论、“三个代表”重要思想、科学发展观为指导，总结了过去6年的工作成绩与经验，分析了学校改革发展面临的形势，明确了今后5年的发展目标和战略任务，对学校事业发展和党的建设作出了总体部署。会议提出以全面提高党建与思想政治工作科学化水平为保证，着力推进质量立校、人才强校、学术兴校、特色亮校、开放活校“五大战略”，扎实做好深化教学改革、着力提升人才培养质量，面向社会需求、着力提升科研创新和服务社会能力，加强人才高地建设、着力提升人才队伍竞争力，建设高雅大学文化、着力提升聊大人精神凝聚力，坚持依法治校、着力提升现代大学制度建设水平，加强条件保障建设、着力提升公共服务支撑能力等“六个着力提升”，指明了今后的工作方向。会议选举马春林、徐传光、王强、孔祥华、窦建民、张跃飞、段培永、王昭风、胡海泉等9名同志为中国共产党聊城大学第四届委员会常务委员会委员，选举于会山、马泽生、王文军、王相水、孔祥华、刘牧、刘哲、刘卫东、江涛、安广斌、孙德海、宋延婷、张二勋、张华筠、张桂华、张景生、陈德正、孟卫东、姚中平、徐雷、潘群等21名同志为中共聊城大学新一届纪律检查委员会委员。28日，中国共产党聊城大学第四届委员会举行第一次全体会议，选举马春林同志为书记，徐传光、王强同志为副书记；中共聊城大学新一届纪律检查委员会举行第一次全体会议，选举孔祥华同志为纪委书记，马泽生同志为纪委副书记。这次会议进一步统一了思想、凝聚了共识，动员全校上下加速行动起来，认真学习、研究和落实大会所确定的发展目标和各项任务，改革创新，攻坚克难，奋力拼搏，乘势而上，为创造聊城大学更加美好的明天而努力奋斗。

2021年4月27日，中国共产党聊城大学第五次代表大会胜利召开。会议以习近平新时代中国特色社会主义思想为指导，回顾总结了第四届党委、纪委的工作，从国家战略、区域政策以及省市共建、城校融合的叠加效应，全面分析了学校创新发展面临的重大机遇和严峻挑战，明确提出了建设“国内知名、特色鲜明的一流区域高水平应用型大学”的目标，这是学校发展定位的重大改变，也是学校顺应时代召唤、积极融入社会的科学选择，符合我国高等教育发展趋势和我校发展实际，体现出聊大人既脚踏实地，又志存高远的作风和情怀，也反映了全校党员干部和师生员工的共同期待和愿望。会议明确了强化立德树人“一个根本”、聚力人才和学科“两大突破”、深化校内融合、校地融合和校企融合“三大融合”、夯实党建引领、政策支撑、条件改善和作风建设“四大保障”的“一二三四”发展战略，提出了实施“九大工程”的重要任务和举措，强调要坚定不移把党的领导贯穿学校治校办学全过程，为创建高水平应用型大学掌舵领航，提供坚强政治保证，体现出坚定的政治方向和政治执行力。会议选举关延平、王昭风、胡海泉、徐梅、赵长林、赵明吉、白成林、李兆俊、白青、肖海荣、庄波、苏明海等12名同志为中国共产党聊城大学第五届委员会常务委员会委员；选举王相水、包春江、朱奇、任忠民、刘哲、安广斌、孙作顶、李军、李剑、李磊、李新海、宋士云、张二勋、陈德正、宗培磊、孟卫东、姚中平、夏立军、徐梅、郭尚敬、崔吉学等21名同志为中共聊城大学新一届纪律检查委员会委员。28日，中国共产党聊城大学第五届委员会举行第一次全体会议，选举关延平同志为书记，王昭风、胡海泉同志为副书记；中共聊城大学新一届纪律检查委员会举行第一次全体会议，选举徐梅同志为书记，姚中平、宗培磊同志为副书记。这次会议是在中国特色社会主义进入新时代，我国高等教育进入高质量发展新阶段，学校事业发展迈入“十四五”新时期、内涵发展和质量提升进入攻坚期的关键历史节点召开的一次十分重要的会议，将进一步引导动员全校上下高举习近平新时代中国特色社会主义思想伟大旗帜，永葆初心、牢记使命，只争朝夕、坚毅前行，全面开启建设高水平应用型大学新征程，用更强奋斗和更大成绩铸就聊城大学更加美好的明天。

（四）高效组织巡察工作

1. 强化组织领导。健全巡察工作体系，建立了学校党委—校巡察工作领导小组—巡察办—巡察组—被巡察党组织—相关职能部门上下联动、协同高效的巡察工作格局。党委巡察工作领导小组由学校党委书记任组长，党委副书记兼统战部部长、纪委书记、省监委驻学校监察专员任副组长，党委组织部部长、党委宣传部部长、党委办公室（学校办公室）主任、纪委副书记为成员。领导小组下设党委巡察工作领导小组办公室，与党委办公室（学校办公室）合署办公。强化顶层设计，把巡察工作与“十四五”事业发展规划、学校年度党政工作要点及其他重点工作同部署同推进同考核；坚持党委会定期研究巡察工作、及时听取巡察情况综合汇报和整改情况汇报，系统谋划推进校内巡察工作。从十二届省委任期内学校党委第一轮巡察开始，采取“书记专题会 + 党委常委会”形式，第一时间听取巡察情况汇报，党委书记点人点事点问题，明确提出整改要求和处置意见，压紧压实整改责任，跟踪抓好突出、典型问题办理，“汇报会”成为巡察整改“部署会”、改革发展“推进会”。高效运行巡察工作领导小组会议机制，充分发挥巡察办公室职能，做好巡察工作年度计划和阶段任务安排，围绕“四个落实”监督重点，对被巡察党组织进行精准“体检”。

2. 加强制度建设。学校党委以制度建设为抓手，把依规依纪依法要求贯穿巡察工作各环节，把制度优势更好转化为巡察效能。巡察办公室坚持实践探索在前、总结归纳在后，系统梳理相关党内法规，逐步健全符合学校实际的巡察制度体系。出台以《中共聊城大学委员会巡察工作实施办法》为总纲，制订《中共聊城大学委员会巡察工作规划（2022—2026 年）》，明确 27 个巡察对象，并以巡察工作规划为蓝图，制定每年度巡察工作实施方案，明确巡察内容；建立以《中共聊城大学委员会巡察工作领导小组工作规则》《中共聊城大学委员会巡察工作领导小组办公室工作规则》《中共聊城大学委员会巡察组工作规则》为支撑，以《中共聊城大学委员会巡察工作规程（试行）》为配套的制度体系，从巡察准备、进驻、了解、报告、反馈、移交、整改、立卷归档等 8 个环节完善巡察工作程序，明确主要任务、操作方法、具体要求，构筑巡察工作的“四梁八柱”，巡察工作规范高效开展。

3. 加强队伍建设。注重选优配强巡察专兼职干部，配齐专职巡察干部，专设正处级巡察干部 1 名，副处级巡察干部 1 名，副科级巡察秘书 1 名，建有 60 余人的组长、组员巡察干部队伍，保证巡察工作力量。坚持选优配强巡察组，按照“一次一授权”及回避原则，抽调学校中层正职级的领导干部担任巡察组组长，副组长及其他成员由巡察办公室从中层副职级、年轻干部以及巡察人才库中选调，每个组配备 1 名组长，若干名副组长及成员，1 名联络员。强化教育管理，建立巡察小组定期学习制度，通过巡前集中业务培训、巡中专题培训等方式提升掌握政策制度、发现问题的能力；通过“以干代训”等实操拓宽视野、丰富经验。

4. 有序推进巡察全覆盖。

（1）2021 年巡察工作开展情况。下半年启动对二级单位党组织的首轮巡察工作，10 月 25 日至 12 月 5 日，学校党委第一、第二巡察组完成了对教育科学学院党委、计算机学院党委、历史文化与旅游学院党委、生命科学学院党委、商学院党委、地理与环境学院党委的常规巡察，共发现 6 个学院党委 67 个方面的问题，督促指导 6 个被巡察单位制定 224 项整改措施，明确 338 条具体任务，在学校纪委、巡察办、巡察组的监督指导、跟踪督查下完成了集中整改工作。

（2）2022 年巡察工作开展情况。4 月 6 日至 5 月 19 日，学校党委第一、第二、第三巡察组对文学院党委、建筑工程学院党委、药学院党委、外国语学院（大学外语教育学院）党委、数学科学学院党委、政治与公共管理学院党委开展了集中巡察。6 月 23 日、24 日，巡察组分别向 6 个被巡察单位党委反馈了巡察情况，被巡察党委根据巡察反馈会精神和巡察反馈报告立即制定整改方案、列出整改清单，于 10 月完成了集中整改工作，提交了整改进展情况报告和通报。6 个被巡察单位针对巡察组反馈的 83 个方面的问题提出整改内容 84 项，制定落实整改措施 248 项，及时公布了巡察整改进展情况通报，并接受全体师生对巡察整改落实情况的监督。

（3）2023 年巡察工作开展情况。上半年，高质量完成十二届省委任期内聊城大学党委第一轮巡察。共发现法学院、化学化工学院、农学与农业工程学院、美术与设计学院 4 个学院党委 51 个方面的问题，督促指导 4 个被巡察单位制定 142 项整改措施，明确 334 条具体任务，于 9 月完成整改工作，以高质量的巡察成效和整改成效保障学院各项事业健康稳步发展。同时，下半年高质高效启动对马克思主义学院、传媒技术学院、体育学院、机械与汽车工程学院 4 个学院党委的第二轮巡察，扎实规范有序推进校内巡察全覆盖。

（五）加强机关党建

2008 年 4 月 8 日，学校根据《关于成立中共聊城大学委员会机关工作委员会（机关工委）的通知》（聊大委〔2008〕29 号），将中共聊城大学机关总支委员会（机关党总支）改设为中共聊城大学委员会机关工作委员会（机关工委）；2018 年 5 月 12 日，学校根据《关于调整部分党组织的通知》（聊大委〔2018〕19 号），将中共聊城大学委员会机关工作委员会（机关工委）改设为中共聊城大学机关总支委员会（机关党总支）；2021 年 12 月 3 日，学校根据《中共聊城大学委员会关于调整部分院级党组织设置的通知》（聊大委〔2021〕123 号），将机关党总支改设为中共聊城大学机关委员会（机关党委）。

机关党委主要负责学校机关党的政治建设、思想建设、组织建设、作风建设、纪律建设和制度建设等方面的工作，下设有财务处、创新创业学院、党委办公室（学校办公室）教育发展基金会、档案馆、附属小学、融合发展处、工会、国际合作交流处、国际教育交流学院、纪委、教务处和季羡林学院、人文社会科学处和发展规划与学科建设处、科学技术处支部、人力资源处、审计处、生物制药研究院、网络信息中心、团委、统战部、校园建设处、宣传部、学报、学生工作处、研究生处、招生工作处、资产管理处、组织部、预科生教育学院等 28 个支部委员会。

二、深入开展党的主题教育

（一）开展保持共产党员先进性教育活动

根据中央、省委和聊城市委的统一安排和部署，学校保持共产党员先进性教育活动，从 2005 年 8 月 16 日至 2006 年 1 月 11 日开展了集中教育活动，历时 140 余天。经过各级党组织、全体共产党员的共同努力，圆满完成了学习动员、分析评议和整改提高阶段的各项工作任务。全校 29 个党总支（分党委、直属党支部）、160 个党支部，2649 名党员参加了教育活动。学校党委高度重视，超前规划，周密部署，组织领导得力；各党总支、党支部结合各自的工作实际，精心组织，就近抓实，思想认识、工作措施到位；广大党员结合各自的思想实际，态度端正，严肃认真，成效显著，达到了预期的目的。通过先进性教育活动，广大党员深化了对“三个代表”重要思想的理解，进一步增强了学习实践“三个代表”重要思想和科学发展观的自觉性和坚定性；全校各级党组织和全体党员受到了一次深刻的教育，得到了一次严格的党性锻炼，进一步增强了宗旨观念和党性意识；加深了对加强党的基层组织建设重要性的认识，进一步增强了党组织的创造力、凝聚力和战斗力；进一步增强了各级党组织和党员加快学校改革发展的紧迫感和责任感。达到了提高党员素质、加强基层组织、服务人民群众、促进各项工作的目标要求，为全面推进学校高水平综合性大学的建设步伐奠定了坚实的思想和组织基础。

（二）开展学习实践科学发展观活动

按照省委关于学习实践科学发展观活动的统一部署，学校深入学习实践科学发展观活动从 2009 年 3 月开始，3 月 12 日，学校召开深入学习实践科学发展观活动动员大会，对学习实践活动作出全面部署。学校建立了党委常委联系点制度，党委常委深入教学科研一线进行调研、指导、作辅导报告，推动了学习实践活动的深入开展。学习实践活动办公室建立了各项工作制度，并抽调了18名处、科级干部组成6个指导检查组，按照上情下达、下情上传、掌握情况、督查工作、推广典型的基本职责和严肃认真、尽职尽责、指导得力和检查有效的工作要求开展工作，对全校学习实践活动情况进行督促、指导、检查。

1. 学习调研阶段，党委认真制定学习实践活动实施方案，精心组织学习实践科学发展观的动员大会，结合学校面临的困难和矛盾，分析原因、寻找差距，明确奋斗目标，使学习实践科学发展观的动员大会成为统一思想、鼓舞人心、奋力进取的誓师大会，把学习实践科学发展观活动与学校的发展、改革、建设紧密地联系在一起，与师生员工的自身进步结合在一起。动员大会开得很成功，为深入开展学习实践科学发展观活动奠定了坚实的思想基础。

2. 分析检查阶段，学校领导深入调研，广泛听取征求全校师生员工的意见和建议，认真撰写分析检查报告；领导成员之间积极开展了谈心交心活动，沟通了思想，增进了理解和团结。领导班子专题民主生活会准备充分，针对影响学校科学发展的重大问题，个人和班子认真查找存在的突出问题，领导班子成员自我批评严肃认真，互相批评坦诚真挚，体现了和谐、敬业、进取、务实的精神。在查摆问题的同时，科学谋划消解难题的思路和办法，从师生员工看得见、摸得着的实事入手，着力解决问题，推动学校发展再上新台阶。分析检查报告广泛征求师生意见，几经修改，实事求是，深入分析深层原因，明确创新的思路举措，从制度和机制层面保障和促进学校的科学发展。

3. 整改落实阶段，学校紧紧围绕"推进科学发展，建设高水平综合性大学"的目标，针对党委分析检查报告梳理出来的在贯彻落实科学发展观方面存在的主要问题反复讨论修改，形成整改落实方案和任务分解表，包括9个方面、49项内容，涵盖了学校工作的方方面面，分解为129项具体整改措施，明确了整改目标、具体措施、时限要求、分管领导、分管部门以及具体责任人。学校针对教育教学工作、科研工作、学科建设、人才队伍建设、大学生就业、三级二元办学体制和运行机制、科技产业开发等方面存在的突出问题，逐一研究提出了解决的对策，对影响和制约学校科学发展的突出问题，下大气力给予解决，同时为群众办了15件实事、好事，使师生切实感受到了学习实践活动带来的新气象、新变化。

学习实践活动多次被中央电视台、山东教育电视台、齐鲁电视台、《人民日报》、《光明日报》、《大众日报》等媒体报道播出。教学工作也取得了显著成绩，"质量工程"建设取得新突破，获得国家级教学成果二等奖。有4项国家级的科研项目获批。校、院、系"三级二元"办学体制和运行机制得到进一步完善，自我发展能力和科学管理水平显著提高。2009年8月26—27日，学校召开学习实践活动交流大会，

12 个学院、9 个部门做了典型发言。通过交流活动，进一步巩固和扩大了学习实践活动成果，总结推广了我校各单位学习实践活动的好做法、好经验。

（三）开展创先争优活动

按照山东省委和省委高校工委的统一安排部署，2010 年 5 月 10 日，全校创先争优、争做聊大先锋活动全面启动。根据上级文件精神，结合学校实际，制定了详细的活动方案，要求全校各级党组织准确把握开展创先争优、争做“聊大先锋”活动的总体要求、基本要求、主要内容和方法步骤，争创“五个好”先锋党组织，要求全体党员争做“五带头”“六个方面模范”先锋党员。全校各单位、部门围绕各自中心工作，制定了具体的工作方案，精心设计了丰富的活动载体，广泛开展创建先进集体、争当先进个人活动，在全校形成了创先争优的浓厚氛围。

1. 开展了“三诺”活动。各级党组织承诺事项 947 件；教职工党员承诺事项 3808 件；学生党员承诺事项 1102 件。各项承诺均得到了很好的落实。学校领导和创先争优活动领导小组成员分别对全校 36 个分党委、党总支和直属党支部创先争优活动开展情况进行了集中点评，各总支也对所属支部进行了点评，各支部对所有党员进行了点评，做到了点评工作全覆盖。

2. 开展了创先争优、庆祝中国共产党成立 90 周年系列活动。举办了庆祝中国共产党成立 90 周年图片展，召开了庆祝中国共产党成立 90 周年理论研讨会，开展了“激情唱祖国，红歌献给党”红歌演唱主题活动，举办了以“品读红色经典，追忆光辉岁月”为主题的文化论坛，“党旗飘在我心中”纪念建党 90 周年朗诵比赛、党史知识竞赛等活动，对广大党员进行了一次集中党性教育。“七一”前夕，学校隆重表彰了一批先进集体和先进个人，在全校形成了学先进、争先进、赶先进的浓厚氛围。

3. 开展了“创先争优争做师德标兵”主题教育活动。学校下发了《关于开展师德建设大讨论活动实施方案》，在全校范围开展了师德大讨论，举办了“师德建设大家谈”征文比赛。同时，开展了教师课件制作大赛，中青年教师课堂教学比赛暨十大教学新星评选活动，很好地把塑师德与强师能紧密结合了起来。活动中注意发挥党员教师的模范作用，用党建工作的新成就带动师德建设。

4. 开展了学习型组织建设系列活动。学校制定了《关于进一步推进学习型党组织建设的实施意见》，在全校各级党组织和广大共产党员中深入开展了学习《胡锦涛总书记和其他常委同志对创先争优活动的重要指示》精神、学习杨善洲先进事迹等八项学习活动。学校还举办了处级干部及高级专业技术职务人员暑期研讨班，邀请中央党校张希贤教授对胡锦涛总书记“七一”讲话精神进行了专题辅导。

5. 开展了“书香校园文化创建”活动。为切实发挥高校的文化传承作用，充分发挥文化、文学的育人功能，不断浓郁“文学校园”氛围，创建内涵丰富、格调高雅的校园文化，学校开展了“书香校园文化创建工程”。依托九歌文学社和寂寞百合文学网开展文学教育活动，育人效果良好，先后荣获全国校园文学研究成果一等奖、全国校园文学教学成果二等奖等奖励，我校也荣获“全国示范文学校园”荣誉称号。

根据创先争优活动实施情况，及时整理编发了13期创先争优活动简报，学校创先争优活动实施方案得到了省委高校工委的高度肯定和赞扬，并被作为山东省创先争优活动典型报教育部思政司组宣处。

（四）开展党的群众路线教育实践活动

根据中央、省委的统一部署，2013年8月至2014年3月，学校党委以解决“四风问题”为突破口，以“照镜子、正衣冠、洗洗澡、治治病”为总要求，以为民务实清廉为价值追求，认真组织开展了党的群众路线教育实践活动。

1. 深入动员部署。学校对前期调研中师生反映的意见建议进行了汇总梳理，特别是对涉及“四风”方面的意见建议进行了研究分析，将解决这些问题作为全校开展教育实践活动动员部署的着力点。8月16日，学校召开教育实践活动动员大会，会上，省委第十三督导组组长李平瑞对学校教育实践活动提出明确要求，学校教育实践活动领导小组组长、党委书记李喆同志作动员讲话，就加强和改进党员干部作风建设，确保教育实践活动取得实效提出明确要求。全校37个二级单位于8月19日至25日分别召开了动员部署会议。学校派出6个督导组，对各二级单位的教育实践活动动员部署会议的参会人员范围、会议议程、动员讲话、督导讲话等进行了严格审阅把关。通过广泛深入动员，进一步提高了认识、统一了思想、明确了方向，为确保学校教育实践活动沿着正确的方向有序开展奠定了良好的思想基础。

2. 系统开展学习教育。活动开展后，学校通过开展个人自学、集中学习、专题辅导、现场教育、大讨论等多种形式，抓好党员学习教育活动。在学习中，坚持做到原原本本、系统研读、集体讨论、理论提升。学校召开教育实践活动交流研讨会，全体校领导班子成员结合学习体会进行了专题交流讨论，省委督导组派人参加了交流讨论，学校各机关处室主要负责人与二级学院党总支书记70多人观摩了这一交流讨论活动。9月底，学校统一组织了教育实践活动学习教育效果专项测试，对全校处级以上干部专题学习教育情况进行考试，学校督导组逐场巡视监督，各党总支（分党委、直属党支部）也按照学校安排组织了专项测试。

3. 广泛征求意见建议。在学习教育的基础上，聚焦“四风”，重点围绕落实为民务实清廉要求、落实中央“八项规定”精神，通过召开专题座谈会、基层走访、蹲点调研、双向约谈、问卷调查、设置意见箱、设立专用电话和电子邮箱“七位一体”的方式，采取群众提、自己找、上级点、互相帮的方法，广泛征求师生对校领导班子及成员的意见建议。共征求到师生员工意见和建议 2600 余条，经过梳理汇总为 509 条。

4. 深入查摆突出问题。按照“师生提、自己找、上级点、互相帮”的要求，学校领导班子通过深入基层、调研走访、发放征求意见表，认真听取群众意见建议。通过对照党章、廉政准则、改进作风要求和群众期盼，主动查找“四风”问题。通过省委督导组反馈意见，班子成员之间谈心交流，互相提出意见建议等多种形式，党委班子共查摆出 11 个方面的“四风”问题，班子成员共查摆出“四风”问题 63 条，并对反映强烈的焦点问题提出了整改举措。

5. 深刻进行对照检查。党委班子的对照检查材料由党委主要负责同志亲自主持起草，班子成员的对照检查材料均由个人自己动手、反复修改。每位成员真正把自己摆进去，对准“四风”摆问题、列表现、举事例，剖析根源，针对查摆的问题提出整改方向、制定具体整改措施，力求把准脉、像自己、有深度。在此基础上，学校党委领导班子召开了专题民主生活会，班子成员都从严从实找准了“四风”突出问题，抓住要害揭伤疤，透过现象看本质，见筋见骨深刻剖析问题原因，触及灵魂挖根源，体现出了敢于拿自己开刀的决心和勇气，做到了实事求是、直截了当地指出问题、提出建议，开诚布公、推心置腹地交流意见、沟通思想，真正取得了“红红脸、出出汗、排排毒、治治病”的效果。针对党委班子梳理出的 90 条具体问题，大家坚持共性问题集体认领、个性问题结合分工主动认领，每个问题都有人认账、有人担责，没有放“空炮”，没有挂“空挡”，做到了集体查摆与个人认领相统一，充分体现了班子成员的政治自觉和担当精神。学校各处级领导班子也分别召开了民主生活会，进行了严肃的批评与自我批评。

6. 立说立行即知即改。坚持把整改贯彻整个活动始终，坚持边学边查边改、立说立行立改，用整改落实的实际行动让师生见实效。针对在专题民主生活会上查摆出来的意见和问题，按照“常规性问题的解决要加大力度，遗留问题的解决要集中攻坚，新发现问题的解决要及时跟进”的工作思路，制定了整改工作方案，并建立了工作台账，明确了督办制度。针对“四风”问题，制定专项整治方案，开展了“庸懒散”专项治理活动，完善了领导干部联系学院、校领导基层蹲点、机关干部联系学生班级制度，清理了办公用房，开展了“三公”经费专项检查，建设了学校节能监控平台。针对师生在活动中反映的人才队伍、科技创新、学科建设等发展方面的问题，学校顺势而为，积极争取各种办学资源，切实解决一批制约学校建设发展的“老大难”问题。

（五）开展“三严三实”专题教育

2015年5月启动“三严三实”专题教育，学校党委严格落实省委部署要求，坚持从严要求、强化问题导向，坚持以上率下、注重示范带动，坚持融入大局、立足常态长效，扎实推进专题教育的开展。在落实各项工作任务过程中，学校党委坚持突出处级以上干部这个“关键少数”，不以扩大范围冲淡重点；着重抓好“四个关键动作”，不以“自选动作”代替“规定动作”；注重上下联动，学校领导班子与处级单位专题教育同安排、同部署，切实把“严”和“实”的精神贯彻到专题教育全过程，进一步增强学校党委和处级单位党组织的管党治党意识，落实管党治党责任，通过开展专题教育凝聚动力、激发活力。

1. 切实讲好“三严三实”专题党课。学校党委书记为全校处级以上干部讲了专题党课，学校党委领导班子其他成员分别在所分管部门和所联系学院党员干部范围内讲了专题党课。在专题党课的准备上，每名领导班子成员都在认真学习领会中央、省委精神的基础上，按照“三个讲清楚”的要求，深入调研、联系实际、分析危害、剖析根源，自己撰写了党课讲稿。各处级单位党组织主要负责人按照学校党委要求，为本单位全体党员讲了专题党课。通过专题党课，使学校各级党员干部接受了一次“三严三实”精神教育，进一步增强了落实“对党忠诚、个人干净、敢于担当”要求的思想自觉和行动自觉，对于凝聚广大党员干部的思想认识、激发党员干部的干事创业热情、深入推进学校各项事业改革发展起到了重要的促进作用。

2. 扎实抓好专题学习研讨。紧扣各专题的主题、研讨题目、解决的主要问题，按照“三个摆进去”的要求，将专题学习研讨与党委常委会集中学习、党委中心组理论学习、个人自学、专家导学等紧密结合。三个专题各组织开展了4次集中学习研讨，每个专题的集中学习研讨时间2天、研讨交流时间1天。学校领导班子每名成员结合讲专题党课、开展基层组织建设专题调研，分别到所分管部门和联系学院开展了至少2次集中研讨交流。

3. 认真开展专题教育“回头看”。学校党委对专题教育开展情况先后进行了3次“回头看”。运用专题分析研究、重审工作方案、调阅工作资料、开展个别访谈等方式，回顾梳理专题教育开展情况，查找不足、问题和差距，通过完善工作方案、细化推进措施等途径加以改进。此外，还结合本次专题民主生活会前的征求意见工作，听取了学校各基层党组织和师生员工对专题教育开展情况的意见。通过开展“回头看”，学校党委领导班子对深化专题教育的各项工作任务和推进措施更加明晰，坚持以开展专题教育凝聚强大动力促进学校各项事业改革发展的观念得到了进一步增强。

4. 紧密结合实际工作解决不严不实问题。学校领导班子深入查摆了 4 个方面的不严不实问题，研究制定了 15 项整改措施，并从中确定了 6 项即知即改任务，建立了不严不实问题台账；研究确定了 2 项专项整治任务，制定了专项整治方案，确定了 8 项整治措施。对照省委组织部印发的《不担当不作为问题的具体表现》，深入查摆分析了学校党委领导班子和班子成员中存在的 5 个方面不担当不作为问题，细化形成了不担当不作为问题清单。对于不严不实、不担当不作为问题，学校党委坚持边学边查边改，明确整改方向，细化责任分工，抓好整改落实。着眼于推进党员干部思想政治建设和作风建设常态化，加强制度建设，在建制度、立规矩上下功夫，强化制度刚性约束和执行效力，推动践行“三严三实”要求制度化、常态化、长效化。

5. 精心组织召开专题民主生活会。学校党委认真制定工作方案，深入开展专题学习，广泛征求意见建议，深入开展谈心谈话，认真撰写发言提纲，精心做好民主生活会各项准备工作。2015 年 12 月 31 日，学校党委领导班子召开了专题民主生活会，学校党委书记、校长马春林同志代表学校党委报告了“三严三实”专题教育开展情况，代表学校党委领导班子作了对照检查，带头开展了自我批评；班子成员逐一作了自我批评，查摆存在问题、剖析思想根源、提出整改措施；班子成员之间坦诚相见，本着对组织、对同志、对事业高度负责的精神，严肃认真地开展了相互批评，真正达到了团结—批评—团结的目的。抓好处级单位党组织专题民主生活会和组织生活会。与学校党委领导班子同标准、同要求，对学校各党总支开展专题民主生活会、各党支部开好专题组织生活会作出部署安排。2016 年 1 月中旬至 1 月底，学校各基层党组织都按照学校党委要求召开了专题民主生活会或组织生活会。

（六）开展“两学一做”学习教育

2016 年 5 月，按照中央、省委部署精神和学校党委安排，学校研究制定了《关于推进“两学一做”学习教育常态化制度化的工作方案》以及工作督导、党课宣讲等系列配套工作安排，组织召开了推进“两学一做”学习教育常态化制度化工作部署会议。

1. 认真开展学习教育。按照聊城大学“两学一做”学习教育专题学习讨论安排，党委组织部印制了《聊城大学“两学一做”学习教育领导干部学习资料》，分别供科级以上党员领导干部和普通党员学习使用，极大地提高了广大党员的学习实效。按照学习进度，各个基层党支部定期组织全体党员开展集中学习，并围绕“尊崇党章、遵守党规，严守纪律规矩，加强道德修养，讲规矩、有纪律，讲道德、有品行”和“践行党的宗旨，干事创业、积极作为、担当奉献，发挥好先锋模范作用，讲奉献、有作为”两个专题深入展开讨论交流，同时，每名党员对于整个学习过程做好读书笔记，并围绕学习专题撰写心得体会，做到学习内容全覆盖，学习效果有提高。在各基层党支部围绕专题展开讨论的基础上，各党总支（分党委）领导班子成员继续围绕专题在更高层次上进行深入讨论交流，并结合讲党课邀请学校“党课宣讲团”成员开展集体辅导。另外，组织部还印制了《党总支会议记录》和《党支部会议（党员大会）记录》，建立了支部生活纪实制度。

2. 真查实改突出问题。对照中央提出的党员着力解决的一些党员理想信念模糊动摇、党的意识淡化、宗旨观念淡薄、精神不振、道德行为不端的问题，各基层党组织进行了自查自纠，制定了整改措施、明确了整改时限。各党总支（分党委、直属党支部）持之以恒地纠正“四风”，抓好不严不实突出问题整改，坚持问题导向，真抓实改，不走过场，不折不扣地落实上级党委要求。一是持续做好党员组织关系集中排查工作。对党员组织关系进行集中排查，对转出后未落实组织关系的“口袋党员”进行了梳理汇总，分析具体情况和原因，提出进行规范管理或组织处置的意见。二是严格落实高校基层党组织工作条例，督促指导符合换届条件但没有按期换届的基层党组织迅速整改到位，严肃基层党支部党内生活，强化日常监督，严格执行“三会一课”、民主评议党员等规章制度。三是积极稳妥地做好党费收缴专项检查工作，有近 20 个单位全部完成党费补缴工作，通过党费收缴专项检查工作增强党员自觉缴纳党费的意识。

3. 建立健全党员教育常态化工作机制。学校党委坚持把完善落实各项制度规定作为开展学习教育的一项关键任务，从学习教育一开始就把制度建设抓起来。通过修订完善加强和改进党支部建设的实施意见、党员组织关系管理工作规定、党费收缴使用管理工作规定等制度，以制度建设保障学习教育成效。深入推进机关党支部和机关党员领导干部联系学生党支部制度的实施，学校 28 个机关党支部、170 余名党员领导干部与 50 余个学生党支部对接联系，开展专题调查研究、指导抓好党支部理论学习活动、推进基层党支部规范化建设、指导参加党支部组织生活，帮助党支部和大学生党员解决实际问题和困难，促进了机关党支部与学生党支部建设的“双提高”。学校党委针对党支部建设工作中存在的突出问题，结合学校基层党建工作实际，制定了《关于进一步加强和改进党支部建设的实施意见》，进一步明确了加强和改进党支部建设的指导思想和总体要求、主要目标和任务措施以及保障措施，对加强党支部思想建设、优化党支部设置模式、强化党支部班子建设、创新党支部活动内容和载体等提出了明确要求，完善了党支部建设工作中的 14 项制度，对党支部会议记录、党费收缴等工作进行了规范。同时，基层党支部以开展“两学一做”学习教育为契机，进一步健全了“三会一课”、“主题党日”、组织生活等制度，进一步提高了党支部建设的科学化、制度化、规范化水平，激发了党支部的凝聚力、创造力、战斗力。

（七）开展“不忘初心、牢记使命”主题教育

2019年9月至2020年1月，按照中央、省委部署，聊城大学组织开展“不忘初心、牢记使命”主题教育。学校党委把开展主题教育作为当前最重要的政治任务，聚焦主题主线，紧扣目标要求，准确把握工作着力点，融合推进四项重点措施，学习教育突出学深悟透，调查研究做到扎实深入，检视问题坚持刀刃向内，整改落实敢于动真碰硬，推动主题教育真抓实做、高质量开展。

1. 学习教育扎实深入。围绕高校“落实立德树人根本任务，办好人民满意的教育”，重点学习习近平总书记在全国教育大会上的讲话、在全国高校思政工作会议上的讲话、在学校思政课教师座谈会上的重要讲话等内容。一是分层分类系统学。学校党委常委围绕专题集中学习研讨，并以普通学员的身份参加读书班学习，示范带动学；广大中层党员干部集中地点、集中时间、集中领学，用5天的时间分为9个小组举办读书班，集中研讨学；对全校146个党支部书记进行集中培训，结合党委书记讲党课、专家专题讲座、支部书记经验交流等方式，带着问题学。二是联系实际深入学。开展“身边的榜样、前行的力量”专题教育，邀请建校初期优秀教师代表，为党员干部讲述学校创业历史和办学历程，传承聊大人不怕困难、顽强拼搏、严谨治学、追求卓越的奋斗精神。邀请教育战线“时代楷模”钟扬、“最美奋斗者”王泽山先进事迹报告团来校为广大师生党员作宣讲报告，学习他们对党忠诚、敢于担当、无私奉献的精神。三是创新载体贯通学。通过新生开学教育、“坚守初心使命、致敬伟大祖国”升国旗仪式特别主题党日活动、“我和我的祖国”师生书画摄影展，加强爱国主义教育。充分利用鲁西第一党支部旧址陈列馆、孔繁森同志纪念馆等聊城地方党性教育资源开展现场教育近百次，丰富主题教育的形式。“学习强国”山东学习平台点赞学校主题教育的做法。

2. 调查研究富有成效。党委常委班子成员围绕高校主题教育着力点，聚焦发展问题关键，围绕13个题目，与分管部门开展“1+1”联动调研，全面查找梳理存在的问题77条，综合剖析问题存在的原因45个，提出解决问题、改进工作的办法措施77条。举办调研成果交流会，聚焦问题实质，分析问题原因，提出对策建议，拿出过硬措施，加快整改落实。“学习强国”山东学习平台以《深入基层搞调研　扎扎实实解难题》为题报道了我校党委常委调查研究，立查立改的做法。中国高校之窗、中国网、时评界等也分别予以报道。

3. 检视整改不折不扣。通过个别访谈、发放征求意见表、召开座谈会、新媒体留言等多种方式，党委班子征求到原始意见建议1849条，梳理汇总后共9个方

面 149 条，党委常委主动认领，坚持不过滤、不遮掩。通过自己找、群众提等方式列出问题清单 55 条，制定整改措施，明确整改时限。比如，针对教学与学生生活基础设施老化，不能更好地满足学生学习生活需求的突出问题，学校立行立改，实施工程改造。先后投入 650 多万元，对部分教室进行装修改造，更换了桌椅、黑板、投影仪等教学设备。投入 3000 多万元，对设施陈旧的学生公寓，进行全面改造。并对学生反映比较强烈的宿舍空调问题，立即进行招标，加快安装进度。让师生感受到了新变化、新气象。

（八）开展党史学习教育

2021 年 3 月开始，学校开展党史学习教育，学校党委认真学习宣传贯彻习近平总书记党史学习教育动员部署大会和“七一”重要讲话精神，严格按照党中央决策部署和上级党委工作要求，把党史学习教育同学校工作紧密结合统筹推进，不断推动党史学习教育走深走实，努力将党史学习教育成效转化为推动学校发展的强大力量。

1. 精心学习贯彻“七一”重要讲话精神。学校各级党组织采取多种形式，认真学习、深入研讨、贯彻落实。7 月 1 日，学校共设立集中收看点 120 余个，组织 2 万余名师生，通过电视、网络直播等形式收听收看现场直播。学校党委理论学习中心组围绕“七一”重要讲话精神进行了第九次集中学习研讨。全校 32 个党总支应声而动，以党总支理论中心组集体学习、党支部主题党日活动、教职工集体学习等形式迅速组织开展了专题学习研讨，充分利用开学第一课、新生入学教育、学院新学期工作部署会、“三会一课”等学习载体，在师生员工、党员特别是在新生和新入职教师中广泛开展宣讲，在全校掀起学习宣传贯彻的热潮。各二级单位党组织充分利用聊城革命老区丰富的红色资源优势，开展形式多样的革命传统教育和主题党日活动，共开展主题党日活动近 100 次。围绕“七一”重要讲话，开展线下线上专题培训。依托“灯塔—山东干部网络学院”平台，采取线上自学与线下研讨相结合方式，组织学校副科级以上干部近 1000 人次，参加“党史学习专题培训班”“全省干部政德教育专题培训班”；组织全校中层干部在线学习“灯塔—山东干部网络学院”开设的“学习贯彻习近平总书记‘七一’重要讲话精神专栏”课程。组织各学院党总支书记、院长以及相关部门负责人参加“落实《深化新时代教育评价改革总体方案》精神，全面提升教育质量”专题网络培训班。学校党史学习教育宣讲团举行集体备课会，12 位宣讲团成员到各个学院和部门进行宣讲，推进习近平总书记的“七一”重要讲话进课堂、进教材、进头脑，围绕“七一”重要讲话开展宣讲近 100 场次。

2. 精心组织召开专题组织生活会。

（1）集中开展专题学习，打牢思想基础。党支部采取集中学习、研讨交流的方式，认真学习习近平总书记在党史学习教育动员大会上的重要讲话和党中央指定的4本学习材料，重点学习习近平总书记在庆祝中国共产党成立100周年大会上的重要讲话，组织全校中层干部参加“学习贯彻习近平总书记‘七一’重要讲话精神专栏”课程的在线学习，为开好专题组织生活会打牢思想基础。

（2）广泛开展谈心谈话，交流沟通思想。紧扣组织生活会主题，党支部书记带头，一对一、面对面，深入开展谈心谈话，既谈工作问题、也谈思想问题，既谈自身差距、也提醒对方不足，既谈问题不足、也谈改进意见建议，切实把问题和不足谈深谈透，把根源挖深找准。在此基础上，每名党员之间相互提出了批评意见，并进行了充分沟通，取得共识，为开展批评和自我批评打好基础。

（3）认真查摆问题不足，撰写发言提纲。结合学习研讨、谈心谈话等情况，党支部围绕组织开展党史学习教育、联系服务党员群众、力戒形式主义官僚主义等方面进行检视，查摆存在问题和不足，党支部书记主持撰写检视剖析材料。党员联系思想和工作实际，重点围绕规定的四个方面进行盘点和检视，形成个人发言材料。

（4）严格执行会议议程，开展批评和自我批评。党支部书记代表支部报告党史学习教育、联系服务党员群众、力戒形式主义官僚主义等方面工作情况和存在的问题与差距；党员领导干部、支部委员带头，党员依次进行自我批评，每名党员作自我批评后，其他党员提出批评意见，确实达到红脸出汗的效果。

（5）全程开展指导督导，确保生活会质量。各党总支专门研究部署，切实加强对专题组织生活会的领导和指导。专题组织生活会时，有1名党总支领导班子成员参加，及时掌握有关情况并进行点评。学校党史学习教育督导检查组全程指导督促，确保了专题组织生活会平稳有序进行。

3. 用心开展办实事、开新局。学校层面，结合审计整改反馈意见，省委巡视中自我查找的问题，聚焦师生员工最急最忧最盼的民生问题，制定《“我为群众办实事”实践活动任务清单》并不断推进落实。各职能部门、各学院积极了解广大师生的所思所盼，全面排查梳理师生关心的问题，提出项目清单，逐项建立台账，立项推进“我为师生办实事”400余项。

4. 精心组织离退休党员、流动党员及青年学生学习教育。

（1）组织老干部开展丰富多彩的党史学习教育。离退休工作处党委根据学校党委开展党史学习教育方案制订了党史学习教育计划并积极落实。一是开展主题党日活动。6月底起，组织部分党员干部收听收看庆祝中国共产党成立100周年大会实况，组织党员重温入党誓词，围绕习近平总书记在纪念大会上讲话精神组织座谈交流会，集中观看《古田军号》《觉醒年代》等红色影视剧，以书法、绘画、展演、快闪、短视频等形式，开展“颂党恩、跟党走、添光彩”主题活动，举办离退休人员“迎七一、忆党史、颂党恩”硬笔书法会展活动和“重温长征精神，离退休职工健步走”活动。二是开展现场教育。组织部分离退休党支部书记、委员赴莘县山东省委重建纪念馆（鲁西第一党支部）、中共冀鲁豫（平原）分局旧址参观学习，开展“缅怀革命先烈、继承光荣传统”党性教育活动。三是推荐部分老党员到联系学院开展“红色基因我传承”座谈交流活动。深入学习贯彻习近平总书记对关心下一代工作重要指示精神，发挥离退休干部熟悉党史国情的独特优势，通过讲党课、讲传统、座谈交流等形式，组织他们走进大学生中间，开展传承红色基因教育，大力弘扬革命精神，进行爱国主义、集体主义、社会主义教育，引导广大青少年汲取营养力量，领悟初心使命。

（2）组织流动党员开展党史学习教育。一是压实责任，确保学习教育全覆盖。学校各级党组织高度重视，认真贯彻落实省委、学校党委要求，结合日常摸底排查，落实流动党员参加党史学习教育的党支部，确保“找到、送到、提示到”；明确专人定期与流动党员进行联系，及时掌握流动党员参加党史学习教育情况。二是务实有效，组织开展学习教育。学校为每位流动党员发放了指定教材，并针对流动党员特点，坚持自主学习和集中学习相结合，规定动作和自选动作相结合，充分利用“学习强国”学习平台、“灯塔—党建在线”网络平台组织流动党员开展在线学习，不断增强针对性和实效性。根据流动党员工作生活实际，开展灵活多样的宣讲活动，组织他们就近参加现场教育，开展重温入党誓词活动。

（3）以庆祝中国共产党成立100周年为契机，深化学生党史学习，实现学生全覆盖。7月1日，2000余名师生齐聚十一广场，升国旗，唱国歌，重温入党誓词，唱响党的颂歌，隆重庆祝中国共产党成立100周年。学校团委组织开展了第三十一期“青马工程”学党史专题培训，厚植爱党爱国爱社会主义情感，深化团员青年思想政治引领，坚定广大青年学生永远跟党走的初心。为了引导广大青年团员上好与现实结合的“大思政课”，学校组织大学生广泛开展以“永远跟党走，奋进新时代”为主题的社会实践活动，让学生到社会课堂上受教育、长才干、作贡献。暑假期间，“井冈情、中国梦”“追寻红色足迹，助力圣地发展”“央小青”理论宣讲志愿服务队等全校628支实践团队，围绕“七一”重要讲话开展志愿宣讲，分头奔赴实践活动的城市、农村，参与人数达110000多人次。青年学生讲师团秉承“思想引领、青年力量”的宗旨，以“1234”党史学习教育模式为牵引，面向广大团员青年，在全校范围内开展党史学习教育系列活动，从“百年党史中的先锋人物、奋勇向前的百年大党、人民英雄永垂不朽和中国外交百年变迁史”四个角度来解读党的百年征程。音乐与舞蹈学院抽调150余名师生，参加山东省委宣传部组织的“七一”文艺汇演和聊城市文艺汇演。

（九）开展学习贯彻习近平新时代中国特色社会主义思想主题教育

2023年4月开始，学校党委紧扣“学思想、强党性、重实践、建新功”总要求，坚持“实”字为要，以学铸魂固根基，大兴调研解难题，学践结合促发展，推动主题教育走深走实、见行见效。

1. 在学原文悟原理上下“实”功，强化武装筑牢根基。一是坚持通读原文原著。制定学习清单，原原本本研读指定书目，结合理论学习中心组和“第一议题”学习及时跟进学习习近平总书记最新重要讲话精神，全面系统学习领会党的创新理论的科学体系、核心要义和实践要求。二是坚持以上率下带动。校院两级班子成员深入部门、学部、学院、班级为师生讲党课104次。开展党委书记、院长和党支部书记“我为高质量发展献良策”主题笔谈活动，把学习成果有效转化为推动发展的思路举措。制定出台加强新时代教师党支部建设的实施意见，积极探索将党的基层组织建在教研室、科研平台等基础教学单位，把主题教育更广泛地延伸到全体师生。三是坚持线上线下联动。线下组织中层以上领导干部先后开展四期专题读书班；以“全员制订计划、全面系统跟进学、贯穿主题教育全过程”抓紧抓实个人自学；学校班子成员集体前往鲁西第一个党支部纪念馆，锤炼党性、补钙加油，带动各级党组织累计开展党性教育活动82次，参与党员2995人次。线上充分利用“学习强国”“灯塔—党建在线”等各种平台，多种形式学、随时随地学。

2. 在调查研究中察“实”情，问计于民破题解题。一是坚持问题导向，确保科学选题。校院两级党委班子成员变“闭门选题”为“开门纳谏”，广泛征求专家学者和干部师生意见，确定了9个方面的调研内容和52项专题调研项目。二是坚持目标导向，确保靶向破题。建立“党委班子成员＋专家＋干部师生代表”的联动调研机制，校院两级党委班子成员带头领题调研150余次，摸清了底数、掌握了实情、明确了思路。学校调查研究经验做法被省委主题教育工作简报刊发推广。三是坚持效果导向，确保精准解题。盯紧师生员工“急难愁盼”问题，智慧教育提质升级、教学实验场所改造、制定实施高层次人才周转房管理使用办法等一件件“小事”办到了教师的心坎里；强化体委职能，“三位一体”推进公共体育课程、课外体育锻炼和体育竞赛，田径场改造升级、篮球场和排球场亮化、新建1万平方米高标准球类场地等一项项实事体现在学生的笑脸上。

3. 在服务发展上求“实”效，学践结合提质增效。一是进一步增强“凝聚力”。坚持用习近平新时代中国特色社会主义思想铸魂育人，持续推动党的创新理论成果进教材、进课堂、进头脑，真正把新思想传授下去，进一步引导师生坚定“四个自信”。在不断强化“思政年历”“同城大课堂”“星火影院”等思政品牌的同时，将西部计划、援疆支教作为立德树人的重要载体，有2300余名毕业生踊跃报名参加。学校西部计划经验做法获省教育厅推广。二是进一步增强“支撑力”。持续深入开展以“亮党员身份、立先进标杆、树先锋形象”为主题的“靓丽树”活动。新成立医药健康学部，校企共建“重组蛋白药物聊城市工程研究中心”，联合温州医科大学建成“大分子药物与规模化制备全国重点实验室”。探索建设数字教育学学科创新平台，加快推进“冲一流”“强特色”学科建设，获批筹建国家马驴遗传评估中心。三是进一步提高“贡献力”。黄河学研究院发布国内首个“黄河流域产业质量指数”，推进黄河文化、黄河精神进课程教材，编纂《黄河名镇》系列丛书；强化教育部国别和区域研究中心“太平洋岛国研究中心”和省部共建协同创新平台“中国—太平洋岛国应对气候变化合作中心”建设，在京发布最新成果《太平洋岛国蓝皮书（2022）》和《中国—太平洋岛国贸易指数报告》；完善全国唯一的“中国运河文献数据库”和“运河民间文献数据库”，《中国社会科学报》刊发运河学研究院“历史视域下的大运河文化研究”系列文章。校地、校企共建特色研究院、现代产业学院，深化实施“科技副总”挂职行动，建强聊城大学科技园，持续为区域经济社会发展聚势赋能。

4. 在检视整改上出“实”招，改进提升激发活力。一是要深查细照发现问题。紧扣中央部署和省委要求，坚持问题导向，校级层面通过自我检视和调查研究发现了基层党建、教学改革、学科建设、服务社会等方面 25 项问题，并制定了问题清单。二是真改实改突出问题。对标中央部署和省委整改整治要求，将问题清单中长期没有解决的突出问题，以及巡视巡察、省年度考核反馈、带有普遍性的 9 项问题，及时纳入专项整治范畴，逐项明确了责任领导、责任单位和完成时限，并召开会议安排部署，立行立改，让全校师生切实感受到主题教育实际成效。三是坚持“当下改”与“长久立”相结合。注重边实践、边总结、边提升，将主题教育中出现的好做法、好经验，及时以制度形式固定下来。制定出台本科教育质量评价与持续改进工作实施意见、科研用房有偿使用办法、大型仪器设备开放共享实施办法、实验室安全风险分级管理办法等制度 20 余项，切实筑牢整改成效。

三、锤炼过硬干部队伍

（一）高素质专业化干部队伍建设推进有力

学校深入贯彻落实中央、省委有关规定精神，制定实施一系列规章制度，着力健全素质培养、知事识人、选拔任用、从严管理、正向激励的干部工作体系。坚持新时期好干部标准，坚持把政治标准放在首位，树立正确选人用人导向，强化岗位管理，构建能上能下的竞争性用人机制，营造干事创业的良好氛围。

在干部选拔任用过程中，抓住关键环节和步骤，实行全程纪实，使干部选任过程可追溯、可倒查。在干部选拔任用中，对动议酝酿、“凡提四必”、推荐考察、研究任职等环节进行重点把关，对政治立场、廉洁自律、师德师风、学术诚信等有“硬伤”的干部实行“一票否决”。严格按照省委教育工委关于处级干部备案管理要求，做好备案管理，做到调整前请示，调整中沟通，调整后及时备案，关键环节及时汇报沟通。扎实做好优秀年轻干部的选拔培养工作，注重干部的多岗位历练和培养，通过挂职锻炼、轮岗交流和压担子等方式加强年轻干部培养。

2007 年，学校党委积极推进干部选拔、任用制度改革，认真落实《党政领导干部选拔任用工作条例》，实行了党务干部选举制，行政干部聘任制，后勤干部公开招聘、职级分离制，中层正职党委全委会票决制，党政领导干部任前公示制、试用期制和任期制等措施。本着以事业选人，选准人推进事业发展的原则，真正把政治上靠得住、工作上有本事、作风上过得硬，想干事、会干事、能干成事的干部充实到各级领导班子中来。一年来，通过公开选拔、招聘等形式，调整干部 80 人，其中提拔干部 32 人，为学校的改革和发展奠定了较好的干部基础。

2014 年，根据中央新修订的《党政领导干部选拔任用工作条例》精神，制定了《聊城大学党政领导干部选拔任用和管理工作规定》。2016 年，根据中央出台的《事业单位领导人员管理暂行规定》《推进领导干部能上能下若干规定（试行）》，以及领导干部报告个人有关事项、任前档案审核、干部兼职等上级关于干部选拔任用和管理工作的新要求、新精神，结合实施取消二级学院行政级别试点改革，进一步修订完善了《聊城大学领导人员选拔任用和管理工作规定》，细化了干部选拔任用工作流程。

2016 年，我校被省委高校工委确定为省属高校取消二级学院行政级别改革试点单位。学校党委制定《聊城大学取消二级学院行政级别改革试点实施方案》，正式启动了试点改革工作。积极稳妥消化处级干部职数。按照上级部署要求，在全面深入分析我校干部队伍结构等情况的基础上，研究制定了处级干部超职数整改消化工作方案，经省委组织部、省委高校工委审核同意后，坚持积极稳妥的原则，于 7 月至 9 月实施了处级干部职数消化工作，结合开展党总支换届选举、学校内设机构调整等工作实际，以及加强二级单位领导班子建设、推进干部多岗位锻炼等需要，共消化处级职数 38 名，全面完成了整改消化工作任务。

2021 年，学校党委加强干部队伍建设顶层设计、统筹规划，制订出台了《聊城大学干部队伍建设规划（2021—2025 年）》。开展了干部队伍建设专项调研，全面掌握中层领导班子和干部队伍的结构梯队、综合表现等情况，强化年轻干部后备力量储备，把年轻管理人员、专业技术人员纳入关注培养视野，掌握各类年轻干部人选 120 余名。着力优化干部队伍结构，新提任中层正职 51 名，中层副职 85 名，中层干部队伍形成以“75 后”为主体的梯队态势，中层干部年轻化、专业化水平得到根本性改观，优化中层干部队伍结构取得实质性成效，老中青干部梯次配备的年龄结构基本形成。

2022 年，学校党委组织实施科级管理岗位人员选用工作，实行开放灵活的选用政策，构建能上能下的竞争性选人用人机制，打通专业技术岗位与管理岗位双向交流通道，选用科级管理人员 303 名，进一步充实了科级管理岗位人员力量，优化了科级管理人员结构梯队；指导学院党委实施系主任选聘调整工作，选聘系主任 70 余名，其中 35 岁以下的近 30 名，进一步充实了学院领导人员储备力量。

（二）干部教育培训体系不断完善

学校党委按照中央、省委关于干部教育培训工作的总体要求，以学习贯彻科学发展观、习近平新时代中国特色社会主义思想和党的十六大、十七大、十八大、十九大、二十大精神为主线，注重统筹规划、突出重点、注重实效，丰富培训内容，创新培训形式，整合培训资源，构建了分层分类、分工负责、覆盖全面的干部教育培训体系，干部队伍的素质和能力有了明显提高。一是组织参加上级部门调训。认真落实上级部门调训计划，2005 年以来，共选派 211 人次参加中央党校、省委组织部、省委教育工委、省委党校等部门举办的干部培训班。同时充分利用国家教育行政学院在线培训平台和“灯塔—党建在线”平台，实现资源丰富、按需选学、便捷灵活的网上学习。二是抓好干部集中培训。按照上级要求，结合学校实际，既抓好“关键少数”又注重全员覆盖，精心设计培训内容，科学安排培训形式，确保培训质量和效果。在培训中采取专家辅导、分组讨论、交流发言、现场教学、学员自学相结合的培训方式，做到教学相长、学研互补。每年举办党支部书记培训班、中层干部培训班，定期举办新提拔干部培训班等，深入学习中国特色社会主义理论体系，教育引导广大领导干部不忘初心、牢记使命，切实转变作风、真抓实干，从严从实做好各项工作。

（三）干部挂职帮扶锻炼扎实有效

学校党委把到基层挂职锻炼当作干部教师锤炼党性、磨砺意志、提升能力的重要过程，坚持精准选派、全力保障。有计划选派干部到疫情防控一线、脱贫攻坚一线、学校改革发展重点项目等吃劲岗位、重要岗位培养锻炼，选派干部参加省派第一书记和工作队、四进工作队等工作，到上级部门和先进高校挂职，到县市区及乡镇挂职，到兄弟院校进行交流锻炼。挂职干部教师充分利用学校人才和学科优势，积极搭建校地、校企、校际合作桥梁，在打赢脱贫攻坚战、全面推进乡村振兴、“四进”攻坚、科技服务、党建指导等各项任务中取得了显著成绩，促进地方、企业与学校在共建科技创新平台、科技成果转移转化、特色产业发展和品牌建设等方面，推动校地校企融合发展取得了新成效，为学校争了光添了彩，充分展现了学校干部教师的良好形象，产生了积极广泛的社会反响。2005—2024年，学校共选派四进工作队队员51名，第一书记和工作队队员33名，“加强农村基层党组织建设”工作队队员6名，“万名干部下基层”乡村振兴服务队队员3名，安全生产专项督导工作组成员10名，博士服务团3名，科技人才挂职工程、科技副职59名，民办高校党建工作指导员5名，到上级部门和先进高校挂职与到兄弟院校进行交流锻炼44名。

（四）干部监督实效有力提升

一是做好领导干部个人有关事项报告工作。严肃填报纪律、严守时间节点、严把审核关口，做到填报对象全覆盖，审核上报专人专责。二是做好干部出国（境）管理工作。强化登记备案，做到“应备尽备”，严格执行备案人员因私出国（境）证件集中管理制度，严格执行备案人员因私出国（境）审批制度，按照干部管理权限履行审批手续，进一步压实各方责任，层层审核把关。三是规范干部兼职。严格审批干部兼职事项，认真落实领导干部兼职审批、备案流程，加强对干部的提醒，做好政策解释，建立兼职管理台账，完善干部兼职数据信息，准确掌握干部兼职情况，动态把控更新。四是做实经济责任审计。将经济责任审计工作融入干部日常监督体系，强化权力制约，全方位推动干部监督走深走实。

（五）干部考核注重考准考实

坚持严管厚爱结合、激励约束并重，完善激励干部干事创业、担当作为的制度体系。出台《关于进一步激励干部担当作为的意见》，修订《聊城大学中层领导班子和中层干部考核办法》，坚持以高质量干部考核促进高素质干部队伍建设，激励广大干部牢记初心使命、勇于担当作为，为推动学校事业高质量发展提供坚强组织保证。坚持把政治标准放在首位，突出考核政治属性，落实政治素质考核，引导广大干部增强“四个意识”、坚定“四个自信”、做到“两个维护”，在推动高质量发展中彰显政治忠诚和政治担当。聚焦干部实干实绩实效，强化考核结果运用，把履行岗位职责、创造工作实绩、解决实际问题作为考核的基本内容和评价的基本依据，以调动中层单位领导班子和中层干部的积极性、主动性和创造性为目标，以鼓励攻坚克难、担当作为为导向，强化考核实绩实效，将结果与干部选拔任用、培养教育、管理监督、激励约束、问责追责等结合起来，褒奖创先争优，明确奖勤罚懒奖优罚劣，让真干事的有光荣感，让不干事的有危机感，进一步激发干部敢于担当、勇于作为的内生动力。

四、夯实基层组织和党员队伍

（一）加强基层组织建设

1. 推动基层党建提质增效。2012年，以“基层组织建设年”为抓手，学校制定了《关于深入开展创先争优，进一步加强“基层组织建设年”工作的落实方案》，认真组织开展创先争优、争做聊大先锋活动，取得了良好的效果。2005 年 3 月至 5 月，组织开展了基层党组织先进性建设工程。2019 年，制定实施《聊城大学加强党的组织建设“双包双联”工作方案》，建立学校党委领导班子成员联系院级党组织、院级党组织班子成员联系党支部的“双包双联”工作机制。2019 年起，深化实施基层党组织书记抓基层党建突破项目工作，至今已确定了 125 项基层党组织书记抓党建突破项目，编印了《聊城大学党总支书记抓基层党建突破项目报告汇编》。学校按照各院级党组织每年 2 万元，教工党员每人每年 200 元，学生党员每人每年 100 元标准核算党建工作经费，由学校年度预算经费列支，经费用于各院级党组织开展党建工作。深入开展党建“双创”工作，实施校级党建工作标杆学院和样板支部培育工程，评选 8 个校级党建工作标杆学院、13 个校级党建工作样板支部，获评全国高校党建工作样板支部培育创建单位 2 个，全省高校党建工作标杆院系、样板支部、“双带头人”支部书记工作室培育创建单位 10 个。

2. 全面推进院级党组织建设。学校党委高度重视院级党组织建设，健全完善院级党组织会议和党政联席会议等制度，制定修订《聊城大学学院党政联席会议议事规则》《聊城大学党总支会议议事规则》，进一步明确了院级党组织会议和党政联席会议的议事范围、规则及决策程序等，健全学院集体领导、党政分工合作、协调运行的工作机制。对 30 个院级单位全覆盖开展院级党组织会议和党政联席会议列席旁听工作。2018 年，出台《关于加强和改进新形势下院级党组织建设的意见》《关于党总支部（分党委）、党支部委员会实行换届选举的意见（修订）》《院级党组织委员会会议制度》，根据学校内设机构调整情况，调整、优化了部分学校二级单位党组织设置。制定出台《聊城大学院级党组织考核方案》，进一步压实院级党组织抓基层党建主体责任，充分发挥考核评价的导向作用，推进基层党建工作科学化、制度化、规范化。突出增强党组织政治功能和组织功能，组织院级党委（党总支）认真学习贯彻《中国共产党普通高等学校基层组织工作条例》。修订出台《关于院级党的委员会、总支部委员会、支部委员会实行换届选举的意见》，健全院级党委（党总支）班子成员配备。2021 年，优化院级党组织设置，改设院级党委 25 个。2022 年，修订出台《关于院级党的委员会、总支部委员会、支部委员会实行换届选举的意见》，健全院级党委（党总支）班子成员配备。

3. 大力推进党支部规范化建设。2012 年，学校下发《关于进一步加强教职工党支部建设的意见》，结合支部工作实际，机关党支部、学院教工党支部与学生党支部结成对子，开展教工支部与学生支部“一帮一”活动，26 个机关单位党支部、172 名机关党员领导干部与 28 个学生党支部对接联系，达到了教工支部与学生支部相互促进，共同提高的目的。2014 年，制定了学校基层党支部规范化建设实施方案，进一步明确了党支部规范化建设的指导思想、目标任务、实施步骤，并进行试点实施。2015 年，修订完善并试点实施了《聊城大学基层党支部规范化建设实施方案》，加大对党支部规范化建设的工作力度。2016 年，制定了《关于进一步加强和改进党支部建设的实施意见》，进一步明确了加强和改进党支部建设的指导思想和总体要求、主要目标和任务措施以及保障措施，对加强党支部思想建设、优化党支部设置模式、强化党支部班子建设、创新党支部活动内容和载体等提出了明确要求，完善了党支部建设工作中的 14 项制度。2017 年，制定了《关于推进过硬党支部建设的实施方案》，就建设过硬党支部的总体要求、目标任务、实施步骤和推进措施等作出安排部署，推动我校党支部建设全面提升、全面过硬。2017 年，按照省委组织部部署精神和聊城市委工作安排，积极参加“1+1”好支部共建行动，全校 174 个党支部与聊城市农村（社区）党支部对接共建。2018 年，制定了《关于教师党支部书记“双带头人”培育工程的实施方案》，推进“双带头人”教师党支部书记工作室建设，强化“双带头人”教师党支部书记培养教育，推动培育工程各项任务落实。2020 年，制定《党支部评星定级实施方案》。2023 年，着重加强教师党支部建设，开展教师党支部建设状况专题调研，出台《关于进一步加强新时代教师党支部建设的实施意见》，优化调整教师党支部设置，新设教师党支部 25 个，全校 99 个教师党支部全部设在教研室、科研团队等教学、科研一线单位。

（二）提升党员发展质量

2014 年制定《中共聊城大学委员会发展党员和党员管理工作规定》，把政治标准放在首位，按照“坚持标准、保证质量、改善结构、慎重发展”的方针，严格按照发展党员工作的 5 个阶段 25 个步骤，细化工作标准，在入党积极分子的推荐确定、培养教育，发展对象的政治审查、征求党内外群众意见、公示，支部大会决议、党总支集体审议等每一个环节都作出具体要求。严格执行公示制度，在确定入党积极分子、确定发展对象、接收预备党员、预备党员转正工作过程中，都严格进行公示，接受监督。规范发展党员档案材料，统一制作团组织推优登记表、入党积极分子培养登记表、征求意见记录表、外调政审表、公示登记表、预备党员考察登记表，以及各类文书材料撰写模本等一整套材料规范，进一步提高了发展党员档案材料的规范化水平。2018 年出台《关于印发推荐优秀团员作为党的发展对象工作细则的通知》，注重发扬民主，严格落实团组织推优制度，共青团员入党必须经过共青团组织推荐，确定入党积极分子和发展对象都需获团支部半数以上推荐票。2021 年制定《聊城大学院级党组织领导班子成员联系青年教师发展党员工作制度》，着力加强在优秀青年教师中发展党员工作，优秀青年教师年度发展党员计划单列，指标单独下拨。20 年来，学校共计发展党员 25621 人。

（三）加强党员教育管理

1. 加强党员管理。学校党委落实全面从严治党要求，注重加强党员日常教育管理，实施“党员活动日”制度、主题党日、“三会一课”、组织生活会、谈心谈话、民主评议党员等党的各项组织生活制度得到全面落实，党组织的组织力逐步提升。依托“灯塔—党建在线”综合管理服务平台，及时维护更新党员信息管理系统，认真做好党员党籍管理和党员组织关系转接工作。2022 年，印发《中共聊城大学委员会关于建立党委领导班子成员基层党建工作联系点制度的通知》，要求学校党委领导班子成员要切实发扬密切联系群众的作风，每年至少到所联系的 1 个基层党组织开展 1 次讲党课或理论宣讲活动，至少到联系点开展 1 次现场调研，至少召开 1 次会议，研究对联系点的指导工作，至少为联系点协调解决 1 个突出问题。根据新的形势和学校实际，认真探讨党员管理的新途径、新方法，制定《中共聊城大学委员会关于党费收缴、管理和使用的暂行规定》等文件，促进党员管理工作的制度化、规范化。

2. 认真开展党员组织关系集中排查。2016 年 3 月，按照上级部署要求，成立了专门工作组，制定了工作方案，召开了专题部署会，指导各基层党组织认真做好党员组织关系集中排查有关工作。对 2007 年以来转出组织关系的 15000 余名党员回执情况进行了认真梳理，采取多种途径对 6500 余名转出组织关系后未回执的党员组织关系落实情况逐人进行了联系确认，组织专人对全校 2900 余名党员的入党档案材料进行了认真核查。2016 年 11 月，学校各基层党组织又按照党委组织部统一安排，对前期排查工作进行了认真“回头看”，围绕集中排查重点任务开展了“二次排查”，对前期工作中存在的问题加以整改。同时，重点对“口袋”党员开展了排查梳理，根据联系调查、核实确认等情况，研究提出规范管理或组织处置的意见。

3. 坚持精准施教，突出党员教育针对性。党校结合工作实际和党员队伍结构状况，有针对性地组织实施党员教育培训“四项重点工程”。一是实施“党组织书记培训工程”，分批次对全校院级党组织书记、党支部书记进行教育培训，重点开展党的创新理论、党建工作实务、廉洁教育等教育培训，着眼于建设一支守信念、讲奉献、有本领、重品行的基层党组织带头人队伍。二是实施“发展党员培训工程”，每年分两批接续性开展入党积极分子、党员发展对象和新发展党员培训，重点开展习近平新时代中国特色社会主义思想、党的基本知识、党章、党规、党史等教育培训，引导参训学员进一步学习掌握党的基本知识、端正入党动机，强化新党员思想入党，切实提高理论水平和政治素养，在真学真用中坚定理想信念。三是实施“新生党员培训工程”，每年9月对入学转进的新生党员进行培训，着眼于端正入党动机，尽快转变角色，争做合格党员。四是实施“毕业生党员培训工程”，每年5月至6月对即将毕业的学生党员进行培训，着眼于增强党性锻炼和组织观念，提升就业能力和合作意识，增强为国家增光添彩的责任感。

4. 找准党员教育切入点，拓展党员教育内容。为满足党员多样化学习需求，充分展示学校党的建设和组织工作成效，党校通过拍摄党员教育电视片、微电影、微视频等，组织开展了“发现榜样”“我和我的支部”视频征集、“我来讲党课”活动。一是常态化开展“发现榜样”活动。把发现榜样、学做榜样纳入党员教育工作体系，以基层党支部为单位，组织党员全员参与，积极寻找发现身边榜样。二是开展“我和我的支部”微视频征集制作活动。通过征集，各院级党组织报送作品50余部，其中12部报送省委组织部，有6部作品获得展播，3部作品获优秀参与奖。三是开展“我来讲党课”活动。学校党委专门印发《关于开展“我来讲党课”活动的通知》，要求全校各级党组织书记、党员领导干部都要发挥示范带动作用，以普通党员身份参加所在党支部主题党日活动并讲授党课，获评全省优秀精品党课6部。

5. 丰富党员教育平台载体，多举措提升党员教育培训质效。

（1）围绕各类重要会议召开、重要政策文件颁布等开展主题教育。围绕党的十七大、十八大、十九大、二十大及历次全会、每年全国“两会”、山东省“两会”、全国教育大会、全国高校思想政治工作会议等重要会议召开，以及《中国共产党纪律处分条例》《中国共产党普通高等学校基层组织工作条例》《中国共产党支部工作条例》《中国共产党党员教育管理工作条例》《党史学习教育工作条例》《关于新形势下党内政治生活的若干准则》等政策文件颁布，组织全体党员通过开展专题学习读书会、知识竞赛、主题演讲等多种形式的学习活动，把学习会议和文件精神与谋划学校发展相结合，确保会议和文件精神在学校落地见效。

（2）抓住重大节庆日、纪念日等契机开展主题教育活动。以“七一”建党节、“十一”国庆节、学雷锋志愿服务日等重大时间节点为契机，组织广大党员开展党史党情教育、重温入党誓词、红色影视作品展播、红诗朗诵和红色故事演讲、志愿服务和爱心公益等丰富多彩的主题宣讲、教育、文化、实践活动，强化党员的党性意识和社会责任感。

（3）广泛开展主题鲜明、形式多样的主题党日活动。围绕提升支部凝聚力、激发支部活力、增强党员党性修养，以党支部为单位组织开展“灯塔大课堂”学习、“法律援助进社区”“关爱行动爱心结对帮扶”“共建文明和谐校园”“寻访老党员”“聆听‘红船故事’”“重温‘繁森精神’”“党旗下的青春誓言”等主题鲜明、内容丰富、形式新颖的主题党日活动，取得明显教育成效。自2019年以来，学校党委累计下拨600余万元党组织工作经费，用于开展主题党日等活动，极大提高了活动的效果和质量。

（4）充分利用地方教育资源开展教育培训。充分利用孔繁森同志纪念馆、鲁西抗日爱国党性教育基地、范筑先纪念馆、“白云热线”等宝贵的地方教育资源，深入开展党员教育培训活动，以革命先烈、英雄楷模、英勇团体、先锋榜样的事迹和精神激发广大党员的责任感、使命感，进一步坚定理想信念、增强党性修养。

（5）发挥专业优势，注重党建理论阐释研究。大力加强省重点马克思主义学院建设，充分依托全省高校党建研究基地等平台，组建领导干部、辅导员、思政课教师、青年学生党员“四级”理论宣讲团，深入基层一线进行理论阐释，不断提高解决理论问题和实践问题的综合研究能力及参与重大决策咨询能力，推动党建工作理论研究不断深入。

（四）引导党员积极发挥作用

1. 认真做好党内表彰工作。2006年，组织举办学校庆祝中国共产党成立85周年暨先进性教育活动总结表彰大会，表彰先进基层组织13个，优秀共产党员29名、优秀党务工作者5名，优秀共产党员领导干部10名。其中有10位同志、4个党总支、党支部分别获得山东省、聊城市“优秀党务工作者”“优秀共产党员”和“先进基层党组织”等荣誉称号。2011年，组织了2008—2010年度先进基层党组织、优秀共产党员、优秀共产党员领导干部、优秀党务工作者的评选工作，评选出校级先进基层党组织14个，优秀共产党员和党务工作者42人，优秀共产党员领导干部10人，其中有9位同志、4个党总支、党支部分别获得山东省、聊城市“优秀党务工作者”“优秀共产党员”和“先进基层党组织”等荣誉称号。2012年，3位同志、3个党总支、党支部分别获得山东省高校科教兴鲁先锋共产党员和基层党组织荣誉称号。2016年，扎实开展建党95周年纪念活动，组织开展了聊城大学优秀共产党员、优秀党务工作者、优秀共产党员领导干部和先进基层党组织的推荐、评选工作，对31名优秀共产党员、5名优秀党务工作者、10名优秀共产党员领导干部、14个先进基层党组织进行了表彰。2019年，认真做好学校党内表彰工作，对36名优秀共产党员、10名优秀党务工作者、6名优秀党员领导干部、14个先进基层党组织进行了表彰，其中有5位同志、3个党总支分别获得山东省、聊城市“优秀党务工作者”“优秀共产党员”和“先进基层党组织”等荣誉称号。2021年，学校扎实开展建党100周年纪念活动，表彰59名党员、18个基层党组织，其中有6位同志、4个党总支分别获得山东省、聊城市“优秀党务工作者”“优秀共产党员”和“先进基层党组织”等荣誉称号。

2. 持续、深入开展“靓丽树”活动。2022年起，在全校基层党组织和全体党员中深入开展以“亮党员身份、立先进标杆、树先锋形象”为主要内容的“靓丽树”活动，引领带动广大党员冲锋在前，扛责在肩，以卓有成效的工作业绩，让“党旗在基层一线高高飘扬”，为学校高水平应用型大学建设和高质量内涵式发展注入强大动能。根据党员实际情况，在党员领导干部中创建“领导党员干部示范岗”，在教师党员中创建“教书育人党员示范岗”，在学生党员中创建“优秀学生党员示范岗”，在管理和教辅岗位党员中创建“管理育人党员示范岗”，在后勤服务岗位党员中创建“服务育人党员示范岗”，在离退休党员中创建“夕阳红党员示范岗”。评选首批校级“党员先锋”36 名、“党员示范岗”31 个。广泛开展“当先锋、作表率”大学习大讨论、党务工作者承诺践诺等实践活动，开展主题党日活动优秀案例、精品党课等“‘靓丽树’活动引领基层党建提质增效”成果征集评选，评选 35 个主题党日活动优秀案例、20 部优秀“精品党课”。“靓丽树”活动创新做法得到“学习强国”山东平台发布推广；1 个集体和 1 名党支部书记分别获评“山东省教育系统共产党员先锋岗”“山东省教育系统党务工作先锋”；1 个集体获推全省“干事创业好团队”评选。

五、持续深化党风廉政建设

（一）贯通“两个责任”，压紧压实管党治党政治责任

2018 年出台《聊城大学建立党风廉政建设协同机制的暂行办法》，党委主体责任与纪委监督责任贯通联动、一体部署落实，形成管党治党合力。加强对履行全面从严治党责任情况的监督检查，强化党委主体责任、书记第一责任人责任、班子成员“一岗双责”、纪委监督责任“四责协同”，推动形成各负其责、统一协调的管党治党责任格局。建立完善全面从严治党相关制度文件，2008 年出台《聊城大学党风廉政建设责任制考核办法》，2011 年出台《关于贯彻落实党风廉政建设责任制的实施办法》，2015 年出台《落实党风廉政建设主体责任实施办法》，2022 年出台《聊城大学院级党委（党总支）及其领导班子成员落实全面从严治党责任清单》，制定落实全面从严治党主体责任年度任务安排，推动把全面从严治党责任落实情况列入学校党建工作考核、述职评议等内容。自 2011 年起，每年定期开展党风廉政建设责任落实情况监督检查；2013 年起，每两年学校党委常委与各二级单位党组织和部门签订一次党风廉政建设责任书；2017 年起，每年开展学校党委书记、纪委书记同班子成员，班子成员同分管、联系单位党政主要负责人廉政谈话；2018 年起，每年开展院级单位党组织书记向纪委全会述责述廉，压紧压实学校各级党组织全面从严治党主体责任。

（二）提升监督效能，推动全面从严治党向纵深发展

1. 突出政治监督。坚守政治机关定位，坚定拥护“两个确立”、坚决做到“两

个维护”，紧紧围绕党中央重大决策部署，聚焦习近平总书记重要讲话和指示批示精神，紧盯上级工作安排及学校中心工作，不断推进政治监督具体化、精准化、常态化。深入开展学习贯彻党的十八大、十九大、二十大全会精神专项监督，对落实“两学一做”学习教育、“不忘初心、牢记使命”主题教育、党史学习教育、学习贯彻习近平新时代中国特色社会主义思想主题教育、疫情防控、意识形态责任制、“三重一大”决策制度、民主生活会等情况跟进监督检查。2019 年出台《加强学校政治生态分析研判的意见》,2020 年出台《聊城大学纪委（监察专员办公室）政治监督工作办法（试行）》，深化运用“一台账、两清单、双责任、双问责”监督机制，做好政治监督活页的“建管用”，2023 年学校黄河重大国家战略专项监督获评全省专项监督创新“典型案例”。

2. 做实日常监督。紧盯“关键少数”和重点领域、重要岗位、关键环节，立足“监督的再监督”，做实做细日常监督。灵活运用会议监督、谈心谈话、重大事项报告、调研监督、廉政意见回复、廉政档案等多种监督方式，提升监督的针对性和有效性。坚持把监督融入治理，充分使用“一单一函两书一表”（党风廉政建设提示单、工作提醒函、纪律检查建议书、监察建议书、立项监督记录表）载体，提升监督治理效能。织密基层监督网络，建立并充分发挥学校纪委委员、院级单位党组织纪检委员和特约监察员队伍作用，2008 年在全校院级单位党组织设立纪检委员，2019 年聘任第一届特约监察员，先后出台纪委委员报告工作办法、纪委委员联系部门学院工作办法、特约监察员工作办法、院级单位党组织纪检委员履行职责实施办法等制度，打造上下贯通网格化监督体系。

3. 优化监督机制。落实“三转”要求，聚焦主责主业，不断完善监督制度机制。2012 年以来出台《聊城大学廉政风险重点部位和关键环节监督管理办法》《聊城大学纪检监察立项监督工作办法》《聊城大学纪检监察日常监督工作办法》《聊城大学加强和改进同级监督工作实施办法》等监督工作制度 18 项，健全党委全面监督、纪委专责监督、党的工作部门职能监督、党的基层组织日常监督、党员民主监督的工作格局，深入实施党风廉政建设联席会议制度，促进纪检监察机构专责监督与党委督查、巡察监督、审计监督、财会监督等协同联动、形成合力。

（三）深化作风建设，营造校园新风正气

1. 纠治“四风”顽疾。把作风建设作为一项重要政治任务，坚持不懈深化落实中央八项规定及其实施细则精神，锲而不舍纠治“象牙塔”内的“四风”问题。2014 年出台《关于深入解决“四风”突出问题的有关规定》，及时制定修订操办婚丧嫁娶事宜规定等相关制度，持续开展“三公”经费、婚庆事宜有关规定执行情况、公务用车和办公用房使用情况、滥发津补贴、公款旅游、违规公款吃喝、

违规收送礼品礼金、“小金库”等问题纠治，深入开展损害群众利益行为专项整治、学校作风建设专项行动、党风政风专项整治、基层治理不良现象及不担当不作为乱作为假作为问题专项整治等专项整治行动，推进风腐同查同治，压实纠治“四风”主体责任和监管责任。

2. 倡树新风正气。紧盯重要节点、薄弱环节和隐形变异新动向，密切关注“四风”苗头性、倾向性、隐蔽性问题，强化提醒引导。紧盯老问题、关注新表现新动向，2005 年以来，紧盯春节、中秋、国庆等节日节点，及时制发廉洁过节通知和提醒信息，公开通报违反中央八项规定精神问题、“四风”问题典型案例，划出“高压线”、打好“预防针”；持续推进师德师风建设，注重宣传弘扬党的光荣传统和优良作风，组织开展作风建设专项调研、加强机关作风建设教育报告会、“党的优良作风的继承与发展”专题党课、“学榜样•践行动”等活动，倡树清风正气，推动化风成俗，不断涵养实干、担当、有为校园新风。

（四）立足标本兼治，优化学校政治生态

1. 严管厚爱结合。坚持惩前毖后、治病救人方针，精准运用监督执纪“四种形态”。加强第一种形态运用，2020 年出台《聊城大学党组织运用监督执纪“第一种形态”工作实施细则》，综合运用谈话提醒、批评教育、责令检查、诫勉等方式，抓早抓小、防微杜渐；坚持执纪必严、违纪必究，2015 年启用纪检监察举报专用信箱，高质办结 2021 年省委巡视学校移交问题线索，依规依纪依法查处各类违纪违法问题，严格落实“一案双查”，对失职失责领导干部进行问责或提出问责建议，持续强化“不敢腐”的震慑。坚持纪法情理贯通融合，认真落实“三个区分开来”，积极开展容错纠错、澄清正名、严查诬告陷害等工作，2020 年出台《聊城大学纪委、监察专员办公室对受处分人员回访工作办法》，对受处分人员进行关爱回访，激励保护干部。

2. 以案促改促治。做好监督执纪“后半篇文章”，深化以案促改、以案促治，2020 年出台《关于推进以案为鉴以案促改制度化常态化的实施办法》《加强和规范纪检监察建议工作办法》，加强个案剖析和类案分析，准确发现案件背后的制度短板和监管漏洞，提出针对性意见建议，加强对整改落实情况的监督检查，推动健全完善对资金资源、政策制定、决策程序、审批监管等关键权力的制约和监督，构建发现问题、提出建议、跟踪问效、推进整改、完善制度的完整闭环，达到“查处一个案件、解决一类问题、完善一套制度、规范一个领域、警醒一批干部”的效果。

3. 建设廉洁文化。积极发挥组织协调、推进督促作用，坚持多措并举、系统深入，推动廉洁文化建设在学校落地生根、开花结果。健全廉洁文化建设制度机制，2005 年以来先后出台《关于加强领导干部反腐倡廉教育的实施意见》《关于加强廉政文化建设的实施意见》《关于进一步加强党风廉政警示教育的实施意见》《聊城大学关于加强廉洁文化建设的实施方案》等多个制度，推动构建党委统一领导、纪检监察机构组织推动、党政部门和基层党组织齐抓共管、研究机构发挥优势、党员干部和师生员工广泛参与的廉洁文化建设工作格局。抓实常态化廉洁教育，通过组织党员领导干部廉德知识集中学习测试、廉政培训、廉政党课、廉政讲堂、“青廉课堂”、专题报告会、廉政教育基地参观学习、观看警示教育片、购买发放廉洁教育书籍等形式推进党规党纪学习教育，突出新任职干部、新发展党员、新入职教师和入学新生廉洁教育，2006 年以来连续 7 年为党员干部发放廉政台历廉政周历，2022 年制发党员领导干部廉洁自律提示卡，自主编印《大学生廉洁教育读本》《党风廉政建设制度汇编》《高校违纪违法典型案例选编》等学习教育资料。建好用活廉洁文化宣传阵地，2013 年以来共组织举办五届学校“廉洁文化季”系列活动，开设廉洁教育公选课，成立大学生廉洁社团，与聊城市纪委监委共同组建“廉洁文化讲师团”，举办齐鲁好家风主题展、经典廉洁故事主题展等活动，持续加强网站、微信公众平台、报刊、宣传橱窗、电子屏、文化墙等线上线下廉洁宣传平台阵地建设，积极开展廉洁文化产品创作，2014 年学校选送作品获全国高校廉政文化作品大赛一等奖，2015 年学校廉洁文化活动获《中国纪检监察报》刊登。深入开展廉洁文化理论研究，2009 年成立学校廉政研究中心，2011 年被省纪委、省监察厅命名为山东省反腐倡廉教育基地，累计获批 20 余项国家及省部级科研项目，出版学术专著 5 部，发表学术论文 30 余篇，《激浊扬清—大学生廉洁教育纵横谈》列入全校公选课、获评山东省高校校园文化优秀成果一等奖；2010 年学校会同聊城市纪委成功举办第三届中华廉洁文化理论与实践交流会，2011 年学校获批全省高校反腐倡廉理论教育基地，2021 年山东省纪委监委网站刊发我校廉洁文化建设经验文章。

（五）锐意改革进取，锻造高素质专业化纪检监察队伍

1. 深化体制改革。立足形势需要，根据省委、省纪委监委部署安排，不断深化学校纪检监察体制机制改革。2005—2019 年 6 月，学校设有监察室，与校纪委合署办公，负责全校的行政监察工作，监察对象为学校行政部门单位及其行政工作人员，重点为科级以上行政干部，纪委（监察室）专职工作人员长期保持在 7 人左右。根据《关于深化省纪委省监委派驻机构改革的实施意见》（鲁办发〔2019〕7 号）、《关于推进省属本科高校纪检监察体制改革的实施方案》（鲁纪办发〔2019〕6 号）有关要求，2019 年 7 月，学校设立山东省监委驻聊城大学监察专员办公室，与学校纪委合署办公，共设综合处、案件管理室、纪检监察室、案件审理室，一体履行纪检监察两项职责，2019 年 8 月学校党委常委、纪委书记徐梅被任命为山东省监委驻聊城大学监察专员，2020 年学校专职纪检监察干部增至 12 人（含纪委书记），2023 年 4 月高秀鹏被任命为学校党委常委、纪委书记、省监委驻聊城大学监察专员。根据山东省委办公厅《关于开展向省属本科高校和省管企业派驻纪检监察组改革试点的实施方案》，2024 年 1 月学校被确定为派驻纪检监察组改革试点高校，撤销省纪委监委驻学校监察专员办公室，设立省纪委监委派驻纪检监察组，与学校纪委合署办公，任命高秀鹏为省纪委监委驻学校纪检监察组组长，宗培磊、安广斌为省纪委监委驻学校纪检监察组副组长。

2. 推进规范建设。立足纪检监察工作高质量发展要求，持续推进规范化法治化正规化建设。持续深化“三转”，突出主责主业转职能、转方式、转作风，2019 年退出所有与纪检监察工作无关的协调议事机构，把不该管的工作交还主责部门，着力解决工作泛化、职能异化、主业弱化等问题，做到不越位、不缺位、不错位。持续加强制度体系建设，2022 年对现有的 26 项纪检监察工作制度进行系统梳理，“立改废释”综合类、监督类、执纪执法类、自身建设类、协作类等各类制度规定，新建、修订制度 19 项，学校纪检监察工作制度体系被省纪委监委作为样板面向全省高校推广。优化工作机制，2020 年学校纪检监察机构与聊城市纪委监委开启全面合作，得到了省纪委监委的充分肯定，并在全省范围内进行示范推广，2022 年《中国纪检监察报》、中央纪委国家监委网站刊发文章专章节报道我校纪检监察校地合作工作；2022 年成立第一届专家咨询委员会，面向聊城市纪委监委、法院、检察院和校内相关单位聘请 16 名专家委员，为案件审理工作提供政策咨询、技术支持和理论指导。

3. 锻造铁军队伍。突出政治建设凝心铸魂，扎实开展党中央部署的集中教育、主题教育，2022 年制定《关于进一步加强和改进学校纪检监察机构党的建设的实施方案》，持续加强纪委过硬党支部建设，运用“党建 +”学习模式深入开展政治理论学习、党性教育活动等，构建领导班子领学促学、结合岗位深学细学、联系实际自学补学、专家榜样讲学导学的多层次学习机制，学懂弄通做实党的创新理论。强化能力建设赋能增效，落实全员培训，多渠道开展实践锻炼，深入师生进行常态化调研，加强纪检监察理论研究，践行“严真细实快”工作作风，2023 年开展“深学习、实调研、抓落实”工作年活动，2024 年开展“纪检监察工作高质量发展能力提升年”活动，2019 年以来多名纪检监察干部获评山东省纪检监察系统先进个人、全省纪检监察系统“专业比武能手”等称号。从严监督管理强筋壮骨，坚持刀刃向内、自我革命，把一体推进“三不腐”理念贯穿自身建设，从严教育管理监督干部，认真开展谈心谈话、政治家访，加强内控机制建设，严格落实回避、保密、打探干预工作报告备案、“十严禁”等制度规定，主动接受监督，2023

年开展纪检监察干部队伍教育整顿，着力打造忠诚干净担当、敢于善于斗争的纪检监察铁军。

六、充分发挥审计“免疫”功能

（一）顺应新定位新要求，强化审计经济监督政治功能

2019 年 12 月根据上级有关要求，学校成立了以党委书记和校长为组长的聊城大学审计委员会，统筹研究审定学校的审计工作规章制度、年度工作计划、重大项目审计结果报告、审计发现重大问题及整改处理意见等事项，党委对审计工作的领导不断细化实化制度化，集中统一、全面覆盖、权威高效的审计监督体系更加健全完善。

（二）聚焦财务主责主业，发挥审计经济监督独特作用

1. 有计划开展中层领导干部经济责任审计工作。2005 年以来，结合学校中层领导干部岗位变动情况，对校内离任或任中 160 多名中层领导干部开展了经济责任审计工作，实现了离任中层领导干部审计全覆盖要求。

2. 做好学校财务决算和二级单位财务收支审计工作。2005 年以来，为加强学校财务管理，规范财务收支行为，提高资金使用绩效，对学校年度财务决算和预算经费执行情况开展了审计工作，对二级学院创收基金账户收支的真实性、合规性、效益性进行了审计，对后勤服务产业集团及下属各经营实体、校医院、物业管理中心、高新技术产业总公司、校工会等财务独立核算单位的财务收支开展了审计工作，保障了财政性资金使用的规范有效。

3. 做好基本建设和修缮工程项目结算审计和跟踪审计工作。2005 年以来，随着在校生规模持续增加，教学用房、教学设施、学生宿舍楼以及室外生活设施、地下管网和校园环境改造等基本建设和维修修缮工程项目陆续开工建设。为保障建设工程项目质量，维护学校合法利益，坚持无审计不结算，对建设工程项目和维修修缮项目开展了竣工结算审计和全链条跟踪审计，项目造价结算平均审减率 10% 以上。

4. 持续开展项目资金专项审计工作。根据上级部门部署和学校党委安排，2005 年以来开展了不同项目资金专项审计工作。2005 年对学校东扩征地拆迁，2006 年对水电费管理和使用，2010 年对公务用车维护和运行成本，2012 年对大型仪器设备使用效益，2013 年对中外合作办学、校企合作办学、教材折扣款和学生奖助学金，2014 年对省骨干学科教学实验室专项经费执行，2015 年对债务和账户管理，2016 年对中央和省财政专项经费执行，2017 年对内控建设，2018 年对内部审计工作、优势学科人才团队培育计划项目、后勤临时用工社保清算，2019 年对绩效工资，2022 年对中外合作办学、校企合作办学、人才政策落实及资金绩

效，2023 年对高校审计发现问题、人才政策落实和招标采购事项等开展了专项内部审计。

5. 加强对科研经费管理使用的审计工作。结合教职工科研课题结项要求，按照上级科研经费管理政策和财经纪律，及时对提交的科研课题经费使用情况开展收支审计和审签工作，2005 年以来对纵向科研课题、横向科研课题 600 多项科研经费投入及管理使用情况进行了审计调查，规范了科研经费的合规使用。

6. 做好招标采购活动审计监督工作。按照招标采购管理办法要求，全过程参加招标采购事项事前、事中和事后审计监督。2005 年以来对学校实施的货物类、工程类和服务类项目招标前期市场调研考察进行跟踪，严格审查供应商的资质和信誉等基本条件，对招标、议标工作实施全过程监督，对完工验收项目精细把控，确保采购项目质量。

7. 做好审计发现问题整改“下半篇文章”。2009 年利用审计资源，在全面开展财务收支审计的基础上，对审计发现的问题，开展了后续审计整改督导工作；2014 年完成省审计厅 2013 年驻校审计提出问题整改落实工作；2016 年完成审计厅对学校党政主要负责人经济责任审计报告、工程项目建设情况专项审计、职工住房建设专项审计发现问题整改工作；2019 年完成省审计委部署的十八大以来省审计厅对我校 5 次驻校审计报告提出问题整改“回头看”工作；2020 年完成省教育厅 2 次督办审计查出问题自查自纠工作；2021 年完成省委巡视发现问题整改落实、省审计厅对学校党政主要负责人提出问题整改以及 2017 年以来学校开展内部审计发现问题整改督导工作。

8. 做好上级部门安排的其他审计工作。2010 年配合省审计厅完成对我校原校长宋益乔同志经济责任审计工作；2013 年 2 月至 4 月配合省审计厅完成对我校 2012 年预算执行和其他财务收支情况的审计工作，2013 年 5 月至 6 月配合省审计厅完成对我校原校长李喆同志任职期间经济责任履行情况的审计工作；2014 年 12 月—2015 年 2 月配合省审计厅完成对我校原党委书记程玉海同志任职期间经济责任履行情况审计工作；2015 年 9 月至 10 月配合省审计厅完成对我校原党委书记李喆同志和原校长马春林同志任职期间经济责任履行情况审计，配合省审计厅完成对学校 2001—2015 年东西校区工程建设情况专项审计，配合市审计局（受省审计厅委托）完成对我校职工住房建购情况专项审计工作；2020 年 8 月至 10 月完成对我校原党委书记马春林同志和原校长蔡先金同志任职期间经济责任履行情况的审计工作。

（三）加强审计制度建设，提升审计工作规范化水平

根据国家相关审计法律法规，为建立健全学校内部审计制度，加强学校内部审计工作，切实发挥内部审计在学校完善治理规范、增加价值和实现目标中的作用，2005 年以来，建立和完善修订了各项审计管理制度，保障了学校内部审计依法依规进行。

（四）完善审计机构设置，加强审计干部队伍建设

健全完善的审计机构和数量充足、结构合理、专业化水平高的审计队伍是审计工作高质量发展的重要保障。2005 年以前，审计处作为学校独立二级机构，设有财务审计、工程审计和综合审计 3 个科室，审计人员 5 名。为适应业务发展，2015 年学校成立经济责任审计科，科室设置更加完善。至 2024 年审计人员数量、层次结构也不断提升，审计人员增加到 12 人，其中硕士及以上学位 7 人（在读博士 2 人），全部具有中级及以上职称（高级职称 5 人），专业涵盖财务、审计、工程、计算机等，是一支素质过硬、业务精良的审计队伍。

为加强审计人员职业素养，提升审计人员业务技能，积极组织审计人员参加“以审代训”工作。2014 年 1 人到市审计局协助开展重大工程建设专项审计、2 人参加 4 所高校省管干部经济责任审计工作；2015 年 1 人参加 3 所高校省管干部经济责任审计工作，并担任审计组副组长；2016 年 1 人参加省管领导干部经济责任审计工作；2021 年 2 人分别参加全省安全生产督导工作、省属高校经济责任审计工作；2022 年 1 人参加学校党委政治巡察工作；2023 年 1 人参加省属高校经济责任审计工作。

审计工作始终秉持“依法审计、求真务实”工作方针，强化政治站位，立足经济监督，不断提升监督效能，得到上级部门肯定。审计处现为山东省审计学会理事单位、山东省教育审计学会常务理事单位、聊城市内部审计师协会理事单位，多年被授予省、市年度内部审计工作先进集体荣誉称号，多人次被授予省、市年度内部审计工作先进个人荣誉称号。2012 年获山东省内部审计师协会“作出突出贡献和创造新经验的内审机构”、山东省教育厅“高等学校国有资产有偿使用专项审计先进集体及先进个人”荣誉称号；2013 年获山东省教育厅“大型仪器设备使用效益专项审计先进集体及先进个人”荣誉称号；2014 年获山东省教育审计学会先进集体荣誉称号；2015 年获山东省教育审计学会先进集体和先进个人、山东省内部审计师协会先进单位荣誉称号；2016 年获山东省教育审计学会先进集体和先进个人荣誉称号；2017 年获山东省教育审计学会先进个人荣誉称号；2018 年获山东省教育审计学会先进个人、山东省内部审计师协会先进单位、聊城市内部审计师协会先进个人荣誉称号；2019 年获山东省教育审计学会先进集体和先进个人荣誉称号；2020 年获山东省教育审计学会先进集体和先进个人、山东省内部审计师协会先进单位、聊城市建设工程造价和招标投标协会先进个人荣誉称号；2021 年获山东省教育审计学会先进个人、山东省内部审计师协会先进单位、聊城市内部

审计师协会先进集体和先进个人荣誉称号；2022 年获山东省教育审计学会先进集体、先进个人和聊城市内部审计师协会先进集体荣誉称号；2023 年获山东省教育审计学会先进个人荣誉称号。

七、不断加强工会、统战、离退休工作

（一）工会工作

1. 深化组织建设，提升履职能力。

2008、2012、2017、2022 年，学校召开八届一次、九届一次、十届一次、十一届一次工会会员代表大会（以下简称工代会），完成工会委员会换届选举工作。工会委员会设主席 1 名、妇委会主任兼副主席 1 名、专职副主席 1 名、兼职副主席 2 名，委员若干。工会下设宣传部、女工部、生活福利部，2018 年调整为组织宣传部、生活福利部、女工部和计划生育办公室 4 个科室。工会根据二级单位人数和工作关系等情况，独立或联合设置二级工会，现有二级工会 29 个。

工会先后建立实行工会全委会、工会主席办公会、工会办公会会议制度，明确议事规则。2010 年，学校八届三次工代会审议通过《聊城大学工会工作条例》，2016 年，学校九届五次工代会审议通过《聊城大学工会工作条例（修正案）》，2020 年，学校十届四次工代会审议通过《聊城大学工会工作规定》，《聊城大学工会工作条例（修正案）》同时废止，规范工会制度建设。完善工会系统业务培训、评优奖先机制，组织开展学校第一至第八届工会先进集体、优秀工会工作者（优秀工会干部）和 2018、2019 年度工会工作积极分子评选表彰。2005、2011 年，郑玉华、李新海荣获“山东省教育工会优秀工作者”称号；2013 年，刘树山荣获“聊城市十佳优秀工会干部”称号和“富民兴聊”劳动奖章；2010—2023 年，获评全省教育系统工会优秀理论和调研成果一等奖 7 项、二等奖 7 项、三等奖 4 项、优秀奖 5 项，社会科学优秀成果二等奖 1 项、三等奖 1 项；2015 年，获评中国教科文卫体工会系统和山东省总工会调研成果优秀奖各 1 项。2005、2008 年，工会 2 次被评为“山东省教育工会工作先进集体”；2006 年，妇委会被评为“山东省先进妇委会”；2013 年，工会被评为“聊城市学习型组织先进单位”；2015 年，政治与公共管理学院工会被评为“全国模范职工小家”；2016 年，工会被评为“山东省教育工会系统模范职工之家”“聊城市模范职工之家”；2017 年，工会被评为山东省总工会“模范职工之家”；2019 年，工会被评为山东省教育系统“模范职工小家”；2022 年，农学与农业工程学院分工会被评为山东省教育工会“模范职工小家”。2015、2020 年，《中国教工》2 次专文推介学校工会工作成绩与经验。

2. 规范教代会建设，深化民主管理。

（1）完善校、院两级教代会制度。2008 年，学校八届一次教代会审议通过

《聊城大学教职工代表大会条例》。2009年，学校八届二次教代会审议通过《聊城大学教职工代表大会提案工作条例（修正案）》。2010年，学校第八届教代会主席团第八次会议审议通过《聊城大学深入推进校务公开工作的实施意见》。2013年，学校九届二次教代会审议通过《聊城大学教职工代表大会条例（修正案）》。2014年，学校九届三次教代会审议通过《聊城大学二级单位教职工代表大会实施办法》。2019年，学校十届三次教代会审议通过《聊城大学教职工代表大会实施办法》《聊城大学二级单位教职工代表大会工作细则》。2020年，学校十届四次教代会审议通过《聊城大学教职工代表大会提案工作办法》。

（2）加强教代会体制机制建设。学校教代会与工代会合并召开，每届（次）都有鲜明的主题和明确的议程，都有学校党委批转工会关于召开会议的报告，都召开预备会议。20年来，学校教代会经历了发展、规范和提升三个阶段，共召开会议4届16次，逐步走向规范化、常态化。

1）发展阶段（2005年6月—2009年2月）

教代会特点是五年为一届，一届开两次全体会议；有鲜明的主题和明确的议程，议程主要包括听取审议学校工作报告、提案处理情况报告等，通过一些倡议与决议，教代会制度体系逐步建立健全。七届二次教代会于2005年6月23日召开，会议审议通过《聊城大学“十一五”建设与发展规划》《聊城大学文化建设方案》等重要文件和一批关于社区管理的制度与公约；2008年5月21至22日召开八届一次教代会，审议通过《聊城大学教职工福利费使用办法》等。

2）规范阶段（2009年2月—2019年2月）

教代会的特点是开始每年召开一次，并固定安排在春季开学之前进行，与学校工作部署会暨处级干部会融为一体（未当选代表的处级干部作为列席代表参加会议），党委领导、行政支持、工会运作、教职工参与的教代会机制和每年一次、五年一届的教代会制度更加规范。八届二次教代会（2009年2月12日至13日）开始讨论审议学校工作要点，并在大会上表彰学校师德建设先进集体、师德标兵等先进集体和个人；八届三次教代会（2010年3月12日至14日）首次听取校领导分别作主管工作报告，审议通过《关于为全面实现我校科学发展新跨越作贡献的倡议》《关于广泛开展全民健身运动的倡议》；八届四次教代会（2011年2月18日至19日）审议通过《聊城大学“十二五”发展规划》《关于为实现我校“十二五”发展规划建功立业的倡议》；九届一次教代会（2012年2月16至17日），审议通过《聊城大学教师职业道德规范》《聊城大学学院教授委员会章程》等；九届二次教代会（2013年2月22日至23日），开始审议通过学校《财务决算报告和预算报告》；九届三次教代会（2014年2月21日至22日），审议通过《聊城大学二级单位教职工代表大会实施办法》；九届四次教代会（2015 年 3 月 7 日），审议通过《聊城大学章程》；九届五次教代会（2016 年 2 月 27 日），审议通过《聊城大学工会工作条例（修正案）》；十届一次教代会（2017 年 2 月 17 日至 18 日），听取关于《聊城大学综合改革实施方案》起草的说明并审议《聊城大学综合改革实施方案》；十届二次教代会（2018 年 3 月 3 日），根据人事变动和工作需要，首次提请主席团审议通过代表增减事项、主席团调整事项和提案工作委员会调整事项。2015—2018 年，工会指导二级单位召开一届一次、二次、三次、四次教代会（教职工大会）。

3）提升阶段（2019 年 2 月至今）

二级单位教代会由原每四年为一届改为三年或五年为一届，召开时间由学校教代会后改为会前，以便与学校教代会同届期召开，校、院两级教代会工作更加趋于完善。十届三次教代会（2019 年 2 月 21 日至 22 日），审议通过《聊城大学教职工代表大会实施办法》等；十届四次教代会（第一阶段 2020 年 3 月 17 日至 4 月 15 日，第二阶段 2020 年 6 月 10 日至 18 日），受疫情影响，采取分阶段、分层次方式进行，审议通过《聊城大学章程（修正案）》《聊城大学专业技术岗位人员聘期考核管理办法》等；十届五次教代会（2021 年 5 月 15 日），审议通过《聊城大学“十四五”事业发展规划》《聊城大学教职工困难资助实施办法》；十一届一次教代会（2022 年 8 月 19 日至 20 日），听取关于《聊城大学关于深入推进融合发展的实施意见》的起草说明并进行讨论。2019—2022 年，工会指导二级单位召开二届一次、二次、三次和三届一次教代会（教职工大会）。

2009 年，学校被评为“山东省学校民主管理先进单位”；2010 年，学校被评为“聊城市职工代表大会先进星单位”；2013 年，学校被评为“全国厂（校）务公开民主管理先进单位”。

3. 强化师德师风建设，搭建岗位建功平台。

每年 9 月开展师德建设教育月活动，举办报告会、座谈会、教学竞赛、多媒体教育软件竞赛等，开展学校第五、六、七、八届师德建设先进集体和师德标兵评选表彰活动，弘扬劳模精神、劳动精神、工匠精神，引导和激励教职工立足岗位、履职奉献。2015 年，李海英获评“全国师德标兵”称号，高凤燕获评“山东省富民兴鲁劳动奖章”；2011—2016 年，郭学信、陈德正、石兴泽、邢梅萍获评“山东高校十大师德标兵”称号；2017 年，邢梅萍获评“山东省齐鲁最美教师提名奖”、吕艳丽获得“山东高校十大师德标兵提名奖”。2008 年，省委高校工委授予学校“山东省德育建设先进集体”荣誉称号；2009 年，省教育厅、省教育工会授予学校“山东省师德建设先进集体”称号；2014 年，学校获评“全市职工职业道德建设先进单位”称号。

4. 提升维权服务质量，增进教职工福祉。

积极参与聊大花园、聊大花园东苑、明德公寓建设，明德公寓、书香苑、金柱大学城、奥森花园、海德公寓住房团购及学苑公寓改制、聊大花园房产证办理、教职工委托贷款等事项，及时反映教职工诉求，维护教职工利益。2019 年制定《聊城大学工会经费收支管理办法（试行）》，将教职工节日福利标准由每人每年 1000 元增至 2000 元、生日蛋糕费由每人每年 200 元增至 300 元。2018 年开始，每年牵头完成岗位竞聘晋升争议调解工作，妥善调解处理争议问题。2021 年，设立学校工会劳动法律监督委员会，构建和谐劳动关系。2022 年，设立“爱心奖助基金”，实施《聊城大学教职工困难资助实施办法》，专项资助家庭经济困难师生。2009 年，学校获评“聊城慈善奖—热心慈善事业先进单位”称号；2021 年，江涛获评“山东教育慈善奖先进个人”称号。

5. 夯实文化阵地建设，促进职工身心健康。

每年举办教职工田径运动会和篮球、排球、羽毛球、乒乓球等比赛，开展教职工文艺晚会、诗文朗诵会、歌咏比赛、书画展、摄影展及足球、游泳、太极拳、广播体操、健美操、象棋等活动，丰富教职工业余文化生活。2020 年，建成教职工乒羽活动中心和（气）排球活动中心，满足教职工室内活动需求。2019 年，制定《聊城大学教职工社团管理暂行办法》，指导成立教职工篮球、足球、羽毛球、乒乓球、女职工形体艺术协会和校园文艺与文化研究会，开展丰富多彩的社团文化活动。工会多次组织参加全国气排球联赛分区赛，全省职工歌曲展演、书画摄影大赛，全省高校教职工乒乓球、羽毛球、排舞、气排球比赛等，获各类奖项 62 项。2010 年山东省总工会、山东省职工文化体育协会授予学校“全省职工健身活动先进集体”称号；2023 年，学校代表省教育工会参加全国教科文卫体系统职工气排球比赛获女子组第五名，并作为突出贡献奖单位受到省教育工会通报表扬。

6. 做实女职工工作，发挥女性“半边天”作用。

每年开展纪念“三八”国际妇女节和普法宣传月系列活动，举办学校“书香三八”读书活动、女教职工与女大学生谈心谈话活动、全国家庭教育宣传月活动、女性健康知识讲座等。2022 年出台《聊城大学工会女职工工作实施办法》，完善女工工作体系。组织学校第一、二、三、四届三八红旗集体、三八红旗手和 2018—2019、2020—2021、2022—2023 年度巾帼建功标兵（岗）评选表彰工作，搭建巾帼建功平台。2005 年，陈雪梅被评为“山东省先进女职工工作者”；2009 年，潘延红被评为“山东省三八红旗手”；2012 年，外国语学院被评为“山东省三八红旗集体”“山东高校三八红旗集体”，王云被评为“山东省三八红旗手”“山东高校三八红旗手标兵”，邢梅萍被评为“山东高校三八红旗手”；2015 年，高凤燕荣获“山东省富民兴鲁劳动奖章”；2017年，康建军、侯丽家庭被评为“山东高校最美家庭”;2019年,法学院被评为“山东省教育工会女职工建功立业标兵岗”，吕艳丽被评为“山东省教育工会女职工建功立业标兵”；2020年，吕艳丽、冀芦沙被评为“山东省三八红旗手”；2021年，刘延昌、邵长华被评为“山东省智慧家长”；2021、2022年，聊城大学艺术学创新团队、马克思主义学院被评为“山东省教育系统女职工建功立业标兵岗”，石莹丽、于娜、匡萍、刘桂芹被评为“山东省教育系统女职工建功立业标兵”；2022年，刘桂芹被评为“齐鲁巾帼科技创新之星”；2022、2023年，桑红燕创新工作室、王海华工作室被评为“山东省教育系统示范性劳模和优秀人才创新工作室”；2023年，毛驴高效繁育与生态饲养研究院被评为“山东省巾帼文明岗”；2024年，吕艳丽被评为“山东省三八红旗手标兵”。

（二）统战工作

1. 强化思想政治引领，广泛凝聚共识，推动学校统一战线工作高质量发展。学校党委认真贯彻落实我国在革命、建设、改革不同历史时期党的统战理论和政策，不断加强党对统一战线工作的领导，构建起党委统一领导、统战部门牵头协调、有关方面各负其责的大统战工作格局。坚持团结一切可以团结的力量、调动一切可以调动的积极因素，教育引导党员干部把《中国共产党统一战线工作条例》学习同解决问题、推动工作结合起来，推动统战工作走深走实。加强各民主党派、无党派人士、党外知识分子的思想政治引领，先后开展“不忘合作初心·继续携手前进”“矢志不渝跟党走·携手奋进新时代”“凝心铸魂强根基·团结奋进新征程”主题教育，把广大统战成员团结凝聚在党的周围，增进统战成员对中国共产党和中国特色社会主义的政治认同、思想认同、理论认同、情感认同，增强统战成员的归属感和使命感，夯实团结奋斗的思想政治基础。

2. 充分发挥人力智力优势，有力服务中心大局。注重发挥学校统战成员政治协商、参政议政、民主监督职能作用，选拔任用了一批政治素质高、业务水平高、群众威信高的党外中层干部，优化党外干部队伍结构，加强人才储备。制定《无党派人士政治面貌认定暨确定无党派代表人士工作办法》，规范了无党派人士政治面貌认定程序和标准。2009年成立党外知识分子联谊会，成为学校党委联系党外知识分子的桥梁和纽带，为团结和凝聚学校广大党外知识分子搭建了广阔平台；2019年1月9日召开聊城大学欧美同学会（留学人员联谊会）成立大会，通过了聊城大学欧美同学会（留学人员联谊会）章程和选举办法，选举产生了理事、会长、副会长和秘书长，健全完善了组织架构和工作机制，标志着学校留学人员工作进入了新阶段、开启了新征程。搭建统战成员活动、交流平台，建设民主党派、党外知识分子、无党派人士等统战团体活动之家 5 个，申报、获批山东高校统战工作理论研究基地（2020 年），山东省铸牢中华民族共同体意识研究基地（2022 年），山东省侨联新侨创新创业基地（2023 年），发挥组织、平台优势，协调、引导广大统战成员结合专业特长，在教学、科研、管理、服务社会中充分发挥作用，鼓励支持其围绕经济社会发展重点难点问题深入研究，引导其在建言献策、服务大局中提升政治站位，在参政议政、民主监督、协商建言中更好凝聚共识。落实好港澳台侨政策，深化与台港澳间交流，做好赴台港澳交流师生和归国留学人员工作。

3. 以铸牢中华民族共同体意识为主线，坚持新时代新征程党的民族宗教工作前进方向。学校党委高度重视党的民族宗教工作，成立党委民族宗教工作领导小组，将民族宗教工作列入年度工作要点、重要议事日程，增强民族宗教工作法制化意识。以铸牢中华民族共同体意识为主线，有形有感有效做好民族工作，鼓励各民族师生交流交往交融，开展民族团结校园示范活动，推动新时代民族工作高质量发展。聚焦宗教工作目标任务，坚持我国宗教中国化方向，坚持教育与宗教相分离原则，做好信教师生的摸排和信教团员的教育转化与组织处置；加大宗教法律法规知识的教育宣传力度，从严从细做好抵御和防范宗教渗透，确保校园政治安全。

学校现有民主党派成员 113 人，分别属于民革、民盟、民建、民进、农工党、致公党、九三学社 7 个民主党派；现有民盟聊城大学委员会、九三学社聊城大学委员会、民革聊城大学支部及民进聊城大学支部 4 个基层组织。有各级人大代表、政协委员 15 人，省政府参事 1 人，无党派人士 36 人，设有党外知识分子联谊会、欧美同学会（留学人员联谊会）2 个统战团体。

（三）离退休工作

1. 离退休工作的组织与建设。2020 年 10 月召开了第一次党员代表大会，完成新一届离退休工作处党委换届选举工作，处党委共有党委委员 7 人。2021 年 4 月完成党支部换届选举工作，共设 16 个党支部，其中 1 个在职党支部（书记 1 人，委员 2 人）和 15 个离退休党支部（离退休党支部书记 15 人，支部委员 30 人）。截至 2024 年 3 月初，现有离退休教职工 793 人，党员 495 人，80 岁以上 126 人、90 岁以上 23 人。有 121 人居住在聊城市外，20 多人在养老机构居住，640 多人比较集中居住于聊城市区的西苑小区、明德公寓、聊大花园、聊大花园东苑、北苑小区、体校家属区。

2. 加强离退休干部党员思想政治建设，强化政治引领作用，推动离退休干部党建工作高质量发展。根据离退休干部特点和实际，多措并举采用灵活有效形式，在符合老干部学习特点上下功夫，不断探索更有效的工作思路和方法，全力抓好离退休干部思想政治建设，确保离退休队伍的和谐稳定，助力学校改革发展建设，切实彰显老干部政治本色。2011 年召开纪念建党 90 周年老干部座谈会，回顾党的发展历程、歌颂党的丰功伟绩，组织支部书记及党员代表到西柏坡参观学习；2012 年在“党的群众路线教育实践活动”中，结合老党员实际制订活动学习计划，使老党员们在活动中增强了理想信念、加强了党性修养，取得明显成效；2015 年在“两学一做”学习教育活动中，离退休党总支根据老党员自身特点与实际情况，以多种形式积极组织学习，党总支还为外地居住的老党员邮寄学习材料，确保每位老党员的学习进度；2019 年在“不忘初心、牢记使命”主题教育活动中，充分利用微信群、电子阅览室报刊等媒体手段，保证每位老党员的学习，到阳谷刘邓大军渡河指挥部旧址参观学习，增强党组织的生机和活力；2021 年开展离退休老党员党史学习教育，为 419 名老党员发放党史学习教育材料，分解细化任务，明确干什么、怎么干。邀请党史学习教育宣讲团作宣讲报告 3 次，引导广大老党员、老干部把党的历史学习好、总结好，把党的成功经验传承好、发扬好；2022 年推动党史学习教育走深走实，组织各党支部书记、委员和在职党支部全体党员到莘县山东省委重建纪念馆、中共冀鲁豫（平原）分局旧址、冠县赵建民纪念馆等红色教育基地参观学习，开展“学党史庆重阳”主题活动；2023 年开展学习贯彻习近平新时代中国特色社会主义思想主题教育，编印发放《党的二十大精神学习》等资料，举办专家辅导报告会，“银发黑板报”等红色宣讲。5 月以“银晖聚力心向党”为主题赴临清市李圈村中共清平县委旧址实地接受党性教育。6 月以“学史爱国”为主题赴 129 师司令部旧址接受革命传统教育。9 月以“党建 + 助力乡村振兴展夕阳之美”为主题赴茌平党员教育基地、茌平金牛湖参观学习，实地接受党性教育。10 月以“追寻革命足迹　弘扬红色精神”为主题赴莘县红庙村冀鲁豫区党委旧址实地接受党性教育。在离退休党员中创建“夕阳红党员示范岗”，评选表彰了 20 名“党员先锋”，1 名离退休党员受到学校党委表彰。

3. 提高离退休基层党组织管理水平，坚持离退休党支部政治学习制度，提升基层党支部的凝聚力，引导老同志把智慧和力量凝聚到落实党的各项任务上来。2021 年组织各支部书记和党员代表到阳谷伏城养老中心参观考察，深入了解健康养老、智慧养老、科技养老；2021 年完成 16 个党支部换届选举工作，并针对部分党支部及时调整补充了党支部书记和委员，保证离退休党支部的工作活力，进一步提高了党组织的战斗力，为加强离退休党建工作奠定了坚实的组织基础；2022 年组织庆“三八”国际妇女节主题党日活动、“银耀鲁西助力乡村振兴”主题党日活动，不断增强基层党组织内部的凝聚力、战斗力，充分发挥基层党支部的战斗堡垒作用；2023 年举办离退休党组织书记培训班和新退休干部适应期培训班，9 月在茌平区党员教育基地建立“聊城大学离退休党员教育实践基地”，签订共建共享协议。加强与城市基层党建融合共建，积极与凤凰社区党组织开展共建活动，通过政治联学、活动联办，推动基层离退休干部党建与社区党建双向促进、互补共赢。

4. 落实好离退休老同志的各项生活待遇，突出抓好服务保障，周到细致地做好管理和服务工作，更好满足老同志对美好生活的向往。以服务保障作为工作重心，用心用情落实好老同志的各项生活待遇，注重把握离退休教职工的共性与个性，不断深化离休干部的亲情化服务和退休干部的管理服务宗旨，提升工作水平，切实做到让党放心，让老党员、老干部满意。学校高度重视离退休工作，定期向全体离退休老同志通报学校发展情况，向老干部发放学习文件、传达上级有关政策；邀请老同志参加学校教代会、党代会等重要会议和重大活动；为离休人员、各党支部、党员订阅年度报刊；按时发放春节、中秋、生日蛋糕券等各项福利，对身体行动不便者送至家中；定期看望异地安置的老同志，对生病住院和身体常年有病的老同志登门探望，协同有关单位为去世的老同志办理好丧事，慰问去世职工家属及直系亲属去世的老同志，发放慰问金。协助相关部门完成银行卡、医保卡、社保卡信息统计与核对工作，开展 80 岁以上高龄补贴申报、70 岁以上老同志医疗补贴申报、军烈属名单统计等工作；做好退休人员家庭经济生活困难补助申报、公示和发放工作；认真组织离退休人员每年一次的健康查体工作；针对年老多病、独居、生活困难的老同志多渠道掌握第一手资料，力争做到精准服务，到相关养老机构交流考察，了解惠老爱老政策，针对性地开展合作，做好养老服务；高度重视来访工作，及时化解矛盾，切实解决老同志合理诉求；在传统节日期间拟定看望慰问实施方案，走访慰问退休老教师。2013 年看望异地安置在济南的老干部和身患重病的老干部及去世的离退休人员的家属等；2015 年到市医保处为青岛、北京等地异地安置的老同志办理慢性病年审手续；2021 年“七一”前夕，走访慰问入党 50 周年老党员，并颁发纪念章，走访慰问 4 位抗美援朝老战士，颁发纪念章，并与宣传部联合拍摄制作专题片上报省教育厅；2022 年落实离休干部关怀机制，建立了离休干部“一对一”结对联系，为 5 名离休干部提供精准便捷服务；2023 年在“七一”期间走访慰问全体离休干部，专程去外地颐养机构慰问，为离休干部安享晚年提供精准便捷服务。

5. 建强用好银发人才队伍，发挥关工委、老教授协会等积极作用，鼓励离退休教职工贡献银发力量。本着自觉自愿、量力而为的原则，积极调动广大老同志参与学校及社会各项事业的积极性，创设载体，搭建平台，贯彻落实《关于加强新时代老龄工作的意见》文件精神，鼓励老同志发挥教学、科研、督导的优势，推动学校发展做力所能及的服务工作。多名退休老同志被学校教务处聘为校级督导专家，在教风督察、青年教师培养等方面发挥独特作用。2011 年 10 月和 2012 年 4 月我校老教授协会获山东省老教授协会颁发的新贡献先进集体；2014 年原化学系退休教师石成法老师利用业余时间练习写作，创作格言先后被《中华名言词典》《新时期爱国主义诗词读本》《中华盛世警言》等刊物录用，并获征稿活动金奖。退休职工王德顺老师，利用自己几十年的工作经验发明研制了新型管材切割机，并获得国家专利;2015 年参加政管学院“纪念抗日战争胜利 70 周年”座谈会，老同志们以自己的亲身经历和亲身体会教育广大青年学生。与教科院学生联合会组织老党员开展“四进四信”座谈会，均收到良好效果;2017 年 9 月聊城大学获“全省关心下一代工作先进集体”荣誉称号；2019 年组织参加全国“读懂中国”活动，获一等奖 2 项、二等奖 4 项，离退休工作处获最佳组织奖。组织参加山东省“社会主义核心价值观论坛征文评选活动”，获一等奖 4 项；2022 年退休老教授孟广武远在新疆喀什大学支教，助力当地的学校发展，发挥自身专长和优势；2023 年荣获“全省教育系统关心下一代工作先进集体”光荣称号，刘道杰老师获全省教育系统关心下一代工作“最美五老”荣誉称号。

6. 常年组织开展丰富多彩的文体活动，丰富老同志精神文化生活，乐享退休新生活。坚持政治类活动与文化类活动相结合、日常活动与大型活动相结合、自娱自乐与竞技比赛相结合、室内活动与室外活动相结合、组织活动与发挥作用相结合，积极开展雅俗共赏的文化、体育、娱乐活动，满足不同年龄层次、不同身体条件、不同兴趣爱好的离退休教职工精神文化生活需要，不断增强离退休干部的获得感、幸福感。2011 年举办了第九届老年台球比赛、第十一届离退休人员乒乓球比赛、老年人门球比赛、第十七届离退休人员运动会、第十二届离退休人员麻将比赛、第十一届象棋赛、交谊舞培训班、组织老同志到东平湖和海洋公园休闲一日游等日常活动；2013 年开展“学习十八大，畅谈新变化”系列活动。举办“颂歌献给党歌曲演唱会”、诗歌朗诵会、老年书画展。举办第十一届老年台球比赛、第十四届离退休人员乒乓球比赛，第八届老年人门球比赛、第十九届离退休人员运动会、庆祝“老人节”文艺联欢会、第十三届老年象棋比赛、第十四届老年麻将比赛等活动、夕阳红艺术团新年联欢会等；2014 年 5 月举办第二十届离退休人员运动会，280 余名老同志积极参加。为迎接校庆 40 周年，艺术团小合唱队历时 5 个月自编、自演，排练录制聊大发展——歌曲联唱，歌颂聊大 40 年的辉煌与成就;2015 年 10 月举办离退休人员第二十一届运动会,260 余位老同志报名参加。11 月,夕阳红艺术团与音乐学院学生社团联合举办“激情夕阳红 唱响黄河颂”——纪念抗战胜利七十周年联欢会。在聊城市第三十届老年人台球比赛中，离退处组建的一队取得了团体比赛第一名的好成绩；2018 年举办第十六届老年台球比赛、第十五届老年门球比赛、第十八届离退休人员乒乓球比赛、第二届老年智力运动会、第二十四届离退休人员运动会，老年卡拉OK演唱会、第十九届麻将比赛、夕阳红艺术团新年联欢会等活动，深受老同志喜欢；2021年举办老年人趣味运动会，举办门球、飞镖、台球等趣味活动庆祝重阳佳节，参加活动达500余人次，举办建国七十二周年暨欢度九九重阳节书法作品展，弘扬了民族优秀文化，民族正气。开展“重温长征精神　离退休教职工健步走”和“颂党恩　跟党走　添光彩”抄党史硬笔书法展等活动，抒发老同志的爱党爱国情怀；2022年结合疫情防控政策，开展线上文体活动，顺利完成线上乒乓球、视唱活动，共收到参赛视频230余个。举办喜迎二十大书法绘画摄影作品展，参加活动逾300人次，征集各类作品340余幅。10月选送优秀作品参加我校廉洁文化季文化活动，征集书画作品25幅、摄影作品6幅、短视频5个、征文1篇，展现老同志崇廉倡廉良好风尚；2023年举办“九九老年节趣味达标赛”活动，近300名离退休人员参加活动，组队参加省老教协乒乓球赛取得佳绩。

7. 加强老干部活动中心阵地建设，打造学习、活动、和谐的幸福家园，让老同志有所学、有所为、有所乐。现有西校区银杏园活动中心和农学院家属院活动中心，除法定节假日外保持全天开放，寒暑假期正常开放，为老同志提供各项服务，据2022年统计非疫情期间每月服务接待老同志700余人次。离退休老干部活动中心是我校老同志们的活动家园，是老同志们文化养老的主要平台和重要基础，活动中心始终以满足老干部的需求为目标，在学校的大力支持下，活动中心设施进一步完善，活动环境逐步优越，使活动中心真正成为老同志们的强身健体和交流联系的乐园。

新冠疫情期间防控工作，确保老同志身体健康。严格落实各级疫情防控决策部署，坚持常态化防控和应急处置相结合，主动关注疫情动态和本地区的疫情情况，及时通过微信群提醒离退休老同志，积极引导广大老同志带头遵守防控规定，自觉服从防控大局，科学动态调整活动中心开放时间和项目，保障安全稳定。

2014年对银杏园活动中心进行了整体设计装修，在楼梯周围、大厅墙壁等位置安装了照片、图画等作为装饰，环境优雅温馨，老同志活动场所得到大力改善；2016年建成使用电子图书阅览室，为老干部提供优质、高效、便捷的管理服务，加快老干部信息化建设，通过积极筹备建设，购买机器，规划建设场地，安装调试设备，现已正式使用，为老干部提供多种媒体学习资源和学习方式；2022年积极争取相关单位支持，在银杏园活动中心铺设完成舞蹈排练中心、部分乒乓球室地胶，画标识台阶安全提示线、更换感应小便池、刷地面漆、更换老旧座椅等进一步改善活动中心硬件条件，为离退休教职工开展政治理论学习、丰富精神文化生活创造良好条件，提升离退休教职工的满意度和幸福感；2023 年完善 2 个活动中心的硬件设施，购置台球桌 6 张、乒乓球台 1 个、铺设地胶、修缮门球场地。

8. 持续加强工作作风建设，强化用心用情服务的工作理念，打造老干部工作模范部门和过硬队伍。老干部工作队伍是做好老干部工作的专门力量，始终把政治建设摆在首位，严格落实全面从严治党要求，加强政治理论学习，持续强化理论武装，自觉培养政治上绝对可靠、对党绝对忠诚的政治品格。进一步锤炼过硬的工作作风，提高全体工作人员的沟通技巧与协商能力，提高专业能力，培养专业精神，全面加强学习型机关、学习型党支部建设，使素质能力与岗位职责相匹配相适应。进一步强化提高学习、研究能力，坚持在干中学、学中干，通过专题辅导、技能培训等方式，深学细研习近平总书记关于老干部工作的重要论述和老干部工作的规律特点、政策规定、制度规范，成为安于本职、专于本行、精于本业的行家里手，推进我校离退休工作高质量发展。

2011 年 10 月省直老干部工作目标责任制调查考核组来我校检查，通过听、查、看，综合测评 98 分，考核组对我校老干部工作给予了高度评价和充分肯定，考核成绩优秀；2013 年离退休工作处被市直老年体协评为“老年体育工作”先进单位；2014 年在山东省高校离退休工作研究会第十届年会上，离退休工作处党总支聊大花园党支部被评为“先进集体”；2015 年离退休工作处荣获聊城市直老年体育工作先进单位；2016 年离退休工作处在职人员党支部被学校评为先进基层党组织；2017 年和 2018 年聊城大学离退休人员活动中心分别被授予“聊城市老年人优秀活动站点”，离退休工作处被授予聊城市老年体育优秀单位；2021 年离退休工作处党委荣获全省“在本色家园离退休干部党组织建设工作中表现突出的离退休干部党组织”荣誉称号，荣获山东省老教授协会 2015—2021 年度工作先进单位称号；2022 年与医学院联合开展“安全相伴　关爱老干部”急救知识和技能培训，提高应对突发事件的急救知识和救助能力；2023 年荣获山东省教育系统关工委工作先进集体，开展“我为老同志办实事”活动，与运东医院举办医疗义诊活动，与北京知名专家举办中医义诊活动，与市公安局举办防电信诈骗宣讲活动。

第二节　思政与学生工作

思想政治工作是党的优良传统、鲜明特色和突出政治优势，是一切工作的生命线。学校始终坚守为党育人、为国育才的初心和使命，以立德树人为根本，高度重视思想政治和学生工作，多措并举加强和改进思想政治工作，努力服务学生成长成才，先后获得全国无偿献血促进奖、全省教育工作先进单位、山东省师德建设先进集体、山东省德育先进高校、山东省思想政治教育工作先进单位、山东省德耀齐鲁道德示范基地、山东省理论大众化示范点、全国大中专学生志愿者暑期“三下乡”社会实践活动先进单位、山东省红旗团委标兵和全国大学生志愿服务西部计划优秀项目办等荣誉称号，1 名教师获评“全国师德标兵”，3 名教师获评“山东高校十大师德标兵”。教育部 2014 年 5 月印发的《工作简报》以“聊城大学强化三项举措，推进大学生思想政治工作创新发展”为题作了专版经验介绍，《聊城大学大学生思想政治教育实施大纲（第二课堂）》被教育部评为高校辅导员精品项目。

一、加强和改进思想政治工作

（一）完善体制机制

学校制定并实施了《关于进一步完善大学生党建与思想政治教育长效机制的实施意见》《关于进一步加强和改进德育工作的意见》《关于推进思想政治教育进公寓的实施意见》《聊城大学大学生思想政治教育实施大纲》《关于加强和改进青年教师思想政治工作的实施意见》《关于培育和践行社会主义核心价值观的实施意见》《关于加强和改进新形势下思想政治工作的实施意见》《聊城大学“三全育人”综合改革建设方案》《学校领导联系思政课教师和讲思政课工作方案》《聊城大学领导干部听课制度实施办法》《聊城大学重要节日纪念日思想政治教育年历（试行）》等文件，不断完善思想政治工作制度。成立了思想政治工作领导小组，将思想政治工作纳入院级党组织考核体系。实施校领导联系思政课教师制度和校领导带头上思政课制度，校党委书记、校长带头抓思想政治教育，党委书记联系马克思主义学院。构建了“党委统一领导、党委宣传部统筹协调、党委教师工作部抓教师思想政治教育、党委学生工作部和团委抓学生思想政治教育、院级党委贯彻实施”的思想政治工作机制。

（二）加强思想理论建设

坚持用党的最新理论武装头脑、指导实践、推动工作，印发《聊城大学党委理论学习中心组学习制度》《聊城大学院级党组织理论学习中心组学习列席旁听办法（试行）》《中共聊城大学委员会关于印发二级单位党委、党总支理论学习中心组学习制度和教职工政治理论学习制度的通知》等文件制度，每年制定理论学习中心组学习计划和教职工理论学习方案，并严格按照要求认真组织实施。自 2021 年以来，认真落实“第一议题”制度，确保每次党委常委会学习习近平总书记最新重要讲话或重要指示批示精神。2005 年、2009 年、2010 年、2013 年、2015 年、

2016 年、2019 年、2021 年和 2023 年，学校先后组织开展了保持共产党员先进性教育活动、深入学习实践科学发展观活动、创先争优活动、党的群众路线教育实践活动，“三严三实”专题教育、“两学一做”学习教育，“不忘初心、牢记使命”主题教育、党史学习教育和习近平新时代中国特色社会主义思想主题教育。此外，学校积极组建党的十七大、十八大、十九大和二十大精神专家宣讲团、习近平新时代中国特色社会主义思想青年学生宣讲团等理论学习宣讲团队，从不同层面、不同侧面，“点单式”宣讲解读党的创新理论，加深党员干部师生对党的创新理论的认识。学校共有 9 名专家入选山东省理论人才百人工程，4 部作品入选山东省重大理论成果奖。

（三）建设优质思政课

学校把思想政治理论课作为落实立德树人根本任务的关键课程，2011 年，学校在原有思政与马克思主义学院的基础上，专门设立了马克思主义学院，承担起全校本科生和研究生的思想政治理论课教学任务。学院现有思想政治教育本科专业、马克思主义理论一级学科硕士学位授权点和学科教学（思政）专业学位硕士授权点，其中思想政治教育本科专业为国家级一流本科专业、国家级特色专业，拥有山东省社科理论重点研究基地“党的建设与孔繁森精神研究基地”等 6 个省级科研平台，4 个科研团队入选山东省高等学校青创引育计划创新团队和山东省高等学校优秀青年创新团队。学校出台《关于加强新时代思想政治理论课教师队伍建设的实施办法》《关于全面加强新时代马克思主义学院建设的意见》等文件制度，在发展规划、人才引进、公共资源使用等方面给予马克思主义学院优先保障。2016 年入选山东省首批重点马克思主义学院，2023 年又入选第二批山东省重点马克思主义学院。积极推进“同城大课堂”活动，围绕与学生现实生活息息相关的重大理论问题、实践问题，结合聊城市近现代重要革命历史事件、历史人物等重大题材，构建思政课专题内容。积极进行课堂教学改革，推动线上线下混合式教学，总结了“20 分钟的时政评析 +60 分钟的专题精讲 +20 分钟的师生互动”的“262”教学法，教学改革经验被《光明日报》《中国教育报》《中国青年报》《大众日报》等省级以上媒体多次报道。依托建党节、国庆节等全年 36 个重要节日纪念日，精心设计了一份特殊的思想政治教育年历，探索出“5 分钟思政课 + 主题教育 + 文化活动 + 社会实践 + 课程思政”等多维一体思政育人新模式，此项工作被《中国青年报》《大众日报》等众多国家级、省级媒体予以报道，省委教育工委以《聊城大学“思政年历”助推思想政治教育传统模式迭代升级》为题向全省推介。

（四）深入推进课程思政建设

学校出台《中共聊城大学委员会关于全面推进课程思政建设的实施意见》，建立校党委统一领导、党政齐抓共管、职能部门协同配合、校院两级管理的课程思政建设体制。建立健全学校课程思政教学研究中心等课程思政建设机构，修订人才培养方案和课程标准，打造省校院三级示范课程群，实现课程思政全覆盖。加强教师培训，提升教师课程思政能力。建设课程思政智慧教学空间，部署课程思政教学研究数字平台。推动课程思政教研立项，实现以研促教。完善监督激励机制与绩效考核办法，将课程思政作为重要指标纳入教学质量评价。学校获评省级课程思政教学研究示范中心，建成117门校级课程思政示范课，获批11门省级课程思政示范课程、5项山东省高等学校课程思政教学改革研究项目，立项建设课程思政案例教材10部，公开发表课程思政教研论文20余篇。

（五）不断丰富文化建设内容

以2007年教育部教学评估为契机，在继续发扬“顾全大局、团结一心，艰苦奋斗、无私奉献，敢为人先、争创一流”的聊大传统的基础上，进一步总结凝练了“崇教、尚学，敦厚、奋进”的聊大精神，进一步完善明确了校歌、校训，建立了聊大标识系统。学校积极倡导广大教师潜心学术、锲而不舍、甘于寂寞、潜精研思，涌现出了“骆驼精神”代表文学院石兴泽教授和“冷板凳精神”代表历史文化与旅游学院赵树浩教授等一系列潜心学术的教师典型。在全校学生中大力倡导并营造笃实好学、学而不厌的学习氛围，大力倡导“学在聊大奠基人生”的理念，努力建设书香校园，形成了“学在聊大”的社会美誉品牌。始终把西部计划工作作为全环境立德树人的特色品牌和促进大学生基层就业创业的重要载体，“西部计划”的聊大现象享誉全国。以聊大龙舟教学为平台，铸就了“齐心协力、敢为人先、同舟共济、奋发有为”的聊大龙舟精神和“团结协作、顽强拼搏、不怕困难、激流勇进”的聊大龙舟文化，培养出860余名有理想、有自信、有能力、重团结的优秀龙舟人才。积极推进校内文化品牌建设百花齐放，评选确定了“红色文献库”“红色文化驿站”等11个品牌文化驿站与“龙舟文化建设”“中国尺八讲演堂”等11个品牌文化建设项目，召开文化成果发布暨学校文化与文明建设座谈会。制定并实施《聊城大学文化建设“十四五”规划》《聊城大学校园文明提升行动实施方案》《聊城大学加强中华优秀传统文化教育实施方案》，获批首批全省文明校园和中华优秀传统文化示范校称号。

（六）注重加强师德师风建设

学校坚持教育者先受教育，注重加强教师思想政治教育和师德师风建设工作。2018年4月，学校成立党委教师工作部（教师发展中心），统筹协调学校教师思想政治和师德师风建设工作，2019年12月，成立聊城大学师德师风建设委员会，2021年12月，教师工作部和人力资源处合署办公，学校成立教师工作委员会，研究审议学校教师思想政治和师德师风建设工作重大事项。二级单位和教师每年签订师德师风建设责任书、承诺书，形成了党委统一领导、党政齐抓共管、单位具体落实、教师自我约束的工作体制机制。制定《关于加强和改进新时代师德师风建设的实施意见》《教师职业道德规范》《学术道德规范》《教职工师德师风考核办法》《师德失范行为负面清单及处理办法》等规章制度，对出现师德师风负面行为的，一经查实实行“一票否决”。组建师德师风监督员队伍，完善师德师风投诉与意见建议收集渠道，督促教师不断提升职业道德修养。落实教职工政治理论学习制度，开展常态化学习。组织教师前往南湖革命纪念馆、西柏坡纪念馆、孟良崮战役纪念馆、沂蒙红嫂纪念馆、孔繁森同志纪念馆、山东省委重建纪念馆等开展红色教育，引导教师牢记为党育人、为国育才使命。在新入职教师培训、优秀教师团队培养以及骨干教师、学科带头人和学科领军人物培育等各级各类培训中，将师德教育列为必修专题。建设聊城大学师德师风在线学习平台，每年组织教师开展不少于20学时的师德师风全员在线培训。每年组织举办庆祝教师节暨师德师风建设教育月专项活动，开展“老师，您好”亮灯工程、教师节座谈会暨优秀教师表彰会、教师节升国旗暨青年教师宣誓仪式、师德师风讲堂等系列活动。近年来先后评选出最美教师7人、教书育人楷模31人、大学生良师益友60人。利用微博、微信、网站、报刊、展板、电子屏等宣传优秀典型的先进事迹，广大教师的职业荣誉感和使命感不断增强，身边榜样不断涌现，争先创优氛围越加浓厚。

二、服务学生成长成才

（一）加强学生教育工作

一是加强理想信念教育。围绕中国共产党成立85周年、90周年、95周年、100周年，中国共产主义青年团成立100周年，中国共产党第十七、十八、十九和二十次全国代表大会胜利召开等重要时间节点，组织开展丰富多彩形式多样的学习宣传贯彻活动，增强学生听党话、跟党走的理想信念。深入开展“四进四信”“一学一做”“学党史强信念跟党走”“中国梦·聊大梦·我的梦”“与信仰对话”“三爱三节”“我与祖国共奋进、我与聊大同发展”和学习贯彻习近平新时代中国特色社会主义思想主题教育等主题教育，增强学生政治素养。举办了“青春献祖国，永远跟党走”“庆祝建党85周年暨纪念红军长征胜利70周年——我与祖国共奋进”大型合唱比赛、“英雄赞歌”——聊城市百名革命功臣访谈、“新时期、新青年、新成长”五四精神座谈会、党史知识竞赛、红色故事讲演、红歌大家唱、“高举团旗跟党走”团员意识教育等教育活动，扎实推动“青年大学习”网上主题团课学习，参学率居全省高校前列。成立“青年学生宣讲团”，面向校内外开展党史学习教育宣讲。制定并实施思政教育年历，把思想政治教育融入日常、化作经常，不断坚定学生理想信念。

二是突出价值引领。每年组织开展爱国主义教育、社会主义核心价值观教育、诚信教育等主题教育，不断提升学生的道德素养。2010年，学校打造“聊大讲坛”，各单位积极邀请校外专家来校作高水平、高层次的学术报告1000余场，形成了具有聊大特色的品牌。发挥著名专家学者、社会知名人士在学生成长发展过程中的教育引领作用，邀请长江学者特聘教授、泰山学者特聘教授、博士生导师等做客羡林大讲堂127次。邀请全国劳动模范、全国三八红旗手、党的十九大、二十大代表、齐鲁时代楷模等为师生作报告，大力弘扬劳模精神、劳动精神、工匠精神。充分利用聊城市地方德育教育资源，在孔繁森同志纪念馆、范筑先革命烈士纪念馆、聊城国际和平医院、聊城陆航旅等单位建立德育基地和国防教育基地，对团员青年进行爱国主义教育。特别是结合聊城市近年来涌现出来的三位先进典型：当代领导干部的楷模——孔繁森、人民满意的检察官——白云、2004年“感动中国”年度人物——徐本禹，开展各种学习教育活动，每年到孔繁森同志纪念馆开展新生入学教育、毕业生离校教育、入党宣誓等主题教育，举办“重走繁森路”大学生思想政治教育宣传实践活动，号召大学生到西部就业创业，做社会的中坚和国家的栋梁。以“五四表彰”“十大优秀学生”“向上向善好青年”“科技创新之星”等系列评选活动为载体，选树先优典型，强化示范引领。组织“榜样的力量”校园宣讲、青年工作论坛、优秀校友报告会等，为团员青年成长成才提供生动示范。在学生中组织“榜样的力量”校园宣讲、青年工作论坛、优秀校友报告会等活动。编印《“我为社会主义核心价值观代言”优秀征文选集》《习近平总书记关于青年和青年工作重要讲话及指示汇编》等学习材料，2个团支部入选全国践行社会主义核心价值观示范团支部，4个项目获评全国高校共青团“四进四信”活动优秀项目。创新打造“星火影院”红色教育平台，深化“国旗下话成长”教育活动实施。“青春心向党，建功新时代”“我与祖国共奋进——国旗下的演讲”等主题团日活动被团中央、团省委直播展示。开展疫情防控知识教育、生命安全教育、社会责任感教育，持续开展法治纪律教育等开学第一课主题教育。组织好“三大典礼”和“校长有约午餐会”等品牌活动，实施知校、爱校、荣校教育，学生道德素养不断提升。

三是加强网络思想教育。建立健全了全校94个网站网络安全责任人和网络信息员，125名网络评论员、舆情信息员和61个新媒体信息安全责任人和信息员信息，确保网络政治方向。每月对学校网站和新媒体账号进行拉网式集中审查，及时查找提醒错词及不规范表述用语。加强舆情队伍建设，制定《网评员、舆情信息员队伍管理考核办法》，每年邀请专家开展舆情应对和媒体素养提升培训，组织开展网络舆情应急演练，提升队伍实战能力。优化舆情监测平台，对微博、抖音、快手、

B站、小红书等平台涉校信息实现了全天候24小时监测。不断完善舆情周报，建立周报负面舆情处置清单，引导各单位密切关注舆情。制定并实施《聊城大学关于加强学生网络素养教育的实施意见》，编写网络教育工作案例，开展网络素养优秀案例评选，打造校院两级团属媒体核心网评员队伍，强化网络育人工作体系建设。组织开展红色展馆网上参观、红色主题论坛等“红色云展厅”进校园活动，引导广大师生厚植爱党、爱国、爱社会主义情感。2017年，启动“易班”共建工作，“易班”月共建指数和月活跃指数持续位居全国前列。我校依托聊大易班，开展学习党的二十大精神、习近平新时代中国特色社会主义思想等，每天推出《党的二十大报告学习辅导百问》，不断提升网络思想政治教育水平。充分利用易班网络平台，进行国家安全、生命安全、消防安全、网络安全、交通安全教育等，夯实易班网络思政安全教育主阵地，开展网络“微课堂”240多次，完善网络思想教育专栏28个，提升网络思想政治教育实效。组织开展安全教育、防电信诈骗教育等各类安全教育100余场，组织参加全国高校学生国家安全知识竞赛选拔赛暨山东省大学生安全知识竞赛，参与率98.67%。增设爱国主义教育、学习总书记重要讲话、教育部“同上一堂疫情防控思政大课”视频、“春风化雨润心田——学习社会主义核心价值观”、学“四史”守初心、纪念抗美援朝70周年、职业生涯规划等特色理论学习板块，发挥育人实效。聊大易班多次荣获优秀组织奖，荣获“新时代，新思想，易班优质公开课征集评选活动”多种奖项，多人次获得国家级、省级优秀指导教师。

四是开展社会实践活动。学校将大学生社会实践作为强化大学生价值观念引领、促进大学生全面发展、带动大学生服务社会、提高学校人才培养质量的重要载体，不断强化“确保安全、围绕主线、聚焦主题、提升实效、服务社会”与提高应用型人才培养质量、服务区域经济社会高质量发展有机结合的大学生社会实践工作机制。2005年，学校党委出台《关于进一步加强和改进大学生社会实践的意见》，校团委增设社会实践部，配备专职人员，大力开展大学生社会实践活动，学校各级团组织每年组织开展理论普及宣讲、助力乡村振兴、发展成就观察、民族团结促进、黄河流域专项、教育关爱帮扶、学科竞赛专项、大创项目专项等实践活动，教育引导学生以青年视野关注民生发展，以青春力量助推国家建设。学校每年评选校院两级优秀团队、先进个人、优秀调研报告、优秀指导教师，强化模范引领，组织开展校、院两级社会实践成果答辩会、成果展示交流会，充分展示校内外优秀社会实践团队活动成果，促进实践活动经验交流，助推大学生社会实践工作取得新成效。20年来，建立大学生社会实践基地425个，建立青年就业创业见习基地356个，逾30万名大学生走出校门、深入农村基层、厂矿企业，广泛开展了党的政策宣讲、“送科技、文化、卫生下乡”、社会调查、“四进社区”“红色之旅”等活动，广泛组织社区（村）结对、体验实践、见习岗位实践等活动，着力推进“调研山东、调研聊城”活动，开展“实践归来话收获”主题活动，举办社会实践成果展，持续深化实践育人效果。2008年迄今，学校接连荣获大学生社会实践全国、全省优秀组织单位，325支团队获评省级及以上优秀团队，300余名教师荣获山东省大学生社会实践优秀指导教师，700余名大学生获评山东省大学生社会实践先进个人。

五是开展文化体育活动。近年来，打造了光岳学堂、东湖之约、湖畔书谭、书香讲坛等校园文化品牌项目，周末文艺广场、迎新晚会、新年音乐会等文艺活动深受青年学生喜爱。广播体操大赛、校园篮球赛、足球赛、羽毛球赛、荧光夜跑等阳光体育运动，引导青年学生走下网络、走出宿舍、走向操场。制定《聊城大学进一步加强师生文体活动建设实施方案》，为学校广泛开展的校园文体活动列出规范“任务书”、绘出精细“施工图”。在全国大学生艺术展演、山东省大学生科技文化艺术节、大中专学生社团节、青春国学荟等活动中多次荣获优秀组织奖及多项作品斩获佳绩。出台《聊城大学学生社团管理办法》，实施学生社团规范化建设与质量提升行动，指导建设涵盖思想政治、学术科技、文化体育、创新创业、志愿公益和新媒体运营等各类学生社团135个，获评全国高校百强学生社团、全国百优创业社团、山东省优秀科技社团、山东省优秀科技社团干部等多项荣誉。遵循美育规律，强化顶层设计，营造“以美育人、以美培元”的美育环境。结合青年实际，积极推广合唱、集体舞、舞台剧、艺术体验等艺术实践活动，广泛开展“博雅大讲堂”“行走的美育课堂”等校园品牌活动，学生人文艺术修养和审美鉴赏水平在潜移默化中不断提升。2021年，学校成功获批山东省美育浸润行动计划项目试点高校，组建“美育实践志愿服务团”，对口支持阳谷县博济桥小学、七级镇中学，围绕美育课程教学、美育实践活动、校园文化建设、师资培训等开展定点帮扶。

六是加强心理健康教育。学校高度重视大学生心理健康教育工作，于1991年成立大学生心理健康教育与咨询中心（简称心理中心）。2005年，心理中心从挂靠教育科学学院转为挂靠学生工作处并设处级岗，专人管理。先后制定《聊城大学关于进一步加强和改进大学生心理健康教育的实施意见》和《聊城大学关于进一步加强和改进学生心理健康工作的意见》，成立了大学生心理健康教育工作领导小组，2018年，被评为首批“山东省大学生心理健康教育示范中心”。中心以“让健康的学生更阳光，让不健康的学生变健康”为理念，依托“学校—学院—班级—学生宿舍”四级网络，形成了心理健康教育课程与教学体系、心理健康教育活动体系、心理咨询服务体系、心理危机预防与干预体系、朋辈心理互喻体系、家校沟通与服务6大体系，以及加强心理健康教育与思想品德教育相结合、教育预防与咨询治疗相结合、专兼职专业队伍相结合、心理咨询与心理教育活动相结合、教师引导与朋辈互喻相结合、学校教育与家庭教育相结合、线上与线下相结合7大工作结合，从而打造了“4—6—7阳光聊大心理健康教育模式”。不仅为在校学生提供免费的线上线下个体心理咨询、心理测评、团体心理辅导和朋辈心理辅导，还通过开设心理健康教育必修课、专题讲座、心理健康教育活动等方式向学生传授心理调节技巧、心理保健知识，来帮助学生适应外部困难和挑战，培育学生理性平和、积极向上的健康心态。中心已连续组织19届“5.25”心理健康月，连年获得省级优秀组织单位，共获得各项省级奖励120余项，其中一等奖近50项。学校获评“全国高校大学生心理健康教育先进单位”，获评“全国心理健康教育先进个人”和“全国大学生心理健康教育工作优秀青年工作者”各1人，3支学生心理社团被评为省级十佳心理社团，其中大学生心理健康协会于2023年被甄选为团中央直接联系、跟踪培养的社团。

（二）加强学生管理服务工作

一是加强制度建设。2005年，学校全面整理修订了学生教育管理、违纪、住宿、勤工助学等各项工作制度，编印《聊城大学学生工作文件汇编》，被推选为山东省高校学生教育与管理研究会副秘书长单位。2006年，出台《关于加强大学生学风建设的实施意见》，并汇总整理了43个文件制度编辑成《聊城大学学生教育管理工作资料汇编》。2009年，按照任务目标化、责任明确化、工作方案化、考核具体化的原则制定了每项工作的具体实施方案，并汇编成《聊城大学学生工作方案汇编》，对我校学生工作起到了很好的指导和规范作用；同年出台《关于进一步加强学生党支部建设的实施意见》和《关于进一步加强班级建设的实施意见》，为进一步加强和改进学生党支部、班级等基层组织建设提供了制度保障。2011年，制定了《聊城大学学院学生工作自评自查考核指标体系》，促进了我校学生工作的统筹量化管理水平。修订《聊城大学学生奖学金管理规定》《聊城大学学生先进班集体评选办法》和《聊城大学学生活动经费使用管理办法》等文件，为学生工作的顺利开展提供保障。2017年，修订《聊城大学学生违纪处分管理规定》和《聊城大学学生申诉处理暂行办法》。

二是加强学风建设。优化“一院一品”学风品牌，开展“一院一品”学风品牌展示活动，并依托微信公众号、聊大易班开展学院学风建设经验共享。组织开展“阅读风采”“掌上阅读”“读书征文”等“阅读新时代，书香润校园”读书评比活动，浓郁书香校园氛围。完善约束机制，实施学生工作月报制度，对学院课堂考勤、考风考纪等进行月报，并根据月报数据进行预警，不断完善学风建设协同育人机制。发挥先优学生的引领力和带动力，开展各类先进事迹和学风成果展示300余次。每年评选先进班集体、优秀学生、优秀学生干部、校长奖学金、十大优秀学生奖项共千余人次。组织举办开学典礼、毕业典礼、颁奖典礼等，并对优秀学生事迹进行大力宣传和表彰。开展考风考纪主题教育月活动，在高考、期末考试、英语四六级考试、成人考试、研究生入学考试等一系列考试期间，加强学生考风考纪教育管理。每年按时完成对记过以上处分学生的调查、处理、材料归档和教育转化工作，规范违纪学生处分档案。

三是加强团组织建设和团员教育。制定《聊城大学共青团改革实施方案》《聊城大学学生会组织改革实施方案》，从优化机构设置和运行机制、健全基层组织制度、创新工作方法、强化支持保障等15个方面推进共青团改革落实落地。坚持从严治团，依托“智慧团建”平台，推进“三会两制一课”、团支部对标定级、组织关系转接等基础团务网络化、规范化。严格落实“班级团支部与班委会一体化运行”制度。深化团支部“活力提升”工程，开展“十佳百优”团支部立项培育、“活力团支部”评选等。学校基层团组织荣获全国五四红旗团支部、全国高校活力团支部、全国高校践行社会主义核心价值观“示范团支部”、山东省青年五四奖章集体、山东省五四红旗团组织等荣誉称号。严格入团标准，坚持把政治标准放在首位，健全入团综合评价指标体系，做好入团积极分子培养、团员发展等工作，严把“入口关”。加强对团员的理想信念教育，严肃团内组织生活，将团员先进性教育、团员入党主题教育纳入每年新生入学教育、不同年级升级教育，及时组织学习党的创新理论，严把“培养关”。牢牢把握意识形态工作根本遵循，每年开展信教团员摸排和教育转化等工作，强化团的教育，纯洁团的组织，严把“管理关”。教育引导团员发扬创先争优、永久奋斗的精神品质，鼓励团员青年充分发挥模范带头作用，严把“使用关”。深化团员先进性评价激励机制，推动团支部每年制度化开展团员先进性评价，严把“考核关”。落实推优入党制度，积极向党组织推荐输送新生力量，严把“出口关”。学校入选山东省高校共青团深化开展推优入党工作试点，探索形成“源头选优、过程育优、实践用优”的全链条工作模式。此外，制定并实施《聊城大学关于实施“第二课堂成绩单”制度的意见》《聊城大学“第二课堂成绩单”制度实施细则》，充分借鉴第一课堂教学育人机理和工作体系，整体设计第二课堂工作内容、项目供给、评价机制和运行模式，共设置思想成长类、社会实践类、志愿公益类、创新创业类、文体活动类、社会工作类、技能特长类七大模块，实现学生参与第二课堂可记录、可评价、可测量、可呈现，是一整套与第一课堂深度融合、协同育人的工作体系和工作制度。自2018年实施第二课堂成绩单制度以来，激活“到梦空间”账户30510人，累计发布第二课堂活动25286项，学生参与活动 1854488 人次，生成成长记录 2572354 条，到梦空间激活人数 100%，覆盖全部学院，切实发挥了第二课堂协同育人作用。

四是不断提升学生公寓管理服务水平。学校宿舍管理以“管理育人，服务育人，环境育人”为工作宗旨，以抓好安全、秩序、卫生、常规管理为核心，严格管理，热情服务，大力建设文明健康、整洁美观、安全舒适、文化生活丰富的学生住宿环境。2007 年，修订《聊城大学学生宿舍管理办法》《聊城大学学生公寓管理工作评比表彰办法》《聊城大学学生公寓管理员管理办法》《聊城大学学生公寓安全突发事件应急预案》等一系列制度，使宿舍管理工作有章可循。积极改进学生宿舍管理方式，建立了完整的学生住宿档案登记表、舍长档案，制作了详细的学生宿舍分布、院系住宿分布情况表等。对住宿学生的违纪行为进行记录，每周汇总整理，加强对学生的追踪教育管理。2021 年，学生宿舍安装了空调、洗衣机、吹风机、直饮水系统，制定使用管理规定，完善了物业管理服务监管考核细则。2022 年，疫情封控期间，全面做好疫情防控的宿舍管理工作，特别是做好封控楼宇、楼层的消杀、服务保障以及学生转运后空宿舍的重点消杀工作。不断推进公寓楼硬件设施建设，暑期更换宿舍内家具，进行新生宿舍粉刷，改善学生的住宿环境和生活质量。在 2008 年召开的山东省高校学生公寓管理工作年会暨学生公寓管理工作表彰大会上，我校被授予“山东省高校学生宿舍管理工作示范单位”。在中国高等教育学会学生公寓管理专业部 2012 年年会暨表彰大会上，我校获评全国高校学生公寓管理服务工作先进单位，1 人获评全国高校学生公寓管理服务工作先进个人。2013 年，被评为“山东省高校学生公寓管理示范单位”。连续多年荣获山东省高校公寓管理工作先进单位、山东省高校后勤系统新冠肺炎疫情防控工作先进集体和山东省“公寓的故事”征文大赛优秀组织奖。

五是加强资助管理服务。学校坚持资助工作标准化、资助管理信息化、资助育人精准化的工作理念。制定了《聊城大学毕业生国家助学贷款代偿资助暂行办法》《聊城大学家庭经济困难学生认定工作实施办法》，不断修订完善《聊城大学学生奖学金管理规定》《聊城大学国家奖学金管理实施办法》《聊城大学国家励志奖学金管理实施办法》《聊城大学省政府奖学金管理实施办法》《聊城大学国家助学金管理实施办法》和《聊城大学学生勤工助学管理实施办法》，严格按照程序，完成各类奖学金的评定和各级推优评优工作。2006 年 6 月，学校成立学生资助管理中心，下设劳动实践与勤工助学管理科、国家助学贷款管理办公室。成立了学生资助工作领导小组，构建了物质帮助、道德浸润、能力拓展、精神激励有效融合的资助育人长效机制。学校率先制定了《家庭经济困难学生认定指标体系》，省内外 40 多所高校借鉴使用。不断健全完善以奖、助、贷、勤、减免、“绿色通道”等混合型资助体系。搭建了“爱心超市”“爱心银行”“爱心路费”“爱心启航金”“爱心眼镜”“爱心大礼包”“馨家园”等关爱平台，平均每年走访家庭经济困难学生200余人，发放慰问金20余万元，发放慰问品1000余件。加强少数民族学生教育管理工作，为每位新疆籍少数民族学生建立“信息卡”，与家长建立“合力育人平台”，畅通了家校联系沟通渠道。2018年以来，学校组织实施“润育梦想”成长计划、就业创业训练营计划、工作室团体辅导等10余个育人项目，教育引导受助学生培育自强精神，努力实现从“受助”向“自助”和“助人”转化。充分利用勤工助学岗，锻炼学生综合能力，平均每年有1500余名学生上岗，发放勤工助学工资400余万元。2005年以来，学校获批山东省高校贫困生工作研究基地、山东高校慈善文化研究基地、德耀齐鲁示范基地，获得全国第二届“资助政策助我成才”征文活动优秀组织单位、“全国高校毕业生预征工作先进单位”“山东省百佳学生资助工作单位”等荣誉称号。2009—2011年，连续3次获山东省学生资助工作先进单位，1人获得山东省学生资助先进个人荣誉称号，1名学生被评为山东省十大慈孝人物。2018年学校被评为“山东省百佳学生资助工作单位”“山东省造血干细胞捐献工作先进集体”，1人被评为“全国学生资助工作优秀个人案例典型”。2020年，山东教育卫视对我校学生资助工作进行了专题采访和报道，由我校组织制作的山东省学生资助之歌《因为有你》唱响山东各高校。2019—2022年，连续3年获得“爱心传递”主题育人活动优秀组织单位，获得“爱心之星”等省级奖项10余项。

六是加强就业创业服务体系建设。2005年，学校成立了招生就业处，下设就业指导中心。2018年，就业指导中心从招生就业处分离，归入学生工作处。制定并实施了《聊城大学关于进一步加强毕业生就业工作的意见》《聊城大学毕业生就业暂行条例》《聊城大学毕业生就业工作暂行规定》《聊城大学毕业生就业推荐暂行办法》《聊城大学毕业生就业协议书使用管理规定》《聊城大学学院就业工作考评办法》《毕业生档案管理规定》等文件制度，成立了毕业生就业指导工作委员会，各学院成立毕业生就业工作领导小组，为毕业生就业工作提供了有力的组织保障，并逐步建立了“学校主导、学院主体、统筹联动、全员参与”的就业工作机制。学校坚持把就业工作当成“民心工程”和“一把手”工程来抓，采取“走出去”和“请进来”相结合的方式，积极拓展就业市场，建立了180余个大学生就业基地。2011年，学校成立了教师教育学院，在全省率先实施了农村义务教育实习支教“双提高”工程，此项工程获评“十一五”山东地方教育创新成果三等奖。2017年，学校将就业指导课纳入全校课程体系，开通了就业微信公众号。2019年，实施“全年级职业生涯规划教育工程”，从2019级新生开始，将职业生涯规划与就业指导课程作为必修课列入教学计划。新冠疫情期间，学校建立了“云招聘”“云面试”等线上就业服务体系，不断完善“低年级有规划、高年级有指导、全过程有跟踪、全方位有服务”的全员就业大格局。近年来，学校获得“绿灯先进单位”，获批“全省大学生职业生涯咨询特色工作室”，获评全省就业创业金课，1 人获得记功奖励。

学校把创新创业教育作为深化人才培养、推动教育教学改革、促进学生高质量就业的重要途径和推动建设高水平应用型大学的重要支撑，坚持“以赛促学、以赛促研、以赛促教、以赛促创”理念，着力增强学生创新精神、创业意识和创新创业能力，依托“挑战杯”等系列赛事持续推动教育教学和科研成果转化，融合打造“学、研、践、创、育”五位一体工作矩阵，一体推进“做实科创载体、做大科创联盟、做优科创赋能、做强品牌赛事、做好成果转化”等工作，创造性推动我校大学生创新创业工作不断向前发展。规范组织“挑战杯”院赛、校赛，举办科创故事分享会、“挑战杯”训练营等系列活动，选树“大学生科技创新之星”，着力发挥榜样示范引领作用，持续浓郁“向高处攀，同强者赛”的科创文化氛围。与聊城市青企协、青创协、青科协共建聊城大学青年创新创业联盟，推进打造区域青年创新创业共同体。举办“创新创业就业大讲堂”，邀请校内外专家从团队建设、项目提升等方面进行分类指导，结合专业特色聚力培育优势项目，融合打造“双创”竞赛平台、交流成长平台、成果转化平台，推进产学研融合互促。2017 年以来，学校在“挑战杯”全国大学生课外学术科技作品竞赛、“挑战杯”中国大学生创业计划竞赛中不断取得新突破，累计获得国赛特等奖（金奖）1 项、一等奖（银奖）2 项、二等奖（铜奖）8 项、三等奖 8 项；获得省赛特等奖（金奖）23 项、一等奖（银奖）26 项、二等奖（铜奖）39 项、三等奖 25 项。2018 年以来连续获得“挑战杯”省赛优秀组织奖，2021 年、2023 年捧得山东省“优胜杯”，2021 年荣获全国专项赛优秀组织奖。2023 年在第十八届“挑战杯”全国大学生课外学术科技作品竞赛中取得全国特等奖零的突破，实现新跃升。

七是加强学生事务服务和权益工作。围绕“一切为了学生，为了学生一切”的工作宗旨，2007 年，学校设立了学生事务服务中心，学生处、团委、教务处等 14 个部门进驻大厅办公，并引入保险公司、汽车站等社会服务单位进驻为学生提供服务。服务中心设有学生就业指导、学生成绩查询、选课、申请助学贷款、职业生涯规划咨询、学生医疗理赔等 100 余项服务项目，并配备了成绩单、学籍证明打印一体打印机、校园卡充值挂失机及汽车站无人售票机等，为学生提供“一站式”一条龙服务。中心开展了“我与处长面对面”“大学生热点问题面对面”“学业导航”等 10 余个育人项目。搭建了“爱心超市”平台，累计接受校内外捐助 10 余万件学习及生活用品。设置了“失物招领”窗口，每年登记、招领丢失物品200余件。2023年，建立了“一站式”接诉即办平台，成立接诉即办工作领导小组，制定了《聊城大学师生“接诉即办”工作实施意见》和《聊城大学“接诉即办”平台管理办法》，开通24小时热线和信箱，切实解决师生的“急难愁盼”问题。校院两级学生会均设立学生权益服务部，班级设立权益委员会，运营“聊城大学权益服务平台QQ频道、聊城大学权益君QQ、权益面对面、权益君在行动——权益调研、权益半月谈、权益小课堂、云端失物招领墙”等平台，帮助学生解决学业进步、就业发展、家庭困难、身心健康、社会融入等问题，维护学生权益。“聊城大学权益君QQ”接收学生诉求答复率超97%，累计覆盖60000余人次，学生好评率达98%，QQ空间发布信息总浏览量超131万。“聊城大学权益服务平台”QQ频道，总活跃值超141万。邀请专家教授、企业讲师培训授课，设立“小青鸟”服务台。

（三）构建高素质思政队伍

一是加强辅导员队伍建设。制定实施《聊城大学辅导员队伍建设管理办法》《聊城大学辅导员队伍考核办法》《聊城大学辅导员专业技术职务评审条件》《聊城大学辅导员考核细则》《聊城大学辅导员队伍作风建设十条规定》《关于加强学生干部理论学习的意见》等文件制度，强化辅导员队伍的科学化、规范化管理，畅通辅导员发展渠道。20年来，学校共选聘辅导员176人，全部为硕士及以上学历和学位。此外，打造兼职辅导员队伍，制定《关于进一步加强校领导和机关干部联系学生班级制度建设的实施意见》，120余名学校领导和机关处室干部联系学生党支部与班级活动，全力构建“三全育人”工作格局。出台《关于进一步完善大学生党建与思想政治教育长效机制的实施意见》，在辅导员队伍中开展了理论武装工程，道德建设工程、院风建设工程、素质拓展工程、党员先进性建设工程等，学校3次被评为全省高校思想政治教育工作先进单位。组织开展了“百名辅导员访百家”活动，被山东省委高校工委评为全省高校“千名辅导员访千家”活动优秀组织单位。成立大学生思想政治教育研究会、大学生思想政治教育研究中心，加强辅导员理论研究工作。2005年以来，辅导员共承担省级及以上思想教育类课题180余项，出版著作40余部，发表论文800余篇，获得省级及以上科研成果奖210余项。学校加强辅导员协同创新建设，建立辅导员工作室21个，唐玉琴主持的“唐玉琴工作室”、刘洁主持的“明法工作室”获批山东高校辅导员工作室，吴成主持的“五成大学生职业发展工作室”获批山东高校职业生涯咨询特色工作室。20年来，唐玉琴同志获全国高校优秀教育工作者、全国高校优秀辅导员、山东高校辅导员名师荣誉称号，孙作顼同志获全国高校优秀共青团干部荣誉称号，赵富才同志被评为全国大学生心理健康教育工作二十五年奉献奖，李冉被评为全国大学生心理健康教育工作优秀工作者，井冈获“全国辅导员年度人物”入围奖，王敦强、肖文昌等5名同志获山东高校“十佳辅导员”荣誉称号，李姮等25名同志被评为山东高校优秀辅导员，900余人次获得大学生课外学术科技创新大赛优秀指导教师等省级及以上荣誉称号。2022年，山东省教育厅网站以《聊城大学“三驱模式”打造过硬辅导员队伍》为题对学校辅导员队伍建设情况进行了专题报道。

二是加强思政课教师队伍建设。制定《中共聊城大学委员会关于全面加强新时代马克思主义学院建设的意见》，加强思政课教师队伍建设。坚持“确保数量、注重质量、优化结构”的原则，配齐建强思政课教师队伍。坚持“马院姓马”，把政治立场、师德师风作为思政课教师聘用的首要标准，在选用、管理、考核中严把政治关、师德关、业务关。2005年，在培养3名教师攻读博士的基础上，引进了6名硕士。2012—2016年，引进博士8人，先后有4名教师考取中国人民大学、山东大学等高校的博士研究生，多名教师在国内知名大学进行访学。2017年以来，3名教师取得博士学位，2名教师国外访学归来，3名教师在国内外著名高校做访问学者。2020年，通过校内转岗、公开招聘等成功引进11名思政课教师，聘请22名专家学者、地方优秀领导干部、道德模范、时代楷模担任思政课兼职教师。2021年，思想政治教育专业划转马克思主义学院，9名思想政治教育专业课教师随调入马院，加入思政课教师队伍，进一步充实了我校思政课教师师资队伍。同时，聘请有关专家学者到校讲学，与中国人民大学、首都经贸大学、中南财经政法大学、西北农林科技大学等高校建立了密切的学术合作关系，提高思政课教师队伍的学术水平和影响力。加大马克思主义理论学科领军人才引进和培育力度，选派思政课教师参加教育部、省委宣传部、省教育厅组织的业务培训，支持思政课教师到全国重点马院所在高校开展理论研修，到高水平学校开展教学研修，全面提升思政课教师理论功底和知识素养。先后选派15人次参加教育部、省委宣传部、山东省教育厅组织的思政课教师骨干研修班、哲学社会科学骨干培训班和思想政治理论课教师培训班等，进一步提高了教师的政治素质和业务能力。2021年，我校组织44名思想政治理论课骨干教师赴国家教育行政学院开展“聊城大学思想政治理论课教师教学能力提升暨师德师风建设专题研修”。加强思政课教师考核，实施《聊城大学思想政治理论课教师岗位津贴发放办法》，落实思政课教师岗位业绩考核。我校思政课教师在教学和科研等方面取得了显著成绩，1名教师入选山东省学校思想政治理论课教学指导委员会委员，2名教师入选“山东省高校优秀中青年思想政治理论课教师十百工程”，3名教师获山东省学校优秀思政课教师称号，1名教师获评山东省优秀研究生指导教师，7名教师新入选聊城市“羡林学者人才计划”，11名教师入选聊城大学“光岳人才工程”，1名教师入选山东省齐鲁文化英才，

2 名教师获聘山东大学“党的建设”博士生合作导师，2 名教师入选山东省理论人才百人工程专家，3 名教师入选第三届全省学校思想政治理论课教学指导委员会委员，1 项专著《英国工党主流思想的嬗变研究》入选山东省理论人才“百人工程”优秀理论成果。2023 年，获批山东省思政课教学青年名师工作室 1 项。学校将继续坚持以习近平新时代中国特色社会主义思想为指导，深入贯彻落实党的教育方针，不断加强思政课教师队伍建设，为培养德智体美劳全面发展的社会主义建设者和接班人贡献力量。

三、特色做法与亮点经验

（一）通过“四全”工作机制产生了西部计划“聊大现象”

学校高度重视大学生志愿服务西部计划工作，把其作为人才培养重要工作来抓，依托聊城丰富德育资源，着力完善工作机制、创新工作模式，构建起“宣传发动、招募遴选、教育培训、跟踪服务、典型引领”五个环节紧紧相扣、全面涵盖、精细扎实的西部计划工作运行模式，形成了“全员化参与、全过程培养、全方位联动、全环境浸润”的大学生志愿服务西部计划“四全”工作机制，西部计划“聊大现象”享誉全国。自 2003 年大学生志愿服务西部计划正式启动以来，学校 1772 名优秀大学生志愿者光荣入选西部计划项目，405 人服务期满后选择扎根西部。2019 年，学校成为中国青年志愿者扶贫接力计划研究生支教团项目单位，成功组建聊城大学研究生支教团，先后获批陕西富平、新疆英吉沙、新疆兵团第十二师 3 个支教服务地，74 名优秀本科推免生和在读研究生入选研支团。2023 年，在西部计划实施 20 周年之际，学校举办了首届西部计划文化节，建立全国首家西部计划教育展馆，推动学校西部计划工作提质增效。

学校成立校院两级西部计划工作领导小组和西部计划项目管理办公室，统筹负责全校西部计划工作的组织协调、政策保障和跟踪服务等工作。团委设立志愿者工作部，专项负责组织实施。出台《关于进一步加强大学生志愿服务西部计划工作的意见》《聊城大学研究生支教团招募管理办法（试行）》等文件制度，确保项目组织化开展、规范化运行，形成了党委统一领导、党政群齐抓共管，学校主导、学院主体，部门密切配合、师生全员参与、协同运转高效的西部计划工作格局。将志愿服务纳入“第二课堂成绩单”专项模块，把西部计划教育展馆参观学习纳入新生入学教育重要内容，在迎新晚会上专门设计西部计划主题节目，引导青年学子厚植家国情怀。定期组织往届西部计划志愿者线上与学生进行交流，常态化组织学生参加志愿服务，培养学生热衷奉献的志愿精神。坚持“政治素质好、综合表现好、志愿精神好、身体状况好、心理素质好”五好标准和“学生党员优先、对口专业优先、学生干部优先、意向扎根优先、志愿服务经历丰富优先”五优先原则，切实抓实“审核、笔试、面试、体检、公示”五个环节，高标准选拔志愿者。团委与就业部门联合搭建一站式服务平台，组织招聘会，为服务期满志愿者提供完善的就业服务保障，与宣传部门联合举办西部计划文化节、周年庆祝等活动，与校友办联合组织志愿者回家活动，开展优秀事迹报告、座谈交流、政策解读、线上家访等，持续提升西部计划品牌影响力。通过线上线下多种方式加强与志愿者的联系沟通和跟踪服务，每年组织团队到志愿者工作或服务单位走访慰问，在元旦、中秋节等重要时间节点为志愿者邮寄慰问书信、节日礼包等。充分利用本地德育资源，定期组织团员青年到孔繁森同志纪念馆开展主题教育活动，常态化开展红色云展厅进校园活动。开设“孔繁森精神概论”等通识课程，引导学生涵养奉献品格。举办西部计划招募会，创作征集西部计划文化作品，推动年均“100+”场次西部计划宣讲会全面覆盖，每年举行志愿者表彰出征仪式，持续营造西部计划的浓厚氛围。依托孔繁森精神与西部援建研究中心、党的建设与孔繁森精神研究基地等平台，加强对志愿精神和孔繁森精神的研究阐释，积极开展志愿文学创作、志愿者成长路径研究等，持续提升志愿服务和西部计划内涵建设，让青春在投身西部建设的火热实践中绽放绚丽之花。

（二）“聊大龙舟训练法”铸就聊大龙舟品牌

2002年5月，经学校党委批准，组织体育教育专业学生成立了聊城大学龙舟队，并聘请东昌府区教体局工作人员担任临时教练。2004年7月，吕艳丽正式签约担任队伍教练，聊城大学龙舟队开始走上了专业化发展道路。其后，聊城大学龙舟队逐步加强队伍建设，优化训练模式，在20余年的发展历程中从小试锋芒到威名大振，在盘旋上升中逐渐称霸全国高校，多次实现包揽赛事组别全部金牌的壮举，成为聊城大学一张靓丽的名片。

在龙舟队发展过程中，教练吕艳丽不断总结实战经验、融会前沿理念，创造性提出“聊大龙舟训练法”。该方法兼顾水上运动和学生队伍共通性，根植龙舟竞技和聊大龙舟独特性，以水上和陆上有机结合、技巧与体能互为体用的“多线程”训练方法为主要特征，并通过实践验证和持续充实，逐步形成队伍管理和训练参赛“双内核”实质。在这套方法锤炼锻造下，队伍进入快速发展时期。2006年开始，聊城大学龙舟队开始代表国家出国比赛。先后赴日本、美国、俄罗斯、澳大利亚、泰国参加国际龙舟赛，均获骄人战绩。特别是2023年8月，受中国龙舟协会派遣，代表中国赴泰国参加第16届世界龙舟锦标赛，在参加的U24组全部7项比赛中，获得6金1银的优异成绩，山东省人民政府、山东省教育厅、中国龙舟协会专门发来贺信以示表彰。2016—2023年，队伍参加世界龙舟锦标赛、亚洲龙舟锦标赛、中国大学生龙舟锦标赛、中华龙舟大赛等国际级、国家级重要赛事，获得前六名

651 项，其中冠军 267 项、亚军 138 项、季军 92 项，列全国高校首位。此外，坚持教学与科研并行发展，教学研究成果先后在《当代体育科技》《体育世界》等专业领域重点刊物发表，获评山东省教学成果二等奖，获批国家社会科学基金立项，《龙舟运动》课程被评为“山东省课程思政示范课程”；《龙舟训练与理论实践》于 2023 年获批国家一流本科课程。队伍建设始终突出党建引领，2022 年，聊城大学龙舟队党支部获评“山东省党建工作样板党支部”。2023 年，聊城大学龙舟队被授予“山东省教育系统共产党员先锋岗”荣誉称号；学校发布《中共聊城大学委员会关于开展向龙舟队党支部学习活动的通知》；聊城大学龙舟队被评为聊城大学首批党员示范岗。经过 20 余年的发展，以聊大龙舟教学为平台，铸就了“齐心协力、敢为人先、同舟共济、奋发有为”的聊大龙舟精神和“团结协作、顽强拼搏、不怕困难、激流勇进”的聊大龙舟文化，培养出 860 余名有理想、有自信、有能力、重团结的优秀龙舟人才。

中央电视台综合频道、新闻频道、体育频道的《新闻联播》、“新闻 30 分”“共同关注”“体育新闻”等栏目先后 98 次报道聊大龙舟队夺金消息并 4 次为聊大龙舟队制作专题片。2020 年，《中国教育报》以《吕艳丽：龙舟战队金牌女“掌门”》为题刊发了整版报道；2022 年，新华社编发《吕艳丽和她的龙舟队》《端午节来看中国大学生龙舟届“扛把子”》2 篇专题报道，阅读量达 111 万和 138 万；2023 年，《中国教育报》以《龙舟筑精神奋楫勇争先》为题对龙舟队进行了专题报道。队伍也获得众多荣誉，获评“全国活力团支部”“山东青年五四奖章集体”“2019 山东省最具活力的健身组织”等称号。教练吕艳丽获评“山东省三八红旗手标兵”“山东省女职工建功立业标兵”“山东高校十大师德标兵”等荣誉称号，被国家体育总局授予“中华人民共和国体育运动一级奖章”。

（三）“六位一体”打造“青马工程”聊大模式

深入实施青年马克思主义者培养工程，出台《聊城大学关于深入实施青年马克思主义者培养工程的意见》，深化理论学习、红色教育、实践锻炼、志愿服务、业务提升、学习交流相结合“六位一体”的“青马工程”聊大模式被共青团山东省委面向全省高校推广，并入选全省共青团 2023 年党建带团建改革创新试点项目。截至 2023 年年底，累计开展 33 期“青马工程”培训班，培养大学生骨干 1.2 万余人。发挥全省重点马院学科专业优势，统筹政治与公共管理学院、历史文化与旅游学院等文科资源，依托学校冀鲁豫边区革命史研究中心和“四史课程”建设，丰富“青马工程”教师教学资源库，提升理论教学质量，帮助学员不断加深对马克思主义的理解掌握，提升理论素养。利用孔繁森同志纪念馆、山东省委重建纪念馆、刘邓大军渡黄河指挥部旧址纪念馆、中共鲁西北地委旧址纪念馆等爱国主义教育基地、革命传统教育基地开展现场教学，利用沉浸式、体验式红色教育引领学员感悟中国共产党百年奋斗的不易，自觉弘扬革命传统，传承红色精神，赓续红色血脉。以“青马工程”培训班团支部为主体，组织学员参加“三下乡”“返家乡”实践活动。依托“青鸟计划”，与各市团组织联合开展“青马工程”大学生骨干挂职锻炼活动，青马工程学员在乡村振兴、疫情防控、社会治理等一线岗位得到锻炼，切实增强了社会责任感和实践工作能力。利用“西部计划”聊大现象的品牌效应，组织学员到孔繁森同志纪念馆开展现场教学，参观学校西部计划教育展厅，观看西部计划宣传片，参加西部计划宣传活动。引导学员成为注册志愿者，开展志愿服务活动，培育志愿精神。邀请团学工作领域专家、经验丰富的团学干部，围绕基础团务知识、学生会组织建设、班团管理、创新实践、志愿服务、社团发展等进行业务培训和指导，组织学员开展典型案例分析、工作情景模拟、实地参观、经验分享等活动，帮助学员系统掌握团学工作方法，不断提升业务能力和水平。成立“青马工程”培训班团支部，划分团小组，利用“青年学生讲师团”“青马工程学员说”等载体，定期组织学员开展专题研讨交流活动。推荐学员参加“扬帆计划”、国际游学、大学生骨干挂职锻炼等活动，定期组织考察学习交流，拓宽学员视野。

（四）按照“精细化”理念打造了《聊城大学大学生思想政治教育实施大纲》（第二课堂）

2008年，基于扭转长期以来人们认为思想政治教育相对第一课堂各门学科课程的教学而言比较虚、缺乏规范性、随意性较强的认识误区，学校制定《聊城大学大学生思想政治教育实施大纲》（以下简称《大纲》）（第二课堂），用于指导辅导员、班主任在第二课堂通过开展各种主题教育对大学生进行思想政治教育，并于2009年开始组织实施。《大纲》借鉴第一课堂的形式，开展第二课堂的教育工作，为辅导员开展大学生思想政治教育工作提供了“总抓手”和工作“蓝本”，成为全校大学生的必修课。《大纲》共分40个专题，分为贯穿整个大学阶段的教育模块和一至四年级的教育模块五大教育模块，教育教学内容重在学生的理想信念教育、中国特色社会主义理论体系教育、职业道德教育、心理健康教育等，引导学生把中国特色社会主义共同理想转化为自己的价值追求、价值取向和价值目标。在《大纲》的教育教学工作中，辅导员班主任采取案例式、专题式、启发式、参与式、疏导式、辩论式等教学方法，使抽象的理论以鲜活、生动的形式表现出来，增强教育教学的吸引力和感染力，使学生坐得住、听得进、学得好，引导学生自我分析、自我教育、自我反省、自我评价，着力培养学生良好的思想道德品质和文明行为。《大纲》的实施，有效推动了大学生思想政治教育的扎实开展，在省内外引起强烈反响。2013年、2014年连续两年学校就大学生思想政治教育工作在山东省学生教育与管理年会上作典型发言。教育部、团中央和山东省委高校工委的领导亲莅学校指导大学生思想政治教育工作。省内外40多所高校前来交流学习。《中国教育报》2010年10月23日要闻版以《聊城大学思政大纲导活第二课堂》为题进行了全面报道。2014年5月，教育部《加强和改进大学生思想政治教育工作简报》以《聊城大学强化三项措施，推进大学生思想政治教育工作创新发展》为题介绍学校工作经验。

（五）运用“1335”培养模式打造过硬聊大国防生教育品牌

2003年6月，学校与原济南军区签订《关于为军队培养干部协议书》；同年，从2002级、2003级在校生中选拔国防生，2004年开始通过高考招收国防生。2003年11月，成立聊城大学后备军官选拔培养工作领导小组，2005年11月更名为聊城大学依托培养工作领导小组。2005年7月，成立聊城大学后备军官学院，学院设立党总支，下设分团委、办公室和资料室，与聊城大学武装部合署办公。2011年6月，成立聊城大学军政理论教研室和聊城大学国防生教育研究中心，隶属于后备军官学院。截至2020年7月，聊城大学共招收选拔国防生1583人（招收1198人，选拔385人，分流29人），其中1554人圆满完成学业，顺利毕业投身军营，为部队输送了大量优秀人才。根据军队改革有关部署，对国防生制度进行改革，自2017年起，不再从普通高中毕业生中定向招收国防生，也不再从在校大学生中考核选拔国防生。2022年11月，后备军官学院更名为预科生教育学院。

学校坚决贯彻落实国务院、中央军委指示要求，从学校国防生培养工作实际出发，坚持“强化政治责任抓、紧贴部队需求育、创新培养机制促”，着力打造“政治思想过硬、专业文化过硬、军事技能过硬、作风养成过硬、身心素质过硬”的国防生品牌。先后出台《关于做好国防生选拔培养工作的意见》《关于进一步做好国防生培养工作的意见》《聊城大学国防生培养工作综合方案》《关于加强和改进国防生培养工作的意见》《关于进一步加强国防生党建和思想政治教育长效机制的实施方案》《后备军官学院学生综合测评实施细则》等文件和制度规定，明确了国防生培养工作的指导思想与工作思路、培养目标和培养规格，将军政训练课纳入学分，为国防生培养工作提供了制度保障。形成了“分散专业学习，集中军政训练，院院联手管理，注重作风养成”的国防生教育管理模式，在国防生培养工作实践中逐步探索形成了“一种理念、三个模块、三个学段、五个过硬”的“1335”国防生培养路子，即实施“专业教育＋军政训练＋人文素养教育”三个模块教学，严抓“1500学时的专业教育、500学时的军政训练、800学时的人文素养教育”三个学段落实，打造“政治素质过硬、专业文化过硬、军事技能过硬、作风养成过硬、身心素质过硬”的五个过硬国防生品牌，为推动国防生培养工作创新发展提供了基本遵循。先后 4 次选派 30 余名优秀国防生赴美国北乔治亚大学进行语言文化学习交流，培育国防生战略思维和世界眼光。

学校荣获国防生培养工作特别贡献奖、山东省高校先进基层党组织、山东省三八红旗集体、山东省党建工作样板支部培育创建单位。2 人被评为“山东省关心国防建设十佳个人”。在全军 2015 届毕业国防生军政基础素质考核中，我校 40 名国防生获得全优，人数居全军第一。在“精武—2016”军事项目对抗赛，我校在 7 个单项比赛中获 4 个单项第一，2 个单项第二，总评成绩荣获国防生组第一名。在“精武—2017”军事项目对抗赛，斩获 6 个单项竞赛中的 5 个第一，总评成绩再次荣获国防生组第一名。在“精武—2018”陆军院校军事比武竞赛，包揽国防生组 7 个单项第一，连续第三年取得总评成绩国防生组第一名，实现了军事项目对抗赛国防生组的三连冠。先后涌现出全军爱军精武标兵、第十五届全军学习成才先进个人刘瑞栋、2 次全军科技进步三等奖获得者张磊、全军优秀狙击手张洪吉等一批先进典型，多人荣立二、三等功，多人参加抗战胜利 70 周年、新中国成立 70 周年阅兵式和国际维和行动，600 余人担任基层连队主官，300 余人在旅团以上机关工作，660 余人次立功受奖或受旅团以上表彰。

第三节　教育教学工作

教育教学质量是学校生存和发展的生命线，也是聊城大学赢得社会认可和尊重的根本。学校认真学习贯彻习近平总书记关于高等教育发展的新理论新要求，以立德树人为根本任务，以改革创新为根本动力，以“立足聊城、服务山东、辐射晋冀鲁豫、走向全国、放眼世界”为基本宗旨，保障教育教学中心地位，强化教学质量意识，把全面提高人才培养质量作为推进一流本科教育教学体系建设的核心任务。

一、教学中心地位日益凸显

学校全面落实立德树人根本任务，主动适应高等教育发展形势，持续强化内涵建设，高质量完成人才培养各项目标任务，人才培养质量持续稳步提高，被山东省政府评为“全省教育工作先进单位”。顺利通过教学评估和教育教学审核评估。2007 年，我校以“18A”的优秀成绩通过了本科教学工作水平评估，2015 年顺利通过教育部本科教育审核评估，2023 年通过新一轮本科教育教学审核评估，充分展现了我校的整体办学水平和实力。

人才培养体系不断完善。学校主动适应区域经济社会发展和学生成长需求，于2005年、2008年、2012年、2016年和2022年先后5次修订专业培养方案。形成了学生四年培养过程分为通识教育、专业教育、分类教育三个学段；通识教育结束后进行一次专业分流，专业教育基本结束后，进行一次专业修读方向分流；根据学生自身发展需求，按照专业提高、专业应用、特殊需求等三个方向，对学生进行分类培养的本科教育“三二三”人才培养模式。实施拔尖人才培养计划，2013年成立季羡林学院。加强学生实践实训和创新创业能力培养，2013年成立创新创业学院。完善学分制改革及教学管理模式，建立健全符合校情的选课制，最大限度地赋予学生学习自主权。全面实施双专业双学位主辅修制。获批教育部卓越农林人才教育培养计划改革试点项目1项，成为首批进入卓越农林人才教育培养计划试点高校；获批山东省人才培养模式创新实验区1个，获批山东省卓越工程师培养项目3项、山东省教师教育综合改革试点项目6项、山东省教师教育基地1个。2012年成为首批山东省应用型人才培养特色名校建设单位，2014年成为山东省学分制管理改革试点单位，2016年获批国家发展和改革委员会“十三五”产教融合发展工程规划项目、山东省高水平应用型大学建设单位，2017年获批硕士研究生免试推荐单位。

（一）贯彻“育人为本、质量为魂”的教育理念

学校高度重视教育教学工作，坚持“育人为本、质量为魂”的教育理念，做好本科教育教学和研究生教学各项工作。教学质量是学校生命线，教学工作是学校中心工作。育人为本是我校教育教学持之以恒理念的核心要义，学校以学生的全面发展为出发点和落脚点，在知识的传授、技能的培养、品德的熏陶、情操的陶冶和身心的健康上进行全校工作的协调。学校在教育教学过程中始终坚持德育为先、能力为重、全面发展的原则，通过各种渠道和方式培养学生的社会责任感、创新精神和实践能力。学校自建立以来，高度重视教学质量管理工作，建立并持续完善教学质量监控与保障长效机制。通过日常教学质量监控、教学评估、师生座谈、毕业生满意度调查等多种渠道收集的教学信息，向质量标准系统、教学质量监控系统、组织保障系统和资源保障系统反馈监控评价结果。通过相关激励约束政策，督促改进目标、加强改进过程评价，并再次通过质量监控系统在教学运行过程监控改进效果，持续反馈，从而开始新一轮的质量监控闭环运行，持续提高教育教学质量和育人质量。

学校在教育教学过程中始终坚持严格管理、精心教学、科学评价的导向，建立健全完善的教学质量监控体系，对教师的教学过程进行全面监控和评估，确保教学质量得到有效保障。同时学校还积极开展教育教学研究，鼓励教师创新教学方法和手段，提高教学效果。学校不断完善教育教学质量标准。以教育部普通高校本科专业类教学质量标准为基本依据，结合教学规律和学校自身特色，先后修订了课堂教学、线上教学、考试环节、实验教学、实习实践、毕业论文（设计）、教材建设与选用等主要教学环节的质量标准，建立健全了覆盖教学各个环节的质量标准体系，确保各主要教学环节质量有标准可依，教师教学活动和教学过程管理更加规范。

（二）坚守“全面发展、追求卓越”的核心价值

学校贯彻“全面发展、追求卓越”的核心价值理念，抓好本科卓越人才培养和研究生培养工作。为适应国家和山东省的拔尖人才培养战略发展要求，立足“精英教育”，培养理论基础厚、学科背景宽、综合素质高、创新能力强、视野开阔、具有社会责任感和符合时代要求的高素质复合型拔尖人才，2013 年 5 月，学校印发《聊城大学关于建设羡林学院的意见》，成立季羡林学院，建设本科人才培养特区。全面发展是聊城大学对学生培养的总体要求，学校不仅仅关注学生的知识掌握，更注重学生的能力培养、情感熏陶、道德养成以及身心健康。在能力培养方面，学校注重实践教学和创新能力培养，通过实验室、实习基地、创新创业项目等多种方式，锻炼学生的动手能力和解决问题的能力，培养学生的社会责任感和人文情怀。学校对教育品质不懈追求和对自我提升作出持续努力。

季羡林学院作为本科拔尖创新人才培养特区，汲取现代高等教育的先进理念，以“道德高尚、学问渊深、经世致用、追求卓越”为院训，积极探索高等教育大众化背景下拔尖创新人才培养的教育教学新模式。旨在培养高素质、高水平，从事自然科学、人文科学、社会科学和相关交叉学科研究型的拔尖创新人才。学院牢牢把握立德树人根本任务，坚持“强化基础，注重实践，学研并重，突出创新”的拔尖人才培养理念，不断完善育人机制，创新拔尖人才培养模式。以多元化资源平台为基础，以培养学生创新能力为核心目标，以专题研修小组为形式，在学生遴选、课程改革、荣誉体系、导师配备、学术讲堂、国际合作、第二课堂等方面进行了一系列改革。不断完善激励机制，比如设立基金，予以奖励，在学生推优入党、研究生推免等方面给予政策倾斜。充分发挥学校多学科优势，形成了具有聊城大学特色的“重创新、强实践，多学科交叉融合”的拔尖人才培养模式。

学校研究生工作近年来不断获得新突破。学校现有 24 个硕士学位授权一级学科，涵盖经济学、法学、教育学、文学、历史学、理学、工学、农学、艺术学 13 个学科门类。拥有教育硕士、法律硕士、体育硕士、翻译硕士、风景园林硕士、工商管理硕士、公共管理硕士等 17 个专业学位授权点。在校硕士研究生 3400 余人。学校与爱尔兰都柏林理工大学、意大利卡梅里诺大学等高校合作培养博士学

位研究生。学校各机关处室、招生学院密切配合、协同联动，扎实做好各项工作，确保了高标准、更高质量完成研招工作和培养工作。

（三）勇担“持续创新、服务地方”的社会责任

学校长期注重与社会的联系和合作，不断调整和优化专业结构，确保所培养的人才符合社会的需求和期望。学校根据地方经济社会发展的需要，调整和优化专业设置和人才培养方案，努力培养出更多符合地方需求的高素质人才。同时学校还积极开展各种形式的产学研合作，推动科技成果的转化和应用，为地方经济社会发展注入新的动力。

学校在教育理念、教学方法、课程设置、管理模式等方面进行了大胆的改革和创新。学校注重培养学生的创新精神和实践能力，鼓励他们勇于探索、敢于创新。同时学校还加大了对教研工作的投入和支持力度，鼓励师生开展原创性、前沿性的科学研究，力求在科研领域取得更多突破性成果。这种持续创新的精神不仅推动了学校的快速发展，提升了学校对地方的服务水平，也为整个教育事业注入了新的活力。

（四）落实“应对挑战、自我革新”的应用发展

学校致力打造高水平应用型大学的建设，坚持应对挑战、自我革新的应用发展方向。在教学方面，学校注重培养学生的社会责任感和公民意识，通过各种教育方式和手段引导学生关注社会、关爱他人、积极参与公益活动。在科研方面，学校鼓励师生关注社会现实问题，开展有针对性的科学研究和技术开发，为解决实际问题贡献自己的智慧和力量。在社会服务方面，学校积极参与各种社会公益活动和服务项目，为地方经济社会发展提供全方位的支持和服务。

作为一所以师范教育为特色的高校，聊城大学始终把师范生的实习实训工作放在重要位置。学校与多所中小学建立了稳定的合作关系，为师范生提供了丰富的教育实习机会。学校一直高度重视师范生与非师范生的实习实训和社会实践工作，致力培养具备创新精神和实践能力的高素质人才。学校不断探索与实践，形成了具有鲜明特色的实习实训和社会实践体系，为学生提供了丰富的实践机会和广阔的发展空间。在实习模式上，学校不断创新，形成了“校内模拟＋校外实践”相结合的实习模式。在校内，学校建立了模拟教室、微格教学实验室等，为师范生提供了逼真的教学场景。通过模拟授课、教学观摩、教学反思等环节，师范生能够提前体验教师角色，熟悉教学流程，提升教学技能。学校在教育信息化方面进行了深入的探索和实践。通过引进先进的教育技术和设备，优化教学资源配置，提高教学效率和质量。同时学校还鼓励教师利用信息技术创新教学方式和手段，激发学生的学习兴趣和潜能。

对于非师范生的实习实训，学校根据各专业的特点和发展需求，制定了个性化的实习实训方案。学校积极与企业、行业合作，建立了众多实习实训基地。这些基地涵盖了各个领域和行业，为学生提供了多样化的实习岗位。学生可以根据自己的兴趣和专业特点选择适合的实习岗位，深入了解行业的运行模式和业务需求。在实习过程中，学校注重培养学生的实践能力和创新精神。通过参与具体的工作项目，学生能够将所学知识与实际工作相结合，提升解决实际问题的能力。同时学校还鼓励学生参与企业的研发项目和创新活动，培养他们的创新意识和创业精神。学校还积极应对国际化办学的新趋势，积极拓展国际合作与交流。通过与国外知名高校和研究机构的合作，引进优质的教育资源和先进的教育理念，提高学校的国际影响力和竞争力。同时学校还注重培养具有国际视野和跨文化交际能力的人才，为国家和地方的经济社会发展提供有力的支持。

二、招生生源质量稳步提高

（一）本科招生概况与演变

2005 年聊城大学面向全国 15 个省、市、自治区招生，2006 年面向 19 个省、市、自治区招生，2007 年面向 21 个省、市、自治区招生，2008 年面向 24 个省、市、自治区招生，招生省份逐年增加，到 2009 年覆盖除港澳台地区外所有 31 个省、市、自治区，自 2016 年起，因生源质量原因停止了北京、上海、青海、宁夏 4 个省、市、自治区的招生，此后招生省市自治区数量一直维持在 27 个。

2005 年录取本专科新生 6680 人，2006 年录取 6247 人，2007 年录取 5477 人，2008 年录取 5433 人，2009 年录取 7578 人，2010 年录取 7997 人，2011 年录取 8223 人，2012 年录取 7904 人，2013 年录取 7904 人。自 2014 年起我校不再招收普通专科生，共录取各类考生 7948 人，2015 年录取 8614 人，2016 年录取 8153 人，2017 年录取 8109 人，2018 年录取 8008 人，2019 年录取 8026 人，2020 年录取 8052 人，2021 年录取 7844 人，2022 年录取 7807 人，2023 年录取 7329 人。招生规模整体呈先增后减的趋势，多数年份维持在 8000 人左右，在 2015 年达到顶峰。

2005 年在山东省外录取本科生 3871 人，2006 年录取 552 人，2007 年录取 657 人，2008 年录取 774 人，2009 年录取 758 人，2010 年录取 782 人，2011 年录取 889 人，2012 年录取 982 人，2013 年录取 1052 人，2014 年录取 1142 人，2015 年录取 1171 人，2016 年录取 1229 人，2017 年录取 1222 人，2018 年录取 1226 人，2019 年录取 1239 人，2020 年录取 1255 人，2021 年录取 1270 人，2022 年录取 1266 人，2023 年录取 1287 人。省外招生规模前些年逐年增加，后趋于稳定。近几年来，省教育厅严格控制省外招生计划规模，现省外计划基本维持在 1112 人，另外加上不分省计划录取的体育单招和高水平运动队考生，省外招生人数在 1200 多人。

根据国家需要，聊城大学自 2005—2016 年招收国防生。从 2017 年起，国防部不再从普通高中毕业生中定向招收国防生，也不再从在校大学生中考核选拔国防生，我校停止该类型招生。招生期间，2005 年录取国防生 80 人，2006 年录取 100 人，2007 年录取 110 人，2008 年录取 90 人，2009 年录取 45 人，2010 年录取 55 人，2011 年录取 120 人，2012 年录取 120 人，2013 年录取 120 人，2014 年录取 120 人，2015 年录取 107 人，2016 年录取 73 人。

聊城大学 2006 年开始招收高水平运动员，录取考生 17 人，2007 年录取 12 人，2008 年录取 18 人，2009 年录取 15 人，2010 年录取 21 人，2011 年录取 19 人，2012 年录取 33 人，2013 年录取 37 人，2014 年录取 15 人，2018 年录取 2 人，2019 年录取，2020 年录取 1 人，2021 年录取 7 人，2022 年录取 4 人。2015—2017 年没有招生，2023 年后由于国家政策调整，我校不再招收高水平运动员。

根据学校体育运动队建设需要，聊城大学自 2007 年开始招收体育单招考生，2007 年录取 80 人，2008 年录取 50 人，2009 年录取 65 人，2010 年录取 61 人，2011 年录取 60 人，2012 年录取 60 人，2013 年录取 50 人，2014 年录取 39 人，2015 年录取 70 人，2016 年录取 50 人，2017 年录取 41 人，2018 年录取 70 人，2019—2022 年录取 60 人，2023 年录取 70 人，现招生规模基本维持在 60—70 人。

艺术类、体育类招生规模基本维持在 1000 人左右，根据国家特殊类型招生文件要求，艺术类专业招生计划将严格控制、逐步减少。

2016 年，山东省开展省属免费师范生招生，我校 2016 年开始招收省属免费师范生，录取考生 397 人，2017 年录取 427 人，2018 年招生类型名称调整为省属公费师范生，录取 650 人，2019 年录取 594 人，2020 年录取 502 人，2021 年录取 512 人，2022 年录取 183 人，2023 年录取 437 人。2019 年山东省开展市委托培养师范生招生，我校 2019 年录取 128 人，2020 年录取 93 人，2021 年录取 60 人，2022 年后不再招收市委培师范生。2019 年我校获得公费农科生招生资格，录取 30 人，2020 年录取 36 人，2021 年录取 20 人，2022 年后不再招收公费农科生。

2020 年，根据教育部和山东省教育厅文件通知，开展第二学士学位招生。2020—2023 年，共录取第二学士学位考生 22 人。

（二）优化本科招生结构，合理分配招生计划

学校本科招生涵盖哲学、经济学、法学、教育学、文学、历史学、理学、工学、农学、管理学、艺术学等 13 大学科门类。

新高考改革后，志愿填报方式采用专业 + 学校或学校 + 专业组，为应对新的变化，我校积极探索新的招生模式。2017 年，82 个招生专业中有 29 个专业按 11

个专业大类招生，基本实现了按学院学科大类招生。2018 年，81 个招生专业中有 36 个专业按 14 个专业大类招生，在招生类型和招生政策允许的情况下，全部实现了按“学院学科”大类招生。2022 年，根据学院意见，除艺术设计类外均按专业招生，2023 年 75 个招生专业全部按专业招生。同时，动态调整招生专业，适时新上和停招部分专业，截至 2023 年，实际招生专业为 75 个。

根据学科建设和社会需求，学校不断调整优化招生专业，运用大数据，建立了以上一年度招生计划、本年度毕业生数为基础，以录取最低分、就业率、生师比为调控权值，以学院申报数为参考的分专业招生计划分配模型，制订聊城大学普通本科分专业招生计划分配方案，科学编制分专业招生计划。

（三）多措并举，凸显本科招生宣传新成效

一是强化招生宣传制度和本科招生工作队伍建设，出台了《聊城大学本科招生宣传方案》《聊城大学招生宣讲团管理办法》；成立了学院本科招生工作领导小组、校院两级招生宣讲团，适时调整学院本科招生工作秘书。制定年度招生宣传工作清单，召开专题培训会，及时参加系列高招会和招生咨询服务。

二是建设优秀生源基地，及时开展生源基地回访工作；开展系列“专业宣讲进中学”、“学在聊大”校园研学、优秀校友进中学作报告、“把聊大带回高中母校”暑假社会实践等系列招生宣传拓展活动。在省内外生源基地适时设立聊城大学招生宣传校园灯箱、高考倒计时宣传牌、目标高校牌等专题项目。

三是精心设计制作《聊城大学本科招生报考指南》电子画册，在山东教育发布、阳光高考、学习强国发布学校招生政策、咨询、图文，在“聊城大学本科招生”微信公众号推出招生要点发布、招生咨询、志愿填报、优秀毕业生访谈、高考加油、备考锦囊、校园景色、网红餐厅、节日祝语等微视频、微信图文。

四是强化线上宣传成效，及时拍摄、优化上线学校、学院、专业等宣传片；在高考季与山东教育电视台、齐鲁晚报、中国教育在线、新浪山东等媒体合作开展《招办面对面》《高考直通车》、“名师和你聊专业”等系列电视网络直播、线上宣讲和专业曝光引流活动。

（四）研究生招生概况与演变

学校现有 24 个硕士学位授权一级学科，涵盖经济学、法学、教育学、文学、历史学、理学、工学、农学、艺术学 13 个学科门类。拥有教育硕士、法律硕士、体育硕士、翻译硕士、风景园林硕士、工商管理硕士、公共管理硕士等 17 个专业学位授权点。在校硕士研究生 3400 余人。学校与爱尔兰都柏林理工大学、意大利卡梅里诺大学等高校合作培养博士学位研究生。

2005 年，学校录取硕士研究生 187 人，有 45 个硕士学位点。2006—2013 年，研究生招生人数逐年增加，录取规模保持在500人以下，总体规模不大。2014年后，研究生招生数量稳步增长，2020年招生数量大幅增加，达到1088人。2021—2023年每年新增招生人数保持在100人左右，2023年录取人数达到1336人。

2009年，为更好地适应国家经济社会发展对高层次应用型人才的迫切需要，调整优化研究生教育类型结构，进一步完善研究生教育培养体系，推动硕士研究生教育从以培养学术型人才为主的模式向以培养应用型人才为主的模式转变，教育部增加全日制专业学位研究生招生计划，当年学校招收全日制教育硕士专业学位研究生68人，占总招生人数的18%，学制为2年。此后，专业学位研究生招生数量逐年增多，2009年，学校获得艺术硕士（音乐）专业学位授权，学制3年，2010年开始招生，招收28人。2010年，获得体育硕士（体育教育学、运动训练、社会体育指导）、翻译硕士（英语口译、英语笔译）和工程硕士（工业设计工程）专业学位授权，学制2年，2011年开始招生，分别招收30人、35人和7人。2018年，获得风景园林硕士、应用心理硕士、工商管理硕士专业学位授权。2019年，根据国家政策将工程硕士调整到电子信息、土木水利、机械3个相应专业类别。为提高专业学位研究生培养质量，2022年将专业学位研究生学制统一调整为3年。2023年，共招收专业学位研究生855人，占总招生人数的64%。

2005—2016年，除全日制硕士研究生招生外，学校还招收非全日制教育硕士学位研究生。2017年，根据教育部相关通知，全日制和非全日制研究生考试招生依据国家统一要求，执行相同的政策和标准，纳入全国统考，2017年学校招收非全日制专业学位研究生104人。2017—2023年，非全日制专业学位研究生招生规模基本稳定在100多人。

此外，学校在产业经济学等9个专业接受同等学力人员申请硕士学位研究生。2015年1月，国务院学位委员会办公室印发通知要求，2016年起不再组织在职人员攻读硕士专业学位全国联考，学校不再接受同等学力人员申请硕士学位研究生。

（五）强化责任担当、规范复试流程

2023年3月，根据学校发展需要，学校将研究生招生职能划归招生工作处负责。实现了招生工作的整体规划、实施，进一步提高了学校整体招生工作的效率和质量。2023年硕士研究生招生复试工作，是招生工作处首次承担研究生复试任务，通过以下措施，确保研招复试工作的顺利完成。

强化责任担当，明确职责分工。落实学习、培训制度，明确涉考工作人员工作职责和岗位职责，各机关处室、招生学院严格落实研招复试工作责任，坚守底线思维，强化风险意识，密切配合、协同联动，扎实做好各项工作，确保了研招复试工作环环相扣、相辅相成、有序推进，高标准、更高质量完成2023年研招复试录取工作。

坚持“严格标准、全面考察、公平公正、择优录取”的原则。健全工作制度，确保各环节有据可依，有章可循。及时发送复试通知，对复试录取工作方案、复试名单、拟录取名单和申诉渠道等信息及时在学校网站公布，接受考生和社会各界监督。招生学院严格按照复试方案发布的时间节点组织实施，强化对复试导师和工作人员遴选培训、调剂名单确定、资格审核、成绩评判、复试记录、结果报送、咨询释疑和异议回复等工作管理。

凸显科技赋能，彰显服务水平。各学院积极通过电子屏、展板、条幅等形式营造良好复试氛围，及时公布招生学院联系人电话，安排专人为考生答疑解惑，积极主动做好考生服务工作。招生工作处重点进行三项举措改革，一是首次统一租赁“人脸识别”设备发放到各招生学院，助力工作人员严格落实“两识别”，顺利完成考生资格审查工作，确保考生身份真实。二是严格执行收费制度，协同财务处开通了直达学校账户的统一支付二维码，考生直接扫码，并根据系统显示金额缴费，确保收费金额准确，收费渠道正规。三是自主设计开发了基于数字签名技术的成绩报送系统，避免了从纸质成绩到电脑数据统分过程中造成的失误和反复，确保数据流转零差错，提升了工作效率，提高了服务水平。

强化巡查督导，护航“阳光招生”。设立复试录取工作监督举报电话和邮箱，开展校领导“包片”巡视、招生单位领导常态化检查、招生工作处工作人员全覆盖跟踪服务。选聘 50 余名责任心强、纪律性强的机关处室科级以上干部组成了复试录取工作督查组，进行业务培训，明确工作职责、工作任务和工作纪律，对各招生学院复试过程中的资格审核、专业笔试（技能测试）、外语听力与口语测试、专业综合面试等环节进行全程督导检查，督察员参与 290 场次复试录取。

（六）周密组织、平安研考

加强组织领导。成立研究生招生考试专项工作组，召开考试工作领导小组部署会和考试工作现场调度会，对考试工作进行全面细致部署，要求严格工作流程、细化职责分工、做好应急预案，调动全校力量确保考试工作各环节科学有序。

压实管理责任。与涉考人员逐一签订安全保密责任书，做好命题人员、考务人员及其他考试工作人员的组织管理，进行网上业务培训和考核，对涉考工作人员进行分类培训，先后组织召开考务人员、监考人员业务培训，针对不同岗位人员制作工作职责明白纸。

严密组织考试。配齐配足设备，筑牢“五位一体”防作弊体系，无线信号屏蔽和波段信号压制全覆盖。加强入场管理，合理设置封闭区，规范入场安检流程。强化考场监管，严肃考风考纪，树立“以人为本，消除作弊于萌芽状态”的监考理念，监考老师切实做到监考流程标准化、管理精细化、操作规范化。秉持“以生为本”理念，全面优化服务保障，加强政策宣传，畅通信息渠道，搭建考生存包帐篷和休息室等，为考生提供人文关怀，打造“温心暖心研考”的聊大服务品牌，依法依规助力考生考出水平、实现梦想。

三、专业建设内涵式发展

（一）动态调整促进专业结构优化

大力推进专业建设，按照“社会需求为导向、基础学科专业为依托、巩固师范专业为重点，发展新兴学科专业为先导”的原则，以品牌、特色专业建设为引领，带动专业群建设，优化专业结构，提升专业水平，构建符合学校办学定位、适应国家及区域经济和社会发展需要、内涵充实、优势特色鲜明、多学科协调发展的专业体系。

1. 全日制专科专业退出历史舞台。2003 年，学校设有本专科专业 61 个，其中，本科专业 49 个，师范专业 18 个，非师范专业 31 个；专科专业 12 个，师范专业 1 个，非师范专业 11 个。2013 年，学前教育、影视动画、建筑工程技术、旅游管理、会计等 5 个专科专业招收最后一批专科学生。2014 年全面停止专科招生，专科专业退出办学历史舞台。

2. 战略新兴学科专业跨越式发展。积极适应社会发展需求和学校由多科性大学向综合性大学、高水平应用型大学转型发展需要，发展新兴学科专业，学科专业体系持续优化。2003 年底，学校设 49 个本科专业，涵盖经济学等 9 个学科。2004—2023 年，对接山东“十强产业”等需求，共增设 56 个本科专业，其中 2005 年增设哲学类的哲学专业，2014 年增设医学类口腔医学技术等专业，2016 年与北京大学、中国人民大学等 4 所高校率先增设交叉学科类的政治学、经济学与哲学等专业，2018 年增设数据科学与大数据技术、金融工程等专业，2019 年增设新能源材料与器件、光电信息科学与工程等专业，2020 年增设人工智能专业，2021 年增设智慧农业专业，2023 年增设智慧牧业科学与工程、智能影像工程、智能建造等专业。在增设本科专业的同时，学校高度重视专业结构的动态调整与优化，先后于 2010 年、2017 年对专业结构、专业规模及资源配置等进行了较大规模的优化调整，特别是 2021 年以来进一步加大专业优化力度，出台《聊城大学本科专业设置及调整优化管理办法》，建立健全本科专业动态调整优化的常态化机制，经过对全部专业的系统分析与评估，学校决定撤销了公共事业管理等 12 个专业，停招秘书学等 18 个专业，将招生本科专业压缩到 75 个。

截至 2024 年 3 月，学校本科专业总量达到 93 个，覆盖哲学、经济学、法学、教育学、文学、历史学、理学、工学、农学、管理学、艺术学、医学、交叉学科等 13 个学科、48 个专业门类。

（二）专业内涵建设水平有效提升

1. 师范教育专业成为学校靓丽名片。2004 年以来，学校根据区域基础教育发展需要，发挥综合性大学办师范教育的优势，不断深化师范教育改革，优化师范教育专业结构，强化师范教育专业内涵建设，师范教育专业建设成为学校靓丽名片。学校先后退出计算机科学与技术、日语、公共事业管理等 3 个专业，增设学前教育、舞蹈学等 2 个师范专业，师范专业由 18 个调整优化到 17 个，覆盖学前教育、小学教育、中学教育的所有学科。截至 2024 年，学校师范专业 17 个占招生专业 75 个的 22.67%；14 个二级学院培养师范生，占 24 个本科专业学院的 58.34%；师范生在校生占学校本科在校生总数的 34.18%。17 个师范专业中，建成国家级一流专业 8 个、省级一流专业 5 个，省级及以上一流专业占比 76.47%；通过教育部师范类专业认证专业 8 个，有省级及以上荣誉称号专业为 15 个，占师范专业总数比 88.23%。学校不断深化校地融合师范专业建设与改革，自 2008 年起，与聊城市联合开展“实习顶岗支教双提高工程”；2011 年，获批山东省国家教育体制改革项目、山东省人才培养模式改革试验区；2012 年，获批首批山东省教师教育基地；2018 年，聊城市与聊城大学共建初等教育学院、与聊城市人民政府签署《共建教师教育基地合作协议书》；2020 年，与聊城市人民政府签订包括《共建聊城大学附属学校（聊城市体育学校）协议书》，出台《聊城大学关于推进“新师范”建设的实施意见》；2021 年起，拓展援疆支教；师范专业建设与改革成果获国家级教学成果奖、省级教学成果奖 89 项，占学校省级及以上教学成果奖数的 80%。

2. 高水平应用型专业群成为新引擎。2006—2013 年，实施本科教学质量与教学改革工程，打造在教育目标、师资队伍、课程体系、教学条件和培养质量等方面，具有较高办学水平和鲜明办学特色的专业，化学、思想政治教育、汉语言文学、历史学等 4 个专业先后获批国家级特色专业，通信工程、经济学等 12 个专业获批山东省级品牌特色专业；2011 年，学校召开第五次本科教学工作会议，实施特色专业培育工程，对接山东省重大发展战略，以品牌、特色专业为引领，着力建设高水平应用型专业群，2012 年获批首批山东省应用型人才培养特色名校建设单位，通信工程等 24 个专业获山东省立项支持；2013 年，机械设计制造及其自动化专业获批国家级第一批本科专业综合改革试点，车辆工程、化学工程与工艺、材料科学与工程等专业获批山东省卓越工程师教育培养项目；2014 年，园林专业获批国家级第一批卓越农林人才教育培养计划改革试点项目；2016 年，实施高水平应用型立项重点建设专业支持计划，机械设计制造及其自动化等 35 个专业、8 个专业群获批山东省高水平应用型重点立项建设专业（群）；2018 年，化学工程与工艺等4个专业获批山东省教育服务新旧动能转换专业对接产业项目专业群；2020年以来，小学教育、通信工程、汉语言文学等9个专业获批国家级一流本科专业建设点，车辆工程、视觉传达设计等22个专业获批山东省一流本科专业建设点。75个招生专业中，获省级及以上荣誉的专业50个，占比67%。

四、课程建设质量全面提升

课程是人才培养的核心要素，课程建设是高校教学建设的基础环节，是实现人才培养目标的主要渠道。

（一）明确课程建设原则思路

一是坚持立德树人。牢牢把握为党育人、为国育才正确方向，将培根铸魂育人摆在首位，全面构建“大思政”育人格局，深化“五育并举”；抓实抓好思政金课、课程思政，强化实践育人，引导学生立志明德成才，促进学生全面发展和终身发展。二是坚持前沿引领。聚焦国家重大战略、关键领域和社会重大需求，坚持科教融汇、产教融合，强化“四新”课程、满足“优特新”专业发展需求等课程建设，将通识教育、专业教育与创新创业教育有机融合，推动构建地方高校特色的自主知识体系。三是坚持质量为本。以一流课程为标杆，强化课程的校院两级管理，严格把关新建课程质量，落实课程升级改造与退出停开机制，构建课程高质量保障体系，优先支持能够代表聊城大学水平、发挥示范引领作用的高质量核心课程建设。四是坚持特色创新。立足聊城大学特色，依托先进的教育教学理念和现代教育技术，有效推进课程体系创新和课堂教学改革，加强高挑战度创新型荣誉课程及高质量新形态教材等建设，提升课程的“两性一度”，为高水平应用型人才培养提供有力支撑。

（二）优化完善专业课程设置

出台《聊城大学人才培养方案管理办法》，坚持社会需求导向，动态调整培养方案，解决好基础（拓宽专业基础，强化综合素质）、渗透（文理工学科交叉渗透）、分段（学程分段，分阶段组织教学）、分流（根据培养目标和社会需求，在高年级构建不同的专业发展方向，满足学生自主发展的选择权）等问题，加强选修与必修、主干与基础、理论与实践课程的有机联系，注重课程设置的科学性、系统性和逻辑性，整体优化课程体系与设置。2004年以来，先后修订2005版、2008版、2012版、2016版、2022版培养方案。2005版培养方案设置公共课、专业课、实践课，公共课包括思想政治理论课、公共基础课、素质课，素质课包括自然科学素质类、人文科学素质类和艺术素质类三种，专业课包括学科基础课、专业核心课、专业方向课和专业提高课，实践课包括军事训练、劳动实践、实习、毕业论文（设计）等实践性教学环节，不计入总学时，但记入总学分。

2008 版培养方案增设职业发展与就业指导课程，在大学英语实施分级教学改革，素质课程调整为包括自然科学、人文科学、社会科学模块，实行学科基础课程“四统一”（统一大纲、统一要求、统一考试、统一阅卷），每个专业设置 2 个以上专业方向模块，开设课程门数与学生应修课程门数的比例在 2 ∶ 1 以上，在实践课程增设实验教学课程并计入总学时和总学分，设置大学生科技文化创新 6 个认定学分、职业技能资格证书 2 个认定学分、辅修专业证书 6 个认定学分。

2012 版培养方案构建本科专业三个学段、两次分流、三种类型人才分类培养的新模式（“三二三”人才培养模式）课程体系，三个学段，即本科专业人才培养的全学程由通识教育、专业教育和分类培养三个学段构成；两次分流，即通识教育基本结束后的专业分流和专业教育基本结束后的分类培养分流；三种类型人才分类培养，即学术方向型、专业应用型和特殊需求型人才的分类培养。课程体系包括通识教育课程、专业教育课程和分类教育课程，通识教育课程包括公共基础课程、通识核心课程，通识核心课程包括自然科学、人文科学、社会科学、艺术鉴赏和创新与领导力等 5 个模块 10 个学分，专业教育课程包括学科基础课程、专业核心课程，分类教育课程分学术方向课程、专业应用方向课程和特殊需求课程，各类课程模块开设课程门数与学生应修课程门数的比例在 2 ∶ 1，增设了出国留学、研修换算学分，去除了辅修专业证书认定学分。

2016 版培养方案课程体系包括通识教育课程、专业教育课程、实践教学课程，通识教育课程包括通识必修课程、通识选修课程，通识选修课程包括自然科学、人文科学、社会科学、创新创业、教师教育等 5 个模块 6 个学分，专业教育课程包括专业教育必修课程和专业教育选修课程，专业教育必修课程包括学科基础课程和专业核心课程，专业选修课程包括专业提高方向课程、专业应用方向课程和专业任选课程，各类课程模块开设课程门数与学生应修课程门数的比例在 2：1，实践教学课程包括基础实践、专业实践和综合实践，2018 年起实施第二课堂成绩单制度，将社会实践等第二课堂实践活动纳入培养方案。

2022 版培养方案提出坚持学生中心，进一步“立足行业、面向社会、强化应用、突出实践”优化“通识教育 + 专业教育 + 多元特色实践”的“厚基础、重实践、强能力”课程体系。遵循专业认证的成果导向教育（Outcome—basedEducation，OBE）理念，明晰每一门课程在人才培养中的作用和地位，建立每门课程对毕业要求、毕业要求对培养目标的支撑矩阵，形成人才培养的课程地图，坚决杜绝因人设课。坚持“五育并举”，强化课程思政建设，切实将思想政治教育融入专业学习全过程；在各专业开设新生研讨课和专业导论课，增强学生专业认知和研究性学习能力；强化学生实践应用能力培养，在各专业开设项目化课程、产教融合课程，提高实践教学学分占总学分比例，理工农医等专业实践学分比重不低于 30%，人文社科等专业实践学分比重不低于 20%。培养方案还延长了学习年限，改革了“大学外语”课程开设要求，各专业学生根据发展需要在“大学英语”“大学俄语”“大学日语”“大学韩国语”“大学西班牙语”等课程中选择其中一种语言课程作为“大学外语”修读；增设了“公共艺术选修课程模块”，强化了创新创业教育，增设了“创新基础”“创业基础”必修课程和选修课程，增设了劳动教育实践课程。培养方案还提出了坚持“价值塑造、知识传授、能力培养”三位一体的课程教学要求；以学生能力达成为导向，建立课程考试、课程论文、社会调研、作品设计、非标准答案测试等多种考核形式并举的综合评价制度，强化课程过程性考核与管理，提高过程性考核成绩（课前预习广度、课中参与深度、随堂测验或单元测验得分、互助学习贡献度、课后作业练习完成质量、调研、实践、期中考试等）比重。每门课程要结合课程目标和学生综合素质要求，在课程标准（教学大纲）中明确相应的过程性考核方式和考核标准。

（三）课程建设质量显著提升

2004 年以来，学校先后出台《课程建设工作暂行条例》《课程建设质量评价方案》《关于全面推进教学内容和教学方法改革的意见》《关于进一步加强扩大网络辅助教学试点工作的意见》《关于进一步加强多媒体教学建设管理办法》《精品课程建设办法》《教师教学工作业绩考核办法》《全面推进课程思政建设的实施意见》《一流本科课程建设的实施意见》《在线开放课程建设管理办法》等系列课程建设制度文件，坚持自建引用相结合，依托智慧树、超星、雨课堂等平台，引进优质课程资源，丰富学生学习的途径和内容。先后立项建设校级精品课程 238 门，获批国家级精品课程 1 门、国家级精品资源共享课程 1 门、国家级双语示范课程 1 门、国家级精品视频公开课 3 门，获批省级精品课程 30 门；评选校级课程思政示范课 117 门，获批省级思政“金课”4 门、省级课程思政示范课 11 门；立项各类培育课程 173 门，在山东省在线开放课程平台上线运行、面向全省高校开设课程 87 门，在国家智慧教育平台上线 42 门，获批国家级一流本科课程 12 门、省级一流本科课程 61 门。

五、拔尖人才培养体系持续优化

为适应国家和山东省的拔尖人才培养战略发展要求，立足“精英教育”，培养理论基础厚、学科背景宽、综合素质高、创新能力强、视野开阔、具有社会责任感和符合时代要求的高素质复合型拔尖人才，2013 年 5 月，学校印发《聊城大学关于建设羡林学院的意见》，成立季羡林学院，建设本科人才培养特区。现任湖北省省长、时任聊城市委副书记、市长王忠林，中国孔子基金会副会长张树骅，中国孔子基金会理事长王大千，季羡林国际文化研究院院长卞毓方等诸多专家学者，季羡林之子季承等众亲友，出席季羡林学院揭牌仪式。聘请社会活动家、作家卞毓方先生为名誉院长，已故中国著名学者、教育家、书法家欧阳中石先生曾任名誉院长、季羡林之子、中科院高能物理所高级工程师季承先生曾任荣誉顾问。10年来，学院已先后培养了7届共计364名毕业生（目前2020—2022级在读学生200名），培养了一批从事自然科学、人文科学、社会科学和相关交叉学科的拔尖创新优秀人才。

（一）拔尖人才培养政策与机制

季羡林学院（以下简称学院）作为本科拔尖创新人才培养特区，汲取现代高等教育的先进理念，以“道德高尚、学问渊深、经世致用、追求卓越”为院训，积极探索高等教育大众化背景下拔尖创新人才培养的教育教学新模式，旨在培养高素质、高水平，从事自然科学、人文科学、社会科学和相关交叉学科研究型的拔尖创新人才。学院牢牢把握立德树人根本任务，坚持“强化基础，注重实践，学研并重，突出创新”的拔尖人才培养理念，不断完善育人机制，创新拔尖人才培养模式。以多元化资源平台为基础，以培养学生创新能力为核心目标，以专题研修小组为形式，在学生遴选、课程改革、荣誉体系、导师配备、学术讲堂、国际合作、第二课堂等方面进行了一系列改革。不断完善激励机制，比如设立基金，予以奖励，在学生推优入党、研究生推免等方面给予政策倾斜。充分发挥学校多学科优势，形成了具有聊城大学特色的“重创新、强实践，多学科交叉融合”的拔尖人才培养模式。

（二）拔尖人才培养模式与途径

1. 注重新生选拔：着眼综合素质，全面动态考察

坚持立德树人，不断优化拔尖学生的选拔机制。组织有经验的专家，从大二年级学生中进行选拔，综合考查学生的创新能力、学术兴趣和发展潜质。2023年6月，聊城大学印发《聊城大学基础学科拔尖人才培养实施办法（试行）》，首次成立基础学科人才培养拔尖班，面向全校进行选拔，重点面向计算机科学、数学、物理学、化学、生物科学、经济学、哲学、汉语言文学、历史学等专业，每年遴选“羡林学子”40名。学院对学生进行多维考核，动态进出。质量跟踪，激励支持。在跟踪方面，建立档案，追踪学生成长轨迹，及时反馈经验教训，不断优化学生的动态管理机制。

2. 促进教学改革：聚焦核心素养，构建高效课堂

学院紧抓教学的中心地位不放松，高度重视教师队伍水平、结构的提升优化。制定《季羡林学院本科生荣誉学位培养任课教师选聘与管理办法》，专任教师中，具有

博士、硕士学位的占80%，教授、副教授占90%，教师在教学中实行小班化，采用案例式、启发式、讨论式教学，实施高挑战性学习，增强研讨的深度和难度，引导学生深度学习。

第一，坚持立德树人，思政进课堂。寓价值观引导于知识传授和能力培养之中，帮助学生塑造正确的世界观、人生观、价值观。以提升教师育德能力和育德意识为重点，加强教师队伍建设。实施“课程思政”，所有任课教师不仅在思想认识上形成全员育人的共识，专业发展上也具备有效育人的能力，成效显著。

第二，不断深化教学改革，强化实践教学环节。入选荣誉学位班的学生至少要完成38个学分的学习任务，其中荣誉挑战性课程24个学分，荣誉学位论文8个学分，科研训练4个学分，学术报告2个学分。

第三，设置综合型课程，丰富学生知识储备。文科班先后开设了《英语口语》《逻辑与批判思维》《朗诵艺术与演讲》《领导学》等课程；理工科班开设了《生命科学进展》《数学精神与方法》《人工智能》等课程，鼓励学生根据个人兴趣在线学习世界一流大学课程，所得课程学分经过认证后可以代替相关荣誉课程。

3. 修订管理制度：结合学院实际，创新优化改革

制度创新是创新的前提，学院打破条条框框的束缚，全面推进管理体制和培养机制改革。以“专家咨询＋师生反馈”的方式，完善制度体系建设。为强化对学生的学习指导和科研训练，提高学生的创新能力，依据《聊城大学关于建设季羡林学院的意见》（聊大校发〔2013〕62号），学院制定并实施了《聊城大学季羡林学院荣誉学位学生导师选聘和管理办法》，选聘既具有过硬的专业能力，又具有人文关怀的老师作为学生导师。同时，为了加强学生的科研项目训练，学院制定了《聊城大学季羡林学院荣誉学位学生科研训练项目经费管理办法》，进一步培养学生的科学精神和创新意识，提高学生的科研能力，制定了《聊城大学季羡林学院荣誉学位学生“季羡林奖学金”评定办法》《聊城大学季羡林学院荣誉学位学生国内外游学经费管理办法》，对在学习成绩表现优异、创新能力突出、参加出（国）境游学、学习交换的学生，给予2000元—5000元不等的专项经费奖励和资助。

2018年12月28日，聊城大学首次实施荣誉学位制度，下发《聊城大学关于实施本科生荣誉学位制度的意见》聊大校发〔2018〕95号文。2023年6月15日，聊城大学下发《聊城大学基础学科拔尖人才培养实施办法（试行）》聊大校发〔2023〕40号文，对基础学科人才的培养目标、培养要求、学生遴选、培养模式、学制与学分、荣誉学位等都作出明确的规定和要求，学院根据学校文件要求，及时制定了《聊城大学基础学科荣誉学士学位人才培养方案》。

4. 实施导师制度：推动导师引航，助力学生成才

“羡林学子”的培养实施“一制三化”的培养模式，即导师制、小班化、个性

化、国际化。学院从校内外聘任行业领军人才、在国内外具有较高学术影响力和学术声誉的专家学者为“荣誉学位”导师。成立拔尖人才培养指导委员会，对导师选聘条件、选聘办法、导师职责和导师待遇统一考核、管理。目前学院共聘请导师 170 余人次，确保导师对学生“一对一”的精准培养。

导师在人才培养具体实施中，重点培养学生的科学思维方式与科研能力，指导学生制定学习计划、选课、申报科研训练项目，进行荣誉学士学位论文指导，提供专业指导和质量评定。学院鼓励教师带动学生参与科学研究，培养集体攻关、联合攻坚的团队意识和协作精神。“经师易得，人师难求”，设立导师制是季羡林学院为学生搭建的一个多层次、全方位的平台，为学生提供了各种机会与可能，在关键时刻给予了学生未来明确的规划性指导。

5. 加强科研训练：开展学科竞赛，助推创新创业

为了促进学生早进课题、早接触科研、早了解各领域研究前沿，学生在大学二年级第一学期都必须申报科研训练项目，学院大力鼓励学生进入实验室、课题组，从事更高难度的科研训练。学院教授委员会对所有的申报项目进行评审，根据水平打分排序并给予资助，后期由学院进行严格的中期检查和结题验收审查。学生通过科研项目的训练，全部参与大学生创新创业训练计划、“互联网 +”和“挑战杯”等各类创新实践项目，学生在开放的学术环境中迅速成长，激发了学习积极性，点燃了参与学科竞赛的热情，由“要我学”转变为“我要学”。学院不断改进、形成了以灵活的课程体系、科研训练与实践、荣誉论文为一体的培养模式，将科研优势实实在在转化为教学和人才培养优势，为培养拔尖创新型人才打下了坚实基础。

6. 举办羡林讲堂：强化知识储备，全面提升素养

学院定期组织学术论坛讲座、主题沙龙、小课题论坛等研讨活动，培养学生的科学精神和创新意识，提高学生的科研能力。指导学生端正学习态度，促进学生知识、能力、素质等方面全面发展，促进了学生学习能力、组织协调能力、人际交往能力和团队协作能力的提升。

季羡林自成立以来通过整合校内外学术资源，跟踪当下学术研究热点，每学期定期组织“羡林讲堂”，邀请来自不同领域的知名专家，为学生从最具深度和广度的学术视角带来知识拓展。学院一直强化学科前沿、创新训练和“季学”内容，聘请了清华大学、北京师范大学、上海大学、山东大学、山东省委党校、山东社会科学院、鲁东大学等专家，分别就传统文化、运河文化、法治、人工智能、创新创业、交通与文学、国别与区域研究、大数据、仿生机器人技术研究、黄河文化等学科前沿和现实问题进行了深度解读，开展了 77 场羡林讲堂。

7. 加强国际交流：勇乘时代之风，开阔国际视野

季羡林学院多年来与国际合作交流处加强交流合作，积极搭建精英游学平台，打造“两门双用”新机制。所谓“两门”即“一院一处”，而所谓“双用”即以季羡林学院为中轴枢纽，打造实现校内教育资源双向互通的桥梁。

10 年来，共计 80 余“羡林学子”先后奔赴纽约大学、英国曼彻斯特大学、波兰华沙大学、波兰比亚韦斯托克大学、波兰居里夫人大学、波兰波兹南密茨凯维奇大学、台湾大学、台湾科技大学、中国文化大学、香港理工大学、香港浸会大学、国立金门大学、北京大学等高校读研深造、参加游学、交换生、线上英语流利说等项目。在参加出（国）境学习中，25 名毕业生中有 21 人考取纽约大学、英国曼彻斯特大学、菲律宾德拉萨大学、香港浸会大学、北京师范大学、山东大学、华中师范大学、天津大学等高校研究生;9 人研究生毕业后其中有 3 人在北京大学、中国社会科学院大学、大连理工大学继续攻读博士学位，1 名学生纽约大学研究生毕业后在亚马逊公司任数据科学家一职,剩余学生分别在天津大学、盐城工学院、深圳市南山实验麒麟中学等学校任职。

8. 开拓第二课堂：坚持协同培养，注重精准育人

季羡林学院将“专业能力强、职业素养高、具有社会责任感和创新精神的应用型人才”作为第二课堂培养目标，构建了涵盖思想成长类、创新创业类、实践实习类、志愿服务类、文体活动类等活动模块。

一是加强思想政治学习，夯实理论基础。始终坚持以习近平新时代中国特色社会主义思想为指导，扎实推进“三全育人”工作。二是开展特色党建活动，学院秉持公平、公正、公开原则选拔学生党员。组织了“不忘初心、牢记使命”主题教育、师生同上“冰雪”思政大课、“学习榜样的力量”学习雷锋精神座谈会等一系列主题活动。三是充分发挥学生组织作用，推进学生活动落地生根。充分发挥学生会及学生干部的作用，先后组织学生参观季羡林纪念馆、运河学研究院、举办师生羽毛球赛、趣味运动会、宿舍文化艺术节、心理健康月等活动。

（三）拔尖人才培养成果与影响

在历任学校领导的关心指导下，学院不断探索创新拔尖创新人才培养模式，逐渐形成了以“重创新、强实践，多学科交叉融合”为特色的人才培养体系和“因材施教、尊师重道、桃李争妍”的学院文化。学院打破专业壁垒，在新时代，教新书，育新人。在知识学习和研究创新双重引擎的推动下，学院在学生创新、深造、就业等方面均取得了傲人成绩，学生的综合素养得到明显提高。

1. 学习深造和就业情况

10 年来，学院已先后培养了 7 届共计 364 名毕业生，目前 2020—2022 级在

读学生 205 名。目前学院毕业生中博士生在读 10 人，研究生在读 195 人，已就业 120 人，绝大多数学生毕业后选择继续求学深造。约 50% 的学生被免试推荐攻读硕士学位，到北京师范大学、山东大学、东北大学、兰州大学、中国科学院研究所等高校及研究所攻读研究生。

2. 发表论文和荣誉获奖情况

季羡林学院自实施导师制以来，切实做到项目驱动创新，确保人人有项目，凸显了“学术立院”的办学特色。2016—2020 级 540 名学生全部立项院级科研训练项目课题。鼓励学生积极申报各类大学生创新创业训练项目，其中国家级项目 40 项、省级项目 64 项、校级项目 207 项。2013—2019 级毕业生作为独立作者、第一作者累计发表论文 120 余篇。

鼓励学生以赛促学，积极参加各类学科竞赛。学生在中国国际“互联网 +”大学生创新创业大赛、“挑战杯”全国大学生课外学术科技作品竞赛、“挑战杯”中国大学生创业计划竞赛、全国数学建模竞赛、全国大学生电子设计竞赛、全国大学生节能减排社会实践与科技竞赛等高级别赛事中获得优异成绩，荣获国家级奖项 306 项，荣获省级优秀毕业生、优秀学生干部等奖项 240 项，荣获校级优秀毕业生、优秀共青团员、优秀学业奖学金、社会实践先进个人等奖项 450 项。

六、创新创业教育成效显著

2013 年 1 月，乘着党的十八大东风，以获批山东省首批应用型特色名校为契机，学校党委高瞻远瞩、超前谋略，在全国率先成立独立建制的创新创业学院。多年来，学校全面贯彻党的教育方针，紧紧围绕立德树人根本任务，按照国办文件精神和教育部及省政府部署要求，以强化实践教学为抓手，把深化创新创业教育改革作为提高人才培养质量的助推器，纳入人才培养方案，融入人才培养全过程，并主动服务地方经济发展，辐射带动鲁西及河南、河北、山西等周边 10 余万平方公里区域内上千万人就业创业，为省会经济圈和周边省份发展提供了坚实的人才和智力支撑。

学校第五次党代会和“十四五”规划确定了建设高水平应用型大学的目标定位，通过构建“三联三融、五维共进”双创教育生态体系，实施融合发展战略，不断完善以创新创业为导向的新型人才培养模式，注重培养大学生创新精神、创业意识和创新创业能力，着力造就拔尖创新人才，创新创业教育成效显著。

（一）创新创业教育工作机制逐步完善

学校成立校长任组长的大学生创新创业工作领导小组，各学院成立院长任组长的创新创业工作小组；设立创新创业工作秘书，细化明确工作职责，实行创新创业工作月流动例会制度；完善创新创业科学化组织与管理、政策激励与保障政策体系，激发学院与教师参与积极性；单列研究生推免名额，奖励到在创新创业工作中成绩突出学院，形成研究生推免与双创工作联动机制；不断加强顶层设计，相继出台了系列文件。

2013 年，出台《关于加强大学生创新创业工作的实施意见》（聊大校发〔2013〕10 号）。

2014 年，出台《聊城大学大学生创新实践基地管理办法（试行）》（聊大校发〔2014〕106 号）、《聊城大学大学生创业孵化园管理办法（试行）》（聊大校发〔2014〕147 号）、《聊城大学大学生学科竞赛基地管理办法（试行）》（聊大校发〔2014〕148 号）。

2016 年，出台《聊城大学关于深化本科生创新创业教育改革的实施意见》（聊大校发〔2016〕1 号）、《关于成立聊城大学大学生创新创业教育工作领导小组的通知》（聊大校发〔2016〕26 号）。

2017 年，出台《聊城大学全国大学生“挑战杯”“数学建模竞赛”“英语竞赛”管理与奖励办法（试行）》（聊大校发〔2017〕24 号）。

2018 年，出台《聊城大学大学生创新创业训练计划项目管理办法（修订）》（聊大校发〔2018〕75 号）、《聊城大学大学生学科竞赛活动管理办法（修订）》（聊大校发〔2018〕76 号）。

2020 年，出台《聊城大学本科创新创业教育学分认定管理办法（试行）》（聊大校发〔2020〕15 号）。

2021 年，将教师指导学生获奖列入《聊城大学专业技术岗位设置与竞聘管理办法（试行）》（聊大校发〔2021〕94 号）和《聊城大学专业技术岗位人员聘期考核管理办法（试行）》（聊大校发〔2021〕89 号）。

2022 年，出台《聊城大学大学生创新创业训练计划项目管理办法（修订）》（聊大校发〔2022〕51 号）、《聊城大学大学生学科竞赛活动管理办法（试行）》（聊大校发〔2022〕88 号），将教师指导学生获奖列入《聊城大学“光岳人才工程”实施与管理办法》（聊大校发〔2022〕48 号）。

2023 年，出台《聊城大学大学生创业孵化园管理办法》（聊大校发〔2023〕82 号）。

（二）创新创业教育全链条体系逐步形成

建立了“创新创业联动、一二课堂联结、学科交叉联通；校内融合、校地融合、校企融合”的“三联三融”双创教育新生态，旨在推动学生在“信念、品德、知识、本领、创新创业能力”方面“五维共进”。

强化课程师资，以“大教学”为基础提升学生创新创业综合素养。成立创新创业教育教研室，完善“双百”导师库建设，组建由百名校外企事业单位“双创”

导师、百名校内“双创”导师组成的创新创业授课团队，建设理论与实践相结合、专兼职结合的创新创业教师队伍。组织教师到企业一线挂职“科技副总”，举办指导教师能力提升培训班，开展创新创业类精品微课比赛，提升教师场景化、项目化、针对性开展创新创业教育教学的能力。发挥示范带动作用。出台《专业技术人员创新创业管理办法》，鼓励教师创办科技型企业或到企业开展科技创新活动，发挥对学生创新创业的引领、带动和指导作用。完善创新创业课程体系，建设涵盖 1 门创新基础必修课、1 门创业基础必修课、N 门专创融合公选课的 1+1+N 课程体系，把创新创业教育纳入学生必修课，全覆盖开设《创新创业导论》与《创新基础》《创业基础》等创新创业课程，邀请校外导师开设创新创业大讲堂，推动教师开展项目式、案例式、体验式教学，着力提升创新创业课程教育效能。优化学生学分管理。出台《聊城大学本科创新创业教育学分认定管理办法（试行）》，设置合理的创新创业学分，建立创新创业学分积累与转换制度，将学生参加创新创业活动情况折算为学分，鼓励学生积极投身创新创业学习实践。

强化项目培育，以“大学工”为支撑完善创新创业服务保障。出台聊城大学《大学生创新创业训练计划项目管理办法》，全面加力提升项目管理水平，规定创新创业项目均实行导师制，创业项目聘请企业导师，全校各级各类实验中心、工程中心对参加大创计划项目的学生免费开放。出台《大学生创新创业训练计划经费管理办法》，实施项目管理与资金使用校院两级管理模式，坚持学校统筹管理与学院灵活使用相结合，提升学院与项目负责人的管理权限，增强其参与推进创新创业的积极性。强化校内深度协同与融合，充分发挥学团系统组织覆盖面广、动员能力强的优势，将大学生创新创业项目与大学生暑期社会实践活动深度融合，为项目研究的可行性和研究方案的制定积累资料，将“挑战杯”大学生创业计划竞赛作为创新创业项目培育的重要载体，打造“学、研、践、创、育”五位一体工作矩阵，实现社会实践活动内涵建设与大创项目设计双提升、双赋能。建设聊城大学科技园与聊城概念验证中心，构建“大学 + 概念验证 + 众创空间 + 孵化器 + 科技园”的全链条孵化体系，为大学生创业提供保姆式、全方位服务。

擦亮品牌工程，以“大管理”为抓手提高学科竞赛组织水平。精心编制《聊城大学学科竞赛发展分析报告》，修订竞赛指南，组织相关专业做好“一专业一竞赛”竞赛分析研判，对标对表分析学校的优势和不足，紧抓着力点针对性开展工作。发布《关于明确学科竞赛排行榜赛事承办单位的通知》，推动二级学院对标榜单赛事积极承办，实现了学科竞赛目录赛事在二级学院全面对接。规范细化赛事组织，制定《聊城大学学科竞赛校赛组织工作流程标准》，强化赛事组织过程管理，细化赛事服务保障，提升大学生学科竞赛的知晓率、参与度。强化专业教师参与积极性，把指导学生学科竞赛纳入学校各级各类人才工程、职称晋级、评先评优等工作，纳入实践教学经费支持范畴，提升双创教育研究在教研项目立项比例，引导专业教师积极参与“一专业一竞赛”活动。以创新创业为导向的新型人才培养模式正成为全校上下广泛共识，立志报国、敢闯会创、知行合一、开放包容的校园双创文化氛围愈加浓厚。

（三）创新创业教育成果硕果累累

师资队伍教学能力提升。学校先后组织并承担 4 期山东省教育厅、人社厅关于大学生创业指导师、职业规划师等培训，组织学校 100 余名教师外出参加培训，全面提升创新创业师资的教学水平、教研能力。2015 年，学校以第一单位主持的“普通本科高校创新创业教育内容标准研究”获山东省本科高校教学改革研究重大项目立项。2019 年遴选 106 名校内创新创业导师、102 名校外导师，组成了聊城大学创新创业教育“双百”导师库。学院首任院长柳仁民教授主编的校本教材《大学生创业基础与实训》《大学生创新基础与训练》入选“十三五”高教规划教材。2019 年学校被中国技术创业协会创新创业专家工作委员会批准为全国首批“国创导师工作站”（全国 50 家）。2022 年，学校以第一单位的主持“山东省普通本科高校创新创业教育内容标准的研制与实践”获评第九届教学成果特等奖。2023 年正式成立了创新创业教育教研室，其中 2 位专家入选山东省创新创业教育专家委员会，17 位专家入选全国全省“互联网 +”和科创赛评委，4 人在全省创新创业微课比赛中获奖。

资源统筹成效明显。2019 年，在 15 个学院建设了 22 间创新创业工作室。2023 年学校大学生创业孵化园获批“山东省众创空间”，2024 年获批山东省大学生就业创业赋能中心建设试点单位。2020 年以来，学校开始实施“城校融合、省市共建”战略，强化“校内、校地、校企”三大融合，与浪潮集团、鲁西集团、高新技术开发区等企事业单位签订合作协议 40 余项。建有德莲集团、聊城市留学生创业园等校外创新创业实践基地 32 个。校地共建聊城大学科技园，为大学生创新创业和科技成果转化提供集孵化、路演、展示、投资、政务和生活配套为一体的优质服务；充分发挥“众创空间”示范引领功能，与校区周边高新产业园、创业园合作，建设适合学生团队入驻的灵活中小型孵化器；畅通与校外创业园沟通渠道，完善使用管理、服务引领、扶持孵化相关规定，为我校学生的创新创业提供“绿色通道”。校内建成创新实验室、虚拟仿真实训室、大学生孵化园、就业创业服务中心等实践平台 100 多个，设有创新创业工程训练中心 2 个、创业沙盘实训室 4 个，总面积达 5000 多平方米。校内大学生创业孵化园入驻企业总量达到 80 余家。2023 年，体育学院毕业生何志明创办领酷体育获评“山东省优秀大学生创业者”。

实践育人项目逐年递增。自2014年起，实施国家、省、校三级大学生创新创业训练计划，累计立项校级项目1972项，省级、国家级获批719项，各级支持资金超过1000万元。实施“一专业一竞赛”工程，并与省级、国家级学科竞赛相衔接，创新创业竞赛获奖屡次突破。2015年以来，在“互联网+”大学生创新创业大赛中累计获得省赛金奖6项，2023年首次入围国赛并获得全国铜奖2项，取得历史性突破。2017年以来，在“挑战杯”竞赛中累计获得省赛及以上奖励133项，获得国赛奖励20项，荣获省赛“挑战杯”和“优秀组织奖”6次，2021年、2023年分别荣获“优胜杯”；2023年获得全国特等奖1项，取得参赛以来最好成绩。近三年来，在校生每年在各级各类赛事中获奖5000余人次，在数学建模大赛、蓝桥杯全国软件和信息技术专业人才大赛、外研社国才杯英语演讲大赛、商业精英挑战赛、生命科学竞赛、未来设计师全国高校数字艺术设计大赛、金相技能大赛、三维数字化创新设计大赛等高教学会榜单赛事中，均获得过全国一等奖的好成绩，2022年我校在全国普通高校大学生学科竞赛排名中跃升至143位。

七、教学质量保障体系日臻完善

教学质量是学校生命线，教学工作是学校中心工作。学校自建立以来，高度重视教学质量管理工作，建立并持续完善教学质量监控与保障长效机制。

（一）加强质量保障机构和队伍建设

学校成立了专门的质量保障机构，先后设立教学质量科、教学质量监控与评估中心、专业认证与教学质量管理中心、教学质量管理中心，负责统筹协调全校的质量监控和保障工作。

建立学校、学院、系（教研室）三级质量保障机构：校级组织机构以教务处、学生工作处、教学质量管理中心、校教学督导专家组为主体；院级组织机构以学院领导、院级督导专家组等为主体；第三级是系（教研室）、教学团队等为主体，负责教学计划的具体实施，开展同行教学评价；学生信息员团队负责日常教学信息的收集反馈。2023年底各类教学管理人员77人，校院两级督导137人；建立了660人的学生教学信息员团队。

（二）完善质量标准和管理制度

完善教育教学质量标准。以教育部普通高校本科专业类教学质量标准为基本依据，结合教学规律和学校自身特色，先后修订了课堂教学、线上教学、考试环节、实验教学、实习实践、毕业论文（设计）、教材建设与选用等13个主要教学环节的质量标准，建立健全了覆盖教学各个环节的质量标准体系，确保各主要教学环节质量有标准可依，教师教学活动和教学过程管理更加规范。

建立健全质量管理制度。近年来，先后制（修）订了涵盖专业建设、课程与教材建设、实践教学管理、教学运行管理、考试与学分管理、教学质量监控等方面的教学管理制度文件，明确了各部门、岗位在质量保障体系中的职责，逐步建立了完备的教学管理制度，确保学校教学质量管理有规可循、有章可依、有据可查。

（三）质量监控运行机制持续完善

持续加强教学质量监控。质量监控系统由日常监督、专项评估、信息反馈、持续改进4个子系统通过相关制度和规章，依据相应的质量标准，形成有效的本科教学质量监控体系和运行机制。由教学督导组、教学管理人员、学生信息员等依据相应的质量标准开展工作，组织教学常规检查和专项检查，利用“校内教学质量评价管理平台”，开展教师教学质量评价，实施“学生 + 督导 + 领导 + 同行”多元评价，对日常教学运行和教学管理进行常态监测。建立学生信息员制度，开展《毕业生满意度调查》和《用人单位满意度调查》，及时全面地收集各类教学信息，形成《学生评价报告》《督导总结工作报告》等各类分析报告，整理问题反馈给学院和相应的职能部门，各部门和学院制定相应的整改措施，持续改进教学。

完善质量持续改进机制。通过日常教学质量监控、教学评估、师生座谈、毕业生满意度调查等多种渠道收集的教学信息，向质量标准系统、教学质量监控系统、组织保障系统和资源保障系统反馈监控评价结果。通过相关激励约束政策，督促改进目标、加强改进过程评价，并再次通过质量监控系统在教学运行过程监控改进效果，持续反馈，从而开始新一轮的质量监控闭环运行，持续提高教育教学质量和育人质量。

（四）质量文化日益浓厚

出台《关于加快推进一流本科教育教学体系建设的意见》等文件，坚持“学生发展中心”，树立“质量就是生命线”的教学观。开展“说理念”“说专业”“说课程”“说质量”等活动，凝聚高质量发展育人共识，在全体师生中建立自省、自律、自查、自纠的质量文化，形成了“认证引领，效果导向，追求卓越，争创一流”的聊城大学本科教学质量理念。

健全教学质量保障制度。制定《聊城大学本科教学质量监控与保障体系建设的实施方案》等文件，突出重点部门和单位的质量主体责任，形成教务处、专业认证与教学质量管理中心、人力资源处、学生工作部和二级学院组成的职责明确、相互协调、相互促进的教学质量管理体系，建立了教学各环节质量标准、专业人才培养标准及管理制度，质量文化建设有章可依、有规可循。

通过系列监控、激励措施，教学质量意识显著提升，理顺了教学和其他工作的关系，教师能够把主要精力投入教学工作，教学管理人员兢兢业业做好管理和服务工作，学生把主要精力投入学习活动，形成了良好的教风、学风，学校教学质量得到了显著提升，师生满意度不断提高。未来，学校将继续完善质量监控和保障体系，加大质量监控工作的力度和深度，推动学校教学质量再上新台阶。

八、教学改革与研究硕果累累

（一）系统设计教学改革与研究

学校围绕教学资源建设、培养模式改革、实践创新能力培养、教学研究成果培育、教师教学能力提升等进行顶层设计，提升整体教学水平和人才培养质量。组织开展一系列特色项目，如特色专业、一流专业精品课程、在线开放课程、一流课程等。重视教学改革与研究项目立项和评选，有效引导广大教师培育教学研究意识，激发研究热情，提高教学研究能力。

学校加强教师队伍建设，推动教学改革深入开展，推进本科教学改革研究活动常态化，组织规划教研活动、督促检查教研工作开展情况，促进教研活动规范化，提升教学质量。加快一流本科教育教学体系建设步伐，制定《聊城大学关于加快一流本科教育教学体系建设意见》《聊城大学课程评估持续改进机制实施办法》等教学体系建设文件，明确发展思路和目标。通过推进基层教学组织建设，开展大学习、大调研、大讨论、大提升、大改革等系列活动，进一步明确高水平应用型人才培养体系建设思路。

（二）持续优化教学改革与研究政策保障

学校以持续提升教学质量为目标，积极推动教学改革与研究政策保障。在党代会、教学工作会议精神指导下，学校相继制定一系列政策文件，为教学工作规范管理和质量提升提供坚实支撑。2012 年，学校制定《聊城大学关于进一步加强课堂教学管理意见》《聊城大学教学事故认定及处理办法》，为教学管理提供明确指引。在此基础上，2013 年，学校建立本科教学工作绩效考核制度，通过《聊城大学本科教学工作业绩考核办法》，为优秀教学工作者提供表彰和奖励，激发广大教师教学热情。2014 年，进一步鼓励教师积极投入到教学改革和研究中，出台《聊城大学本科教学工作高层次奖励办法（试行）》，为教学工作质量提升提供政策支持。

学校逐步完善教学改革政策保障体系。2015 年，启动教学内容方法改革示范课建设工作，并制定《聊城大学关于进一步提升课堂教学质量实施意见》，为教学实践提供指导。2016 年，建立并完善校院两级青年教师教学技能培训制度，推动教师队伍建设和教学质量提升。实施新入职教师教学能力达标测试，进一步提升教师教学水平。2018 年，学校制定《本科教学改革研究项目管理办法》，加强教学改革项目管理和支持；修订《聊城大学教学事故认定及处理办法》，起草《聊城大学校级教学名师评选办法》，规范教学事故认定及处理办法，提高教学事故处理效率和教学名师评选规范性。

学校不断践行创新教育理念，积极推动在线教学发展。2020年，学校制定《网上聊大在线教学指南（教师版）》《网上聊大在线教学指南（学生版）》，推动在线教学发展，提升教学灵活性和效率。2021年，学校制定《绩效工资实施办法》《标志性成果认定办法》，为教学工作绩效管理提供制度支持。同时，对教学工作量绩效和教学研究绩效认定标准进行论证制定，促进教师绩效管理科学化和规范化。

进一步完善教学质量保障体系，2022年，学校修订《聊城大学本科教学规范》，新制订《聊城大学本科教学荣誉体系设置方案（试行）》《聊城大学本科教学质量保障体系建设方案》，为教学质量提升提供制度保障。2023年，学校修订完善《聊城大学本科教育质量评价与持续改进工作实施意见（修订）》《聊城大学本科教学工作规范（修订）》《聊城大学教师课堂教学质量综合评价实施办法（试行）》，不断完善教学管理制度，促进教学质量提升和持续改进。

（三）收获丰硕教学改革与研究成果

过去20年间，聊城大学在教学改革与研究方面取得丰硕成果，通过一系列立项、推荐、评选和管理工作，积极推动学校教学工作创新与发展。学校以教育部、省教育厅文件精神为指导，全面开展教学改革与研究工作。通过认真组织各级教学改革立项项目申报工作，成功申报一系列国家级、省级教学成果以及省级教学改革项目，做好结项验收工作，为教学改革提供更多支持和保障。

学校在教学改革和研究方面取得显著成果。2005年，学校获得省级教学成果奖一等奖2项、二等奖4项、三等奖6项，奖项的获得不仅是对学校教学改革成果认可，更是激励学校在教学领域不断探索、创新动力。2009年，“以听说能力培养为主的大学英语教学改革——基于地方普通高校的探索与实践”团队获国家级教学成果奖二等奖，此外，学校还获得省级教学成果奖一等奖3项、二等奖5项、三等奖3项。2014年，学校推荐教学成果获得第七届山东省高等教育教学成果奖，共有14项成果获得认可，其中包括二等奖6项、三等奖8项。在此基础上，学校进一步加强对教学研究与管理的重视，通过完善信息管理平台、推进教改立项申报书与结项材料网上监控等举措，提升教学研究科学性和规范性。

2018年是学校教学改革与研究取得丰硕成果的一年。学校积极组织开展教学成果奖励工作，评选出36项校级教学成果奖，在第八届省级教学成果奖评选中，获得13项省级教学成果奖，其中包括特等奖1项，一等奖3项，二等奖9项；“地方高校‘学生中心、目标导向、分类培养’一流本科教学体系的研究与实践”团队获国家级教学成果奖二等奖。

2019—2024年间，聊城大学在教学改革与研究方面稳步推进，认真组织开展各级教学研究项目立项工作，推动本科教学改革与研究深入开展，为提高人才培养质量和教学水平注入新活力，丰富学校教学改革实践，增强学校教学研究能力和竞争力。

2019 年，学校立项 41 项校级本科教学改革研究项目，包括重点项目和培育项目，项目立项主要源于课程课堂教学实践问题，以探索教学改革有效路径，提升教学质量和教学成果。同时，学校还着力推动附属小学基础教育教学改革项目，积极促进基础教育与高等教育深度融合，为学校综合发展打下坚实基础。2020 年，学校校级本科教学改革研究项目立项 43 项，这些项目开展不仅紧密结合课程课堂教学实践，还涉及数字化新形态教材建设等领域，为教学改革注入更多创新元素。同时，学校还积极响应教育部倡议，立项教育部新农科教学改革研究实践项目，为新农科人才培养和乡村振兴贡献力量，彰显学校社会责任担当。2021 年，学校精心凝练教学优势和特色，尤其是打造新师范和西部计划亮点，形成学校优秀成果奖。持续推进教学改革与研究，该年度立项校级本科教学改革研究项目 64 项。

2022 年，教学成果奖获得突破，精心凝练教学优势和特色，打造人才培养特色、亮点，形成一批优秀成果奖，获批山东省第九届省级高等教育教学成果奖 13 项，其中特等奖 1 项、一等奖 5 项、二等奖 7 项；首次获山东省基础教育教学成果奖二等奖 4 项、山东省职业教育教学成果奖一等奖 1 项。最终有 2 项被推荐参评国家级高等教育教学成果奖，创 1974 年建校以来新高。教研项目质量不断攀升。推荐参评省级教学改革项目 14 项，其中 1 项重大项目“黄河文化、黄河精神进课程教材”、6 项重点项目、7 项面上项目；立项校级教学改革项目 100 项，其中重点项目 53 项、面上项目 47 项。2023—2024 年，聊城大学进一步强化教改项目建设与管理，全面推动在研省级、校级教改项目中期检查与结题验收工作。同时，学校还完成本年度教育部产教融合协同育人项目申报与管理工作，为学校教学改革深入发展提供有力支持。

聊城大学在教学改革与研究方面努力得到持续肯定与认可，通过不断加强教学项目立项与推动，不断提升教学成果质量和水平，学校为培养高素质人才和推动教育事业发展作出积极贡献。成果的取得离不开全校师生的共同努力，也为学校今后更好地推进教学改革、提高教学水平提供宝贵经验和借鉴。

九、实习实践教学不断探索创新

聊城大学自 2005 年以来，一直高度重视师范生与非师范生的实习实训和社会实践工作，致力培养具备创新精神和实践能力的高素质人才。在过去的 20 年里，学校不断探索与实践，形成了具有鲜明特色的实习实训和社会实践体系，为学生提供了丰富的实践机会和广阔的发展空间。

（一）师范生实习实训的探索与实践

作为一所以师范教育为特色的高校，聊城大学始终把师范生的实习实训工作放在重要位置。学校与多所中小学建立了稳定的合作关系，为师范生提供了丰富的教育实习机会。

在实习模式上，学校不断创新，形成了“校内模拟 + 校外实践”相结合的实习模式。在校内，学校建立了模拟教室、微格教学实验室等，为师范生提供了逼真的教学场景。通过模拟授课、教学观摩、教学反思等环节，师范生能够提前体验教师角色，熟悉教学流程，提升教学技能。

在校外教育实践方面，学校与聊城第一中学、聊城第三中学等中小学紧密合作，建立了多个教育实践基地。普通师范生在聊城周边县市、公费师范生在协议就业地、部分选拔生去新疆喀什麦盖提县进行为期 4 个月的实习支教，深入参与学校的日常教学和管理工作。聊城大学与聊城市的实习支教工作开始于 2008 年秋季，2016 年 9 月开始纳入山东省教育厅统筹管理，截至目前已有 23150 余名师范生参与实习支教，惠及 20 余万中小学生。学校的援疆实习支教始于 2022 年春季，迄今已有 5 批，279 位同学、9 位带队教师进行援疆实习支教。通过与一线教师的学习交流，师范生能够了解教育教学的最新动态和实际需求，将理论知识与实践相结合，提升教育教学能力。近几年，师范生在山东省师范生教师教学技能大赛中屡获优异成绩。

此外，学校还注重师范生实践教学内容的创新与拓展。除了传统的课堂教学实习外，学校还增加了班主任实习、教育调查与研究等内容，使师范生能够全面了解教育教学的各个环节，提高综合素质和创新能力。

（二）非师范生实习实训的探索与实践

对于非师范生的实习实训，学校同样给予了高度的重视。实践教学学时所占总学时的比例不断加大，理、工、农、教师教育等专业不低于 25%，人文社科等专业不低于 15%。

学校积极与企业、行业合作，建立了众多实习实训基地。这些基地涵盖了各个领域和行业，为学生提供了多样化的实习岗位。学生可以根据自己的兴趣和专业特点选择适合的实习岗位，深入了解行业的运行模式和业务需求。

在实习过程中，学校注重培养学生的实践能力和创新精神。通过参与具体的工作项目，学生能够将所学知识与实际工作相结合，提升解决实际问题的能力。同时，学校还鼓励学生参与企业的研发项目和创新活动，培养他们的创新意识和创业精神。

此外，学校还加强了对非师范生实习实训的管理和指导。学校于 2016 年引进了实践育人平台校友邦，持续使用“校友邦”大学生实习实践管理平台，学校联合浙江校友邦科技有限公司进行了大数据分析，撰写了实习分析报告，确保实习教学质量与效果。

（三）社会实践的探索与实践

社会实践是提升学生综合素质和社会责任感的重要途径。聊城大学高度重视社会实践工作，为学生提供了多样化的社会实践机会。

学校建立了多个社会实践基地，包括社区、农村、企业等各个领域。学生可以根据自己的兴趣和专业特点选择适合的实践基地，参与社会实践活动。通过这些活动，学生能够深入了解社会现实和民生问题，增强社会责任感和使命感。

在社会实践内容上，学校注重与专业的结合和创新。学生可以根据所学专业开展社会调查、志愿服务、文化传承等活动，将专业知识应用于实践中，解决实际问题。同时，学校还鼓励学生参与创新创业项目和社会公益活动，培养他们的创新意识和公益精神。

此外，学校还加强了对社会实践活动的组织和管理。学校制定了详细的社会实践计划和方案，确保活动的顺利进行。同时，学校还加强了对社会实践活动的宣传和报道，提高了社会实践活动的社会影响力和认可度。

（四）探索与实践的成效与展望

经过 20 年的探索与实践，聊城大学在师范生、非师范生实习实训和社会实践方面取得了显著的成效。学生的实践能力、创新精神和社会责任感得到了有效提升，为未来的职业发展奠定了坚实的基础。同时，学校与企业、行业、社区等建立了紧密的合作关系，为学校的实践教学和社会服务提供了有力的支持。

展望未来，聊城大学将继续深化实习实训和社会实践的改革与创新。学校将进一步拓展实习实训的领域和渠道，加强与企业、行业的合作与交流，为学生提供更多的实践机会和广阔的发展空间。同时，学校还将加强社会实践活动的创新性和实效性，引导学生关注社会热点和难点问题，培养他们的创新思维和解决问题的能力。

此外，学校还将加大对实习实训和社会实践活动的投入力度，提升活动的质量和效果。通过加强师资队伍建设、完善实践教学设施、优化实践教学管理等方面的工作，学校将为学生提供更好的实践教学环境和条件。

总之，聊城大学在师范生、非师范生实习实训和社会实践方面的探索与实践已经取得了显著的成果。未来，学校将继续努力，为培养更多具备创新精神和实践能力的高素质人才作出更大的贡献。

十、研究生培养质量稳步提高

研究生教育作为国民教育的顶端和国家创新体系的生力军，肩负着高层次人才培养和创新创造的重要使命，是提升核心竞争力、建设教育强国和高水平大学的关键，是国家发展、社会进步的重要基石，是国家应对全球人才竞争的基础布局。学校坚持以习近平新时代中国特色社会主义思想为指导，聚焦立德树人、坚持“完善制度、提高培养质量、科教产教融合、创新驱动、适应需求”的研究生培养方针，以提高培养质量为核心，按照学校相关要求，认真组织并落实关于研究生人才培养和研究生教育与学位点建设等各项工作，取得较好效果。

（一）学位点建设取得突破

截至2023年，我校成功获得24个一级学科硕士学位授权点，17个硕士专业学位授权点。其中，2011年获批应用经济学等12个一级学科授权点；2018年获批中国史等4个一级学科授权点和风景园林等3个硕士专业学位授权点；2021年获批马克思主义理论等4个一级学科授权点和公共管理等2个硕士专业学位授权点。这标志着我校在研究生教育领域取得长足发展。未来，我校将继续加强学科建设和研究生培养工作，不断提高研究生培养质量，为国家和地方经济发展输送更多优秀人才。同时，我校还将进一步加强与国内外高校和科研机构的合作与交流，推动学科的国际化发展。2023年，中国史、光学工程、作物学3个一级学科硕士学位授权点，以及应用心理、电子信息、机械、土木水利、风景园林、工商管理6个硕士专业学位类别顺利通过专项核验。

（二）导师和培养规模不断扩大

紧紧围绕构建高水平的研究生导师队伍与提高研究生学位授予质量为中心，加大导师队伍培训与管理，着力提升导师队伍的学术水平与国际视野，切实提高导师的指导质量。不断修订和完善硕士生导师遴选条例，导师数量由2010年的144人扩大到2023年的812人，为研究生教育提供有力的智力支撑。研究生处在学校统一规划部署下，持续加强导师日常培训和过程管理，选树典型激励引导，引导导师强化立德树人责任意识，学习优秀典范的经验做法。2023年聊城大学共8位导师获“山东省优秀研究生导师”，1团队获“山东省优秀研究生导学团队”，1人获“山东省优秀研究生教育管理工作者”称号。截至2023年，我校现有硕士研究生在校人数3461人。

（三）研究生培养质量不断提高

研究生培养工作坚持立德树人根本，以服务需求、提升质量为主线，以实践创新能力培养为重点，以产学结合培养基地为载体，完善科教融合、产学结合机制，完善校内外“双导师”制，积极服务于山东省新旧动能转换重大工程，对接十大产业，进一步加强和行业企业的资源共享，建设与拓展联合人才培养平台。培养方案是人才培养的“蓝图”，学校以修订培养方案为抓手，逐步建设完善研究生教育体系、课程体系、实践教学体系、规范化培训体系。2021年，设立研究生教育教学改革专项，探索具有学科特色的研究生教育教学创新模式。2005—2023年累积获批189项山东省研究生教育创新计划项目（2016年以后的山东省研究生教育创新计划项目改名为山东省研究生教育质量提升计划项目，包括：研究生教育优质课程、专业学位研究生教学案例库、研究生教育教学改革研究项目、研究生教育联合培养基地（鲁学位〔2016〕8号），2021年起确定山东省研究生教育教学改革研究重点项目和面上项目）；2021—2023年，我校共获批3项山东省"课程思政"示范课程。2018年获批山东省第八届高等教育教学成果奖（研究生教育）6项，其中一等奖2项、二等奖4项；2022年获批山东省第九届高等教育教学成果奖（研究生教育）6项，其中一等奖1项、二等奖5项。近年来，研究生培养质量稳步提高，发表高质量学术论文1000余篇；我校研究生累计荣获102项山东省研究生优秀科技创新成果奖（或优秀成果奖）。获得省级优秀硕士学位论文91篇，其中2022年和2023年分别有11篇获评省级优秀学位论文。更新修订研究生管理制度20余项，确保联合培养博士研究生奖助学金及时足额发放。

学校贯彻落实《关于加快新时代研究生教育改革发展的意见》等文件精神，召开研究生教育工作会议，科学谋划学校"十四五"研究生教育改革发展蓝图。制定《2020—2025年学位授权点周期性合格评估工作方案》，推进合格评估各项工作顺利开展。历年来积极推进与山东师范大学、济南大学、意大利卡梅里诺大学联合培养博士工作，15名学生入选联合培养博士研究生项目。

第四节　学科科研工作

一、强化学科建设　发展特色优势

学科建设是高等学校的生命线，学科建设和发展的状况从根本上反映和体现了高校的办学水平、办学特色、学术地位和核心竞争力，对高校的发展具有战略性和全局性的影响。2005年以来，学校确立了以优化学科方向、凝聚方向团队、引育优秀人才、提高发展质量、服务战略需求、力求"实现获得博士学位授予权单位"为目标的学科建设发展主线，多措并举，大力投入，学科建设取得了显著成绩。

（一）明确学科建设思路

在"八五"和"九五"省级重点学科（实验室）建设的基础上，通过实施优势学科生长点建设工程、学科特区强化建设工程和重点学科建设工程，在分析化学、光通信技术、元素与金属有机化学、光学和系统理论等学科领域形成了自己的特色和优势。“十五”末期已有 2 个省级重点学科（实验室）：分析化学学科、光通信技术实验室，均为省重中之重强化建设学科（实验室）；1 个省级研究中心：山东省光通信工程技术研究中心；10 个校级重点学科（实验室），其中 3 个为校重中之重强化建设学科。

学校第二次党代会提出了把“实现获得博士学位授予权单位”作为学校整体工作的中心目标。学校召开“学科建设与研究生教育工作会议”。在认真总结“十五”时期学科建设取得的成绩及存在问题的基础上，学校研究制定《聊城大学“十一五”重点学科发展规划》，提出为实现把我校建设成为“省内一流、特色明显、优势突出、在国内外有较大影响的综合性大学”的奋斗目标，落实学校第二次党代会提出的获得博士学位授予单位的中心任务，坚定不移地以学科建设为龙头，把抓重点、促特色、出精品作为学科建设的工作重点，实施重点学科发展带动战略是学校学科建设工作的核心。

第三次党代会，程玉海同志在《解放思想促改革内涵建设上水平全面实现我校科学发展新跨越》的工作报告当中提出，立足于我国高等教育由大改革、大发展转向大提高这一新的历史时期，立足全国高校竞争日趋激烈这一严峻现实，着力突出了内涵发展、创新发展、特色发展、和谐发展、科学发展和跨越发展的思想和理念。

第四次党代会提出全面推进内涵发展，不断提升办学水平，为把学校建设成为“特色鲜明、优势突出的国内一流地方综合性大学”而努力奋斗。到 2020 年力争获得博士学位授予权。要按照增列博士学位立项建设单位的要求，全面提高教育教学水平、学科建设水平，实现获取博士立项建设单位和全面内涵发展的新跨越。力争经过五至八年的努力，把我校建成立足山东，面向全国，服务区域经济社会发展，具有较高水平和较大影响力，特色鲜明、优势突出的省属综合性大学。

第五次党代会提出创建“国内知名、特色鲜明的一流区域高水平应用型大学”目标。以习近平新时代中国特色社会主义思想为指导，加强党的全面领导，贯彻党的教育方针，以立德树人为根本任务，以改革创新为根本动力，以稳定规模、调整结构、明确定位、深化改革、融合发展为总原则，以实施高质量的内涵发展、转型发展、融合发展为战略主线，坚持质量立校、学科强校、人才兴校、特色亮校、开放活校，强化“一个根本”，聚力“两大突破”，深化“三大融合”，夯实“四大保障”，实施“九大工程”，团结带领全校各级党组织、全体共产党员和师生员工，坚守初心，勇担使命，为创建国内知名、特色鲜明的一流区域高水平应用型大学而努力奋斗！

1. 采取有效措施，加强重点学科建设

学校一直把重点学科建设作为重要工作，大力加强对学科建设的投入和管理，先后出台并实施了“优势学科生长点培育工程”“重点学科建设实施意见”“学科特区强化建设实施方案”“博士学位授予权建设工程”“硕士学位点强化建设工程”“冲一流、强特色学科建设工程”等一系列学科建设举措。提高我校重点学科的学术队伍、科学研究、教学研究、人才培养、工作条件水平，使之成为具有较高水平的人才资源高地和教学、科研基地。

2006 年山东省教育厅、山东省财政厅启动了《山东省“高教强省”行动计划》，我校获得“十一五”省级重点建设项目 10 个，在数量上比“十五”期间翻了一番，10 个“十一五”省级重点建设项目包括省级重点学科 7 个，省级重点实验室 2 个；运河文化研究获省级人文社会科学研究基地称号；其中课程与教学论学科、分析化学学科、现代光通信实验室为山东省“十一五”省级强化建设重点项目。“十一五”期间共选出 33 个校级学科（实验室），分 A、B、C、D 四类进行建设。分析化学学科被省政府确定为“泰山学者”特聘教授设岗学科。2008 年获批“山东省光通信科学与技术重点实验室”。

2010 年 7 月，教育部颁发《国家中长期教育改革和发展规划纲要（2010—2020 年）》，提出要加快建设一流大学和一流学科；以重点学科建设为基础，继续实施优势学科创新平台建设，启动特色重点学科项目。2011 年，为深入实施科教兴鲁和人才强省战略，适应经济发展转方式、调结构新要求，加快经济文化强省建设，山东省相继启动“高等教育内涵提升计划（2011—2015 年）”和“重点学科建设工程”。

2011 年 5 月，山东省教育厅根据《山东省重点学科建设工程实施意见》，积极开展了“十二五”省级科研创新平台建设工程和重点学科建设工作。我校 9 个学科被评为山东省“十二五”省级重点学科，其中分析化学、中国现当代文学、科学社会主义与国际共产主义运动等 3 个学科被评为省级特色重点学科；4 个实验室获批山东高校重点实验室，其中光信息传输与处理实验室得到强化建设；2 个基地获批山东高校人文社科基地。1 个学科获得文化厅“十二五”省级文化艺术重点学科立项建设。2011 年 3 月，化学储能与新型电池技术实验室获批山东省重点实验室。“可再生能源化学与技术创新团队”列入了山东省高校优秀科研创新团队建设计划。2012 年成立了运河学研究院。

“十二五”期间，坚持学科龙头建设战略，目标是实现博士学位授予单位的突破。围绕“一个重心”，推进“三大工程”，全面提高学科建设水平。“一个重心”

是：以增列博士学位立项建设单位为重心，强化博士单位立项规划的授权学科建设；“三大工程”是：一级学科强化建设工程，一级学科规模拓展工程，一级学科生长点培育工程。

2012 年遴选出 30 个重点学科特色建设项目，其中，第一层次项目 4 项（文 1、理 3），校长与负责人签订了建设任务书。2013 年印发《聊城大学学科重点建设项目管理办法》和《聊城大学学科重点建设项目团队遴选与管理办法》。

2015 年 10 月印发《聊城大学博士学位授权培育学科强化建设方案》（聊大校发〔2015〕49 号），公布 4 个学科进入培育计划，分别是化学、信息与通信工程、世界史、中国语言文学学科进行培育。

“十二五”形成了文理基础学科、教师教育学科、新兴学科和应用学科相互协调发展，特色优势明显的学科布局，学科体系进一步优化。当代中国哲学研究、运河文化研究、清洁化学能源技术、光通信科学与技术等优势学科不断壮大，太平洋岛国研究、生物（化学）制药研究等新的科研特色和优势开始凸显。新增“泰山学者”特聘教授设岗学科 3 个，省级重点学科（创新平台）14 个、特色重点学科（创新平台）4 个；获批省级工程技术中心、山东省协同创新中心、山东省软科学基地等科研平台；获批省级优秀科研创新团队、省高等学校优势学科人才团队培育计划。

“十三五”期间，山东省人民政府为贯彻落实《国务院关于印发统筹推进世界一流大学和一流学科建设总体方案的通知》（国发〔2015〕64 号），深入推进我省高等教育综合改革，增强我省高等学校的综合实力和学科竞争力，努力建设高等教育强省，推进我省一流大学和一流学科（简称“双一流”建设）制定《推进一流大学和一流学科建设方案》（鲁政发〔2016〕34 号）和《省委办公厅省政府办公厅关于推进高等教育综合改革的意见》（鲁办发〔2016〕19 号），2016 年 9 月教育厅启动实施我省一流大学和一流学科建设，全省共有 32 个学科予以立项支持，我校化学学科获得山东省一流学科立项建设，“十三五”期间获得了 1 亿元的省财政资金支持。

2016 年 12 月，山东省教育厅为全面贯彻落实《中共山东省委山东省人民政府关于深化科技体制改革加快创新发展的实施意见》，充分发挥高等学校人才、资源集中的优势，提高科研创新和建言献策水平，提升源头创新供给能力，决定“十三五”期间继续评审建设高等学校科研创新平台。我校获得 6 个山东高校科研平台立项，其中高校实验室 4 个，研究基地 2 个。

2017 年 12 月，出台了《关于调整聊城大学学科建设领导小组成员的通知》，由校长蔡先金任组长，出台了《聊城大学关于“山东省立项一流学科”建设与管理实施办法》加强一流学科建设。第四次党代会提出要建设“特色鲜明、优势突出的国内一流地方综合性大学”。实施了“聊城大学对接山东省新旧动能转换重大工程”，提出并制定了与“十强”产业对接的项目，并提交了任务书。

“十三五”期间学科建设服务国家和地方发展战略，构建起“红黄绿蓝”学科群，化学、工程学、材料科学进入全球前1%，居全国高校第172位，省属高校第4位。建设高水平科研平台，新增省部级以上科研平台21个。毛驴研究、运河学研究、太平洋岛国研究走在全国高校前列。太平洋岛国研究中心获评教育部国别和区域研究中心、山东省“勇于创新奖”先进集体。

2020年7月，为了落实《山东省人民政府办公厅关于印发〈山东省高水平大学建设实施方案〉的通知》（鲁政办字〔2020〕79号）和《山东省教育厅山东省财政厅关于印发山东省高等学校高水平学科建设实施方案的通知》（鲁教高发〔2020〕1号）精神，下发《山东省教育厅关于组织申报山东省高水平大学、山东省高等学校高水平学科的通知》，开展山东省高水平大学和山东省高等学校高水平学科建设申报和遴选工作。2021年1月，我校畜牧学学科入选山东省高等学校高水平学科（培育）。

为全面贯彻落实习近平总书记对山东工作“三个走在前”的重要指示要求，进一步整合我省高校战略科技力量，建立和完善高校实验室体系，加强和规范我省高校各级各类实验室的建设和管理，2022年4月，山东省教育厅发文《山东省教育厅关于组织开展山东省高等学校实验室体系建设工作的通知》（鲁教科函〔2022〕24号），决定组织开展山东省高等学校实验室体系建设工作，我校获批3个高校重点实验室、3个高校特色实验室、1个高校文科实验室。

根据《聊城大学关于开展冲一流强特色学科立项建设工作的通知》（聊大校发〔2021〕95号）文件精神，2022年4月，学校开展了冲一流强特色学科立项建设工作，遴选出12个学科进行立项建设，其中：冲一流学科5个；强特色学科7个。要求各学科对标博士学位授权学科申报标准、省高水平学科建设标准进行建设。

2. 推进高水平应用型大学建设

我校2021年11月被省教育厅确定为山东省应用型本科高校建设第二批支持高校，学校发文《中共聊城大学委员会关于〈成立聊城大学应用型本科高校建设工作领导小组的通知〉》，编写了《聊城大学应用型本科高校建设方案》和《聊城大学应用型本科高校建设任务书》。以转变办学理念为先导，牢固树立新发展理念，重新审视学校所处内外部环境，关注高等教育发展格局的变化，牢固树立以服务求支持、以贡献谋发展的思想，尽快实现从提供者导向到消费者导向的转变。以优化学科专业结构为基础，优化学科布局和专业结构，重点打造以新旧动能转换为中心、密切对接省“八大发展战略”的教师教育、多个学科专业群。以融合发展为突破，深化校内融合、校地融合和校企融合“三大融合”。以应用型考核评价为导向，加强双师双能型教师队伍建设。请进来，大力引进或聘请有行业背景和行业经验的教师、专业技术和管理专家来校工作、授课。以服务国家战略和区域经济社会发展为价值引领，鼓励教师开展联合科研。

3. 现代产业学院建设

以现代产业学院建设为抓手，促进办学理念的转变，推进政产学研合作，拓宽发展新格局。2022 年、2023 年成立 5 个现代产业学院。生物制药及规模化制备现代产业学院获批山东省现代产业学院。

（二）提升学科竞争力

2005 年以来，学校通过不断完善学科建设顶层设计，着力优化学科整体布局，突出重点，分层推进，全面增强学科竞争力，学科整体水平显著提升。

1. 第四轮学科评估创佳绩

全国第四轮学科评估于 2016 年 4 月在 95 个一级学科范围内开展（不含军事学门类等 16 个学科），共有 513 个单位的 7449 个学科参评。我校共有 24 个学科满足参评条件，组织了应用经济学等 16 个硕士学位一级授权学科参评，参评率 66.67%，涵盖 8 个门类。我校政治学、世界史、软件工程等 3 个学科进入全国前 60%—70%，获评 C- 等次。针对第四轮学科评估结果，形成《聊城大学全国第四轮学科评估高校学科整体分析报告》。

2. 第五轮学科评估再创佳绩

2020 年 11 月，教育部学位与研究生教育发展中心正式启动了全国第五轮学科评估。我校符合参评条件的学科 26 个，其中应用经济学等 17 个学科参评，参评率为 65.4%。我校系统科学学科进入全国 42%—52% 获评 C+ 等次、世界史学科进入全国 52%—62% 获评 C 等次、化学学科进入全国 62%—72% 获评 C- 等次。针对第五轮学科评估结果，形成《聊城大学全国第五轮学科评估高校学科整体分析报告》。

3. ESI 学科建设取得突破性进展

根据《山东省委办公厅省政府办公厅关于推进高等教育综合改革的意见》（鲁办发〔2016〕19 号）要求，我省印发《推进一流大学和一流学科建设方案》，启动了山东省一流学科建设工作。2016 年，化学学科处于全球大学和科研机构 ESI 排名前 1%，获得山东省一流学科立项建设。2018 年 3 月出台《聊城大学 ESI 学科杂志论文奖励办法（试行）》的通知，学校着力巩固提升现有进入 ESI 前 1% 的学科，集中力量打造能够进入ESI前1%的学科，积极开展新兴工科专业研究探索，推动工科与其他学科交叉融合，培育建设新兴工科专业。并通过采购WOS（Webofscience）数据库、召开ESI期刊分析与学校ESI学科提升报告会等方式大力开展ESI学科建设工程。2019年3月，工程学学科进入ESI前1%；2020年11月，材料学学科进入ESI前1%；2022年3月，计算机科学学科进入ESI前1%。2024年四个学科稳定保持在全球ESI前1%。

4. 学科建设整体水平稳步提升

《2017年中国高校国际学术影响力报告》发布，山东共有10所高校入选，我校以1个ESI前1%学科、2951篇的发文量、20353次的总被引次数，位列全国高校149位，全省高校第7、省属高校第5，同时高被引论文数、创新人才数、优势学科数量均进入全省高校前10。

2018年3月份，自然出版集团更新2018年自然指数，我校以14篇文章位列全国高校128位、山东省属院校第8位。

自然指数网站更新了2022年最新的自然指数排名，我校以50篇高水平文章，排名继续提升，居山东省属高校第5位、全国高校第128位、全球排名第558名，统计时间段为2021年6月1日—2022年5月31日。高等教育评价机构软科正式发布“2023软科世界大学学术排名”。排名展示了全球领先的1000所研究型大学，今年我校入围，位列801—900名。

2023软科世界大学学术排名展示了全球领先的1000所研究型大学，山东有14所高校入围全球前1000，我校列山东第11—13位，全国第148—170位。此次入围显示了我校科研实力的稳步提升。

软科2023年“软科世界一流学科排名”，我校共有9个学科上榜，与去年相比上榜学科数量增加4个。其中，仪器科学学科居前100位，化学工程和冶金工程2个学科居151—200位，计算机科学与工程和纳米科学与技术2个学科居201—300位，化学、电力电子工程、材料科学与工程、能源科学与工程4个学科居301—400位。上榜学科数量居中国内地高校第133位，山东省属高校第7位。

USNews发布2023世界大学排行榜。我校位列中国第190位，世界第1470位，较去年上升87位。我校有3个学科进入USNews排名，其中化学全球排名617位（上升89位），工程学全球排名677位（持平），材料科学全球排名544位（上升54位）。

（三）加强学位点建设

2005年以来，学校相对控制学科规模，适度增加学位点数量，通过调整结构、优化布局、凝练方向，构建交叉协同的学科学位点组织模式，强化内涵建设，力争形成团队优良、重点突出、布局合理、交叉融合的综合性大学学科、学位点整体布局。

做好学位点增列与动态调整工作

根据《中国学位与研究生教育发展纲要（2006—2020）》的精神，结合山东省经济社会发展和研究生教育工作的实际需求以及我校“十一五”建设与发展规划、学位与研究生教育工作的发展实际，紧紧围绕获得博士学位授予权和发展博士学位点这个中心任务，科学制定了《聊城大学“十一五”学位与研究生教育发展规划》，提出了“十一五”学位点建设目标。

2006 年，我校获批化学一级学科硕士学位授权点和 22 个二级学科硕士点，使我校的学位点数量达到 45 个。2008 年 10 月，根据国务院学位委员会《关于做好 2008—2015 年新增博士、硕士学位授予单位立项建设规划工作的通知》（学位〔2008〕30 号），学校积极参与了学位点申报工作。

2009 年，获批艺术硕士专业学位授权点。2009 年 11 月山东省教育厅发文《关于将聊城大学纳入地方博士学位授予单位建设规划的复函》（鲁教研字〔2009〕7 号）将聊城大学列入山东省 2010—2015 年博士学位授予单位省级重点建设规划。

2010 年，地理学等 13 个一级学科硕士学位授权点顺利通过山东省学位委员会评审，一级学科硕士学位授权点达到 14 个。新增翻译硕士等 3 个硕士专业学位授权点，新增教育硕士研究生招生学科领域 5 个，超额完成“十一五”规划建设目标，学位点结构和布局更趋合理。

2016 年，动态调整增列数学一级学科硕士学位授权点。

2017 年，学校把信息与通信工程学科调整为系统科学学科进行博士学位授权培育学科。

2017 年 11 月，山东省人民政府学位委员会《关于公布 2017—2023 年博士硕士学位授予立项（培育）建设单位的通知》（鲁学位〔2017〕8 号），我校获得博士学位授予立项建设单位 A 类（5 所）。

2018 年，增设中国史、光学工程、生物工程、作物学等 4 一级学科硕士学位授权点，风景园林、应用心理、工商管理等 3 个硕士专业学位授权点。

2019 年，经国务院学位委员会第三十五次会议审议批准，我校工程硕士专业学位授权点对应调整为电子信息、机械、土木水利。

2020 年，动态调整增列化学工程与技术一级学科硕士学位授权点。

2021 年，新增马克思主义理论、心理学、体育学、外国语言文学等 4 一级学科硕士学位授权点，法律、汉语国际教育、公共管理、会计等 4 个硕士专业学位授权点。

2023 年，经国务院学位委员会审议批准，我校对应调整增列艺术学一级学科硕士学位授权点，音乐、戏剧与影视、美术与书法、设计等 4 个硕士专业学位授权点。

到 2024 年，共有 24 个一级学科硕士学位授权点，17 个硕士专业学位授权点。

（四）创新学科管理体制机制

创新学科管理体制机制是学科建设发展的内在需求。2005 年以来，学校注重完善学科管理制度与运行机制，着重构建学科建设激励机制和监测机制，为学科建设提供良好的政策和制度环境，充分激发了学科建设活力。

1. 优化处室职能

2007 年 7 月下发《关于成立聊城大学学科与学位点建设领导小组办公室的通知》，成立由冯健副校长兼任办公室主任，科研处、研究生处等部门人员参与的领导小组办公室，简称学建办。为了认真贯彻我校第二次党代会精神，在第十一批学位授权点申报工作中取得更大突破，开始谋划实施博士授权单位、博士授权学科、硕士授权一级学科和二级学科学位点的申报的前期工作。

2007 年 11 月学校召开了“学科与学位点建设工作会议”，党委书记程玉海做了“统一思想，鼓足实劲进一步加快我校学科建设的步伐进一步强化我校研究生教育工作”为主题的讲话；校长宋益乔做了“全力做好学科与学位点建设工作，努力推进我校内涵建设发展”为主题的讲话。

学校于 2009 年 10 月将科研处的 3 项重点建设办公室与研究生处的学位办公室部分职能整合，成立学科建设处。

2018 年 5 月，发展规划处与学科建设处合并，成立了发展规划与学科建设处。

2022 年 5 月，学校发文《聊城大学关于成立重点学科、重点实验室建设工作领导小组的通知》，成立了以校长王昭风为组长的领导小组，全面加强我校重点学科、重点实验室体系建设的科学规划、组织领导、政策支持、条件保障、绩效评价等工作，切实提高我校核心竞争力和综合办学实力，推动学校高质量发展。

2. 完善学科保障体系

山东省一流学科——化学学科立项建设以来，学校出台《聊城大学关于“山东省立项一流学科”建设与管理办法》，省一流学科依托建设单位牵头，根据立项建设要求在形成高水平学术团队，构建高水平创新平台，产出高水平科研成果，培养高素质创新人才等方面论证、制定基本建设目标，通过出台《聊城大学 ESI 学科杂志论文奖励办法（试行）》推动 ESI 排名争先进位，提高学科实力。年度建设目标是基本建设目标年度建设任务，具有可操作性。

（五）促进学科交叉融合

以习近平新时代中国特色社会主义思想为指导，全面贯彻党的教育方针，紧紧围绕建设“国内知名、特色鲜明的一流区域高水平应用型大学”的办学定位，以提高人才培养能力为核心，2022 年 9 月出台《聊城大学关于学部制改革试点工作的实施意见（试行）》（聊大校发〔2022〕62 号），选择部分学科专业开展学部制改革试点，打破学院壁垒，促进学科专业交叉融合，优化学科专业资源配置，激发学科发展内生动力，形成综合优势、发展特色，加快优势特色学科专业群建设步伐，全面提高学校综合实力和核心竞争力。

1. 推进学部制改革和部分学科专业调整

2021 年为深入贯彻落实学校第五次党代会精神，进一步推进学科专业交叉融合发展、特色发展、创新发展，完善学校内部治理结构，理顺管理体制和运行机制，着力提升学校综合实力和核心竞争力，成立了马克思主义学部、化学与材料学部、数学与计算科学学部、农学与生命科学学部等 4 个学部，2023 年 3 月成立医药健康学部。

2. 学科交叉及大平台的建设

2024 年学校已经获批大分子药物与规模化制备全国重点实验室（共建）、国家马驴遗传评估中心（筹）、中国—太平洋岛国应对气候变化合作中心等国家级科研平台；山东省光通信科学与技术重点实验室、山东省化学储能与新型电池技术重点实验室、山东省纳米药物与释药系统工程技术研究中心、山东省黑毛驴高效繁育与健康养殖工程技术研究中心、山东省抗病毒药物工程实验室、黑水虻种虫繁育和有机废弃物转化山东省工程研究中心、山东省运河文化研究基地、北冰洋研究中心、加勒比研究中心、黄河学研究院等 60 多个省厅级科研平台，学校围绕“两洋两河”开展研究，突显聊大特色。在区域国别学、智能科学与技术等交叉学科领域有了新的布局。

二、推进科研创新　提升研究水平

科技是第一生产力，学术乃天下公器。科学研究是高等学校的重要职能，是高校核心竞争力的集中体现。学校科学研究在前 30 年辉煌成就的基础上，继往开来，绘就了一幅全新 20 年的壮丽画卷。20 年来，学校坚持以科研为先导，大力推行学术兴校战略，汇聚各类科研资源和创新要素，协同发力，科研核心竞争力不断增强，为深化学校综合改革、推进高质量发展奠定了坚实基础，为加快建设国内知名、特色鲜明的一流区域高水平应用型大学提供了有力支撑。

（一）确定科研工作指导方针

科学的科研工作指导方针是做好学校科研工作的重要遵循。学校历来重视科研工作，摆在学校事业发展重要位置来抓。20 年来，学校深入贯彻落实党和国家关于科学研究繁荣发展的指导思想和政策法规，立足国情、省情和校情，与时俱进，准确把握科研工作的发展方向，充分发挥学科门类齐全优势，大力推进协同创新，确定了符合学校实际的科研工作指导方针，明确了科研工作发展目标、工作思路和具体举措。

1. 学校党代会为科研工作指明了前进方向

2003 年 11 月，学校召开第二次党代会。会议指出，要鼓励交叉渗透，通过组建科研团队和精选课题，下大气力抓好高层次课题立项，大力培育优势，推动特色突破，增加原创性科研成果，提升研究水平。

2009 年 11 月，学校召开第三次党代会。会议指出，要贯彻落实学术兴校战略，通过组建科研团队，建立协同创新体制机制，持续推进学科科研转型，大力开展应用研究，建成一批在国内具有较大影响力的学科和创新研究基地，力争承担更多的国家级重点项目，推出更具原创性、标志性的成果，大力提升学术实力。

2015 年 7 月，学校召开第四次党代会。会议指出，要继续坚持以科研为先导，推动群众性科研和组织科研进一步发展，落实项目负责人责任制，下大气力抓好项目的过程管理和结题率，加强结题项目的深化和延伸，加强基础课题向技术研发项目的转化、向应用转化，实现真正意义上的产学研结合。

2021 年 4 月，学校召开第五次党代会。会议指出，要实施“科研能力提升工程”，加大科研组织力度，集聚创新资源，激活创新要素，突出质量、贡献、绩效，建立健全以学术领军人物为核心、高端平台为载体、重大项目为牵引、重大成果为标志的科研创新体系，实现科研总量和整体水平显著提升，全面提升科研创新水平。

2. 学校发展规划为科研工作描绘了发展蓝图

2005 年 8 月，学校印发《“十一五”建设与发展规划》，提出“要实现科学研究和科技开发工作的重大突破”的工作思路，通过改变科研投入结构，完善科研激励政策，整合学术资源，争取高层次科研课题和奖励，大力加强应用研究，促进成果转化，促进自然科学向更高的水平发展，加快社会科学研究使其迎头赶上，开拓应用研究使其较大发展。

2011 年 2 月，学校印发《“十二五”发展规划》，提出“要积极响应科教兴鲁和人才强省战略，按照面向现代化、面向世界、面向未来的要求，树立以质量为核心的教育发展观”的指导思想，确立了“以科研为先导”的发展思路，通过建设学科大平台，组建大团队，争取大项目，创造大成果，强力打造优势学科创新团队，创造标志性成果。

2016 年 10 月，学校印发《“十三五”事业发展规划》，提出“以科研水平为主线，深入实施学术兴校战略”的指导思想，坚持服务战略目标与鼓励自由探索相结合，以重大现实问题为主攻方向，推动科学研究由学科导向向需求导向、由封闭分割向开放协同、由要素分散向资源汇聚转变，加大组织科研力度，开展应用研究和技术研发，加强科研创新能力建设、创新平台和学术团队建设，创新学科科研管理方式，形成科学完善的学术创新体系，增强学术竞争力。

2021 年 5 月，学校印发《“十四五”事业发展规划》，提出“以改革创新为根本动力，持续产出标志性成果”的指导思想，深入推动教学与科研深度融合，形成交叉集成的校内融合协同共享创新机制，坚持以国家和区域重大需求为导向，集聚创新资源，激活创新要素，建立健全以学术领军人物为核心、高层次创新团队为基础、高端平台为载体、重大项目为牵引、重大成果为标志的科研创新体系，加快科研成果转移转化，显著提升科研能力和水平。

3. 综合改革方案为科研工作规定了发展路径

2010 年以来，国家先后召开全国教育工作会议、科技创新工作会议，发布《国家中长期教育改革和发展规划纲要（2010—2020 年）》“高教三十条”，实施“2011 计划”。党的十八大报告提出“推动高等教育内涵式发展”。2012 年，学校获批为山东省首批应用型人才培养特色名校立项建设单位。在以上背景下，2013 年 1 月，学校召开学科与科研工作会议。会议提出，科研工作必须按照学校办学定位的要求，向应用研究为主的方向转型。具体来讲，就是要以需求为导向，以问题为切入点，大力开展应用性、开发性研究。

2013 年 12 月，学校召开党委全委（扩大）会议。审议通过了《关于全面深化改革，创建一流地方综合性大学的意见》，再次提出，要以需求为导向，以问题为切入点，实现科研选题由个人兴趣向经济社会发展需求转变，科研组织方式由单兵作战向集团作战转变，科研评价由以量为主向以质为主转变，资源配置方式由均衡分配向重点优势领域倾斜转变，大力推进科研工作向应用方向转型，强化特色，提升学术研究水平。

2016 年 11 月，学校印发《综合改革方案（2016—2020 年）》，提出要以完善科学评价机制为突破口，通过政策和项目引导，建立约束激励机制，落实以质量和贡献为导向的考核评价机制，最大限度调动科研积极性，激发创新活力。要瞄准重大科技需求和学术前沿，加强协同创新团队建设，加大组织科研力度，承接一批重大项目，取得一批具有重大影响的标志性成果及高层次奖励，提升我校特色优势学科在国际国内的学术影响力和话语权，促进创新驱动发展，大幅提升学术创新水平，形成科学完善的学术创新体系，增强科技创新能力。

4. 繁荣计划为人文社科研究工作注入了新动力

2023 年 3 月，学校制定《聊城大学哲学社会科学研究高质量发展行动计划（2023—2025 年）》。从“坚持和巩固马克思主义在哲学社会科学领域的指导地位，建设特色鲜明、优势突出、具有综合竞争力的学科体系，建设立足山东、注重原创的高水平学术体系，建设定位清晰、影响广远的特色话语体系，推动科研育人机制创新，提升决策咨询服务质量”等6个方面，设立“马克思主义理论研究和建设工程、习近平新时代中国特色社会主义思想研究阐释工程、哲学社会科学学科基础建设研究工程、哲学社会科学重大理论和现实问题研究主攻方向、优秀传统文化研究工程、学术精品培育工程、文科实验室建设工程、应用对策研究重点方向”等8个专栏，设定80个研究方向和研究领域，并对提升哲学社会科学国际影响力、加强人才团队建设、加强学术道德和学风建设等提出明确要求。

（二）提升基础研究水平

创新是推动发展的首要动力，也是科学研究进步的永恒课题。基础理论研究是创新的根基和泉源，是科学研究持续发展的关键保障。学校承担纵向科研项目的能力反映了学校基础研究的水平和实力。2005年以来，学校纵向科研项目在数量、层次和经费方面都实现了跨越式的增长，展现出了逐年增多、质量显著提高、亮点纷呈的良好趋势。

1. 人文社科省部级以上项目增速明显

2005年以来，各级各类人文社会科学纵向项目共立项1660项，获得资助经费总额5802万元，其中国家社科项目160项，包括国家社科基金重大项目1项、重点项目13项；省部级项目613项，包括教育部后期资助重点项目1项，山东省社科规划重大委托项目3项；厅局级项目881项。

学校积极推动人文社会科学的创新发展，加强基础研究和应用研究，强化科研平台和团队建设，大幅度提升了科研能力和水平。2005—2010年，学校获批省部级以上项目120项；2011—2015年获批189项，同比增长57.5%；2016—2020年获批272项，同比增长43%；2021—2023年获批155项。

在各类国家级项目立项上，学校实现了突破：2005年，魏宪朝教授主持的“我国农村集体经济组织的现状调查、问题分析及对策研究”，苗菁教授主持的“新时期以来歌曲文化研究”，分别获批国家社科基金年度项目和全国艺术科学规划课题。2006年，赵长林教授主持的“科学课程的社会学研究”，宋宝和主持的“普通高中课程模块结构的适应性研究”，获批全国教育科学规划课题。2008年，丁延峰教授主持的“海源阁善本叙录”，获批国家古籍整理计划项目。2013年，王炳毅教授主持的“水权界定、水价体系与中国水市场监管模式研究”，李婷婷副教授主持的“《诗经》之民族器乐研究”，分别获批国家社科基金重点项目和后期资助项目。2014年，金日山副教授主持的“中国援外60年”，获批国家社科基金中华学术外译项目。2020年，学校特聘教授贾康主持的“中国地方政府债务与金融稳定性研究”，获批国家社科基金重大项目。

2. 国家级科技重点项目发展迅猛

2005 年以来，自然科学类纵向项目共立项 1541 项，其中国家级项目共立项 391 项，包括国家高技术研究发展计划子课题 6 项，国家“973”计划子课题 2 项，国家重点研发计划子课题 5 项，国家科技部对发展中国家常规性科技援助项目 1 项，国家科技重大专项子课题 1 项；省部级项目 845 项，包括山东省自然科学基金、山东省重点研发计划等等。

学校紧紧围绕“科研上水平、数目上规模、项目上档次”的工作目标和指导思想，加强政策引导，组建科研团队与平台，开展多形式、多层次、多方位沟通交流，积极申报各级各类科技项目。2010 年，尹汉东教授主持的“油品中氮化物的多相催化氧化脱氮基础研究”，是我校获批的经费额度最大的国家“973”计划子课题；2011 年，刘继锋教授主持的“电化学磁微球技术在生物抗氧化剂分析中应用及其相关仪器技术开发”，是我校获批的经费额度最大的国家自然科学基金专项基金项目；2012 年，郭尚敬教授主持的“动物细胞大规模批次流加培养关键技术及产品研发”，是我校获批的经费额度最大的国家高技术研究发展计划；2016 年，张丙元教授主持的“新型半导体直接泵浦钛宝石超短脉冲激光器”和刘立科教主持的“大豆优异种质资源精准鉴定与创新利用”，获批国家重点研发计划子课题；2022 年，李玉保教授主持的“南太平洋岛国种养技术研究与示范”，获批国家科技部对发展中国家常规性科技援助项目，实现了我校在国家级新的类型项目方面的突破；2023 年，王长法教授主持的“驴用地源性非常规饲料资源开发与应用”，获批国家重点研发计划子课题。

（三）加强科研平台与重点团队建设

科研平台是科学研究的重要载体和基本保障。学校始终高度重视各级各类科研平台建设和培育工作，将其作为提高学科建设水平和科研创新能力的重要工作，紧紧围绕学校科研目标和任务，建立规范高效的管理体制和运行机制，坚持创新驱动，突出重点和前沿，促进学科交叉融合，彰显科研优势和特色，以适应建设创建国内一流地方综合性大学的需要，提高学校的国内学术影响力。学校坚持强化高水平科研团队建设，形成一批层次清晰、梯队合理、富有活力的创新科研团队，实现个体优势向整体优势转变，发挥有组织科研的强大带动力。构建重大科研项目创新驱动平台，实行首席专家、学术带头人牵头负责制，加大科研的组织力和规范力，提升承担国家重大研究项目的能力。健全完善科研成果转化平台和融合发展机制，培育科研融合点和转化点，实现科研的协同共建、融合创新和服务社会。

20 年来，学校科研平台和重点团队建设取得了显著成效。到 2023 年，学校获批中国—太平洋岛国应对气候变化合作中心，筹建国家种畜禽遗传评估专业中心，联合共建大分子药物与规模化制备全国重点实验室；获批 2 个山东省重点实验室、1 个山东省工程技术研究中心、1 个山东省工程实验室、1 个山东省工程研究中心和 26 个山东省高等学校科研平台、获批 4 个山东省社会科学规划重点研究基地、3 个山东省社科理论重点研究基地、1 个省部共建的山东省重点新型智库、2 个山东省“十二五”高校人文社会科学研究基地、3 个山东外事研究与发展智库、9 个山东省专项研究基地、4 个山东省协同创新研究（专项研究）中心、3 个省非物质文化遗产研究（实践）基地、1 个全省学校文化建设研究指导服务平台、1 个山东省文化科技重点实验室、1 个全国曲艺理论学术研究基地。

1. 自然科学类重点科研平台结构布局趋于多样化

国家重点实验室。2023 年 3 月，学校以共建单位身份申报建设的大分子药物与规模化制备全国重点实验室获得科学技术部批准。在大分子药物与规模化制备全国重点实验室的组织架构中，学校负责整合华北地区生物医药学科与产业资源，为华北地区治疗用生物大分子源头发现、规模制备及靶向递送关键技术等领域提供支撑，定位聊大，经略山东，辐射华北。

国家种畜禽遗传评估专业中心。2023 年 5 月，农业农村部全国畜牧总站印发《关于筹建国家种畜禽遗传评估专业中心的通知》，学校获批成为国家马驴遗传评估中心筹建单位。国家马驴遗传评估中心依托学校聊城毛驴高效繁育与生态饲养研究院建设，王长法教授为中心负责人。国家马驴遗传评估中心的获批筹建，极大推动我校在驴科学研究和服务产业发展能力，并将驴科学研究优势延伸到马遗传领域，引领全国的马驴遗传评估工作。

中国—太平洋岛国应对气候变化合作中心。2022 年 4 月，中国—太平洋岛国应对气候变化合作中心启动仪式以线上线下结合的方式举办，山东省委书记李干杰出席活动并为中国—太平洋岛国应对气候变化合作中心揭牌。中国—太平洋岛国应对气候变化合作中心由外交部、生态环境部和山东省共建，落户山东省聊城市，办公机构设在学校太平洋岛国研究中心。该中心是我国在气候变化领域成立的第一个多边合作平台。

山东省重点实验室。2008 年 11 月，光通信科学与技术实验室被省科技厅确定为山东省重点实验室，实现了学校省重点实验室的突破。2011 年 3 月，化学储能与新型电池技术重点实验室获批山东省重点实验室。通过加强 2 个山东省重点实验室的建设，充实和改善了学校科学研究软硬件环境，聚集了一批省内外有一定影响的创新人才和学术骨干，形成一批相对稳定、结构合理、富有创新和协作精神的学术团队，增强我校科学研究实力。

山东省高等学校实验室。2005 年 5 月，光通信技术实验室列入山东省“十五”

重点强化建设项目。2006 年 6 月，生态学与生物多样性实验室列入“十一五”省级重点建设项目。2006 年 12 月，学校获批 2 个山东省“十一五”高等学校重点实验室，包括生态学和生物多样性实验室、现代光通信实验室。2011 年 6 月，学校获批 4 个山东省“十二五”高等学校重点实验室。包括光信息传输与处理实验室、清洁化学能源技术实验室、生态学与生物多样性实验室、智能信息处理与网络安全实验室。2017 年 3 月，学校获批 3 个山东省“十三五”高等学校重点实验室，包括大数据智能分析与优化控制实验室、生态环境保育与生物资源创新利用实验室、药物分子设计与高端制剂实验室。2022 年 11 月，学校在山东省高等学校实验室体系中获批 3 个山东省高等学校重点实验室、3 个特色实验室，包括特色畜禽种质资源创新与利用重点实验室、大数据智能分析与优化控制重点实验室、食品安全与生命分析重点实验室、高速光通信系统与智慧物联网特色实验室、敏感材料与器件特色实验室、黄河水沙调控及泥沙高效利用特色实验室。

山东省高等学校协同创新中心。2013 年 9 月，抗体制药协同创新中心获批山东省高等学校协同创新中心。2017 年 10 月，化学储能与新型电池技术协同创新中心、山东特色文献与传统文化“双创”研究协同创新中心获批山东省高等学校协同创新中心。2019 年 1 月，驴产业科技协同创新中心获批山东省高校对接产业类协同创新中心。2020 年 12 月，化学储能与新型电池技术协同创新中心获得山东省高等学校示范协同创新中心认定。2022 年 12 月，学校获批山东省高等学校服务黄河流域生态保护和高质量发展协同创新中心 2 个，包括黄河流域生态循环农业协同创新中心、黄河文化与区域社会发展协同创新中心。

山东省工程技术研究中心、山东省工程实验室、山东省高等学校工程研究中心、山东省工程研究中心。2014 年 12 月，纳米药物与释药系统工程技术研究中心获批山东省（省级示范）工程技术研究中心。2018 年 12 月，黑毛驴高效繁育与健康养殖工程技术研究中心获批山东省工程技术研究中心。2020 年 6 月，抗病毒药物工程实验室获批山东省工程实验室。2022 年 3 月，学校获批 2 个山东省高等学校工程研究中心（立项建设），包括稀土功能材料工程研究中心、类脑智能控制工程研究中心。2022 年 5 月，黑水虻种虫繁育和有机废弃物转化山东省工程研究中心获批山东省工程研究中心，实现了学校省工程研究中心的突破。学校科研创新能力进一步增强，服务区域经济社会发展的能力和水平进一步提升。

2. 重点团队建设质量得到进一步跃升

2019 年 6 月，山东省教育厅正式印发实施山东省高等学校青年创新团队发展计划。截至 2023 年 12 月，我校共有 17 个青年创新团队获批山东省高等学校青年创新团队。2019 年 10 月，学校申报的《世界社会主义视域下新时代中国特色社会主义研究》等5个团队获批山东省高等学校“青创科技计划”。2021年12月，学校申报的《运河区域文化艺术传承创新团队》等3个团队获批为山东省高等学校“青创人才引育计划”。2022年，学校申报的《新媒介文艺发展研究创新团队》等4个团队获批山东省高等学校青年创新团队发展计划。2023年，学校申报的《运河学体系构建与运河文化“双创”创新团队》等5个团队获批山东省高等学校青年创新团队发展计划。自2019年6月以来，我校17个省级重点研究团队成果突出，共有成果196项，其中著作26部，论文109篇，项目及获奖59项，咨询报告1个，领导批示1个。

3. 人文社科研究基地建设呈现新气象

“十一五”期间，学校人文社科研究基地建设工作不断取得新突破。2005年以来，学校人文社会科学研究基地建设取得丰硕成绩。2005年1月，学校“山东省世界社会主义共产主义运动研究基地”获批山东省社会科学规划重点研究基地。2006年11月，学校“山东省当代中国哲学研究基地”获批山东省社会科学规划重点研究基地。2006年12月，学校“运河文化研究基地”获批山东省人文社会科学研究基地。2009年10月，学校“山东省运河文化研究基地”获批山东省社会科学规划重点研究基地。在这些人文社科基地的有力支撑下，学校人文社会科学研究工作不断取得新的成就。

“十二五”期间，学校人文社科研究基地建设工作高水平发展。2011年6月，学校“运河与区域经济社会发展研究中心”和“教师教育创新研究基地”获批山东省“十二五”高校人文社会科学研究基地。2011年9月，学校“山东高校反腐倡廉理论教育基地”获批山东高校反腐倡廉理论教育基地；学校“山东高校慈善文化研究基地”获批山东高校慈善文化研究基地。2012年12月，学校“山东省产业升级与经济协同发展软科学研究基地”获批山东省软科学研究基地。2013年11月，学校“国家体育总局体育文化发展研究中心体育文化研究基地”获批国家体育总局体育文化发展研究中心体育文化研究基地。

“十三五”期间，学校人文社科研究基地建设跨越发展。2016年3月，学校“中外社会主义比较研究基地”获批山东省理论建设工程重点研究基地。2016年9月，学校“聊城大学太平洋岛国研究中心”获批山东省重点新型智库建设。2017年3月，学校“鲁迅与中国现代文学文化研究中心”和“高等教育治理与发展研究中心”获批“十三五”山东省高等学校人文社会科学研究基地。2017年6月，学校“太平洋岛国研究中心”获批省部共建的国别和区域研究中心。2017年10月，学校“山东特色文献与传统文化‘双创’研究协同创新中心”获批山东省高等学校协同创新中心。2018年6月，学校“聊城大学简帛学研究中心”获批山东省社会科学规划重点研究基地。2018 年 6 月，学校“‘民间美术资源保护与研发’重点实验室”获批山东省文化科技重点实验室。2019 年 9 月，学校“太平洋岛国研究中心”获批山东外事研究与发展智库。

“十四五”期间，学校人文社科研究基地建设成效倍增。2020 年 6 月，学校“山东高校统战工作理论研究基地”获批山东高校统战工作理论研究基地培育建设单位。2020 年 8 月，学校“山东省中华优秀传统文化传承基地—东昌府木版年画”获批山东省中华优秀传统文化传承基地。2021 年 4 月，学校“北冰洋研究中心”获批山东外事研究与发展智库。2021 年 12 月，学校“山东省非物质文化遗产研究基地”获批山东省非物质文化遗产研究基地。2022 年 1 月，学校“山东省非物质文化遗产传承教育实践基地—东昌府木版年画”获批山东省非物质文化遗产研究基地。2022 年 4 月，学校“党的建设与孔繁森精神研究基地”和“山东省运河文化研究基地”获批山东省社科理论重点研究基地。2022 年 4 月，学校“中国—太平洋岛国应对气候变化合作中心”获批国家级研究中心。2022 年 7 月，学校“加勒比研究中心”获批山东外事研究与发展智库。2022 年 11 月，学校“黄河学研究院”获批高校服务黄河重大国家战略项目。2022 年 12 月，学校“黄河文化与区域社会发展协同创新中心”获批山东省高等学校服务黄河流域生态保护和高质量发展协同创新中心。2022 年 12 月，学校“山东省铸牢中华民族共同体意识研究基地—聊城大学运河学研究院”获批山东省铸牢中华民族共同体意识研究基地。2022 年 12 月，学校“山东省学校黄河文化传承指导中心”获批全省学校文化建设研究指导服务平台。

（四）加强高水平成果产出

高水平成果的产出是高校科研核心竞争力的重要体现。20 年来，学校多措并举、挖潜培育，切实提升优秀成果产出率，大批引领理论创新、服务社会发展、传承优秀文化的标志性成果脱颖而出，多项成果斩获高级别奖励，有效提升了学校的科研综合实力。2005 年以来，共出版科技类学术著作 40 余部，发表科技类学术论文 16000 余篇，其中 SCI 论文 9000 余篇，EI 论文 4000 余篇。获得各级各类科研奖励 900 余项，其中省部级以上科技奖励 44 项，厅局级奖励 130 余项。人文社会科学各级各类成果共发表近万项，出版学术著作 1500 余部，发表论文 6000 余篇，其中高水平论文近 3000 篇；获得社科类奖励共 2500 余项，其中国家级 5 项，省部级 267 项，厅局级 1600 余项。

1. 标志性成果脱颖而出

人文社会科学方面，丁延峰教授的《海源阁藏书研究》入选 2011 年度《国家哲学社会科学成果文库》。宋士云教授的《中国劳动经济史（1949—2012）》入选

2019 年度国家哲学社会科学成果文库。

自然科学方面，英国自然出版集团公布的自然指数显示，2018 年学校在自然指数排名中，排名位列全球高校 825 位，全国高校 149 位。2022 年在自然指数排名中，学校以 43 篇高水平文章，居山东省属高校第 7 位，全国高校第 149 位。2023 年学校在自然指数最新收录的 82 种期刊发表论文 64 篇，学校在中国内地高校排名第 137 位，在全球科研机构中排名第 525 位。

2. 高层次科研获奖耀眼夺目

人文社会科学方面，2006 年，李庆立教授的《谢榛全集校笺（上、下集）》、张太原教授的《自由主义与马克思主义：〈独立评论〉对中国共产党的态度》、2013 年李华锋教授的《英国工党与工会关系研究》、马开剑教授的《国际视野中的高中技术教育——基于课程与史实的研究》和向彬教授的《中国古代书法教育研究》获得中国高校人文社会科学研究优秀成果奖。2003 年至今，荣获山东省社会科学优秀成果奖一等奖共计 19 项。

自然科学方面，2006 年，王继锁教授课题组完成的“若干物理系统的量子效应研究”获得教育部科学技术奖自然科学奖二等奖，这是学校首次作为第一单位获此自然科学奖项。2014 年，白成林教授课题组主持完成的“高速光纤通信系统中偏振模色散监测、控制、均衡及自适应补偿技术”获得教育部科学技术奖科技进步奖二等奖，实现学校在该奖种上的新突破。

在山东省科学技术奖方面，2006 年，冯健教授课题组完成的“新型量子态的构造及量子态新特性研究”获得山东省科学技术奖自然科学奖二等奖。2010 年，于会山教授课题组完成的“利用 CATV 网络实现区域监警系统的推广与应用”获得山东省科学技术奖科技进步奖二等奖。2010 年，王继锁教授课题组完成的“量子光学中一些理论问题的研究”获得山东省科学技术奖自然科学奖二等奖。2010 年，王怀生教授课题组完成的“生物电分析化学新方法研究”获得山东省科学技术奖自然科学奖二等奖。2013 年，白成林教授课题组完成的“新型孤子激发模式的构造及其稳定性和传输特性研究”获得山东省科学技术奖自然科学奖二等奖。

2015 年学校参与完成的“奥美拉唑系列产品关键制备技术与产业化”获得国家科学技术进步奖二等奖。2019 年学校参与完成的“咽喉疾病相关的功能保全与重建的机制及应用研究”获得上海市科技进步奖一等奖。

3. 校内奖励培育体系形成

2013—2024 年间聊城大学科学技术（成果）奖授奖 512 项，聊城大学人文社会科学优秀成果奖 768 项。其中有大量获奖成果经过进一步凝练最终获得了山东省高等学校优秀成果奖和山东省科学技术奖、山东省社会科学优秀成果奖，形成了完备的奖励培育体系。

（五）创新科研管理体制机制

科学的科研管理体制机制是学校科学研究长效发展的基础。学校高度重视科研发展规划和体制机制建设，立足学校实际，认真落实山东省委、省政府的相关管理办法，确保科学研究规范、有序、长效发展，保障科学研究在学校人才培养、社会服务、文化传承创新和国际交流合作等方面的重要作用得到充分发挥。学校以科研创新为导向，借鉴兄弟院校科研发展的成功经验，强化有组织的科研，积极建设科研平台和学术团队，大力推动产学研相结合，为创建国内一流地方综合性大学提供强有力的科研支撑。

1. 加强制度建设

在制度保障方面，不断提高思想认识，深化科研机制和体系建设，推动科技创新和融合发展的政策落实，按照精细化管理的原则，优化科研制度管理，提升科研实效，落实学校在科研项目管理、经费使用、科研绩效评价等方面的自主权政策，制定完善内部规章制度、管理办法和实施细则，确保国家、省科研政策落地落实。制定多项与科研工作有关的发展规划和举措，明确学校人文社会科学与自然科学繁荣发展的指导思想和总体目标。全面分析学校科研的特色优势、问题及不足，研判学校科研发展的机遇与挑战，制定发展任务目标、思路举措及实施保障。结合制定的多项发展规划，相继出台配套文件 20 余个，涉及单位科研考核、科研项目及成果等级认定、科研业绩奖励、重大项目培育、著作出版资助、项目管理、经费管理、学术交流等诸多管理工作。利用信息化手段，创新科研管理和服务载体，全面构建了目标突出、管理精准、奖惩并举、精品培育、团队创新的科学研究和管理格局。

2. 落实高等教育综合改革意见

2016 年 4 月，山东省颁布了《关于推进高等教育综合改革的意见》。学校积极加快完善科研创新体系和机制建设，改革科研组织模式和管理体系，大力实施科研团队建设，发挥有组织科研带动力；整合学校科研资源，按照“学科 + 研究机构”模式，组建了山东省世界社会主义共产主义运动研究基地、山东省当代中国哲学研究基地、运河与区域经济社会发展研究中心、北冰洋研究中心、聊城大学太平洋岛国研究中心等科研基地和研究中心。

3. 强化机构功能

2012 年 12 月，学校成立人文社会科学处和科学技术处。旨在创新学校科研管理体制机制，完善和扩大科研管理部门职能，培育有利于汇聚人才和激发创新活力的良好学术生态，在优势学科、特色学科和新兴交叉学科上形成比较优势和鲜明特色，推动学校科研实力全面提升，着力解决学校科研创新能力不足、平台建设力度不够、人才队伍结构失衡、研究团队培育滞后、学术交流与合作国际化程度不高等深层次问题。

4. 学校学术委员会

学术委员会是专家学者代表组成的校内最高学术机构，统筹行使学术事务的决策、审议、评定和咨询等职权，充分发挥在学科建设、学术评价、学术研究和学风建设等事项上的重要作用，学术委员会是教授治学的有效途径。

2003 年、2006 年、2008 年，因工作需要和人事变动，学校 3 次调整学术委员会部分成员，宋益乔任第二届学术委员会主任。2010 年 6 月，第三届学术委员会调整，李喆任主任委员。

2010 年《国家中长期教育规划改革纲要》颁布，在完善中国特色现代大学制度的相关论述中，明确提出要完善大学治理结构，要“充分发挥学术委员会在学科建设、学术评价、学术发展中的重要作用，探索教授治学的有效途径，充分发挥教授在教学、学术研究和学校管理中的作用”。我校依据《中华人民共和国高等教育法》和教育部有关规章制定了《聊城大学学术委员会章程》（聊大校发〔2012〕64 号）。

2012 年 9 月，经全体在职在岗教授选举，第四届学术委员会成立，马春林任主任委员。

根据教育部颁布实施的《高等学校学术委员会规程》，要求明确高校学术委员会的定位、职权与组织运行规则，配合《聊城大学章程》的研究制定，先后深入学院开展调查访谈，深入调研了解国内外多所高校学术委员会章程建设的情况，以及聊城大学历史上学术委员会制度建设的经验，形成了新的《聊城大学学术委员会章程（修订）》（聊大校发〔2017〕12 号）。2017 年 6 月，根据《聊城大学章程》和《聊城大学学术委员会章程》，经各学院民主推荐，全体在职在岗教授民主选举，第五届学术委员会成立，胡海泉任主任委员，为工作方便成立科学技术和人文社会科学两个分委员会。制定《聊城大学学术道德规范》（聊大校发〔2017〕10 号）《聊城大学关于学术不端行为处理实施办法》聊大（校发〔2017〕11 号），进一步加强学校学术治理。

2022 年对《聊城大学学术委员会章程（修订）》（聊大校发〔2017〕12 号）再次进行修订。4 月，经各学院民主推荐，全体在职在岗教授民主选举，第六届学术委员会成立，白成林任主任委员，增设聊城大学学术道德与学风建设、聊城大学科研伦理两个专门委员会，进一步明确学术委员会是学校学科建设、学术评议、项目审议的执行机构，是学校学术决策、咨询、议事的学术组织，是全校业务人员的主心骨和良师益友。加强学术委员会建设，充分体现了“党委领导、校长负责、教授治学、民主管理”现代大学办学理念，是学校深化综合改革、提升治理能力的重要一环，也是推进高质量内涵发展的重要保障。制定《聊城大学学术道德与学风建设专门委员会章程（试行）》《聊城大学科研伦理专门委员会章程（试行）》，加强学术道德和学风建设，加强科研伦理规范。

5. 学校科学技术协会

学校科学技术协会于 2018 年 12 月 10 日成立，是学校党委领导下的全校科技工作者的群众组织，是校党委和行政联系广大科技工作者的桥梁和纽带，是推动学校教育与科学技术事业发展的重要力量，是中国科学技术协会的基层组织。截至 2024 年 1 月，学校科学技术协会共发展会员 816 人。

学校科学技术协会的宗旨是高举中国特色社会主义伟大旗帜，坚持以马克思列宁主义、毛泽东思想、邓小平理论和“三个代表”重要思想、科学发展观和习近平新时代中国特色社会主义思想为指导，深入贯彻落实中共十九大精神和新发展理念，贯彻党的教育方针和科学技术工作方针，围绕学校立德树人、科技创新、社会服务等重点工作，为全校教师、科技工作者和学生服务;团结和动员全校教师、科技工作者和学生，深入实施科教兴国战略、人才强国战略和创新驱动发展战略，增强自主创新能力，建设创新型国家；广泛开展学术交流，促进科学技术的繁荣和发展，促进科学技术的普及和推广，促进科学技术人才的成长和提高，努力提升学科建设水平和科技创新能力，早日把学校建设成为国内一流区域综合性大学。

学校科学技术协会成立以来，广泛开展学术交流与合作，开展科学技术普及活动，举荐和培养优秀科技人才，加强科学道德和学风建设宣讲教育，指导学生科技实践活动，促进科学技术的繁荣和发展，促进科学技术的普及和推广，促进科学技术人才的成长和提高。2022 年，学校获批 4 个山东省科普专家工作室，其中，“聊城大学化学与生活科普工作室”作为科普团队入选 2022 年山东省科普示范工程项目;1 名科技工作者荣获第十二届山东省青年科技奖;2 名科技工作者当选“水城最美科技工作者”，1 名科技工作者当选“水城优秀科技工作者”。2023 年，“聊城大学生物标本馆”和“聊城大学化学、医药营养与大众健康科普教育基地”获批 2023—2025 年度山东省科普教育基地；2 名科技工作者荣获第十一届“山东省优秀科技工作者”称号，1 名科技工作者当选“水城最美科技工作者”，2 名科技工作者当选“水城优秀科技工作者”；“聊城大学生物标本馆”入选山东省科普示范工程项目；“打造科普育人‘新势力’，推动科教资源共建共享”入选山东省科协典型好案例，“人体成分分析检查活动”获评山东省 2023 年全国科普日优秀活动。学校科学技术协会获评“2023 年度山东省科协高校科协工作表现突出集体”，1 名同志获评“2023 年度山东省科协高校科协优秀工作者”。

6. 建设机构知识库创新知识管理模式

机构知识库，是对机构创造和产出的各类知识成果进行系统收集、集中管理、长期保存和广泛传播利用的综合知识管理系统。2023 年，学校启动建设聊城大学机构知识库，并于年底完成系统部署，并上线运行。该系统采集了学校自 1974 年建校以来全体师生的学术成果，形成学术资源库，同时提供成果的发布、检索、存取和多维度统计和分析，全面支撑学校科研职称评审、教学服务、学科研究、科研及决策等工作。通过建设该系统，实现了学校学术成果从多头分散管理到集中统一管理、从数字化管理到智能化管理的转变，提升了学校学术成果管理的信息化智能化水平。

（六）提高学术交流水平

学术交流是提升学术水平与促进创新人才成长的重要方式，学校高度重视学术交流工作，鼓励教职工参加符合本学科方向发展和专业建设要求的学术组织和学术会议，鼓励各学院、科研院（所）举办高水平的学术会议。2005—2010 年，在各种政策的鼓励和支持下，学校的学术交流活动日益频繁，专家报告的学术造诣不断提升。2010 年 4 月，为确保学术交流活动高效开展，学校出台《聊城大学关于加强学术交流活动的规定》，设立“聊大讲坛”，积极邀请在国内外有较大影响的著名专家学者及社会知名人士来我校举办面向全校师生的高层次、高水平学术报告（讲座），并设立专项基金对相关学术交流活动进行资助，学术交流与学术活动的规模和质量快速提升。

1. 高层次学术会议已成学术活动开展常态

在自然科学领域，2005 年 1 月至 2024 年 6 月，学校先后举办海峡两岸系统科学与控制学术前沿论坛、矩阵半张量积理论与应用研究中心与莫斯科国立大学学术交流与合作视频会议、第十四届计算纳米科学与新能源材料国际研讨、2022 可持续能源发展国际会议——聊城大学化学储能与新型电池技术分论坛、2022 年世界运河沿岸景观发展国际会议等 5 场国际性学术会议；中国运筹学会不确定系统分会年会暨不确定理论研讨会、控制理论及应用学术前沿动态研讨会暨青年学者论坛、2012 年中国矩阵理论与数值代数会议、全国偏微分方程学术会议暨第八届山东省微分方程学术会议、国家测绘地理信息局智慧城市时空信息云平台分领域评价指标体系探讨会、第七届全国地衣生物学研讨会、中国矩阵理论与数值代数学术会议、2021 第三届 TCCT 逻辑系统控制专题大会暨第 17 次《中国科学：信息科学》前沿学术沙龙、聊城大学生物医药学科高质量发展论坛暨大分子药物与规模化制备全国重点实验室研究方向研讨会、黄河流域槐文化及产业发展研讨会、

2023矩阵半张量积前沿论坛、中国湿地论坛（第七届）暨中国生态学学会湿地生态专业委员会2023年学术年会等12场全国性学术会议；光通信科学与技术专题、抗体药物暨纳米药物与缓控释药物制剂国际研讨会、光电子材料与器件专题、纳米药物与释药系统专题、生物传感和纳米生物技术专题、新型发光材料与器件专题、信息电子材料与器件专题等7场泰山学术论坛；山东省化学化工学会无机专业委员会会议、山东省第四届分析化学年会暨国家自然科学基金申请讨论会、山东土木建筑学会建筑教育专业委员会2015年度工作会议、2016首届中兽药研发与应用高峰论坛暨山东省中兽药协会成立大会、山东物理学会2016学术年会暨物理学院（系）院长（系主任）联席会议、山东地理学会2019年学术年会、山东省大数据研究会医学分会、全面振兴山东省中兽医药发展创新研讨会议、省先进材料产业链创新发展推进会暨2022山东省材料大会等50余场全省性学术会议。科研领域学术会议繁荣发展，学校学科建设水平、科研创新能力和学术影响力持续增强，热爱科学、崇尚创新的氛围更加浓厚。

2005年以来，人文社会科学各学科，围绕学术前沿、理论创新、理论宣讲等积极开展学术交流，举办高层次学术会议共计160次，其中，国际性学术会议14次。“太平洋岛国研究高层论坛”“《太平洋岛国发展报告（2021）》学术研讨会”“中国—太平洋岛国应对气候变化高端对话会”“小岛屿国家可持续发展与气候变化应对学术研讨会”“北冰洋研究论坛”“中韩幼儿体育高峰论坛”“国际萨满与高寒地区人类学理论与研究”“第四届海峡两岸海上丝绸之路学术研讨会”“首届中澳合作论坛”等高端国际学术会议，大幅提升了学校人文社会科学的学术影响力和各科研平台的知名度。

“大运河文化带研讨会”“第七届出土文献与中国文学史研究学术研讨会”“中国蚩尤文化研讨会”“山东省社会心理学会学术会议”“中国当代乡土文学创作研讨会”“第五届全国高等院校曲艺教育峰会”“‘中国共产党治国理政七十年’高峰论坛”“大数据时代与学术期刊的命运”“史研究会2019年年会暨庆祝新中国成立70周年学术研讨会”“全国谢榛研究暨运河文化学术研讨会”“冀鲁豫三省七市区域法治论坛”；山东社科智库沙龙——山东省大运河国家文化公园建设路径及对策座谈会；汉藏语言文化专业委员会第三届学术研讨会；海源阁藏书暨中国历代图书文化史研究学术研讨会；第五届世界民族中青年学者论坛；黄河流域文化遗产保护与研究等全国性、全省性学术会议举办146次。新冠疫情期间，学校克服疫情反复带来的各种困难，鼓励学院围绕学科特色，通过线上、线下相结合的方式，召开大型学术会议16场。高端学术会议的举办不仅提高了学校的教学水平，促进了学校的发展和改革，还为学校的人才培养、学院的建设、科研水平的提高以及可持续发展等方面发挥了极其重要的作用。

2.“聊大讲坛”成为学术交流知名品牌

“聊大讲坛”是聊城大学进一步增强科研的开放意识，拓展科研的合作平台，搞好校内外学术交流，拓宽学术视野，加大人文科学与自然科学的融合，努力营造浓厚的学术气氛，创造一种自由、富有时代气息的学术空间的一项重要举措。“讲坛”鼓励各单位按照促进学科建设、提高学术水平、有利于人才培养的原则，积极邀请国内外有较大影响的专家学者及社会知名人士来校讲学，举办面向全校师生的高层次、高水平的学术报告；学校设立专项基金，对于符合《聊城大学关于加强学术交流活动的规定》资助条件的专家给予资助；报告的文字和音像资料在“聊大讲坛”网站公布，实现资源全校共享。

2010 年 4 月，学校设立“聊大讲坛”。截至 2024 年 6 月，学校共邀请到中国科学院郑守怡院士、魏江春院士、吴培亨院士、石钟慈院士、张景中院士、江松院士、钱逸泰院士、李景虹院士，中国工程院刘秀梵院士、沈昌祥院士在内的 270 余位自然科学领域著名专家学者，冯宏良、胡德坤、季水河、张凤阳、苗福光、韩东育、侯惠勤、何诗海等 202 名人文社会学科知名专家学者做客“聊大讲坛”，进一步提升了学校学术影响力，为高层次科研立项和成果产出营造了良好的学术环境。自 2018 年起，学校每年精选“聊大讲坛”中的精彩内容，以文字形式结集汇编，印制《聊大讲坛》，至今已连续编印 6 年。聊大讲坛已经成为学校学术交流的品牌，成为传播学术声音、营造学术氛围的名片。

三、提升办刊水平　扩大学术影响

学术期刊是开展学术研究交流的重要平台，是展现学校学科发展和学术水平的重要窗口。学校党委和行政高度重视学报建设与质量的提升，完善编辑部机构设置，成立信息技术中心和编务中心，优化编委会成员组成结构，加大经费投入，学报办刊水平不断提高，与学校科研创新发展相互促进、相得益彰。经过 20 年的励精图治、砥砺发展，两个学报均取得了斐然成绩。

（一）《聊城大学学报（社会科学版）》办刊特色进一步彰显

《聊城大学学报（社会科学版）》是山东省教育厅主管、聊城大学主办的社会科学综合性学术理论刊物，1982 年创刊，现为双月刊，大 16 开本，156 页，单月 15 日出版，国内外公开发行。国际标准连续出版物号：ISSN1672—1217；国内统一连续出版物号：CN37—1401/C。

学报（社会科学版）坚持弘扬主旋律、传播正能量，积极主动讲好中国故事、传播好中国声音，及时反映社会科学理论研究的最新成果，展现国家科技创新力、文化软实力和中华文化影响力。常设栏目主要有：华北区域社会研究（特色栏目），马列·科社、经济研究、历史研究、文学研究、教育研究等。2005年1月至2024年6月，学报共出版117期，刊发稿件2000余篇，其中被人大报刊复印资料、《新华文摘》等二次权威文献转载近百篇次。目前已被国家哲学社会科学期刊数据库、中国知网、万方数据、重庆维普等国内外大型数据库全文收录。

近年来，学报（社会科学版）整体影响力稳步提升，办刊特色进一步彰显。2010年，荣获第四届“全国高校优秀社科期刊”，“运河研究”栏目获评“全国高校文科学报特色栏目”；2014年，荣获第五届“全国高校优秀社科期刊”，“华北区域社会研究”栏目获评“全国高校文科学报特色栏目”；2019年，荣获第六届“全国高校社科精品期刊”，“华北区域社会研究”栏目再次获评“全国高校文科学报特色栏目”；2023年，荣获第七届“全国高校优秀社科期刊”，首次入选“中国人文社会科学综合评价AMI”扩展期刊。

（二）《聊城大学学报（自然科学版）》学术影响力不断增强

《聊城大学学报（自然科学版）》系山东省教育厅主管、聊城大学主办的自然科学类综合性学术刊物，1988年创刊，国内统一连续出版物号：CN37—1418/N；国际标准连续出版物号：ISSN1672—6634。

2005年1月至2024年6月，学报（自然科学版）共出版89期，刊发优质稿件1900余篇。2018年以来，学校每年拿出80万元的优质稿专项基金给予支持，开启了提质增效建设之路；成立了编委会，优化栏目设置，优质稿源进一步扩大；坚持依法、依规办刊，完善和落实“双盲审”和“三审三校”制度，严格把控优质稿审校和学报印制质量。同时，学报网站、微信公众号、OSID平台和网络首发等融媒体出版平台建设也得到了长足发展。2019年，学报由季刊改为双月刊。2021年，成功申请邮发代号24—293。2023年，学报栏目进一步优化，特色更加突出，以更好地服务学校高质量发展。目前设置的栏目主要有：新材料与智能制造、光纤通信与信息处理、智能控制理论与应用、生命科学与医药健康、绿色化学与新能源等。

2012—2016年，学报（自然科学版）连续5年被教育部科技发展中心评为中国科技论文在线优秀期刊二等奖；2017年，刘庆松获得山东省第六届优秀编辑称号；2020年，学报被评为RCCSE中国准核心学术期刊（B+）；2021年度编辑部被中共山东省委宣传部通报表扬为新闻出版统计工作优秀单位；2022年，学报被中国高校科技期刊研究会评为中国高校优秀科技期刊，并入选国家重点研发计划资助项目“专业内容知识聚合服务平台创新服务示范单位”；2023年，学报（自然科学版）在中国知网的复合影响因子达1.116，在全国287家同类期刊中排名第57位，影响力指数（CI）排名第87位，居山东省同类期刊前列。

第五节　师资队伍建设工作

教师是立教之本、兴教之源，是高校持续发展的根本动力和保证，是教育发展的第一资源。师资队伍建设直接关系到学校事业发展高度和人才培养质量，是办好教育的重中之重。培养造就一支师德高尚、业务精湛、结构合理、充满活力的高素质专业化教师队伍，是学校深化高等教育综合改革，实现高质量内涵发展、融合发展、特色发展的重要支撑和关键因素。近年来，学校自觉坚持以习近平新时代中国特色社会主义思想为指导，坚持党管人才，贯彻党的教育方针，以立德树人为根本任务，主动适应国家战略发展新需求和世界高等教育发展新趋势，实施“人才兴校”战略，以优化结构和提升质量为核心，以领军人才和高层次人才引育为突破点，以引育优秀青年博士扩大教师队伍总量为着力点，以健全人才工作平台为载体，以改革和创新人才评价机制体制为动力，以优化人才发展环境为保障，紧紧抓住引进、培养和用好人才 3 个环节，打造师德引领、人才引进、人才培育、人才激励四大系统工程，加强人才工作和人才队伍建设，为建设国内知名、特色鲜明的一流区域高水平应用型大学提供强有力的人才保证和智力支持。

一、优化师资队伍建设体制机制

20 年来，学校坚持贯彻落实党管人才原则，把人才队伍建设作为“一把手”工程来抓。积极构建了统分结合、上下联动、协调有力、整体推进的人才工作体制，切实形成了校党委统一领导、校人才工作领导小组统筹指导、领导小组办公室牵头抓总、职能部门各司其职密切配合、各二级学院主体实施的人才工作格局。

（一）明确师资队伍发展战略目标

2009 年 11 月，学校第三次党代会成功召开，会议提出坚定不移地推进人才高地建设工程，要切实把教师和科技人才摆在“人才高地建设”的核心位置。会议要求，要努力建设一支规模适度、结构优化、学风优良、后劲充足，具有创新精神和竞争能力的教师队伍。通过灵活运用各种政策，特事特办，特薪特酬，在学科领军人物引进上实现新突破；通过继续实施教师知识更新计划，在不断完善校聘优秀人才工程的基础上，探索实施具有聊大特点的人才工程项目；通过进一步深化人事分配制度改革，建立由品德、知识、能力、业绩等要素构成的教师评价体系。

2015 年 7 月，学校第四次党代会成功召开，会议强调要着力推进五大战略，其中之一是坚持人才强校战略。会议要求，把人才资源作为学校发展的第一资源，创新观念，广聚人才，在集聚、培养、使用和激励机制等方面积极探索，建设一支结构合理、德才兼备、富有创造活力的高水平人才资源队伍。建立学科、专业、课程相结合的人才引进机制，建立相对稳定的人才引进渠道，积极探索灵活多样的用人机制；加强教师发展中心建设，开展各种形式的教师发展和教学技能训练项目；完善岗位分级分类管理和考核评价，深化教师聘任制度改革和绩效分配制度改革，激发人才队伍活力。

2021 年 4 月，学校第五次党代会成功召开，会议坚持质量立校、学科强校、人才兴校、特色亮校、开放活校，重点实施“九大工程”，其中之一是实施“优秀人才队伍建设工程”。会议要求，要牢固树立“人才是第一资源”的理念，坚持高端引领、引育并举、创新机制、激发活力的原则，不遗余力、不留遗憾地强力推进人才强校，建设一支师德高尚、业务精湛、结构合理、充满活力的高素质专业化人才队伍。建立“一院一清单”引才机制，推行“一学科一策、一人一策”人才引进模式；深化教师考核评价制度改革，构建以岗位绩效工资为主体的多元收入分配体系；实施教师水平提升工程，进一步完善聊城大学荣誉体系建设。

（二）构筑师资队伍发展路径

2005 年 8 月，学校“十一五”发展规划正式颁布实施，明确提出实施人才强校战略。要求加大高层次人才引进力度，构筑人才高地；实施“中青年学术骨干”培养工程和“大学手拉手”工程，加大对校内中青年学术骨干培养的力度；加大外聘兼职教授、客座教授的力度，建立一支结构合理、素质优良、充满活力的高水平教师队伍。

2011 年 2 月，学校“十二五”发展规划正式颁布实施，明确提出坚持人才高地建设战略。把高层次人才引进作为人事整体工作的突破口，充分利用重大科研项目、重点学科、重点实验室和国际学术交流与合作项目，培养和汇聚高层次创新人才；建立高层次人才发展基金，优先保证并逐年加大高层次人才发展投入；实行人才高地建设目标责任制，确保完成博士以上学位教师建设目标。

2016 年 10 月，学校“十三五”发展规划及人才队伍建设专项规划提出：要以培育和引进重点学科的领军人才为重点，加强高层次人才队伍建设；以重点研究基地、创新平台、重点项目为平台，推进团队建设；以国际化提升工程为抓手，全面提升中青年骨干教师的学术竞争力和整体素质；以进一步深化人事制度改革为动力，完善人才分类管理和考核机制、人才评价体系；建设一支规模适中、结构合理、动态优化、充满活力的教师队伍，全面提升学校的学术竞争力和社会影响力，促进学校的持续、健康、快速发展。

2021 年 5 月，学校“十四五”发展规划提出实施“优秀人才队伍建设工程”。坚持人才引领发展的办学理念，不断完善求才聚才体制机制、提升用才兴才治理效能；着力在激活存量、扩大增量、提高质量上下功夫，建成一支数量充足、结构合理、德才兼备、业务精湛，与学校办学目标相适应的人才队伍；建立与学校事业发展相协调，与学科专业建设、人才培养、科学研究等方面制度相配套，与人才成长规律相适应，统一高效、责任明确、充满活力的人才工作新机制。

（三）健全师资队伍工作机制

学校坚持党管人才，落实“师德师风第一标准”，在人才引进、培养、评价、激励等方面不断探索工作机制创新，努力形成工作合力。

2010 年 3 月，学校成立高层次人才办公室，负责贯彻上级人才工作政策，做好高层次人才的引进、培养、管理与服务，统筹推进国家、省各类重大人才项目的实施等。2017 年 2 月，学校调整了人才工作领导小组，由党委书记任组长，校长任副组长，领导小组下设人才引进考察组。2021 年 9 月，成立党委人才工作领导小组，构建了以工作机制、人才政策、目标任务为基础的党管人才工作体系和推进机制。

2018 年 4 月，学校成立“党委教师工作部（教师发展中心）”，统筹协调学校教师思想政治和师德师风建设工作；2019 年 12 月，学校成立“师德师风建设委员会”，2021 年 12 月，教师工作部和人力资源处合署办公。2022 年 2 月，学校对师德师风建设委员会成员做出调整。2023 年 3 月，成立学校党委教师工作委员会，进一步加强了党对教师工作的领导，完善了学校教师思想政治和师德师风建设工作体制机制。

完善的组织机构、规范的议事程序、有序的上下衔接，使得师资队伍和人才工作顺利开展，在实践中形成了学校党委统一领导、部门齐抓共管、学院积极落实的工作运行机制，开拓了有规划、有部署、有落实、有保障的良好工作局面。

二、完善师资队伍引培体系

学校坚持师德为先，通过引进充实、培养提高、稳定提升相结合，构建定位明确、梯队合理、可持续发展的师资队伍引进培养支持体系。

（一）加强师德师风建设

学校大力加强教师思想政治教育，不断健全师德师风建设长效机制，推动师德师风建设常态化长效化，引导广大教师以德立身、以德立学、以德施教。

2012 年，学校出台《教师职业道德规范》，在爱国守法，依法从教；爱岗敬业，恪尽职守；关爱学生，教书育人；为人师表，自尊自律；崇尚科学，严谨治学；团结合作，顾全大局；终身学习，奋发进取；服务社会，勇于担当等八个方面明确了教师职业道德规范行为。

2016 年 3 月，学校出台《关于建立健全师德建设长效机制的实施意见》，在剖析新时期建立健全学校师德建设长效机制的重要性和迫切性基础上，确立了建立健全师德建设长效机制的原则和要求，明确了师德建设长效机制的主要措施和责任单位。

2017 年 1 月，学校出台《学术道德规范》和《关于学术不端行为处理实施办法》。明确了需要遵守的学术道德规范以及违反学术道德行为规范的处理方式，明确了学术不端行为的认定、调查与申诉以及处罚。

2018 年 11 月，学校出台《关于举行教职工荣退仪式的意见》，明确了承办单位、举行时间、参加人员及仪式基本内容，对即将退休的教职工表示感谢和欢送，增强他们的荣誉感和归属感。

2019 年 8 月，学校出台《教师宣誓活动实施办法》，对宣誓誓词、时间安排、活动要求、宣誓程序等方面进行了规定，切实增强教师教书育人的责任感、使命感和荣誉感。

2019 年 12 月，学校出台《师德失范行为负面清单及处理办法（试行）》，明确了师德失范行为负面清单、处理机制、惩处办法，并规定了实行师德师风建设主体责任制和责任追究制度，进一步规范了教师履职履责行为。

2021 年 10 月，学校出台《关于加强和改进新时代师德师风建设的实施意见》，明确了新时代师德师风建设的指导思想、基本原则、建设目标、建设举措、建设保障，并发布了师德师风建设考评指标。把师德师风建设作为教师队伍建设的第一要务，作为评价教师队伍的第一标准，作为提升新时代教师素质的首要任务。

2022 年 12 月，学校出台《师德师风考核办法（试行）》，明确了师德师风考核的意义原则、考核内容、标准与等次、考核组织与实施以及考核结果应用。将师德师风考核作为年度考核的一部分，将师德师风考核居于教师考评体系的首要位置，引导教师自觉担当新时代教师神圣使命。

（二）构建师资队伍培养体系

学校以高质量发展为主线，打造多维教师培训体系，实施新入职教师专业能力培养工程、教师教学能力提升工程、教师学术能力提升工程等“三大工程”，全面建设高素质专业化创新型教师队伍。

1. 新入职教师专业能力培养工程

2005 年以来，学校不断探索完善新入职教师培训模式、与时俱进更新培训内容，组建了校内校外相结合的高水平培训专家队伍，构建了线上线下相结合的培训模式，逐渐形成了新入职教师集中培训与常规培训相结合的培训体系，实现了新入职教师上岗培训全覆盖。

2020 年，编制了《聊城大学教师工作手册》，帮助青年教师了解高等教育的国情与校情，助力青年教师快速成长。

2020 年，出台《聊城大学新入职教师职业准入制度实施办法》，明确规定新入职教师必须过四关（岗前培训、教育实习、师德师风、岗前考核），考“三证”（山东省高校教师资格证书、聊城大学本科教学主讲教师资格证书、聊城大学教师职业资格准入证书），才能上讲台。这是我校历史上首次实施新入职教师职业准入制度，走在了山东省高等学校教师队伍建设的前列。

2. 教师教学能力提升工程

围绕立德树人根本任务，提升新入职教师教学能力、培养骨干教师、培育教学名师，有计划、分层次、有成效地开展教师教学能力培养、培训和提升工作。

2007 年 6 月，成立了山东省教育厅高校师资培训聊城中心，圆满完成了高校教师岗前培训任务、高校教师现代教育技术培训、骨干教师英语培训、高校教师网络培训、高等学校教师资格认定等工作，承担了“高校优秀骨干教师国际合作培养项目管理系统”的软件开发工作。

2019 年 12 月，在西交利物浦大学举办首次教学管理国际化研修，培训围绕“以学生为中心”的研究导向型教育主题展开，帮助教师更新教学理念，实现从“以教师为中心”到“以学生为中心”的转变；2020 年 10 月，在浙江大学开展“一流专业、一流课程建设”专题研修班，聚焦一流专业、一流课程申报与建设，全面学习以人才培养为中心的理念与经验，提升对一流专业、一流课程申报与建设的全面理解；2021 年 8 月，在国家教育行政学院首次组织思政课教师教学能力专题研修，提升了思政课教师教学能力。

2021 年以来，为推进教育教学改革，引导教师主动求变，推动课堂走向高阶教学，提升人才培养质量，举办了一系列更新教学理念、提升教学能力的专题培训。2021 年 3 月，举办《基于成果的教育 OBE》的专题讲座，助力教育教学改革；2023 年 3 月，举办应用型大学建设与教师教学能力提升发展论坛，改变课堂教学教师“满堂灌”和学生“低头族”现象，推动课堂走向高阶教学；2023 年 10 月，举办 BOPPPS 有效教学设计与实操工作坊，提升教师教学设计能力。

聚焦教师数字化教育教学意识和能力提升，强化数字化技术运用培训。2022 年以来，组织教师参加学堂在线主办的混合式教学设计创新大赛特等奖获奖教师经验分享会、超星尔雅集团主办的教学新模式云端研讨会；组织教师参加高校教学创新与实践研讨会，引导教师创新混合式教学模式，推进教学数字化转型；在新入职教师岗前培训中专门设置了“PPT 设计思维与高级技巧”“超星信息化网络教学平台使用技巧”等软件和网络平台专题培训，促进教育教学与教育技术融合发展；举办《高校课程智慧化教学策略与教学技能提升》《数字化教学转型背景下以“学生为中心”混合式教学重构设计》专题讲座，探索智慧教育环境下“以学生发展为中心”的教学实践创新方法，实现从传统课堂教学到以“学生为中心”的翻转课堂混合式教学的转变。

3. 教师学术能力提升工程

学校以引领学术发展为中心，以学科建设、科学研究等内容为主题，通过学术讲座、学术论坛、学术交流等方式开展各类培训，促进教师学术能力提升。

2002 年 11 月以来，学校先后制定《教师知识更新计划》《聊城大学教师出国（境）研修暂行办法》《聊城大学教师国内进修管理办法》《聊城大学关于教职工报考研究生的暂行规定》等相关文件，积极支持教师到国内外高水平大学或科研机构攻读博士学位、进修访学，优化教师队伍学历、学缘结构，提升教师学术能力。

举办专题研修班，提升教师高等教育理念。2017—2019 年，在厦门大学先后举办四期学科建设骨干高级研修班，围绕地方大学办学理念与学科建设的思路、学科建设组织化、高校内涵发展与院系战略规划、高校的社会服务与特色发展、新时代高等教育及本科教育改革、高校人事制度改革专题、国际视野下的教师发展等主题开展研修，共培训学员 139 名。2018 年 11 月，在北京科技大学举办首期科研管理干部高级研修班，聚焦新时代高等教育新形势和全国教育大会精神，瞄准科研工作具体环节，围绕国家社会科学（自然科学）基金申报、教学与科研关系、科研管理能力提升等方面开展培训，教学科研单位主管副院长、科研秘书等 39 人参加培训。

举办科研项目申报专题讲座，提升教师获批重大项目能力。2018 年 11 月，邀请国家 863 信息技术领域项目评审专家朱建勇对我校 863 项目申报工作进行了指导；2019 年 9 月，邀请中央党校陈玉仑、上海交通大学周广东作国家基金申报辅导讲座，2021 年 10 月，邀请我校化学储能与新型电池技术重点实验室主任窦建民作《国家自然科学基金项目申报与注意问题》专题讲座，帮助教师了解国家基金的评审要求，提高项目申报质量和申报成功率。

（三）加大师资引进力度

学校坚持引培并举，在大力实施人才培育基础上，不断加大优秀师资引进力度，采用举办国际青年博士论坛，参加人才招聘会直接引才、做大“人才朋友圈”以才引才、“不求所有，但求所用”柔性引才等多种形式积极开展师资引进工作。

2007 年，学校出台《聊城大学人才引进暂行规定》，新进人员实行公开招聘制度，根据标准条件和工作程序，按照“公开、平等、竞争、择优”的原则，对新进人员实行公开招聘，凡进必考，择优聘用，确保人才引进质量。

2014 年，学校下发《聊城大学人才招聘工作暂行办法》，着眼于建设“应用型人才培养特色名校”的目标，进一步规范人才招聘程序。

2017 年以来，学校先后出台《关于调整我校青年博士引进相关政策的通知》《聊城大学引进青年博士暂行办法》《聊城大学高层次人才引进实施办法》等文件，人才引进政策体系不断完善。

2021 年，学校修订了人才引进政策，突出需求和质量导向，对人才进行科学评价，分类引进，注重实绩、能力和贡献，同时严把政治关和师德关，加强心理健康测试，进一步提升引才质量。

经过不懈努力，近 20 年来，学校新进教师近 1900 人，其中博士 1000 人，博士中 70% 以上毕业于国内 985、211 高校或国外著名大学。新进教师数量和质量逐年提升，尤其是“十四五”以来，学校实现了每年新进优秀博士过百人的目标，切实为推进学校内涵建设、高质量发展、增强办学实力提供强有力的人才支持。

三、建设高层次人才队伍

学校坚持党管人才，着力强化高层次人才工作的战略谋划；坚持需求导向，着力构筑高层次人才引育的“金字塔”；坚持拓基筑峰，着力加大高层次人才培育力度；坚持考核激励，着力激发高层次人才工作的动力活力，逐渐缓解高层次人才短缺的问题。

（一）实施高层次人才汇聚工程

2005 年，学校“山东省有突出贡献的中青年专家”实现了零的突破。2006 年，实施“海内外智力引进工程”，制定了《特聘教授管理办法》《兼职教授、兼职教师管理办法》，聘请了 8 名海外兼职教授，使我校的海外人才工作有了大的进展。2007 年，学校成功获得了分析化学“泰山学者”特聘教授岗位，成功全职引进了刘继峰教授。“泰山学者”岗位申报成功，标志着我校高层次人才队伍建设上了一个新台阶，人才高地迅速崛起。

2010 年，学校召开了高层次人才政策发布会，首次发布《聊城大学高层次人才引进与管理办法（暂行）》（聊大校发〔2010〕2 号），聘请抗体药物国家工程中心主任郭亚军教授和中国工程院院士黄伯云教授分别担任药学院院长和有色金属研究院名誉院长、学术委员会主任，聘请了包括吴培亨院士在内的 8 位特聘教授，实现了我校学科领军人物和学科带头人引进的新突破。

2014 年，学校出台《聊城大学高层次人才引进与管理办法》（聊大校发〔2014〕98 号），2021 年 12 月，学校出台《聊城大学高层次人才引进实施办法（试行）》（聊大委〔2021〕140 号），对优秀人才实行“一事一议”“一人一策”，满足人才对工作方式、生活环境、平台搭建、团队配备等方面的个性化、多样化要求，积极引进高层次人才，努力打造教师雁阵梯队。2018 年以来，全职引进“一事一议”人才 27 人，其中外籍高层次人才 12 人，8 人获批“泰山学者青年专家”，标志着学校高层次人才引进迈上了新台阶。

（二）建立高层次人才激励支持体系

2002 年 10 月，学校发布《聊城大学优秀人才津贴实施办法》（聊大校发〔2002〕36 号），决定实施优秀人才津贴制度，标志着我校人才工程进入起步阶段。为了进一步加强高层次人才队伍建设，2006 年 6 月出台《聊城大学关于校聘优秀人才岗位竞聘办法》（聊大校发〔2006〕51 号），分 3 个层次设立校聘优秀人才岗位，提升了学校优秀人才干事创业的积极性。

2014 年，学校出台《聊城大学“百人计划”管理办法》，2015 年 3 月，学校发布《关于公布聊城大学首批“百人计划”入选名单的通知》，标志着我校“百人计划”人才工程全面实施。首批遴选出“百人计划”79 人，遴选条件突破年龄、资历等限制，以工作实绩为重点，在全校引起较大反响。

2018 年，在《聊城大学“百人计划”管理办法》基础上，出台《聊城大学“光岳学者”“光岳英才”“光岳新秀”支持计划》（聊大校发〔2018〕66 号），进一步加大优秀人才支持力度，完善优秀人才选拔培养和待遇保障机制。2022 年，出台《聊城大学“光岳人才工程”实施与管理办法》，文件严格落实“破五唯”精神，删除 2018 年 66 号文中关于人才称号的使用，打破学历与职称限制，突出水平、能力与贡献。坚持激励约束并重原则，在适当提高人才津贴标准的基础上，加强聘期考核，突出契约精神，进一步树立尊重人才、尊重知识的价值导向，充分调动入选者的积极性与主动性，助推持续产出高质量的教学科研成果。

2021 年，学校制定《聊城大学“光岳青年学者创新团队”遴选与管理办法》（聊大校发〔2021〕81 号），坚持引育并举、专兼结合的原则，组建了 10 支具有突出创新能力和发展潜力的青年学者创新团队。

学校的人才政策综合接续发力，相互衔接，培养了一批跨学科专业、多领域融合发展的复合型高层次人才。2020 年以来，新增泰山学者特聘教授 2 人，泰山学者青年专家 15 人，泰山产业领军人才 2 人；获批享受国务院政府特殊津贴 2 人；入选山东省理论人才“百人工程”4 人；入选山东省智库高端专家 4 人；入选“山东省重点扶持区域引进急需紧缺人才”5 人，实现了人才数量的明显增加和人才质量的显著提升。

（三）健全高层次人才服务保障机制

强化服务意识，切实为高层次人才做好事、办实事、解难事，为引进人才提供良好的工作条件和生活环境，形成浓厚的尊重人才、爱惜人才、关心人才的氛围。

2010年1月，学校出台《关于建立学校领导联系专家制度的意见》（聊大校发〔2010〕8号），2021年10月，学校修订了《关于建立学校领导联系服务专家制度的意见》（聊大委〔2021〕117号）。通过建立学校领导联系专家制度，密切校领导与高层次人才的联系和沟通，拓宽专家建言献策渠道，增强学校对优秀人才的吸引力、凝聚力和感召力。校领导主动与联系专家开展谈心谈话工作，精准了解人才状况，帮助其解决工作、学习和生活中的困难，提升人才对学校的归属感，调动人才工作积极性和主动性。

学校多措并举做好“放管服”工作，进一步提升服务意识。落实人才安居保障，给予引进人才购房补贴，不断改善住房条件；帮助解决子女入学问题，打破学区限制前往聊城重点中小学就读；落实高层次人才政策待遇，发放高层次人才科研经费和生活津贴;为高层次人才办理惠才卡，一对一配备服务专员，提供政策咨询、待遇落实、人文关怀，彻底打通高层次人才服务政策落实落地的“最后一公里”，构建覆盖全校、上下贯通、职责明确、精准高效的高层次人才服务体系，为教师安心工作、聚焦主业提供坚强保障，

四、深化人事人才制度改革

学校不断深化专业技术岗位人员竞聘体制机制改革，建立科学合理的分类评价标准，不断完善以品德、能力和业绩为导向的竞争激励机制，努力营造人人渴望成才、人人努力成才、人人皆可成才、人人尽展其才的人才聚集氛围和工作环境。

（一）积极探索专业技术岗位设置与聘用实践机制

创新专业技术岗位评价机制，探索分类评审及聘用办法，建立科学评审机制，切实提高专业技术岗位评聘科学化水平。

2003年2月至2011年6月，学校积极探索专业技术岗位设置与聘用实践机制，先后制定印发《关于竞聘晋升专业技术岗位的实施办法》《聊城大学关于进一步深化人事制度改革的实施意见》《聊城大学竞聘晋升专业技术岗位指导意见》等文件，首次开展自主评聘，将教授四级岗位评审权下放二级学院，推进学校专业技术岗位设置与管理工作进一步科学化规范化。

2012年学校先后出台了《聊城大学岗位设置与聘用实施意见》《聊城大学专业技术岗位设置与聘用实施办法》等文件，落实国家职称岗位评聘精神，首次实施专业技术岗位分级管理，确定了“先入轨，后规范，因事设岗，精简效能”的聘用原则。在具体实施过程中，坚持公开、平等、竞争、择优的原则，按岗聘用，竞聘上岗。2012年11月19日，学校隆重召开首次岗位聘用大会，下发了聘用文件，颁发了聘用证书，兑现了岗位待遇。

2017 年 6 月，学校印发《聊城大学专业技术岗位竞聘晋升办法》，从评审制度、评审内容、评审方法、考核评价等方面进行全方位改革。各单位自主确定任职条件，自主设定评审程序，自主对申报教授职称人员实行专家评价，启动岗位聘用工作。岗位聘用遵循突出重点、兼顾一般的原则，突出教师办学主体地位，兼顾其他专业技术岗位的协调发展，实现由身份管理向岗位管理用人机制的转轨和过渡。

2021 年，学校深入贯彻新时代教育评价改革方案精神，深化岗位竞聘，坚持不唯学历唯能力，不看资历看贡献，不看称号看水平，先后制定并印发了《聊城大学专业技术岗位设置与竞聘管理办法（试行）》《聊城大学专业技术岗位晋级办法》等文件，切实改变了“一把尺子量到底”的评价模式，实现了人岗相适、人尽其才。专业技术岗位设置与聘用实现了破“五唯”，优化了岗位竞聘评价标准。学校打破常规，把专业技术岗位晋级方式分为直聘和竞聘两种，教学科研水平高、服务社会能力强的教师可通过认定方式直聘晋级到教授二级、副高一级等岗位。在岗位竞聘改革中，学校坚持权责下放，“一院一策”开展自主竞聘，做到不同学科的多元精准评价。

（二）全面实施岗位聘期管理考核

2012 年 1 月，学校印发《聊城大学专业技术岗位人员考核管理办法》（聊大校发〔2012〕4 号），标志着我校聘期考核拉开了序幕。届满考核结果分合格、不合格两种类型。届满考核不合格人员，下一聘期不能申报同层次及以上专业技术岗位。共进行了 2 次。

2021 年 10 月，学校印发《聊城大学专业技术岗位人员聘期考核管理办法》（聊大校发〔2021〕89 号），文件全面落实新时代教育评价改革精神，破除“五唯”痼疾，全面考核专业技术岗位人员的综合表现，重点考核工作绩效。文件强化考核结果应用，对于考核合格人员，续聘至同级别岗位等级；考核不合格，聘至低一级岗位等级，低聘人员须参加正常岗位竞聘晋升程序方可晋升。2020 年 1 月后学校发文新聘用到相应专业技术岗位人员执行本办法。2020 年 1 月前学校发文聘用到相应专业技术岗位且原聘期未满人员参照本办法考核，考核结果报学校备案。截至目前已开展 4 次聘期考核，并将聘期考核结果运用到 2022 年 9 月开展的专业技术岗位晋级工作中。构建形成了专业技术岗位人员的正向激励和负向激励有机统一的闭环管理制度体系，实现了自主聘任、聘约管理、能上能下的良性循环。

（三）不断完善绩效激励制度，激发教师的工作活力

绩效激励政策是引导教师干事创业、教书育人的重要手段。学校逐步落实上级部门的绩效评价要求，结合学校发展规划和目标，不断健全和完善绩效工资激励机制建设，绩效分配坚持以岗定薪、责薪一致，按劳分配、多劳多得，强化考核、

突出实绩的原则，充分调动了教师的积极性和主动性。

2006年制定出台《关于制定新一轮岗位津贴分配方案的指导意见》及《聊城大学教学工作量计算办法》，统一规范教学单位校内津贴分配方案，明确了超出教学工作量上限及酬金核算办法、教学质量津贴和科研津贴发放办法，取消了上岗津贴，实现教学单位与教学、科研完全挂钩、党政服务部门与考勤、业绩挂钩，基本建立起了重实绩、重贡献，向优秀人才和关键岗位倾斜，形式多样、自由灵活的分配激励机制。

2013年10月，学校出台《聊城大学绩效考核分配办法（试行）》，建立科学合理的岗位管理制度，加大对重大教学科研成果、学科建设与专业发展成果、优质高效管理成果的激励力度；建立向高层次人才、优秀教学科研人才、优秀团队成员倾斜的分配激励机制。教师的岗位绩效分为基础绩效、年功绩效和业绩绩效三部分，基础绩效和年功绩效体现聘任岗位和资历贡献，业绩绩效体现教师在聘任岗位上完成的教学、科研、服务社会和其他工作的业绩数量和质量，多劳多得，优绩优酬。

2021年10月，学校出台《聊城大学绩效工资实施办法（试行）》，健全完善与教师岗位职责、工作业绩紧密联系的绩效工资分配机制。绩效工资分配立足岗位职责，注重实绩贡献，向教学一线和教育教学效果突出的教师倾斜，有效体现教师课时量和工作绩效；向质量高创新强的科研倾斜，重点评价学术贡献、社会贡献和支撑人才培养情况。学校实行管理岗位与教师人均业绩奖励分配联动机制，构建“绩效分配共同体”，促进管理人员为教师发展提供优质服务。

2021年10月，学校以破除科研评价“五唯”顽疾为导向，出台《聊城大学标志性成果认定办法（试行）》，全面梳理和整合相关职能部门的绩效激励政策，由“相对独立”的分散奖励调整为“相容统一”集中奖励，平衡教学研究与科学研究、科学技术类与人文社科类的绩效贡献关系。标志性成果着重弱化论文数、项目数、课题经费等科研量化指标，突出高水平、高质量，强化应用性成果研究与转化，鼓励教师在提升学校综合实力和核心竞争力等方面，积极从事教学研究、科学研究和发明创造。

（四）健全绩效工资经费拨付机制，激发二级单位的发展动力

学校注重教学科研单位奖励性绩效工资经费来源体系构建，不断激发二级单位发展的动力和创收活力。

为适应学分制改革，建立长期有效的科学管理体系及机制，2007年12月，修订公共课经费和实验课经费核拨办法，采用统一的“每分人均经费”标准，以课程所占学分、选课学生数、实验课人时数为基础数据，不同课程加以系数调节，做到了科学、合理、公平。2013 年 10 月，《聊城大学绩效考核分配办法（试行）》首次提出，建立以教学工作业绩点、科研平台与学科建设业绩点以及人才队伍建设的奖励项目为原则的绩效工资经费核拨办法。2021 年 10 月，《聊城大学绩效工资实施办法（试行）》再次调整，对接学校发展规划和省属事业单位绩效考核评价指标，统筹教学工作量、教学研究、科学研究、学科与平台建设、师资队伍建设、国际合作交流等各项工作，健全以业绩绩效点贡献为核心的经费核拨指标体系，促进教学科研单位全面协同发展，增强服务于学校转型跨越发展的动力。

2022 年 10 月，学校出台《聊城大学业绩奖励性绩效工资、年度考核奖经费来源及使用管理办法（试行）》，按照提升总量、优化结构的原则，完善了业绩奖励绩效工资、年度考核奖经费校院两级分配管理机制，激发教学科研单位利用学科专业优势开展服务社会的积极性、主动性，推动提升学科建设、人才培养、教学科研质量和办学实力。

五、师资队伍建设取得显著成效

20 年多来，通过实施一系列师资队伍建设举措，学校师资队伍建设工作不断取得新进步新成绩，制度机制更加健全，高层次人才脱颖而出，师资数量和质量都实现了历史性突破。

（一）师资队伍建设制度更加健全

2005 年以来，学校积极落实上级有关教师队伍建设的各项规章制度，促进上级文件精神在学校落地生根，不断探索完善教师队伍引进、培养、使用、管理、服务、考核、奖惩等符合聊城大学实际的经验做法，形成了一套完整的教师队伍建设规章制度体系，激发了教师队伍创新活力和内生动力，系统构建了充满活力的人才生态，引导人才竞相成长，激励优秀人才脱颖而出，为加快建设国内知名、特色鲜明的一流区域高水平应用型大学奠定坚实的人力资源基础。

（二）师资队伍整体水平得到较大提升

多措并举保证师资队伍总量稳步、适度增长。学校现有教职工 2578 人，其中专任教师 1966 人，高级职称教师 954 人，占比 48.5%。具有博士、硕士学位教师从 2003 年的 266 人增加到 2023 年底的 2179 人，其中，在职在岗博士从 2003 年的 45 人增加到 2023 年底的 1134 人，学校师资队伍的年龄结构合理，29 岁以下的占 7.4%，30—39 岁的占 33.7%，40—49 岁的占 39.5%，50 岁以上的占 19.4%，已形成以年富力强的中青年教师为主体、老中青结合、结构优化、高素质创新型教师队伍。

（三）绩效激励政策调动了教师和单位的积极性

绩效工资分配坚持多劳多得、少劳少得、不劳不得、优劳优得的分配思想，强化岗位职责考核，突出业绩贡献评价，教师的工作热情明显提升。绩效评价办法引导教师积极从事教学工作，主动开展教学研究，潜心进行科研创新，全面发展，促进教学水平和科研能力的提升。绩效评价结果与年度考核、聘期考核相结合，有力地增强了教师的岗位意识和责任意识。标志性成果认定标准引导教师从自我优势出发，提升科研项目及成果的水平和质量，力求获得新突破和创新性成就。教学科研单位绩效经费来源办法引导单位对标国家或学校发展需求，全面发力、特色发展，主动对接社会需求开展技术服务，推动学院办大学的意识转变，学校的综合实力得到明显增强。

（四）教师队伍建设做法社会反响良好

2022 年，学校先后向省政府办公厅、省人力资源和社会保障厅呈报师资队伍建设案例稿《用好四个“镜头”精准靶向施策——聊城大学打造高水平师资队伍全链条式引育模式》，2022 年 12 月 1 日，时任副省长孙继业对案例稿作出阅签；2022 年 12 月 13 日，时任省委组织部副部长、省人力资源和社会保障厅厅长梅建华阅批工作案例。梅建华指出：聊城大学坚持靶向施策，深化人才引育创新，高水平师资队伍建设成效明显，请人才处牵头，总结聊城大学做法经验，引导更多的用人单位立足实际，探索创新，聚力营造敬才爱才、引才厚才、育才助才、用才兴才的更优生态，为新时代现代化强省建设夯实人才支撑。2022 年 12 月 16 日，《大众日报》第 5 版对我校师资队伍引育模式的做法进行了专题报道。2024 年 1 月，该案例获评 2023 年度山东省教育综合改革和制度创新十大典型案例（教师工作类）。2023 年 1 月 6 日，《中国教育报》以《聊城大学：深化人事制度改革强化教师队伍建设》为题对我校教师队伍建设的做法进行了报道。2023 年 5 月 19 日，《中国教育报》以《聊城大学“五个注重”深入推进师德师风建设》为题对我校师德师风建设的做法进行了报道，齐鲁网、山东教育新闻网、“学习强国”山东学习平台等进行了跟进报道。2023 年 3 月 2 日，山东省教育厅战线联播栏目以《聊城大学：“一放三破”激发教师队伍发展活力》为题，报道了我校在深入贯彻新时代教育改革方案精神，在岗位竞聘、薪酬分配和绩效考核等方面的改革新举措。

第六节　融合发展工作

2002 年学校实现由师范院校向综合性大学的历史性跨越后，学校党委、行政提出要大力发展高校三大职能（教学、科研、服务社会）中的“服务社会”职能，把加强产学研结合服务经济社会工作列为重点发展任务，并纳入了学校的“十一五”“十二五”“十三五”“十四五”重点发展战略规划。自2005年《聊城大学“十一五”建设与发展规划》开始，学校的定位为：立足山东，面向全国，服务于区域经济社会发展，努力把聊城大学打造成为区域经济高层次人才培养的摇篮、科技创新的中心、科研成果转化与应用技术研发的平台、先进仪器设备实验和检测的基地、科普教育的园地、孕育与传播先进文化的基地和对外开放的窗口。2005—2024年是学校产教融合、科教融合跨越式发展的20年，学校秉承大学所承载的人才培养、科学研究、服务社会、文化传承创新等重要使命，以强烈的历史责任感，面向经济社会发展主战场，以服务区域经济发展为重点，瞄准国家重大战略需求，主动作为，融合发展。

20年来，学校不断调整融合发展职能处室职责，大力促进“政产学研”合作，职能处室名称从科技产业开发办公室、科技产业处、服务社会处到2021年12月成立融合发展处，使处室职责更契合学校产教融合、科教融合的发展；20年来，学校积极出台激励政策，采取有力措施，引导广大教师积极开展应用研究和社会服务工作；20年来，学校逐步调整专业设置，为加大应用型人才的培养力度，以专业调整为基础，一方面增设了一批适应经济社会需要的工学、管理学、经济学、农学专业，另一方面从传统的文理学科中孵化与衍生了一批应用型专业，从而形成了具有鲜明特点的专业结构体系；20年来，学校科学调整学科、学位点布局，组织学校的技术研发相关学科以及与经济社会发展关联度较高的学科，以区域经济社会发展需要为目标，以基础学科为依托，积极发展交叉、新兴学科，整合校内外相关学科资源，进一步凝练研究特色，突出应用，科学调整学校的学科、学位点布局，形成了具有聊大特点的学科体系；20年来，学校有序组建工科学院，自2003年成立汽车与交通工程学院、材料科学与工程学院后，2005年学校根据聊城建筑产业的发展，成立了建筑工程学院；20年来，学校积极搭建校地校企合作科技创新平台，深化产学研合作研究，先后成立了40多家共建平台；20年来，学校努力探索人才培训新途径，根据区域经济社会发展人才需求和企业人才需求现状，及时调整招生政策和人才培养方案。进一步加强与政府、中小学校、企事业单位的合作，先后为聊城市及周边地区的大中型骨干企业，进行订单式人才培养。

一、夯实融合发展支撑

1. 2005—2024年来学校应用专业的设置情况

为加大应用型人才的培养力度，学校以专业调整为基础，一方面增设了一批适应经济社会需要的工学、管理学、经济学、农学专业，另一方面从传统的文理学科中孵化与衍生了一批应用型专业，从而形成了具有鲜明特点的专业结构体系。

2002 年 9 月，学校更名为聊城大学之前，应用类专业仅有 12 个，学校更名之后，到 2011 年就新上应用类专业 27 个，是聊城师范学院时期的 2 倍多，包括工科专业 16 个：安全工程（2003 年）、交通运输（2004 年）、材料科学与工程（2005 年）、机械设计制造及其自动化（2005 年）、食品科学与工程（2005 年）、电子信息工程（2006 年）、土木工程（2006 年）、高分子材料与工程（2007 年）、汽车服务工程（2007 年）、数字媒体艺术（2007 年）、建筑学（2007 年）、体育装备工程（2008 年）、软件工程（2008 年）、车辆工程（2010 年）、网络工程（2010 年）和轻工生物技术（2011 年）；新上的农学类专业 4 个：植物保护（2003 年）、园林（2004 年）、动物科学（2006 年）、种子科学与工程（2007 年）；经济类专业 1 个：国际经济与贸易（2005 年）；管理类专业 6 个：行政管理（2003 年）、电子商务（2004 年）、会计学（2006 年）、劳动与社会保障（2006 年）、工程管理（2009 年）和物流管理（2011 年）。

2012 年以来，新设 24 个专业：艺术类专业 2 个：舞蹈学（2012 年）、书法学（2016 年）；外国语言文学类专业 2 个：外国语言与外国史（2015 年）、西班牙语（2018 年）；法学学科交叉类专业 2 个：知识产权（2014 年）、政治学、经济学与哲学（2016 年）；医养健康类专业 5 个：口腔医学技术（2014 年）、运动康复（2018 年）、药学（2020 年）、护理学（2020 年）、智能影像工程（2023 年）；工科类专业 8 个：金属材料工程（2012 年）、制药工程（2012 年）、机械电子工程（2013 年）、生物制药（2013 年）、新能源材料与器件（2019 年）、大数据科学与技术（2018 年）、智能建造（2023 年）、人工智能（2020 年）；农学类专业 2 个：智慧农业（2021 年）、智慧牧业科学与工程（2023 年）；经济、管理类专业 3 个：质量管理工程（2016 年）、金融工程（2018 年）、标准化工程（2019 年）。

2.2005—2024 年以来学校专利情况、应用型科技成果情况

聊城大学先后出台了《聊城大学知识产权保护管理办法》《聊城大学专利管理办法》《聊城大学关于促进科技成果转移转化工作的实施办法》《聊城大学学术著作出版基金管理办法》《聊城大学学术道德规范》《聊城大学关于学术不端行为处理实施办法》等一系列文件，实现对知识产权管理和服务的制度保障。学校 2005—2024 年间，共获得国内授权发明专利 600 余项。从最初年均 10 余项到现在每年 80 余项，见证了学校向应用型大学的蜕变。2012 年学校开设知识产权本科专业。2014 年学校被山东省科学技术厅、山东省知识产权局批准确认为“山东省知识产权培训基地”。学校获得植物新品种权多项，其中“聊红槐”被聊城市确定为聊城市市树。2023 年学校“FULLY AUTOMATIC PEANUTS PEELING ROBOT FOR SEEDS RETENTION AND METHOD FOR USING THE SAME（US 11,744,274 B2）”获得美国发明专利授权。

3. 2005—2024 年以来，融合发展职能处室调整情况

近 20 年来，学校与时俱进地调整融合发展职能处室职责，逐步增强学校产教融合、科教融合的组织协调能力。2005 年 7 月，学校将科技产业开发办公室更名为科技产业处，下设企业管理科、产业开发科，并增设“聊城大学科技转化中心”，处室主要职责以科技产业管理为主，包括：代表学校对校办企业进行统一管理；组织制订和协调实施校办企业的发展规划；对新办企业，新上项目负责调研、论证和初审；对校办企业的改制改组工作提出意见和建议；组织协调企业间、企业与社会、企业与学校各部门的关系，为企业的正常经营创造良好的外部环境；负责学校周边产业的开发、招商、经营等工作；负责学校产业开发的对外宣传；负责管理学校科技成果的转化和推广等工作。

2012 年 12 月，为突出大学的服务社会功能，学校将科技产业处更名为服务社会处，下设校地服务科和校企合作科，成立“聊城大学服务地方办公室”，开启了学校服务社会、融入社会的新篇章。处室主要职能以服务社会为主，包括：研究分析地方区域经济社会发展政策，拟定学校服务社会工作的政策和计划，并组织实施；加强与政府、学校、企业等协同创新项目的联络对接、资源汇集及项目协调实施工作；协调科技人员挂职服务工作，对挂职科技人员进行业务指导；对学校企业科技特派员进行管理和考核；组织学校相关单位、专家与地方企事业单位的对接工作；汇集和发布社会相关需求信息；组织学校各类成果的汇集、推介和转化工作；组织对学校科技企业成立、注销的论证工作，监督、指导企业的运行。

2021 年 12 月，为贯彻落实聊城大学第五次党代会精神，深入实施融合发展战略，学校将服务社会处更名为融合发展处，开启了学校产教融合、科教融合的新征程。处室职责以融合发展为主，主要包括：组织制订学校融合发展的工作规划；贯彻落实上级部门和学校关于融合发展的方针、政策、法规等，并组织实施；拓宽学校与社会各界合作交流渠道，引导和组织各部门、二级学院与地方政府、企事业单位和社会团体加强融合发展；负责建立融合发展工作的考核评价体系，把握融合发展工作的政策导向，引导和组织校内各单位为地方社会提供文化教育、科学技术、成果、人才智力等各方面的支撑；负责学校科技成果转移转化工作，开展学校各类科技成果的推广推介，办理学校科技成果转让、许可、作价投资的审批管理工作，做好科技成果转化统计年报工作；负责学校专业技术人员的创新创业管理工作，对参与企业创新创业活动的专业技术人员进行业务指导、管理和考核；负责校地校企共建研发平台的审批、管理和考核工作；负责与聊城大学高新技术产业有限公司的沟通联系，牵头组织对高新技术产业有限公司进行管理与考核。

二、深化校地校企对接

1.“十一五”发展期间（2005—2010年）

2005—2010年的“十一五”发展期间，是学校融合发展的初始阶段，学校成立科技产业处，工作重心逐渐由科技产业开发转向服务区域经济社会发展，在此期间，学校逐渐加大了同地方政府、企事业单位的联系和沟通，通过县市区政府、科技局、经贸局、乡镇企业局等单位调研区域经济社会发展需求，征集企业技术难题，并组织学校博士、教授前往企事业单位进行对接交流。

2007年、2008年组织实施了“聊城大学百名博士进企业活动”，组织100余名博士、教授赴聊城市八个县市区相关企业进行点对点对接交流，拉开了聊城大学服务社会、融合社会发展的序幕。

2009年，学校与聊城市政府联合成立“聊城市——聊城大学产学研领导小组”，成功组织召开了聊城市——聊城大学产学研工作会议，并发布《聊城大学服务聊城行动计划（2009—2015）》（简称《行动计划》）。《行动计划》中明确提出：立足聊城、融入聊城，进一步增强服务聊城的责任感和使命感；整合资源，构建新材料、车辆工程、电子信息、光纤传输系统、IT技术与工业控制、建筑工程、“三农”技术、精细化工、分析测试技术、“动漫与游戏”开发、生物制品研发、资源环境规划与评价、高层次人才培训与培养、高层次决策咨询服务、先进文化研究与传播、对外开放交流与合作、高水平人才服务、高水平文化与生活服务等18个平台，为聊城经济社会发展提供优质服务；针对聊城市产业、行业和企业情况提供79项可实施的技术服务项目和66项科技成果。

截至2010年，学校共与地方政府、企事业单位签订合作协议37项，同东昌府区政府、聊城经济开发区管委会、临清市政府、高唐县政府、聊城市高新技术创业服务中心、聊城出入境检验检疫局等单位建立全面合作关系，同国家橡胶助剂工程技术研究中心、聊城市建委、东平湖管理局、鲁西化工集团等单位共建24家科技研发平台。

2.“十二五”发展期间（2011—2015年）

2011—2015年的“十二五”发展期间，学校加强了同地方政府、企事业的沟通合作。2012年12月，为更加突出大学的服务社会功能，学校将科技产业处更名为服务社会处，成立“聊城大学服务地方办公室”，开启了学校服务社会、融入社会的新篇章。

2012年3月学校与聊城市政府联合召开了校地战略合作座谈会，出台了《2012年聊城大学服务聊城行动计划》和落实方案，成立聊城大学服务地方领导小组和服务地方办公室，加强了学校各单位与聊城市各职能部门的关系，开拓了我校参与服务聊城各类项目的新局面。起草了《关于支持聊城大学推动全市经济社会发展有关问题的建议》《关于聊城市人民政府——聊城大学院士团队培植战略新兴产业的汇报》等一系列报告递交聊城市政府相关领导；组织教授专家参加了“高唐县庆祝第五届企业家节暨与聊城大学校企深度合作大会”“首届莘县商贸文化节”等活动，为学校在科技、文化、教育培训等领域服务区域经济奠定了基础。

2013 年学校同聊城市签订了《聊城市——聊城大学共建人才高地战略合作协议书》，双方建立完善的高层次人才共用共享机制。

2011—2015 年间，学校通过地方政府职能部门征集 600 多项企业技术难题，组织博士、教授等科技人员深入县市区企业的大型对接活动 40 余次，对接企业 400 余家，校企之间通过技术难题攻关、技术研发、联合申请科研课题等方式，实现了多项实质性科技合作，联合企业申请并获批 12 项省级以上科技奖励。五年来，学校共与地方政府、企事业单位签订合作协议 50 项，同东营市人民政府、莘县政府、阳谷县政府、茌平县政府、东阿县政府、冠县政府、聊城市审计局、聊城市农业委员会、聊城市统计局等单位建立合作关系，在冠县、莘县、东昌府区、高唐县、茌平县建设了“聊城大学科技教育服务中心”。同国家测绘局地名研究所、中国检验检疫学会、山东省质量技术监督局、山东出入境检验检疫局、中通客车股份有限公司等单位共建了中国智慧城市研究院、聊城大学质量发展研究中心、聊城大学中通新能源汽车研究院等 23 家科技研发平台和服务平台。

3.“十三五”发展期间（2016—2020 年）

2016—2020 年的“十三五”发展期间，针对聊城市区域社会和产业发展情况，结合学校学科专业设置，出台了《聊城大学服务聊城行动计划（2016—2020）》（聊大校发〔2017〕36 号）、《聊城大学主动服务山东省新旧动能转换重大工程行动方案（2018—2020）》（聊大发〔2018〕5 号）等文件，使学校的服务社会工作有章可循。

2020 年 1 月，学校与聊城市政府签订了《城校融合发展框架协议书》，《山东省教育厅聊城市人民政府共建聊城大学合作备忘录》，学校与聊城市政府共同推动实施学科产业对接工程、高端人才汇聚工程、基础教育示范工程、产业升级助推工程等“十大工程”。开启了聊城大学服务社会新篇章。

2016—2020 年间，学校各学院根据学科专业情况，共对接企事业单位 386 家，与地方政府、企事业单位签订了 73 项合作协议书，在 184 家企事业单位建设了产学研基地或实习实践基地，每个应用性学科至少同 1—2 家相关企事业单位建立了紧密的合作关系。同聊城市工业与信息化局、聊城市环境保护局、东阿阿胶股份有限公司等单位共建了聊城市高端装备产业研究院、聊城绿色化工产业发展研究院、大气环境分析与源解析实验室、聊城毛驴高效繁育与生态饲养研究院等 24 家科技研发平台和服务平台。

4.“十四五”发展期间（2021年至今）

2021年12月，为贯彻落实聊城大学第五次党代会精神，深入实施融合发展战略，学校将服务社会处更名为融合发展处，开启了学校产教融合、科教融合的新征程。2022年，学校出台了《聊城大学关于深入推进融合发展的实施意见》，对学校未来一段时期融合发展工作进行了全面、系统和科学地规划。

2021年，学校强化校地校企产学研协同创新，围绕高素质人才培养、创新技术应用研究、高新技术成果孵化等重点领域，拓展合作项目，积极推动人才链与创新链、产业链对接融合。全年主动对接企事业单位60家，向59家企业派出了66名专业技术人员参与企业创新活动，向地方政府派驻科技副县（区）长、副镇长、“第一书记”等47人，开展乡村振兴、基层党组织建设等工作。同浪潮集团、鲁商教育控股有限公司、乖宝宠物食品有限公司、聊城市检察院等13家企事业单位建立了合作关系。

2022年，学校在同地方政府、职能部门或事业单位有实质性合作基础上，采取“战略框架+具体项目”方式推动校地合作，分别与东昌府区人民政府、冠县人民政府、聊城市科学技术局、聊城市位山灌区管理服务中心、聊城市第四人民医院等单位签署战略合作协议。其中东昌府区人民政府选定了30项校地合作项目，并投入500万元联合学校共建“聊城大学新能源汽车工程研究院”；学校同冠县联合建设“聊城大学冠县灵芝产业研究中心”；学校历史文化与旅游学院同位山灌区管理服务中心签署了《位山灌区旅游资源普查合同》；学校同第四人民医院联合共建了“青少年心理健康与犯罪预防研究中心”。学校以实际行动回应区域经济社会重大战略需求，城校融合发展共同体建设成效明显。

2023年，学校持续推进落实融合发展战略，同鲁西科安特种设备检测公司签订合作协议书，在学校设立“鲁西科安特检奖励基金”，组建人才培训基地，开展人才培养培训、科技攻关、成果转化等工作。同山东神农之翼智能技术有限公司签订“智慧农业工程技术协同创新中心共建项目”，公司投资500万元，合作开展智慧农业关键工程技术研究。

三、推进科技人员企业挂职

学校根据科技部《关于动员广大科技人员服务企业的意见》（国科发政〔2009〕131号）文件精神，为全面落实“聊城市—聊城大学产学研工作会议”精神，顺利实施《聊城大学服务聊城行动计划（2009—2015）》创造条件，2009年12月学校出台了《聊城大学科技人员服务企业实施意见》（聊大校发〔2009〕1112号），探索建立产学研合作长效机制，进一步给教师创造宽松的应用技术研究环境，鼓励教师积极服务企业，深入企业一线，加快科技成果向现实生产力转化，更好地发挥大学服务社会的基本职能。

2010 年 4 月，聊城市科技特派员领导小组在学校召开“聊城市科技人员服务企业启动仪式暨聊城市第一批科技特派员下派仪式”，聊城市在总结农业科技特派员工程工作经验的基础上，决定实施“聊城市企业科技特派员工程”，并发布《关于选聘第一批企业科技特派员的通知》（聊科特派办字〔2010〕1 号）文件，确定选聘聊城大学、山东大学、中国海洋大学、长安大学等高校和科研院所的 40 名高层次人才为聊城市第一批企业科技特派员，其中聊城大学人员占 17 名。学校选派的企业科技特派员在服务企业过程中，积极协助企业建设实验室，完善实验室规章制度，联合申报国家、省级课题，培训企业员工，进行新产品开发，解决技术难题等，取得了可观的成绩：理工学院的王宝兴教授、张丙元博士从企业获得了 43 万元的横向课题经费；农学院樊颖伦博士担任了冠丰种业国家主要农作物种质创新实验室副主任职务，并作为项目主持人组织申报成功了国家 973 项目“高效优质农林作物新品种选育及栽培技术”；化学化工学院的黄现强老师协助企业申报成功了山东省科技攻关课题等等。

2012 年，聊城市出台《聊城校地合作选派聊城大学科技人才挂职工程暂行实施办法》（聊人组发〔2012〕3 号）文件，与聊城大学合作实施科技人才挂职工程，从学校选派思想政治素质好、组织管理和沟通能力强、有专业特长并熟悉成果转化的专家教授到各县（市区）、经济开发区挂职。2013 年 10 月学校与聊城市政府签署《聊城市—聊城大学共建人才高地战略合作协议书》，明确提出将“科技人才挂职工程”作为一项长期战略，做到定期选派聊城大学高层次科技人才到县（市区）和市直部门挂职，并逐步拓展领域、提升层次，促进双方深度融合，发挥好挂职人才在地方人才、技术项目引进，科技知识推广方面的桥梁纽带和智囊作用。

2013—2015 年学校共向聊城市 9 个县市区、经济开发区、高新技术开发区派驻了两批共 36 人次，挂职科技副县（市区）长、副镇（局）长。2014 年学校出台《聊城大学关于科技挂职人才量化考核的规定》（聊大办发〔2014〕2 号）文件，2015 年学校对两批挂职干部进行了考核总结。两年来，学校科技挂职人才充分发挥桥梁纽带作用，成为活跃在聊城基层科技创新战线的一支重要生力军，促进了学校教学科研资源与地方潜在广阔市场的深度融合对接，实现了校地互惠互利的共赢格局，开辟了校地人才合作的新局面。

2014 年，学校通过“双岗双聘”的形式向聊城区域内大中型企业派驻科研人员，引进大中型企业的高级技术和管理人员来校讲课，使研发和生产实践实现无缝对接，促进科技成果转化，推动学校的服务社会工作。2014 年学校向中通客车、鲁西化工、正信集团、泉林集团等企业派驻了29名双岗双聘人员。

2017年初，学校为贯彻落实《国务院办公厅关于深入推行科技特派员制度的若干意见》（国办发〔2016〕32号），在总结近年来科技人员挂职的基础上，为更好地发挥高校人才智库的服务社会功能，探索建立完善的政产学研用合作创新机制，修订出台了《聊城大学教师服务地方管理办法》（聊大校发〔2017〕16号）。2017年向地方企事业单位派驻兼职科技服务人员、科技特派员14人。

2018年，学校继续推进科技人才挂职副县（市、区）长工程，选派李路胜和尹怡斌挂职聊城市经济开发区副区长和高唐县副县长。根据《山东省企业科技特派员“千人服务千企”三年行动计划实施方案》要求，学校第一批申报23名科技特派员服务15家省内企业，最终3名教师入选。根据省委组织部《关于加强对西部经济隆起带和省扶贫开发重点区域人才支持的意见》，我校农学院13名教师服务阳谷县、冠县的经济发展，涉及畜禽养殖、蔬菜栽培、果树栽培、动物饲养与屠宰加工、动物疫病防控等专业方向。根据聊城市医养健康产业研究院组建要求，学校向市政府推荐了9名相关领域的专家。

2019年，学校选派李路胜、田存伟、尹贻彬、范鑫烨、仪修杰5名教师分别挂职聊城市经济开发区、高新技术开发区、高唐县、阳谷县、莘县副县（区）长。学校根据省政府办公厅《关于贯彻国办发〔2016〕32文件加强科技特派员队伍建设的实施意见》要求，组织教师进行了山东省科技特派员网上注册工作，共有53名相关专业的教师进行了注册。同年11月，山东省科技厅发布了《关于通报表扬一批科技特派员及组织实施单位的通知》（鲁科字〔2019〕128号），对包含我校在内的一批科技特派员组织实施单位及刘桂芹、张复君、张演义3名科技特派员进行了通报表扬。

2020年，学校根据《山东省高等学校服务乡村振兴助力脱贫攻坚计划》，依托农学院成立了29人的服务工作组，服务阳谷、临清、莘县、冠县农业科技园区，莘县、冠县、阳谷相关贫困乡镇。学校还向地方政府、企业派驻县市区科技副职、企业科技副总、“四进”攻坚工作组、乡村振兴服务队、农村基层党组织建设工作队等49人次，服务区域经济发展、乡村振兴和新旧动能转换重大工程建设。

2021年，学校根据《中共山东省委组织部、山东省人力资源和社会保障厅等8部门关于贯彻落实人社部发（〔2019〕137号）文件进一步支持鼓励事业单位科研人员创新创业的通知》（鲁人社字〔2020〕28号），修订出台了《聊城大学专业技术人员创新创业管理办法》，鼓励教师到企业开展科技创新活动。9月，学校联合聊城市科学技术局实施企业“科技副总”挂职工程，联合举行了聊城大学高层次人才担任‘科技副总’活动”。全年共向聊城市59家企业派出了66名专业技术人员参与企业创新，为企业进行人才赋能，提升企业创新水平和研发实力，推动校企深度融合发展。

2022 年，学校为进一步推进企业“科技副总”挂职工作，同聊城市科学技术局签订了《“科技副总”协同创新项目基金协议》，高校、政府和企业联合设立“科技副总”协同创新项目基金，引导企业进行创新投入，鼓励挂职人员联合企业开展科技创新活动，推动校企深度融合发展。5 月，学校联合聊城市科学技术局举行了“聊城市第二批科技副总聘任暨科技副总协同创新项目启动仪式”，共向聊城市辖区 70 家企业派出了 70 名专业技术人员挂职“企业科技副总”。其中 3 人依托挂职企业获得 2022 年度山东省重点扶持区域引进急需紧缺人才项目支持，15 人协助企业获得 2022 年度聊城市科技助力中小企业攀登计划支持。学校还依托农学与农业工程学院的学科专业优势选派 14 名教师，成立 3 个“山东省科技特派员创新创业共同体产业服务团”服务乡村振兴产业。

2023 年，学校向聊城市企业派驻 41 名企业“科技副总”。共有 19 人在科技挂职活动中，协助（联合）企业获批聊城市科技助力中小企业攀登计划支持。聊城市科学技术局、市委组织部、市财政局、市人力资源和社会保障局联合下文发布《聊城市“科技副总”管理办法》（聊市科发〔2023〕39 号）（以下简称《办法》），《办法》在总结近三年“科技副总”活动经验的基础上，明确了担任“科技副总”条件与职责、派驻企业的遴选条件与职责、“科技副总”申报和认定程序和政策支持。

2021—2023 年，企业“科技副总”挂职活动实施以来，共向聊城市辖区 154 家企业派驻 166 名“科技副总”，科技挂职人员主动融入企业、扎根企业，在生产实践中发现问题，与企业科研人员共同开展科技攻关，创新了一批生产工艺、破解了一批技术难题、转化了一批科技成果，为企业高质量发展注入人才新动能，同时教师在服务企业过程中，锻炼提升了自己的实践能力和服务社会能力，将生产实践融入教学科研之中，促进了教学科研工作的开展，为双师双能型教师队伍建设注入了新动能。

四、积极搭建校地校企协同创新平台

校地校企共建研发机构是联系高校与企事业单位的桥梁和纽带，是开展科技攻关、成果转化、资源共享的主要平台。2007 年学校为进一步推动产学研合作，推进学校与地方政府、企事业单位共建实验室、研究中心，建立技术共享、优势互补的合作联盟，制定出台了《聊城大学校地共建产学研机构管理办法》（聊大校发〔2007〕115 号），拉开了校地校企共建研发机构的序幕。2012 年，学校重新修订出台了《聊城大学关于加强共建机构管理工作的意见》（聊大校发〔2012〕59 号），明确了共建平台设立的条件、工作职责以及平台的管理和考核评分细则。2017 年，

学校修订出台了《聊城大学校地共建产学研机构管理办法》(聊大校发〔2017〕1 号)。2021 年学校出台《关于做好校级及以上科研平台、研究(研发)机构整改建设工作的通知》(聊大校办发〔2021〕3 号),对校级及以上科研平台、研究机构、共建机构进行摸底排查。2022 年学校出台《聊城大学自主设置研究机构管理办法》(聊大校发〔2022〕24 号),将研究机构设置分为两级(校级、院级)、三类(自然科学类、人文社会科学类、教育教学类)。

2007 年,学校生命科学学院与聊城市药品检验所联合成立了生物制品研发中心;化学化工学院与国家橡胶助剂工程技术研究中心签订了《实验室合作协议书》,在学校建立了国家橡胶助剂工程技术研究中心聊城大学实验室;材料科学与工程学院与广东炜林纳功能材料有限公司联合成立聊城大学—广东炜林纳功能材料联合研究所。

2008 年,学校化学化工学院与鲁西化工集团共建鲁西化工技术中心;机械与汽车工程学院与中国科学院北京凯思博宏计算机应用工程有限公司联合建立了“中国科学院凯思博宏环保节能技术研究所(聊城)”;学校依托生命科学学院与东阿阿胶股份有限责任公司联合建立了“聊城大学东阿阿胶研究院”。

2009 年,学校材料科学与工程学院与东阿鲁西冶金耐火材料公司建立研究基地,与聊城天成水泥科技开发有限公司建立研究基地;建筑工程学院与聊城市建委共建聊城市(聊城大学)建筑节能与住宅产业化研究中心;化学化工学院与山东奥克特化工有限公司共建聊城大学—奥克特化工技术中心,与聊城万合工业制造有限公司共建技术研发中心;物理科学与工程学院与冠州股份有限公司共建聊城大学冠州技术研发与人力资源培训基地;机械与汽车工程学院与山东鑫亚工业股份有限公司共建聊城汽车整车及零部件性能检测中心;环境科学与工程学院同东平湖管理局联合成立东平湖研究中心。

2010 年,山东省中兽医研究所在学校农学院建立山东省中兽医研究所聊城分所;生命科学学院与山东丁马生物科技有限公司共建技术研发中心,与山东博奥克生物科技有限公司共建高新生物技术科研联合试验室;建筑工程学院与山东春天建材科技有限公司共建聊城大学春天节能墙材研究所;材料科学与工程学院与河北金天塑胶新材料公司共建技术研发中心,联合聊城经济开发区、信发集团、祥光铜业、中色奥博特共建了聊城有色金属研究院;学校还参加了由东阿阿胶股份有限公司牵头成立的阿胶产业技术创新战略示范联盟。

2011 年,学校联合聊城市政府,依托商学院联合成立聊城发展研究院;学校与鲁西化工集团签订全面合作协议和鲁西化工集团委托聊城大学人才培养、培训协议,在学校成立聊城大学鲁西化工工程学院,联合建设聊城大学鲁西化工研究院;

学校还参加了由山东阳谷华泰化工股份有限公司、国家橡胶助剂工程技术研究中心等7家企业组建的橡胶助剂及新材料产业技术创新战略联盟。

2012年，聊城学校材料科学与工程学院与阳谷信民耐火材料有限公司联合建设技术研发中心；农学院与山东鲁莘饲料集团共建动物饲料及疫病防治实验室，与山东鑫丰种业有限公司共建分子育种联合实验室。

2013年，学校生命科学学院与聊城正信生态农业科技园共建聊大正信食品研究所。与东阿阿胶股份有限公司重新签订合作协议，继续共建聊城大学东阿阿胶研究院。

2014年，学校分别在东昌府区、茌平、莘县、高唐、冠县建设了5个科技服务中心，将科技服务延伸到区域经济社会的主战场。学校与聊城市人民政府和国家测绘局地名研究所签署合作协议，共建中国智慧城市研究院；机械与汽车工程学院与中通客车控股股份有限公司共建聊城大学中通新能源汽车研究院；商学院与聊城市统计局共建聊城统计研究应用中心；农学院与山东泉林纸业有限责任公司共建聊城大学新型肥料研究院，与阳谷雪龙肉羊养殖有限公司共建聊城优质肉羊产业研究所；物理科学与工程学院与山东太平洋光纤光缆有限公司共建聊城大学阳谷光电信息工程研究院。

2015年，学校与聊城市人民政府、中国检验检疫学会、山东省质量技术监督局、山东出入境检验检疫局签订合作协议，共建聊城大学质量学院和聊城大学质量发展研究中心；与国家橡胶助剂工程技术研究中心重新签订合作协议，继续共建国家橡胶助剂工程技术研究中心聊城大学实验室；材料科学与工程学院与聊城金新建筑节能股份有限公司共建聊城市新型建筑工业化技术研发中心；美术学院与山东国环产业投资有限公司共建聊城大学书画艺术研究院。

2016年，学校文学院与聊城新时代数码影像有限公司共建精品课程及相关视频开发中心；机械与汽车工程学院与聊城鑫泰机床有限公司共建聊大鑫泰机器人研究中心，与山东中宇航空科技发展有限公司共建聊大中宇航空无人机实验室，与山东高唐新航机械有限公司共建新航智能农机装备实验室；农学院与天津渤海农牧产业联合研究院有限公司共建动物疫病联合监测实验中心；药学院与山东中泰药业有限公司共建山东中泰药业现代药物研究院聊城大学研究中心。

2017年，学校与东阿县签订深化合作协议书，在东阿县建设聊城大学技术转移中心（东阿）；与济南高新区创新谷发展中心、山东省齐鲁大学科技园有限公司签订合作协议发起建设齐鲁大学科技园；药学院与东阿阿胶股份有限公司共建国家胶类中药工程技术研究中心聊城大学实验室；机械与汽车工程学院与山东福昊光电有限公司共建聊城大学农产品智能分选技术协同创新中心。

2018 年，学校与内蒙古农业大学、聊城市畜牧局、意大利卡梅里诺大学、东阿阿胶股份有限公司联合共建聊城毛驴高效繁育与生态饲养研究院；农学院与山东凤祥股份有限公司共建山东省白羽肉鸡智能养殖工程技术研究中心；音乐学院与聊城市特殊教育学校共建特殊儿童音乐康复研究中心。

2019 年，学校环境与规划学院与聊城市环境保护局共建大气环境分析与源解析实验室，与山东坤泰环保公司共建气体和污水处理技术实验室；材料科学与工程学院与聊城卓群汽车部件有限公司共建聊城大学卓群汽车部件新材料研发中心。

2020 年，学校在冠县建设聊城大学科技成果转移转化（冠县）中心，与聊城市旅游发展集团签署合作协议共建聊城旅游规划研究院，在东昌湖建设聊城市龙舟基地，商学院在聊城市国资委设立国资大讲堂；环境与规划学院与聊城市自然资源和规划局合作共建聊城市国土空间规划研究中心，与聊城市中级人民法院共建环境资源司法理论研究基地，与聊城创新高分数据科技有限公司共建高分辨率对地观测系统山东聊城数据与应用中心；材料科学与工程学院与山东天亚达新材料科技有限公司共建聊城大学碳纤维复合材料轻量化研究中心，与聊城市工业和信息化局共建聊城市有色金属及金属深加工产业发展研究院，与茌平安格尔环保科技有限公司、聊城产业技术研究院共建聊城赤泥综合利用联合创新中心；机械与汽车工程学院与聊城市工业和信息化局共建聊城市高端装备产业研究院，与聊城市高新技术创业服务中心、聊城市誉林工业设计有限公司共建聊城市工业设计公共服务平台；化学化工学院与聊城市工业和信息化局共建聊城绿色化工产业发展研究院；山东省化学储能与新型电池技术协同创新中心与聊城科创节能设备有限公司共建聊大科创轻型太阳能电池工程中心；法学院与聊城市全面依法治市办公室合作共建聊城市法制建设研究院；建筑工程学院与聊城市铁路投资发展公司共建聊城智慧城市研究院；政治与公共管理学院与聊城市退役军人事务局共建聊城双拥学院。

2021 年，学校计算机学院与浪潮科学研究院有限公司共建“碳中和实验室”创新中心；与康佳集团共建聊城大学康佳新型产业发展研究院；农学院与乖宝宠物食品集团共建聊城大学乖宝宠物食品研究院；生命科学学院同悠思福生物技术研究所共建聊城大学—悠思福食用菌产业技术研究所；物理科学与信息工程学院与中企科信技术股份有限公司共建工业互联网技术创新中心。

2022 年，学校与东昌府区人民政府签订合作协议，依托机械与汽车工程学院建设聊城大学新能源汽车工程研究院；农学与农业工程学院与冠县人民政府合作共建聊城大学冠县灵芝产业研究中心；建筑工程学院与中科启业（聊城）建筑科技有限公司共建聊城大学中科启业轻钢建筑产业技术研究中心，与裕昌集团共建聊城市乡村振兴研究院；生命科学学院与山东鑫丰种业股份有限公司共建山东省玉米生物育种工程实验室；法学院与聊城市第四人民医院共建青少年心理健康与犯罪预防中心；医学院与东昌府区人民政府共建中国传统医学研究院。

为贯彻落实山东省第十二次党代会关于科技工作“构筑高能级创新平台”的部署要求，充分发挥高校科研创新资源优势，2022年，聊城市政府和聊城大学按照“1+1+N”的模式共同筹建“聊城大学科技园”，打造“政产学研金服用”紧密结合的创新创业载体，2022年12月23日，聊城大学科技园获批建设省级大学科技园。科技园在建设过程中，学校处室通过网站、公众号等多种方式在全体师生和广大校友间对大学科技园进行了广泛宣传和积极发动，筛选出了12个项目，并进行了首期拟入园项目路演；承办了“聊城大学科技园拟入园项目第一期培训会”；2022年6月21日，聊城大学科技园项目作为山东省入选校地企产学研合作签约的8个项目之一（全市唯一入选项目）在山东大厦会议现场签约。11月10日，聊城市委副书记、市长张百顺在聊城大学科技园召开现场会，现场调度推进大学科技园建设；11月11日，山东省科技厅组织专家对大学科技园进行了现场考察，对大学科技园的筹建情况给予了高度评价；11月16日，组织学校20余个团队参加了中国创新挑战赛（聊城）技术需求精准对接会暨聊城概念验证中心揭牌仪式，由聊城大学、聊城高新区管委会、山东省技术成果交易中心共同揭牌成立了全省第一家政府主导的概念验证中心，助力高校科技成果产业化的“最初一公里”，全力支持大学科技园建设；12月18日，聊城市委书记李长萍带领全市高质量发展观摩团对聊城大学科技园中试基地的入园企业进行了现场观摩，对大学科技园及入园成果转化项目给予了高度认可和评价。

近20年来，共建平台作为高校与区域经济社会的重要纽带和桥梁，将双方紧密地联系在一起，在企业技术难题攻关、科技成果转移转化、智力支持等多方面发挥着重要的作用。比如：聊城毛驴高效繁育与生态饲养研究院，作为国内外首家围绕现代驴产业关键环节开展科学研究、产业支持、人才培养于一体的高水平创新平台，其牵头制定了各级行业标准26项，对规模化驴场建设、驴屠宰检疫流程、德州驴生乳等进行了系统规范，指导聊城市建设了207家规模化养驴场，形成了世界独一无二的驴全产业链发展模式。研究院提交的《全国驴遗传改良计划（2020～2035)》等7份建议文稿分别被国务院、农业农村部、省政府采纳，促成了2017年12月发改委等五部门联合印发《关于加快驴产业发展的实施意见》。聊城碳纤维轻量化协同创新中心研发的碳纤维轻量化技术在合作企业实现了无人机、汽车配件轻量化生产，带动了企业发展，助推产业升级。聊城市大气环境分析与源解析实验室，已经建立了聊城市本地污染源谱库，建成了在线监测、离线分析、模拟计算等方面具有综合优势的测试系统。聊城发展研究院、聊城质量发展研究中心、聊城法治建设研究院等平台已经成为服务聊城市区域经济社会发展的高端智库。聊城发展研究院以聊城市各级政府、市场主体的经济社会发展需求为出发点和着力点，为聊城市各级政府及有关部门在经济发展、产业政策、工业布局、产业集群打造等战略决策方面提供重要依据及智力支持。先后为聊城市开发区、莘县、茌平和高唐县等开展了区域经济发展相关课题研究。研究院每两年编撰的《聊城经济发展研究报告》蓝皮书，成为市委市政府、各县区、各研究机构等系统全面了解聊城市经济发展状况的重要参考资料。

五、持续提高科技成果转移转化量与质

2005 年学校成立科技成果转化中心，2006 年出台《聊城大学科技成果专项孵化基金管理办法》（聊大校发〔2006〕148 号）、《聊城大学关于加强科技成果转化工作的意见》（聊大校发〔2006〕149 号），鼓励教师开展科技攻关和科技成果转化，服务区域经济社会发展，文件创新性提出了“学院可创办由学科带头人牵头的学科性公司”“教师或科技人员可带职务技术成果到企业从事技术成果转化工作”“鼓励教师利用业余时间到企业兼职从事技术成果转化”等规定。2007 年，学校根据两个文件精神组织召开了“自动除鱼鳞机”“玉米淀粉生产化工醇”等申请聊城大学科技孵化基金项目的专家论证会，最后“自动除鱼鳞机”项目获批孵化基金，资助孵化基金 20 万元，该项目研制出了三代自动除鱼鳞机，建立了全国营销网络。

2011 年科技成果转让工作取得突破，学校和相关企业、个人签订科技成果转让（授权使用）协议 3 项，到账金额 12 万元；2012 年科技成果转让 2 项，到账金额 23 万元；2013 年科技成果转让 1 项，到账金额 5 万元。

2013 年学校出台《聊城大学科学技术工作高层次奖励办法》等的通知（聊大校发〔2013〕1 号），将职务技术（含专利）成果实施转化后项目组和学校收益分配比例，由以前的 6:4 提高到 7:3，提升了教师科技成果转移转化的积极性。2014 年科技成果转让 5 项，到账金额 13.5 万元；2015 年科技成果转让 5 项，到账金额 8.5 万元；2016 年科技成果转让 5 项，到账金额 3.9 万元。

2017 年学校修订出台了《聊城大学关于促进科技成果转化工作的实施办法》（聊大校发〔2017〕37 号），再次提高项目在科技成果实施转化后的收益比例，由 7:3 提高到 8:2。2017 年科技成果转让 15 项，到账金额 67 万元；2018 年科技成果转让 5 项，到账金额 19.46 万元；2019 年科技成果转让 5 项，到账金额 123.5 万元，其中一项授权发明专利“一种垂直腔面发射激光器及其制作方法 ZL201710509464.9”转化金额达到 100 万元，创下单项专利转化金额新高。2020 年科技成果转让 4 项，到账金额 48 万元；2021 年科技成果转让 14 项，到账金额

134.1 万元。

2022 年学校重新修订出台《聊城大学科技成果转移转化实施办法》（聊大校发〔2022〕89 号），优化了职务科技成果产权管理机制、风险防控机制和成果评估评价机制，建立清晰明了、操作性强的成果转化落地政策和实施细则，将科技成果实施转化后的收益比例，由 8:2 提高到 8.5:1.5。2022 年学校科技成果转移转化中心先后获批“山东省第二批高等学校科技成果转化和技术转移基地”“山东省科技成果转化综合改革试点单位”。2023 年 3 月，入选“山东省技术经纪服务联盟”理事单位，并授牌山东省技术经纪服务联盟工作站，为聊城唯一一家。2022 年 12 月，获山东软科学研究会“山东产教融合典型案例奖”。2023 年 7 月学校获山东软科学研究会产教融合单位和个人“突出贡献奖”。2023 年 5 月，学校出台《聊城大学关于成立科技成果转移转化领导小组的通知》（聊大校发〔2023〕27 号）、《聊城大学关于聘任陈欢欢等 26 人为科技成果转移转化专员的通知》（聊大校发〔2023〕28 号），加强了科技成果转移转化的组织领导，组建了学校科技成果转移转化人才队伍建设，并对科技成果转移转化专员进行专项培训，全员取得了技术转移经纪人证书并入选国家技术转移人才库。为“山东省科技成果转化综合改革试点”的顺利实施保驾护航。2022 年学校科技成果转让 18 项，到账金额 118.12 万元。

2023 年签订科技成果转化合同 46 项，到账金额 566 万元，超过历年转化总额总和，较往年实现了“转化数量倍增、转化类型拓展、转化形式多样”的全方位提升。有两项科技成果转让金额超过 100 万元，一项是农学院朱明霞教师团队“畜禽表型智能化精准测定与数字化应用技术”成功转化，到账额 105.6 万元，另一项是医学院孙宗博博士团队的“人工智能多模态图像处理应用技术”成果转化，到账金额 101.5 万元。

六、聚焦聚力校企联合攻关

近 20 年来，学校积极响应国家、省政府战略发展需要，聚焦地方经济社会发展，注重应用技术研发，打造优势科研团队和科研平台，持续对接聊城市重点产业集群，重点打造驴产业、生物制药、光通信、新能源等重点领域的科研高地，助力企业破解一大批技术难题，校企联合攻关项目从无到有，增长迅猛。2006 年学校出台《聊城大学关于加强科技成果转化工作的意见》（聊大校发〔2006〕149 号），鼓励教师开展科技攻关，服务区域经济社会发展，文件提出了“教师或科技人员可带职务技术成果到企业从事研究开发工作”“鼓励教师利用业余时间到企业兼职从事研究开发”等创新性规定。

在学校的政策的激励下，同企业紧密联系的基础上，实现了多项实质性科技合作。学校的横向科技攻关项目从无到有，经费从少到多，连年快速增长。2007年横向课题 1 项，学校到账金额 5.57 万元；2008 年横向课题 2 项，学校到账金额 23 万元；2009 年横向课题 7 项，学校到账金额 81.9 万元；2010 年横向课题 6 项，学校到账金额 73.7 万元；2011 年横向课题 8 项，学校到账金额 113.15 万元；2012 年横向课题 18 项，学校到账金额 152.67 万元；2013 年横向课题 37 项，学校到账金额 304 万元；2014 年横向课题 39 项，学校到账金额 203 万元；2015 年横向课题 43 项，学校到账金额 281 万元；2016 年横向课题 38 项，学校到账金额 239 万元；2017 年横向课题 45 项，学校到账金额 249 万元；2018 年横向课题 41 项，学校到账金额 242 万元；2019 年横向课题 47 项，学校到账金额 1204 万元；2020 年横向课题 58 项，学校到账金额 750 万元；2021 年横向课题 85 项，学校到账金额 1360 万元；2022 年横向课题 94 项，学校到账金额 1426 万元；2023 年横向课题 95 项，学校到账金额 1569 万元。

在此过程中涌现出来一批重大科技攻关项目，像 2019 年孟静静主持的《聊城市大气环境分析与源解析实验室项目共建》项目，金额 650 万元，赵伟主持的《碳纤维复合材料引擎盖轻量化研究》项目，金额 100 万元之后，2021 年 3 项过百万的横向课题分别是范鑫烨主持的《智慧管网安全监控系统示范工程项目》160 万元；杨冰川主持的《生物自清洁防堵塞高渗透滤砂管》项目 200 万元；曹建荣主持的《自然灾害、土地和土壤调查评价类项目》项目金额达 150 万元。2023 年，白成林主持的《基于智能光互联网络的内容分发机制的优化及性能传输监测》项目高达 660 万元，创聊城大学横向项目最高纪录，郭安福主持的《智能吊篮电机及电控的设计与开发》项目 260 万元，李旭勇主持的《鹅星状病毒免疫原性研究》项目 200 万元，李玉保主持的《噬菌体产品研发》项目 200 万元。

七、有效发挥人文社科学科智库作用

1. 发挥高端智库作用，积极开展校地、校企、校际合作研究

学校紧紧围绕应用型大学建设目标，坚定高质量发展主题主线，重点关注应用技术开发和重大社会问题研究，真正解决关键技术与实际问题，持续深化产教融合，强化校地、校企合作，激发科技创新活力，紧密对接地方经济社会发展需求，提升服务经济社会发展的能力水平，深入推进学校应用型高校建设，在对接黄河流域生态保护和高质量发展、对接服务绿色低碳高质量发展先行区建设中展现作为、作出贡献。

运河学研究院、黄河学研究院、北冰洋研究中心、高等教育研究院、太平洋岛国研究中心、中国乡村研究院和校地共建的聊城发展研究院、聊城质量发展研究中心等高端智库，持续开展文旅领域校地合作提升项目，围绕聊城运河文化、

聊城名人名家、聊城非遗项目、聊城红色文化、聊城旅游从业人员素质提升等领域，积极开展研究与实践工作。2005年以来，学校承办企事业单位委托课题共300余项，科研经费约3100余万元。研究内容涉及教育、经济、影视传媒、数字科技、法律、旅游、医疗、景观规划、涉外事务等领域。

2013年学校以教育教学为突破口，开展网络教学、外语研翻译、企业培训等课题研究，2014年经济学、历史学、运河学、外语言学等学科逐步扩展服务地方经济发展研究，服务单位涉及东阿集团、鲁西化工、金羊集团、高唐县政府、利津县政府等20个企事业单位。2018年，人文社会科学服务地方企事业单位科研项目24项，研究类别扩展到法律法规、思想文化、国际政策、金融、企业管理、艺术学、语言文学、影视传媒、文化品牌等多学科、多领域，科研委托单位包括聊城市人大常委会、共青团、中共中央聊城市委统战部、山东省民政厅等政府部门，及国家海洋信息中心、外研社、社科文献出版社、日本ONEASIA财团等24个企业事业单位，年度横向科研经费突破150万元。2020年学校与中国共产党聊城市委宣传部签订政府采购合同，15项事关文旅领域校地合作提升项目总经费199万元，研究包含影像、文学、绘画、戏曲、舞蹈、音乐、文创、景观、民俗等多领域内容。产出《名人名著咏聊城》《蝶变》《曹植碑》《大运河国家文化公园建设方案》4部著作；撰写了5篇研究报告；完成2部VR作品；系列专题纪录片；30幅百米手卷绘画作品;完成《运河号子》《撑篙号》《黄河魂》《黄河号子》《那边我们剪短发》等节目；创作完成“薪火相传——聊城民间歌舞专题晚会”“唱响运河——运河流域民间音乐歌舞专场”主题晚会两场、完成多次乡村旅游人员培训等。

2022年，学校充分发挥人文社会科学研究优势，积极推进校地合作研究，共建科研创新平台，建立“哲学社会科学城校合作会议”机制，充分发挥哲学社会科学研究“思想库”和“智囊团”作用。与聊城市机关事务管理局共建“学校机关事务管理研究中心”；与聊城市文化和旅游局共建“聊城文化研究中心”“聊城运河文化研究中心”；与聊城市建立“哲学社会科学城校合作会议”机制。“哲学社会科学城校合作会议”机制的创建，为深入推进校地融合，加强协同创新，服务区域经济社会发展，加快高水平应用型大学建设提供了有力支撑。“聊城市轴承产业链供应链创新路径与对策研究”“聊城市推动黄河流域生态保护和高质量发展路径研究”“聊城参与太平洋岛国气候治理路径研究”“深化全域共建推进‘清廉水城’高质量建设的研究”全媒体时代媒体融合发展与构建市域网络舆情生态治理体系路径研究等12个事关聊城市经济社会发展战略核心问题的重大课题并顺利推进。

2. 积极发挥人文社会科学特色优势，赋能提升城市“软实力”

2005年以来，学校共承担聊城市哲学社会科学研究课题164项，立项类别涵盖了“习近平新时代中国特色社会主义思想研究”专项、“新时代兴聊十大工程研究”专项、“新时代孔繁森精神研究”专项、“历史文化研究”专项、“羡林学者培育工程”专项、“文化传承发展研究”专项、“文旅融合高质量发展研究”“法治聊城建设理论与实践”专项等。

学校切实发挥引领示范作用，为推动聊城市哲学社会科学在全省“走在前、开新局”贡献智慧和力量。2020—2022 年，学校科研成果获聊城市社会科学优秀成果共 235 项；2 名教授入选首批“聊城市社会科学名家”；25 名青年教师入选聊城市“羡林学者青年计划培育对象”;“党的建设与孔繁森精神研究团队”“太平洋岛国海洋治理研究团队”“未建交岛国研究团队”“‘两个结合’与马克思主义中国化时代化研究团队”等 4 个研究团队获 2022 年度聊城市哲学社会科学研究创新团队；脑与心理健康智能研究中心、孔繁森精神与西部援建研究中心、民族融合与区域发展研究中心、冀鲁豫边区革命史研究中心、马克思主义理论教育创新发展研究中心、东夷文化研究中心、方言与民俗文化研究中心入选首批聊城市社会科学重点研究基地。

2020 年以来，学校产出的有代表性的高水平信息报告（被地市级以上党政机关采用或主要领导批示）共 48 项。从学院分布来看，分别产出于历史文化与旅游学院等 9 个单位，主要集中于历史文化与旅游学院（15 项）、外国语学院（12 项）和法学院（9 项）。从学科领域分布来看，主要集中在：服务国家“一带一路”倡议的“太平洋岛国研究”区域国别学学科 24 项，面向党和政府的司法服务和社会治理研究的党建、政治学、法学、社会学等学科 17 项。

第七节　国际化办学工作

一、国际合作交流

进入 21 世纪以来，随着学校对外交流活动不断增加，学校不断健全机构建设，充实工作人员队伍。2007 年，学校成立台港澳事务办公室，与外事处 / 国际教育交流学院合署办公。2010 年 5 月，外事处更名为国际合作与交流处，国际教育交流学院独立办公。2016 年 11 月，国际合作与交流处更名为国际合作交流处，与国际教育交流学院合署办公。2018 年 4 月，港澳台事务办公室职能划归党委统战部。2018 年 5 月，国际教育交流学院独立办公。2018 年 10 月，学校对国际合作交流处和国际教育交流学院进行机构调整，国际合作交流处增设孔子学院管理办公室；

国际教育交流学院中外合作办学中心调整到国际合作交流处，更名为合作办学管理办公室。国际教育交流学院留学生教育中心更名为留学生管理服务中心，增设学院办公室、招生办公室、教学管理办公室、汉语国际教育中心。

（一）深入开展校际交流

学校积极对接“一带一路”发展倡议，加强与“丝绸之路”沿线国家高校合作，开拓东盟、太平洋岛国和拉丁美洲的校际关系，聚力发展与欧、美、澳高校的实质性合作，不断完善校际关系的地域布局。在《聊城大学中长期发展规划纲要（2011—2020 年）》中，确立了“面向世界”开放办学的指导思想，提出“加强国际交流与合作，实现我校国际化办学水平新突破”为学校发展的八大工程之一。学校《“十三五”事业发展规划》中明确将“开放活校”作为五大发展战略之一，将开放办学提升到我校发展战略的高度。

2005—2023 年，我校先后与爱尔兰、保加利亚、波兰、德国、俄罗斯、法国、菲律宾、斐济、古巴、韩国、加拿大、马来西亚、美国、日本、萨摩亚、斯里兰卡、泰国、土耳其、乌克兰、西班牙、意大利、印度、英国和约旦等 23 个国家的 43 所高校新建校际关系，签署各类合作协议 78 份，并与这些合作学校开展了包括联合科研、共建科研平台、教师互访或讲学、学生交流、联合出版等在内的国际交流与合作。这些校际关系的建设，完善了我校校际关系的地域布局，为我校搭建了广阔的国际合作交流平台，推动了我校国际化办学事业的发展。校际关系学校中的世界 500 强学校有 8 所：西班牙康普顿斯大学和巴塞罗那自治大学、爱尔兰都柏林理工大学、古巴哈瓦那大学、日本广岛大学、韩国汉阳大学、马来西亚泰莱大学和斯特雅大学。

2005—2023 年，我校向巴布亚新几内亚、所罗门群岛、新加坡、意大利、西班牙、古巴、瓦努阿图、汤加、斐济、加拿大、日本、韩国、斐济、萨摩亚、澳大利亚、泰国、丹麦、英国、德国、密克罗尼西亚、菲律宾、马来西亚、波兰、保加利亚、罗马尼亚、美国、巴西、捷克、阿联酋、越南、斯里兰卡、印度、孟加拉国、约旦、埃及、阿联酋、克罗地亚、芬兰、新西兰等 39 个国家和地区派遣各类因公临时出国团组 97 个 310 人次。这些出访活动，密切了我校与有关国家和地区的人文交流与教育合作，加深了彼此间的相互理解，也为我校开展广泛的国际交流与合作奠定了坚实的基础。2011 年，基于我校与美国北乔治亚大学的良好合作，美国达隆尼加市政府提请市议会批准，将每年的 9 月 20 日确定为“聊城大学日”。

2005—2023 年，我校接待了来自美国、加拿大、英国、德国、法国、瑞典、俄罗斯、日本、韩国、马来西亚、菲律宾、约旦、澳大利亚、萨摩亚、汤加、基里巴斯、萨摩亚、古巴等 18 个国家的 150 多个代表团来校访问。这些来访活动，提升了我校的国际知名度和影响力，推动了我校与国外高校间的教育交流与合作。

（二）大力强化学生国际化培养

我校高度重视学生的国际化培养工作，始终坚持“以人才培养为核心目标”的教育发展理念，不断提升学生国际化培养水平。

一方面不断加强学生交流相关制度建设，先后制定了《聊城大学选派赴国（境）外交换留学生工作暂行规定》《关于学生赴海外学习的规定》《聊城大学在校本专科生赴国（境）外修读课程成绩认定与学分转换暂行办法》《聊城大学关于本科生大学外语成绩计算方法的通知》等制度，进一步规范了学生国际交流管理工作，推动了学生交流工作有序开展。

另一方面，出台了《聊城大学学生海外交流专项基金管理办法（试行）》等文件，对优秀的赴外留学生进行奖励，有效引导和激励了学生积极参与国际交流，充分调动了广大学生赴海外学习和交流的积极性，拓宽了学生的全球视野，培养了学生的跨文化理解能力和国际交往能力，拓展了创新拔尖人才培养的渠道。

同时，学校重视不断加强校际的互访、沟通和联系，积极探索学生国际交流模式，不断拓宽学生国际交流渠道，为学生搭建了更广阔的国际交流平台，形成了更多层次、更宽领域、更加多元的学生交流的良好局面，学生国际化培养成效显著。

我校与美国加州大学河滨分校、北乔治亚大学、林肯纪念大学、纽约州立大学奥尔巴尼分校、拉文大学、特拉华州立大学、华伦·威尔逊学院等高校，英国阿伯丁大学、南威尔士大学、切斯特大学、伦敦大学城市学院、威尔士三一圣大卫大学等高校，德国安哈尔特应用技术大学、不莱梅哈芬应用技术大学等高校，瑞典斯德哥尔摩大学，西班牙康普顿斯大学、纳瓦拉公立大学、巴塞罗那自治大学等高校，意大利卡梅里诺大学，法国萨瓦大学、雷恩商学院等高校，波兰华沙大学、波兹南密茨凯维奇大学、比亚维斯托克大学等高校，爱尔兰都柏林理工学院，匈牙利德布勒森大学、佩奇大学等高校，俄罗斯车里雅宾斯克国立大学，乌克兰哈尔科夫国立经济大学，加拿大温莎大学、希尔克学院等高校，日本骏河台大学、冈山商科大学、广岛大学、城西国际大学、二松学舍大学、帝京平成大学等高校，韩国汉阳大学、京畿大学、清州大学、延世大学、韩世大学、建国大学、韩南大学、极东大学、韩国航空大学等高校，印度理工学院，菲律宾莱西姆大学、德拉萨大学、圣保罗大学等高校，马来西亚思特雅大学、泰莱大学等高校，泰国格乐大学，古巴哈瓦那大学，保加利亚索菲亚大学，约旦费城大学，澳大利亚莫道克大学、澳大利亚国际工商学院、伊迪斯科文大学等 20 多个国家的 100 多所高校和教育机构建立了校际关系，开展交换生、学分互认、联合培养、双学位、短期访学、冬夏令营和孔院志愿者等学生国际交流项目。截至目前，我校出国留学及参与各类国际交流合作项目的学生累计超过2000人次。其中，多个项目实现了学生交流新突破，学生国际化培养卓有成效。

美国北乔治亚大学学生交流项目。我校与该校于2010年建立校际关系以来，两校开展了包括本科交换生项目、硕士交换生项目、语言生项目、国防生交流项目、国际网络课程项目等在内的全方位学生交流合作，累计派出和培养各类学生近千人。

日本骏河台大学学生交流项目。我校于2001年与该校建立校际关系以来，两校开展了本科交换生项目和本科派遣生项目，累计派遣学生150余人。

韩国清州大学学生交流项目。我校与该校自2003年建立校际关系以来，两校开展了包括本科交换生项目、语言生项目、冬夏令营项目、本科双学位项目、本升硕项目、博士联合培养项目、中外合作办学项目、联合拍摄微电影学生合作项目等在内的全方位学生交流合作。其中，累计派出在校生200多人赴清州大学进行一学期以上的交流学习；联合培养博士研究生20人；并先后在电视节目制作专科专业和广播电视编导本科专业开展中外合作办学，累计招生840人次，取得了良好的经济效益和社会效益。

意大利卡梅里诺大学学生交流项目。两校自2013年建立校际关系以来，开展了包括本科交换生、硕士交换生、硕士双学位、博士联合培养项目在内的全方位学生交流合作，累计派遣各类留学生30多人，其中联合培养博士生12人。

瑞典斯德哥尔摩大学学生交流项目。我校于2007年与瑞典斯德哥尔摩教育学院建立校际关系。该校后来并入斯德哥尔摩大学。两校联合申报了伊拉斯谟计划（Erasmus Programme，European Region Action Schemeforthe Mobilityof University Students）项目，并获得120万瑞典克朗的项目经费，部分经费用于派遣一学期的公费交流生赴瑞典学习，学生出国交流学习所需要的国际旅费、学杂费、签证费、食宿费等全部费用均由项目经费承担，累计派遣公费生8名。

波兰高校学生交流项目。我校自2019年与波兰波兹南密茨凯维奇大学、比亚韦斯托克大学和比亚韦斯托克科技大学等高校建立校际关系以来，陆续开展了冬夏令营项目、交换生项目、线上国际课程项目、本升硕项目等多个学生交流项目，累计选派9批次289名学生参加了有关交流项目。

（三）积极加强外专引智

学校坚持开放式办学理念，大力实施国际化办学战略，结合学校发展实际，积极探索，开拓创新，通过多渠道、宽领域、重特色地开展外专引智工作。

稳步推进校级制度建设。对标上级外专引智制度文件，立足学校实际，研究制定了《关于以引进国外智力为中心推进国际交流与合作工作的意见》（聊大校发〔2006〕46号）、《聊城大学外国专家聘请与管理工作规定》（聊大校发〔2006〕134号）、《聊城大学“引进国（境）外人才专项基金”管理办法》（聊大校发〔2006〕137号）、《聊城大学长期外国专家（教师）聘请管理规范》（内部施行）、《聊城大学涉外活动管理规定》（聊大校发〔2013〕161号）等制度文件，以加强我校各类外国专家的管理工作，提升“引进国（境）外人才专项基金”使用效益，充分发挥外国专家在学校教学和科研中的作用。

扎实开展长期外国专家引进工作。通过深入挖掘校内已经积累的人才优势，“以才引才”，支持和激励海外高层次人才引进，切实提升我校教学和科研工作实效，长期外国专家聘请人数稳中求升。2005—2023年，我校累计聘请长期外国专家（教师）302人次，来自美国、俄罗斯、日本、韩国、德国、澳大利亚、英国、法国、巴基斯坦等30多个国家和地区，其中包括法国萨瓦大学一级教授、国际知识工程和术语学领军专家洛奇，白俄罗斯国家科学院细胞与遗传研究所研究院、“国家外专千人计划”和“海外泰山学者”特聘教授德米特里•巴扎诺夫，国家海外特聘专家、山东省泰山产业领军人才王正平等多位国际知名专家学者。

积极邀请短期外国专家来校讲座。为实现与世界一流大学、一流学科、一流科研同频共振、协同共赢，我校自2006年设立“引进国（境）外人才专项基金”以来，依托“聊城大学外籍专家学术报告月”“聊城大学在地国际化建设系列讲座”等系列活动，共支持海外知名专家学者来校开展讲座300余场次，旨在跟踪国际学术前沿，搭建学术交流平台，切实提升了我校师生国际化视野。

高质量开展双向引智交流活动。我校积极与海外友好高校开展师生互访工作，向美国北乔治亚大学、美国亨廷顿大学、美国林肯纪念大学、俄罗斯车里雅宾斯克国立大学等高校派送优秀访学师生29人次，邀请海外高校来校讲学专家32人次。其中，2010年，我校组织“学科带头人海外培训项目”，邀请美国北乔治亚大学5位教授（2位副校长、3位院长）到校授课，在海外培训阶段实施之前，精心设计与准备每门课程，创新培训模式，做实培训内容，使该项目最大化发挥效益，对于促进我校的双语课程教学及课程的国际化都起到积极的作用，得到各级相关部门的肯定和鼓励。

各级各类外国专家项目硕果累累。我校结合人才培养、科学研究、社会服务的切实需要，瞄准国家、省市战略需求，重点支持人工智能、材料科学、生物制药、国别区域学等学科领域，通过各级各类聚才引智计划，有目标有规划地引进所需的海外优秀专家学者。

打造志愿者服务品牌。本着“校地一家，打造市校融合发展共同体”的人才发展战略，我校积极协助聊城市举办“聊城海外高层次人才交流会”，做好会议翻译服务和志愿服务工作，每年派教师和学生50余人参会。自2014年以来，积极参加聊城市海外高层次人才引进洽谈会，充分利用“家门口”的优势，组织有外专聘请需求的学院和机构到洽谈会现场进行接洽，每年都有合作项目落地生根，如2018年邀请6位院士来我校学术交流；会上签订协议德国专家来校开展短期讲学等，对我校的对外交流工作起到积极的促进作用。

外国专家喜获多项荣誉称号。来校工作的外国专家扎根学校教学科研一线，工作成果得到各级各部门肯定。日本籍专家新居崎满枝女士、法国籍专家洛奇教授分别获得2009年度、2018年度山东省人民政府“齐鲁友谊奖”，洛奇教授于2021年获得“山东省人民友好使者”称号，印度籍专家桑托什•库马尔教授获得“山东省政府特聘外国专家”称号、2023年度“山东省教育系统优秀外国专家”称号。2005年以来，我校有6位专家获得“山东省外国文教专家教学奖”；3位专家获得“山东省中外教师外语教学研讨会优秀论文奖”。

我校外国专家积极参加“中国国际人才交流大会”“聊城市外国专家建言会”等活动，为国际化交流与发展建言献策。多名外专参加了聊城市“外眼看聊城”系列活动，结合端午节、中秋节、春节等中国传统节日，深入了解和传播中华文化，对外讲好中国故事，得到大众日报、聊城日报等多家媒体的宣传报道。

（四）持续拓展国际中文教育

学校目前建有两所孔子学院，分别是约旦费城大学孔子学院和萨摩亚国立大学孔子学院。2019年底，汤加高等教育学院孔子学院承办申请递交原国家汉办，孔院建设取得阶段性成果。2020年，我校获批“汉语国际教育硕士”授权，为国际中文教育持续健康高质量发展提供了有力支撑。2020年9月，在孔子学院转隶以后，我校与两所合作院校密切沟通，顺利完成转隶，获得国际中文教育基金会授权继续合作举办孔子学院。“十三五”期间两所孔院新增汉硕本土教师、海外教师志愿者及汉语教师志愿者等不同岗位，师资构成上更加趋于完善。

1. 约旦费大孔院

2011年9月25日，约旦费城大学与孔子学院总部签署合作协议。2011年12月18日，聊城大学与约旦费城大学签署合作建设约旦费城大学孔子学院的执行协议。2012年3月接到山东省教育厅转发的国家汉办《关于同意聊城大学承办约旦费城大学孔子学院的函》（汉办〔2012〕50号），正式授权和委托我校作为中方具体执行机构与约旦费城大学在约旦合作兴办孔子学院。这是我校在教育国际交流与合作领域承担的首个中国政府项目，是我校建立的第一个海外办学平台，标志着我校的国际化办学取得了进一步的发展。2012年9月16日，我校与约旦费城大学合作共建的约旦费城大学孔子学院在约旦首都安曼皇家文化中心隆重举行揭牌仪式。国务院参事、国家汉办主任 / 孔子学院总部总干事许琳女士、约旦王室成员 Laila Sharaf 参议员、中国驻约旦大使馆文化参赞王宝义、费城大学校长马尔旺．卡麦勒、聊城大学党委书记李喆教授出席了揭牌仪式。约旦各界友好人士、孔子学院师生、新华社和中央电视台驻约旦记者以及当地媒体记者 300 余人参加了揭牌仪式。9 月 20 日举行了第一届孔子学院理事会。

费城大学孔子学院成立以来，陆续出台了《费城大学孔子学院教学质量保障管理规定》《费城大学孔子学院教师请销假制度》《费城大学孔子学院图书和办公、文化用品管理规定》《费城大学孔子学院教师安全管理实施细则》《费城大学孔子学院经费管理办法》《费城大学汉语系本科生全程导师制实施办法》等一系列规章制度，确保孔子学院的工作顺利开展，不断提高孔子学院的汉语教学与管理水平。

2013 年开设汉语学分课程，汉语正式进入约旦费城大学课程体系。2016 年承办首届约旦汉语教学研讨会，连续承办 5 届。2018 年，依托聊城大学汉语语言文学专业与汉语国际教育专业的学科与师资优势，成立了汉语系，是约旦高等教育史上第一个汉语与中国文学本科专业，实现了孔子学院工作由 2012 年建立之初校级平台选修学分课程到真正进入约旦高等教育学科培养序列的实质性跨越发展。2020 年汉语系学生首次获得国际中文教师奖学金。为推动汉语教学在约旦的可持续发展，孔院积极申请海外志愿者和汉硕本土教师岗位，首次引进汉语教师海外志愿者及汉硕本土教师，很大程度上缓解了疫情下师资紧缺的问题。2022 年汉语系首届 7 名学生顺利毕业；孔院建院十周年期间，举行了一系列庆祝活动。

目前，费城大学孔子学院现有教学及办公场地 910 平方米，自有图书 9000 余册，共有教职员工 9 人，其中中外方院长各 1 人，公派汉语教师 4 人，本土汉语教师 1 人，海外志愿者汉语教师 1 人，全职行政人员 1 人。共设有 4 个教学点，招生汉语学分课注册学生和非学分课程学员 7300 余人；举办各类型活动 294 场，受众总数达到 67770；毕业生总共 26 人，1 人到中国攻读硕士学位，8 人获得奖学金前往中国留学。

2. 萨摩亚国立大学孔子学院

2018 年 9 月 10 日，萨摩亚国立大学举行孔子学院揭牌仪式，宣布萨摩亚国立大学孔子学院正式成立。萨摩亚国立大学孔子学院成立以来，陆续出台了一系列规章制度，确保孔子学院的工作顺利开展，不断提高孔子学院的汉语教学与管理水平。

2019 年 9 月，萨摩亚国立大学孔子学院设立萨摩亚首个 HSK 汉语考试考点，11 月举办了萨摩亚首次 HSK 汉语水平考试。为推动汉语教学在萨摩亚的可持续发展，孔院积极申请海外志愿者1名。12月，孔院代表来华参加2019年国际中文教育大会。会后访问学校召开孔院2019年度理事会，审议本年度孔院工作，商讨2020年工作，并对理事会成员进行改选，孔院新一届理事会成立。2020年完成孔院转隶工作年。孔院教师因疫情受阻滞留国内，1名汉语教师志愿者在萨开展工作；获批本土中文教师岗位1个；首次组织“汉语桥”世界大学生中文比赛萨摩亚赛区预选赛，1名同学获得三等奖；12月，举行萨摩亚国立大学2020年度孔院理事会线上视频会议，完成理事会换届工作。

2021年孔院首批2名本土中文教师正式上岗，在疫情期间，对萨摩亚中文教育工作发挥了重要作用，也是萨摩亚国际中文教育本土化关键的一步。萨摩亚孔院国际中文日活动入选中文联盟“全球精选活动”板块，本土中文教师海玲（HetherVaai）荣获中文联盟国际中文日主题摄影作品征集大赛一等奖。受教育部语合中心委托，萨大孔院牵头与南太平洋大学孔院、巴新科技大学孔院等联合开展了太平洋岛国本土中文教师支持发展规划调研，撰写提交了10个太平洋岛国的调研报告。

2022年萨摩亚国立大学孔子学院参加聊城大学举办的“大洋绿洲—中文+应对气候变化”2022年“汉语桥”线上团组交流项目，在项目宣传、学员招生方面积极参与，孔子学院中方院长陈万会和学员代表马克在开班仪式上发言。孔子学院还积极参加了聊城大学举办的“中国—太平洋岛国应对气候变化高级培训班”。2022年11月，孔子学院在萨摩亚受害者救助中心开设了公益中文班，对萨摩亚受伤害的妇女、儿童等提供中文教学。

目前，萨摩亚国立大学孔子学院现有教学及办公场地240平方米，自有图书2600余册，共有教职员工9人，其中中外方院长各1人，公派汉语教师2人，本土汉语教师1人，兼职行政人员4人。共设有2个教学点，招生汉语学分课注册学生和非学分课程学员1500余人；举办各类型活动90余场，受众总数达到7355人。

（五）支持引导教师出国留学访学

学校高度重视师资的国际化培养工作，注重师资国际化培养的计划性和规划性，逐步完善师资国际化资助体系，支持院系开展学术研究和学术交流活动，不断提高师资交流的层次和水平。根据学校专业、学科建设的需要，有计划、有目的地选派重点学科、优势专业的学术带头人和中青年骨干教师到国外进修和科研合作，培养了一批从事双语教学或高水平科研工作的教师。

2005年以来，逐步完善了国家、省、校三级师资国际化资助体系，选派重点学科、优势专业的学术带头人和中青年骨干教师到国外进修和科研合作。2014年出台《聊城大学教职工出国（境）专项基金管理办法》，设立“教职工出国（境）

专项基金”，每年资助15名左右的骨干教师前往国外优秀大学访学。截至2023年底，在职教工中赴海外留学、访学、工作、参加国际会议等总数累计达500多人次。

2014年，我校成建制派出3个代表团共29人赴美交流、培训：赴美国北乔治亚大学讲学教师团、赴美国北乔治亚大学双语教师培训团和赴美国亨廷顿大学（TESOL）证书项目团。项目的开展对于开展沉浸式教学、体验式教学和互动式教学，为我校塑造培养出具有独立意识和创新活力、拥有持续发展能力的学生，全面提高学校人才培养质量具有借鉴意义。

在教师出国留学访学工作中，相关职能部门严格管理服务流程，主动保持与出国留学人员在出国前后的联络、做好咨询服务和各项手续的办理，对项目的进展、总结和教师回国后的服务期情况进行跟踪，确保了留学项目达到预期目标。

（六）拓展中外合作办学格局

学校高度重视与国外大学开展联合办学工作，出台了《聊城大学中外合作办学管理办法（试行）》。

2010年7月，为加强学校对外教育合作与交流工作，突出学校国际化办学特色，切实提高中外合作办学教育项目培养质量，国际教育交流学院下设中外合作办学中心，具体负责学校中外合作办学项目的申报与管理工作。

学校先后获批中外合作办学本科教育项目3项（教育部审批：广播电视编导专业，与韩国清州大学合作；机械设计制造及其自动化专业，与德国安哈尔特应用技术大学合作，2016年报停；生物工程专业，与韩国建国大学合作，2018年报停），专科教育项目九项（山东省教育厅审批）。目前有广播电视编导专业中外合作办学本科项目1个，自2013年起获批举办以来，项目质量不断提升，通过与海外合作学校签署联合培养博士协议，构建了从本科到博士研究生的专业人才培养完整体系。

为贯彻实施国际化办学战略，学校自2019年以来，与哈瓦那大学就建立校际关系、开展校际合作持续进行磋商，采用线上和线下的方式签署了多份教育合作框架协议。2022年6月，聊城大学与哈瓦那大学共同在线参加“中国—古巴国际教育合作交流会”。双方达成共识，重点围绕生物制药、化学、生物工程、西班牙语等学科专业，开展合作办学、学生交流、教师交流、博士联培、联合科研等领域的广泛交流与合作。2022年11月，聊城大学与哈瓦那大学举行视频会议，共同签署校际合作协议，正式建立校际关系。2023年4月，古巴哈瓦那大学第一副校长玛丽安·埃尔南德斯·科林率团访问聊城大学，双方就两校合作办学协议、办学章程、合作专业、培养方案与课程设置等问题逐一进行了深入沟通，并最终达成一致，共同推进两校共建哈瓦那学院工作。2023年7月，聊城大学与古巴哈瓦那大学举行共建哈瓦那学院签约仪式，标志着两校共建中外合作办学机构开启了新篇章。2023 年 8 月，哈瓦那大学校长米里亚姆·尼卡多·加西亚，在北京出席世界大学校长论坛，表达了开展对华高等教育交流与合作的强烈愿望。加西亚访问聊城大学期间，与聊城大学签署协议，合作共建西班牙语中心。2023 年 12 月，聊城大学党委副书记房增福一行 6 人代表团正式访问哈瓦那大学，实地调研了哈瓦那大学教育教学水平和办学条件，深入推动两校在生物制药、生物工程和应用化学 3 个专业的合作办学工作。

（七）积极搭建国际科研合作项目平台

学校积极推动与国外高校开展科研合作，共建科研合作平台 5 个：与俄罗斯东北联邦大学共建中俄数学联合研究中心、与法国萨瓦大学共建知识工程和术语学中法联合研究中心、与意大利卡梅里诺大学共建聊城毛驴高效繁育与生态饲养研究院、与伦敦大学城市学院共建新型纳米材料与传感技术国际联合研究中心、与汤加共建鲁太农作物新品种培育推广中心。

学校主动回应国家战略急需和区域经济发展需求，2012 年 9 月，聊城大学太平洋岛国研究中心成立，是国内第一个独立建制的太平洋岛国研究机构，旨在通过严谨扎实的学术研究，增进中国与太平洋岛国人民之间的了解和友谊，服务国家战略和区域经济社会发展。现为山东省首批重点新型智库建设试点单位和教育部国别和区域研究中心。

2018 年 6 月，聊城毛驴高效繁育与生态饲养研究院成立，研究院立足全产业链发展，打造集文化传承、科学研究和产业支持于一体的科研平台，拉动聊城驴产业发展与质量提升，是对聊城质量强市战略的重要支持。

2018 年 3 月，聊城大学北冰洋研究中心成立，是我国第一家以北冰洋社会科学为研究对象的学术机构，旨在开展人类学、考古学、历史学、原住民发展、国际关系等领域研究。现逐渐发展成为国内有影响力的重点新型智库。2020 年 2 月，我校成功加入北极大学联盟，成为该联盟中的第六所中国高校。

2019 年 9 月，聊城大学加勒比研究中心成立，中心旨在进一步拓展政治学一级点的研究领域，凝练国际政治学科方向，努力打造成为高端智库和领航平台，以便更加主动有效地服务于国家发展战略。

2019 年 9 月，鲁太农作物新品种培育推广中心（汤加）成立，该中心旨在贯彻落实两国教育交流合作谅解备忘录有关内容，推进中汤教育交流全面合作。现中心已试种成功 40 余种蔬菜，初步建设了近 5 亩地的蔬菜种植示范中心，筛选出了一西红柿新品种，编写了《汤加蔬菜安全高效种植》教材和培训手册，为在汤开展蔬菜种植技术培训以及开展新品种培育创造了条件。

（八）矢志不移服务国家战略

学校立足服务国家重大战略，以国际交流视角不断创新校内科研平台建设，先后成立了太平洋岛国研究中心和北冰洋研究中心（简称“两中心”）。“十三五”期间，两中心先后实现从校内培育到逐步发展成在国内乃至国际有重要影响的科研机构，各项工作取得了丰硕成果。学校注重发挥研究平台优势，提升服务国家战略能力。

自 2016 年起，作为教育部在太平洋岛国建交国家开展教师培训项目的试点，我校受教育部委托在萨摩亚开展教育援外工作，主要帮助解决当地基础教育理工科教育师资力量薄弱的问题。萨摩亚援外教师主要在中小学开展理工科课程教学工作，有力地帮助了萨摩亚当地基础教育师资严重不足的问题。2016—2019 年 4 年间，我校先后派出教师 21 人次在当地 5 所中学开展工作，学校 10 多个学院参与该项目。援外教师除了开展正常的教学外，还积极义务帮助当地人解决电脑维修、学生功课辅导等，深受当地政府和学生家庭的欢迎。

2018 年 3 月，在国家主席习近平和汤加王国国王图普六世共同见证下，两国签署了《中华人民共和国教育部与汤加王国教育部关于教育交流与合作的谅解备忘录》，明确提出“双方支持建立聊城大学汤加学院，协助汤加培养高级应用型人才，联合开展海洋科学研究以及太平洋岛国研究”。2018 年底，中汤双方就派遣农学和中文教师达成一致。2019 年 1 月我校第一批汤加教育援外教师启程赴任。汤加援外教师一方面积极开展汉语教学，促进中汤文化交流；另一方面积极在汤开展农业教学及农作物示范推广。2019 年 9 月，鲁太农作物新品种推广示范中心成功在汤加揭牌。至 2022 年底汤加教育援外工作结束，学校先后派出两个支教小组共 7 名教师在汤加开展汉语教学、农学理论和实践教学工作。在援外工作期间，我校教师牢记自己的工作使命，严格遵守国家各项要求和规定，自觉遵守受援国当地法律法规，倾心教学、无私奉献，有关工作受到受援国政府和教学单位师生的认可和好评。

2022 年 4 月，由外交部、生态环境部和山东省共建的中国—太平洋岛国应对气候变化合作中心落户山东省聊城市，办公机构设在聊城大学太平洋岛国研究中心。该中心现为中太应对气候变化的高端智库和高水平合作平台，山东对外开放新高地。

（九）积极开展对台合作交流

2005—2016 年以来，学校先后与台湾大学、台湾科技大学、嘉南药理大学、朝阳科技大学、昆山科技大学、建国科技大学、屏东科技大学、大同大学等高校签署合作协议，建立校际关系。先后派遣 25 个因公团组赴台湾大学、台湾中研院、台北故宫博物院、台湾辅仁大学、台湾科技大学、台湾联合大学、台湾成功大学、中国文化大学、彰化师范大学、嘉南药理科技大学、明新科技大学、东华大学、云林科技大学、正修科技大学、中正大学、建国科技大学、中山大学等访问交流，参加“海峡两岸大学校长论坛及科学技术研讨会”“傅斯年学术思想的传统与现代学术研讨会”“两岸量子科学与技术—前沿与展望研讨会”“第十三届海峡两岸三地环境资源与生态保育学术研讨会”“2013 年校园犯罪与安全维护学术研讨会”“第十二届两岸三地优质鸡的改良生产暨发展研讨会”“第六届两岸四地高校心理辅导与咨询高峰论坛暨 2015 年华人辅导与咨商学术研讨会”等活动。

2011 年，学校启动首个赴台研学项目，派遣 2 名学生赴台湾大学研修学习。之后，学校陆续开展与台湾科技大学、嘉南药理大学、朝阳科技大学、昆山科技大学、台湾大叶大学研修学习项目。2011—2016 年间，共派出 93 名学生赴台湾研修学习交流（其中，含 2012 年、2013 年两次全球集思论坛活动共 11 人）。

2008 年 5 月 26—27 日，“海峡两岸大学校长论坛及科学技术研讨会”由台湾义守大学主办，时任副校长李剑萍参加论坛和研讨会。

2009 年 10 月 23—25 日，“海峡两岸大学校长论坛暨科学技术研讨会”由中国海洋大学主办，时任副校长冯健、学科建设处副处长邢晓峰、科研处张德伟参加活动。

2010 年 10 月 12—18 日，“海峡两岸大学校长论坛暨科学技术研讨会”由台湾昆山科技大学主办，时任副校长冯健、国际处处长宋延婷参加活动。

2011 年 10 月 12—13 日，“海峡两岸大学校长论坛暨科学技术研讨会”由山东理工大学主办，时任党委副书记张贵桥、国际处处长宋延婷、理工学院院长胡海泉、文学院副院长刘东方、材料学院院长邵鑫、国际处单士栋等 6 人参加活动。

2012 年 11 月 11—15 日，“2012 海峡两岸大学校长论坛暨科学技术研讨会”由台湾朝阳科技大学主办，时任副校长王强、科研处处长胡海泉、研究生处处长黄勇、汽车学院院长包春江、生命科学学院王光全教授、国际处单士栋等 6 人参加论坛。

2013 年 7 月 10—13 日，“2013 海峡两岸大学校长论坛暨科学技术研讨会”由中国石油大学主办，由朝阳科技大学协办。

2014 年 10 月 11—18 日，“2014 海峡两岸大学校长论坛暨科学技术研讨会”由大叶大学主办，时任校长马春林、教务处处长赵长林、农学院分党委书记邢金修、计算机学院党总支书记宗培磊、国际合作与交流处副处长顾宇飞 5 人参加。

2015 年 10 月 21 日，“2015 海峡两岸大学校长论坛暨科学技术研讨会”由鲁东大学主办，国际处处长宋延婷、理工学院院长王文军 2 人参加。

2016 年 10 月 25 日—30 日“2016 海峡两岸大学校长论坛暨科学技术研讨会”由昆山科技大学主办，时任副校长段培永、招生处处长王相水 2 人参加。

二、国际学生教育教学

自 1995 年开始招收培养国际学生以来，聊城大学办学国际化水平和影响力不断提升。1999 年学校成立国际教育交流学院，为非独立设置的二级学院，与国际合作与交流处合署办公；2010 年国际教育交流学院独立设置，作为学校国际学生归口管理单位，设有汉语国际推广中心、留学生教育中心、中外合作办学中心和外国语培训中心 4 个科室，负责国际学生招生、教育培养与管理服务工作、孔子学院建设工作、中外合作办学和出国外语培训工作。2018 年和 2022 年，学校两次调整机构设置，在国际教育交流学院设立综合部、汉语国际教育中心和留学生管理服务中心，具体实施国际学生招生录取、教育教学、来华留学签证、保险、住宿等具体事务。

至 2024 年，国际教育交流学院有专任教师 10 人，其中，副教授 3 人，硕士生导师 3 人，具有博士学位教师 3 人，在读博士 5 人，具有硕士学位教师 10 人。学院拥有语音实验室、智慧教室、文化活动室、综合图书资料室等现代化教育教学设施。学院聚焦国际中文教育主业，严格国际学生招生录取流程，提升国际学生教育教学水平，致力培养深入了解中国文化，具备包容、认知和适应文化多样性的意识、知识、态度和技能，能够在不同民族、社会和国家之间的相互尊重、理解和团结中发挥作用的知华、友华的高素质人才。

（一）积极打造“留学聊大”品牌

目前，学校已接收培养来自 50 多个国家和地区的国际学生 2000 余人，在国际中文教育、中华优秀传统文化传播、中外教育文化交流互鉴、学历生培养等领域积累了经验，推进了“留学聊大”项目品牌建设。

学校国际学生教育发展大体上经历了 3 个阶段：

第一阶段：1994—2009 年。1994 年 12 月山东省教育委员会（现山东省教育厅）同意学校自 1995 年 1 月起接收外国留学生。国际学生生源以友好学校交换生、汉语语言文化进修生和在聊外资企业员工为主，主要来自俄罗斯、韩国、日本等国，中外学生管理的趋同化水平不高。

第二阶段：2010—2017 年。学校积极响应教育部 2010 年 9 月制定的《留学中国计划》，推动国际学生教育进一步发展。2011 年学校获得“孔子学院奖学金（现国际中文教师奖学金）”学生接收资格，并成为首批“山东省政府外国留学生奖学金（现山东省政府国际学生奖学金）”学生接收资格院校。2012 年学校与约旦费城大学合作设立的孔子学院顺利揭牌，国际中文教师奖学金学生逐年增加。在政府奖学金项目的带动下，学校的国际学生生源质量得到了有效保障，国际学生招生、管理和培养等工作水平都有了较大提升。学校抢抓机遇，主动对接友好学校和汉语推广机构，积极承办短期汉语文化研修项目，与美国北佐治亚大学合作6期来华短期语言文化培训，每期6—8周，共接收80余人来校学习，深化了校际教育交流合作内涵。

第三阶段：2017年至今。学校加强特色专业的国际化建设，在工商管理、国际经济与贸易、计算机科学与技术、软件工程、生物工程、土木工程6个英文授课本科专业接收国际学生，学历生数量增长，2019年全年在校国际学生人数超过300人，其中学历生占比70%。2018年学校与萨摩亚国立大学合作举办的孔子学院顺利揭牌，这是学校依托"太平洋岛国研究中心"研究平台开展协同创新产生的成果，实现了学校在太平洋岛国地区进行国际中文教育和中国文化传播的突破。

学校持续创新国际学生培养模式，在教育部中外语言交流合作中心等部门大力支持下，承办孔子学院学生来华夏令营、教育工作者访华团5个。举办"汉语桥"线上团组交流项目6项，其中3门课程被评为优秀课程。2022—2023学年获批国际中文教师奖学金线上授课项目1项。2019年学校启用国际学生管理平台，国际学生管理信息化建设进一步完善。

学校持续推进国际学生文化建设，加强国际学生对中华优秀传统文化、当代中国经济社会发展成就和学校黄河学、运河学、太平洋岛国研究的了解体验，支持国际学生参加各级政府和教育主管部门主办的语言、文化、体育类赛事。近年来，国际学生多人次在"唱歌学中文"音乐视频全球征集活动、"黄河湾"国际青年汉语大赛、山东省高校国际学生普通话大赛、中华经典诵读大赛、"我的祖国·我的聊城"短视频大赛中获奖，产生了良好的社会影响。

（二）大力拓展国际学生招生

2012年，国家汉办／孔子学院总部批准我校成为2012年度孔子学院奖学金留学生接收院校，标志着我校汉语国际推广与来华留学生工作又上了一个新台阶。来自加拿大埃德蒙顿孔子学院的12名学生参加聊城大学2012年孔子学院奖学金中国音乐研修项目，这是我校获批为孔子学院奖学金接收院校以来接收的第一批孔子学院奖学金留学生。在校国际学生70人次，语言生68人次，学历生2人次。主要来自美国、加拿大、匈牙利、吉尔吉斯斯坦等国。

2013年，在校国际学生71人次，语言生69人次，学历生2人次。主要来自美国、韩国、爱尔兰、泰国等国。

2014年，在校国际学生70人次，语言生68人次，学历生2人次。主要来自美国、俄罗斯、韩国、约旦等国。

2015 年，招收汉语授课学前教育专业学历生 1 人，在校国际学生 104 人次，语言生 100 人次，学历生 4 人次。主要来自美国、俄罗斯、吉尔吉斯斯坦、哈萨克斯坦等国。

2016 年，招收汉语授课学前教育专业学历生 1 人。在校国际学生 116 人次，语言生 112 人次，学历生 4 人次，主要来自美国、加拿大、俄罗斯、菲律宾等 10 多个国家。

2017 年，首次建制招生国际经济与贸易、工商管理、计算机科学与技术、软件工程 4 个英文授课本科专业学历生 53 人，汉语授课 1 人，研究生 1 人。学历上专业类别、层次与学生人数达到我校办学历史之最。在校国际学生 141 人次，语言生 86 人次，学历生 55 人次。首次启动与我校合作共建的约旦费城大学孔子学院合办学生来华夏令营项目。

2018 年，在校国际学生 292 人次，其中语言生 87 人次，学历生 205 人次。主要来自俄罗斯、韩国、日本、加纳、印度、约旦、南非等 34 个国家，在校学习计算机科学与技术、软件工程、工商管理、国际经济与贸易、生物工程、土木工程 6 个英文授课本科专业和汉语国际教育专业语言进修。

2019 年，在校国际学生 387 人次，其中语言生 56 人次，学历生 331 人次。主要来自韩国、瑞典、约旦、摩洛哥、南非等 30 多个国家，在校学习计算机科学与技术、软件工程、工商管理、国际经济与贸易、生物工程、土木工程 6 个英文授课本科专业和汉语国际教育专业语言进修。约旦费城大学孔子学院教育工作者访华团与学生夏令营来我校进行学生交流和文化探访。

2020 年，由于疫情影响，境外招生录取工作不能进行。在校国际学生 348 人次，学历生 342 人次，语言生 6 人次。主要来自韩国、日本、加纳、坦桑尼亚、尼日利亚等 30 多个国家，在校学习计算机科学与技术、软件工程、工商管理、国际经济与贸易、生物工程、土木工程 6 个英文授课本科专业和汉语国际教育专业语言进修。正式启用国际学生综合管理平台。我校首次获批教育部中外语言合作交流中心“汉语桥”线上团组交流项目，启动线上项目招生。

2021 年，语言生与学历生招生工作均在进行，但由于疫情，境外招生录取工作受到较大影响。在校国际学生 304 人次，学历生 298 人次，语言生 6 人次。主要来自韩国、日本、肯尼亚、纳米比亚、喀麦隆等 30 多个国家，在校学习计算机科学与技术、软件工程、工商管理、国际经济与贸易、生物工程、土木工程 6 个英文授课本科专业和汉语国际教育专业语言进修。获批教育部中外语言合作交流中心“云享齐鲁风 · 行走大运河” 2021 年“汉语桥”线上团组交流项目。

2022 年，“云享齐鲁风·行走大运河”2021 年“汉语桥”线上团组交流项目和“大洋绿洲—中文+应对气候变化”2022年“汉语桥”线上团组交流项目，项目招生230余人。申报2022—2023学年“国际中文教师奖学金”线上授课项目，项目完成招生30人。获批“畅游千年运河·乐享中文之美”2022年“汉语桥”线上团组交流项目。招收太平洋岛国地区学历生1人，实现在太平洋岛国地区本科学历项目招生突破。在校国际学生190人次，学历生154人次，语言生37人次。主要来自约旦、巴勒斯坦、伊朗、赞比亚等20多个国家，在校学习计算机科学与技术、软件工程、工商管理、国际经济与贸易、生物工程、土木工程6个英文授课本科专业和汉语国际教育专业语言进修。

2023年，“畅游千年运河·乐享中文之美”2022年“汉语桥”线上团组交流项目招生133人。疫情防控政策调整以后首个俄罗斯青少年来华团组22人来校进行汉语学习与中国文化体验。国际中文教师奖学金学生来校报到30人，国际学生首次获准攻读我校汉语国际教育专业硕士研究生学位，实现我校国际学生教育史上又一个历史突破。申报哥伦比亚、俄罗斯、日本等国家外国学生夏令营来华团组项目4个。在校国际学生107人次，学历生32人次，语言生75人次，主要来自约旦、赞比亚、尼日利亚、纳米比亚等10多个国家，在校学习计算机科学与技术、软件工程、人力资源管理、国际经济与贸易、土木工程五个英文授课本科专业和汉语国际教育专业语言进修。

（三）不断提高国际学生培养质量

2009年10月，时任校党委副书记、校长李喆调研国际交流与合作工作时指出，留学生方面，要建立高信誉的招生渠道，制定灵活机动的招生政策，培养高水平的师资和管理队伍，进一步扩大留学生的国别和数量。

2017年，首次建制培养国际经济与贸易、工商管理、计算机科学与技术、软件工程4个英文授课本科专业学历生。

2018年，加强学历生专业教育，增加生物工程、土木工程2个英文授课招生专业。重视学生实践教育，启动“留学生双能力”（跨文化交流合作能力和跨国界岗位适应能力）培养计划。完善HSK考试，顺利组织两次HSK、HSKK考试。制定实施留学生奖惩条例（中英文版），留学生管理趋向规范。建设学院新媒体宣传阵地，完成学院网站资料工作，学院网站建设基本成型。建设学院微信公众号，及时发布学院动态。启动学院文化标识建设，营造浓厚的学院文化和学习氛围。启动留学生班主任助理和兼职汉语教师招募，提高文化交流互动。

2019年，时任校党委常委、副校长胡海泉在国际学生教学管理工作座谈会上针对进一步提高我校国际学生教育教学质量和管理水平提出工作要求。学院完成了计算机科学与技术、软件工程、工商管理、国际经济与贸易、生物工程、土木工程6个英语授课留学生本科专业培养方案修订。完善留学生“三位一体”语言能力培养方案。规范教学运行，建立了留学生师资库。举办留学生汉语教学工作坊。与有关学院联合，建设具有聊城地域特色的留学生文化实践课程。培育留学生中华优秀传统文化体验基地3处。以HSK和HSKK考试为抓手，建设汉语水平考试中心。学院教师获得校级教研立项1项，校级科研立项2项，山东省社科规划项目1项，教育部科研立项1项。举办了学院第一届青年教师课堂竞赛，2名青年教师分别获得聊城大学信息化教学优胜奖和聊城大学青年教师课堂竞赛三等奖。实施留学生班主任制度，建立留学生学业导师库，发挥班主任和学业导师在留学生个性化人才培养过程中的引领作用。招聘留学生班主任助理60人次，加强对班主任助理培养管理，构建中外学生学习互助机制。建立“一站式”留学生学生事务服务中心，规范学生档案管理工作。修订完善了《聊城大学国际学生教育管理工作手册》《聊城大学国际学生手册》《聊城大学留学生校园生活指南》《聊城大学留学生奖学金评选细则》等制度，探索学生公寓和学生综合表现“积分制”管理办法。制定了留学生社团管理制度，完善留学生奖学金管理体系，建立留学生成长发展激励机制。

2020年，时任党委常委、副校长赵长林对“十四五”时期我校国际学生教育培养工作提出四点建议：一是要认真贯彻习近平总书记关于教育对外开放的重要论述；二是要紧密围绕学校国际化办学战略定位，拓展国际化教育教学创新模式，做好“留学聊大”的品牌；三是要优化国际学生培养结构和层次；四是要围绕人才培养加强制度建设。我校首次启用了全新的国际学生招生管理平台，实现了国际学生管理办公自动化。我校首名国际学生研究生顺利毕业。与国际学生修读专业所在学院合作，实施最新国际学生专业培养方案。突出地方特色，联系建立中华传统文化体验基地2处。建设中国国情和文化体验系列课程，获批校级教材立项1项。根据疫情管控有关要求，开展线上教学工作。学院教师积极开展教学研究，申报科研教研课题3项。认真开展疫情管控和安全专题教育，发布疫情管控告知书和学期安全提醒，签订安全承诺书。加强国际学生自我教育和自我管理。选拔国际学生辅导员，组织国际学生心理测试，开展国际学生个体访谈。加强国际学生班主任能力建设，选聘国际学生班主任助理。推动中外学生趋同管理。更新和维护桐园太阳能设施和净水设施，为国际学生生活提供较好保障。

2021年，时任党委常委、副校长赵长林在为国际教育交流学院党支部党员干部讲专题党课中指出，要结合国际合作交流工作实际，树立“师生至上”的服务理念，聚焦学生发展需求、聚焦教师发展需求、聚焦做好“留学聊大”品牌、聚焦做好后疫情时代线上国际化等领域深入开展理论研究和实践探索，用外交家、政治家、教育家的标准要求自己、提升自己，成为讲好“中国故事”的国际宣传员、学校高质量发展的服务员、学生思想政治的教员、习近平总书记人类命运共同体理念和全人类共同价值观的推动者和践行者。我校历史上首届英文授课本科国际学生顺利毕业，共有43名英文授课应届本科国际学生顺利取得毕业资格，涵盖4个专业，是我校历史上首次规模毕业的国际学生。学院组织学生参加学校毕业典礼和国际学生毕业生座谈会，通过邮箱发送学生家长贺信，祝贺学生顺利毕业。及时更新国际学生招生管理办法、公寓管理办法、奖惩办法等制度，加强国际学生教育管理工作。开展线上家访活动，加强家校联系，服务国际学生健康成长，强化“留学聊大”品牌建设。与国际学生公寓物业管理建立月度会商制度，加强常态化公寓管理与学生管理。组织在校国际学生到聊城中通客车控股股份有限公司参观学习，计算机学院相关专业在校国际学生到济南浪潮集团参观学习，生命科学学院相关专业在校国际学生到聊城市茌平味精厂见习。认真落实《习近平总书记教育重要论述讲义》英文版进课堂，组织汉语国际教育硕士学位研究生培养方案论证。学院教师获得校级教研立项1项，校级科研立项2项，山东省社科规划项目1项，教育部科研立项1项。学院教师参加教学竞赛活动并获校级一等奖，并代表学校参加第九届山东省“超星杯”高校青年教师教学竞赛。《汉语语法专修》《中国书画》《中医养生保健》3门课程获评教育部中外语言交流合作中心优质课程，获批小语种翻译项目，纳入全球优秀中文课程资源库。

2022年，时任党委常委、副校长肖海荣就做好国际学生培养提出具体要求。一是要增强自信。全院教师要保持爱岗敬业精神，增强使命担当，提升工作能力。二是要发挥优势。联通优势资源，统筹项目拓展，打造“留学聊大”品牌。三是要凝练特色。加强国际传播能力建设，讲好中国故事，传播中国声音。学院完成友好学校交换生招生简章。完成本科论文抽检工作。101名英文授课本科国际学生顺利毕业，多名毕业生考取研究生。利用教育部语合中心“汉语桥”、国际中文教师奖学金、省政府国际学生奖学金、省委外办“拉美桥”等中外交流平台，录制语言和文化体验视频课程13门，线上招生并开展中国语言文化和相关专业等项目学习。《中国概况》获批2022年聊城大学校级课程思政示范课程项目。获批校级教研项目1项。学院教师在学校青年教师教学竞赛获一等奖、三等奖各1项，在山东省第九届“超星杯”高校青年教师教学比赛中获三等奖1项，在山东省高校师生“奋进新征程建功新时代”阅读活动—“书香山东·经典朗读”活动中获校级决赛（教师组）一等奖、二等奖、省级三等奖（教师组）各1项。3位教师入选汉语国际教育专业硕士导师库。学院先后与教育部语合中心、省委外办、省教育厅国际处、聊城市外办、临清三和纺织集团公司、乖宝宠物食品集团股份有限公司、山东能源集团、山东黄金集团、中国银行聊城分行、CUCAS（留学中国网）

等开展各种形式的工作交流。

2023年，时任党委副书记房增福围绕学院发展和国际学生培养指出，系统协同推进学校国际学生教育体系建设，在新发展阶段确立新目标和新任务，充分发挥主观能动性，在扩大学生规模、优化学生结构、完善学生培养模式、提升师资队伍国际化水平、深化国际教育教学交流等课题上，克服困难，协同合作，全力推进学校教育国际化进程。学院组织国际学生开展校园公益活动，到聊城市阳谷县郭屯镇、定水镇等地参访革命教育基地，了解中国共产党团结带领中国人民进行社会主义建设和改革开放伟大事业的光荣历史。与外事、招生、教务、研究生、学团、后勤等部门实现实时工作协同，进一步提升工作效率。与国际学生修读专业所在学院合作，持续优化国际学生培养方案与教学计划。在专业学院中开展一线工作调研，协作研究开设国际学生修读新专业、新课程、新模式。协同专业学院，以提升国际学生教育质量为主线，统筹确立学院教学改革项目，设立国际学生教研项目专项，积极申报国家和省部级课题。开展多层次培训交流、提升教师国际化教学水平。争取学校教学设施和资源，加强学生课外教育指导。做好中文＋国际学生智慧教室改造工作。做好山东省高等学校来华留学教育质量评估项目学校自评工作，服务学校完成新一轮本科教育教学审核评估。1位同志获得校级科研立项，1位同志获得青教赛校级二等奖。推进校地协同，服务融合发展。持续加强与省市政府、教育主管部门、外事主管部门、公安部门、企事业单位的合作交流，拓宽工作领域，助力提升国际学生教育教学质量。

（四）深度活跃留学生文体生活

2016年12月，来自日本、约旦、埃塞俄比亚、韩国的5名留学生到五里墩村繁森希望小学向孩子们介绍了各自国家的风土人情、地域特色，展现了别具风味的日本樱花、约旦死海、埃塞俄比亚国花、韩国美食等。当月，由国际教育交流学院主办，音乐学院协办的2017中外师生新年联欢会在音乐学院音乐厅隆重举行。校党委副书记徐传光，党委常委、副校长王昭风，各相关单位负责人及中外师生200余人欢聚一堂，喜迎新年。

2017年4月，国际学生参加学校运动会运动项目—学生女子甲组100米预赛和女子4×100米接力赛。

2018年，首次组织留学生代表参加学校2018届学生毕业典礼，录制祝福学校视频。组织留学生开展校园、城市、儒家（3C）文化体验活动，举办2018年聊城大学留学生开学典礼，举行2018年毕业生座谈会和欢送会。举办首届国际文化艺术节分为“迎新年文艺演出”“美食嘉年华”“中国传统曲艺体验”“中国传统服饰体验”4个主题区域进行，留学生以艺术表演、美食制作、服装展示等形式展现着各自国家的文化魅力。举办首届国际文化艺术节，开设中华优秀传统文化实践系列课程。开展文化讲座和文化体验教学活动，组织学生到洛阳、曲阜和泰安学习中华传统文化。顺利接待费城大学孔子学院夏令营团组，举行约旦费城大学日等系列活动。

2019 年，邀请聊城市公安局出入境管理处、聊大派出所、聊城市消防支队等单位定期来校调研走访留学生上课、住宿情况，与教师进行沟通，联合组织“珍爱生命，远离毒品”宣传教育活动，组织留学生到禁毒展览馆参观学习，开展消防安全教育、交通安全、网络安全教育，建立学生突发问题及冲突问题预防机制，建设文明安全校园。组织留学生积极参加我校大学生科技文化艺术节、创新创业大赛、学生运动会、排球联赛、足球联赛、越野赛等活动，并获得好成绩。开展“读懂中国”系列文化体验活动，举办第二届国际文化艺术节，开设寒暑假假期文化课堂，组织留学生参加中国春节文化系列体验、聊城市和我校组织的合唱《我爱你中国》快闪、聊城市春晚录制等活动，组织孔子学院奖学金学生文化研修活动，引导留学生了解中国国情，体验中国文化。建立留学生毕业校友群，举办毕业座谈会，参加学校 2019 届毕业歌会等。

2020 年，组织留学生参加暑期体育运动、心理健康和文化课程。体育运动课程以太极拳、武术为主，辅之以锻炼柔韧性、协调性动作练习，并组织跳绳、拔河、排球比赛等活动。心理课程以心理健康游戏和团队合作活动为主，放松心情，健康生活。文化课程以 HSK 课程辅导为主，辅之以工艺品制作活动体验。组织国际学生足球队与农学院足球队进行迎新友谊赛，增进友谊。组织聊城大学国际学生 2020 年全国消防日主题教育活动。加强国际学生文化讲座和文化体验活动，开设“走进儒学”微课堂，帮助学生提升语言文化学习水平。举办“爱在聊大，情系中秋”国际学生中秋诗会，师生相聚，品月饼、诵诗歌、送祝福，共贺中秋佳节。组织在校国际学生写春联、剪窗花，辞旧迎新过大年。国际学生在聊城大学第十二届“环聊大杯”冬季越野赛中取得男子组第 20 名和第 41 名的优异成绩。国际学生足球队在我校第六届大学生校园足球联赛中获得冠军。

2021 年，会同学校保卫工作部（安全保卫处），邀请东昌府区消防大队来我校为学院师生和公寓物业管理人员开展消防安全实战演练。设计禁毒宣传海报，认真开展禁毒专题教育。设计宿舍安全“十不要”，切实做到宿舍安全教育入心入脑。组织国际学生参加春季运动会等校园体育活动，举办国际学生“青年圆桌会”、“世界读书日”读书节、“走近儒学”文化课、“联合国中文日”等专题文化活动；组织“开学第一课”“与企业家面对面”“寻找校园四季”等特色活动；组织学生参加“汉字缘”2021 国际故事大会、2021 儒家经典跨语言诵读大会、2021 年“唱歌学中文”

音乐视频全球征集活动、2021 年山东省高校外国留学生中华经典诵读、山东省第二届高校思政短视频大赛、“我的祖国 • 我的聊城”短视频大赛、学校第八届科技创新大赛等竞赛展示活动，30 多人次获奖。创作《我们都是追梦人》《我在中国过春节》《一起向未来》等文化作品。组织国际学生参加学校排球比赛、足球比赛。建设“聊城中医药、茶文化、东昌府木版年画”国际学生中华优秀传统文化体验基地。学院先后组织开展“爱我中华之国际学生图文、视频征集”活动、“走进水城，联通未来”城市体验活动、“2021 感知中国—魅力山东”活动和“看四十年乡村巨变，溯农村改革之源”等主题党日活动，引导国际学生全面、正确认识中国，培养知华、友华、爱华、亲华的国际学生队伍。

2022 年，组织学生学习习近平总书记给留学生的回信，开展“新时代 • 我在中国”——迎接党的二十大 • 感知中国活动，活动在《人民日报》视频号等媒体登载。组织“感知中国•行走大运河”中国社会深度体验活动、中华经典诵读活动、国际学生“青年圆桌会”活动、国际青年交流大会、第二届中非未来领袖对话活动、中国美食制作活动等。学院开设“幸福中国年”系列寒假文化课堂。主要有：传统美食课堂让学生了解中国春节饮食文化，体验“舌尖上的中国年”；在非遗文化课堂上组织学生剪窗花、写春联、观新春花灯，体验中国新年味道；在体育课堂上组织太极拳表演、花样踢毽、拔河友谊赛，云享奥运冰雪激情，体验冰雪冬奥年；在安全课堂上宣讲公寓疫情防控安全和心理健康知识，在倾听与分享中感受祥和中国年。

2023 年，建设国际学生文化工作日历，加强国际学生文化讲座和文化体验活动，举办海外大学日活动。举办国际学生文化艺术节、新年文艺汇演、寒暑假文化体验活动。组织国际学生参加 2023 国际青少年“黄河文化”交流营、国际青年交流大会、中外青年孔子文化周等活动，表现优异，展现我校国际学生培养成果。组织学生参加“汉语桥”和中华经典诵读等活动，建立国际学生学科竞赛和文化交流平台。建立《“留学聊大”优秀国际学生校友故事专辑》，培育优秀国际学生校园原创文化作品，继续开展国际学生“讲好中国故事”计划。组织国际学生参访夏津县新时代文明实践中心、山东齐鲁棉花博物馆，并与幼儿园、小学、中学学生广泛交流互动，助力理解中国式现代化和山东青年学子刻苦学习知识、热爱传统文化、立志报国情怀和昂扬风貌。组织国际学生参加“我的校园故事”主题征文活动、2023 讲好中国故事—来华留学生“对外文化贸易”人才选拔赛等活动。

（五）积极组织留学生以赛提质

2018 年，在聊城大学学生第三十八届田径运动会中，国际学生获得男子 100 米冠军和男子 400 米冠军。国际学生足球队获得第七届大学生校园足球联赛冠军。

2019 年，在 2019 年中华经典诵写讲大赛中，获得全国优秀奖 1 项，山东省中华经典诵写讲大赛一等奖 1 项。学院评选出留学生“文化交流之星”“学习之星”30 人。

2020 年，在第二届中华经典诵写讲大赛·“诵读中国”经典诵读大赛中，获得全国优秀奖 1 项，山东省经典诵写讲大赛一等奖 1 项，二等奖 1 项，三等奖 3 项。在山东省外国留学生中华经典诵吟大赛中，获得二等奖 1 项，三等奖 1 项。在聊城大学 2020 年中华经典诵写讲大赛中，获得一等奖 1 项，二等奖 2 项。在 2020 年山东省中韩大学生演讲大赛中获得优秀奖 2 项。在第七届聊城大学大学生科技创新大赛中获得三等奖 1 项。我校国际学生创作的抗疫歌曲《我们一起打败新冠病毒》在新华社、外交部等平台发布，产生了良好的国际影响。

2021 年，在 2021 年度“唱歌学中文”音乐视频全球征集活动中获得最佳人气奖 1 项、最佳视觉效果奖 1 项。在 2021 年山东省高校国际学生中华经典诵读大赛中获得二等奖 1 项。在第八届聊城大学大学生科技创新大赛中获得三等奖 1 项。在 2021 儒家经典跨语言诵读大会中获得网络人气作品 4 项。在“汉字缘”2021 国际故事大会中，获得优秀奖 1 项，2 项作品参加山东省第二届高校思政短视频大赛。国际学生男子足球队获得第七届大学生校园足球联赛冠军，国际学生男子排球队获得第一届校园男子排球赛冠军，国际学生女子排球队获体育道德风尚奖。

2022 年，在山东省中华经典诵读大赛中，获得一等奖 2 项、三等奖 1 项，在聊城大学中华经典诵写讲大赛中获一等奖 3 项，在“我的祖国·我的聊城”短视频大赛中获得二等奖 1 项；在中国日报社主办的“我的校园故事”征文比赛中，获得参与奖 5 项。开展的“新时代·我在中国”——迎接党的二十大·感知中国活动在《人民日报》视频号等媒体登载。

2023 年，国际学生获得第五届中华经典诵写讲大赛“诵读中国”经典诵读大赛优秀奖 1 项，2023 年山东省中华经典诵读大赛一等奖 1 项、二等奖 1 项、三等奖 1 项，“黄河湾”国际青年汉语大赛三等奖 2 项，山东省高校国际学生普通话大赛三等奖 1 项、优秀奖 10 项。

第八节　服务保障工作

服务保障工作是学校教育教学活动顺利运行的重要基础，涉及校园生活的方方面面，包括基础设施建设、安全保卫、网络信息、资财管理、图书档案、医疗健康、饮食服务、绿化保洁、能源供应等多个领域，肩负着为全校师生提供安全、舒适、高效的学习和生活环境的重任。在聊城大学50年发展历程中，服务保障工作始终贯彻“服务师生、学生为本、推动学校发展”的理念，以高度的责任心和敬业精神改革创新，历经岁月的洗礼，逐渐发展形成一套科学、规范、高效的服务体系，发挥着基础性和保障性的作用，提升了学校整体运行效率，为学校教学、科研、社会服务等中心任务奠定了坚实的基础。

一、严守安全底线　打造“平安校园”

“岁月如流迈，春尽秋已至”，一届届的聊大保卫工作者面对困难与挑战，几十年如一日，提高警惕、从不懈怠，勤恳敬业、默默奉献，夯实基础、创新进取，逐步发展成为安全保卫组织机构健全、管理规章制度完善、作风战斗力较强的安保队伍，以现代化的技防手段和科学化的管理水平为学校的和谐、稳定、平安发展保驾护航。

（一）安全保卫工作走向专业化管理模式

随着社会化改革的深化，高等教育事业得到历史性的跨越式发展，学校安全和保卫工作涉及的范围更广、更复杂、面临的压力更大，工作职责更加清晰。为更好做好学校的安全、维稳、保卫工作任务，借鉴省内外高校经验做法，我们积极探索创新，逐步形成了以学校管理力量为主导、以社会优质专业力量为依托、以政府执法部门力量为后盾的具有聊大特色的“大安全”管理运行模式。2004年建立了山东省内第一个校园警务室，2013年聘请第三方聊城鲁昌安保服务公司实行安保专业化管理（现有保安人员137名），校园安保工作走向专业化管理模式。2018年4月更名为聊城大学安全保卫处，2021年12月学校成立党委保卫工作部（与安全保卫处合署办公），校园安保任务更加明确，责任更加清晰，校园三级安全责任体系建设逐步完善。

（二）完善安防工作模式，规范安全管理体制

1. 推进制度建设，提升管理水平。为树立良好的工作形象，从规范工作行为入手，党委保卫工作部（安全保卫处）在治安防范、消防管理、交通管理、危化品管理、安全责任奖惩、突发事件应急处置和户籍管理等方面，先后制定了《聊城大学校园安全管理办法》《聊城大学消防安全管理办法》《聊城大学交通安全管理办法》《聊城大学实验室分级管理体系》《聊城大学突发校园环境事件应急预案》等相关安全管理制度。2019年学校成立了聊城大学安全工作委员会，安全委员会下设16个安全专项小组，安全工作委员会办公室设在安全保卫处，各项安全工作按章办事，取得明显成效。

2. 组织架构逐渐完善。安全保卫处现有保卫干部11人（其中具有硕士以上

学历 4 人），保卫员工 10 人（其中复退军人 5 人），下设政保与户籍管理中心、消防管理中心、安保管理中心、技防管理中心和社区管理服务中心，保卫队伍整体素质得到提高。

3. 积极构建人防、物防、技防"三位一体"的安全防控网。经过努力和不断发展，学校人防、物防、技防建设逐渐完善，2009 年数字化防控技术投入使用，逐步构建了校园立体化防控体系，承担的安全保卫区域由最初 300 多亩的校园发展到两个校区并行的 3000 余亩。所有校门实现了道闸自动识别系统，配备足量防撞设施；增配校园四轮巡逻车 7 辆，两轮巡逻车 8 辆，东西校区分别实行"区域化定点巡逻"模式，即对校园重点区域、部位和场所按照指定路线定时进行 24 小时巡逻，形成了校园安全工作相对封闭式管理模式，提高了动态校园治安的管控能力，为平安校园建设提供了安全保障。

2009 年、2015 年先后投入建设资金 600 余万元，安装视频监控探头 1600 余个、结构化探头 32 个、电子测速抓拍探头 7 个。2010 年 1 月"校园 110 指挥中心"正式成立后，提前进入校园"鼠标巡逻、探头站岗"安全风险防控新模式，基本形成了人防、物防有机结合、重点部位视频监控系统和防盗报警系统的全面覆盖，做到接警、指挥、出警快速反应，使校园安全防范水平有了明显提高。

4. 强化服务意识，提高服务质量。高校安全稳定牵系师生根本利益，关乎社会和谐发展。党委保卫工作部（安全保卫处）干部职工常年坚持 24 小时双人双岗带班制度，通过大家的共同努力，强化服务意识、提升服务质量已经成为几代保卫工作者的思想共识，并以实际行动在师生中树立了良好形象，获得良好口碑。

新冠疫情防控给安全保卫处的工作带来很大压力，工作任务更加繁重。为做好学校防控新冠疫情工作，防止流动人员交叉感染，切断由校外传入病毒的途径，学校实行全员封闭式管理模式，控制在校学生与外界接触。作为负责把守学校与外界直接接触的第一道关卡——校门，安全保卫处责无旁贷。最初实施封闭期间工作难度很大，有少数师生员工不理解为何如此严格，个别教职工、家属、学生曾与门卫多次发生过冲突，但每位保卫处工作人员做到一切以"新冠疫情防控"为大局。安全保卫处人员始终战斗在最前沿，传染概率较大，相对比较危险，但是安全保卫处工作人员始终恪尽职守、沉着冷静，一起上阵，早出晚归，一天工作十多个小时，很多同志以校为家，始终战斗在一线，确保了校园平安。

在依法打击非法宗教、亚运安保、奥运安保、国庆安保和重点人群管控、大型活动执勤等安全维稳工作中，都能有效控制事态、确保稳定，多次获得上级部门和学校的肯定与表彰。组织各单位进行地毯式排查安全隐患，将安全保卫工作深入各个角落，加大治安、消防、政治安全、危险化学品和校园交通等方面检查力度，做到情况明、底数清，突出重点，落实责任，有效实施监管、督促，遏制隐患苗头，做好超前谋划、超前预警、超前启动。

几十年来我校安保工作素以作风严谨、基础扎实、战斗力强而著称，处置师生员工急、难、愁、盼事项和涉及校园治安、消防、交通等危及师生员工人身、财产安全的以及影响学校正常教学、科研、管理、生活秩序的事件不计其数，每年处置数量达百余起。

5. 实施安全教育“全程化”模式。以学生自我安全教育的第二课堂活动为主线，紧紧抓住新生入校前、四年在校期间主要时间节点和毕业离校等三个关键点，系统地构建安全宣传教育体系，向学生不断传授安全知识、训练安全技能、规范安全行为，营造四年不断线的校园安全文化氛围，将安全教育贯穿于人才培养全过程。2017 年，我们学校报送《学生勤工助学助力学校消防安全添翼》项目被评为 2017 年山东省高校“平安校园”精品项目，并作为全省高校代表在全国安全保卫协会上作典型发言。2023 年获山东省高校国家安全知识竞赛一等奖和优秀组织奖。

6. 优化安保工作机制，着力构建大安全工作格局。发挥高校警务室和高校警卫阵地办公室功能，完善与市、区两级机关单位的联动机制，健全“六位一体”安保工作机制，持续推进安防信息平台建设，实现安全教育、执行落实、排查整改、监督问责、校地协同、智慧安防一体推进，着力推进“校园天眼”视频监控体系，坚持“横向到边、纵向到底、全面覆盖”的全员安全责任网络体系，建立统一、集成化的安防信息系统，做到安全风险管理、人员管理、车辆管理、校园警情管理等统一协调、联动落实，形成学校大安全工作格局。

当前，党委保卫工作部（安全保卫处）干部职工以师生的安全需求出发，通过安全专题讲座、安全知识进校园、灭火器使用方法训练、各类安全应急疏散演练等丰富多彩的宣传活动向师生传播安全文化，开展的校园消防设施标准化建设、实验室内安全警示标识、实验室安全规范管理、电动自行车规范骑行治理等工作，已经潜移默化地熏陶和提升学生安全素养。

2006 年被省委省政府评为平安山东建设先进单位；2007 年被山东省社会治安综合治理委员会评为平安山东建设先进单位。2008 年 2 月被聊城市人民政府评为 2007 年度安全生产工作先进单位；2011 年 1 月、2013 年 2 月被山东省公安厅评为先进校卫队；2012 年 4 月、2020 年 3 月被聊城市公安局评为文化保卫工作优秀单位；2014 年 2 月被聊城市人民政府评为 2013 年度全市安全生产工作先进单位；2020 年 1 月被聊城市公安局评为全市单位内部治安保卫工作成绩突出集体；2023 年 4 月被山东省教育厅评为 2022 年度高校安全保卫工作先进集体；2023 年 4 月被山东省公安厅授予 2022 年度成绩突出保卫组织；黄正鹏、金勇先后获 2021 年度、

2022年度山东省学校安全保卫工作先进个人。

樊庆勋、李宗念获聊城市公安局个人二等功；李军、李进忠、李慧川、孙玉堂获聊城市公安局个人三等功。

二、建设品质校园 优化育人环境

校园建设处是在学校党委和行政的领导下，按照国家、省、市基本建设的法律法规和程序，根据学校的事业发展目标，组织实施校园规划、基本建设、修缮任务的职能机构。校园建设处全体员工坚持以“敬业奉献、管理有序、精细节约、透明干净”为宗旨，秉承“服务意识、精品意识、规范意识”的管理理念，坚守岗位，上下一心，知重负重，用奋斗之姿，拼搏之态，同时间赛跑，以实干笃行，组织实施校园规划、新建工程和大型修缮、改造工程建设项目系统管理，极大地提升了校园设施环境，为学校教学科研和师生生活提供了坚实保障。

（一）铸造精品工程，建设品质校园

高校基本建设承载着改善办学条件、提升育人环境、支撑内涵式高质量发展的重要使命，校园建设是学校发展的物质基础和重要保障，校园建设规划是学校建设和投资的基本依据。校园建设处始终站在讲政治的高度，以习近平新时代中国特色社会主义思想为指导，深入学习贯彻党的历届全会精神，深入学习宣传贯彻党的二十大精神，巩固拓展党史学习教育成果，按照学校党委统一部署，进一步落实学校历次党代会精神，全局谋划和推进新时代校园建设工作。

在学校党委的统一领导下，校园建设处紧扣学校历史发展和传承，立足学校长远发展规划，坚持遵循围绕《聊城大学校区修建性详细规划》，严格按照发展规划定位搞建设，做到前瞻性与可行性相结合，近期与远期目标相结合，着眼重点工程项目，协调推进校园基础建设。在改善办学条件，完善教学科研保障体系，加大基本建设力度，创造良好育人环境等方面取得了显著成效。

截至目前，按照学校历次事业发展规划目标，全面统筹安排，有条不紊，完成既定工作任务，并有所创新。2005年1月—2024年6月，先后建设完成东校区群星公寓10栋、聊大校医院大楼、东校区逸夫图书馆、东校区政史楼、东校区工科实训楼、两校区之间桃李桥建设、7栋厂房改造和工程技术与现代农业产教融合楼建设项目等约计35项，涉及金额50425.69万元。现在正大力推进聊城大学医药产教融合实验实训基地建设项目。同时，不断持续推进基础设施条件提升，近20年共实施维修改造工程2550项，工程造价43731.65万元。

1．加快落实校园总体规划

落实校园总体建设规划，进一步改善提升办学条件，科学布局校园空间，改善校内资源配置条件。以“因地制宜”“因校制宜”为原则，科学做好项目的前

期可行性调研，提高校园总体规划落实的科学性、可操作性、经济性，大力改善教育教学条件和学习生活环境，不断满足广大师生对美好校园工作、生活环境向往的需求。建设定位立足于学校当前的实际情况，围绕学校“事业发展规划”目标，按照《聊城大学修建性详细规划》，落实我校“优美环境创设工程”，突出建设项目的重点，分阶段、有侧重、按步骤地实施各项建设任务。同时，加强校地合作、校企合作，积极协调各方关系，争取更多的资金投入和政策支持，为顺利实现制定的建设目标提供保障。

通过落实校园规划，进一步科学布局校园空间，落实“优美环境创设工程”。我校校园总体规划即聊城大学修建性详细规划（东校区），于 2020 年通过聊城市规划委会第七次项目审查会的审查，2021 年 3 月经聊城市东昌府区自然资源与规划局审批盖章。该规划修编成果在山东省高校中第一个率先完成并通过省教育厅组织的专家论证，我校被评为“全省高校校园总体规划修编先行示范学校”。

通过落实校园规划，进一步推进基本建设步伐，加强教育教学基础支撑。2013—2024 年期间经山东省发改委审批立项基本建设工程 4 项，2013 年立项建设文理综合楼、2015 年立项建设实验实训楼、2019 年立项建设工程技术与现代工业产教融合项目、2024 年立项建设医药产教融合实验实训基地项目，共计建设规划教学实验面积 93800 平方米，争取中央及省预算投资共计 11450 万元。这些项目的规划建设极大地提升改善了教学实验环境，促进了东西校区资源配置的均衡，为提高教育教学质量，保障学校的持续发展夯实了基础。

推进医药产教融合实验实训基地建设项目立项审批工作。在建设项目的立项阶段，按照校园规划的总体指导要求，全面提升公共服务保障效能。本次建设医药产教融合实验实训基地总建筑面积 24000 平方米，项目总投资 27000 万元，其中建设投资 14000 万元，实验实训设备购置费 13000 万元。

2．基本建设项目完成情况

为保证我校跨越式发展时期繁重、艰巨基建任务的圆满完成，学校认真落实《基建工程施工管理条例》和《聊城大学建设工程管理办法》，坚持目标管理和过程管理相结合，实行建筑工程的目标化管理，严把方案设计、综合规划、安全筹划、工程会审、施工管理和竣工验收等重点关口，做到依法办事，依规办事，防止各类问题的发生。

截至目前，按照学校“十一五”至“十四五”发展规划，统筹安排，有条不紊，完成既定工作任务，并有所创新。基建工程共实施 35 项，涉及金额 50425.69 万元。

3．持续推进基础设施条件提升

聚焦抓重点、补短板，建立、完善校园既有建筑维护保养机制，推进计划内建筑修缮任务。不断加大对教室、实验室、学生宿舍的修缮改造力度，大力改善学生住宿条件和学习生活环境。完善体育场馆建设，改善师生体育运动环境。科学制定学校用电规划，完成用电扩容，满足学校事业发展需要，不断提升修缮改造工程质量，不断满足广大师生对美好校园工作、生活环境向往的需求。

截至目前，按照学校“十一五”至“十四五”发展规划，统筹安排，有条不紊，完成既定工作任务，并有所创新。修缮改造工程共实施2550余项，涉及金额43731.65万元。

（二）打造数据化节约型园林校园

校园基本建设规范化、节能化、绿色化等工作取得突出成效，为学校事业发展提供了基础保障。

1. 校园节能工作情况

2006年学校与文学院、政法学院等8个试点单位签订《后勤保障资源目标责任管理协议书》，将水电费、维修费、宿舍楼管理费等下达到协议单位，自主管理，包干使用。2008年在22个单位推行了这一做法。2009年10月，学校印发了《聊城大学后勤监控工作条例》《聊城大学水电目标责任管理实施办法》《聊城大学经营单位水电暖回收实施办法》等5个文件，节能工作推向了科学化、规范化、系统化。2007年，学校建设了日处理能力为2000立方米的污水处理厂；2012年进行了升级改造，提高了中水利用率。2012年建设了节能监管平台，2014年验收，达到了节约型校园节能监管体系建设的要求，处于省内领先地位。学校东校区供暖节能以此为基础，实现系统监控管理。同时，西校区供暖也实行了合同能源管理、校园采取新光源照明、变电室进行节能改造等，使我校节能管理初步提升到了标准化、精细化、智能化的水平。

2. 后勤服务监控情况

学校2002年3月20日出台的第五轮后勤社会化改革，明确了后勤管理办公室（2012年12月与基建处合并为校园建设与管理处）作为甲方代表学校对后勤服务产业集团实施契约管理和服务监控的职能。当月起，即组织起离退休教职工、勤工助学大学生两支队伍，开始了后勤监督服务工作。每周将收集到的后勤服务信息，整理后印送后勤服务产业集团对照整改。至2015年，已印送《聊城大学后勤服务监督信息》740余期，促进了后勤服务质量的稳步提升。

3. 校园绿化工作情况

校园绿化秉持建设“园林校园”的理念，针对校区特点，坚持自然景观与人文景观的结合，在原校区基础上，新增绿地面积39万平方米，种植乔木5000余株，灌木11000余株，绿篱模纹6000余平方米，增加包括部分稀有树种在内的树木种类30余种，建立了月季园、牡丹园、玉兰园、梅园等专类园圃，在林间树下湖边等修建了一系列修读点，建成人工湖3处，水面近8万平方米，建设了一批富有特色的校园景观，使校园绿地面积达72万余平方米，绿地率达41%，绿化覆盖率达47%，先后获得“山东省绿化先进单位”“山东省花园式单位”“山东省绿化奖章”“全国绿化先进单位”等荣誉称号。

2008年4月，被授予“全国绿化模范单位”；2011年10月，被授予“山东省高校校园绿化管理工作示范单位”。2012年、2013年学校先后被评为“山东省高校能源管理与节能减排工作先进单位”和“全省高校节能减排先进单位”。2015年，学校被聊城市公布为“第二批市级节约型公共机构示范单位”；田维波、武恩申、李道强3位同志被授予“2012年山东省高校能源管理与节能减排工作先进个人”荣誉称号。2019年12月，我校被山东省教育基本建设学会评为“全省高校校园总体规划修编先行示范学校”。2019—2021年，聊城大学东校区实验实训楼建设项目先后荣获“山东省建筑工程优质结构工程”“山东省建筑施工安全文明标准化工地”“聊城市建筑施工安全文明标准化示范工地”荣誉称号。2021年6月，聊城大学礼堂改造项目被聊城市勘察设计协会评为“2021年度聊城市优秀勘察设计评选优秀建筑设计项目二等奖”。2021年12月，我校被山东省教育厅、山东省水利厅授予“山东省节水型高校”。2023年4月，聊城大学被授予“2022年高校绿化与景观建设管理先进单位”。2024年1月，校园建设处被山东省教育基建学会评为“2023年度教育基本建设工作先进集体”，高博、逯宁荣获“先进个人”。

三、健全资产管理机制　提升资源配置效能

（一）顺应新形势新任务，构建国有资产管理新体系

充分发挥学校“三级两元”办学体制和资产工作三级管理体制的作用，2010年3月根据上级有关要求，学校成立了以校长为主任的聊城大学国有资产管理委员会，代表学校对全校国有资产实施统一监督管理，按照“统一领导、归口管理、分级负责、责任到人”的资产管理工作要求，遵循资产管理与预算管理相结合，安全规范、使用高效、公开透明、权责一致等原则，利用资产管理信息化建立了科学规范的资产管理体系和运行机制。

（二）聚焦新问题新要求，提升资产管理服务水平

1. 推进信息化建设，提高资产管理效率。资产管理处以资产管理工作为核心，对管理制度、业务流程进行全面梳理提炼，2003年部署固定资产管理系统，2015年上线房地产综合管理平台，2021年运行预算采购管理平台、公物仓系统和大型仪器共享管理平台，2022年加入省高校化学品采购服务平台，利用数字聊大平台的异构数据和系统链接能力，搭建资产管理一体化平台，实现多系统间的数据资

源共享，打破部门管理壁垒和流程割裂，打通纵向联动和横向协同，实现了资产管理、预算与采购管理、财务管理、办公 OA 等多个信息系统数据融合，完成国有资产从入口到出口整个生命周期的信息化管理，实现“业务协同、流程优化、管理精准、无需见面，业务照办”的服务模式，达到“数据多跑路，教师少跑腿，信息化赋能，服务更高效”的管理目标，全面提升了资产管理的服务效率和满意度。

2. 规范资产信息管理，确保学校资产安全。随着我国高等学校办学规模的不断扩大，国家对教育事业投入的持续增加，学校仪器设备总量逐年增加，固定资产总额由 2005 年末的 7.64 亿元增长至 2023 年末的 12.9 亿元、无形资产 4.16 亿元。为实现仪器设备的规范化、动态化、科学化管理，利用固定资产管理系统搭建了学校资产管理平台，加强仪器设备入账、调剂、增值、减值、报损、报废等环节的管理，确保国有资产保值增值。

3. 加强大型仪器设备共享共用，提高资产使用效益。2021 年建设大型仪器设备共享平台系统，截至目前聊城大学大型仪器设备共享平台入网大型仪器设备已近 400 台，安装预约管理客户端 130 余台，实现了在线服务网上管理试点服务，完成设备信息查询、预约和管理功能，为仪器设备有偿使用提供“绿色通道”。2023 年大型仪器设备总开机机时约 23 万机时（开放机时约 10 万机时），使用测样数 2.1 万样次，送样测试数 1.9 万样次。同时积极加入省大型科学仪器设备协作共用网，提供对外共享服务。截至 2023 年底，我校共接入山东省大型科学仪器设备协作共用网 222 件。

4. 进一步整合调配公房资源，提高房屋利用率。根据学校整体规划，协调做好公房资源调配，做好公房管理系统维护，及时跟踪核实各单位用房信息。2005 年以来，随着在校生规模持续增加，教学用房、教学设施、学生宿舍楼等基本建设和维修修缮工程项目陆续开工建设，截至 2023 年底，校舍面积增加了近 50 万平方米，占地面积增加了 47 万平方米。分类制定房屋定额配置标准，逐步实施教学科研单位用房超定额有偿使用，通过经济杠杆调节公房分配和资源流动，优化公房资源配置，提升使用效益，使公房资源管理机制与新形势下学校整体建设运行体制相适应。2023 年出台了《聊城大学科研用房有偿使用管理办法（试行）》，以产教融合楼为试点推行科研用房有偿使用，以适应高校教学科研发展的需要，目前已引入大分子药物与规模化制备全国重点实验室和国家马驴遗传评估中心两所科研机构入驻。通过对高层次人才、重点平台、重点课题科研用房进行倾斜，利用有偿使用等经济手段进行调节，体现投入产出效益，最终实现科学精细管理公用房以及公用房使用效率最大化。

5. 强化经营性资产监管，实现保值和增值。加强学校经营性资产监管，建立健全合同台账。做好资产经营手续的办理，监督经营合同的执行，维护学校合法权益和国有资产完整，对经营性资产的使用管理逐步实行考核，确保实现学校经营性资产保值和增值。按程序完成学校各项公开租赁事项，年合同收入近600万元。

6. 树立以预算为导向的采购理念，提升采购管理服务水平。自2000年全面实行政府采购工作以来，采购规模持续保持快速增长，采购金额由2005年的4435万元上升到2023年的20011万元。学校已经建立了以政府采购为主、非政府采购为辅的采购格局，通过资产信息化管理体系，利用预算采购管理平台贯通预算项目库、采购计划、招投标、验收到资产入账的全流程，并开通科研绿色通道以提升采购执行能力。

（三）面对新挑战新使命，夯实资产管理规范性

根据国家相关法律法规，建立健全学校资产管理制度，加强学校资产管理工作，2005年以来，建立完善各项管理制度，提高了资产管理相关制度的协调性、一致性和衔接性，提升了资产管理相关制度的可执行性、可操作性，强调程序化、流程化，夯实了资产管理的规范性和执行力；通过完善资产管理制度，明确管理主体责任，落实职责分工边界，理顺各归口管理部门配合协作体系，建成责任明晰、执行有力的资产管理大格局，提高了资产管理总体水平。

四、强化财务保障　保障改革发展

学校财务工作实行党委领导下的校长负责制，财务管理实行“统一领导、集中管理”的财务管理体制。财务处作为一级财务机构，配备专业化的财务负责人和财会队伍，在校长和分管校领导的领导下，统一管理学校的各项财务工作。经过近20年的发展，学校资产总额由2005年末的15.51亿元增长至2023年末的20.73亿元，当年收入总额由2005年的2.80亿元增长至2023年的11.55亿元（不含债务预算收入），有效保障学校教学科研、学科建设及人才培养等各项事业健康发展。强化财务管理，充分发挥财会监督职能，陆续制订完善30余项财务规章制度，持续加强会计基础工作规范化建设，大力提升财务治理能力和水平。持续加强财务信息化建设，多次更新建设校园卡系统，2013年投资建设财务管理信息系统，财务工作由原来单纯的会计电算化逐步升级为财务管理信息化；2019年，随着政府会计制度实施，全面更新财务管理信息系统，财务管理全面进入信息化，解决了师生财务报销难、报销慢、排队长等问题。2014年以来，有5名财会人员获“山东省高端会计人才”称号，财务处多次被评为山东省教育会计学会先进集体，2023年学校获山东省财政厅“2023年度会计基础工作规范化建设成绩突出单位”。

五、优化馆藏资源　赋能内涵发展

聊城大学图书馆分为东西两馆。西校图书馆建筑面积23000余平方米，设有书库、阅览室、学术报告厅、办公室等。2007 年 9 月 2 日，东校区逸夫图书馆投入使用，图书馆进入一个新的发展阶段。东校逸夫图书馆建筑面积 26500 平方米，整个大楼呈回字结构，宽敞明亮，两馆共有 30 多个书库和阅览室，设阅览座位 6800 余个，以数字化为突出特色，实行管、藏、借、阅、检为一体的全开放借阅形式，其管理技术更加现代化，服务模式更加人性化。

经过近半个世纪的积累和建设，图书馆馆藏资源日益丰富，如今已发展成为藏书丰富、服务一流的现代化图书馆。馆藏资源涵盖了纸质图书、期刊、报纸、学位论文、多媒体数据库、电子图书数据库、全文期刊数据库及题录数据库等，形成了一个协调、互补、服务完善的信息资源体系，文、管、经、法、理、工、农、医等藏书体系齐全且逐步向数字化转型。随着电子文献的兴起，学校加大对电子文献的采集力度，改善馆藏资源结构。截至 2023 年 9 月 30 日，图书馆现有纸质藏书 266.9 万册，现订购中外文期刊 204 种，电子图书 383 万余册，电子期刊 137 万余册，各类中外文数据库近 50 个。图书馆不仅收藏有《四库全书存目丛书》《续修四库全书》《四库禁毁书丛刊》《四库禁毁书丛刊补编》《四库未收书辑刊》等古代典籍，还收藏了《近代史料丛刊》《中国地方志集成》《民国史料丛刊》《山东省历代方志》等一系列史料丛书，为全校师生的教学科研工作提供了强有力的帮助。

自 2004 年以来，图书馆经历了由传统图书馆到数字图书馆再到智慧型图书馆的三次飞跃。2016 年，聊城大学图书馆启动智能化改造工程，历时近 10 个月，耗资近 500 万元。智能图书馆利用领先的 RFID 技术，将门禁、借书卡、图书标签、标签转换装置、24 小时还书机、自助借还书机、微型图书馆、移动盘点平台、自助阅读机以及馆员工作站、管理软件等融为一体，实现了无障碍、零门槛、全流通、全开放、馆藏精确定位的服务新格局。服务模式由手工服务、自动化服务、智能化服务逐渐向智慧化服务方向发展。服务内容从简单的借阅服务到现在的多元化服务，如基础服务智能化，学科服务精准化，数据服务动态化、阅读推广服务品牌化、咨询服务多元化等。流通管理模式历经传统的封闭式管理和藏、借、阅、检一体的开架管理，发展到现在的管、藏、借、阅一体化自助借阅，书刊借阅合一的大流通管理模式。

聊城大学图书馆在服务质量上也下足功夫。秉承“以人为本、读者至上、服务育人”的理念，不断优化服务流程，提高服务质量。对于馆藏的纸质文献资源，采取大流通服务模式，方便读者查找和利用；对于馆藏的电子文献资源，以图书馆网站为平台，通过校园网 24 小时为读者服务；整个图书馆馆藏以汇文文献信息服务系统、RFID 图书馆职能管理系统为平台，全面实现了自动化、网络化、智能化、规范化管理。同时，为满足师生需求，聊城大学图书馆不断创新服务模式，2009年初引进电子资源校外访问系统，便于住在校外的师生访问电子资源。2014年8月和2015年7月分别开通移动图书馆服务和图书馆微信公众号服务，提供借阅信息查询、馆藏查询、电子书阅读等功能，方便师生可以随时随地访问图书馆资源，享受便捷的服务。

2016年，为了进一步提高图书馆服务质量，推动服务创新性发展，图书馆决定组建多个可持续性创新服务团队。（1）成立经典有约团队、引航阅读团队、悦读服务推广团队和微信团队。结合世界读书日、毕业季、迎新季等各种时间节点，从推动书香校园建设、弘扬传统文化、共建全民阅读等不同角度平均每年开展30余场次活动。（2）成立学科分析团队、学科馆员团队、信息素养教育团队，强化学科馆员的专业服务角色，拓展服务广度和深度，深入学院，围绕重点学科建设，依托馆藏资源、为教师开展文献传递、定题服务、科技查新等服务，逐步与学科、课题和项目对接。开展学科分析、学术查证、学术检测等服务，撰写学科竞争力分析报告、ESI学科动态发展报告、ESI潜力学科发展报告，为师生教学科研提供深层次服务，为学校职能部门决策提供数据支撑，助力学校学科建设和发展。同时积极筹备省级知识产权信息公共服务网点的申报并于2023年7月成功入选，结合自身特点和优势，广泛开展知识产权业务咨询服务、知识产权政策宣传服务、知识产权基础知识普及服务、知识产权公共服务资源推广服务、知识产权信息分析利用服务、知识产权公益培训等服务，推动知识产权和区域产业、科技、经济的深度融合，为知识产权强省建设提供有力支撑。

在创新图书馆服务模式，提高服务能力的同时，图书馆不断优化部门设置和人员结构。2020年7月图书馆对业务部门进行了创新性的改革与重组，划分为七个职能部门，即资源建设部、读者服务部、学科信息服务部、信息技术部、阅读推广部、综合部和安全保障部。目前，图书馆现有职工56人，其中正式职工46人，校聘职工10人，高级职称20人，具有本科以上学历者占94%。图书馆工作人员学科分布合理，相关专业基础扎实。员工队伍正朝着高学历、高素质、高水平的专业化方向发展。

为传承红色基因，迎接中国共产党百年华诞，2021年5月21日，聊城大学党委书记关延平与山东省教育厅思政处处长陈成标为“聊城大学红色文献库”揭牌。红色文献库是图书馆首个党史党建类专题书库，被列为聊城大学重要党史学习教育基地。2023年12月13日，红色文献库入选第11批聊城市社会科学普及教育基地。

六、提高档案校史工作质量　做好存史资政育人文章

聊城大学档案馆是在原聊城大学综合档案室的基础上，于2005年12月28日

扩建而成，既是综合管理学校档案工作的职能部门，又是集中保存和提供利用学校各类档案的文化机构。档案馆迁至文华苑后，馆舍总面积达到1500平方米，其中库房面积1100多平方米，档案密集架容积近600立方米，实现了库房、办公、阅档三分开。档案库房配备有气体灭火装置，达到“九防”标准，档案馆办公设备配备能够满足正常工作需要和档案数字化建设需要。档案馆现藏有党群、行政、教学、科研、产品与生产、基建、设备、出版、外事、财会、声像、实物等12类档案，各类档案共计8万余卷（盘、件）。

学校的档案工作坚持依法治档和规范化管理，贯彻“三纳入”“四同步”的原则，严格执行教育部印发的《高等学校档案管理办法》。档案馆结合学校实际情况，制定了《聊城大学档案管理办法》《聊城大学档案实体分类方案》《聊城大学各类档案归档范围和保管期限表》《聊城大学档案工作考核办法》等规章制度，保障了学校的档案工作有法可依、有章可循。2004年，学校档案馆顺利通过山东省档案局检查，获得了山东省一级档案馆称号。2010年通过山东省高校档案工作评估检查，继续保持“省一级”档案馆管理水平。2013年启动了档案信息化建设工作，目前已经将2010年以来入馆的档案进行了数字化及系统挂接，实现了新进档案双介质入馆，并于2017年顺利通过山东省档案工作科学化测评，达到示范单位标准。“十四五”以来，结合贯彻落实中央《关于加强和改进新形势下档案工作的意见》和《山东省档案工作科学化管理规范》要求，档案工作步入规范化、科学化管理轨道。档案馆陆续设立了分工明确、责任明晰的业务部门，管理人员也在不断充实。档案馆现设有综合业务部、信息技术部、编研部、校史与年鉴办，在编工作人员15人。

（一）加强组织领导，建立健全各项规章制度

一是建立健全档案工作机构，构建起完备的档案工作网络体系，档案工作队伍稳定。由校长任主任的“档案管理工作委员会”，负责对学校档案工作的指导、监督和检查，研究、解决档案工作中的重大问题。档案馆职能部门健全，能有效地履行对全校档案工作的管理、监督、指导等职责，并接受省教育厅和档案局的业务指导、监督和检查。学校档案工作队伍稳定、人员配备充足，除档案馆专职人员之外，全校共有立卷部门和档案形成单位档案员70余人，每个单位都有一名档案员。目前，学校档案工作已经形成网络化、体系化（管理委员会—档案馆—立卷部门—形成单位或项目组）。学校重视档案宣传、教育和培训，不断提升档案人员的业务水平和全校师生的档案意识。二是持续加大投入，不断改善档案工作环境和条件。近年来，改建了档案馆，扩大了库房面积，更新了档案密集架和档案柜，增加了库容，配备了中央空调，极大地改善了档案馆硬件设施。增加了档案发布系统，添置、更新了高性能复印机、扫描仪等必要设施设备，为做好档案

工作提供了条件保障。三是建立健全各项规章制度，做到依法治档、依法管档。先后制定了包括馆长职责、馆内业务室职责和档案员职责等档案工作岗位职责，制定、修改了“归档规范”“全宗卷规范”等档案工作规范，制定完善了包括“聊城大学档案管理办法”“档案工作考核办法”等档案管理规章制度，并将这些职责、规范、规章制度与《高等学校档案管理办法〔27号令〕》等国家和省政府法律法规汇编为《聊城大学档案工作手册》，印发全校。

（二）强化前端控制，不断丰富馆藏档案资源

按照《高等学校档案管理办法》和《聊城大学档案管理办法》等文件规定，进一步完善、细化归档范围，切实做好各类档案的收集归档工作。一是严格执行“高等学校档案材料形成单位、课题组立卷的归档制度”。根据各部门、各单位文件材料归档范围，学校督促立卷部门从源头上加强对各类档案资料的收集，确保档案资源的齐全、完整、准确、系统。档案馆通过多种渠道，对部门档案员进行业务指导，从源头上确保归档数量和质量。档案馆对国家规定应当归档的材料基本上做到了应收尽收，应管尽管。二是及时跟进，对应归档材料进行动态监管，做好“三重”档案和薄弱环节档案的归档工作。学校把重大活动（事件）、重点工程（科研项目）和重要仪器设备档案收集归档作为档案资源建设的重中之重，确保重要档案齐全完整。档案馆动态跟踪高层次科研项目的立项、研究、鉴定、推广、获奖等情况，不断充实实物档案的馆藏。三是结合纪念建校40周年和50周年等重大时间节点，开展档案征集活动，向全校师生及广大校友发出通知，征集在学校发展和建设过程中形成的有历史价值的资料。充分发挥了档案工作对加强学校历史研究、丰富学校文化底蕴、传承办学传统作用和价值。四是实时监管档案材料，确保档案的真实性、原始性、完整性。落实档案形成单位负责人审查制度。档案馆经常与档案形成单位和立卷部门负责人沟通联系，依照法规制度对应归档的档案材料的形成过程、形成质量、原始属性、法律效用标识等进行实时监管，基本做到了归档材料的真实、原始、完整。档案馆基本上集中统一管理了学校全部档案，包括教学、科研、会计等业务档案。对暂时不具备集中管理条件的，如干部人事档案等，也建立了档案管理台账或目录，并对其实体保管和信息利用情况进行动态监管。

（三）积极稳妥推进，档案信息化建设成效显著

一是制定推进档案数字化、信息化建设工作方案，对全校档案管理人员进行业务培训，提高其应用档案软件及对纸质档案数字化的能力。采用服务外包方式对馆藏档案进行数字化处理，新进馆档案同步数字化，共扫描及数字处理档案近5万卷（件），约350万页。完成了档案馆网站站群化迁移，重装了档案管理系统服务器，为线上归档和远程利用做了必要准备。二是研发使用高校档案查询利用平台。在长期的档案服务利用中，学校档案馆深刻认识到档案利用过程中“身份证明手续烦琐”“现场查询费时费力”等“痛点”。在山东省档案馆的指导下，由聊城大学牵头、省高等教育管理科学研究会档案管理专业委员会共建，在承担国家档案科技项目“高校档案资源区域共享与利用模式研究”的基础上，成功研发出“高校档案查询利用平台”。2023 年 3 月，“高校档案查询利用平台”正式投入使用，平台与山东省档案馆的“在鲁查档”和全国档案查询利用平台对接，不仅正式纳入山东省档案区域利用“一盘棋”，还融入全国档案查询利用体系，成为全国范围内唯一的高校档案服务平台。切实解决了查档用户身份认证、档案信息安全传输、高校学子“一网查”等高校档案远程共享与利用问题，实现了真正意义上的远程查档利用服务。该系统不仅实现了聊大校友档案“一网查”，更重要的是被山东省档案馆在全省高校推广，目前山东中医药大学、济宁学院等 19 所高校已接入该平台，为 12796 人次提供了用档服务，现已成为山东高校学子查档的新方式、新阵地。过去，如果需要成绩单、学籍卡、录取名册、学位证明材料等档案，查档者需携带个人身份证件进行现场核验，或冒着信息泄露的风险上传证件照片。现在，平台引入大数据进行审验，不但提高了人员审核的效率和准确性，还为依法依规用档提供了坚实保障，“不用跑，即可查档”已变得轻而易举。目前，该系统应用情况被《中国档案报》、中国档案网、大众日报客户端等媒体广泛报道，赢得一致好评。2023 年 12 月，该系统获评“国家档案局优秀科技成果奖”。三是提升服务水平，为学校建设与发展和广大校友提供优质的档案利用服务。防疫期间，为最大限度地满足档案利用者的需要，在正常接待现场查档、协助国家学位和学历（成绩）两个认证机构远程核实的同时，又对社会个体先后开辟了委托查档和异地有条件远程查档两种方式。2004 年以来，接受查档 5 万多人次，查证档案资料 7 万多页。

（四）注重档案开发利用，发挥档案馆的文化教育功能

注重档案开发利用，积极开展档案编研，充分发挥档案馆的文化教育功能。一是档案馆启动了全宗卷编制工作。“全宗卷”是一个单位档案工作的规范、概览和馆藏总目。我校档案馆通过研读国家《全宗卷规范》（DA/T12—2012），到做过“全宗卷”的高校和聊城市档案局学习，经过一年多的努力，制定了《聊城大学全宗卷规范》，编制了《聊城大学全宗卷介绍》，初步整理编制了《聊城大学全宗卷目录》。二是注重档案编研，开发整合档案信息资源。仅“十三五”期间，档案馆编印了《聊城市志・聊城大学（1997—2015）》，自 2019 年起编纂出版《聊城大学年鉴》。获批国家档案局档案科技项目一项，山东省社科基金项目一项，山东省档

案局（馆）档案科技项目3项，结题两项。获评中国高等教育学会档案分会、山东省高等教育档案专委会优秀成果奖3项。《聊城大学年鉴》荣获山东省优秀年鉴二等奖。三是充分发挥存史、资政、育人功能，深挖馆藏历史文化档案资源，建设完成“聊城大学校史影像集”和“聊大记忆· 聊城大学校史信息资源库”；统筹校史馆和博物馆资源，精心设计档案馆、校史馆和博物馆“三馆一站式”线路和讲解，建成“聊城大学品牌文化驿站”。

充分利用“国际档案日”“六五”普法宣传、网站等活动与载体，开展档案展览、档案知识介绍、档案法规宣传等活动，积极传播档案文化。四是建成山东省高校档案馆首家专业档案修复室，建筑面积36平方米，按国内档案保护与修复实验室的标准，配有修复台、装裱墙、消毒机、防磁柜和各种先进修复仪器设备，档案保护与修复室运用专业技术和设备，对馆藏档案资源进行技术保护，去除老档案的霉化、酸化；对破损档案进行修裱加固，抢救珍贵历史档案。辐射聊城和晋冀鲁豫交界区域的档案抢救保护与修复任务，为相关档案保护与研究提供科学依据和技术支持。同时，档案保护与修复实验室作为相关专业学生进行古籍书画装裱修复技艺的教学和实践基地，为美术与设计学院开设了包括书画、古籍、档案保护修复理论和实际操作技艺在内的多门课程，使同学们在实际操作中提升了理论与实践水平，真正让档案中的传统文化活起来、传下去。

（五）增强安全意识，切实将档案安全管理落在实处

全校档案安全意识不断增强，重视档案安全条件建设。档案馆改造建设和整体搬迁后，档案库房、业务技术用房、阅档室、办公室完全独立，档案库房配备了必要的技防、物防设施，基本达到了“九防”标准，库房温湿度符合国家规定。一是严格落实档案保密等安全管理制度，档案查询实行申请、登记制度，档案出入库实行严格交接制度，各类台账、统计报表、检索目录齐全完整。二是实体档案库房安全责任到人，坚持定期巡查。档案馆内部每学期全面检查2—3次，确保实体档案绝对安全。三是按照《聊城大学档案工作突发事件应急处置预案》的要求，开展防火、防水演练，提高消防应急处置能力。四是加强档案数据信息安全保护工作。严格遵守国家有关电子档案信息安全保护的管理制度，数字化后的档案数据和电子档案，除了在存储器保存外，还另外脱机备份两套进行保管，防止数据丢失。2019年之后，还将数字化后的档案数据按要求送交山东数据容灾中心异地备份保存。

七、强化信息基建　打造“智慧校园”

网络信息中心负责校园网络建设与运行维护、数据中心建设与运行维护、网络安全建设管理、智慧校园建设推进等工作。中心下设4个管理部，分别为网络

运维部、系统管理部、数据智能部和信息安全部。现有职工 16 人，高级职称 9 人，具有博士学位和硕士学位人员 15 人。

经过几代网络信息人的积累与建设、坚持与智慧，不断推动教育新基建迭代升级，壮大新动能、服务新需求，深入推进信息技术与教育教学、科学研究、管理服务深度融合，助力教育数字化转型，积极构建全面感知、深度融合、多维服务、师生满意、和谐有序的智慧校园生态，赋能智慧校园建设。

（一）优化校园网络，加强信息化基础设施建设

按照环状—网状相结合的设计规范与建设原则，对校园信息管网基础设施、各层级光缆进行升级改造。利用顶管工程技术建成校园地下光缆管道约 16 千米，敷设校园网光缆 180 千米，建有室外光交接箱 18 套，形成了遍布全校的主干环路和局部支路地下光缆网络。有线无线一体化网络已覆盖校内办公、教学、实验和学生宿舍等，建设了 5 万余个有线网络信息点，安装部署了 9000 多个校园网无线 AP；全网实现动态 IP 地址管理，网络设备全面支持 IPv4/IPv6 双栈运行。校园网采用扁平化大二层的网络架构，在核心层实现认证集中。校园主干网核心设备采用 80Gbps 带宽互联，学生宿舍双万兆上联校园网核心，办公、教学楼实现万兆上联至校园网核心，千兆到用户终端。东、西校区采用双万兆互联。校园网出口与多家互联网运营商互联，满足了校园网用户对数字网络资源访问的多元化网速需求。作为山东省教育厅授予的山东省教育骨干网城市节点，积极承担聊城地区高校及教育城域网接入工作及聊城地区校园网、教育城域网的运行维护工作，充分发挥示范引领作用，积极探索基于教育专网的资源建设与应用模式创新。

（二）建设数据中心，构建信息化支撑系统

分别建成东西校区绿色、节能、安全的一体化标准机房，实现了关键设备的冗余。搭建了安全、可靠、稳定的网络结构，实现数据中心内部万兆互联，与校园核心网络 40G 互联。为确保学校信息化系统安全稳定可靠运行，建成了东西校区互为容灾备份的“双活”云平台，统一提供计算资源和系统软件，可实现在线申请、统一分配、动态管理、无缝扩容等功能，可提供 260TB 可用存储容量、10TB 内存、1.1THz 的 CPU 资源，全面适配多样化智慧校园业务开展需求。建有应用级别的容灾和备份平台，能对主要操作系统、数据库及应用系统进行高效备份和恢复，部署了堡垒机、杀毒软件等，做好了数据的安全防护。

（三）加强数据共享，推进学校公共基础信息平台建设

大力推进“数字聊大”基础信息平台建设，部署统一身份认证，实现人力资源等 58 个管理和服务信息系统的单点登录；部署校园统一信息门户，提供各类业务系统入口，实现各类重要通知、校园活动等集中发布；部署集邮件、短信、微信、门户消息等功能为一体的统一通信平台，为信息系统提供标准的通信服务；推广基于企业微信的移动门户，集成各类轻应用60余个，实现即时通信、办公、财务、人事、教务、学工等业务的指尖办理。

构建开放共享的数据资源体系，提升技术融合、业务融合、数据融合以及跨系统、跨部门、跨业务的协同管理和服务水平。加强数据治理，促进数据共享和开发利用，为全校30余个业务系统提供数据交换与共享服务，日交换量达300万余条。

加强网上办事大厅流程征集、开发与集成建设，积极推动“一网通办”。截至2023年12月底，累计开发服务流程116个，服务使用人数27121人，服务使用180560人次，减少师生跑腿274740次，用户满意度99.93%。

（四）加强人防技防，不断优化网络安全防护体系建设

坚持传导压实责任、科学分析研判、积极稳妥处置，强化横向协同和纵向联动，逐步建立起“一平台四强化”的网络安全工作制度体系。以“服务师生、保障安全、促进发展”为中心，建立以资产为核心的网络安全运行管理平台，推进网络安全服务标准化，健全管理工作机制，构建网络安全防控体系。强化网络安全责任制落实，建立网络安全组织体系，制定详细管理制度，定期进行网络安全演练，将考评内容落到实处，确保网络安全工作有效性和可追溯性；强化关键信息基础设施重点保护，依靠态势感知与监测平台，对重要业务系统进行监控和流量诊断，明确设备边界，进行针对性管理，通过数据备份、数据恢复等手段，保证数据可用性和可靠性；强化国家网络安全等级保护标准落实，建立健全管理机制，加强对安全等级保护工作的监督与检查，对不同信息系统、数据、设备进行风险等级评估，为安全管理提供依据。强化网络空间安全战略内容的落实，借助云防护平台进行专项防护，整合云端+本地一体化防护能力，对各单位二百余业务系统和网站进行保护，及时清除潜在威胁，全面提升信息系统防护水平，提升网络安全综合保障能力。

学校全面推进教育数字化转型，在新型基础设施建设、智慧教学、信息化治理能力提升等领域开展了系列实践与探索，学校入选山东省“智慧教育”示范校创建单位，获评第七届智慧高校CIO上海论坛智慧校园——特色高校，被山东省教育厅授予山东省教育骨干网城市节点，获评2020年山东省教育系统网络攻防演练优秀组织单位、2021年度山东省教育网络安全工作先进单位、2022年山东省教育系统网络攻防演练优秀攻击团队、2022年度山东省教育系统党委（党组）网络安全工作优秀单位、2023年度山东省教育系统党委（党组）网络安全工作优秀单位。《基于智慧终端的精准教学与多维评价建设项目》《无感知采集支撑下的智能考试》

获评山东省“无感知数据采集”示范项目，《创新技术 特色应用 聊城大学 IPV6 规模部署与实践探索》获评 2022 年山东省教育信息化建设应用典型案例，《以“资产”为中心的高校网络安全运管平台建设实践》《横向协同、纵向联动，资产管理数字化转型实践》获评山东省 2022—2023 年数字化赋能教育信息化建设与应用典型案例。《安全垂域大模型 数智赋能聊大数据安全建设》《人工智能赋能智慧教学的应用与实践》获评山东省人工智能大模型教育场景应用优秀案例。

八、优化医疗保障　强化疫情防控

自 2005 年至今，聊城大学医院认真贯彻执行聊城市卫生健康委员会和聊城大学工作部署，始终秉持着“服务师生、预防在前、考虑细致、措施得力、见行见效”的原则，全院上下从实处细处着眼，尤其是 2020 年新冠疫情暴发后，在打好疫情防控战的同时，我院继续深化医药卫生体制改革。面对疫情，为构建以预防为主、防治结合的防控工作长效管理机制，我院从新冠疫情发生以来全力以赴推进疫情防控方案制定、应急处置、防控宣教、舆论引导、物资保障、疫情报告、复工复产、核酸检测、开学返校、毕业离校、全面复学开学、常态化疫情防控等各项疫情防控相关工作和日常医疗保障、应急服务工作。

（一）明确发展目标，贯彻发展战略

全面贯彻落实党的方针政策，主动适应经济发展新常态，深化医药卫生体制改革，以卫生事业发展为第一要务，坚持医院全面做好为学校师生服务的宗旨，牢固树立并切实践行“创新、协调、绿色、开放、共享”的发展理念，更加注重预防为主和健康促进，更加注重提高基本医疗服务质量和水平，切实做好师生医疗服务。

大力推进“健康山东”“健康聊城”和“健康聊大”建设，至 2023 年医院将建立健全完善的现代医院管理机制，医院学科建设及人才队伍结构更加优化，医疗、教学、科研、管理水平进一步提升，医院综合实力进一步增强。贯彻落实三大发展战略包括两点：首先，实施医院卓越品质战略。注重学科发展与医院内涵建设，实施多学科救治工程和优质服务工程，进一步提升医疗服务质量和水平，提升病人就医感受。其次，实施国际交流合作战略。积极拓宽国际视野，广泛开展国际学术交流与科研合作，引进国际先进的管理理念和一流诊疗技术，打造一个高水平科研平台，为师生们提供更好的服务。

（二）提高医疗质量，加强技术创新

首先，实施多学科救治工程，推广疫情防治工作经验，为救治师生搭建平台。实施急救医疗体系工程，形成三级救助网络，健全院前急救体系。其次，加强质量监管，实施优质服务工程。按照国家卫健委关于《切实改善医疗服务行动计划》

的要求，进一步优化医疗服务流程，给予师生优质服务，改善患者就医体验。最后，加强高水平学术团队建设，创新科研组织形式。探索建立有利于学科交叉、资源整合、大团队攻坚的新型科研组织形式。购买国外大文献数据库，整合学校和医院优质资源，打造跨学科研究平台，瞄准方向、汇聚人才，加强医院的人才建设和文化建设。

建立科学合理的成果转化机制，搭建有政策支持、资金引入和转化指导的成果转化平台。增强自主知识产权保护，提升科研奖励标准，全面推进产学研结合，实现科技成果的高质和高效转化。此外，还要完善科研及学科评价体系。完善以创新和质量为导向的科研评价体系，建立有利于提高创新人才培养质量、开展科研创新活动的运行机制，对医院科研工作进行分类信息化管理，动态考核。

（三）加强信息化建设，完善数据平台

加强标准化数据中心机房建设，按信息系统三级等级保护要求，推进院区的网络安全、信息系统安全建设。此外，还要加强我院信息系统内涵建设。以患者为中心，结合现代医院管理模式，实现信息系统互联互通。在高新技术设备配置方面，根据医院发展的实际需要，充分兼顾技术的先进性、适宜性和可及性，优先配置功能适用、技术适宜、节能环保的装备，同时，高度重视相关技术人员的培训考核，提高设备使用率和利用率，最大限度发挥医疗效益和社会效益。

（四）做好常规医疗服务，常态化推进疫情防控

医院完成了19届的学生的新生查体，老生约30万人的体检及防疫接种。门诊接诊患病学生15余万次，做到小病不出校门，大病及时安排救治。顺利完成在校生传染病排查工作，每年开展10余次健康教育宣传，重点对结核病和艾滋病防治知识进行了宣传与教育，保证了教职工查体、就医、医保等方面的需求。及时做好学校食堂、宿舍、教室、图书馆等学生学习、生活场所防疫、消杀的工作，保障了学生在聊大能安心地学习。每年在校开展急诊急救知识和技能培训工作，培训分为知识讲解和实训操作两个环节，累计培训200余次，收益师生15万余人次，培训后受到广大师生一致好评。

全力做好疫情防控工作，完善疫情防控组织体系建设。成立聊城大学医院疫情防控工作领导小组和聊城大学医院新型冠状病毒感染的肺炎疫情防控专项工作组。认真落实核酸检测，保障师生安全。根据学校总体部署，细化春、秋季开学、新生入学的防疫和应急预案，指导相关部门疫情防控演练，完成6万余人次的预检并针对异常进行核检、留观、转运的工作。加强疫情防控知识技能培训。根据学校和疫情防控要求，规范采样流程、场所设置、人员防护、区域消杀、医疗垃圾处置程序，强化了网管及录入人员培训，提高了信息汇总的效率和精准度。开展疫情防控应急演练，强化疫情防控期间的宣传教育和舆论引导。组织资深医生和护师成立医疗处置小组，从事预检分诊和隔离区的日常诊疗和管理工作，保障就诊流程、接诊能力、诊疗规范及水平等方面的工作质量。积极改造医学隔离区，规范设置清洁区、半污染区和污染区，分别设置工作人员通道和隔离人员通道，夯实无菌消杀和医疗垃圾处置流程。隔离区消杀面积约 12 万平方米，处置医疗垃圾约 14 万斤。规范预检分诊转运发热病例 1000 余人次，并规范建立《集中留观人员健康档案》1000 余份，解答医疗问题、妥善处理健康状况 4400 多人次。规范做好防控物资保障工作，疫情常态化防控期间，依据相关要求积极通过山东省公共资源交易中心平台及时采购各类药品、耗材及防护用品，保障了防疫物资的储备和供应。共采购药品、耗材 100 余批次。根据省教育厅要求，对突发疫情应急处置用品及日常防护用品分区存放、妥善保管，并做好了防控物资的入库检验、出库记录、物资发放、应急物资保障和物资动态储备等台账工作。组织开展核酸检测工作，2020 年我院组织完成了学校教职工的核酸检测工作，并实现了省外返校师生及“五类人员”核酸检测全覆盖；2021 年我院完成了学校秋季省外返校师生核酸检测 3006 人次，同时与核酸检测机构建立了绿色检测通道，保障了学生返校、教师资格证考试、四六级、研究生考试、全校每周 5%师生抽检等任务，完成 24381 人核酸检测。2023 年检测 3821089 人次，并在最短时间内出具报告，为学校疫情防控工作提供科学的依据。积极推进新冠疫苗接种工作，2021 年按照疫情防控要求，成立临时疫苗接种点，及时为全校师生开展疫苗接种工作，避免了师生外出接种新冠疫苗的不利因素。疫苗接种工作开展以来，完成第一针剂接种 62282 人、第二针剂 56450 人次接种，协助聊城市疾控中心完成第三针剂 19706 人接种。

九、建强附属学校　提高育人质量

附属小学始建于 1980 年，前身为聊城师范学院子弟小学，1988 年更名为聊城师范学院附属小学。建校至今已走过 40 多年辉煌的历程。2012 年起，附属小学只招收聊城大学二、三代教工子女。学校占地面积约 8000 平方米，建筑面积 1314 平方米。在校生 397 人，有 11 个教学班，教职工 33 名（正式在编 9 人，外聘教师 24 人），工资由大学划拨经费（地方财政每年划拨生均义务教育经费到大学账户，用于附小建设和教师培训等）。

2021 年 12 月以前，附属小学直属党支部隶属于聊城大学党委组织部。自 2021 年 12 月起，附属小学党支部隶属于聊城大学机关党委。2005—2008，校长：杜桂芳；2008—2010，校长：张伟；2010—2023，校长：张伟；书记兼业务校长：唐云霞；2023—2024，校长：张伟。

附属小学自建校以来，坚持党建引领、聚合力、促发展，班子成员求实合作，广大师生密切配合，以“快乐教育”为办学理念，始终心怀“为学生终身幸福奠基”的办学愿景，秉持“精益求精，日新又新”的校训，践行“博学、善导、厚生、乐教”的教风，营造“民主、和谐、求真、向上”的校风，形成了“乐学、善思、合作、创新”的学风，实施小班化培养方式，注重培养学生的创新精神和实践能力，不断提高课堂教学效率，打造高效课堂，形成了“负担轻，质量高”的办学特色。附小学生思维活跃、头脑灵活、兴趣广泛、知识面宽、综合能力强、潜力大、后劲足、素质高，得到了社会的高度认可。

（一）学校办学条件不断改善，育人环境不断优化

2011年，为教学楼所有教室、办公室配备空调；2014年，新建塑胶操场；2015年，所有教室配齐多媒体一体机，改建了东平房教室；2016年，刷新教学楼、改建了科学实验室、微机室；2017年，将教学楼前场地铺设地胶垫；2019年，投资50多万元建成智慧教室、投资30多万元更新了学生课桌椅；2020年，为教室添置书橱、为教师更换办公桌椅。

附属小学高度重视师资队伍建设，采取有效措施，优化师资队伍结构，提高师资队伍素质。学校立足于附小实际制定教师聘任评价制度，为教职工的晋升、奖惩提供依据，努力做到以岗定薪，多劳多得，优质优酬。2015年起逐步聘任教务、德育、后勤、学籍管理员等科室和教研组负责人（兼职），建设了一支有力的管理队伍，确保附小各项工作落细、落实、落地。

附属小学牢记服务宗旨，为师生办实事、解难题。自2021年实施“双减”政策以来，附属小学大力推行“习课堂”教学模式，充分尊重学生学习中的主体地位，把80%的课堂时间还给学生，不断提高课堂效率，通过设计高质量课后作业切实减轻学生学业负担，课后延时服务从常态化走向高质量——从最初的辅导学生完成当日作业，到设置篮球、书法、素描、舞蹈、自然拼读、国际象棋等多种特色兴趣班，最大程度上满足了学生发展的需求。

利用重要时间节点，组织开展丰富多彩的活动，助力学生成长。举办清明节手抄报展览，引导学生关注传统文化节日；举行五一“劳动创造美”手抄报比赛，每月评选劳动小明星，引导学生热爱劳动；六一举行少先队员入队仪式，引导少年儿童树立远大理想，争做新时代好队员。课桌舞活动，丰富了学校文体活动的形式，真正做到了“减负增趣”，解除了家长后顾之忧，受到家长、学生好评。

学校严格落实附小招生政策，确保招生工作顺利进行，并做好教工子女就读第一实验学校小学、初中招生材料初审、复审、录入、上报等工作。

（二）党建引领促发展，质量立校硕果丰

附属小学党支部始终遵循“围绕学校发展抓党建，抓好党建促发展”的原则，

坚持立德树人、五育并举，为附属小学高质量发展提供坚强的政治和组织保障。全体教师同心同德，立足为聊大教职工服务，努力办让党委放心，让学生和家长满意的教育。2016—2023年，在大学第一至第五届“廉洁文化季”活动中，附属小学四次获“优秀组织单位”称号，5人获廉洁征文一等奖，3人获朗诵一等奖；1人获剪纸类一等奖。2019年，附属小学在大学教职工“学党史·知党情·强信念·担使命”党史知识竞赛中获得比赛总成绩第一名，并获“优秀组织单位”称号。在中共聊城市委宣传部组织的“学习强国”学习平台“优秀学习组织”评选中，附小党支部2020—2022连续三年获评聊城市“优秀学习组织”称号。2023年，附小党支部被评为“五星党支部”。

规范办学，依法治校。坚持以习近平新时代中国特色社会主义思想为指导思想，全面贯彻落实党的路线、方针、政策，坚持正确的办学方向，遵循基础教育规律，大力推进以创新精神和实践能力为核心的素质教育，坚持立德树人、五育并举，以“全面育人，办有特色”为宗旨，立足服务于聊大教职工，办优质精品小学，让教职员工子弟充分享受优质教育教学资源。积极协调与地方教育行政部门的关系，2022年8月，东昌府区教体局发布《关于明确聊城大学附属小学办学性质的通知》明确了附属小学的办学性质，明晰了教育部门对学校进行属地管理的责任和义务。

加强制度建设，努力构建完善的管理体系。2012年起，陆续编制了《附属小学管理制度汇编》《附属小学学生手册》，制订了《聊城大学附属小学党政联席会议制度（试行）》《聊城大学附属小学廉政风险重点部位和关键环节监督管理办法》等，进一步规范学校管理。

以“质量、秩序、发展”为工作主线，以教学常规管理为保障，以教学科研为动力，深化内部管理规范，不断提高教学管理水平，取得了教育教学效益和水平的双提高。校长书记带头，深入课堂听课、参与教师的教学教研等实践活动，不断深入研究和探讨附小未来的持续发展之路。2016年，学校被聊城市教育局评为“教学示范学校”。2018年，校长张伟、书记唐云霞被市教育局评为“聊城市小学教育教学工作先进工作者”。

加强师资队伍建设。推进“青蓝工程”和课堂改革，2010—2023年，有7名教师被评为“聊城市教学能手”、2名教师被评为“聊城市优秀教师”、9名教师获“聊城市优质课一等奖”、2名教师获“聊城市教育教学先进工作者”、1名党员教师两次获“聊城大学优秀共产党员”称号。在2016和2018年聊城市论文评选中，语、数等学科教师论文评选中，36篇获“一等奖”。1名教师进入山东省小学英语学科优质课评选候选名单；教师在国家、省级期刊发表论文30多篇。

抓住课堂主阵地，大力推行“习课学”教学模式，助力“习课堂”课堂改革，大幅提升教育教学质量。校地联考，我校90%班级学生的平均分均高于联考学校。2015、2016、2017年小升初，学生被重点中学录取率均在50%以上。2021—2023年，在东昌府区教体局组织的三次教育质量监测中，附小被抽测的各班级、各学科成绩在全区68所小学中均名列前五名；2023年9月，在东昌府区教体局组织的“2023年六年级学生学业水平暨七年级学生入口学业水平”监测中，我校六年级总分位列全区68所小学之首。附小学生潜力大，后劲足，深受社会家长好评。

附属小学全面贯彻党的教育方针，落实立德树人根本任务，不断提高课堂教育教学质量，优化延时服务，通过举办丰富多彩的活动，引领学生德智体美劳全面发展。以开展主题教育活动为载体，狠抓学生养成教育，提高德育实效。2012至2023年，学生在国家、省、市、区级征文、演讲、书法、绘画等比赛中，获奖人数累计约300人以上。附属小学多次获省、市、区级比赛“优秀组织奖”。

十、优化后勤服务　提高保障能力

聊城大学后勤服务保障工作紧密结合高等教育发展形势和学校目标任务，积极探索，开拓创新，进行了一系列后勤改革，不断优化管理模式，健全服务体系，提升服务质量，为学校教育教学和师生日常生活提供坚强有力的服务保障。

（一）孜孜探索——我校后勤工作的发展变迁

多年来，我校坚持“三服务三育人”后勤工作宗旨，结合形势发展持续推进后勤改革，服务保障能力不断增强，逐步建立起了具有我校鲜明特色的后勤发展模式。自1997年开始至2018年，我校共进行了五个阶段的后勤改革，为后勤服务保障工作奠定了坚实基础。

第一阶段：1997年7月，学校出台了《聊城师范学院总务管理改革方案》，将总务后勤的14个职能科室划分为经营服务型、有偿服务型和管理服务型等三种类型，实行“一处三制”，初步打破了福利型、行政管理型的后勤体制，开始了向企业化、社会化方向的迈进。

第二阶段：1998年9月，学校出台了《聊城师范学院深化后勤改革实施方案》，以干部制度、分配制度及资金投入方式改革为突破口，构建“小机关——多实体”的后勤管理体制。变拨款制为收费结算制，初步实现了后勤与学校行政机构的分离，完成各实体的转制。

第三阶段：2000年初，学校出台了《关于成立“小机关”“大实体”的实施意见》，成立了1个小机关、3个大实体，尝试着按甲乙方关系的思路管理后勤。在这一阶段，同时构建起了与体制改革相适应的运行机制，以保证改革的健康发展。

第四阶段：2001年2月，学校出台了《聊城师范学院后勤社会化改革第四阶段方案》，组建后勤服务产业集团，成立董事会和后勤管理办公室。后勤服务产业集团实行董事会领导下的总经理负责制，理顺了后勤管理体制，建立起了良好的甲、乙方关系，我校后勤开始了按照企业化运作的实践和尝试。

第五阶段：2002 年 3 月，学校出台了《聊城大学第五阶段后勤社会化改革工作方案》，重点推进扩大经营思路、寻找新的经济增长点，加快集团的投资多元化步伐。2016 年 12 月，后勤服务产业集团更名为后勤服务产业中心。

后勤服务产业集团时期，以所有后勤业务自营自办为标志，聚焦经营和服务，积极寻找经济增长点，扩大经营思路，加快集团投资多元化步伐，拥有 12 个核算单位和 5 个经济实体，平均每年完成产值近亿元，建立起公益性投入与市场化运营相结合的后勤保障机制。后勤集团模式对学校发展起到了重要作用，减轻了学校负担，节约了办学成本，增强了保障能力，提高了服务水平和抗风险能力。彼时，我校的后勤社会化改革走在了省内高校前列，引起了全省乃至全国高校的广泛关注，改革经验在许多高校推广。

（二）新的篇章——新型后勤服务保障体系的建立

随着社会形势和高等教育形势发展、新《劳动合同法》等相关法律法规的颁布实施，以及师生对后勤服务保障的质量、效率、精细化等要求不断提高，我校以“甲乙方和模拟企业”为标志的后勤运行模式已无法适应学校内涵发展的需要，后勤用工模式和服务运营方式亟须改变。为积极面对广大师生员工对美好幸福生活的新期待，学校认真总结过去开展后勤社会化改革积累的经验和做法，充分借鉴其他高校先进的工作理念和管理模式，自 2018 年开始，学校开启了以“理顺后勤服务管理体制和运行机制，整合、优化后勤资源配置，提质增效，健康发展，构建一流后勤服务保障体系”为目标的新一轮后勤改革。

2018 年 1 月，聊城大学党委常委会研究了深入推进后勤社会化改革工作，决定启动学校新一轮后勤社会化改革，审议下发了《聊城大学关于进一步深化后勤社会化改革的意见》，成为进一步提升后勤服务保障工作的指导性文件。文件指出：要通过理顺后勤服务管理体制和运行机制，整合优化后勤资源配置，充分发挥市场在资源配置中的决定性作用，促进后勤服务不断改造升级，为学校内涵发展提供一流的后勤服务保障。要对标国内先进后勤服务理念及管理模式，借鉴兄弟院校成功经验，引入社会优质企业，实现后勤服务保障的社会化、市场化、集约化和专业化，构建智慧后勤、信息后勤、绿色后勤、安全后勤。彻底规避劳动用工风险和法律纠纷，降低学校后勤服务保障运营风险。建立起具有我校特色的监管标准体系，打造规范有序健康的校内后勤服务保障市场。改革确定了四大原则：坚持学校主导；服务于学校人才培养及改革发展；坚持社会效益与经济效益相结合；

坚持和谐稳定、平稳过渡。

2018—2019 年，学校顺应时代发展要求，以上级文件精神为指导，妥善安置了 1000 余名后勤聘用工。我校五大学生餐厅由托管企业进行了全面升级改造，就餐条件显著提升，打造成了设施设备先进、就餐环境优美、广受学生欢迎的“网红餐厅”，成功打响了新型高校后勤社会化改革第一炮，校园物业、水电暖运维、商贸服务、交通服务等业务也陆续实现了社会化，全部改由专业团队负责具体运营和管理，学校负责日常监督、管理、指导和评估考核，我校后勤服务保障工作自此走上了快速发展、规范发展、绿色发展、科学发展的道路。

与此相适应，后勤管理体制同步进行变革。2018 年 4 月，后勤服务产业中心更名为后勤服务中心，进一步去产业化。2021 年 12 月更名为后勤管理服务中心，突出强调后勤管理职能。后勤管理服务中心下设综合管理部、绿化环卫部、维修工程部、餐饮管理部、商贸管理部、能源管理部、家属区物业管理部、幼教管理部 8 个单位，拥有正式职工 50 余人，承担全校师生的饮食供应、水电暖运维、校园环境、公共楼宇的管理保洁、商贸服务、幼教服务等工作。同时，学校安全工作委员会汛期及冬季极端天气工作领导小组、食品卫生安全工作领导小组、安全生产工作领导小组办公室设在后勤管理服务中心，负责做好具体工作。自此开始，后勤管理服务中心回归后勤自主管理服务保障的职能，取消了甲乙方管理关系，学校不再给后勤管理服务中心下达经营目标任务，不再实行自负盈亏的模拟企业模式，财务、人事等全部收归学校，后勤职能由经营服务型转变到管理服务保障型，我校的后勤服务保障管理工作开启了新篇章。

（三）砥砺前行——建设高质量后勤服务保障体系

在学校后勤发展的新阶段，学校党委大力推进后勤工作“三促进”，即促进思想认识的转变—由“有后勤”到“好后勤”；促进服务意识的增强—变被动作为、滞后作为为主动作为和超前作为；促进工作效率的提升—培养“立即就办”“一办到底”的工作习惯和作风。后勤管理服务中心不断强化服务意识，大力推进后勤管理服务保障工作升级进阶，积极为学校发展提供更好的后勤服务保障，各项工作获得了长足进展。

完善规章制度，建立后勤工作长效机制。紧密结合学校实际和后勤工作发展实际，坚持当下改和长久立相结合，把解决问题和建章立制统筹结合，推动完善规章制度，建立长效机制。近年来，先后制订实施了《后勤服务保障质量标准手册》《水电暖物业服务监管工作手册》《校园物业管理服务工作手册》《校园物业监管考核细则》《学生食堂监管考核办法》等系列规章制度并付诸实施，构建起了较为完善的后勤制度体系，以制度管人管事管物，推动各项工作规范运行。

多位一体加强监管，持续提高后勤满意度。逐步构建起政府管理部门、行业协会、学校职能部门、民主监管小组、服务对象共同参与、多位一体的后勤工作监管体系，各环节贯通互补，协同互动，形成了以“发现问题—整改落实—跟踪督办—反馈情况—综合评价”为链条的闭环监管模式。通过明确质量标准、优化工作流程、丰富监管手段、细化监管措施、畅通诉求渠道等措施，实现后勤服务保障工作从粗放化向精细化、从无序化向规范化、从复杂化向简便化转变。积极推行“工作台账制”“限时办结制”“服务承诺制”“首接负责制”，不断提升工作质量、效率和水平。通过设立投诉热线、信箱、“接诉即办”“随手拍”微信群和“巡查速办”小程序等形式，畅通师生诉求渠道，做到件件有落实、事事有答复，进一步提高后勤服务保障事项处置效率。2023 年，后勤管理服务中心“接诉即办”岗被学校党委评为“党员先锋岗”。

多措并举做好日常工作，为学校发展保驾护航。持续深化“绿色学校”建设，组织开展“校园环境治理提升行动”，加强校园物业服务工作，提升校园保洁和美化亮化水平，全面建设园林化校园、节约型校园、低碳环保校园；推进节能节支，加强用水用电用暖安全节能管理，开展供暖、节水合同管理，大幅提升能源利用效率；全方位提升餐饮管理水平。建立完善食堂管理制度和监管制度，丰富食品花色品种，浓厚餐厅文化氛围，打造各具特色、知识性强、文明程度高的网红餐厅，保障师生的饮食健康和营养需求；不断提升幼儿园育人水平。坚持硬件改造和内涵建设双管齐下，逐年改善办园条件，持续提升办园水平。积极进行教学改革和课程创新，建设园本课程，提升师资水平和教育教学质量，家长满意度大幅提升；持续提升后勤商贸服务保障能力。积极拓展校内服务项目和服务市场，进一步优化校园商贸服务，满足学生的日常生活需要。

我校先后荣获全国高校后勤管理工作先进单位、全国高校后勤信息和宣传工作先进单位、全国高校节能工作先进单位、全国绿化模范单位、全国高校绿化先进单位、全国高校旅游接待服务先进单位、首批全国高校教育超市样本店，山东省高校后勤工作先进单位、山东省高校后勤党建工作先进单位、山东省绿色学校、山东省节水型高校、山东省高校节能减排先进单位、山东省校园绿化与管理先进单位、山东省高校校园管理先进单位、山东省高校绿化与景观建设工作先进单位、山东省高校学生食堂管理工作示范单位、山东省高校商贸管理先进单位、山东省高校商贸与快递管理工作先进单位、山东省高校幼教工作先进单位等荣誉称号。

第三章

薪火相传育桃李

XINHUOXIANGCHUANYUTAOLI

第一节　马克思主义学院

一、发展历程篇

马克思主义学院成立于2011年12月，现为山东省重点马克思主义学院，拥有思想政治教育本科专业、马克思主义理论一级学科硕士学位授权点和学科教学（思政）专业学位硕士授权点，其中思想政治教育本科专业为国家级一流本科专业、国家级特色专业。学院历史可追溯到1974年8月成立的山东师范学院聊城分院政治系，历经马克思列宁主义教研室、德育教研室、马克思列宁主义教学部（管理学院）、思政与马克思主义学院和马克思主义学院等发展阶段。

（一）凝聚发展合力，奠定学院发展（2005—2011年）

2005—2007年，马克思列宁主义教学部阶段。积极开展思想政治理论课课程体系改革，形成了具有自己特色的教学管理模式和人才培养模式。于2005、2006年招收课程与教学论（马克思主义理论方向）专业研究生5人（2005年2人，2006年3人）。开展函授教育，积极服务地方非全学历教育。

2008年，聊城大学党委决定，管理学院拆分合并，马克思列宁主义教学部并入新成立的思政与马克思主义学院，承担全校大学生的思想政治理论课教学任务，同时积极开展专业教学、科学研究、服务社会等各项工作。

（二）坚持创新理念，致力学院发展（2012—2020年）

2011年12月，根据教育部《高等学校思想政治理论课建设标准》（暂行），学校正式成立马克思主义学院。2012年学院顺利通过了山东省委高校工委、省教育厅对我校思想政治理论课的督导检查并得到了专家组的一致好评。我院进入优化资源、创新发展的开放发展阶段。这一阶段的成就与特点是：（1）学科建设与学术研究水平显著提升。2013年实现了思政课教师获批国家社科基金历史性突破，并连续两年获得4项省部级以上科研奖励，2014年在全省思想政治理论课教学改革项目招标中，通过竞标、答辩等环节，取得一项中标课题。（2）学院建设成果显著。2016年我院成功入选首批山东省重点马克思主义学院，并每年获得建设经费50万元。（3）学院坚持培养与引进相结合的原则，不断优化人才队伍结构。学院注重基础打造，通过稳步提升和持续发展，以跨越进阶和创新突破为特点，实现了人才培养的全面推进，致力塑造卓越人才。截至2020年底，我院高层次人才与师资力量明显增强，博士占比达30%。

（三）融汇时代特色，变革学院发展（2021年至今）

2021年9月，思想政治教育专业由政治与公共管理学院划拨到马克思主义学院。学院紧紧围绕新时代马院建设标准，以教师队伍建设、人才培养、科研与学科建设为抓手与支点，推进学院建设。这一阶段的成就与特点是：(1) 学院机构设置逐步完备。2021年9月起，学院由原来的5个教研室增至6个教研部加1个思想政治教育系。(2) 学位建设不断发展。成功申报并获批马克思主义理论一级学科硕士学位授权点，下设5个二级学科。2022年学科教学（思政）专业学位硕士授权点划归马克思主义学院。(3) 党建与思想政治工作卓有成就。学院始终坚持党建引领，严格党员发展流程，积极探索打造具有马克思主义学院特色的基层党建品牌。(4) 学科建设不断发展。学院思想政治教育专业获批国家一流本科专业，启动思想政治教育本科专业师范类专业国家二级认证的申请工作，马克思主义理论学科入选聊城大学“冲一流”建设学科。(5) 社会责任意识日渐强化。学院在做好思政课教学的同时，也在积极开展党的理论、方针与政策等方面的宣讲，全面贯彻习近平新时代中国特色社会主义思想，每年在校内、校外企事业单位宣讲百场以上。

二、党建与思想政治教育

学院立足党建工作与思想政治教育互动融通，努力强化学院党建工作的价值引领、教育功能，进一步提升思想政治工作的感染力、凝聚力，实现“党建”和“育人”双促进，积极探索打造具有马克思主义学院特色的基层党建品牌。

（一）坚持科学发展，党建与思想政治教育同向同行（2005—2011年）

学院教师主要承担全校思想政治理论课教学任务，学院党总支高度重视党建与思想政治教育工作。学院建立了业余党校，加大对入党积极分子培养教育，不断提高他们的政治素质。按照党员发展流程，严把党员发展的政治关，规范教工和研究生党员的发展和教育工作。学院教职工表现出了较高的思想政治觉悟和极大的工作热情，在人人满工作量的情况下取得良好的教学效果。

2005年1月开始，学院开展以实践“三个代表”重要思想为主要内容的保持共产党员先进性教育活动。

2008年9月，学院开展深入学习实践科学发展观活动（简称“学习实践活动”）。

（二）新时代新作为，党建与思想政治教育的发展卓有成效（2012年至今）

马克思主义学院成为独立的直属学校二级单位，学院的党建和思想政治教育工作进入一个全新的发展阶段。2016年，经学校党委批准，学院党总支以各教研室为单位组建了4个党支部，后逐步发展成为概论教研部党支部、思想道德与法治教研部党支部、中国近现代史纲要教研部党支部、马克思主义基本原理教研部党支部。随着思想政治教育本科专业划归马克思主义学院和研究生招生规模的不断扩大，2021 年又成立了思想政治教育党支部、本科生党支部和研究生党支部。同时，为规范档案管理，学院为每个党支部配置了文件柜，各党支部对文件资料进行分类，实现了党务档案管理的规范化，为先进支部的建设打下了良好的基础。

2013 年 5 月开始，学院开展了以务实清廉为主要内容的党的群众路线教育实践活动。

2015 年 4 月开始，学院开展了“严以修身、严以用权、严以律己；谋事要实、创业要实、做人要实”的专题教育活动。2015 年，学院 1 名教师被评为“全国师德标兵”，1 名教师被评为聊城大学思想政治教育工作先进个人，学院被评为校级思想政治教育工作先进集体，学院工会获得全校教职工法律学习竞赛优秀组织奖。

2016 年 2 月开始，学院组织全体党员开展了“学党章党规、学系列讲话，做合格党员”的教育活动。

2018 年，学院先后组织全体教师学习研讨习近平总书记在纪念马克思诞辰 200 周年大会、全国宣传思想工作会议、纪念改革开放 40 周年庆祝大会上的重要讲话等 40 余次。

2019 年 9 月开始，学院在全体党员中开展了“不忘初心、牢记使命”主题教育。

2020 年，学院成功召开马克思主义学院党员大会，选举产生中国共产党聊城大学马克思主义学院新一届总支部委员会。修订《马克思主义学院党总支理论学习中心组学习规定》和《马克思主义学院教工政治理论学习规定》。

2021 年 2 月开始，学院深入开展了党史学习教育。先后组织全体党员赴莘县“鲁西第一党支部”、阳谷“刘邓大军强渡黄河纪念馆”等地进行现场学习。

2022 年 1 月，随着学院教职工人数、学生人数和党员规模的不断扩大，学校党委决定将马克思主义学院党总支改为马克思主义学院党委，学院的党建和思政教育工作迎来了新的发展机遇。

2023 年 4 月开始，学院深入开展了学习贯彻习近平新时代中国特色社会主义思想主题教育。学院党委制定了主题教育工作方案，各党支部先后到“泰安主题党日活动中心”“阳谷县闫楼镇关庄新村建设展馆”等红色基地进行了现场学习。学院中层领导参加了学校组织的 4 期主题教育读书班活动，先后学习了《习近平新时代中国特色社会主义思想的世界观和方法论专题摘编》等著作。我院青年大学生时政宣讲团到教育科学学院作党的二十大精神报告和习近平新时代中国特色社会主义思想宣讲 30 多次。

2024 年 4 月开始，学院按照学校党委部署要求，深入开展党纪学习教育，做到“学纪、知纪、明纪、守纪”。

经过共同的努力，学院党建与思政教育工作取得突出成绩。2022 年 3 月，我院获评“山东省教育系统女职工建功立业标兵岗”称号。2022 年 8 月，思想道德与法治教研部党支部成为第二批山东党建工作样板支部培育创建单位；2023 年 7 月，马克思主义基本原理教研部党支部成为山东省第二批高校“双带头人”教师党支部书记工作室培育创建单位；2023 年 10 月，思想道德与法治教研部党支部书记华敏，荣获山东省教育系统党务工作先锋荣誉称号。2024 年 1 月，马克思主义学院工会被授予“2022—2023 年度聊城大学工会先进集体”荣誉称号。2024 年 6 月，马克思主义学院党委顺利通过聊城大学首批党建工作标杆学院培育创建工作的考核验收，被命名为聊城大学首批党建工作标杆学院；思想道德与法治教研部党支部顺利通过聊城大学首批党建工作样板支部培育创建工作的考核验收，被命名为聊城大学党建工作样板支部；同时，思想政治教育党支部获批聊城大学首批“双带头人”教师党支部书记工作室培育创建单位。

三、教学工作

20 年来，我院在教学工作方面推动专业建设和教学改革，努力建设有成效、有特色、有优势的教学，以推动我院教育的高质量发展。

（一）突出质量抓建设，人才培养模式初步形成（2005—2011 年）

2005 年以来，学院加强日常教学管理，制定了一系列旨在提高课堂教学效果和质量的规章制度和评价体系。同时，积极进行教学改革，在完善已有的教学改革方案的基础上，按照“一门为主，多门渗透”的原则，进行思政课课程体系改革，妥善处理了全校思政课教学和本学院专业课教学的关系。

2005 年根据中宣部、教育部下发的《关于进一步加强和改进高等学校思想政治理论课的意见》，学院开设“马克思主义基本原理”“毛泽东思想、邓小平理论和‘三个代表’重要思想概论”“中国近现代史纲要”“思想道德修养与法律基础”四门课程，2008 年“毛泽东思想、邓小平理论和‘三个代表’重要思想概论”更名为“毛泽东思想和中国特色社会主义理论体系概论”。

（二）教学改革稳步推进，课程建设成效明显（2012—2021 年）

学院自 2011 年成立以来，继续担任全校思想政治理论课教学工作，每年圆满完成近 1.4 万左右学时的本科生和研究生思想政治理论课教学任务；2012 年学院聘请轮值督导员，学院领导班子成员实行教学听课制度，圆满完成了全年的教学督导任务；制定了《教研室活动实施细则》，教学督导和教研活动实现常态化，开展了全院规模的教学观摩活动。

2012 年，“形势与政策”课程由学工处划归马克思主义学院开设，此课程共两学分，分两学年内修满，2014 年，学院增设形势与政策教研室。

在课程建设方面，“中国近现代史纲要”获批山东省在线课程立项建设（2018年）;“马克思主义基本原理概论”“中国近现代史纲要”获批山东省学校思政课“金课”建设项目（2021年）。编写出版《形势与政策》教材1部（2016年）；2018年全面落实教育部《新时代高校思想政治理论课教学工作基本要求》和学校相关文件精神，修订本科生思想政治理论课教学方案。打造团队建设，获批聊城大学一流本科课程建设团队1个并获批校级优秀教学团队（2017年）。

教改项目方面：学院组织教师团队申报各级各类教学研究、教学改革项目，中标省思政课教学改革项目1项（经费8万元）（2016年）；《大众日报》《聊城大学报》报道了我院思政课“模块化专题教学”“262模式”等教学经验和做法（2019年），学院教学影响力不断提升。《光明日报》客户端和《中国教育报》于2020年5月和9月，先后报道了我院思政课建设和思政课教学改革的有益探索和特色亮点。

教师业务能力提升：先后派出30余人次参加中宣部、教育部、省委宣传部以及省高校工委组织的哲学社会科学骨干、思政课教师培训和考察。疫情期间发挥课堂教学主渠道作用，及时将党中央重大决策部署以及中国抗击疫情取得的成效、抗疫过程中涌现的英雄人物和先进事迹融入思政课课堂教学，强化课程育人效果。坚持“以赛促教、以赛促学”：获批省级精品课程1门、校级精品课程3门；获山东省教学成果奖二等奖1项、三等奖3项；获山东省“形势与政策”微课比赛三等奖1项（2014年）；获山东省青年教师教学竞赛二等奖1项；1人被评为“华文”师范院校思想政治教育专业师范生教学比赛优秀指导教师；4人次获第七届至第九届山东省师范类学生从业技能大赛优秀指导教师；获高等学校课程思政山东省优秀教学案例一等奖1项；1人获“十佳优秀思政课奖”；获山东省学校思政课教学比赛一等奖2项、二等奖3项、三等奖1项；获全国高校大学生讲思政课公开课展示三等奖2项；获首届全国高校思想政治理论课教学展示活动一等奖1项（2019年）；2020年获第三届“我心中的思政课”全国高校大学生微电影展示活动优秀奖1项。

（三）教学改革创新持续推进，专业建设新阶突破（2021年9月至今）

2021年9月，思想政治教育本科专业划归马克思主义学院，学院在原有基础、原理、毛概、纲要、形势与政策5个教研室的基础上增加了思想政治教育系。2023年3月，5个教研室更名为教研部。2022年学院修订2022版专业人才培养方案，共计162学分。2022年8月，思想政治理论课在原开课计划基础上，本科阶段增加开设3学分的“习近平新时代中国特色社会主义思想概论”，原“毛泽东思想和中国特色社会主义理论体系概论”由5学分变更为3学分。

2022年6月，思想政治教育专业获批国家一流本科专业建设点。“中国近现代史纲要”获批国家级一流本科课程（2023 年）；“思想道德与法治”获批聊城大学本科一流课程培育项目（2021 年）；“马克思主义基本原理”“中国近现代史纲要”成功获批山东省学校思政课“金课”建设项目（2021 年）；“思想道德与法治”“马克思主义基本原理”两门思政课程上线山东省高等学校在线课程平台。“中国近现代史纲要”专题讲座在国家精品课程在线学习平台中国大学慕课（MOOC）上线（2023 年）。

在教学研究上，获批省级本科生教学改革面上项目 1 项（2021 年），校级教学改革重点项目 3 项、面上项目 5 项，3 项被推荐参评山东省本科高校教改课题立项；获批山东省学校思政课教研项目 2 项。

教师业务能力提升：学院选派 9 人次参加中宣部、教育部、省委宣传部组织的业务培训（2021 年至今）；组织全体教师参加了 2021 版四门新教材使用培训会；2021 年与教师工作部合作组织 50 名思政课教师赴国家教育行政学院举办“聊城大学思政课教师教学能力提升暨师德师风研修班”。首届全省思政课教学设计比赛中，获得一等奖 1 项、二等奖 6 项（2021 年）；在第二届全省学校思政课教学比赛中获得一等奖 1 项，二等奖 1 项（2022 年）；山东省首届思政课教学比赛二等奖 1 项、三等奖 1 项和优秀奖 2 项（2022 年）；2023 年获批山东省思政课教学青年名师工作室 1 个，2024 年获批山东省本科教学改革项目 3 项，省级一流本科课程 2 门，省级思政课“金课”2 门。全省高校思政课萌新磨课会总决赛中，获得二等奖 2 项；1 人获山东省“同城大课堂”活动优秀奖。获山东省级教学成果二等奖 1 项。

四、人才培养

在人才培养的过程中，学院始终秉持着培养卓越人才的理念，不断优化培养方案，提高教育质量，为社会输送更多的高素质人才，为国家的发展作出更大的贡献。

（一）科学调整培养方案，着手培育优秀人才（2005—2016 年）

2005—2006 年招收课程与教学论（马克思主义理论方向）专业研究生 5 人（2005 年 2 人，2006 年 3 人）。

自马克思主义学院成立以来，从 2013 年开始按照马克思主义理论下设的三个二级学科（马克思主义基本原理、国外马克思主义研究、思想政治教育）招收学术型硕士研究生。学院多渠道、全方位地进行宣传，连续四年报名人数超出招生计划，报录比例均在 7 ∶ 1 左右，共录取研究生 39 人（2013 年 9 人，2014 年 8 人，2015 年 14 人，2016 年 8 人）。2016 年首届硕士研究生顺利毕业，学位论文学术不端检测通过率 100%，8 人取得法学硕士学位，研究生就业率达到 100%。

本着“科学规划、分段实施、重点突破，纵深拓展、凸显特色”的总体思路，加强学科与学位点建设，科学调整研究生培养方案，组建合理的研究生培养团队，积极探索硕士研究生培养新模式，实施师生双向选择，顺利完成了硕士研究生培养方案的修订工作，进一步优化和规范了研究生管理，积极开展了研究生“三助”工作。2005—2016 年研究生课程教学按计划正常运行，无教学事故和违纪现象。

（二）稳步提升教学质量，持续发展人才建设（2017—2020 年）

2017—2020 年，共录取学术研究生 43 人（2017 年 6 人，2018 年 6 人，2019 年 15 人，2020 年 16 人），录取人数再创新高，生源质量较往年大幅提高；共 33 人顺利毕业并获得硕士学位（2017 年 8 人，2018 年 14 人，2019 年 6 人，2020 年 5 人），学位论文外审一次性通过率和答辩通过率均为 100%，多人考取博士研究生，年均就业率达 95% 以上。

进一步加强学科与学位点建设，做好研究生培养工作，不断提高培养质量。2019 年，思想政治教育学位点顺利通过山东省学位办组织的合格评估抽检；2020 年，通过认真准备、精心论证、规范撰写，学院申报的马克思主义理论一级学科硕士点先后通过学校和山东省的推荐审核。在研究生教育教学研究方面，4 人获得省级优秀毕业生（2017—2020 年各 1 人）、4 人获得校级优秀毕业生（2017—2020 年各 1 人）、4 人获得校级优秀研究生干部（2017—2020 年各 1 人）；获得山东省优秀硕士学位论文 2 篇（2019 年 1 篇，2020 年 1 篇）、校级优秀学位论文 2 篇（2018 年 1 篇，2019 年 1 篇）；获山东省研究生教育质量提升计划和研究生教育创新计划 2 项(2019 年 2 项)、山东省研究生思政课教学改革项目 1 项(2020 年)、聊城大学研究生教育质量提升计划项目（案例库建设）1 项、导师能力提升项目 1 项（2017 年）、聊城大学研究生教学改革研究项目 1 项（2019 年）；获得山东省优秀硕士学位论文指导教师 2 人次（2020 年 2 人）。

（三）跨越进阶学术研究，人才创新成果显著（2021 年至今）

2021 年，学院申报的马克思主义理论一级学科硕士点成功通过国务院学位办审核并正式获批，思想政治教育本科专业划入马克思主义学院。2022 年，学科教学（思政）专业学位硕士点划入马克思主义学院并招生，完成学硕和专硕培养方案的重新修订工作。2023 年，首次按照马克思主义理论一级学科硕士点招收学术学位硕士研究生。三年来，共录取硕士研究生 144 人，其中马克思主义理论学术学位 67 人（2021 年 20 人，2022 年 21 人，2023 年 26 人），学科教学（思政）专业学位硕士研究生 77 人（2022 年 42 人，2023 年 35 人）。学硕和专硕研究生报考人数均在 100 人以上，报考生源质量较高，数量充足。三年来，共录取思想政治教育专业本科生 290 人（2021 年 125 人，2022 年、2023 年均为 145 人，其中包含2022年招收1名第二学士学位学生），招生生源质量较高。

学生培养质量大幅度提升。研究生教育创新计划项目成绩优异，获批山东省研究生教育质量提升计划和研究生教育创新计划4项(2021年3项,2023年1项)，获得山东省优秀硕士学位论文指导教师1人次（2021年1人）；获得聊城大学优秀硕士学位论文3篇（2021年1篇，2022年1篇，2023年1篇）；获得山东省研究生优秀成果三等奖1项（2021年），获得聊城大学研究生优秀成果奖7项，其中二等奖（学术学位）4项（2021年1项,2022年2项,2023年1项)、三等奖（学术学位）3项（2021年1项，2022年1项），获奖数目高居全校文科学术学位研究生培养单位前列，充分展现我院马克思主义理论学科研究生教育的成效。2023年度，本科生在第十八届“挑战杯”全国大学生课外学术科技作品竞赛中获“挑战杯”主赛道省特等奖1项、三等奖1项，红色专项赛道省二等奖1项。15人次省级优秀毕业生（2021年1人，2022年7人，2023年7人）、33人次校级优秀毕业生（2021年1人，2022年15人，2023年17人），3人考取博士研究生，84人考取硕士研究生，年均就业率达95%。90%毕业生从事马克思主义理论宣传和教学科研工作，已成为鲁西和周边地区宣传诠释和研究马克思主义的主要力量。

五、科研与学科建设

科研与学科建设是高校发展的重要支柱。学院始终坚持以科学规划为引领，以资源投入为支撑，以具体措施为抓手，以评估效果为检验，获批多项国家及省部级科研项目，出版多部学术专著和发表大量学术论文，并获得多项科研教研奖励，是培育科研人才和进行科研研究的重要基地。

（一）践行科研梦想促前行，构筑学科建设新基石（2005—2011年）

在学校党委的正确领导下，学院注重学术研究，取得了较为丰硕的科研成绩。我院先后获批国家及省部级科研项目10项，出版学术专著、教材20多部，发表学术论文300余篇，获山东省社会科学优秀科研成果二等奖4项，其他科研教研奖励40多项，《人民日报》《光明日报》《经济时报》等媒体曾报道学院的相关研究成果。

2005年3月山东省世界社会主义共产主义运动研究基地获批山东省委宣传部遴选的山东省社会科学规划重点研究基地。2015年10月成立山东省中外社会主义比较研究基地，2016年3月被山东省委宣传部遴选为山东省理论建设工程重点研究基地。山东省中外社会主义比较研究基地与山东省社会科学规划重点研究基地（山东省世界社会主义共产主义运动研究基地）实现一体化运行和建设。

（二）坚持科研前沿为引领，探索学科建设新方向（2012—2020年）

学校正式成立马克思主义学院后，在学校党委、行政的领导和支持下，全院教职员工团结一心，紧抓机遇，锐意进取，以科研为先导，实行科研配套奖励政策，教师的科研热情不断提高，在科研和学科建设方面取得丰硕成就。

在科研成果方面，2012 年以来，马克思主义学院共出版学术专著 11 部，发表学术论文 100 余篇；先后主持各级各类纵向课题 39 项；学院教师获得厅级以上科研奖励 20 余项（山东省社会科学优秀成果奖一等奖 1 项、三等奖 4 项；山东省高校优秀科研成果一等奖 2 项、三等奖 2 项；全省统战理论调研宣传“四新工程”优秀理论调研成果优秀奖 1 项；省社会科学普及与应用优秀作品三等奖 1 项；1 项研究成果获得省级主要领导同志肯定批示）。

2016 年 3 月，学院入选中共山东省委宣传部、中共山东省委高校工委授予的首批“山东省重点马克思主义学院”。2016 年 12 月，被中共山东省委宣传部授予“舆情研究基地”。2017 年 7 月，中国近现代史纲要教学科研团队获批“教育部高校示范马克思主义学院和优秀教学科研团队”。

2019 年 11 月，“中外社会主义比较研究创新团队”获批“山东省高等学校优秀青年创新团队”。“中外马克思主义比较研究团队”获批“山东省高等学校青创人才引育计划建设团队”。

在学科建设方面，坚持以学科建设为龙头，稳步推进学科建设。马克思主义学院制定了《学科建设发展规划（2014—2020）》，确立了“项目 + 学科带头人 + 团队”的学科建设模式，以马克思主义基本原理、马克思主义中国化研究、国外马克思主义研究、思想政治教育 4 个二级学科为重点，凝练和强化中外马克思主义与社会主义比较研究、现代社会发展与治理研究等研究方向，筹划组建中外马克思主义比较研究中心、青少年德育研究所（与聊城团市委合作），分别明确了夯实基础和跨越提升两个阶段的目标任务，努力实现获批马克思主义理论一级学科硕士学位授权点和省级重点学科或社科研究基地的任务。

（三）推进科研项目见成效，突破学科建设新高度（2021 年至今）

2022 年学校制定出台《中共聊城大学委员会关于全面加强新时代马克思主义学院建设的意见》（聊大委〔2022〕54 号），明确规定将马克思主义学院作为学校“第一学院”、马克思主义理论学科作为学校“第一学科”、思想政治理论课作为重点课程加强建设，在领导体制、运行机制、教育教学、科学研究、学科建设、人才培养、社会服务等方面采取有力措施，给予全面优先保障。

获批国家社科基金项目、教育部、国家民委、省社科规划项目等省部级以上科研课题 25 项，在中国社会科学出版社、社会科学文献出版社等权威出版社出版学术专著 5 部，发表学术论文 140 余篇。中国传统文化与思想政治教育研究创新团队入选 2022 年度山东省高等学校“青创计划”团队。“山东地方党史与红色文化传承创新团队”入选聊城大学“光岳青年学者创新团队”。根据学院现有科研优势和马克思主义理论学科内涵要求，形成3—5个研究特色鲜明、省内有影响力的学术团队。

在科学研究方面，获批省部级以上课题24项，尤其是2021年获批国家社科基金重点项目2项。2021年11月“冀鲁豫边区革命史研究中心”“孔繁森精神与西部援建研究中心”等3个研究基地获批首批聊城市社会科学重点研究基地。

在学科建设方面，2021年10月，经国务院学位委员会正式下文，我院正式获批马克思主义理论一级学科硕士学位授权点。2022年5月，马克思主义理论学科被学校遴选确定为“冲一流”立项建设学科，完成聊城大学校级高水平学科建设方案论证写作工作，并通过山东省教育厅专家组的考核。

六、人才队伍建设

学院高度重视思政课教师队伍建设，坚持“政治强、业务精、师德高”的原则，培养了一支勇担“培根铸魂、启智润心”时代重任的优秀思政课教师队伍，为做好新时代思想政治理论课教学和研究工作提供了坚强保障。

（一）实施名师培养计划，组建强师“引路人”队伍（2005—2011年）

学院在稳定现有思政课教师队伍的基础上，采取内部培养和外部引进相结合的方式，加快人才引进步伐，加大对现有思政课教师队伍的培养力度，进一步提高思政课教师队伍的学历层次和专业技术水平。学院积极实施“名师培养计划”，着重选拔培养思政课教学和研究的学术带头人和骨干教师。充分发挥老教师的传帮带作用，培养优秀青年教师充实思政课教学第一线。2005年，在培养3名教师攻读博士的基础上，又引进了6名硕士，基本缓解了思政课教师队伍紧张的状况。同时，学校积极与山东大学和省委党校等有关专家学者联系，多次聘请有关专家学者到校讲学，与中国人民大学、首都京贸大学、中南财经政法大学、西北农林科技大学等高校建立了密切的学术合作关系，提高思政课教师队伍的学术水平和影响力。

（二）不断提升学历层次，筑牢强师“指明灯”队伍（2012—2016年）

2012年12月，学校独立设置马克思主义学院，承担全校学生的思想政治理论课教学和马克思主义理论研究工作，学院思政课教师队伍建设迈入新的发展阶段。为弥补思政课教师队伍人数偏少、总体学历学位水平偏低的不足，学院积极鼓励专任教师攻读博士学位，并着力引进优秀博士人才。其间，新引进博士8人，先后有4名教师考取中国人民大学、山东大学等高校的博士研究生；多名教师在国内知名大学进行访学；1名教师入选山东省学校思想政治理论课教学指导委员会委员，2名教师入选“山东省高校优秀中青年思想政治理论课教师十百工程”；

原有教授、博士无流失。

（三）不断优化师资队伍，夯实强师“领航人”队伍（2017年至今）

2017年以来，学院坚持培养与引进相结合的原则，不断优化人才队伍结构，高层次人才与师资力量明显增强。3名教师新获博士学位，2名教师国外访学归来，3名教师在国内外著名高校做访问学者。学院思政课教师队伍不断壮大，年龄结构不断优化。2020年，通过校内转岗、公开招聘等成功引进11名思政课教师，且聘请22名专家学者、地方优秀领导干部、道德模范、时代楷模担任思政课兼职教师。2021年9月，思想政治教育专业划转马克思主义学院，9名思想政治教育专业课教师随调入学院，加入思政课教师队伍，进一步充实了学院思政课教师师资队伍。思政课教师在教学和科研方面取得了显著成绩：4名教师获山东省学校优秀思政课教师称号（2020年黄昊，2021年华敏，2022年王红霞，2023年马莉），1名教师获评山东省优秀研究生指导教师（李华锋），7名教师新入选聊城市“羡林学者人才计划”，11名教师入选聊城大学“光岳人才工程”。先后选派15人次参加教育部、省委宣传部、山东省教育厅组织的思政课教师骨干研修班、哲学社会科学骨干培训班和思想政治理论课教师培训班等，进一步提高了教师的政治素质和业务能力。2019年，1名教师入选山东省齐鲁文化英才（李华锋），2名教师获聘山东大学“党的建设”博士生合作导师。2020年，1名教师入选山东省理论人才百人工程专家。2021年8月，我校组织44名思想政治理论课骨干教师赴国家教育行政学院开展“聊城大学思想政治理论课教师教学能力提升暨师德师风建设专题研修”。2022年6月，3名教师入选第三届全省学校思想政治理论课教学指导委员会委员（关延平、刘子平、黄昊）。2023年，1名教师入选山东省理论人才“百人工程”（刘子平），1名教师的专著《英国工党主流思想的嬗变研究》（李华锋）入选山东省理论人才“百人工程”优秀理论成果，2023年5月获批山东省思政课教学青年名师工作室1项（黄昊），在省级思政课名师工作室领域取得突破。

思政课教师队伍建设取得显著成效，为我校思想政治理论课教学和研究工作提供了强有力的人才支撑。学院将继续坚持以习近平新时代中国特色社会主义思想为指导，深入贯彻落实党的教育方针，不断加强思政课教师队伍建设，为培养德智体美劳全面发展的社会主义建设者和接班人贡献力量。

七、服务社会

为进一步密切校政企合作与交流，深入推进产学研项目合作，促进资源共享，赋能文化共建，谋划改革发展蓝图，学院立足社会需求，结合学科专业优势，就理论探讨、党史挖掘、基层党建、精神文化等开展学术研究，积极开展党的创新理论宣讲，切实发挥理论阵地的作用，为地方经济社会发展建言资政。

（一）积极开展教育培训，实现校地互动双赢（2005—2011 年）

学院开展函授教育，积极服务地方非全学历教育，拥有六个专业，专科、高起本、专起本三个层次，在校生近 400 人。2007 年成功申报社会保障函授专科、高起本、专起本三个专业。积极做好德州、菏泽、济宁等周边地市的函授教学点设点工作，2007 年底管理学院函授学生总数达到 600 人。积极为地方经济建设和人才培养服务，为聊城监狱和聊城网通公司举办了法学、工商管理和经济学知识培训班，取得了良好的经济效益和社会效益。学院积极组织学生参加社会实践活动，在聊城宝通钢管制造有限公司建立了本院的“学士后流动站”，开展到孔繁森家乡送温暖、沂蒙山区支教等活动，齐鲁晚报、聊城电视台、《聊城日报》等新闻媒体对此进行宣传报道，学院获得良好社会声誉。

（二）探索服务新途径，促进基层组织建设（2012—2020 年）

2012—2020 年，学院制定了鼓励服务社会的相关政策，与利津县委组织部合作开展新型农村基层党组织建设研究工作。2014 年，与聊城团市委合作，成立了“青少年德育研究所”。2015 年，学院与聊城市委宣传部联合获得山东省重大舆情课题 2 项，1 项咨询报告被省委宣传部采用，以省社科规划项目结项，并被聊城市委宣传部评为聊城市“好信息”奖；与共青团聊城市委联合建立青少年工作研训基地，为市委统战系统作报告 2 次。2016 年我院与聊城经济开发区党工委签订“中小学党史党情教育基地”合同 1 项，承担中共山东省委宣传部重大舆情课题 3 项，为中共山东省委提供咨询报告 2 项，并获省委常委、宣传部长孙守刚同志批示，被评为全省舆情信息工作优秀稿件，我院积极参与聊城市宗教界人士培训工作，为校内外多个单位解读党中央全会精神。

2019 年学院联合聊城市委宣传部、市社科联举办聊城市庆祝新中国成立 70 周年理论研讨会。2020 年联合聊城市革命老区建设促进会成立了聊城大学冀鲁豫边区革命史研究中心，与聊城市关工委签署战略合作关系，与孔繁森同志纪念馆共建成立了孔繁森精神与西部援建研究中心，与聊城市委宣传部、聊城市社科联合作举办“新时代孔繁森精神学术研讨会”，与拉萨师范高等专科学校马克思主义学院签订合作共建协议。

（三）立足学科专业优势，强化服务社会职能（2021 年至今）

学院立足学院专业特色，充分发挥自身学科优势，人才优势，科研优势，积极承担区域地方委托课题。2021 年 5 月，郑继江教授受邀在聊城中仕略培训基地，为山东省轻工集体企业联社青年理论学习小组作《百年筑梦，中国共产党的“三个为什么”之问》报告。2022 年 6 月，周浩集教授受地方委托编写《聊城江北水城旅游度假区廉政教育读本》。2023 年 2 月 14 日，刘子平教授受邀给聊城监狱中层以上干部作题为《党的二十大精神解读》的报告。学院青年大学生时政宣讲团入选全国井冈山精神、遵义会议精神宣讲团，面向基层社区、中小学开展宣讲累计20余场，先进事迹被《大众日报》宣传报道。2023年6月1日，邀请东昌学院、聊城职业技术学院、山东工程技师学院、聊城市技师学院的思政课教师，共同参加“同城大课堂”校际交流研讨会。2023年7月15日，与东阿县实验高中签署了思政学科基地共建协议。2023年9月，学院入选聊城市新时代党的创新理论宣讲基地。2023年12月4日，与孔繁森同志纪念馆签订结对共建“大思政课”实践教学基地协议。2023年12月6日，与聊城市第一实验学校举办课程思政交流研讨会。

八、结语

自2005年到2024年，二十载栉风沐雨、接续前行；二十载砥砺奋进、再谱新篇。马克思主义学院秉持慎思明辨、弘道正德的院训，着力打造马克思主义理论教育教学、研究宣传和人才培养的坚强阵地，高度重视专业建设和人才培养工作，注重师范性、综合性、基础性与应用性相结合，培养了大批高素质、创新型优秀人才。我院始终坚持马克思主义学院建设的根本原则，旗帜鲜明地贯彻落实“马院姓马、在马言马”的鲜明导向，未来将继续遵循政治性与学术性的统一，大力加强学科体系建设、完善课程设置、提升教师队伍整体水平，重视对外交流与合作，培养具有高度理论素养和教育实践能力的新时代马院人才，真正在实现中华民族伟大复兴中国梦的新征程中始终彰显高校“第一学院”的引领价值。

第二节　政治与公共管理学院

聊城大学政治与公共管理学院前身为山东师范学院聊城分院的政治系。据2024年3月数据，学院有专任教师49人，其中教授9人，副教授10人；博士33人，在读博士4人，博士生导师、硕士生导师20人，山东省高端智库专家1人，山东省理论人才“百人工程”1人，山东省高等学校教学团队1个，山东省高等学校青年创新团队2个，山东省研究生优秀指导教师1人，校教学团队2个，校师德标兵2人，校级教学名师4人，校级教书育人楷模3人，校级最美教师1人，校级教学新星1人，校大学生良师益友3人。学院设有政治学经济学与哲学，行政管理，哲学3个本科专业，其中行政管理和哲学系山东省一流专业。拥有科学社会主义与国际共产主义运动省级重点学科。设有政治学硕士学位一级授权点和公共管理（MPA）专业学位授权点。全日制本科在校生700余人，硕士研究生80余人。学院始终追求高质量发展目标，坚持立德树人根本任务，致力培养具有坚实专业知识基础，具有理论创新能力，能够胜任党政机关事业单位管理等工作的实践人才。

一、发展历程篇

1978年8月，山东师范学院聊城分院设有政治系。1999年4月，政治系更名为经济学与法学系；2000年3月，经济学与法学系改建为经济学与法学学院；2004年1月，经济学与法学学院改建为政法学院和商学院；2008年1月，政法学院改建为思政与马克思主义学院和法学院；2012年4月，思政与马克思主义学院改建为政治与公共管理学院和马克思主义学院。2005年至今，政治与公共管理学院发展经历了政法学院、思政与马克思主义学院、政治与公共管理学院三个发展阶段。

（一）改革发展阶段（2005.1—2008.1）

政法学院始终秉承“养天地正气、育政法英才”办院理念和育人宗旨，恪守“厚德、明法、励学、敦行”院训，坚持“教学立院、科研强院、人才兴院”的工作指针，立足山东，辐射全国，推动改革创新，着力为区域经济、政治、社会、文化发展服务。2005年6月，学院新上哲学本科专业；2005年7月，经学校批准哲学系正式成立；2005年9月，第一届哲学本科41名学生入校；哲学本科专业的设立与招生，填补了聊城大学招生门类的空缺。学院坚持适应社会主义现代化建设需要，培养具有“厚实的专业基础、自主学习能力及可持续发展潜力”的新型人才，修订完善培养方案，明确公共课、专业课、实践课三种专业课程类型。学院出台《教师教学工作规范》《课堂教学听课制度》《教材使用管理办法》，加强教学规章制度建设与执行力度，确保教学质量。学科科研方面，2005年6月，山东省世界社会主义共产主义运动研究基地落户政法学院，这是国际共运学科长期积淀的结果；2006年6月，科社与国际共运获批山东省重点建设学科；2006年11月，山东省当代中国哲学研究基地在学院挂牌成立；学院相继推出一批高质量学术论文，多篇被《新华文摘》、人大报刊复印资料转载或论点摘编；在人民出版社、中国社会科学出版社、中华书局、南京大学出版社等国家级出版社出版《科学社会主义通论》《聊城通史》《德育思维论》等专著近10部；课题申报取得了前所未有的突破，2005—2008年获批3项国家社科基金项目、13项省社科规划项目。教师队伍建设方面，2007年12月，世界共运研究所团队获批山东省首批省级教学团队。学院交流方面，2005年6月，学院承办“山东省2005法理学学术年会”，来自全国各地专家教授60余人参加会议；2005年8月，第九届全国中青年社会主义学者学术研讨会在学院召开。在学生工作方面，学院坚持以人为本、以学生为本，坚持全员育人，实行从党总支书记、副书记、分团委书记到辅导员、班主任、学生干部层层负责的制度；学院分团委连续获得“红旗分团委”荣誉称号；充分发挥学生社团在大学生成长、成才中的作用，打造了邓小平理论与“三个代表”重要思想研究会、大学生法律援助中心、哲学理论研究会等富有专业特色的学生社团。

（二）整合推进阶段（2008.1—2012.4）

根据学校事业发展需要，2008 年 1 月，学校宣布撤销政法学院，成立思政与马克思主义学院和法学院。原马克思列宁主义教学部并入思政与马克思主义学院。学院下设思想政治教育系、哲学系两个系以及思想修养与法律基础教研室、马克思主义基本原理概论教研室，毛泽东思想、邓小平理论和“三个代表”重要思想概论教研室，中国近现代史纲要教研室和世界共运研究所；承担全校思想政治理论课教育教学工作。学院设有科社与国际共运、国际政治、马克思主义基本原理、思想政治教育、国外马克思主义 5 个硕士学位点和哲学课程与教学论、马克思主义课程与教学论 2 个硕士学位研究方向。2009 年 6 月，学院新增政治学与行政学本科专业，增设政治学与行政学系。

（三）稳步发展阶段（2012 年 4 月至今）

2012 年 4 月，根据学校整体发展需要和服务地方经济社会发展的新需求，学校决定将思政与马克思主义学院改建为政治与公共管理学院和马克思主义学院，原管理学院行政管理专业并入政治与公共管理学院。学院下设思想政治教育系、哲学系、行政管理系、政治学与行政学系四个系和世界共运研究所。为更好地服务地方经济社会发展，发挥好学院人才和智力优势，2013 年 7 月，公共管理培训中心作为学院内设机构成立。2016 年 6 月，为进一步打造特色，学院将政治学与行政学专业置换为政治学经济学与哲学专业，政治学与行政学系改建为政治学经济学与哲学系。2020 年 6 月，聊城双拥学院成立，挂靠政治与公共管理学院。为支持马克思主义理论学科建设和发展，2021 年 9 月，思想政治教育本科专业、思想政治教育系以及学科教学（思政）专业学位点整体划归马克思主义学院。2012 年以来，学院坚持教学工作中心地位不动摇，坚持教学改革核心地位不动摇，视教学质量为学院生命线，积极推进教学改革创新，先后获批省级本科生和研究生教学改革项目 20 余项，获评省级以上教育教学成果奖 10 余项，获评山东省高校青年教师教学竞赛一等奖 2 项。2020 年，哲学专业获评山东省一流本科专业；2022 年，行政管理专业获评山东省一流本科专业。学科和科研方面，学院坚持“质量立院，人才兴院，特色强院”工作方针，注重科研工作的组织领导和学术梯队的培养。2012 年以来，先后获批国家社科项目 20 余项，包括国家社科重点项目 3 项，国家社科重大项目子课题 2 项，省部级社科项目 40 余项，其中社科重点项目 12 项；

获省级以上科研奖励30余项，在人民出版社、中国社会科学出版社等国家权威出版社出版学术专著50余部。2022年，学院获批公共管理硕士（MPA）专业学位点；2022年4月，“党的建设与孔繁森精神研究基地”入选山东省社科理论重点研究基地；人才培养方面，学院按照“夯实基础，拓宽口径、重综合素质和技能培养，重思想品德和创新能力培养”原则，全面推动教育改革，优化育人环境，一大批学生进入北京大学、南京大学、浙江大学等名校继续深造；大学生创新能力显著提升，为社会培养了一大批优秀人才。2019年，学院在第十六届“挑战杯”全国大学生课外学术科技作品竞赛中获三等奖，在十六届“挑战杯”山东省大学生课外学术科技作品竞赛中获特等奖，实现了历史性突破。党建工作方面，2019年5月，学院党总支入选山东党建工作标杆院系培育创建单位，教工第二党支部书记工作室获评首批山东高校“双带头人”教师党支部书记工作室培育创建单位；2019年6月，学院党总支获评“山东省先进基层党组织”和“山东教育系统先进基层党组织”。2021年12月，政治与公共管理学院党总支改设为中共聊城大学政治与公共管理学院委员会。2022年5月，学院党委顺利通过山东省委高校工委组织的山东党建工作标杆院系培育创建单位验收，建设过程中打造了“123355”高校二级学院党建工作模式；学院教工第二党支部顺利通过山东高校“双带头人”教师党支部书记工作室培育创建验收，形成了“五融五带”高校党支部党建工作模式。

二、教育教学篇

学院坚持教学工作中心地位不动摇，视教学质量为学院的生命线，积极推进教学改革和创新，不断加强专业建设，规范教学管理，确保了教学质量的稳步提高。

学院现有哲学、行政管理、政治学经济学与哲学三个本科专业。依据三个专业不同特点，以及社会对专业人才的需求差别，学院本着“把哲学专业做精、把行管专业做强、把政经哲专业做特”的目标，有针对性地加强专业建设；哲学专业重原典、重研讨，着重培养学生思辨精神和科研意识。2007年获批山东省当代中国哲学研究基地，2009年哲学教学团队获评“校级优秀教学团队”，2012年哲学专业获评“校级特色专业”，2020年哲学专业获批省级一流专业；行政管理专业2012年由管理学院并入政管学院，注重应用能力建设，2012年该专业入选山东省应用型人才培养特色名校工程重点建设专业，2021年获批山东省一流本科专业，同年获批MPA培养单位；政治学经济学与哲学专业注重通识教育，为新文科背景下培养复合型人才需求的教育部特设专业。

教学研究方面，与专业建设相互促进，学院以教学质量为生命线，不断深化教育教学改革，创新教学方法和模式，在教学研究、教学团队建设等方面取得一系列成果。2012年以来，学院获省高校教学改革重点项目4项，省教育科学规划项目2项，获省级优秀教学成果奖6项，其中本科类二等奖、三等奖各2项，研究生类一等奖、二等奖各1项。2024年哲学教研室获批山东省示范性基层教学组织。

教学获奖方面，经过20年的不懈努力，政管学院形成了教与学相互促进、教学质量不断提高的良好局面，广大教师特别是青年教师的课堂教学水平有了明显提高。在学校和山东省举行的各级各类教学比赛中获得奖励20余项，其中山东省青年教师教学比赛一等奖2项，山东省高校教师教学创新比赛二等奖1项，山东省高校微课比赛一等奖1项，聊城大学教学比赛一等奖3项，校级教学名师6人。

课程建设方面，学院充分发挥获奖教师的示范带动作用，带领一批青年教师深入研究教学方法、创新教学模式，抓住教育部“双万计划”的契机，开展课堂教学改革，打造一批“金课”，使教学质量跃上新台阶。获国家级一流本科课程1项，省级一流本科课程2项，省级课程思政示范课程1项，校级一流课程4项，校级课程思政示范课程4项。

实践教学方面，为适应学校应用型人才培养的目标定位，学院积极与政府机关、企事业单位展开合作，深入推进产教融合、开展实践教学、提升人才培养质量，2021年政管学院与聊城市机关事务局合作共建聊城市机关事务研究中心，并在市县区机关事务部门挂牌“聊城大学政管学院师生实习实训基地”，至此，双方在业务研究、合作育人方面展开了深入的合作。自2021年秋季学期开始，学院开设《机关事务管理》产教融合课程，由机关事务局的工作人员走进课堂为学生授课，被省级媒体关注并报道。自2023年起，以暑期实践为抓手，组织行政管理专业学生走进市县区机关事务局，开展实习实训与实践调研。由于校地协同工作效果突出、成效明显，该做法的相关经验被《光明日报》报道。

教学管理方面，为适应新时代教育教学数字化、网络化的需要，学院十分重视健全教学管理制度，经过2018年、2020年和2023年的积累和修改，补充完善了一系列教学管理文件，规章制度日趋健全。主要包括《在线开放课程建设与教学管理办法》《课堂教学改革实施方案》《关于全面推进课程思政建设与教学管理办法》《推荐优秀应届本科毕业生免试攻读硕士学位研究生工作实施细则》等。这些制度对学院领导、教师、教学辅助人员和学生都提出了明确的工作要求，使各项教学工作的开展都做到有章可循。

人才培养方面。一是坚持需求导向，确立人才培养目标。结合山东省经济社会发展需求，结合学校人才培养目标和办学定位，立足学科专业建设基础和办学优势，及时修订完善专业人才培养方案。邀请用人单位、行业部门、校外专家参与培养方案的制定，对接行业产业需求开展培养方案论证。二是坚持产出导向，优化课程教学体系。建立课程体系与毕业要求的对应关系矩阵，提高培养目标、毕业要求、教学环节与教学内容之间的吻合度。强化“五育并举”，开齐开足思政理论课程，增设劳动教育课程。强化学科交叉，每个专业设置新生研讨课程、项目化课程、产教融合课程等交叉融合课程。三是强化学为中心，实施成果导向评价。树立以“学”为中心的教学理念，深入推进启发式、探究式、讨论式教学改革。注重过程性考核，探索非标准化考试。通过线上线下混合式教学方法改革和在线开放课程资源建设，促进学生主动学习，提高学生学习效果；开展学习成果导向的教学评价，实施全过程多元化学业评价，期末考试成绩权重不超过50%，探索“非标准答案”考核，打造高效课堂。四是强化实践育人，优化实践教学体系。首先，统筹规划实践环节，构建结构清晰的实践教学体系。加强实践教学顶层设计，构建了基础实践、专业实践、综合训练实践3个部分协同推进的实践教学体系。其次，深化产教融合，稳固实习实训基地。学院与山东省临清海山集团公司签署校企合作共建协议，在临清京杭书院建立“聊城大学文化教育实践基地”，在东昌府区博雅学校建立教育实习基地。与聊城市机关事务管理局共建聊城大学机关事务研究中心，为学生深入一线开展实习实训提供平台。五是人才培养质量成效明显，人才培养目标达成度高。学院为社会培养了一大批优秀人才，一次性就业率在全校均名列前茅。在历届本科毕业生中，每年都有多人考取吉林大学、南京大学、中国人民大学、北京师范大学、中共中央党校等知名高校的硕士研究生，近三年毕业生升学率年均23.8%左右，另有多人考取公务员和选调生。就业去向方面，毕业生中每年有80%以上的毕业生在山东就业，就业5年升职率达到70%。就业落实率和满意度等方面，近三年毕业生毕业去向落实率均达90%以上，就业满意度、工作与专业相关度均在70%以上。根据对毕业三年以上的校友进行回访，学院专业培养目标达成情况良好。行政管理专业人才培养目标达成度为95.5%，哲学专业人才培养目标达成度为96%。

三、学科建设篇

我院学科发展始终呈现了政治学学科为主、多学科并存发展的形态。在原经法学院基础上，2004年1月，学院成立政法学院，学院保留了政治学学科、法学学科和哲学学科。2008年1月，学院与马克思列宁主义教学部（管理学院）部分教师合并成立思政与马克思主义学院，法学学科调整至新成立的法学院，学院相应增加了管理学学科和马克思主义理论学科。2012年4月，思政与马克思主义调整为政治与公共管理学院，部分教师分离并入新成立的马克思主义学院，学院保留了政治学学科、哲学学科和管理学学科至今。

在2001年获批科学社会主义与国际共产主义运动二级学科硕士学位授权点、2003年获批国际政治二级学科硕士学位授权点的基础上，2010年我院获批政治学一级学科硕士学位授权点。开始在党史党建等方向招收研究生。自2004年以来，培养了400余名政治学专业研究生。政治学研究生培养质量不断提高，多位研究生考取了华中师范大学、中央党校等高校和科研机构的博士生，多位研究生获得山东省优秀研究生称号，多篇论文被评为山东省优秀硕士学位论文，多项研究生成果获得省优秀成果奖。在2016年教育部组织的全国第四轮学科评估中，聊城大学政治学学科获得C-等级，取得全国第46名，山东省第3名，山东省省属高校第1名的成绩。

学院曾于2008年到2014年招收管理科学与工程专业研究生，2007年学院开始招收马克思主义理论硕士，先后在思想政治教育、马克思主义基本原理和国外马克思主义专业招收研究生。先后培养了200多名研究生。2019年，马克思主义理论硕士点停止招生，学位点完全调整至马克思主义学院。2010年，学院获批学科教学（思政）教育硕士专业学位点，至今已经培养500余名研究生。学位点不断强化校地协同培养，持续优化人才培养方案，形成了较完善的人才培养课程体系、实践教学体系，人才培养质量不断提升，先后多次获得山东省师范类高校学生从业技能大赛、全国“田家炳杯”学科教学（思政）专业教学技能大赛一等奖等多项奖项。因应学校学科规划需要，2022年，学科教学（思政）调整至马克思主义学院招生。2022年学院获批公共管理硕士（MPA）专业学位点，2023年招收第一批34名学生，2024年招收第二届35名学生。

依托学科发展，学位点导师能力始终保持较高水平。先后多名研究生导师被华中师范大学、山东师范大学等高校聘为兼职博士生导师。多名导师被评为山东省优秀研究生指导教师、全国学科教学优秀指导教师等荣誉称号。主持多项山东省研究生教育创新项目，多门课程被评为山东省研究生优质课程，获得山东省高等教育优秀教学成果奖（研究生类）一等奖、二等奖等多项奖励。

四、学术研究篇

学院坚持“质量立院，人才兴院，特色强院”的工作方针，注重科研工作的组织领导和学术梯队的培养，注重质量提升和内涵式发展，在学术研究方面取得了明显成绩，持续不断使学院的科研工作跃上新台阶、达到新水平。

依托学位点建设，学院学科平台和科研团队建设层次不断提高。哲学学科2006年获批山东省哲学社会科学重点研究基地——山东省当代中国哲学研究基地，并成立塑造论哲学研究所。2009年获批校级科研平台——“《论语》诠释与中国传统哲学研究”。在山东省特色重点学科——科学社会主义与国际共产主义运动、山东省哲学社会科学重点研究基地——山东省世界社会主义共产主义运动研究基地的基础上，2011年获批山东省理论建设工程重点研究基地——山东省中外社会主义比较研究基地。2011—2021年先后获批山东高校反腐倡廉理论教育基地、山东省反腐倡廉教育基地、山东统战工作理论研究基地、山东高校党建工作研究基地。依托管理学学科，2022年获批聊城大学机关事务研究院、聊城双拥学院等学科平台。党史党建学科2022年获批山东省社科理论重点研究基地——党的建设与孔繁森精神研究基地。2022年获批山东省外事研究与发展智库——加勒比研究中心。学院重视科研团队建设，2018年以来，获批山东省高等学校青年创新团队3个、聊城市哲学社会科学研究创新团队2个。

学院始终重视组织科研，重视科研方向凝练，不断夯实科研基础，狠抓国家级、省部级项目的科研攻关，在课题申报数量、项目书撰写质量及最终获批数量等方面持续得到提升。学院以深入研究党和国家重大理论和现实问题为主攻方向，全力打造科研创新学术新高地。学院强化校、院（系）及学科、申报教师三级联动，积极构建行之有效的“学院组织发动+教师积极申报+专家精准指导”纵向项目申报机制，下大力气加强各级科研项目申报的指导、培育工作，项目立项喜报频传。2005年以来，学院获批国家社科项目20多项，其中包括国家社科重点项目3项，国家社科重大项目子课题2项，国家社科一般和青年项目近20项；此外，还获批教育部人文社科项目7项、其他省部级项目42项，稳居聊城大学各学院和科研院所前列。尤其是，学院教师相继主持立项了“《论语》诠释与心学思想的传承和演变”（23AZX008）、“全面从严治党视阈下激励干部担当作为的理论与机制创新研究”（23ADJ013）、“明代《论语》学研究”（16AZX010）等国家社科规划重点项目，展现了学院哲学社会科学研究的强劲实力和学术影响力。

学院强化学术成果的培育孵化，成果产出开创良好新局面。学院注重多措并举激发教职工学术内驱力，科学分析总结科研工作现状，结合青年教师比例逐年升高的实际情况，积极召开科研成果产出动员会，签订“教师年度发展计划书”，明确目标，压实责任。学院依据《聊城大学绩效工资实施办法》《政治与公共管理学院奖励性绩效工资分配方案》等文件，充分发挥目标考核激励导向作用，做到“奖勤罚懒”，激发教师投入科研工作的动力和热情。学院凸显科学研究精耕细作，力求出精品力作。近些年，在学院师生的共同努力下，学院获省部级以上科研奖励36项，其中包含教育部第六届高等学校优秀科研成果三等奖1项，中宣部“五个一工程”奖1项，山东省社科成果一等奖3项，二等奖14项，三等奖16项；公开发表学术论文382篇，其中包含北大核心期刊160篇，CSSCI来源期刊112篇，在《马克思主义研究》等校B类期刊4篇，被人大复印资料、《高等学校文科学报文摘》《新华文摘》转载20余篇；在人民出版社、中国社会科学出版社等国家权威出版社出版学术专著47部。

五、政务管理篇

2004 年 1 月，政法学院成立之初，下设政治学系、法学系两个系以及国际共运教研室、哲学教研室、社会实践教研室、法学第一教研室、法学第二教研室和世界共运研究所。2005 年 6 月，学院新增哲学本科专业，哲学教研室改建为哲学系。2008 年 1 月，政法学院改建为思政与马克思主义学院和法学院。思政与马克思主义学院下设思想政治教育系、哲学系两个系以及思想修养与法律基础教研室、马克思主义基本原理概论教研室，毛泽东思想、邓小平理论和“三个代表”重要思想概论教研室，中国近现代史纲要教研室和世界共运研究所。2009 年 6 月，学院新增政治学与行政学本科专业，增设政治学与行政学系。2012 年 4 月，思政与马克思主义学院改建为政治与公共管理学院和马克思主义学院。政治与公共管理学院下设思想政治教育系、哲学系、行政管理系、政治学与行政学系四个系和世界共运研究所。2013 年 7 月，公共管理培训中心成立。2016 年 6 月，政治学与行政学专业置换为政治学经济学与哲学专业，政治学与行政学系改建为政治学经济学与哲学系。2020 年 6 月，聊城双拥学院成立，挂靠政治与公共管理学院。2021 年 9 月，思想政治教育专业和思想政治教育系整体划归马克思主义学院。截至 2023 年底，学院下设哲学系，行政管理系，政治学、经济学与哲学系和公共管理培训中心、世界共运研究所以及挂靠单位聊城双拥学院。2004 年以来，学院的师资队伍变化比较大，政治与公共管理学院传承老政治系的拼搏精神，不断加大师资队伍建设，使本院师资体量和质量不断提升。

在党的建设方面，政治与公共管理学院党委坚持以习近平新时代中国特色社会主义思想为指导，始终把党的建设放在突出位置，严格按照“五个到位”“七个有力”标准加强自身建设，强化政治功能，履行政治责任，促进党建引领与业务工作融合，逐步形成“123355”党建工作新模式，有效推进学院人才培养、学科建设、科学研究和社会服务工作，不断为学校改革发展大局贡献学院力量。一是健全制度体系。严格落实党委会会议和党政联席会会议制度，出台《政治与公共管理学院规章制度汇编》等 74 项制度，为学院高质量发展提供了坚强有力的组织保证。二是强化理论学习。严格落实学院党委理论学习中心组集体学习、教职工理论学习制度；创建“红色驿站”“党建政能量”微信公众号；实施“五个一”理论研学工程等；编写《党性教育文献选编》，出版《高校党建理论与实务研究》《大学生廉洁教育读本》等专著，不断丰富理论学习内容，有效提升师生思想政治素质。三是夯实组织基础。实施“双带头人”党支部书记全覆盖工程、“三有三强”提升工程、“学生党员先锋工程”，贯彻落实“三会一课”、民主生活会、组织生活会等制度，完善教师党员“双培养”机制，基层党建工作规范高效。学院党委入选省级党建工作标杆院系，先后被授予“山东省先进基层党组织”“山东教育系统先进基层党组织”“山东高校思想政治教育工作先进集体”“山东高校组织工作创新奖”称号；获“全国高校党建制度体系建设征文二等奖”“山东高校党的建设研究优秀成果一等奖”。

学生工作方面。学院党委始终高度重视大学生思想政治教育工作，贯彻落实为党育人、为国育才教育方针，围绕学校中心任务，坚持以学生为本理念，完善“三全育人”“五育并举”机制，不断培养和造就政治忠诚、品格高尚、敢于担当的优秀人才。一是强化学生思想引领。以“青马工程”为示范，以学生党员和学生干部骨干为带动，以青年学生讲师团为重点，以基层团支部为主体，充分依托“行走的青年思政课”、主题升国旗仪式、廉洁讲堂等载体，广泛开展主题教育活动，夯实青年学生思想引领实效。二是发挥协同育人作用。坚持党建带团建，发挥共青团“推优”功能;以团学改革为突破，加强各级团组织、学生会组织和班级、学团干部队伍建设；以“第二课堂成绩单”制度为牵引，赋能学生成长成才；以“挑战杯”赛事为带动，以大学生创新训练项目为重点，以社会实践志愿服务为延伸，促进第一课堂第二课堂有效衔接，提升学生实践能力。三是提升服务能力水平。拓宽经济困难学生资助途径，完善奖助贷资助体系;以“青听”工作坊为载体，构建“五位一体”心理健康教育工作格局；健全就业指导课程体系，主动开拓就业市场，营造浓厚考研深造氛围，助推学生高质量就业；完善学院团委—学生会组织—班级三级权益服务联盟，及时反映学生关切，切实维护学生权益。学院多次荣获西部计划优秀组织单位、五四红旗团委、考研工作先进单位、就业工作先进单位、学生工作先进集体等。

服务社会方面。2004 年以来，尤其是政治与公共管理学院建院以来，学院立足专业发展和社会需求，不断拓展服务社会的渠道，充分发挥业余函授站点、聊城市干部培育基地作用，借助聊城大学公共管理培训中心、聊城双拥学院、聊城大学廉政研究中心挂靠政治与公共管理学院的优势，不断优化校地关系，在干部教育培训、服务地方等方面作出积极贡献。一是围绕国培、省培计划，乡村振兴，地方党政干部素养提升举办了大量服务地方发展的培训班次，如聊城市军转干部培训班、东阿县中青年干部培训班、阳谷小学教师传统文化培训班、茌平教育体局主题教育培训、重庆彭水党政干部培训班等，大幅提升了地方干部素养和履职能力。二是围绕地方发展需求，通过横向课题、出谋划策和建议献策服务地方经济社会发展，如承担聊城市人大系统全过程人民民主横向课题获省部级领导批示、与聊城市纪委监委合作推进清廉水城建设、配合聊城高新区党建推出红色挎包典型、为聊城烈士纪念碑文撰写提供材料支持和意见建议等。三是发挥省级社科研究基地和智库平台作用，为党和政府提供政策咨询，组织开展富有本地特色的政治文化研究，撰写咨询报告并获各级党政机关采纳的10余项，承担与基地平台密切相关的省部级以上各类课题100余项，包括国家社科基金重点项目3项。四是充分发挥专任教师理论水平高和政策领悟力强的优势，积极开展各类学历培训和政策精神宣讲活动，如本院教师参与山东省中小学教师学历提升班30余人次，结合党的二十大报告开展多种形态的宣讲活动受益10000余人次等。

自2005年至今，在20年的发展历程中，政治与公共管理学院继承和发扬政治系攻坚克难、努力拼搏、勇于创新的光荣传统，在学院机构、人员、专业、学科的频繁分合中，学院各届领导班子带领全体教职工，不断克服困难，勇挑重担，服务大局，各项工作始终走在学校的前列。回首过去，是为了更好面向未来；总结过往，是为了再造新的辉煌。在建校50周年之际，政管人定会发扬优良传统，不忘初心使命，始终谨守高质量发展主线，深入落实立德树人根本任务，坚持党建领航将学院各项工作推进到新的历史高度，为新时代学校发展和教育强国战略贡献力量。

第三节　商学院（质量学院）

一、发展总体

（一）发展历程

聊城大学商学院成立于2004年1月4日，由原经法学院经济学系与工商管理系合并组建。后期成立的聊城大学聊城发展研究院（2011年）、质量学院（2016年）、聊城质量发展研究中心（2016年）、聊城大学MBA教育中心（2018年）、聊城大学鲁商学院（2021年），皆依托于商学院，由此形成了“六位一体”的办学体系。

1. 固本强基时期（2004.1—2008.6）

建院之初，学院拥有经济学、工商管理专业和产业经济学硕士点，学生仅有400余人，教职工23人。当时学院明确提出了“育经世致用英才，做富国裕民文章”的院训，确立了“创造生活、创造财富、创造思想、创造未来”的高素质人才培养目标。经过4年的发展，到2008年学院第一次党员大会召开时，学院拥有产业经济学、国民经济学两个硕士学位点，全日制经济学、工商管理和国际经济与贸易3个本科专业，工商企业管理、国际经济与贸易2个专科专业，拥有函授（夜大）经济学、工商管理、国际经济与贸易、会计学本专科专业；拥有山东西部经济发展研究中心、产业经济研究所、工商管理培训中心和山东省企业基层管理人员培训基地；聊城大学经济管理研究中心挂靠商学院。

在此期间，学院积极探索实践教学，提高了人才培养质量。增设鲁西化工集团、凤祥集团、中通客车、百货大楼等知名企业为实践教学基地，充分彰显了“育经世致用英才，做富国裕民文章”的人才培养理念，同时举办了“商苑论坛”“企业家论坛”等一系列丰富多彩的学术活动，激发了学生学习兴趣，加深了学生对世界经济、管理理论和中国特色社会主义市场经济理论与我国发展历程的认识，活跃了学术气氛，丰富了学院文化。

2. 快速发展时期（2008. 7—2016. 9）

到 2016 年学院第二次党员大会召开时，学院已形成了办学特色逐步彰显、学科建设快速发展、教学和科研水平不断提高、师资结构日益完善、学生工作特色鲜明、各项管理科学有序、文化积淀日益浓厚的新局面，在省内同类专业和校内兄弟学院中拥有了良好的声誉和积极的影响。

在此期间，学院设有经济学系、工商管理系和管理工程系 3 个系，拥有经济学、工商管理、国际经济与贸易、人力资源管理、劳动与社会保障、物流管理和质量管理工程 7 个本科专业。其中，经济学专业被评为省级特色专业建设点、山东省应用型人才培养特色名校工程建设专业，校双学位、双专业招生专业；人力资源管理专业被评为山东省成人高等教育品牌专业；物流管理专业被确定为“山东省职业院校与本科高校‘3+4’对口贯通分段培养试点专业”；工商管理专业被评为校级特色专业。设有产业经济研究所、劳动经济研究所和工商管理培训中心。2010 年获批应用经济学一级学科硕士学位授予权，产业经济学、劳动经济学、国民经济学、金融学、区域经济学 5 个二级学科招生。2012 年获批了山东省产业升级与经济协同发展软科学研究基地。聊城大学和聊城市人民政府共建的聊城发展研究院、质量学院、质量研究中心挂靠商学院。截至 2016 年 9 月，学院教工 60 人、全日制本科生、研究生 2400 余人。

3. 内涵发展时期（2016. 10 至今）

2016 年 10 月学院第二次党员大会召开。以此为契机，学院内涵建设稳步提升。经济学专业为山东省一流本科专业建设点、山东省高水平应用型立项建设核心专业；会计学、国际经济与贸易专业为山东省高水平应用型立项建设专业；质量管理工程、金融工程和标准化工程专业为山东省新旧动能转换试点及国家“高质量发展、标准先行”号召下应运而生的新兴特色专业。

学院以聊城发展研究院、聊城质量发展研究中心为平台和载体，无论在区域经济课题研究、企业管理课题研究、高端培训等方面，准确把握社会发展实际需求，推动学院高质量发展。应用经济学招生人员持续增加，工商管理硕士（MBA）

招生连续取得佳绩，会计硕士（MPAcc）顺利招生，招收国际经济与贸易、工商管理两个专业的留学生，与泰国格乐大学签署合作协议联合培养商科博士研究生，4名教师获聘格乐大学博士生导师。

基础设施不断完善。完成了教学楼更换，教学面积、教研室条件、实验室建设得到明显改善和优化。完成了对MBA教育中心、学院办公区的改造项目，实验条件不断提升，实验室价值700余万元。

（二）组织机构

目前，学院组织机构包括职能部门、教学机构、科研机构、合作共建平台和硕士培养5个模块，详见表1。

表1 商学院（质量学院）组织机构情况一览表

商学院（质量学院）			
职能部门	办公室	科研机构	山东省软科学基地
	团委		区域产业质量升级协同创新中心
	教务办公室	合作共建平台	中国社科院当代中国研究所聊城基地
教学机构	经济系		聊城发展研究院
	工商管理系		聊城质量发展研究中心
	会计系	硕士培养	应用经济学一级学科硕士学位点
	管理工程系		工商管理硕士（MBA）
	金融工程系		会计硕士（MPAcc）

（三）建设成效

1. 师资队伍

截至2024年7月，学院教职工由2004年建院之初的23名发展至99名。学历层次不断提升，拥有博士学位教师48人，博士在读12人。学缘结构不断优化，南开大学、山东大学、武汉大学、中央民族大学、北京师范大学、哈尔滨工业大学、中南财经政法大学等“985”“211”“双一流”高校毕业博士持续增加。年龄结构持续年轻化，平均年龄42岁。职称结构不断优化，正高级职称教师12人，副高级职称教师43人。聘用全职外籍教师1人。

2. 专业与人才培养

现有经济学、工商管理、会计学、人力资源管理、物流管理、质量管理工程、金融工程、标准化工程8个本科专业，劳动与社会保障、国际经济与贸易专业已停止招生。目前在读本科生 2107 人，研究生、留学生共计 249 人。

近年来，学院学生获得省级优秀硕士、学士学位论文 20 余篇，主持大学生科技文化创新基金项目 60 余项，在“挑战杯”全国大学生科技学术竞赛中，获得国家级二、三等奖各 1 项。学生就业方向主要是政府机关及事业单位、金融系统、大型国企和咨询机构等，就业质量高，2024 届考研率为 22%。

3. 学科与科研

学院拥有应用经济学一级学科硕士学位授权点和工商管理硕士（MBA）、会计硕士（MPAcc）两个专业学位授权点，并与泰国格乐大学签署合作协议联合培养商科博士研究生。科研项目获批数量逐年增加。自 2004 年以来，学院共获批国家级项目 23 项，其中国家社科基金重大项目 1 项，重点项目 2 项，国家社科基金重大项目子课题 1 项，国家社科基金一般项目 16 项，国家自然科学基金项目 3 项；教育部人文社会科学研究一般项目 9 项，中国博士后科学基金 3 项；省级项目 100 余项（含省社科重点项目 8 项），获批项目经费 1000 余万元。科研成果持续涌现。20 年来，出版专著 100 余部，发表核心及以上期刊论文 344 篇，其中在 CSSCI 来源期刊（含扩展板）发表论文 211 篇；发表 SCI、SSCI、EI、ISTP 收录论文 50 篇，被人大复印资料复印 21 篇，被《新华文摘》转载 5 篇，3 篇 SCI 期刊论文入选 ESI 高被引论文，进入最优秀的全球 1% 论文之列，入选 2019 年国家社科文库 1 部。获山东省政府企业管理创新成果奖 1 项、省社科优秀科研成果特等奖并一等奖 1 项、一等奖 1 项、二等奖 8 项、三等奖 10 余项。

4. 服务社会

依托聊城发展研究院、聊城质量发展研究中心两个平台，近年来承担横向课题 30 余项，到位资金 1500 余万元，出版蓝皮书 6 部，撰写研究报告 300 余万字，研究成果获省级领导批示 3 项。

二、党的领导

2004 年建院之初，学院设立党总支；2021 年 12 月学院党总支调整为“商学院（质量学院）党委”。长期以来，学院党总支（党委）坚持以改革创新的精神加强自身建设，夯实基础、完善制度、健全机制、规范管理，充分发挥了组织推动发展、服务师生、凝聚人心、促进和谐的作用，为学院的健康发展提供了坚强的政治和组织保障。

1. 持续强化理论武装

学院党总支（党委）严格按照中央、山东省委、聊城大学党委的学习部署，完善并认真落实理论中心组学习制度、党员及全体教职工政治学习制度，在学习内容和学习形式上力求创新，采取自学与中心组集体学习相结合、校内学习与外出培训相结合、组织收看专家线上政策解读与邀请校内外专家线下解读相结合、党总支（党委）成员领学等形式。自觉加强政治历练，做政治上的“明白人”“老实人”，注重提高马克思主义理论水平，掌握中国化的马克思主义，做马克思主义的坚定信仰者、忠实实践者。通过学习，增强了谋划发展、科学管理和改革创新的能力，增强了领导班子凝聚力、创新力、执行力。

2. 不断强化政治监督

加强组织监督和民主监督，努力形成了科学决策、民主决策的氛围。积极推行党务公开、院务公开，拓宽党员、师生意见表达渠道，充分发挥党政联席会、教授委员会、学术委员会、教职工大会的作用。对于关系学院发展和教职工切身利益的重大决策，注重广泛调研，并通过教代会、教授委员会、青年教师等层面的座谈会，发扬民主，集思广益。规范党务公开和党员汇报制度，凡涉及评优、评先、发展党员等事宜均按程序公示。党员定期向党组织汇报思想、工作和学习情况，反映群众的困难和要求，向党组织提出意见和建议。

坚持民主集中制，严格按照“集体领导、民主集中、个别酝酿、会议决定”的原则，讨论决定学院建设、发展中的重大问题，在学院的学科建设、专业建设、机构设置、人事调整、职称评聘、津贴分配、奖助学金评定、党员发展等关系学院发展和师生利益的问题上，努力做到科学、合理。

3. 持续夯实基层组织

制定了《商学院关于加强党支部建设的意见》，各党支部根据自身工作和思想实际，积极组织党员开展凸显大学精神、校园文化、时代特征的党支部工作；教育党员增强党员意识，尊重党员主体地位，在工作生活中充分发挥先锋模范作用。各党支部积极组织党员开展主题知识竞赛、主题党日活动、主题教育活动以及“党员与青年教师传帮带”“党员与学生一帮一”等主题实践活动，组织党员参观主题教育展、观看教育电影录像，聘请专家、学者和英模人物作专题报告等。完善了“三会一课”制度，做到中心议题、计划、时间、学习资料、地点、人员、记录“七个到位”。

4. 不断提升服务能力

班子成员和党员领导干部以身作则，做“教书育人、管理育人、服务育人”的模范。通过班子成员听课制度、值班制度、党务政务公开制度，在廉政建设、学生管理、教学质量监督、教学秩序、安全保障等各方面都发挥重要作用，有效调动起党员在工作学习中的责任意识、榜样意识。在学院的各项重要工作、重大活动中，党员干部表现出敢于拼搏、勇于奉献、大局在先、开拓创新的精神风貌。

5. 持续加强作风建设

密切联系师生，及时听取师生意见、建议。通过党的一系列教育实践活动，全体党员特别是领导班子成员的作风建设得到了加强，党群关系、干群关系更加融洽。党总支（党委）坚持把实现好、维护好、发展好广大师生的根本利益作为工作的出发点和落脚点，充分尊重师生的主体地位和首创精神，使党总支的各项工作获得广泛的群众基础和力量源泉。深入开展院领导联系班级、宿舍制度，每位院领导联系一个系、一个班级、一个学生宿舍，每学期专题调研不少于 2 次，召开师生座谈会不少于 2 次，听课不少于 8 节，深入学生公寓不少于 5 次，并填写联系师生登记表。建立了党员群众“一帮一”结对帮扶机制，师生党员主动与经济困难、学习困难的师生建立帮扶关系，体现了党组织的温暖。

6. 不断加强纪律建设

规矩意识、纪律观念深入人心。坚持请示、报告制度，对重大突发事件、重要工作事项、重大活动安排和分管工作出现的新情况、新问题及其他应该请示、报告的事项，及时向学院主要领导和分管领导报告。学院持续修订《商学院专业技术职务竞聘晋升量化赋分办法》《商学院绩效考核分配办法》《商学院教职工集体活动基本规范》等制度，对涉及教职工切身利益的职称晋升、绩效分配、活动规范等事宜进行规范。这些制度通过党员学习、职工大会、事务考核等落到实处，将做合格党员具体、细化，在全院教工中树立了清风、弘扬了正气。

三、人才培养

建院 20 年来，学院始终坚持立德树人的根本任务，高度重视人才培养，在专业建设、课程建设、课堂教学、教研水平、实践育人等方面取得了显著成效。

专业建设再上新台阶，应用型教学特色不断彰显。经济学专业是山东省特色专业建设点（2011）、山东省应用型人才培养特色名校工程建设专业（2016）、山东省一流专业建设点（2019）；质量管理工程专业是国家“高质量发展、标准先行”号召下应运而生的新兴特色专业（2016）、山东省一流专业建设点（2023）；人力资源管理专业是山东省成人高等教育品牌专业；金融工程和标准化工程是山东省新旧动能转换试点专业；工商管理专业、会计专业是校级特色专业。

课程建设不断优化，为人才培养提供强力支撑。学院坚持一流本科教育理念，强化学科专业特色，着力推进学科专业结构优化，建立通识教育、专业教育、创新创业教育、职业生涯教育“四位一体”课程体系，通过课程团队建设深化“目标导向、学生中心、因材施教”的人才培养模式改革。学院现有《财政学》《会计学》山东省一流课程 2 门；《政治经济学》《财政学》山东省课程思政示范课程 2 门；《财政学》《中级财务会计》《国际金融》山东省数字化精品课程 3 门；《微观经济学》等 11 门课程上线智慧树课程平台，《中国特色社会主义政治经济学》等 7 门课程上线学习强国山东平台，供校内外学习者学习。

教师课堂教学、教学研究水平持续提升。建院20年来，形成了学院管理人员、校院系督导员、系主任、全体教师、学生教学信息员共同参与的全员督导机制，有力保障了教学秩序、提高了教学效果、提升了教师教学水平。学院现有省级教学名师2人、校级教学名师8人；山东省青年教师教学比赛一等奖获得者2人、二等奖3人次、三等奖获得者2人次，山东省课程思政教学比赛二等奖获得者1人；2门课程获全国多媒体课件大赛二等奖。学院高度重视教学质量工程建设，建立了“成果导向、学生受益”的“院—校—省—国家”四级教改项目竞争立项机制。近五年获批山东省高等教育教学改革项目6项，其中包括重点项目2项，获省级教学成果奖二等奖2项。学院采取重点建设、择优培育方式，建设了《黄河流域高质量发展导论》《政治经济学课程思政案例》《财政学课程思政案例与分析》等一批课程思政教材。

持续强化实践育人。为深化跨界融合、科教融合、产教融合，学院强化现代产业学院建设，实施专业核心课程内涵提升计划，推进专业的数字化、智能化改造。依托聊城大学实验室和鲁商学院产教融合基地，建立开放实验教学机制、实训教学机制，提升学生动手能力、创新能力，培养学生从事工商业运营和管理的团队精神、协作意识。积极推动校企合作，引入青岛英谷科技有限公司、鲁商教育控股有限公司进行校企合作办学，通过校企共同制定学生实习实训工作计划和评价体系。不断加强与当地企业的交流与合作，积极汇聚各类育人资源，先后在当地企业建立了25个布局合理、质量较高、相对稳定的校外实习实训基地，有效满足学生实习实训教学需要。

根据对毕业生跟踪调查的结果显示，近三届毕业生对学校的总体满意度得分在96以上，对教学环境和条件、所就读专业满意度得分均达95以上；96.84%的毕业生对大学阶段的学习和成长感到满意。近三年，85%以上毕业生服务于山东省及相关区域，70%以上的毕业生在地方政府与企业就业，符合学院“服务区域经济发展”的办学定位与“适应社会主义市场经济建设需要”的人才培养目标。

四、学科建设

学院学科始建于1999年经济学本科专业，于2001年获产业经济学硕士学位授予权，2011年获应用经济学一级学科硕士学位授予权。经过多年建设，应用经济学学科已经形成了鲜明的学科特色，较为合理的学术团队、良好的科研发展态势和较高社会服务能力。同时，学院还涉及工商管理学、管理科学与工程两个一级学科。

应用经济学一级学科是聊城大学重点建设学科，拥有国民经济学、金融学、产业经济学、劳动经济学四个二级学科，是我校二级学位点和学科设置较为完备的学科之一，经过多年建设，在产业经济学、财政学、区域经济学、黄河流域生态保护与高质量发展和新时代共同富裕的理论与实践方向，已经形成了鲜明的学科特色、较为合理的学术团队和良好的科研发展态势，形成了国家重大招标课题、国家级和教育部课题、省级科研团队、省级研究平台、学术集刊、高峰论坛、高层次论文、横向课题、本科专业、教育培训等全方位强力支撑的学科特色。

凝练应用经济学学科特色，塑造学科优势。产业经济学研究起步较早，以制造业质量升级、制造业产业链融合和制造业数字化三个方向等为主要研究内容，特别是在区域制造业质量竞争评价、制造业产业链等研究方面取得了显著进展。财政学学科以地方债务、地方税体系、财政金融协同治理为主要研究内容，在地方债务与金融稳定性、税制优化等方面的研究在全省具有明显优势。区域经济学学科以农村土地产权安排、土地生态与黄河流域高质量发展、乡村振兴背景下的农村集体经济发展研究、农村土地要素收益分配、农村劳动力转移和农民收入、农业结构调整和规模化经营等问题为主要研究内容，取得了一系列成果。黄河流域生态保护与高质量发展学科方向围绕黄河流域产业高质量发展、生态保护和资源环境展开研究，编制了黄河流域产业质量指数，在黄河流域资源环境承载力，“水—能源—粮食”纽带系统与生态系统协同安全取得了显著进展。新时代共同富裕的理论与实践学科方向围绕共同富裕战略，从政治经济学角度研究共同富裕理论与方法，并探索黄河流域共同富裕协同实践路径。

诚聘学科领军人物，培养学术带头人。一方面邀请了孙冶方经济学奖获得者贾康、李拉亚、臧旭恒、杨蕙馨教授，南开大学李勇建、大连理工大学迟国泰等知名专家，“问诊把脉”、倾力指导学科建设。另一方面学院培养了一批学术带头人和学术骨干。

五、科研创新

2004 年建院以来，学院就特别重视科学研究，历届院长——丁子信、巨荣良、马中东、杨宏力等先后主持国家级项目和省级重点项目。正是这种浓厚的科研氛围，学院在科研项目、公开发表论文、科研平台和科研获奖方面取得了优异成绩。

科研项目获批数量逐年增加。自 2004 年以来，学院共获批国家级项目 23 项，其中国家社科基金重大项目 1 项，重点项目 2 项，国家社科基金重大项目子课题 1 项，国家社科基金一般项目 16 项，国家自然科学基金项目 3 项，教育部人文社会科学研究一般项目 9 项，中国博士后科学基金 3 项；省级项目 100 余项（含省社科重点项目 8 项），获批项目经费 1000 余万元。

科研成果持续涌现。20 年来，出版专著 100 余部，发表核心及以上期刊论文 344 篇，其中在 CSSCI 来源期刊（含扩展板）发表论文 211 篇；发表 SCI、SSCI、

EI、ISTP 收录论文 50 篇，被人大复印资料复印 21 篇，被《新华文摘》转载 5 篇，2 篇 SCI 期刊论文入选 ESI 高被引论文，进入最优秀的全球 1% 论文之列，入选 2019 年国家社科文库一部。

科研获奖级别不断提高。共获得省部级、厅局级奖励 50 项，其中，获山东省社会科学优秀成果奖 25 项（含特等奖并一等奖 1 项，一等奖 1 项，二等奖 10 项，三等奖 13 项）；获聊城大学人文社科奖 100 余项；获聊城市社科优秀成果奖 100 余项；获得授权发明专利 3 项；获得授权发明专利 3 项。

不断加强科研平台建设。2013 年获批山东省产业升级与经济协同发展软科学研究基地，2020 年设立“中国社科院当代中国研究所聊城研究基地”。依托质量学院，设立校级研究基地区域产业质量升级协同创新中心。

不断打造学术载体。学院积极加强与外部交流和打造自己学术载体，连续举办 6 次区域产业质量高峰论坛，拥有连续出版物《产业质量研究》《工商管理案例研究》《黄河流域产业质量报告》。

六、人才队伍

高层次人才引聘力度持续加强。建院以来以柔性方式累计聘任特聘教授、兼职教授 30 余人。尤其近年来，华夏新供给经济学研究院创始院长、财政部原财政科学研究所所长贾康，孙冶方经济学奖获得者李拉亚，泰山学者特聘教授臧旭恒、杨蕙馨，国家级人才工程领军人才韦倩，西泽研究院创始院长、知名学者赵建等多位知名专家先后受聘我院特聘教授或兼职教授。优秀青年博士引进力度不断加大，2023、2024 年报到青年博士 12 人。

“双师型”师资队伍规模逐步壮大。学院始终高度重视教师访学进修，不断加大业界师资聘用力度，持续强化“双师型”师资队伍建设。目前具有境外学习、进修，境内访学经历者 25 人。聘任山东省产业教授 3 人、北京航空航天大学、南开大学、山东大学、上海财经大学、中南大学等知名高校授课教师 10 人。聘任业界导师 28 人，其中，东阿阿胶、鲁西化工、乖宝宠物等知名企业主要负责人 20 人，经济管理部门专家 8 人。

人才队伍素质能力不断提升。建院以来累计 6 名教师分别获得山东省高校青年教师教学比赛一二三等奖，2016—2023 年连续 8 年有教师获奖。积极推荐人选申报高层次人才工程，拥有省级教学名师 2 人，省级人才称号教师 1 人，校级人才称号教师 16 人。人才培养能力不断提升，目前有博士生导师（兼职）4 人，硕士生导师 50 人。科研能力持续增强，累计获批国家级项目 23 项。获批省部级项目 100 余项。2022 年起每年遴选教学、科研、服务社会、案例开发、学生竞赛指导等“揭榜挂帅攻坚团队”10 个左右，给予团队经费支持，支持鼓励教师出精品成果。

七、服务社会

学院服务社会工作具有较为深厚的积淀和坚实的基础。依托聊城发展研究院（质量发展研究中心），主要围绕区域经济发展、企业管理咨询、质量管理咨询和管理培训方面开展服务社会工作，撰写研究报告50余部、500余万字，获批横向项目100余项，到账资金3000余万元。

为地方政府经济发展提供规划与决策咨询。主要围绕聊城区域或县域经济为政府提供产业规划、决策咨询，提供研究报告或形势分析等。为聊城经济开发区、莘县、茌平、高唐、旅游度假区等县区以及聊城市委组织部、发改委、商务局、金融管理局等相关部门开展了发展规划研究。连续出版6本《聊城经济发展研究报告》系列蓝皮书，出版《黄河流域产业高质量发展研究报告》。围绕政企关系、农业产业融合、莘县农业发展进行了专题研究，其中，《市场主体是县域经济发展的决定性因素》获省委领导同志和聊城市委市政府主要领导同志认可，并作出批示；《产业融合——现代农业发展路径选择》获得了副省长批示；《创新蔬菜质量体系建设打造高质量发展齐鲁样板》获得了省级领导批示。

为地方政府和企业提供经济管理培训。学院与聊城市政府联合举办多期企业家培训班，为聊城市培养了大批企业管理人才，分别为相关县市的主要大中型企业，如鲁西化工凤祥集团、中通客车集团、山东国环产业投资有限公司、山东金羊集团、聊城农商行、金蔡伦集团、聊城市国资国企、高新控股集团、聊城市国资国企、东元集团、聊城市移动公司等企业中高层领导者组织了领导素质与现代管理研修班，创立了“三合一”培训模式，进一步提升了企业领导者素质，拓展了企业家创新思维。截至目前，为地方企业组织了领导素质与现代管理研修班140余班次，累计培训5000余人次。

为地方企业提供管理咨询。2011年学校与聊城市委市政府共建聊城发展研究院，依托学院工商管理学科师资开展相关研究，企业管理咨询项目是主要业务之一。2018年以来，在聊城市优选了多家在国内和行业内具有领先水平的企业作为试点进行长期跟踪研究，围绕战略管理、营销管理、人力资源管理等方面，为鲁西化工、东阿阿胶等20余家聊城市大中型企业提供了管理咨询服务，撰写研究报告20余部、200余万字，显著提升了工商管理学科师资队伍的业务能力和服务社会水平。

为地方政府和企业提供质量管理咨询和决策服务。为服务于聊城质量强市发展战略，进而为市委市政府决策提供依据，针对聊城市质量发展亟待解决的问题，开展了6个质量课题研究项目，分别为莘县农产品质量安全示范区品牌化建设、聊城市轴承产业集群提质增效升级、聊城市标准化建设、景阳冈酒业质量文化、质量促进法相关问题、运河质量文化研究展开了相关研究。值得指出的是，聊城质量发展研究中心率先在全国创立了实施质量强市战略的五方合作推进模式，为其他地市推进质量强市提供了可资借鉴的经验。

八、对外开放

学院建院以来高度重视国际化办学工作，不断完善国际化办学的有关规章制度和措施。遵循当前高等教育国际化趋势，统筹兼顾请进来和走出去办学思路，既注重国外优质教育资源引进和留学生招收教育工作，也鼓励和支持教师出国访学和学位学历提高，不断提升国际化办学能力和国际化水平。

在外籍专家的引入方面。学院前后引进外籍专家 6 人，其中全职引进巴基斯坦籍优秀博士 1 人。外籍专家引进加强了学院师资力量，活跃了课题气氛、开拓了学生视野。主要体现在以下三个方面：一是外籍教师以纯正、流利英语口语教学，提高学生英语听力和口语表达能力，并促使学生从新角度思考和解决问题。二是外籍教师在教学过程中采用比较灵活的教学方法，即强调以学生为中心，突出学生的主体地位，努力营造轻松愉快的学习氛围。三是通过接受标准英语文化，更直接感受英语的魅力，扩大学生的国际视野。

留学生培养方面。学院自 2018 年首批留学生入学，截至目前已经为非洲友好国家培养了工商管理和国际经济与贸易两个专业的近 80 名留学生。学院安排专人负责留学生培养工作，为留学生提供了“一对一”帮扶政策，包括语言辅导、文化适应等，确保留学生顺利完成学业。对留学生采取全方位的国际教育策略，课程设置符合国际标准，教学内容和方法注重培养学生的国际视野和跨文化沟通能力，留学生毕业满意度高。

教师国际交流与学历提升。截至目前学院 8 名老师参加了与美国高校师资交流项目，其中 1 名老师获得国家留学基金委资助赴美做博士后研究；10 余名老师在俄罗斯、菲律宾等海外知名大学攻读博士学位。老师们通过出国留学访学，提高了专业知识和科研水平，拓宽了思维和专业视野，促进了学术思想的碰撞和融合。国外学习和研究经历拓展了对于国际前沿教学理念和研究的认知水平，提升了教学质量和研究能力。

本科生国际交流。多年来，学院积极组织和鼓励学生参与国际交流活动，30 余名学生参加了 3 个月以上的国际交流项目，遍及美国、英国、澳大利亚等国家。这些交流经历不仅加深了学生们对全球商业环境的认识，而且提升了他们的语言能力和独立解决问题的能力。同时，20 余名学生参与了新加坡等地的假期短期交流，为学生们提供了宝贵的国际视野和文化体验。

九、研究生培养

学院硕士培养始于2000年12月，是我校最早获批硕士授权点的学院之一，迄今已具有20余年经济学硕士研究生培养经验。经过多年建设，现拥有应用经济学一级硕士学位（学术学位）授予权和工商管理硕士（MBA）、会计硕士（MPAcc）两个专业学位授予权。已毕业研究生200余人，为山东省尤其是鲁西地区培养和输送了一批经济领域的高层次人才，已成为各自行业或单位的骨干力量，为地方经济发展作出了积极贡献。现有在校研究生240余人，进一步扩大了继续培养更多致力当地发展高层次经济管理人才的规模和水平。

多年来学院研究生教育秉持“育经世致用英才，做富国裕民文章”的理念，致力培养具有良好思想品德和道德修养、自觉践行社会主义核心价值观，具有扎实的应用经济学基础知识和基本理论，掌握现代经济学的研究方法，熟悉中国经济运行与改革实践，能够独立进行科学研究，具有国际视野和创新创业能力的高素质经济学专门人才，服务于地方经济与社会的发展。

建院伊始，2000年12月获批的产业经济学和2003年7月获批的劳动经济学2个硕士学位授予权点划归商学院。在山东省省属高校中最早获得该学科招生资格。多年来一直围绕产业组织理论与政策、规制经济与公共物品供给、国民经济运行与社会经济发展等方向进行科学研究，取得丰富的科研成果。2006年1月获得国民经济学硕士学位授予权。经过近10年建设，于2011年获批应用经济学一级学科硕士学位授予权。目前已形成特色鲜明的三个研究方向产业组织理论与区域产业升级、劳动经济理论与人力资源开发、货币金融理论与金融体制改革，取得了一系列丰硕成果，位居山东省相关学科前列。

2018年获批工商管理硕士（MBA）专业学位授予权，于2019年首届招生。截至2024年为聊城市及周边地区培养了100余名政府和企业管理精英，已毕业研究生中超过60%优化了工作岗位或得以提升。2019年到2024年，连续6年实现报名和录取人数持续增长，并于2023年以全票通过全国MBA教育指导委员会组织的专项核验。

2021年获批会计硕士（MPAcc）专业学位授予权，2023年开始招生。会计硕士培养虽然起步较晚，但首届考生中超国家分数线107人，实际录取30人，报录比为13 ∶ 1。伴随会计硕士连续招生，办学水平不断提高，研究生规模不断扩大，将为地方人才培养和经济发展作出更大贡献。

学院党政领导班子始终坚持党的领导，切实按照议事规则讨论学院改革发展的一切问题，班子成员认真执行民主集中制，打造了坚强有力、团结和谐的学院领导集体，团结凝聚了一切力量投入学院事业发展中，确保了学院健康、快速发展。

学院充分发挥教授委员会的作用，学院发展规划、人才培养、队伍建设、学科与学位点建设、学术发展与评价、学风建设等事项，在学院决策前一律提交教授委员会进行论证，由教授委员会向学院党委会、党政联席会提出意见建议，供学院决策参考，充分体现了专家治院、专家治学、专家治教，确保了学院科学决策。

学院不断加强制度建设，制定、修订了涉及学院发展和师生利益的一系列文件，如年度考核评优办法、教学评价办法、年终绩效考核分配办法、职称竞聘晋升量化赋分办法、研究生招生鼓励政策、研究生奖学金评选办法、课题申报奖励办法，等等。健全完善的学院制度，使学院依法治院、依法治学、依法治教的工作水平不断提升。

学院不断优化内部机构设置。学院由建院之初的经济学系、工商管理系两个系，不断增设、优化整合系部设置，目前设有经济学系、工商管理系、会计系、管理工程系、金融工程系等 5 个系，并与之匹配设置了 5 个教工党支部。各系实行“双带头人”制度，由学院选聘年富力强的骨干教师担任系支部书记和系主任，作为各系的“双带头人”。学院充分发挥“双带头人”的作用，各系在基层党建、专业教学、科研、服务社会等方面，不断创新工作，自主性和积极性不断加强，各自展现出自己的优势和特色，成为支撑学院发展的基础。

学院不断改善办学条件，加强学院文化建设。2019 年暑假，学院由西校区 10 号楼和 11 号楼搬迁到东校区 1 号楼，学院布局得到优化和集中。目前，学院教室实现全面空调化，MBA 中心完成了高规格建设，教室门更换和办公室内部改造基本完成，教室外窗更换和卫生间改造已列入规划。学院在建院之初就凝练出“育经世致用之才，做富国裕民文章”的院训，不断总结办学经验，培育优良的教风、学风和院风，形成了学术氛围浓郁、求索欲望强烈、人文关怀浓厚的良好氛围。

学院牢固树立“大思政”工作理念，构建了“学院党委统一领导、党政齐抓共管、学院团委牵头协调、各系协同参与”的学团工作格局，形成了“三全”育人的良好局面和强大合力。紧紧围绕“立德树人”根本任务，始终重视对大学生的思想引领；抓牢、抓实日常管理，引导大学生养成良好学习习惯和生活习惯，学风建设日见成效；不断加强对社会实践活动和社团活动的组织领导，让大学生在实践中长见识、增才干；认真做好贫困生资助和心理健康教育工作，确保每名学生顺利完成学业；扎实开展就业指导和就业帮扶服务，努力提升就业率；坚守安全底线，及时有效处置安全隐患，打造了平安学院。学院多年被授予学生工作先进单位、红旗分团委的荣誉称号，西部计划、社会实践、征兵入伍、学生就业、学生资助、学生竞赛等多项工作走在学校前列，多次获评相关工作先进单位。

十、结语

下一步，学院将始终坚持“1234N”发展战略，不断深化党建引领，围绕立德树人根本任务，努力构建全员全程全方位“三全”育人新格局；优化学院治理体系，提升治理效能；人才队伍建设围绕学科发展要求引培并举，优化师资队伍结构，突破省级称号以上高层次人才瓶颈，壮大学术带头人和学术骨干梯队，打造高层次学术团队；本科生教育坚持推进一流专业一流课程建设，教育教学改革收到实效，持续推进实施导师制，提升人才培养质量；研究生培养学术硕士注重提高研究生招生规模和培养质量，突破研究生高水平科研成果，专业硕士注重凝练项目特色，积极申请进行相关认证；学生管理抓好辅导员和班主任队伍建设，培育优良学风，重点提升考研率和就业率；科研工作大力提升科研成果数量层次，打造代表性成果，实现科研成果质量和数量双丰收；学科建设瞄准博士学位授权点申请条件持续优化提升应用经济学学科发展各项指标；服务社会工作依托“六位一体”办学体系，擦亮服务社会品牌；开放办学积极拓展对外交流，提升师生国际化交流水平；进一步提升学院在聊城大学应用型大学建设中的贡献度，努力把学院建设成为区域知名，各项工作走在全校前列的一流应用型强院。

第四节　法学院（知识产权学院）

聊城大学法学本科人才培养始于2000年，初为政法学院法律系，2008年2月独立设置法学院，2010年开始招收法学硕士研究生，2014年开始招收知识产权专业本科生，2023年开始招收法律硕士研究生。2021年12月，学校成立知识产权学院，挂靠法学院，学院更名为法学院（知识产权学院）。

建院近20年来，在学校党委的正确领导下，学院紧跟中国特色社会主义法治中国建设步伐，认真落实立德树人根本任务，坚守为党育人、为国育才宗旨，秉承“博学、励志、明法、济世”的法学院院风和聊大法律人精神，凝心聚力、踔厉奋发，开拓创新、勇毅前行，在党的建设、人才培养、学科建设、科学研究、服务社会等方面取得显著成绩，为国家建设和经济社会发展培养了大批“德法兼修”的高素质法治人才。目前，学院已成为山东省以及冀鲁豫三省交界地区规模较大、特色鲜明、极具影响力的法学教育和法治人才培养重镇。

一、师资队伍建设成效显著

学院高度重视师资人才队伍建设，把其摆在事业发展总格局的突出位置。截至2024年，学院拥有教职工42人，其中专任教师33人。专任教师中，教授6人、副教授13人；博士（含博士后和在读博士）18人，硕士研究生导师11人，硕博学位教师占比100%，高级职称博士（后）学位占比60%以上，具有法律职业资格和律师执业资格教师占50%以上。专任教师均毕业于中国人民大学、中国政法大学、中国人民公安大学、中央民族大学、吉林大学、山东大学、西南政法大学、华东政法大学等国内知名高校。2016年，院长杨道波被评为山东省第三届十大中青年法学家；2019年，副院长王仰文被评为聊城市首届十大法治人物。

学院重视教师教育与培养，建院以来共资助10余位教师在职攻读博士学位。适应教育改革发展和教学科研需要，每年安排中青年教师赴聊城市中级人民法院、聊城市检察院、聊城市知识产权保护中心等法律实务部门挂职锻炼，确保了教师综合素质和实操能力的逐步提高。

二、人才培养质量稳步提升

学院现有法学和知识产权两个全日制本科专业。其中法学专业为聊城大学优势学科增长点专业和应用型特色名校工程建设专业，拥有硕士研究生推免资格；知识产权专业为省校共建专业，2023年与方宇知识产权集团有限公司合作办学，联合招收培养知识产权（校企合作）专业本科生。两个专业均为辅修学士学位授予专业，10年来共为社会输送双专业复合型人才300余人。2010年以来，共计培养马克思主义法治理论方向硕士研究生110余人；2021年学院获批法律硕士专业学位授权点，2023年开始招生13人。学院设理论法学教学与研究中心、民商经济法学教学与研究中心、刑事法学教学与研究中心、宪法与行政法学教学与研究中心以及法学教育与实践教学中心等五个教学机构，不断加强教学规律、教学内容以及方法的研究。

学院坚持突出人才培养的核心地位，将法学实务能力的提升与强化作为学生发展的重点，着力培养具有历史使命感和社会责任心，富有创新精神和实践能力的应用型、复合型卓越法治人才。教育部与中央政法委员会做出实施卓越法律人才教育培养计划决策后，法学院积极响应，于2013年举办卓越法律人才培养实验班。实验班秉持“厚内外之基，强专博之能”理念，选拔优秀法科学生入班，实施12项“能力导向型”培养项目，为社会培养应用型、复合型卓越法律职业人才。

学院人才培养质量显著提升，在校生多次在“挑战杯”“创青春”“模拟法庭”等竞赛中获得国家级和省级金奖、银奖等奖项；毕业生考研录取率、法律职业资格考试通过率、公务员录取率均在全省高校名列前茅。多年来，学院为国家和社会培养了近3000名优秀毕业生，他们逐渐成为各级党政机关、司法机关、学校、律所等行业的领导和骨干。杨知文、王迎龙、吴飞飞、韩振文等10余名毕业生在中国政法大学、西南政法大学、华东政法大学、西北政法大学、苏州大学、浙江工商大学、南京信息工程大学等高校任教，并成长为学术带头人或科研骨干。许常海、葛连法等40余人在最高人民法院、司法部、公安部、省纪委、省委政法委、省级法院、检察院等省部级以上单位任职。400余人在市县级行政机关、司法机关任职，王依来、张嵘林等300余人在上海市海华永泰、盈科、泰和泰等国内知名的律师事务所。董璇、孙盼盼、宋潘文等20余人出国继续深造，在伦敦王国学院、悉尼大学、早稻田大学等知名院校攻读博士、硕士学位。学院荣获2009年、2011年、2017、2020年、2021年就业工作先进集体荣誉称号。

学院积极落实学校组织开展西部计划的工作要求，把大学生志愿服务西部计划作为学院特色育人品牌，多措并举，引导一批批有信仰、有理想、有追求的法学学子建设西部，报效祖国。自建院以来，共有125名毕业生怀揣着“到西部去、到基层去、到祖国最需要的地方去”的赤子之心，奔赴西部、躬身基层、逐梦前行，到新疆、青海、西藏、重庆、陕西等地开展志愿服务工作，杨继臣、房广彬、展长春、曹强、郝慧文等同学用执着和坚守谱写了一篇篇动人的青春之歌。这125名西部计划志愿者中，有53人服务期满后扎根西部工作，完成从志愿者到建设者的身份转变。学院西部计划志愿者的数量和就业层次均居全校首位。学院荣获2008年、2009年、2010年、2013年、2014年、2017、2021年大学生志愿服务西部计划优秀组织单位。

三、学科建设优势凸显

学院自2008年独立设置以来，努力做好学科建设和科研工作，始终坚持内涵式发展，整合资源，强化优势，以学科主要研究方向为核心，打造具有核心竞争力的科研平台。通过开展与高校、法律实务部门和国内外研究机构的实质性合作，促进学科领域创新要素的深度融合和优质资源的全面共享，推动法学学科高质量发展。在支撑创新驱动发展战略、服务地方经济社会发展、弘扬中华优秀文化、培育和践行社会主义核心价值观、促进学校开放内涵发展等方面发挥了重要作用。

学院充分挖掘和利用人才和技术优势，整合建立公益慈善、地方立法、民商经济法、刑事司法以及乡村治理法治等5个学术研究团队，现有团队成员30名，其中教授5人、副教授7人，博士学位14人、在读博士生2人，2人入选山东省教育厅、省委政法委“双千计划”，“双师型”队伍建设常态化。近年来，学院在公益慈善法治领域有着较强的学术和社会影响力，在地方立法和服务地方法治建设方面取得了积极成效和良好社会评价。

经过20多年的发展和积累，法学专业已经形成自己的特色和优势：(1）学科层次加强。自2000年招收法学本科生以来，目前已经形成了“本、硕”两个层次的人才培养体系。（2）方向特色突显。依托传统积累和区位优势，在公益慈善、地方立法和乡村治理等方向特色显著。（3）遵循因材施教。遵循因材施教的思路，为每位本科生配备导师，本科生享受研究生待遇。（4）重视实践教学。建立了35家校外人才培养教学基地，包括聊城市人大常委会、聊城市中级人民法院和聊城市人民检察院等；组织山东省、山西省模拟法庭竞赛等省部级学科竞赛，并多次取得特等奖、一等奖等优异成绩。

四、科研产出质效日趋提升

根据年度计划中的高水平论文、著作、应用成果等成果目标和奖励目标，学院积极鼓励发表相应成果，申报相应奖励。积极鼓励老师们围绕国家社科基金项目指南与国家、中央或者区域重大法治问题，撰写高水平论文和学术著作，并组织有关辅导讲座，对教师科研工作给予必要指导。

法学院先后获批国家社会科学项目4项，教育部、司法部、中国法学会以及山东省社会科学项目等省部级科研立项34项，经费80余万元。先后获批横向课题合作项目52项，横向合作经费230余万元。根据年度计划中的项目申报和立项目标，先后邀请中共中央党校、中国政法大学、中国人民公安大学、清华大学、吉林大学、山东大学等权威学者和知名专家，进行社会科学项目申报辅导讲座，国家级和省部级项目申报率达到90%以上，立项率达到当年同类项目全校平均率。

16年来，学院累计发表较高水平的学术论文200余篇，学术著作32部，也有多篇学术论文被新华文摘、中国社会科学文摘以及中国人民大学报刊复印资料转载，11篇应用成果先后呈报中办国办，部分被部委机关简报选用，4人次获得山东省社会科学成果一、二、三等奖。

此外，学院及时制定科研发展规划和年度计划，科研定位准确，发展思路明确，保障措施得力；重视日常科研管理，能够及时落实学校有关部署，科研管理工作规范；积极配合学校做好各级各类科研项目的申报、督促、检查和指导。充分发挥山东省慈善法治文化基地、山东省知识产权（聊城）培训基地、山东省政法干部培训基地、山东省政府立法服务基地以及聊城法治建设研究院的平台优势，推动横向合作交流的深层次落实。

五、社会服务工作效果明显

自法学院独立设置以来，紧紧依托以法学院为主体，以山东省慈善法治文化研究基地与聊城法治建设研究院为两翼的“一体两翼”特色优势，积极开展社会服务。从参与地方法律法规制定，到服务地方社会治理，从提供法律援助，到开展普法宣传……为服务山东省和聊城市地方经济发展和法治建设作出了积极贡献。

学院充分发挥人才优势和智库作用，面向全国，准确把握法治内涵，提高法律服务质量，积极促进法学理论研究向满足地方社会治理需求方向的转变，助力区域法治建设，先后有11篇应用成果呈报中办国办或者被各部委机关采纳编发。学院切实加强以宪法为核心的青少年法治教育，5人次在教育部主办的全国学生“学宪法讲宪法”活动知识竞赛中荣获优秀指导教师奖。2人入选首届山东省人民政府法律咨询专家人才库，2人入选山东省学习贯彻习近平法治思想巡回宣讲团专家，3人担任聊城市习近平法治思想巡回宣讲团成员，推动法治观念进机关、进企业、进社区、进农村。

学院凭借专业与学科发展的优势，积极服务于地方法治建设。学院组织骨干教师参与国家和地方高层次立法活动，先后编著出版了《中华人民共和国慈善法（专家建议稿）》，参与起草了《山东省慈善条例（草案）》以及《中华人民共和国质量促进法（专家建议稿和立法说明）》等工作。主持制定了聊城市法治政府建设和法治化营商环境评价指标体系，并提交了聊城市法治营商环境2023年度评估报告，获市委采纳。先后承担了16部地方性法规的立法跟踪服务和集中论证工作，参与了14部聊城市以及山东省政府规章的制定与论证服务工作，主持了聊城市法学会、聊城市社会科学年度课题等23项，为推进地方立法科学化作出突出贡献。

为全面提升学生的综合素质、创造能力、国际视野、法治精神和服务意识，主动与地方政府和企业进行业务联合，开展产政学研合作，与校外共建聊城法治建设研究院等研究机构，先后有建设有计划地与35家地方政法机关和行业企业签订合作协议或者联合培养协议，积极深入构建机构开放、人员流动、内外联合、竞争创新、“产政学研”一体化的运行机制。

学院充分发挥法治聊城研究会的平台优势，创新并打造了每年八期的“光岳法治论坛”品牌实务大讲堂，加强与实务部门专家的合作交流，努力完善培养质量保障体系，为了更好地破解社会治理难点、堵点，学院多次组织师生深入街道、社区，探索具有中国特色的社会治理新路径，学院与聊城市内外司法机关、律所等35家单位签约建立了实践教学基地、联合培养基地、法律援助工作站，全方位推进法学理论研究与法律实践的有机结合，为聊城市多个行业企业积极提供人才和智力支持，解决行业企业发展中的关键法律问题，实现产政学研一体化，共同进步良性发展的新局面。

六、学团工作逐步形成品牌

学院以立德树人为根本任务，以为党育人、为国育才为根本目标，以服务中华民族伟大复兴为重要使命，促进知识传授与价值引领的同频共振，引导学生树立正确的世界观、人生观、价值观，有效实现专业教育与思想政治教育的有机融合，构建“大思政”工作格局。

2015 年，学院分团委改设为团委，2008—2015 年夏旭莹同志担任学院分团委书记，2015—2021 年刘洁同志担任学院团委书记，2022 年至今，刘凤芹同志担任学院团委书记。学院获得 2007—2008、2009—2010 年度思想政治教育工作先进集体，学院团委自 2021 年来连续 3 年获评学校五四红旗团委，学院学生工作自 2021 年来连续 3 年获评先进单位。

学院历来重视辅导员队伍的建设和发展，把思想政治要求、标准、工作贯穿全过程，努力造就一支专业素养不断提升、职业能力不断优化的高水平辅导员队伍。自建院以来，夏旭莹、田兆臣、刘洁、王元新、刘凤芹、史仁扩、赵云霄、孙曦、张雅琪、时林超先后在学院担任辅导员，学院获得聊城大学首届辅导员职业能力大赛优秀组织单位（二等奖），2015 年大学生法律援助工作室获批首批校级工作室，2023 年由刘洁主持的“明法”工作室获批省级名师工作室。

团委充分利用青年大学习、青马工程培训班、青年团员培优计划等诸多青字头平台，拓展思想教育途径，充分发挥党的创新理论在青年中的引领作用，明确新时代青年马克思主义者的科学内涵、使命担当，激发学生主动向党团组织靠拢的积极性、主动性和自信心。严格落实“班级团支部与班委会一体化运行”制度，2018 级 4 班进取团支部获评五四红旗团支部标兵、2020 级 2 班团支部获评五四红旗团支部标兵。充分发挥党员先锋模范作用和先优典型示范作用，孙盼盼、刘金铭、徐琰、程都分别获得 2019 年、2021 年、2022 年、2023 年度“聊城大学十大优秀学生”荣誉称号，徐汇雨获得 2020 年度“聊城大学校长奖学金”，刘金铭获评 2022 年度“中国大学生自强之星”。广泛开展大学生法律文化艺术节、阳光体育运动、心理健康节等校园文体活动，获评聊城大学第 24 届、第 25 届、31 届大学生科技文化艺术节优秀组织奖、聊城大学第三届“聊大杯”青年辩论赛一等奖、聊城大学第四十一届田径运动会学生甲组全校第三名等 120 余项荣誉。

注重“双创”教育，将创新创业教育深度融入“一二三”课堂，设置通识教育创新创业模块，第二课堂设置 1 学分创新创业实践，提升学生实践动手能力；与寒暑期社会实践紧密结合，从实践中发现社会经济民生问题并寻求破解路径。2021 年，由院长杨道波指导作品《志愿者权利保障：问题、成因与对策——基于山东省三地市抗疫志愿者的调查研究》荣获第十七届大学生课外学术科技作品竞赛国赛一等奖，创造了我校自参加“挑战杯”赛事以来的最好成绩，实现了历史性突破。

依托专业和学科竞赛平台，组建教师指导团队，组织引导学生积极参与，成效显著。2013 年、2014 年荣获山东省高校模拟法庭大赛团体二等奖、2015 年荣获山东省高校模拟法庭大赛团体特等奖，2016 年、2017 年、2018 年荣获山东省高校模拟法庭大赛团体一等奖，2019 年、2020 年、2022 年、2023 年荣获山东省高校模拟法庭大赛团体三等奖，2023 年由冯玉厅指导的学生团队参加“华炬杯”第十一届山西省模拟法庭大赛（全国特邀赛），荣获一等奖。

强化实践育人成效，进一步引导学生走出书本、走出课堂，走进社区、乡村、学校、企业开展实习实践和志愿服务活动，培养学生利用专业知识发现和解决实际问题的能力。充分利用寒暑期社会实践活动平台，组建志愿服务团队，申报社会实践项目和团队，利用青鸟计划平台，参与“三下乡”“返家乡”社会实践活动。2017 年、2021 年、2022 年、2023 年，3 个团队入选大学生暑期“三下乡”社会实践全国重点服务队，14 个团队入选全国专项，200 余名学生参与“青鸟计划”支援家乡建设。刘强同学获得 2023 年度“全国社会实践先进个人”。学院多次荣获大学生志愿者暑期文化科技卫生“三下乡”社会实践活动先进单位。

七、党建工作更加科学规范

学院党委始终扛实党建主体责任，着力发挥党建引领作用。坚持以习近平新时代中国特色社会主义思想为指导，认真学习贯彻落实党的二十大精神、习近平总书记关于教育的重要论述、习近平法治思想，坚持立德树人根本任务，增强“四个意识”，坚定“四个自信”，坚决做到“两个维护”。持续加强理论武装，先后组织开展“三严三实”专题教育、“两学一做”学习教育、“不忘初心、牢记使命”主题教育、党史学习教育、学习贯彻习近平新时代中国特色社会主义思想主题教育等党内集中学习教育活动。组织开展党委理论学习中心组和教职工政治理论学习 500 余次，严格落实“第一议题”制度，推动理论学习常态化制度化。严格执行民主集中制，强化党委政治功能，班子重要决策特别是“三重一大”事项事先听取党委会意见，严格落实党委会、党政联席会议事规则，决策议事科学化水平不断提高。

学院现有党员 95 人，其中学生党员 62 人，教工党员 33 人，2021 年 12 月学院党总支改设为学院党委，历任党委（党总支）书记：孙德海（2008—2012）、张华筠（2012—2020）、魏宪朝（2020—2021）、季昌伟（2021 年 12 月至今）。充分发挥党支部战斗堡垒作用，优化党支部设置，现设法理法制史、民商经济法、刑法与诉讼法 3 个教工党支部，法学系和知识产权系 2 个学生党支部。选优配强党支部书记，实现了教工党支部书记“双带头人”全覆盖。发展党员近 400 人，培养入党积极分子 1000 余人。严格落实“三会一课”、主题党日、谈心谈话等制度，创新性开展主题党日活动，先后组织党员到孔繁森纪念馆、鲁西第一支部旧址、冀鲁豫区平原分局旧址、刘邓大军渡黄河指挥部旧址、茌平区党员教育基地等地开展主题党日活动 10 余次，组织观看《我和我的祖国》《长津湖》等爱国主义教育影片 60 余次。持之以恒抓好中央八项规定精神落实，持续深化纠“四风”，推进全面从严治党向纵深发展。严格落实“严真细实快”工作作风，实施“一线工作法”，全面提升党风廉政建设水平。

10余名同志先后荣获聊城大学“优秀共产党员”“优秀党务工作者”“党员先锋”等荣誉称号。2019年获评山东省教育系统“女职工建功立业标兵岗”。张华筠、季昌伟、刘凤芹先后获评“聊城大学巾帼建功标兵”。2021年学生党支部获评聊城大学“先进基层党组织”。2022年获评聊城大学第五届“廉洁文化季”优秀组织单位。2023年，刘洁党课《牢记青年使命勇担时代重任》获评聊城大学精品党课一等奖；中国教育报发表文章《坚持“思政引领+专业特色”凸显育人成效》，报道了学院党建工作优秀做法。

接续奋斗开新局，乘势而上勇作为。法学院（知识产权学院）将继续坚持以习近平新时代中国特色社会主义思想为指导，认真学习领会、贯彻落实习近平法治思想，落实立德树人根本任务，以系统谋划、高质量完成学院“十四五”发展规划为契机，进一步强化内涵建设与外延发展，实现党建与业务、教学与科研、本科生教育与研究生教育并举，努力建设基础扎实、特色明显、优势突出，具有较强的教学、科研、服务功能，综合办学实力跨入省内同类高校学科一流行列的法学院，为服务国家和地方区域经济社会发展贡献力量。

第五节　教育科学学院

教育科学学院（教师教育学院）是在1979年11月创建的教育教研室和2001年9月建立的教育系基础上建立和发展起来的。2003年更名为教育科学学院，2011年1月成立教师教育学院，与教育科学学院合署办公。

教育科学学院现有教职工70人，其中教授9人，副教授25人；教师中具有博士学位者38人；硕士研究生导师42人，全国教育硕士优秀指导教师4人，拥有“公共课教育学”国家级团队1个，省级教学名师1人。设有教育学、小学教育、学前教育、应用心理学4个本科专业，其中教育学专业为山东省首批应用型人才培养特色名校省财政拨款重点建设专业、山东省省级品牌特色专业，小学教育专业为首批国家级一流本科专业建设点、山东省高水平应用型专业群核心建设专业、山东省首批通过教育部师范类专业二级认证专业，应用心理学专业在国内大学排行榜中连续三年位居同类专业前20%，学前教育专业在省内外具有较高美誉度。拥有教育学和心理学2个一级学科硕士学位授权点，小学教育、学前教育、教育管理3个领域的教育硕士学位授权点和应用心理专业硕士学位授权点。“课程与教学论”学科为山东省重点建设学科，“教师教育创新研究基地”“山东省高等教育治理与发展研究中心”为山东省高校人文社科研究基地。学院设有教育学、小学教育、学前教育、心理学4个教研室，拥有8个多媒体阶梯教室、4个智慧教室、1个科学实验室、3个舞蹈教室、2个电子琴教室、1个奥尔夫钢琴教室、1个智慧书法教室和多间微格教室、技能实训教室、心理访谈室、名师工作坊和钢琴房，并在学校综合实验楼建有心理综合教学实验室、多功能行为观察室、心理测量与评估实验室、眼动实验室、心理实验操作实验室、脑电实验室、团体心理辅导实训室及心理咨询实训室。学院现有全日制本科生1300余人，全日制硕士研究生200余人。

学院秉持“探索教育规律，传播先进教育理念，总结基层教育经验，繁荣教育科学”的办学宗旨，树立“以人为本，求真、向善、尽美”的办学理念，确立“立德垂范、博学善育”院训，形成“尚精进、致中和”的学院文化，坚持质量立院、人才强院、学术兴院、特色亮院、开放活院的发展战略，立足现实，放眼未来，服务社会，陶铸群英，溥益群伦，为区域社会发展培育输送了大批高素质创新型专门人才。

一、发展历程篇

（一）孕育诞生期（1979.11—2003.7）

1. 教育教研室（1979.11—1993.6）

为适应改革开放的新要求及师范教育的新特点，1979年11月，学校成立教育教研室。教育教研室起初有教育学和心理学教师3人，后发展到17人。教育教研室主要承担着全校教育学、心理学公共课的教学任务。当时，教学设备简陋，教学条件不足，教育教研室的教师努力克服困难，积极开拓进取。他们主编了山东省高等师范专科学校通用教材《教育学》和《心理学》。1991年5月，山东省高师公共心理学教学研究会在聊城师范学院召开，山东师范大学、曲阜师范大学、烟台师范学院等学校的部分心理学专家和学者参加了会议。

教育教研室在完成学校公共课教学任务的同时，还积极服务于社会教育事业，承担函授、夜大等成人教育的教学和辅导任务，为社会培训和辅导函授、夜大学员数千人。1986—1990年，先后在河南省范县、山东省冶金学校、中国石油大学（华东）举办教师培训班和干部培训班，在聊城所属各县市举办教育专题讲座，有力地支持了地方建设。

2. 并入基础部（1993.7—1996.12）

为加强对全校公共课教学的协调与管理，1993年7月，学校将教育教研室与大学英语教研室、马克思列宁主义教研室合并组建为公共课教学基础部，简称基础部。

并入基础部后的教育教研室主要承担全校教育学、心理学公共课的教学任务，随着师资队伍的不断壮大和教学条件的逐步改善，全校教育学和心理学公共课的教学质量和教学水平也都有了显著提高，所教授的教育学课程和心理学课程深受全校师生的好评。1993 年，《心理学教学综合改革》获山东省普通高校优秀教学成果二等奖；1996 年，《心理学简明教程》获山东省普通高校优秀教学成果三等奖。

1996 年 8 月，教育管理本科专业招生，这是我校教育学科专业发展的开端和重要标志。

教育教研室在基础部统一管理和协调下，努力探索多种形式办学路子，先后举办了两届“企业管理”成人教育脱产大专班，为聊城及周边地区培养了大批社会急需人才，取得了较好的经济效益和社会效益。

3. 并入教育工程系（1997. 1—2001. 8）

为适应新的发展要求，1997 年 1 月，教育教研室并入教育工程系。教育教研室在加强教育管理专业建设的同时，积极进行公共教育学、心理学的教育教学改革。自编《教育学》和《心理学原理》教材，积极推进公共教育学和心理学的教学模式改革。2000 年，“公共教育学心理学的整体改革研究”获山东省普通高校优秀教学成果省级三等奖。教育教研室在教学改革的同时，既注重开拓创新，又注重激励教师苦练教学基本功，在聊城师范学院中青年教师课堂教学比赛中，先后获一等奖 1 名、二等奖 2 名。

4. 创建教育系（2001. 9—2003. 7）

为顺应经济社会发展和高校教育改革的趋势，2001 年 9 月，学校决定，将教育教研室从教育工程系独立出来，成立聊城师范学院教育系。

教育系在保留教育学教研室的同时，又设管理学、心理学 2 个教研室和 1 个心理学实验室。研究生教育有课程与教学论（基本理论方向），2003 年开始招生；本科教育设公共事业管理、教育学、小学教育（专升本）3 个专业；专科教育设公共事业管理和小学教育 2 个专业；成人高等教育设小学教育、公共事业管理 2 个专业，全系教职工 17 人，图书 5000 余册，心理学实验室设备资产价值 50 余万元。

教育系在教学工作中不断探求新的发展思路，2002 年，树立“创新立教，质量领先”的教育观念，在专业设置、课程体系和教学内容方面积极进行改革，使教育教学质量稳步提高。同时，科研水平也有较大提高。

（二）起步探索期（2003.8—2009.12）

2003 年 8 月，聊城大学教育系更名为聊城大学教育科学学院。在新的发展平台上，教育科学学院审时度势、与时俱进，抓住机遇、开拓进取，扩大外延建设，丰富内涵发展，逐渐成为领导干部团结务实、教师群体奋发有为、制度健全、运行机制高效、学风浓厚、院风淳厚、充满蓬勃朝气和昂扬锐气的新兴学院。

（三）改革深化期（2010.1—2019.3）

在这一时期，学院根据《国家中长期教育改革和发展规划纲要（2010—2020年）》和《山东省中长期教育改革和发展规划纲要（2011－2020年）》，研究和分析了国家和我省教育改革与发展的政策走向，加强学院人才培养吻合社会需要。围绕“一流本科”建设和师范专业认证开展持续深入探索，不断更新教育理念，明确了“一流本科”教育的内涵，确立了“学生中心”“产出导向”“持续改进”的人才培养理念，并以此对教育学、小学教育、学前教育、应用心理学四个专业的人才培养方案进行了全面修订，为提高学院本科人才培养质量，顺利通过师范专业认证夯实基础。

（四）内涵提升期（2019.4—2023.12）

这一时期，学院深入学习贯彻习近平新时代中国特色社会主义思想和全国教育大会精神，全面贯彻党的教育方针，落实立德树人根本任务，紧紧围绕学校确立的各项奋斗目标和学院的中心工作，凝神聚力，开拓创新。把主题教育和学院高质量内涵发展相结合、与“强特色”专业建设相结合，扎实推进党建引领、铸魂育人、内涵建设、人才引育和内部治理“五大提质行动”。学院深入推进“新文科”“新师范”建设，加快交叉融合人才培养模式改革，积极推进学院内外专业交叉融合，努力构建多方协同育人的新格局。学科特色更加明显，人才队伍结构趋于合理，学科布局进一步完善，学术交流更加频繁。

二、党的建设篇

学院创建之初，学院领导班子坚持把党的领导贯穿办学治院、教书育人全过程，完善党的领导管理体制，加强党的政治领导、思想领导、组织领导，全面提高干部教师思想素质、政治素质和能力素质，坚定执行党的教育方针，坚持社会主义办学方向，为培养社会主义建设者和接班人提供坚强的组织保障。

“两学一做”落到实处，不断提升学习效果。学院紧密围绕党的方针政策精神，按照学校党政的战略部署和要求，2016年召开了学院第三次党员大会，圆满完成学院党总支和党支部换届选举工作。认真开展了“两学一做”学习教育，以基层党支部为单位，以“三会一课”为主要形式，把“两学一做”学习教育落到实处，不断提升学习教育效果。开展“两学一做”学习教育常态化制度化工作。制定了《教育科学学院“两学一做”学习教育常态化制度化实施方案》《教育科学学院创建过硬党支部实施方案》《党总支书记抓基层党建突破项目实施方案》等文件。积极开展师生思想政治教育，加强支部建设，发挥党员先锋模范作用，坚决维护党中央权威和党的集中统一领导。对所属党支部按照学科专业特点进行了调整，按照“双带头人”的要求配备了党支部书记，确保各支部“三会一课”、主题党日等活动规范化制度化。

积极开展“不忘初心、牢记使命”主题教育活动。2018 年 8 月 14 日至 17 日，组织教工党员和部分骨干教师赴延安参加了为期 3 天的红色教育。学生党支部和临沂大学教育学院学生党支部开展“坚定理想信念弘扬沂蒙精神”结对共建活动，利用两地红色教育资源，开展“同读一本书”等系列活动。

扎实开展党史学习教育，按规定完成巡视整改任务，高质量召开民主生活会，严格执行党总支委员会会议议事规则和党政联席会议议事规则，严格落实“第一议题”和党委理论学习中心组学习制度，持续推动党史学习教育走深走实。

进一步优化党支部建设。2021 年新增加 3 个学生党支部，党支部由 4 个增加为 7 个，党支部政治功能和组织力不断增强。2022 年圆满完成“一号工程”，贯彻落实学校第五次党代会精神和“十四五”发展规划，发挥基层党支部书记双带头人作用，顺利完成四个党支部换届选举工作，严格落实全面从严治党主体责任和抓基层党建主体责任，落实“一岗双责”，贯彻执行院级党委会会议、党政联席会议事规则，扎实开展“靓丽树”活动，思想引领效果显著。2023 年，顺利完成教工党支部的重新设置和调整工作，依托教研室新成立 2 个教工党支部；深入实施党支部评星定级管理，3 个党支部被评为五星级党支部，2 名同志被聊城大学评为“党员先锋”，授予脑与心理健康智能研究中心“党员示范岗”荣誉称号。

学院在 2021 年突发新冠疫情防控工作中作出突出贡献，被聊城大学党委授予集体嘉奖，1 名教工党员被授予个人嘉奖，5 名同志被通报表扬。学院被授予 2023 年西部计划工作先进单位，1 名同志被评为西部计划工作先进个人，1 名同志入选聊城市第九届道德模范候选人，1 名同志被评为 2023 年齐鲁最美家庭教育指导员。

三、人才培养篇

学院树立“创新立教，质量领先”的教育观念，在专业设置、课程体系和教学内容方面积极进行改革，人才培养质量稳步提高。

本科专业设置更加齐全。2004 年，新上应用心理学本科专业；2005 年，新上小学教育本科专业；2006 年成功申报继续教育小学教育专升本专业；2010 年学院学前教育专业开始招生。

改革创新人才培养模式。为培养宽口径、厚基础、精专业的新型人才，2005 年学院在公共事业管理和教育学两个本科专业开设汉语言文学、英语语言文学作为辅修专业，同时，对小学教育专业实行按学科方向分类培养，增强了学生的就业能力，促进了学生的个性发展。2011 年学院“小学教师全科综合培养模式改革”和“幼儿园教师全科综合培养模式改革”获批为国家教育体制改革试验区试点项目。

不断加强师范生技能训练。2018 年成立了教师技能教研室和艺术教育教研室，全面负责学院师范生从业技能、艺术素养的培养工作。新建了小学语文智能实训室、小学数学智能实训室、小学综合育人实训室等智慧化教室，提高了本科教学的信息化程度，为创新教学模式提供了有力的支持。

学生实习基地不断丰富。2015 年，在聊城实验小学和聊城一中建立实习基地。2018 年又在聊城市第二实验小学等 5 所城区优质小学建立了教育实践基地，在东昌府区、临清等 4 个县（市、区）337 所小学建设教育实习基地，为学院教师与基地学校开展合作研究，为学生开展专业见习、课程研习等提供了有力保障。

研究生教育成效显著。2005 年在原有的课程与教学论、发展与教育心理学两个专业的基础上，新设教育学原理、应用心理学两个专业硕士学位点，新设教育管理专业教育硕士专业学位点。2010 年小学教育专业顺利获得教育硕士研究生招生资格。2017 年，应用心理专业硕士学位授权点获批。

教学设施和资源不断优化。2007 年学院建成基础心理学实验室和应用心理学实验室，以满足应用心理学本科专业实验教学需要。2021 年《小学语文课程与教学论》评为省级课程思政示范课程，《教育学原理》入选省级一流课程，《课程与教学论》《汉字文化与汉字教学》两门课程被评为校级一流课程。《学前教育学》入选山东省高等学校线上课程联盟,《教育学原理》《学前教育学》获得“学习强国”推介。

人才培养质量稳步提高。学院坚持“立德树人”根本任务，注重加强学生的师德教育、强化学生的专业技能，依托丰富多彩的第二课堂，提高学生的综合素质，为学生的成长成才创造良好的育人环境和广阔的发展舞台，全面提高人才培养质量。学院积极探索人才培养模式改革，2018 年，在校党委行政的推动下，率先成立“学记书院”，定期举办学记讲坛、名著导读、朗读者、真人图书馆、心理沙龙等系列活动，通过打造书院这一“第三课堂”，开展黙会教育，通过导师制和博雅教育等方式提高推动学生成人、成长、成才。学院被评为聊城大学“书香学院”。

学院注重学生实践创新能力的培养，成效显著。学院积极组织参加山东省师范类高校学生从业技能大赛，共获奖 50 余项。2021 年，学院 1 支实践队获评全国大中专学生志愿者暑期“三下乡”社会实践“镜头中的三下乡”优秀视频团队；1 份调研报告获评由共青团中央青年发展部牵头评选的 2021 年“三下乡”“返家乡”社会实践优秀调研报告。2022 年，1 个项目荣获“建行杯”第九届山东省大学生科技创新大赛二等奖 1 项，实现历史性突破。

学院注重毕业生就业指导。通过举办大学生职业生涯规划大赛、创新创业能力挑战赛、考研考公动员与指导、西部计划宣讲会等活动，引导学生树立正确的就业观念，努力提高就业质量，学院多次获评聊城大学“就业工作先进集体”。学院积极引导和推动学生考研，组织考研培训，设立考研教室，为学生考研创造条件。学院本科毕业生广泛考取中国科学院大学、北京师范大学、华东师范大学、西南大学等名校研究生，学院多次获评聊城大学“考研工作先进集体”。2004 年以来已有百余名志愿者参加西部计划，赴新疆、西藏、青海和四川等地进行为期 1—3 年的志愿服务，30 余名同学扎根西部，学院连续多年获评聊城大学“大学生志愿服务西部计划优秀组织单位”。学院毕业生专业理论基础深厚、技能基本功扎实受到用人单位欢迎，学院办学影响力不断提升，“学在聊大、奠基人生”的美誉在学院得到有效彰显。

四、学科建设篇

推动学科建设深入发展。2003 年，课程与教学论学科在招收语文、数学、体育等方向硕士学位研究生基础上扩展至 12 个方向；2004 年扩展至 17 个方向，基本涵盖基础教育所有学科领域，以该学科点为基础组建的聊城大学教育硕士学科点取得“教育硕士”专业学位授予权。2005 年，课程与教学论学科进入山东省“十五”重中之重强化建设学科行列。2006 年，学科被评定为山东省“十一五”重中之重强化建设学科，形成课程与教学基本理论、语文课程与教学论、数学课程与教学论、体育课程与教学论等四个稳定的研究方向，各方向学术带头人分别为李剑萍教授、陈黎明教授、宋宝和教授、王玉珠教授。学校获批成立了以李剑萍副校长为主任、学科带头人与教科院院长为副主任的山东省教育厅聊城大学基础教育课程研究中心，作为该学科的常务管理机构。2010 年学院获得教育学一级学科硕士学位点和小学教育专业学位授权点，在学科建设上取得新突破，为教育科学学院服务基础教育、实现教育理论研究与实践创新协同共进，搭建了新的发展平台。2017 年，应用心理专业硕士学位授权点获批。围绕心理学一级学科硕士学位授权点申报，布局心理学科建设，确立认知心理学、发展与教育心理学、应用心理学、人力资源评测四个重点研究方向，成立了研究团队，遴选学科带头人 1 人，学术带头人 4 名。2021 年心理学获批一级学科硕士授权点。学院现拥有教育学、心理学两个一级学科硕士学位授权点，小学教育、学前教育和教育管理 3 个教育硕士授权方向，1 个应用心理专业硕士领域，在教育学原理、课程与教学论、教育史、高等教育学、学前教育学、发展与教育心理学、应用心理学 7 个学术型硕士研究生专业招生，是全校一级学科最多，学科人才培养方向最完善的单位。先后获全国教育硕士（语文）教学技能大赛奖励3项，研究生共发表论文300余篇，获评山东省优秀毕业生5人，山东省优秀硕士论文2篇。

加强学术交流合作。2003年以来，邀请叶澜、巢宗祺、扈中平、吴康宁、石鸥、丁钢、张人杰、田慧生、杨小微、顾泠沅、黄甫全、郑金洲、刘宝存、秦玉友等知名专家来学科点考察指导学科建设工作，学科点有多人兼任省内外高校教授或应邀作学术报告。2004年8月，主办中国教育史年会；2008年10月，主办全国课程论专业委员会第六次年会。与中国教育科学研究院、教育部课程教材研究所、北京师范大学、华东师范大学、山东师范大学等教学科研单位，与中国教育学会课程专业委员会、中国教育学会教学专业委员会、高等教育学会语文教育专业委员会、高等教育学会数学教育专业委员会、高等教育学会语文学习科学专业委员会等专业学术委员会建立起了长期的学术交流与合作关系。

学科发展支撑更加有力。2011年获批山东省"十二五"教师教育创新研究基地。是山东省首次设立的教师教育研究基地。课程与教学论连续获批山东省重点学科。2015年教育学专业被确立为山东省高等学校品牌专业、山东省首批"应用型名校工程"重点建设专业，"课程与教学论"被确立为山东省重点建设学科。高等教育治理与发展研究中心获批山东省"十三五"高等学校人文社会科学研究基地。成立教师教育改革与发展研究中心，并获批校培育学术特区。特区围绕基础教育教师政策、基础教育改革与人才培养模式创新、基础教育教师发展、信息技术与基础教育教学融合等领域成立四个研究团队，遴选学科带头人1人，学术带头人4名。2019年，小学教育专业率先完成二级认证并获批国家"一流"专业；省级研究平台"高等教育治理与发展研究中心""教师教育创新研究基地"完成检查评估工作，高等教育治理与发展研究中心获批省级人文社科研究基地。组织制订了学科振兴计划（2018—2020年）。2020年"高等教育治理与发展研究中心"学科平台通过学校评估。"北京师范大学教师教育中心山东分中心"在学院正式成立，全面建成"脑与学习科学研究中心"，成立"人工智能与教育""质性心理研究"平台，在脑认知和类脑科学方面与国外知名大学实现了实质性合作。

突出学科特色建设。学院坚持特色发展、创新发展、融合发展的理念，以教师教育学科为引领，以教育学原理学科、教育心理学学科为着力点，以高等教育学学科、比较教育学学科为生长点，实现学科间交叉渗透、互动共生，打造区域一流的教育学学科。重点建设"'一带一路'沿线（东南亚及太平洋岛国）国家教育研究中心""脑与心理健康研究中心"重点实验室和聊城大学教育发展研究院，为学科发展提供有力的平台支撑。2023年，确定"太平洋岛国和东南亚教育研究""乡村教育研究"两个重点方向，并制定通过了《聊城大学教育科学学院"强特色”学科建设管理办法》，确保强特色学科建设实效。逐步扩大学科影响力。学院举办了“教育数字化转型与未来教育变革”“教育数字化转型与数字教育学建设”2场全国学术研讨会，会议邀请全国20余位著名教育专家畅谈教育数字化转型问题，取得了较大反响。

五、科研创新篇

科研立项方面，学院教师主持获批省部级以上科研项目80余项。其中主持国家社科基金项目（全国教育科学规划项目）8项，教育部人文社会科学16项，到账经费200余万元。代表性的有2020年满忠坤教授主持“我国教育研究的范式梳理与‘中国经验’研究”和谭春芳教授主持的“农村小规模学校发展政策国际比较研究”，获批国家社科基金。2023年李军院长主持的“国际组织赋能高等教育数字化转型的政策与行动研究”再次获批国家社科基金。获批横向课题立项10余项，到账经费244万元。代表性的有高峰教授与中国人民解放军联勤保障部队第960医院签订的《基于脑影像的情绪状态及障碍评估与预测》横向项目，到账经费100万元。李军院长承担的“济宁学院学科专业建设规划方案”横向项目，到账经费30万元。

专著方面，学院教师出版学术专著60余部，其中中国社会科学出版社、科学出版社等高层次出版专著40余部。代表性的有王平教授《分离？融合？：课程改革中的文化适应研究》，满忠坤教授的《民生改善视域下民族地区义务教育质量优化研究》，邵怀领教授的《汉字文化教育与课程开发体系研究》，谭春芳教授的《“二战”后美国基础教育公平演进研究》，岳建军副教授的《高等学校教育资源共享的理论与实证研究》。

论文方面，学院教师共发表学术论文千余篇，发表在北大中文核心及以上层次论文200余篇。其中包括在《中国教育学刊》《高等教育研究》《心理科学》等期刊上发表多篇高水平论文。代表性的有2004年李润洲教授发表在《教育研究》上的论文《论“教师即研究者”》，2010年王平教授发表在《中国教育学刊》上的论文《课程文化变迁路径探析》，2020年李军院长发表在《高教发展与评估》上的论文《高等教育国际化的阶段特征与挑战》。

科研获奖方面，学院教师获厅级以上科研、教学奖励120余项。代表性的有2013年，马开剑教授“国际视野中的高中技术教育——基于课程与史实的研究”获教育部哲学和社会科学优秀成果三等奖。2017年，蔡先金教授《简帛文学研究》获山东省第三十一次社会科学特等奖。邵怀领“汉字文化教育与课程开发体系研究”获山东省第三十一次社会科学优秀成果二等奖。

教学获奖方面，1993年，刘大文主持的《心理教学的综合改革》获山东省省级教学成果二等奖；2005 年，赵富才主持的《以“课程群”为核心的教育学专业人才培养模式研究》获山东省省级教学成果二等奖；2015 年，李剑萍主持的《地方综合性大学“协成一贯式”教师教育教学改革的理论研究与实践探索》获山东省省级教学成果一等奖；2018 年，于源溟主持的《中小学教育专业“协同共育反哺交互”人才培养模式探索与实践》获山东省省级教学成果二等奖，陈国华参与完成的《高校与科研院所协同驱动普通高中特色发展的实践与探索》《边缘处的挣扎与再生：山东省薄弱高中育人范式转型的研究与实践》《教育科研共同体促进城乡教师协同发展的实践探索》三项成果获国家级教学成果二等奖；2022 年，在山东省省级教学成果奖评选中，学院荣获 9 项大奖。王建峰主持的《基于教学设计课程的“T—TCI 虚实交融式”教育硕士教师职业能力培养研究》获评研究生教学成果奖一等奖，邵怀领主持的《基于“岗位胜任力导向”的卓越小学教师“三跨四结合”培养模式创新与实践》获本科教学成果奖一等奖，李军主持的《信息技术支持下的县域高中“4zx+1”自适应教学模式的构建与实践》获基础教育教学成果二等奖，蔡勇刚主持的《兴趣引导，潜能激发：特殊教育学校“艺术课走班制”育人模式探索与实践》获基础教育教学成果二等奖。此外，王平、邵怀领、李玉峰、任锋等老师作为主要成员获得本科教学成果奖一等奖 2 项、基础教育教学成果奖一等奖 1 项、基础教育教学成果奖二等奖 2 项，获奖成果涵盖小学教育、中等教育、特殊教育、本科教育、研究生教育各领域。

六、人才队伍篇

按照学校安排部署，完成岗位设置与聘用、专业技术岗位竞聘晋升、考核等工作。先后有 9 名具有博士学位的中青年教师到国内外高校访学、进入博士后流动站从事科学研究工作。

提升青年教师专业素养。按照学校部署推进青年教师培训计划，更新教师的知识储备，提升教师的知识涵养，新教师 100% 参加岗前培训并全部达到合格标准。鼓励具有硕士学位的年轻教师攻读博士研究生，提升学历层次，推进教师国内与国际访学工作。做好人才的“引用育留”工作，在加强“引才”的同时，更加注重“育才”，发挥老教师传帮带作用，促进青年教师业务能力提升。

实施“四海引智计划”。人才引进工作向纵深开展，引进高水平人才和学术带头人，高层次人才引进实现突破，聘用国内知名专家教授，聘请“长江学者”刘宝存先生、中国认知神经语言研究会副会长赵仑博士担任特聘教授。

实施“基础教育扎根计划”。加强与地方教育局的深度合作，制定激励政策，鼓励教师去幼儿园及中小学挂职锻炼，鼓励教师与中小学共同组建研发团队、共同申报课题、共同培育优秀教育教学成果等。

充实研究生导师队伍。强化兼职导师队伍建设，遴选了一批齐鲁名校长、齐鲁名师等优秀基础教育工作者、行业优秀人才，建立了兼职导师队伍资源库，截至2023年12月，共有学术型研究生导师23人，专业学位导师43人。1人获全国教育硕士优秀指导教师，2人获山东省优秀硕士生导师。

七、服务社会篇

承办各级各类培训项目。根据“国培计划”“省培计划”安排，承办国家、省级中小学及幼儿园校（园）长、班主任及骨干教师等各级各类研修班、培训班。积极对接聊城市教育局，依托学院设立聊城市名师名校长培训基地。

扩大继续教育招生宣传，擦亮优势专业品牌。2002年1月至2009年12月继续教育大专脱产班、专升本脱产班学员年均招生突破5000人。

建成区域性培训基地。提升拓展学院培训中心服务范围和提升培训能力。结合“国培计划”综合改革项目的实施（小学语文学科），打造我院在山东省内小学语文学科的龙头地位。

探索“大学、地方政府、中小学校”三位一体协同合作机制改革。实施“2.5+1.5”教师教育专业人才培养模式，推进新一轮教师教育改革。践行教师教育职前职后一体化，2015年6月《中国教师报》以“螺蛳壳里演大戏——聊城大学借国培项目推动教师教育职前职后一体突破”为题，全面介绍了我校“职前职后一体化”培训经验。

持续开展混合式项目培训。学院成立聊城市名师名校长培训基地，成功举办中小学校长培训班、中小学名师培训班、中小学骨干班主任培训班、青年教师心理知识与技能培训班、心理健康培训班等各级各类培训，培训人员达3万余人。承担国家级、省级骨干教师培训1000余人次，为推进区域经济社会发展作出突出贡献。学院申报并获批青海省2019—2021年高中全科教师培训资质，获批山东省幼儿园骨干园长培训项目，聊城市教体局教育领军人物和中小学校本培训项目2个，获批旅游度假区全员教师培训、信息技术骨干教师培训、幼儿园园长及骨干教师培训、新进教师培训项目4个，培训中小学教师共计1700余人次。

高层次培训项目获得新突破。获批“国培计划”示范性综合改革项目1项，山东省中小学校（园）长、骨干教师培训2项。2014年申报并获批“国培计划”小学语文骨干教师能力提升高端研修项目和小学语文优秀青年教师成长助力研修项目。仅2019年一年，组织开展各县市区培训4项，培训经费达400余万元，培训各级各类校（园）长、骨干教师2000余人次。

加强实习基地和优秀生源地建设。与聊城第一实验学校、聊城六中、聊城实验中学等基础教育学校建立合作关系。以脑与心理健康智能研究中心为基地作为校地合作平台，在科学研究、项目申报、教学实践、教师培训等诸多方面加强合作。尤其是2023年学院与聊城市第一实验学校开展了首批研究生的教育实习工作，标志着学院研究生实践基地建设实现了学前、小学、初中、高中、大学全学段的覆盖。与此同时，学院赴潍坊滨海中学、潍坊行知中学开展优秀生源基地挂牌工作，进一步深化交流合作，促进教育资源共享，创新人才贯通培养模式，提升人才培养质量。

八、对外开放篇

学院非常重视国际交流与合作，旨在高等教育国际化的大趋势下，通过与国际高水平院校合作，学习先进的教育理念和教育经验，提高师生国际化视野，将学科发展推向更高层次。

进一步深化与国外高校的交流。与瑞典斯德哥尔摩教育学院、美国西彻斯特大学、加拿大温莎大学等合作开展教师教育、科学课程与教学论的比较研究工作。与瑞典斯德哥尔摩教育学院合作主办了2007亚洲——瑞典国际合作项目学术研讨会。2016年10月李军院长率团出访美国，与林肯纪念大学和纽约州立大学奥尔巴尼分校在学生联合培养、学术合作研究、教师与学生互派等方面建立合作关系。“脑与学习科学研究中心”首席专家赵仑出访新西兰、俄罗斯，与奥克兰大学、俄罗斯国家科学院以及圣彼得堡大学建立合作科研关系。为进一步推动学院在东南亚和太平洋岛国教育方面的研究，2023年9月，王平副院长率团赴斐济南太平洋大学考察调研。

鼓励教师赴国（境）外访学、研修、培训、学习、参加国际会议。多位教师分赴芬兰坦佩雷大学、英国南安普顿大学、美国蒙大拿大学等访问和联合科研，赴菲律宾德拉萨大学攻读博士学位。教师积极参加全球教师教育峰会、世界比较教育大会、教育变革与人类发展国际研讨会等国际学术会议，并赴香港、越南、芬兰、斐济等参加国际研讨会。

积极引进外籍教师为本科生、研究生授课并做讲座。2016年，DavidOsmond讲授《学前科学教育》；2017年，GinaChilders讲授《课堂管理》《课程设计和评估》；2018年，WinnifredNamatovu讲授《课程、评价和技术》；2019年，LaurenJohnson讲授《教与学的探索》。

支持学生参加国（境）外合作高校的长短期学分互认项目、夏令营、攻读学位。学院学生赴中国香港大学、中国香港中文大学、中国香港理工大学、波兰华沙大学等高校参加夏令营，赴马来西亚理科大学攻读心理学博士学位。

九、结语

回首学院二十年的发展历程，不禁让人感慨万千。从学院的初创到如今的蓬勃发展，每一步都凝聚着无数前辈的智慧与汗水，也记载着无数学子的奋斗与辉煌。二十年来，学院秉承“立德垂范、博学善喻”的院训精神，以“探索教育规律，传播教育理念，总结教育经验，繁荣教育科学”为宗旨，赓续教师教育传统，服务教育改革发展，教学质量不断提升，科研实力持续增强，人才队伍日益壮大，国际合作与交流日益频繁，为社会输送了一大批高素质应用型专门人才。这些成绩的取得，离不开全体师生的辛勤付出和无私奉献，也离不开社会各界的关心与支持。

在学院建院二十周年之际，我们向所有为学院发展作出贡献的前辈们致以崇高的敬意和衷心的感谢！同时，我们也向所有正在为学院发展而努力奋斗的师生们表示敬意和祝福！让我们携手共进，为聊城大学教育科学学院的辉煌未来而努力奋斗！

站在建院 20 周年的新起点上，学院将在学校党委行政的坚强领导下，在学校各部门的大力支持下，继续以求真务实的工作作风和开拓创新的进取精神，以聊大教科人的责任与担当，勠力同心，立足新常态，瞄准新目标，为加快学院专业特色建设和内涵发展而努力。

回顾聊城大学教育科学学院的院史，我们深感自豪和骄傲。展望未来，我们充满信心和期待。让我们携手共进，为聊城大学教育科学学院的辉煌未来而努力奋斗！

第六节　传媒技术学院

自 20 世纪 80 年代成立的聊城师范学院电教中心发展至今，历时 40 年，学院发展经历了 4 个阶段：一是专业建设发展的萌芽孕育阶段（1984—1993），这是专业探索与筹建的关键时期，前期以学校业务部门存在，主要从事教学辅助和管理工作，未直接参与人才培养。1993 年，开始招收第一届电化教育（1994 年更名为教育技术学）专业本科生。二是师范院校时期的教育媒体应用阶段（1994—2002），主要从事传统的电化教育媒体技术应用和教育媒体传播。三是综合性大学建设时期的大众媒体技术应用阶段（2003—2012），该阶段教学和科研并重，主要从事大众媒体传播与应用。四是区域一流应用型大学建设时期的媒体技术融合应用阶段（2013 年至今），主要从事媒体融合应用与传播。

自 1993 年第一届学生入学至今的 30 年，学院始终秉持交叉、协同、融合、创新的发展理念，立足鲁西、服务山东、辐射冀豫、面向全国，从理学单一学科办学到教育学、戏剧与影视学、设计学多学科交叉融合发展，从校内联合办学到中外合作办学、校企合作办学，从专科层次中外联合人才培养到中外联合博士生培养，从网络视听媒体研究到互动新媒体研究、沉浸智媒体研究，学院在学科交叉融合、合作办学形式、人才培养层次、媒体应用研究等方面做了积极的实践与探索，形成了以融合发展理念为引领，以常规办学和合作办学两种通道为抓手，以跨学科、跨领域、跨媒介发展为突破，以课程协同、专业协同、产业协同、人员协同为特色的“一融两通三跨四协同”发展模式。

一、综合性大学建设时期（2003—2012）

这一时期是学院专业建设快速发展期。从只有一个教育技术学专业到拥有教育技术学、广播电视编导（含中外合作办学）、数字媒体艺术和动画四个本科专业，从单一理科招生到文科、理科和艺术多类型生源招生，从只有一个信息技术课程与教学论硕士研究生方向到拥有教育技术学二级学科、现代教育技术专业教育硕士和广播电视（领域）专业艺术硕士学位点，学院在专业建设方面取得快速发展。

（一）学科与专业建设

2003年，增设第二个本科专业广播电视编导专业（2004年开始招生）；2006年，申报增设数字媒体艺术本科专业并通过省教育厅评审（2007年开始招生）；2006年，我校与韩国清州大学签订合作协议，由我院与其联合招生电视节目制作专科专业（2007年开始招生）；2009年9月，与美术学院合办动画专业开始招生；2012年8月，在合作办学电视节目制作专科专业的基础上，我校与韩国清州大学签订了《中国聊城大学与韩国清州大学合作举办广播电视编导专业本科教育项目协议书》，同意两校合作举办广播电视编导专业本科教育项目。经山东省教育厅向教育部提交了举办该本科项目的申请书。2013年3月，项目申请得到教育部正式审核批准，2013年开始招生。2005年，教育技术学专业被评为校级“十一五”建设重点学科。2012年广播电视编导专业获批为校级特色专业。

（二）人才培养

1. 本科教育教学

日常教学方面，我院重视本科教育工作，实行一、二年级开基础课，三、四年级分方向培养，突出培养毕业生的技术专长，教学管理上推行分级管理机制，落实教学督导和听课制度，成立教学评价小组，制定教学规章制度18项，加强对期末考核、毕业论文、实习实训的规范化管理。教学条件上，实现对多功能教室的遥控设备进行改造，学院教师自行开发了线上作业批改系统、学生综合信息管理平台、学生毕业论文管理系统、线上教学资源共享系统、科研信息管理系统、优秀学生作品展示平台等信息化系统，并采购了“天空教室”教学管理平台和网络课程制作平台，实现教育教学精细化管理。

2004年通过两次搬家任务，把各实验室由老办公楼搬迁到综合实验楼，新建非线性编辑实验室、多媒体技术实验室、网络技术实验室、计算机教学实验室和现代教育技术公共课实验室。2007年，教育与传媒技术实验教学中心被评为省级实验教学示范中心，并于2008年获评聊城大学实验室工作先进集体。课程建设方面，建设国家级精品课程1门、省级精品课程2门、校级精品课程3门、校级精品课程群1个、网络课程3门，其中李焕芹主持的《电视教材编导与制作》先后于2005年、2007年、2009年获得校级、省级和国家级精品课程，杨凤梅主持的《现代教育技术》于2010年获省级精品课程。学院每年分别于春秋两季开展学院教学比赛、多媒体课件比赛，有效提升教师教学能力。在第七至第十一届全国多媒体课件大赛中，获得一等奖2项、二等奖2项、三等奖2项，优秀奖10项；在校级老教师课堂教学比赛、青年教师教学比赛等教学比赛中取得优异成绩；1人获得山东省高等学校教学名师、2人获得聊城大学教学名师、1人获得聊城大学教学新星、1人获得聊城大学实验教学能手。李焕芹2012年获得省级高等学校教学名师。

2. 硕士研究生教育

硕士研究生教育从无到有，学院的办学层次明显提高。2005年9月，第一届信息技术课程与教学论硕士研究生招生；11月，成功申报并获批设立教育技术学硕士学位授权点。2007年首次招生就录取11人，被评为研究生招生工作先进单位。2006年，信息技术课程教学论方向招收4名硕士研究生，成为当年度我校课程教学论学科十几个专业方向中招生最多的专业方向。2009年，获批现代教育技术教育硕士招生资格，首次招生6人。到2010年，研究生招生权、点已经发展为信息技术课程教学论、教育技术学、现代教育技术教育硕士、同等学力、教育技术专业硕士等不同专业方向和层次，在校研究生人数达到40余人。2012年根据艺术学一级学科的建设情况，适时增设艺术硕士“广播电视”专业并开始招生，研究生教育得到进一步扩大。

在研究生教学中，学院强化了教学的组织管理，规范了教学纪律。同时还为研究生创新实验室更新了设备，改善了研究生的学习环境。针对在职教育硕士的学习特点，学院进行了在线教学指导的探索，获得了良好效果。此外，学院还认真组织开展了研究生学术报告月活动，2012年邀请教育部教育技术学教学指导委员会主任徐福荫教授为研究生作报告，学术报告月期间每周安排一位导师进行一场报告，增强了学术气氛，丰富了研究生生活。学院坚持以教学研究项目推动教学改革，研究生培养质量稳步提高。2011年杨凤梅教授主持的“现代教育技术全日制教育硕士专业学位研究生‘三位一体’实践能力培养模式研究”获得山东省研究生教育创新计划项目立项，教育技术学专业获得聊城大学研究生人才培养模式综合改革试点专业立项。

（三）科研教研

学院加大了对科研工作的投入，为广大教师在申报科研立项、购买图书、复印资料等方面努力创造条件，提出了科研带头人必须对年轻教师进行传、帮、带的要求，以教研室为单位逐步进行落实，形成了重视科研、尊重人才的良好氛围。

1. 教学研究

教学成果方面，共获校级以上教学成果奖 6 项，2004 年李焕芹主持的“基于多媒体网络资源库的实验教学改革实践”获山东省高等学校优秀实验教学与实验技术成果三等奖；2005 年李焕芹主持的“构建信息教学环境，培养创新型人才的探讨研究”获山东省高等教育教学成果三等奖；2009 年张景生主持的“三位一体，能力生成，教育技术专业教学改革模式研究与实践”获聊城大学一等奖、山东省教学成果奖三等奖。教学研究方面，2005 年“教育技术学专业实验教学体系的改革与重构”获山东省高校实验技术研究项目、“基于能力生成的教育技术专业‘三位一体’人才培养模式研究”获校级教学改革课题立项，并推出了 5 门课程进行教改深层试点；2009 年完成校级实验技术研究项目 2 项，同时申报校级实验技术研究项目 5 项；2012 年获批省级教改项目 1 项。

2. 科学研究

2005 年，我院获得山东省教育厅社会科学基金项目 1 项，省教育厅自然科学课题《大容量移动存储器读写系统的研制》顺利通过上级组织的专家鉴定。获得山东省社会科学研究成果三等奖 1 项，山东省高等学校优秀科研成果三等奖 2 项，校级科研成果奖 12 项（其中一等奖 3 项），结束了我院没有省级科研奖励的历史。十一五期间，获得文化部研究课题 1 项，获得山东省教育科学“十一五”课题 4 项，获得文化厅研究课题 1 项，获得教育厅研究课题 5 项；教师发表研究论文 300 多篇，其中发表在核心期刊或被 SCI、EI、ISPT、CSSCI 等收录 80 余篇；获得山东省社会科学优秀科研成果奖 3 项；获得山东省教育科研优秀成果奖 3 项；出版专著、教材共 6 部，在中央电视台播出科教电视片 7 部。

（四）师资队伍

1.“十五”期间

2005 年完成了引进 6 名硕士的任务，全院具有硕士学位的教师已增加到 15 人，教师队伍中高学历人员所占比例大幅度提高。特别是针对广播电视编导专业教师特别紧缺的现状，从中央电视台引进一名硕士。支持、鼓励青年教师报考研究生，同年我院又有 3 名教师考研成功，其中一人考取同济大学的博士研究生。先后邀请南京师范大学博士生导师李艺教授、山东师范大学陈青教授、北京师范大学教育技术系主任武法提博士和《中小学信息技术教育》杂志副主编李朝军等专家前来讲学并指导我院制定专业建设规划，派出教师参加学术会议十几人次，活跃了学术气氛，促进了教师学术水平的提高。

2. “十一五”期间

师资队伍建设成果显著，教学水平大幅度提高。学院教职工 46 人，其中正高级职称 4 人，副高级职称 8 人；博士和在读博士 3 人，具有硕士学位的教师人数从 2005 年之前的 12 人增加到目前的 32 人；2 人被评为校级优秀人才。为提高教学水平，学院每年组织并鼓励教师参加院级多媒体课堂教学竞赛和多媒体课件制作竞赛，每次分别评出不同奖项，由学院颁发证书和奖金；同时，学院鼓励教师积极参加全国多媒体课件大奖赛等赛事，这些活动不仅大大激发了广大教师开发教学课件的热情，也交流了经验、开阔了视野，促进了教学水平和课件制作技术水平的提高。到 2009 年为止，在“全国多媒体课件大赛”中，我院共有 15 人次获奖，其中，有 2 个一等奖和 3 个二等奖，为我校争得了荣誉。此外，学院教师的各项工作成绩突出，获得了一系列荣誉称号：有三人获得学校“教学名师”称号，有一人获得“教学新星”称号，有 3 人获得学校课堂教学竞赛二、三等奖，有 3 人获得学校教学管理先进个人，有 8 人获得学校实验管理先进个人，有 1 人获得学校研究生教学创新管理先进个人，1 人被评为校级教学带头人。

3. “十二五”初期

结合学院和专业实际，采取引进与培养相结合的方式，增大高学历教师人数比例。十二五期间共引进博士 2 名，先后有 5 名教师分别在北京师范大学、西北师范大学、韩国清州大学攻读博士学位，2 名教师进入博士后工作流动站工作。先后有 3 位老师被选派到华东师范大学、北京师范大学等国内知名高校访问进修。此外学院还加强双师技能培训，先后选派 3 位教师进入相关企业进行了手机操作系统应用程序开发、三维动画制作、教育游戏开发等方面的培训。另有 1 人入选教育部中宣部“高等学校与新闻单位从业人员互聘‘千人计划’”，进入北京电视台进行挂职锻炼。获得了一系列荣誉称号：有 1 人获得山东省“教学名师”称号，有 1 人获得聊城大学“师德标兵”称号，有 1 人获得聊城大学实验教学能手称号，1 人获得优秀实验教师称号。教学团队建设取得良好成绩。2011 年“非线性编辑”和“造型艺术设计”2 个教学团队被评为校级优秀教学团队。2012 年“电视教材编导与制作”教学团队被评为省级优秀教学团队。

（五）学生工作

注重学生技能培养，培养效果显著。根据社会需求和服务经济发展的指导思想，学院及时调整学生培养计划，注重学生技能的培养，取得了显著的成效："十一五"和"十二五"期间，在各类全国性竞赛中，我院学生共获得110余个重要奖项。其中，在全国普通高校信息技术创新与实践大赛、科讯杯全国师范院校学生高清暨DV作品大赛、全国第二届大学生艺术展演活动、全国ITAT教育工程就业技能大赛中都有获奖。

学院坚持以人为本、德育为先的学生管理理念，注重学风建设，并取得了显著成绩，多次获得校级学生工作先进集体、先进单位称号；积极组织学生参与学校的各项活动，并多次获得省、校级优秀组织奖，其中，2008年度获山东省青年DV影视作品大赛优秀组织奖和第四届"科讯杯"全国师范院校学生高清暨DV作品大赛优秀组织奖；我院学生在各级各类活动中表现出色，我院派出的社会实践队被评为2008年度全省大中专学生志愿者暑期"三下乡"社会实践活动优秀服务队。

我院辅导员利用业余时间积极阅读理论知识，并将其运用到学生管理工作中去，在核心期刊上发表论文15篇，获得省级课题1项。由于各项学生工作成绩突出，学院分团委分别被评为2007年度和2008年度校级共青团工作红旗分团委。

（六）服务社会

作为山东省高校教师现代教育技术培训基地，按照山东省教育厅部署，面向聊城、德州、淄博、滨州、潍坊等地的高校开展教育技术基本理论、音视频制作、课件制作、信息化教学设计等方面的培训，累计完成5200人次的培训任务，取得良好教学效果，受到培训单位的高度评价。与聊城市教育与体育委员会、东昌府区教育局合作，面向聊城地区中小学教师开展课件制作培训、教育技术能力培训、电子白板应用能力培训、电视教学片摄录编能力培训，累计培训中小学教师2230人次；与高唐县职业培训中心合作，承接聊城市特种技能专业学校中专班、茌平光彩212公司软件工程师培训班的教学工作。

学院先后在聊城、阳谷等地举办广播电视编导专业高考培训班，累计培训400余人次。学院在信息技术开发中心、影视技术服务中心的基础上成立聊大传媒技术有限公司，使学生有机会参与到真实项目实践，先后完成东平检察院展厅项目、东昌府区科技局科技视频项目、聊城市检察院Java培训项目、莘县教育技术能力培训项目、平邑烟草公司线上培训系统开发，以及聊城大学内部的教学视频制作、宣传视频制作、学院网站制作等服务项目，学生在参与项目中提升了实践能力。

二、应用型大学建设时期（2013年至今）

这一时期是学院稳中求进、蓄力爆发期。学院遵循"补短板、固底板、强弱项、突特色”的发展思路，以党建工作为统领，积极谋划、主动作为，在人才队伍和科研团队建设、高层次科研立项等方面取得了突破；结合应用型大学建设，在校企合作、服务地方等方面取得了一定的成绩。

（一）学科与专业建设

2014 年教育技术教研室获评校级优秀教研室；2014 年获批国家级精品资源共享课，实现了我校精品课程建设的重大突破；2014 年，在全省高校青年教师多媒体教学课件竞赛中，我院两名教师的多媒体教学课件分获特等奖和一等奖，特等奖为全省本科院校唯一，奖项获得者高凤燕老师因此获得山东省富民兴鲁“五一劳动奖章”，在我校尚属首次。2016 年教育技术学专业被批准为山东省高水平应用型立项建设专业，2019 年获评山东省一流专业；2020 年广播电视编导专业获评山东省一流专业。

根据国务院学位办 2024 年研究生专业设置及教育部 2024 年硕士研究生专业目录编制要求，我院艺术硕士“广播电视”专业（专业代码：135105）对应调整为“戏剧与影视”专业（专业代码：135400）。截至 2024 年 1 月，学院设有教育技术学专业学术硕士和现代教育技术专业教育硕士以及戏剧与影视专业艺术硕士 3 个硕士点，全日制在校研究生 112 人。学院获批山东省研究生教育质量提升工程教研课题 2 项，优秀课程 1 门，山东省专业学位研究生教学案例库 1 项，山东省研究生优质案例库 1 项。

（二）人才培养

1. 本科生教育教学

学院持续推进教学分级管理机制，落实分管领导、系主任、教学指导委员会职能，通过教学督导、领导听课、与学生座谈、青年教师导师制度等确保教学质量，连续多年在期中教学检查获得优秀成绩。修订 2016 版、2019 版、2022 版培养方案，基于 OBE 教育理念构建“课程体系—毕业要求—培养目标”闭环，不断提升人才培训质量。课程建设方面获批国家级课程 2 项、省级一流课程 2 门、省级课程思政示范项目 1 项、教育部产学合作育人项目 4 项、校级精品课程 8 门、校级课程思政项目 6 门、校级虚拟仿真实验教学项目 2 项。李焕芹主持的《电视教材编导与制作》2014 年获批国家级精品资源共享课。高国元主持的《现代教育技术》2020 年获批国家级线上线下混合式一流课程。教材建设方面，共获批聊城大学教材规划立项 11 项，在高等教育出版社出版新形态教材 1 部，杨凤梅主编的《现代教育技术》与李焕芹主编的《教育电视节目编导与制作》获评聊城大学优秀教材。在全国多媒体课件大赛、青年教师教学比赛、教学创新比赛等各类教学竞赛中，省级以上比赛获奖 5 项，校级比赛获奖 17 项，其中高凤燕 2014 年获得全国多媒体课件大赛特等奖，是全省唯一特等奖；赵厚福 2015 年获得聊城大学“良师益友”、郭峰 2018 年获得校级教学名师、高国元 2020 年省级高等学校教学名师。近五年来累计投入 1238 万元用于实验室建设和环境文化建设，建成融媒体实验室、更新演播厅设备、更新各专业实验教学仪器设备、配套一流专业建设、完成环境文化建设。

2. 研究生教育教学

研究生招生规模逐步扩大，考博率大幅提升，培养质量稳步提高。“十三五”期间，连续五年招生规模持续扩大，2020 年第一志愿报考人数 110 人，录取 29 人。教育技术学硕士研究生考取博士 1 人，广播电视领域专业硕士研究生考取博士 7 人。研究生以第一作者发表科研论文 62 篇；获评校级优秀毕业生 8 人，优秀毕业论文 7 篇，优秀科研成果 3 项；获得省级以上学科竞赛奖励 45 项，获得学术会议优秀成果奖 10 项。山东省研究生教育质量提升工程教研课题 2 项，优秀课程 1 门，专业学位教学案例库 1 项。

（三）科研教研

1. 教学研究

教学成果奖方面，共获得省级教学成果奖二等奖 4 项、三等奖 1 项，校级教学成果奖一等奖 6 项、三等奖 2 项。张景生主持的“课程精品化，实践平台化，教学团队化：传媒类应用型人才培养体系的创新与实践”（2014 年）、高国元主持的“由精细到智慧：信息化支持的本科人才培养过程优化研究与实践”（2018 年）、李焕芹支持的“需求导向项赛驱动产业引领传媒类专业 3L4D 实践教学体系改革”（2022 年）、李莹主持的“高中技术学科‘课程—空间—活动’三位一体创新能力培养实践研究”（2022 年）获省级教学成果二等奖；郭峰支持的“《非线性编辑》协同协作、模拟实战网络教学研究与实践”（2014 年）获省级教学成果三等奖；李焕芹、高国元、郭峰、冯天敏等主持的 8 项教学成果获聊城大学奖励。教育研究方面，共承担教育部信息中心全国 MOOC 教学改革项目 1 项、教育部“互联网 +”背景下的混合式学习研究项目 1 项、省级教学改革项目 4 项、校级教学改革项目 17 项、校级教学改革示范课 1 门、“卓越教师”培养教改项目 1 个、校级实验技术研究项目 7 项，实验教学改革研究项目 5 项、院级教学改革项目 26 项、院级教材建设项目 6 项、院级课程思政项目 8 项。

2. 科学研究

学院鼓励教师积极投身科研工作，倡导以科研促教学，以教学带科研；鼓励教师凝练研究方向，组建科研团队；引导教师在科研中形成合力，从长远入手，为申请高层次科研项目打基础。

2018 年 7 月，山东省教育学会高中通用技术教学研究专业委员会在我校成立，成为全国首家高中通用技术教学研究的学会组织。来自全省十七地市的 180 名教研员和高中通用技术教师参加了成立大会，成为首批会员。专委会秘书处设在聊城大学，我院张景生教授当选理事长，高国元当选副理事长，徐连荣当选副秘书长。同时成立聊城大学通用技术教育研究所，由张景生任所长，高国元、赵厚福任副所长。2023 年，由王传领副教授为带头人的新媒介文艺发展研究创新团队获批山东省高等学校“青创团队计划”立项。团队成员均具有博士学位，主要围绕新媒介文艺开展研究工作，近年来获得国家级和省部级课题多项，在 CSSCI 来源期刊和核心期刊发表论文数十篇，并获得山东省社会科学优秀成果奖二等奖，形成了真正具有创新能力和发展潜力的青年科研创新团队。

自 2014 年至今，学院教师发表核心期刊及以上论文 120 余篇，被 CSSCI、SCI、EI 收录 50 余篇，被人大复印资料全文转载 1 篇，被中国社会科学论点摘编 1 篇。高层次立项方面也有重大突破，2022 年，王传领老师课题《新媒介时代文艺理论的当代发展与核心议题》获批国家社科规划后期资助项目，张如静老师课题《人工智能技术支持的孤独症儿童社会互动能力精准干预研究》获批立项教育部人文社会科学研究青年项目；2023 年，张如静老师课题《孤独症儿童模仿能力的智能化评价与个性化干预》获批国家自然科学基金青年项目；刘丙利老师主持的《数据要素赋能高等教育数字化转型的机理与路径研究》获批全国教育科学规划 2023 年度国家一般项目。

（四）师资队伍

1.“十三五”期间

（1）教师队伍学历层次得到提升。坚持引进与培养相结合的方式，共培养和引进博士 21 名，其中已获博士学位 15 名，学成归来 5 名，在读 6 名，专职教学队伍硕、博士比例 90%。

（2）积极开展教师培训活动。组织教师开展网络研修学习课程 6 门、参加国内学术会议 20 余次，教师参加教学能力提升、教育管理等培训活动 20 余名。

（3）教师队伍建设成效显著。1 人获得聊城大学教学管理工作先进个人、1 人获聊城大学教学名师、2 人获聊城大学良师益友称号；加强“双师型”教学团队建设，共培养 10 名双师型教师；注重引进校外优质资源，聘请校外兼职教授 4 名，行业专家 4 名，国外教授 8 名；3 名教师受聘校外博士生导师。

2. 2021—2023 年

教职员工 58 人，其中高级职称人员 28 人、占比 48.3%，博士 26 人、占比 44.9%，兼职教授和外聘教师 20 余人，教师硕博比 95%。

2021 年，通过引进与培养相结合的方式，共培养和引进师资 3 人。教育技术学 14.5 ∶ 1，编导 16.8 ∶ 1，数字媒体艺术和动画 18 ∶ 1。2022 年，引进青年博士 2 名，优秀硕士 2 名；教师取得博士学位回校 4 人。选派教师挂职科技副总 4 名；选派普通高校招生艺术类专业省统考专家评委 10 名；选派教育部评估入库专家 10 名；选派山东省基础教育师资培训入库专家 10 名；选聘现代教育技术学研究生导师 6 名，广播电视研究生导师 5 名。教师试用期满 2 人，高校教师资格认定合格 3 人；参加聘期考核 5 人。组织全体教师参与暑期网络研修 1 次；师德师风专题培训和典型案例教育会议 1 次；与全体教师签订科研诚信承诺书。获评聊城大学光岳新秀 2 人；推荐山东省理论人才“百人工程”1 人；推荐聊城市羡林青年学者 1 人；新晋升副教授岗位 2 人，各类岗位晋级教师 9 人。2023 年，引进青年博士 2 人。获评聊城大学光岳英才第二层次人才 2 人，光岳新秀 1 人。

2021 年，制定《传媒技术学院青年教师导师制度》《院长书记与青年教师谈话制度》，共为 8 位青年教师配备导师，完成 6 人次青年教师谈话。2023 年，选派 12 名教师到企业或中学参加实践锻炼；选派 4 名教师到青岛海发产教融合基地参与企业实践培训；选派 1 名教师参加中央美术学院国际学院高校青年教师高级研修课程。完成 2022 年专业技术岗位竞聘，晋升副教授三级岗位 3 人、高级实验室岗位 1 人。组织全体教师参加教育部 2023 年暑期教师研修；组织师德集中学习教育 2 次和师德警示教育 1 次；与全体教师签订师德师风建设承诺书和科研诚信承诺书。

（五）对外交流与合作

学院积极开展对外交流与合作，为学院师生提供了更广阔的发展空间和学习机会。

2013 年，学院与清州大学艺术学院签订了双方师生联合拍摄微电影事宜，隔年互派师生到对方学院开展联合拍摄微电影活动，我院先后由杨葆华、郭玉真、苏博、郭峰等老师带队到清州大学开展此活动，清州大学也先后多次选派鱼一善、申知锡等教授带队来校合作拍摄。学院同时鼓励和支持学生积极参加学校其他国际合作交流项目，先后有 10 多名同学到日本、韩国、波兰、中国台湾等国（境）外高校交流学习。

2017 年，学院秦建波、刘燕两位老师参与教育部援外教育项目，远赴太平洋岛国萨摩亚进行了为期 1 年的中学理科课程援教工作，两位老师不仅很好地完成了援教任务，同时还为我国驻萨摩亚大使馆、援助萨摩亚农业技术组拍摄专题片、宣传片等，工作获得高度认可，我国驻萨摩亚大使馆专门向我校发来了感谢信。2017 年 7 月，李慧君老师带 20 余名学生参加清州大学夏季短期文化活动；学院先后有60余名学生到清州大学短期交流学习；有20多名学生参加与清州大学的2+2学分互认项目；有20多名毕业生进入清州大学或韩国其他高校攻读硕士学位继续深造。

2018年11月10日，由山东省高校影视传媒联盟主办，我院承办的山东省高校广播电视编导专业系主任研讨会胜利召开。来自山东省16所高校的广播电视编导专业负责人以及相关传媒行业负责人参加了本次研讨会，会上着重推广了我院广播电视编导专业的“6+3+2”人才培养模式；11日，由山东教育电视台、山东省教育学会影视专业委员会、聊城大学共同主办，我院参与承办的2018“青春中国”山东省大学生微电影盛典颁奖典礼成功举办。12月14日，由山东省文化和旅游厅主办，我院具体执行的“融科技·美生活”第三届山东省动漫创意大赛颁奖典礼在我校成功举办，成功弘扬了社会主义核心价值观和齐鲁优秀传统文化。

2019年5月时任院长李焕芹老师带队，与李军、郭玉真老师一起到汉阳大学、亚洲大学等韩国高校考察交流学习；同时到清州大学沟通首届中韩影视艺术交流论坛举办事宜，并签订了联合培养博士生协议，李焕芹、李军两位教授接受了清州大学联合培养博士生导师聘书。秦建波老师到美国北乔治亚大学进行了为期1个月的交换讲学；联合清州大学共同举办首届“中韩影视艺术交流论坛”，来自韩国高校的10余位教师和国内30多所高校的40余位教师参加论坛。2019年8月，我院联合山东省教育电视台、聊城市委宣传部、果然传媒公司成功举办“青春中国”第二届山东省大学生微电影大赛暨“镜头里的家园”新锐导演训练营。训练营先后组织了6位专家学者进行了为期2天的主题报告，共有11位青年导演携影视创作团队围绕“文化古都聊城”拍摄选题多样的影视作品，最终完成11部作品，评选出一等奖作品1部，二等奖作品3部，三等奖作品7部。

2020年杨葆华副教授、2023年郭峰教授、秦建波副教授被增聘为联合培养博士生导师。2020年3月，首届联合培养博士生开始招生。

2021年初，我院与青岛海发文化科技有限公司签订《共建现代电影产业学院合作协议》，开展校企合作办学，于9月联合招生广播电视编导专业（影视制作方向）和数字媒体艺术专业（栏目包装方向）2个专业本科生。2022年，现代电影产业学院被学校确定为校级现代产业学院。

2022年7月，学院承办山东省高校戏剧与影视学类专业教学指导委员会年会暨第五届山东省高校影视传媒高峰论坛。聊城大学校长王昭风，教育部、山东省高校戏剧与影视学类专业教学指导委员会负责人、山东省各高校影视传媒院系负责人、骨干教师共60余人参加了会议，推动了山东传媒联盟的协同发展，为山东省高校影视教育的创新发展提供了成长动力。

2023 年 9 月时任院长郭峰老师陪同王昭风校长到日本、韩国高校考察交流。基于学院与韩国清州大学的中韩合作广播电视编导本科教育项目，两校还开展了学生短期学习、夏令营等项目活动。

（六）学生工作

截至 2024 年 1 月，学院有全日制在校生 1624 人，其中研究生 112 人，本科生 1512 人。

1.“十三五”期间

（1）学风建设初显成效。学院把学风建设作为育人工作的切入点，多措并举打造良好的学风传统。2018 年，教育技术专业考研率达 68.5%，列全校各专业第 1 名，1 个宿舍全部考取研究生。5 年来全院升学率提高了 12 个百分点达到 21%，100 余名学生考取南师大、华中师大等国内知名高校的研究生。学院 3 名广播电视专业研究生出国攻读博士学位，1 名教育技术学专业研究生成功考上国内博士，实现近年来教育技术学专业研究生考博的突破。

（2）科技创新成果显著。学院继续深化“一专业一社团一赛事”发展模式，组织开展学科竞赛，增强学生创新实践能力。“十三五”期间，“启承”非遗文创团队获全国“挑战杯”铜奖。此外，我院学子获山东省创青春大赛金奖 2 项、山东互联网 + 创新创业大赛银奖 1 项。校外专业技能获国家级奖项 112 项，省级奖项 143 项。

（3）学生综合能力不断提高。5 年来，学院不断加大对学生综合能力的培养。先后有 12 名学生获得山东省社会实践先进个人称号，4 名学生被评为省级优秀学生，1 名学生被评为省级优秀学生干部，1 个班级获省级优秀班集体，5 名学生获聊城大学科技创新之星称号，2 位学生获聊城大学十大优秀学生，2 位学生获校长奖学金。2020 年我院初次正式就业率达到 91.7%，列全校第一名。

（4）志愿服务取得新突破。学院青年团员注册志愿者注册率 100%，疫情期间，我院 25 名青年学生参与当地疫情防控志愿，10 名同学返校志愿服务，王晶晶、吴云磊同学荣获山东省青春贡献奖。“十三五”期间，共 15 人入选西部计划，其中 3 人入选研究生支教团，2020 年学院获评西部计划先进单位。中国青年志愿者优秀个人奖获得者王保国等典型事迹在青年学生中反响热烈。

2.“十四五”初期

学院紧紧围绕“以生为本、服务学生”工作理念，优化打造“1238”工作模式，以安全稳定“1 个”底线为前提，以制度建设、队伍建设“2 个”建设为保障，以“企业微信”信息化平台、“一站式服务社区”学生公寓管理平台、“创客空间”双创教育平台“3 个”平台为依托，以思想引领、学风建设、科技创新、精准资助、宿舍管理、实践教育、心理健康、就业指导“8个”工程为抓手，全面推进学生工作高质量发展。学院1名学生入选学习强国平台“强国青年”，2名学生荣获山东省大学生“青春贡献奖”，8名学生获评“聊城大学十大优秀学生”。2020年以来，学院师生团队多次入选全国社会实践、志愿服务专项活动，曾获山东省暑期“三下乡”社会实践优秀团队等省级及以上荣誉20余项。

教育技术学专业2014级考研录取率68.4%，居同年全校各专业第一；学院本科生初次就业率平均93%以上。2020年以来，学院承办指南目录校内选拔赛事5项，师生团队获得第十二届“挑战杯”中国大学生创业计划竞赛铜奖等指南目录竞赛省级以上荣誉200余项，省级及以上大学生创新创业计划项目立项6项，入驻学校创业孵化园学生项目3个。2023年3月，学院在首次创新创业考核中，获评“聊城大学创新创业教育工作先进集体”。2023年10月，学院建设完成院级创客空间，积极融入学校“1+M+N”创新创业教育平台建设。

（七）服务社会

我院与聊城市教育和体育委员会合作，面向聊城地区中小学教师，举办教育技术技能培训、信息能力提升工程专题培训、信息化背景下教育教学模式的教学研究培训、骨干教师教育信息化能力提升培训，累计完成3260人次的培训任务。依托专业，和省市业务主管部门、行业协会合作，积极举办专业比赛和专业会议，先后举办山东省大学生微电影大赛颁奖典礼、山东省动漫创意大赛颁奖典礼、山东省大学生微电影大赛暨新锐导演训练营、新锐导演训练营、“全省高校大学生走进聊城”暨“魅力新聊城首善东昌府”短视频创作大赛等活动，扩大了我院专业在省内的影响力。

2022年与山东省高校戏剧与影视学类教学指导委员会、山东省教育学会影视教育专业委员会合作举办山东省高校戏剧与影视学类专业教学指导委员会年会暨第五届山东省高校影视传媒高峰论坛，教育部高校戏剧与影视学类专业教学指导委员会领导、山东省高校戏剧与影视学类专业教学指导委员会全体委员以及来自北京、上海、山东省内的三十余所高校参加了论坛讨论，《大众日报》、新华网、《人民日报》等权威媒体报道了论坛的召开，会议取得圆满成功。

三、经验总结

成绩的取得，离不开学校党委、行政高瞻远瞩的战略谋划，离不开学校各主管部门的大力支持，离不开学院全体学生的刻苦学习、努力进取，离不开学院教师潜心教学、默默奉献，更离不开学院全体教职工团结一心、勇担责任、努力拼搏。总结过去近二十年的工作，主要经验包括：

一是紧紧依靠广大教师，解放思想、凝心聚力、锐意进取、协同创新。学院的各项工作均从实际出发，遵循发展规律、找准发展定位、明确发展思路，与时俱进、抢抓机遇，坚持继承与创新相统一，用改革创新的思维举措解决发展中遇到的各种困难和问题。

二是坚持社会导向、实践导向，主动适应和满足经济社会发展需求。立足自身优势，面向社会办学，面向国家和经济社会需求开展学科建设和专业建设。同时，加强校际合作、校地合作、国际合作，营造多元共生的协同育人环境和氛围。

三是团结务实，勤奋创新的良好风气。倡导团结一心、实干兴院，通过加强教风、学风、院风建设，以务实勤奋为导向，营造厚德博爱、敬业进取，乐学善思、刻苦严谨，团结务实、勤奋创新的良好教风学风院风。

第七节　体育学院

体育学院从建校伊始，历经五十年的创业和发展历程，至2004年，在学院建制、专业设置、学科建设等方面已形成了一定规模，在国内享有较高知名度，构建了后续发展的基本框架。近二十年来，学院由前期的外延发展转入全面内涵建设，取得了长足进步。目前学院设有体育教育、运动训练、运动康复三个本科专业，体育学一级学科硕士学位点、体育硕士专业学位点。运动训练专业为山东省一流专业。全日制本科生1030人、研究生110人。教职工83人，专任教师64人，其中教授8人，博士21人（含在读2人）。其间，获批山东省一流本科专业1个，国家级一流本科课程和山东省一流本科课程各1门。获批国家级课题8项，山东省五四青年奖章集体1项，全国大学生创青春大赛铜奖一项，山东省党建工作样板支部1个。龙舟队成绩斐然，扬名海内外，领跑国内高校。成为聊城大学一张亮丽的名片。

一、教育教学与人才培养

学院以人才培养为第一要务，将教学工作视为中心任务，紧扣学校教育教学发展定位，始终坚持全面发展的育人理念，积极推进专业建设和教育教学改革，取得显著成效，为国家培养了一大批高素质应用型体育人才。

1．专业建设

学院把握高等教育加速发展的契机，依托前期学科专业建设成效，适时增加专业，扩大办学规模。2006年在已有体育教育和社会体育两个本科专业基础上，增设了运动训练本科专业。2007年招生总人数达到250人左右，成为省内本科专业设置较为齐全的体育院系，奠定学院三个本科专业的发展基础。在拓展专业数量的同时，学院注重专业内涵建设，提升专业建设质量和层次，实现专业错位发展，特色发展。2006 年体育教育专业获批校级品牌专业，2016 年获批校级重点发展专业。2009 年着手运动康复方向师资引进与培养工作，并于 2012 年在社会体育指导与管理专业中增列了运动康复专业方向。2014 年将社会体育指导与管理专业纳入山东省应用型名校建设工程项目，划拨专项建设经费进行十大工程建设，新建“运动生物力学实验室”和“健身方法指导实训室”，扩建了“体育保健学实验室”“运动生理学实验室”，购入 150 万元的仪器设备，极大改善了实验教学，夯实了专业转型与质量提升的基础。2018 年将社会体育指导与管理专业替换为运动康复专业。其间体育教育专业被学校确定为校级重点发展专业。运动训练专业突出水上项目特色，依托该专业，聊城大学龙舟队在国内外赛场取得优异成绩，在国内高校处于领先地位，2020 年获批山东省一流本科专业。

2008 年，学院为提升专业层次，成功申报教育硕士专业学位（学科教学体育）授权点，并于 2009 年开始招生；2010 年申报体育硕士专业学位授权点，2011 年开始招收体育硕士专业学位硕士研究生，培养高层次的体育应用型专门人才。2021 年获批体育学一级学科硕士学位授权点，形成了较完整的硕士研究生培养体系。

2．教育教学改革

二十年来，学校经历了以“内涵建设为主”到“全面推进内涵发展”，从“四个坚持”办学到“建成国内知名、特色鲜明的一流区域高水平应用型大学”的办学定位演进。体育专业的人才目标也随之更新，人才培养方案每四年进行一次大调整，每两年进行一次修订，更加明确了应用型人才的培养目标。

围绕全面提高人才培养质量，学院以课程建设和人才培养模式为教育教学改革侧重点，夯实专业建设基础，彰显人才培养特色。“十一五”期间，针对学生体质持续下降的现实，公共体育课教学尝试“强制教育与自主教育”相结合的教学模式。在新生中实施以提高身体素质为主导的“强制教育”，强化学生体能，发展学生素质，并与之后进行的以选项教学为主导的“自主教育”相互补充、相互促进。以此为基础的 2 项教改项目获得校级重点课题立项。专业教学围绕教学质量工程指标体系，积极开展质量工程建设，以精品课程建设为抓手，引导教研室开展教研活动，组织申报各级精品课程，并以此为基础开展团队建设和名师培育工程。期间获批 3 门校级精品课程，1 名教师获得聊城大学教学名师称号。“十二五”期间，按照学校提出的“三二三”人才培养模式改革总体要求，根据学院实际情况，开展了人才培养模式改革，完成三个体育专业的“三一二”人才培养模式构建。其中以社会体育指导与管理专业课程体系建设为研究对象的教改项目获得校级重点立项。获批 2 项校级教学成果奖，体操课程群的 3 门课程获批省级精品课程，4 门课程获批校级精品课程，1 门课程获批校级教学内容与教学方法改革示范课，获批 1 部校级规划教材，1 名教师获得校级教学名师称号，1 个教研室获得聊城大学优秀教研室称号。2013 年 4 月，山东省教育厅组织专家组对我校学校体育工作进行评估，在学校的大力支持和全体教职工的共同努力下，经过周密部署、精心准备，评估取得了优秀成绩；同年，学院承办了山东省第五届体育教育专业基本功大赛和首届高校体育教师基本功大赛，在学生基本功大赛中荣获团体总分第一名。“十三五”期间，围绕新时代全国高等学校本科教育工作会议和学校第六次本科教学工作会议精神，开展传统体育专业改造和课程质量提升改革。“专业转型背景下的体育特色人才培养模式改革”和“专业认证背景下体能训练理论与实践课程内容体系构建”获批山东省教学改革项目立项，实现学院省级教研项目零的突破。获批校级教研课题 3 项、校级“金课”1 项、校级规划教材立项 2 项；“运动解剖学”在线开放课程在省级平台上线；体操课程获批省级一流建设课程。“十四五”开始，学院以专业认证为抓手，以教育教学审核评估为检验关，对教学大纲、教学内容、教学方法、考核评价进行系统深入的改革，坚持“三全育人”，提升人才培养质量。2021 年《龙舟训练理论与实践》获批山东省一流本科课程，2023 年该课程又获批国家一流本科课程，这也是学院在课程建设上取得的历史性突破。“文化引领，竞赛驱动，科训融合：聊城大学龙舟实践教学体系十年探索与实践”获得山东省高等教育教学成果二等奖，获得山东省高校教学案例一等奖 1 项，获批校级教改项目 7 项，获批校级优秀教材奖 1 项、校级规划教材 1 部。积极贯彻“健全思政体系，全面推进三全育人”理念，获批校级课程思政示范课 7 门，位居全校前列。

3. 专业实践

学院构建了“技能训练、专业实践、教育实践、毕业论文”一体化实践教学体系，形成“四位一体”协同培养机制。

2009 年以前，学院的教育实习均在建立的实习基地进行，取得较突出的成绩，连续 7 年被学校评为优秀实习单位。2009 年开始根据学校统一部署，学院体育教育专业学生参加校地合作“实习支教双提高工程”，实习基地分布在东昌府区、莘县、临清、阳谷、冠县、茌平、开发区、高新技术区及河北馆陶、大名等十余个县市区，其中东昌府区、莘县、临清、茌平、开发区成为我院较集中、固定的对口支教地区。学院对参加该活动的可行性进行了充分论证，做了大量的前期准备工作，选派三位具有实践教学管理经验、工作认真负责的中年骨干老师代表聊城大学常驻支教乡镇，担任支教学生的日常管理和业务指导工作，每年均圆满完成工作任务，受到学校表彰，获得优秀实习指导教师荣誉称号，另有1名教师获得山东省优秀教育志愿者荣誉称号。

根据不同的专业特点，社会体育指导与管理专业和运动训练专业则采用了分散与集中相结合的方式进行，制定了实践教学管理办法。同时为社会体育指导与管理专业建立了金鼎、银座、奥伦、恩玛铌、王道等健身俱乐部和永衡康复医院6个实习基地，达到了学生与基地数30 ∶ 1的要求，并实行了基地指导教师和学校指导教师的双导师制，确保了实践教学质量。为配合运动康复专业方向的发展，学院建立了体育康复保健实训中心，提高了学生运动康复技能。2014年9月与聊城市人力资源和社会保障局合作举办了首届聊城市大学专业技能大赛，有20余名学生在保健按摩比赛中获奖，学院被聊城市人力资源和社会保障局指定为聊城市职业技能鉴定基地，为学生的职业资格认定搭建了平台。

严把本科毕业论文质量关，严格按照科研论文的写作程序进行开题、中期检查、论文答辩等环节。实行毕业生论文责任制，所有毕业生的论文开题、指导、评阅、答辩等均由指导教师来完成，增强了指导教师的责任心，提高了指导质量，3篇论文获得省级优秀本科生毕业论文。

二、科学研究与学科建设

二十年间，体育学院在科学研究与学科建设方面取得了长足进步，不断加强学科建设，提高科研水平，取得了一系列重要的研究成果。同时，学院还积极开展学术交流与合作，促进了学术成果的交流与转化，不断推动学院的发展。

1．学科与学位点建设

学科建设是实现学院高质量发展的关键。体育学院坚持以学科建设为龙头，不断强化学科建设对专业建设、人才培养的引领作用。

聊城大学于2006年对全校的重点学科进行了重新规划，体育学院的体育人文社会学和体育教育训练学被评为学校重点学科；2007年课程与教学论（体育）参与的课程与教学论学科成功获批山东省“十一五”重点学科，这标志着体育学院学科建设进入新发展阶段。2008年，学院参加了教育硕士专业学位点的申报，并成功获批教育硕士（学科教学·体育）招生资格。2009年，依托体育学一级学科硕士学位授权点申报，调整优化了学科的研究方向，并初步搭建起了以四个二级学科带头人为主要资源整合的发展框架，并于2010年获首批体育硕士专业学位授权点，2011年开始招收体育教学、运动训练、社会体育指导三个领域的全日制体育硕士。2010年，体育人文社会学学科作为优势学科参与学校“管理科学与工程”一级学科学位点申报，并成功获批。2011年，凝练体育学科发展的方向，以体育文化服务为基础，以体育文化研究为重点发展领域，把运河体育文化作为体育文化研究的新突破点，2013 年 11 月获批国家体育总局体育文化基地，进一步提升体育学科建设水平，为学院学科建设搭建良好的平台。同时，制定《体育学院学科建设与管理办法》，加强管理的规范性和引导教师参与学科建设。2015 年，建成了民生体育发展研究中心，增建龙舟科学化训练平台，获学校资助 210 万元，由此形成的四个二级学科整合的民生体育特色学科，连续获得“十二五”中央支持地方高校财政支持 300 万元、并列入“十三五”省级教育专项资金支持。为服务健康中国和教育强国战略需求，2016 年在体育硕士社会体育指导领域增设运动康复方向，更加突出培养特色。非全日制体育硕士于 2018 年开始招生，并实行三年制，但只招生了三届，于 2021 年取消非全日制体育硕士招生。全日制体育硕士于 2019 年开始施行三年制。2020 年，体育学院组织申报体育学一级学科授权点，并于 2021 年获批，这是体育学院学位点建设的重大突破，从此，体育学院拥有体育学一级学科、体育硕士专业学位两个授权点。2022 年，通过“冲一流、强特色”学科项目申报，凝练形成“运动员核心竞技能力评价与促进学科团队”和“民族传统体育文化弘扬与传承学科团队”，并形成较为稳定的两个研究方向，以此带动四个二级学科发展。

2. 科学研究

这期间，学院在科研方面进一步强化协作意识，优化科研奖励制度，发挥群体优势，由以往的单打独斗向有组织科研转变，由单一的科研论文发表向申报课题、发表成果和获得奖励的系统化科研转变，努力提高科研的整体水平。在科研立项方面取得突出成绩，获得的课题类别众多，不仅有社会科学和自然科学项目，还有软科学项目和横向课题。表明学院的科研领域向深度延伸，向广度拓展。共获批国家级项目 7 项，其中国家自然科学基金面上项目 1 项，国家社科基金重点项目 2 项，国家社科基金一般项目 4 项；省部级项目 49 项，其中教育部人文社会科学规划项目 7 项，国家体育总局体育哲学社会科学研究项目 3 项，山东省社会科学规划项目 25 项，山东省自然科学基金项目 7 项。2005—2018 年，是体育学院课题立项的高产期，每年至少获批 2 项省部级课题，其中 2013 年达到最高峰，共获批 7 项；2014 年获批 6 项，2006 年获批 5 项。2018 年后，体育学院年共获批省部级课题 9 项，但缺少国家级课题立项，2019 年和 2022 年出现高层次课题立项空缺，纵向项目立项进入低产期。但在横向课题立项方面实现突破，到账经费突破了 200 万元。

二十年来，以第一作者身份发表论文 404 篇，其中中文核心期刊论文 127 篇，CSSCI 收录论文 56 篇，SCI 收录论文 23 篇。2005—2015 年，是体育学院科研论文发表的高产期，无论在发文数量还是在刊发等级上都处于较高水平，除 2014 年发文低于 20 篇，其他年均发文量均超过 20 篇，其中 2008 年发文量最多达到 59 篇，其次是 2012 年 43 篇。此外，这一时期发表核心期刊论文 103 篇，CSSCI 收录 43 篇，其中体育类权威期刊《体育科学》发文 5 篇。2016 年后年发文数量骤然下降，仅在中文核心期刊发表论文 24 篇，CSSCI 收录 13 篇，自然科学论文发表出现回升，SCI 收录论文 11 篇，但这期间的专著出版整体呈上升趋势，共出版专著 25 部，科研成果发表重心从高水平论文向高层次专著转变。

科研成果获奖取得突破，2005 年以来，共获山东省社会科学优秀成果奖 14 项，其中 2013 年《中国体育组织文化建设与体育产业持续发展的研究》获一等奖，这是体育学院所获最高级别科研奖项；2019 年，2 项成果获二等奖，是同年度获二等奖最多一次。

3．学术交流

学院积极申办各类学术会议，加强合作与交流。2013 年 3 月，主办全国体育工程会议，参会人员近 300 人。此次会议邀请国内体育工程领域知名专家、学者作专题报告，为后续有关体育工程类研究提供了信息资源。2014 年 12 月，主办全国体育类期刊建设研讨会。通过此次会议，学院师生近距离与期刊审稿专家面对面交流，了解了学术前沿及未来研究热点。2015 年 6 月，主办中国民生体育论坛，此次会议的顺利召开为后续民生体育指明方向，产出大量相关成果。2022 年 12 月，与山东体育学院、山东大学联合举办了第四届全国运动解剖学学术会议，在我校设立了分会场，5 位学者进行专题报告，探讨了运动解剖学和运动康复研究的最新进展。

学院鼓励师生参加各类学术会议，了解学术前沿，拓宽学术视野。2008 年学院有 7 篇论文入选奥林匹克科学大会；2010 年参加了在山东理工大学举行的山东省首届学校体育科学大会，报送的 63 篇论文中，有 23 篇获得一等奖，获团体总分第一名。学术论文连续入选全国体育科学大会，呈现不断上升势头，在 2011 年全国第九届全国体育科学大会上，有 12 篇入选。2022 年 6 月，由学院研究生组织发起，联合曲阜师范大学体育科学学院、山东大学体育学院，成功举办了第一届三校联合学术论坛。通过本次论坛，锻炼了研究生的组织协调能力，加强了与省内高校的协作交流。2023 年，体育学院组织师生 30 余人参加第十三届全国体育科学大会，为历来规模最大的有组织参加学术会议。邀请 4 名专家来校做客“聊大讲坛”，另有多名专家来院交流，面向全院师生做有关全民健身、体育管理、人才培养及就业等方面的报告，取得良好效果。

三、运动竞赛与群体活动

业余体育训练与竞赛活动开展，是学校体育工作的组成部分，也是丰富和发展校园文化的重要载体和有效途径。为更有效地统筹学校体育工作，在聊城师范学院时期学校就成立了学校体育运动委员会（以下简称校体委），与教务处、学生工作处、校团委等职能部门协同促进整个学校体育工作发展。校体委的重点工作是学校体育训练与竞赛的组织管理，由体育学院协调其他部门具体实施。2005 年以来，学院为进一步巩固前期取得的发展成绩，根据自身所处地域和工作条件，提出了“统筹资源，保障基础，突出重点，特色发展”工作思路。经过二十年的发展，校园的课外体育活动丰富多彩，已形成了完整体系，体育竞赛成绩非凡，为学校争得荣誉，为校园文化建设作出了突出贡献。

1．群体活动开展

校园体育竞赛方面，在延续以往传统的体育竞赛活动基础上，为进一步深化素质教育，促进学生全面发展，通过不断进行项目和内容调整，丰富体育赛事，引导学生积极参加体育活动，培养学生兴趣，扩大参与人群，提高学生体质健康水平。

学校每年举办春季田径运动会和学生篮球赛，自 2005 年以来两个赛事已延续 18 年（2020 年因新冠疫情停办一年），2008 年为全面贯彻落实《中共中央国务院关于加强青少年体育增强青少年体质的意见》（中发〔2007〕7 号）精神，响应国家提出亿万学生“阳光体育冬季长跑活动”，恢复了停办多年冬季越野赛，与田径运动会一并成为学校的两项重大常规体育赛事。为进一步提高女生的体育竞赛参与度，2014 年恢复举办校园排球赛，2021 年增加了男子组比赛；2015 年 10 月，学校举办首届聊城大学学生男子组足球联赛，此后，每年 10 月始定期举办一届校园足球联赛，至今已经举办了 9 届。联赛由各院系参赛为单位组织参赛，赛制由原来的同组别比赛演变成目前两级升降级赛制。2017 年开始举办校园羽毛球比赛，2023 进行的赛制改革，增加了参赛人数，扩大比赛影响。同时，配合校团委常年开展的广播体操、拔河等比赛活动。通过全校性的体育竞赛，带动了学校体育活动的全面开展，为准备学校比赛，各院系纷纷开展相应比赛，进行运动队选拔和训练活动，整个校园洋溢着青春气息，形成了积极向上的文化氛围，构建起每月一赛的聊大特色竞赛体系。

利用学校体育资源，举办山东省、国家乃至亚洲重大赛事，扩大学校影响。2006 年连续承办了全国围棋超级联赛、“鲁能杯”中国乒乓球超级联赛、山东省第二十一届田径锦标赛三项重要赛事。为弘扬中华优秀传统文化，学校与聊城市人民政府密切配合，2021 年成功举办了第九届中国大学生龙舟锦标赛，46 所高校的 68 支龙舟队、950 名大学生运动员参加，为历届比赛最大规模。2023 年与聊城人民政府联合申报首届亚洲大学生龙舟锦标赛，成功获得举办权。各项赛事的举办同时也为体育专业学生提供专业实践的平台，进一步延伸了专业教育。通过参与比赛的组织、编排、裁判等服务工作，体育专业的学生加深了专业认识，增强了专业能力。

2．运动训练与竞赛

在广泛开展校内竞赛的同时，组建多支学校运动队，开展业余训练，参加国内外的体育竞赛，增强对外交流，提升学校声誉。

自2002年，以聊城市举办全国龙舟邀请赛为契机，开始尝试设立龙舟项目，作为学校竞技体育发展的突破口。经过两年的培育，龙舟队在国内外赛场崭露头角，展现了较高水平，2005年，学校增设龙舟与赛艇项目高水平运动队，对龙舟队进行系统规范建设，参加比赛的级别和层次也在逐步提高，并在2006年5月首次走出国门，参加第三十二届日本国际龙舟赛（日本·冲绳），获得1项亚军；10月，参加第一届中国大学生龙舟锦标赛，获得两项亚军，占据了高校龙舟的一席之地。2007年，在运动训练本科专业中增设了皮划艇与赛艇专项，面向全国招收水上项目运动员。2008—2009年间，迫于学校办学经费不足的压力，龙舟队没有参加由中国大学生体育协会组织的赛事活动。2011年重返全国大学生龙舟赛场，在第四届中国大学生龙舟锦标赛中，获得1项冠军，实现突破，进入中国高校先进行列。2012年为进一步提升竞技水平，扩大影响力，学校龙舟队开始参加中国龙舟公开赛、中华龙舟大赛等国内职业赛事，与职业队伍同场竞技，借助媒体宣传，进一步提升社会影响力，中央电视台《新闻联播》多次报道龙舟队夺冠消息。学校对龙舟队进行表彰，加大投入，重点扶持，促使龙舟项目进入了发展的快车道。2014年4月收获中华龙舟大赛大学生组首枚金牌后，又在6月的第六届中国大学生龙舟锦标赛中夺得2项冠军，至此，聊城大学龙舟队开始长期占据中国高校制高点，在国内外产生一定影响。2015年提出了“齐心协力、敢为人先，同舟共济、奋发有为”的聊大龙舟精神。2016年12月，聊城大学龙舟团支部被共青团中央授予“全国最有活力团支部”。2018年5月，龙舟队被共青团山东省委授予“山东省青年五四奖章集体”荣誉称号。学校龙舟队为进一步扩大影响，积极走出国门，代表国家参加了2届亚洲龙舟锦标赛，3届世界龙舟锦标赛，共获得金牌12枚。特别是在2023年的第十六届世界龙舟锦标赛中，我校龙舟队在参加的7个项目比赛中获得6金1银的优异成绩，山东省人民政府、山东省教育厅、中国龙舟协会专门发电祝贺。20年来龙舟队在国内外重大赛事中获得冠军267项。

除龙舟项目以外，其他项目也取得了长足发展，2006年我校派出了男女篮球、女子足球、田径、健美操等七支代表队共99人参加了山东省第12届大学生运动会，获得“校长杯”，并荣获“体育道德风尚奖”。2010年校田径队7人进入山东省大学生运动会前八名；男子乒乓球参加山东省大学生运动会，夺得我校建校历史上的第一个男子团体季军。2013 年田径队获得山东省大学生田径锦标赛团体总分第 8 名。2021 年学校田径、乒乓球、羽毛球、男子篮球、女子足球等运动队参加山东省大学生运动会，女子足球队获得丙组第三名。女子足球队随后在 2022 年和 2023 年的山东省青少年足球联赛（大学生组）比赛中连续获得冠军，代表山东省参加中华人民共和国第一届学生（青年）运动会女子足球比赛获得大学生女子组第 7 名；1 名同学在集体技巧拉拉操（大学组）项目比赛中获得银牌。2021 年，我校皮划艇队首次参加第五届中国大学生皮划艇锦标赛，获得 2 枚金牌、4 枚银牌、1 枚铜牌。2023 年在第六届中国大学生皮划艇锦标赛中获得 4 项亚军、5 项季军。

3．体育场馆建设

为更好地服务体育教学训练和校园体育活动开展，学校不断加大投入，改善体育场地设施条件。2015 年以来对运动场馆进行了大面积升级改造，至 2020 年先后完成了西校区北篮球场、网球场、北排球场、东校区综合球场的场地塑化和改造，同时开始实施运动场亮化工程。增建了东、西校区大学生健身路径锻炼区。2022 年以来进一步加大了投入力度，2022 年完成了西校区北田径场的塑化，2023 年由校友捐资改造塑化了西校区南篮球场，并新建五人制足球场 2 个，网球场 2 个；学校投资改造了东校区田径场，新建网球场和排球场各 4 块，进一步缓解了东校区运动场地缺少的现状，场地塑化率和亮化率均达到了 90% 以上。

四、党建工作与学生管理

1．党建工作

2005 年以来，体育学院党委（党总支）重视学习教育工作，按照学校党委部署，先后开展了保持共产党员先进性教育活动、学习实践科学发展观活动、创先争优活动、党的群众路线教育实践活动、“三严三实”专题教育、“两学一做”学习教育、“不忘初心、牢记使命”主题教育、党史学习教育以及学习贯彻习近平新时代中国特色社会主义思想主题教育，各党支部学理论、听报告、重研讨、强实践，保证了学习教育效果。开展形式多样的主题党日活动，组织全体党员赴东阿县检察院警示教育基地、鲁西第一党支部纪念馆、冀鲁豫边区革命根据地、刘邓大军强渡黄河战役纪念馆、西柏坡革命教育基地等地参观学习，进一步锤炼党性修养，增强理想信念。

学院党委（党总支）不断强化支部建设，发挥其战斗堡垒作用。教工党支部由原来的行政后勤、体育系、公体部三个党支部调整为教工第一党支部、第二党支部，并于 2019 年成立了龙舟队党支部，这也是我校首个建立在运动队中的党支部。2023 年，为扎实推进“一融双高”，学院党委进一步优化支部建制，将原有支部整合为球类教研室、体操健舞教研室、田径民传教研室、公共体育教学部四个教工党支部，龙舟队和足球队两个师生联合党支部。同时学生党支部划分为本科生第一党支部、本科生第二党支部和研究生党支部，切实落实了“第一议题”制度、“三会一课”制度，基层党建工作取得显著成效。龙舟队党支部获批第二批山东省“党建工作样板支部”。

2. 学生管理

在上级党委和上级团组织的坚强领导下，学院团委始终以立德树人为根本任务，聚焦主责主业，突出政治导向，发挥政治功能，深入推动改革，强化价值引领和教育引导，服务学生成长成才，人才培养成效显著。

强化队伍建设体系，持续优化队伍结构。学院始终把辅导员队伍建设作为教师队伍和管理队伍建设的重要内容，整体规划、统筹安排，不断提高队伍的专业水平和职业能力，推动辅导员队伍专业化职业化建设取得新成效。2006 年、2013 年、2014 年 3 次获评山东省高校优秀辅导员和骨干辅导员，学院团委 6 次获评聊城大学“五四红旗团委”。

坚定理想信念，培育高尚品格。引导广大青年学生树立理想信念，形成强烈的事业心和社会责任感。2005 年以来有 1 名学生获评“齐鲁晚报杯”山东省高校十大优秀学生，10 名学生获评聊城大学校园十佳、十大优秀学生，42 名学生被评为山东高等学校优秀学生、优秀学生干部，5 个班级被评为省级先进班集体。

强化志愿服务，传承雷锋精神。以学院雷锋义工队为基础，培育公益理念，倡导公益文化，弘扬公益精神，推进公益志愿服务，不断加强大学生思想道德建设。2006 年 1 名学生获评山东省大学生公益之星，开展实施的“快乐体育”周末“翼”站关爱农民工子女志愿服务项目荣获 2014 年中国青年志愿者优秀组织奖、中国青年志愿服务项目大赛银奖。雷锋义工队成立 20 年来，用爱与奉献传承践行雷锋精神，先后开展义务帮扶留守儿童、用挂历传递光明、走基层服务老人、做诚信环保的文明义工等雷锋活动，被多家媒体先后报道，引起了社会的普遍反响，2014 年被共青团山东省委评选为山东省“雷锋号”先进集体。2015 年，雷锋义工队充分发挥学生社团组织作用，积极开展引导大学生“走下网络、走出宿舍、走向操场”主题性课外体育锻炼活动，获评“全国百佳体育公益社团”、全国活力团支部、山东省大中专学生志愿者暑期“三下乡”社会实践优秀服务队。雷锋义工队 20 余次服务第十一届全国运动会、中国大学生龙舟锦标赛、市运会、市全民健身运动会等大型赛事，开展爱心公益活动 1000 余次，受益人数 2 万余人，事迹被《人民日报》《中国教育报》《中国日报》等省级以上媒体报道 230 余次。

厚植家国情怀，弘扬繁森精神。学院团委引导和激励体院学子紧跟党的号召，携笔从戎，扛起时代担当，投身强军兴军伟业，到西部基层建功立业，在卫国戍边与基层实践中感悟思想伟力、锤炼品德修为。每年参军入伍人数都位列全校前茅，学院国防教育工作始终走在全校前列。自2003年西部计划（研究生支教团）实施以来，76名毕业生选择西部计划，奔赴祖国西部建功立业。

强化创新创业教育，全面提升人才培养质量。学院学生工作围绕不断强化创业创新教育和服务平台建设，坚持创新引领创业、创业带动就业，不断提升学生科技创新能力和社会实践能力，促进学生全面发展，学生参与创新创业、挑战杯竞赛数量和质量不断提升。“雏鹰助飞体育圆梦行动”志愿服务项目荣获2014年“创青春”全国大学生创业大赛、第九届“挑战杯”大学生公益创业赛铜奖，2022年1个项目荣获第十八届“挑战杯”校赛特等奖，1名同学获评聊城大学第四届“科创之星”，2023年1名学生获评山东大学生十大创业之星。

回顾20年发展历程，体育学院在事业发展的各个方面均取得了令人瞩目的成就，为学院的可持续发展奠定了坚实的基础。然而，我们也清醒地认识到，面对新的形势和任务，更要不忘初心，砥砺前行，继续突出党建引领，加强学科建设，提高专业水平，增强服务能力，提升学生素养，为培养更多优秀的体育人才，推动体育事业的发展作出更大贡献。

第八节　文学院

文学院是聊城大学建制最早的院部之一，现下设中文、广播电视学、秘书学3个系，附设国学研究院，拥有中国现当代文学、中国古典文献学、课程与教学论（语文）3个省级重点学科，鲁迅与中国现代文学文化研究中心、聊城大学简帛学研究中心、山东特色文献与传统文化“双创”研究协同创新中心3个省级科研平台，同时为山东省语言文字推广基地、山东省楹联教育基地。中国语言文学为硕士学位一级学科授权点，设有中国古典文献学、中国现当代文学、语文课程与教学论、文艺学、中国古代文学、汉语言文字学和秘书学等9个硕士学位点。

学院师资雄厚，现有全职教职工92人，专任教师79人，外聘教师21人，实验技术人员2人。其中教授13人，副教授27人，具有博士学位的教师43人，全国优秀教师2人，山东省有突出贡献的中青年专家2人，山东省教学名师2人，拥有一支年龄和职称结构合理、教育教学和学术研究水平较高的教师队伍。

学院教学设施先进，保障体系完备。教学楼建筑面积8000余平方米，资产总值近亿元。除学院图书资料室外，还有中国现当代文学、中国古典文献学、课程与语文教学论等 3 个专业资料室，藏书 11 万册，近 1 万小时的音像资料，每年征订学术期刊、报刊 260 余种，另有王富仁、赵宪章两个特色图书室，珍藏书籍 2 万余册；拥有多媒体教室、智慧教室、微格教室等 17 个；在共享学校技能实训中心基础上，还建有录播、语音、书法、教师技能、仿真办公、形体礼仪、新媒体技术等实训室。

2005 年之后，文学院步入进取突破期的全新发展阶段。无论是人才培养、专业建设、人才队伍建设，还是科学研究、服务社会以及国际化办学等方面，皆取得了突破性进展。

一、人才培养

文学院以立德树人为根本任务，突出应用型人才培养转型发展，以“立足鲁西、服务山东、面向全国”为服务定位，强化“学生中心、产出导向、持续改进”的教育理念，实现“学科思维”向“OBE 思维”的转变。汉语言文学、广播电视学和秘书学三个中国语言文学类本科专业形成了独具特色的应用型人才培养模式。

汉语言文学专业是聊城大学设立最早、规模最大、办学条件最好的师范专业之一，2007 年被评为山东省省级特色专业建设点，2009 年被评为国家级特色专业建设点，2012 年被确定为山东省应用型特色名校重点建设专业（群），2016 年获山东省首批汉语言文学免费师范生培养资格；同年获批“山东省高水平应用型立项建设专业群核心专业”，2019 年获批“山东省一流本科专业建设点”和“国家一流本科专业建设点”，2023 年通过普通高等学校师范类专业认证。该专业贯彻落实党的教育方针和国家教师教育相关政策，依托国家一流专业建设点的优势，依托山东省高等学校省级精品课程群、山东省省级教学团队、中小学骨干教师培训等教学科研平台，以“教师五项技能训练”为培养特色，培养明于师德、善于教学、乐于育人，具备一定的研究能力和国际视野，能够胜任语文教学、教研和班级管理工作的中学语文骨干教师，形成了“语言学 + 文学 + 语文学”的办学特色。

广播电视学专业坚持“以人为本”的教育理念、“文理渗透、技艺结合、软硬兼备”的建设思路和“新闻 + 技术 + 人文”的人才培养模式，培养具备新闻学、传播学和广播电视学等专业基础知识，具有文学、艺术学等深厚人文学术背景，具备新闻采访、写作、摄影、摄像、编辑、节目策划、播音、主持以及媒体经营管理等专业技能，能在新闻媒体和政府、企事业宣传部门从事新闻采编、节目制作与经营管理等工作的一专多能的复合型新闻传播人才。该专业设有专业新闻摄影实验室、电视摄像实验室、电视节目制作室、新闻播音与节目主持实验室、电声实验室、广播节目录制室、特技实验室、演播厅系统、虚拟演播室和音像资料库等教学实训设施，还拥有358平方米的中型电视演播室和多功能教室等教学设施，为日常教学工作提供了优越的保障。2012年被评为校级特色专业；拥有戏剧与影视（原新媒体）专业硕士学位授权点。

秘书学专业于2006年以文秘教育专业名义重新设立，2013年正式更名为秘书学专业，并开始招收秘书学方向学术型硕士，是当时国内五个秘书学硕士点之一，至今已培养5名秘书学方向硕士。秘书学专业坚持“以文辅政、以秘修身”的人才培养理念，以应用型专业秘书培养为目标，以“秘书+技能+人文”为特色，致力培养具有坚定的社会主义核心价值观、优良的职业道德素养和深厚的人文素养，掌握扎实的秘书学专业知识、理论和技能，能够适应党政机关、企事业单位以及各类社会团体的实际需求，从事秘书写作、办公室管理、行政事务管理、文书档案管理、会议组织管理、文案策划、沟通协调等方面工作的高层次复合型秘书人才。本专业现拥有可满足实践教学需要的仿真办公实训室、礼仪实训室、语音室，配有电脑、多功能一体机等现代办公设备；拥有一支教学水平高、研究能力强、富有奉献精神和创新能力的专业教学团队。本专业2016年被确立为山东省高水平应用型立项建设专业，拥有秘书学方向学术学位硕士点，学生具有推免研究生资格。

在武书连《2014年中国大学排行榜》中，汉语言文学专业在全国664所高校排名中位列第85位，等级为B+，在省内高校中位列第5位；广播电视学专业位列全省高校第1位；秘书学专业综合竞争力进入全国高校前10%，在山东省内同专业中位居前列。

文学院强化内涵建设，熔铸“崇教、尚学、敦厚、奋进”的聊大精神，推进第二课堂课程化改革，靶向毕业要求，打造全环境育人新生态，全方位、一体化赋能学生成长成才。学院为山东省尤其是鲁西地区基础教育培育了优秀中学语文教师9000余人，为全国、省、市各级媒体输送了复合型新闻从业人员1200余人，为党政机关和企事业单位培养了高层次应用型秘书学专门人才600余人。

二、科学研究

依托现有省级重点学科、科研平台及基地，文学院在现当代文学、古代文学、文学理论、课程与教学论、中国古典文献学与文字学等学科领域形成了自身的研究特色，并出现了一批具有较高知名度的专家学者及研究成果。

（一）现当代文学研究领域

石兴泽教授，博士生导师。主要从事老舍、中国浪漫主义文学、傅斯年和中国现代知识分子文化心理等方面研究。在《文学评论》等国内外学术刊物上发表学术论文近三百篇，被《新华文摘》《北京大学学报》（哲社版）和中国人民大学复印报刊资料摘录和转载 30 余篇；出版《老舍与二十世纪中国文学与文化》等著作 18 部。主持完成“社会文化转型时期中国浪漫主义文学研究”“二十世纪五六十年代中国浪漫主义文学研究”2 个国家课题，并皆以优秀结项。享受国务院政府特殊津贴，荣获山东省有突出贡献专家、改革开放四十年山东省社会科学名家等称号。获山东省社科优秀成果一、二、三等奖，及中国文联文艺评论奖、山东省刘勰文艺评论奖等多项。

卢军教授，文学博士、博士后，硕士生导师。主要从事中国现当代作家作品研究、鲁迅研究。主持国家社会科学基金项目 2 项，中国博士后科学基金项目 1 项，山东省社会科学规划项目 2 项，山东省教学改革研究项目 6 项；出版学术专著《汪曾祺小说创作论》《救赎与超越——中国现当代作家直面苦难精神解读》2 部；在《文学评论》《文艺争鸣》《鲁迅研究月刊》等发表学术论文 90 余篇。获山东省高等教育教学成果一等奖 1 项、二等奖 1 项，山东省研究生教学成果三等奖 1 项；山东省社会科学优秀成果三等奖 1 项，山东省高等学校人文社会科学优秀成果一等奖 1 项、三等奖 1 项。

隋清娥教授，文学硕士、硕士生导师。出版学术专著《鲁迅、钱钟书文学比较论》《鲁迅小说意象主题论》，主持并完成省社科规划办课题《鲁迅文学文本的意象主题论》、省教育厅哲社课题《鲁迅钱钟书文学比较论》等。主编教材《中国现代文学》等 4 部。获得省优秀教学成果一等奖一次，聊城大学教研成果二、三等奖多次。聊城大学教学名师、教书育人楷模。

刘广涛教授，文学博士、硕士生导师。主要从事中国现当代诗歌、青春文学主题等方面研究。思维活跃，视野开阔，研究成果富有开拓性与原创性。论文《鲁迅的医者身份与文化品格》曾被《新华文摘》论点摘编；专著《百年青春档案——20 世纪中国小说中的青春主题研究》和《20 世纪中国青春文学史研究》，在 20 世纪中国文学的青春主题研究方面居领先地位。

石小寒教授，文学博士、博士后，硕士生导师。主要研究方向为写作学、语文教育学、中国现当代文学。中国老舍研究学会常务理事，山东省现代文学学会理事，山东省写作学会理事；聊城市文艺评论家协会会长，聊城市羡林学者青年专家，聊城市青年学术带头人，聊城市社科新秀，聊城大学光岳新秀。主持参与国家级、省级、市级项目 10 余项；发表学术论文 50 余篇，其中 cssci 期刊论文 20 余篇；出版专著 4 部；获得山东省社科优秀成果奖三等奖 2 次，其他各级奖励 20 余次。

（二）古代文学领域

苗菁教授，文学硕士、硕士生导师。主要从事古典诗词、音乐文学及音乐文艺研究，尤其关注当代歌曲文化的研究。主持国家社科基金项目“乐声中的文学——

20 世纪中国歌词研究”1 项、全国艺术科学“十五”规划 2005 年度课题（国家资助课题）“新时期以来歌曲文化研究”1 项，主研项目有山东省社会科学重点项目等多项。出版专著《唐宋词体通论》《现代歌词文体学》《中国现代歌词流变概观》等多部。

王连儒教授，硕士生导师。主要从事魏晋南北朝文学史、“志怪小说与人文宗教”以及“琅琊王氏家族政治与婚姻文化研究”等专题研究。出版专著《志怪小说与人文宗教》《汉魏六朝琅琊王氏家族政治与婚姻文化研究》，参编《中国十大传奇》《古文观止词典》以及《中国分体文学史》等多部著作。在《中国史研究》《中国典籍与文化论丛》《社会科学战线》等刊物发表论文 40 余篇，部分被《人大复印资料》等报刊转载或介绍。

戴永新教授，文学博士、硕士生导师。主要从事经学及中国古代文学研究。在《周易研究》等学术期刊发表论文 40 余篇。主持山东省社会科学规划基金项目“社会整体视野下的周易研究”、山东省高校人文社会科学规划基金项目“《周易》的社会思想研究”、山东省教育科学“十一五”规划基金项目“《周易》的社会教育思想研究”。主编《文学经典作品赏析》等教材 3 部。

宁登国教授，文学博士、硕士生导师。主要从事先秦两汉散文以及出土文献与文学关系研究。出版学术专著《〈国语〉〈左传〉记言研究》《子华子汇校》2 部；在《中国文化研究》等学术期刊发表论文 30 余篇。主持国家社会科学基金项目“《国语》《左传》记言研究”1 项、国家社会科学重大项目《子海》精华编《子华子》整理校注、聊城市社会科学重大项目《聊城阳明后学文献整理》，参研国家社科基金重点项目“民国社会历史与中国现代文学的研究框架”等省部级以上课题多项；参编《大学语文》等教材 2 部。

李如冰教授，文学博士、硕士生导师。主要从事宋代蓝田吕氏、古代文献整理等研究。出版专著《宋代蓝田四吕及其著述研究》《河东著述考》2 部。古籍整理著作 2 部，主编、参编著作多部。发表学术论文 20 余篇。主持并完成国家社科基金项目“蓝田四吕年谱长编”1 项；主持山东省社科规划专项“日本德岛大学图书馆等 5 馆藏汉籍编目与复制”1 项；参与国家社科基金重大委托项目“《子海》整理与研究”，独立完成“《金华子杂编》整理与研究”“《仇池笔记》整理与研究”2 项子课题；主持并完成山西省高校哲学社会科学基地项目 1 项、姚奠中国学教育基金项目 1 项；参与国家重大文化工程“全球汉籍合璧工程”，参研国家社科基金重大委托项目 2 项。

（三）文学理论

杨春忠教授，文学硕士、硕士生导师。主要从事 20 世纪文学理论史论、文艺思潮、审美文化生产等方面研究，其提出“跨媒介文学理论”“本事迁移理论”“媒介性话语形式理论”等原创性理论在国内文学理论界产生了较大的影响。出版《马克思恩格斯美学与文艺思想综论》《20世纪中国文学理论的视界》《二十世纪中国文学理论史论》等论著多部；在各类学术期刊上发表论文30余篇，多篇为“人大复印资料”全文复印。承担“中西马克思主义文学理论范畴研究”“转型时期中国的浪漫主义文学”等两项国家社科基金项目，山东省社科规划项目与省教育厅社科项目各一项。

殷学明教授，文学博士、马来西亚新纪元大学学院博士生导师，主要从事中国诗学、生成性教学改革研究。主持国家社科基金项目2项、山东省教学改革重点项目等各类课题10余项，参与国家社科基金项目、省级项目各2项；出版专著《本事迁移理论与艺术再生产研究》《20世纪中国审美价值论研究》《中国诗学的缘事理论研究》3部；发表学术论文90余篇，其中核心、CSSCI期刊共计30篇；总主编“生成性教学改革系列丛书”5册，参编教材、著作9部，获全国马克思列宁主义论优秀成果奖等各种奖励12次。

（四）中国古典文献学与文字学领域

姚小鸥教授（特聘），文学博士。主要从事《诗经》、出土文献等领域研究。历年来在《历史研究》《哲学研究》《文艺研究》《文学评论》《文献》《文史哲》《文学遗产》《音乐研究》等刊物发表学术论文百余篇，著有《诗经三颂与先秦礼乐文化的演变》《诗经译注》、学术自选集《吹埙奏雅录》，主编《出土文献与中国文学研究》《清华简与先秦经学文献研究》等。曾任中国屈原学会副会长、乐府学会副会长。

季旭升教授（特聘），台湾师范大学博士。主要从事古文字、《诗经》与简帛文献方面研究，是这三个领域闻名海内外的著名学者。先后发表学术论文236篇，出版专著23部，编纂台湾大学教科书2部、高中国文课教材1部。曾任台湾台北大学《台北大学中文学报》等学报编辑委员，并2次出任台湾考试院命题委员，2次被台湾教育部门评为资深优良教师。

赵立伟教授，文学博士、博士后，硕士生导师。主要致力经学文献、汉代文字的整理与研究工作，出版专著《〈尚书〉古文字编》《魏三体石经古文辑证》，在《文献》等刊物上发表论文近30篇。主持国家社科重大招标项目子课题、教育部人文社科规划项目、中国博士后基金面上资助项目等各类课题5项，作为主研人参加国家社科基金重大项目2项，教育部人文社科规划项目1项。

（五）课程与教学论领域

陈黎明教授，文学博士、硕士生导师。主要从事语言学、语文教学论等方面研究。

出版著作16部（卷），在《中国语文》等学术期刊发表论文93篇。先后主持及参与完成了国家及省部级教学、科研项目10余项，荣获省部级教学、科研成果奖励15项。其中，《中国当代识字教学法研究》（2013年）获山东省教育科研优秀成果一等奖，《新世纪语文教师发展丛书》（2001年）、《二十世纪中国语文教学》（2004年）获山东省社会科学优秀成果二等奖，《现代汉语》（2009年）获山东省高校优秀教材一等奖，《百年语文教育名著》（2018年）获江苏省哲学社会科学优秀成果一等奖。

此外，秘书学研究领域有郝学华、石小寒、张雪飞等研究者，负责秘书学学术硕士人才的培养工作；课程与教学论研究领域有张卫红、康海燕、周君燕等研究者，负责学科教学（语文）专业硕士人才的培养工作；新闻学研究领域有高增平、纪楠、韩冰、姚汝勇等研究者，负责戏剧与影视专业硕士人才的培养工作。

三、服务社会

结合专业特点和优势，文学院长期以来主要承担和完成了以下五个方面的服务社会工作。

其一，顶岗支教活动。自2008年9月以来，为贯彻省教育厅关于师范生实习支教工作的部署，遵照学校统一安排，学院通过为期半年的顶岗支教方式，一方面为地方学校提供优质的人才资源，也为乡村教育的发展提供强有力的智力支持；另一方面也促使学生更加明确教师职业定位，为今后成长为合格人民教师奠定丰富的实践基础。目前已完成16届次6000余人次顶岗支教实习工作。

其二，承办培训项目。学院多次承办国培和省培项目，其中包括小学语文学科骨干教师能力提升培训、中小学幼儿园校（园）长和教师省级在线集中培训服务、新疆喀什地区教师国家通用语言文字提升在线示范培训等项目，为山东省及新疆喀什地区中小学语文教师素质提高做出了积极的贡献。

其三，推普润疆活动。文学院师生积极开展数字化智能高阶赋能推普实践，开发利用普通话测试平台辅助教师开展教学工作，充分展现了“新文科：普通话+AI”的学科交叉优势与魅力，解决了面对面教学与测评的难点，提高了教学与测评效率。2023年12月，学院文化润疆开拓者团队在第十七届iCAN大学生创新创业大赛全国总决赛中获三等奖，指导教师邢梅萍获“iCAN教育之星”荣誉称号。

其四，送楹联下乡活动。学院与地方政府合作，先后在东阿县鱼山镇、高集镇，冠县北馆陶镇等地积极开展“私人订制”户联、送楹联下乡及楹联文化乡镇创建活动，走出了一条以优秀传统文化服务地方区域经济社会发展的新路径，产生了良好的社会文化效应。

其五，与地方党政部门合作的相关项目。与中共聊城市委宣传部、聊城市文旅局等部门合作开展“历代名人名著写聊城”“天下不可小聊城”等校地合作提升项目，助力聊城“运河名城”“两河明珠”城市文化品牌创建工作。

四、人才队伍建设

学院坚持“质量立院、学科强院、人才兴院”的发展战略，把高素质教师队伍建设作为基础性工作，围绕人才培养和学科建设需求，不断深化机制体制改革，加大教师教学科研投入和激励保障，努力提升教师教研能力水平，推动教师队伍建设提质增效。

（一）师资结构优化。依托学校，健全师资队伍建设机制，加大师资队伍内培外引力度，优化绩效考核管理的激励机制，搭建教师成长平台，拓宽教师成长空间，对师资力量相对薄弱的专业，进一步深入研究分析，有针对性地开展引进和培养工作，建立起一支数量充足、结构合理的高水平师资队伍。

（二）教学成绩显著。学院获评国家精品视频公开课 1 门（《走进老舍》）、国家级一流本科课程 1 门（《文学概论》），省级精品课程 3 门，省级一流本科课程 2 门；教学成果获省级一等奖 4 项；省级普通高等教育一流教材 1 部（《大学语文》）；省级教学名师 3 名。近 3 年在青年教师教学竞赛、教师教学创新大赛中频频获奖。“九歌”文学社被评为全国十佳文学社。

（三）学术成果丰富。目前出版学术著作和教材 306 部，发表学术论文 4125 篇；主持国家社科基金项目 28 项，省部级科研项目 96 项；获教育部高校优秀科研成果奖 1 项，首届全国图书“金钥匙”奖 1 项，全国古籍图书优秀成果奖 1 项，山东省社会科学优秀成果奖 36 项，其中特等奖 1 项，重大成果奖 1 项。

（四）加大人才引进与培育力度。一方面，通过人才引进加强教学团队建设和专业带头人培养，博采众长，延揽名师，广泛聘请高校学者、业内精英任学院兼职教授，深入落实《聊城大学高层次人才及青年博士引进和管理办法》等相关制度，2005 年以来全职引进 A 类、B 类等优秀博士 20 位，有效提升了学院师资队伍质量，努力打造了高水平的师资队伍。另一方面，鼓励教师进修进学，不断提升学历水平；通过科研、社会服务、指导学生等方式带动一批教师参与社会实践工作，提高教师的实践能力；依托学校的教师发展中心，创设教师发展空间，持续开展教学培训指导与咨询，积极开展线上线下各类教学理论培训；开展微格教学技能演练，实现青年教师全覆盖。

（五）教学能力持续提升。对新入职教师开展教学能力培训，并进行教学能力达标测试，实行教师资格、主讲资格双证认定，同时通过资深教师指导，逐步提升教师教学能力；实施教研并进、示范引领，大力组织教师开展教学改革工程项目和教育科学规划课题；组织青年教师开展教学竞赛，积极利用现代教育技术手段，运用新颖的教学方法，激发了创新意识，改进了教学模式，提高了教学效果。

（六）强化师德师风建设。把教师思想政治建设放在首位、把师德师风作为评价教师的第一标准，加强师德宣传和教育，完善师德考核和监督管理体系，建立健全师德师风评价机制，落实“督导评估、学生评教、多方监督”的师德师风监督机制。

（七）营造尊师重教良好氛围。学院注重榜样引领和正面典型的激励作用，组织开展“入职宣誓仪式”“荣休仪式”、教师节表彰、“从教三十年”表彰、“最美教师和教书育人楷模”评选等系列师德教育特色活动，激励教师自觉肩负起培养担当民族复兴大任的时代新人的使命任务，增强教师争做有理想信念、有道德情操、有扎实学识、有仁爱之心的“四有”好老师的内生动力，坚定教师争做学生锤炼品格、学习知识、创新思维、奉献祖国引路人的信心。

（八）加强青年教师队伍建设。学院对青年教师加强师德师风、教学和科研等综合素养与能力等方面的培训，帮助过好教学关、科研关。选聘青年教师担任兼职辅导员，提升组织管理水平及与学生沟通交流能力。先后有24位老师进入“百人计划”“光岳英才”“光岳新秀”支持计划、“羡林学者青年计划”等全链条高质量人才引育平台。

（九）提升教师综合能力。制定修订《科研项目与成果认定办法》《学科科研绩效分配办法》等文件，实施“有组织地做有用科研”，系统推进科研经费改革、科研成果培育、科技成果转化等项目，有力提升教师产学研用能力；开展信息化教学专题培训，保障教师能运用多种信息化教学平台实践混合式教学模式，并提供良好的网络空间资源，为线上教学提供了可靠保障，为学生课堂学习及知识拓展提供了极大的便利。

（十）开展分类管理，教师评价体系进一步完善。深入落实教育评价改革总要求，将教师岗位分为教学为主型、科教并重型、科研为主型和专业导师型等 4 种类型，实施分类管理；坚持“破五唯，立多维”，在职称评审中创新实施积分制，进行分类评审，突出代表作评价；出台《教职工挂职锻炼管理办法》，明确工作要求，保障在校待遇，重视考核要求，并将挂职经历纳入教师参评职称的附加条件之一，有效激励了教师赴企事业单位进行挂职锻炼。

（十一）强化对外交流。出台《教职工进修管理规定》《青年骨干教师公派出国培养实施方案》《因公临时出国（境）管理办法（试行）》等系列文件，鼓励教师赴国（境）外交流、访学、进修、参加国际会议、开展合作研究，为教师申请国内、国（境）外交流含进修、访学、攻读学历学位等提供政策支持；通过国家留学基金管理委员会和自治区公派出国留学深造项目、与国（境）外高校或科研机构开展合作、教师自主联系到国（境）外高校或科研机构研修与交流等途径，拓宽教师国际视野；积极组织、参与国际学术会议，开展科研合作。

五、国际化办学

积极推动与澳大利亚等国高校的合作办学事宜，并于2023年与马来西亚新纪元大学学院建立战略合作关系，积极开展各类学术交流活动。如2023年12月，宁登国教授主讲博雅读书会第九场；2024年2月，叶欣哲等8名研究生参加“跨地域·跨学科”研究生国际学术研讨会。此外，我院多年来先后有7名老师参加约旦大学等海外孔子学院的汉语教学任务，多名学生参加海外高校交换生项目。

六、办学经验总结

文学院熔铸“崇教、尚学、敦厚、奋进”的聊大精神，强化内涵建设，紧密结合地方经济社会发展需求，确立了“立足鲁西、服务山东、面向全国”的服务定位，以立德树人为根本任务，强化“学生中心、产出导向、持续改进”的教育理念，夯实人才培养中心地位，人才培养模式特色及成效显著。

其一，汉语言文学院专业凝练出“1235”人才培养模式。“1”是1个中心，即以学生为中心；“2”是两个立足点，即师德和思政；“3”是3个交叉，即“语言学+文学+语文学”；“5”是五项技能，培养有主体性、导向性、创新性、应用性的师范人才。在该培养模式下，近年主持全国教育科学规划项目等国家级项目20余项，获山东省师范类从业技能大赛奖30余项。

其二，综合创新“五项技能”模式。文学院各专业均打造了符合自身特色的“五项技能”模式。汉语言文学专业在国家级教学成果基础上，形成了口语表达、阅读、写作、教师礼仪、教学技能新的教师五项技能训练体系，广播电视学专业形成了新闻采访、新闻写作、新闻摄影、新闻摄像、后期编辑五项技能训练体系，秘书学专业形成了办公自动化技术、公文写作、书法、普通话、演讲五项技能训练体系。在“五项技能”模式下，学院培养了一大批有主体性、导向性、创新性、应用性的复合应用型高层次专业人才。

其三，打造符合学生学习规律的实践教学流程。学院注重专业技能和实践教学环节，实践教学安排尊重学生学习规律。汉语言文学专业的实习支教安排在第五学期开展，实现了“实习前学理论、强实训，实习中练技能、增反思，实习后重展示、营氛围”的师范生培养体系，做到了理论和实践教学的有机统一。广播电视学专业和秘书学专业在大二、大三学年结束后的暑期安排两次实习，使学生在“理论—实践—理论—实践”的实践反馈过程中，熟悉行业流程和工作规律。

总之，学院始终把本科教育放在人才培养的核心地位，始终坚持以学生的成长和发展为中心，全面落实立德树人根本任务，以习近平新时代中国特色社会主义思想为指导，引导学生树立坚定理想信念，积极培育和践行社会主义核心价值观，努力构建文化素养、道德品质和身心健康协调发展的育人工作体系。

第九节　外国语学院

聊城大学外国语学院始建于1974年，其前身为山东师范学院聊城分院英语系。截至2024年，学院拥有英语、日语、西班牙语、汉语国际教育等四个本科专业和外国语言文学、翻译硕士、学科教学（英语）、国际中文教育四个硕士学位授权点，设有公共外语教学部，承担大学英语、大学日语、大学俄语等本科及硕士研究生阶段的全校公共外语授课任务，同时开设朝鲜语微专业。学院现拥有省级科研平台“北冰洋研究中心”及校级科研平台“‘一带一路’沿线非通用语研究中心”，在应用语言学研究、认知语言学研究、外国文学研究、区域与国别研究、中华学术外译、基础英语教育研究方面形成特色。学院注重培养学生的专业知识应用能力，推行“课堂教学+社团活动+专业竞赛”三位一体人才培养模式，打造专业社团活动品牌，推荐学生参加专业技能大赛，年均近百人次获得“山东省师范生从业技能大赛”“外研社英语阅读写作演讲大赛”等国内赛事的重要奖励。

自英语系成立以来，外国语学院先后历经起步创建、稳步发展、高质量发展三个历史时期，现已发展成为专业设置齐全、办学层次多样化、特色鲜明的应用型外语人才培养机构。

一、起步创建时期（1974—1980）

1974年8月，根据中共山东省委鲁发〔1974〕109号文件，决定建立山东师范学院聊城分院，开设政治、中文、英语、数学、物理、化学六个专业，聊城大学外国语学院则由此诞生。

1. 筚路蓝缕，初现蓝图。英语系成立之初，人力、物力、财力匮乏，办学条件十分艰苦。当时的图书资料不足200册，期刊仅有《国外外语教学》《上海外语教学》《英语辅导》《外语学刊》和《语言学动态》5种，资料室总面积也仅有20平方米，没有什么录音设备，专业发展和人才培养受到很大限制。由于师资匮乏，不少任课教师由山东师范学院英语系老师兼任。尽管条件如此艰苦，经过两三年的努力，专任教师队伍基本稳定下来，英语系的教学质量有了基本保障，英语系的雏形已经显现。

2. 厉兵秣马，初见曙光。1974年11月，中学英语教师培训班的37名学员入校，标志着聊城大学外国语学院正式拉开了历史发展的帷幕。1976年10月12日，通过推荐和选拔相结合的形式，英语专业招收了 50 名三年制普通班学员，即外国语学院最早的七六级英语专业学生，正式学历教育也从此时开始。1977 年，国家恢复高考招生制度，英语系七七级首批招收了 70 名普通本科学生，于次年 2 月入校，学制四年。1980 年，《国务院批转教育部关于大力发展高等学校函授教育和夜大学的意见》出台；同年，山东师范学院聊城分院招收了首届三年制专科夜大学生，其中英语专业招收了 120 名学员，外国语学院历史上的成人教育开始起步。

3. 发愤图强，星火燎原。建系之初，办学条件极其艰苦，但以李玉敬、邱维岳、宋哲诚、肖文学、张传真、何凤鸣、赵化学、张法科、张德庆、刘其莲、孙玉琴、王义国、韩玉华、韩明岱、王福杭、顾栋华、葛维雷等为代表的第一代聊城大学外语人，继承了山东师范学院教育教学的优良传统和丰富经验，定位高水平中小学英语师资人才培养，艰苦奋斗，勇于开拓，向社会输送了以张德禄、李喆、辛斌、耿建新、刘宝存等人为代表的一批又一批高水平的外语人才，为外语学科的长远发展夯实了基础。

二、稳步发展时期（1981—2004）

1981 年 7 月，根据教育部〔1981〕教计事字 157 号文件通知，经国务院批准，山东师范学院聊城分院更名为聊城师范学院，聊城大学独立办大学的历史正式拉开帷幕，英语系也由此进入了稳步发展的新阶段。1981 年 9 月 12 日，英语系八一级的 51 名同学以聊城师范学院学生的身份开始了他们的大学生活，标志着聊城大学外国语学院的发展迈上了一个新台阶，学院的人才培养目标也比以前更加明确。2000 年前后增设了日语系和朝鲜语系，办学语种实现多元化。经过张传真、张德禄、马泽生、刘生、李煜昕、杨再祥、何凤鸣、王相水等人为代表的几代人的艰辛付出，外国语学院的专业建设、师资队伍建设、学科发展、人才培养等，均取得了巨大进步。

1. 硬件建设日臻完善。相比于英语系创建初期，外国语学院这一时期的硬件设施建设有了重大的改善，为人才培养提供了必需的硬件条件。1985 年，安装了松下 WE—7700N 大型语言实验室成套设备 40 套；1988 年，安装了 SYY—1 大型语言实验室成套设备 40 套；1996 年，安装了 LL—5 大型语言成套设备 40 套。此外，还自筹资金，购置了低音广播系统、多媒体教学系统等现代化教学学习设备，并购置了大量的图书。截至 1999 年，外国语学院电教仪器设备总价值突破了 42 万元，实验室面积达到 410 平方米。2002—2003 年，由学校出资 50 余万元，建设了 2 个语言实验室和一个多媒体教室；学院还自筹资金，建设了一个专业外语教学实验室。1999 年学院藏书 12000 册，中外文期刊超过 100 种；2000 年以后，学院通过各种途径，有计划、有重点地采集国内外各种文献资料，自筹经费 6 万余元购买原版期刊和最新出版物，逐步形成具有外院特色的多语种藏书体系。此外日本国际教育交流基金会向外国语学院捐赠了价值 40 万日元的图书，一定程度上解决了日语专业图书资料紧缺的问题。至此，外国语学院的藏书达到近 30000 册，保证了外语教学的需要。

2. 多语种多层次办学初见成效。1999 年，经国务院批准，学院增设了日语本科专业，学制四年；同年，英语系更名为外语系。2002 年，随着学校更名为聊城大学，外语系更名为外国语学院；同年增设了应用韩国语专业，主要通过中韩合作的形式，招收专科学生，为 2006 年朝鲜语本科专业的设立，从师资队伍、教学资源建设方面奠定了坚实的基础。基于多年发展积累下的学科专业资源，外国语学院的硕士研究生教育也有了重大突破。2000 年获批英语语言文学二级学科硕士学位授权点，2003 年获批外国语言学及应用语言学二级学科硕士学位授权点，并作为方向之一招收英语课程教学论学术硕士研究生。当时，外国语学院的研究生教育达到了省内高校外语领域研究生教育的领先水平。至此，外国语学院已发展成为多语种、多层次办学的外语类人才培养单位。

3. 师资队伍建设初具规模。到了 20 世纪 90 年代中后期，外国语学院专任教师的人数已基本保持在 40 人以上。随着日语、朝鲜语和俄语专业教师不断加入，外国语学院师资队伍的专业语种实现了多元化，基本满足了各专业教学工作的需要。1988 年，英语系主任张传真作为学校与美国新奥尔良大学交流的第一位学者，赴美讲学一个月，开辟了专任教师海外进修、访学的新天地。从此之后，大批教师先后到英国、美国、澳大利亚、新西兰、日本、韩国、瑞典、朝鲜等国家高校或科研机构访学或攻读硕士、博士学位。师从语言学大师韩礼德的张德禄是外国语学院第一位获得海外硕士学位的教师。截至 2024 年，外国语学院 80% 以上的专任教师均具有海外进修、访学、讲学、求学的经历。学院还先后聘请外语和教育学界大师赵世开、胡壮麟、王守元、刘世生、张武升、杨光学、刘宝存教授等为兼职教授。

从 1982 年邀请加拿大文教专家汤姆逊来校进行学术报告开始，一批又一批的外籍专家陆续来到英语系任教或进行短期的访问交流。1985 年来学院执教的美籍文教专家吕蓓卡・安・巴克和林・玛丽亚・赫德森是第一批以外教身份在学院工作的外国专家。之后，陆陆续续一大批来自英国、美国、加拿大、澳大利亚、菲律宾、日本的外国专家来校任教，教授听力、口语、阅读、英美文学等课程。自此以后，每年的执教外国专家人数保持在 6 人左右。美国文教专家艾格尼斯・林斯特罗姆女士是在聊城大学执教时间最长的外国专家，为外国语学院的人才培养作出了重大贡献。艾格尼斯女士本人也曾得到山东省外事办的多次嘉奖，并得到时任总理李鹏的亲切接见。2000 年 9 月，首批日语外教西村三郎及其夫人西村静子来学院任教。到 2004 年，英国、美国、澳大利亚、日本、菲律宾等国的十几名专家先后在学院任教。外国专家的加入进一步壮大了外国语学院的教师队伍。

学院制定了各项政策，保障学院的师资队伍建设。20 世纪 90 年代以来，学院实施人才强院战略，大力加强师资队伍建设。通过落实“事业留人、待遇留人、感情留人”政策，稳定发展师资队伍。1999—2004 年，引进优秀本科毕业生 30 多人。2002—2004 年，学院出台政策，自筹经费引进高层次人才，对引进的硕士、博士在岗位津贴上给予倾斜。学院人事分配制度改革实施方案中规定，在取得相应的专业技术职务之前，具有硕士学位的教师享受讲师津贴，具有博士学位的教师享受副教授津贴。针对引进高层次人才困难的状况，学院鼓励青年教师报考定向硕士和博士研究生，在很大程度上解决了师资队伍学历学位低的问题。

4. 教学改革研究成果显著。1993 年，英语系申报的世行贷款教学改革研究项目“高师英语专业总体培养模式”获山东省教委立项，研究成果于 1996 年获山东省普通高校优秀教学成果省级二等奖，这是外国语学院历史上第一次获得高层次教学成果奖励。在“高师英语专业总体培养模式”研究成果的基础上，1997 年英语系再次获批山东省面向 21 世纪课程体系和教学内容改革的教学改革研究项目“高师英语专业素质培养与课程体系和教学模式改革”。该项目 2000 年结项，研究成果再次获得山东省普通高校优秀教学成果省级二等奖。除此之外，面向全体教师，组织课堂教学观摩和教学竞赛，新老教师结对子，以老带新，探讨教学内容、教学方法改革，大幅度提高了青年教师的课堂教学水平。在学校组织的课堂教学比赛中，以肖健壮为代表的一批中青年教师获得了多项校级教学荣誉称号。

5. 科学研究水平稳步提升。1981 年，日语专业的李大川老师在学术期刊《山东外语教学》上发表论文《日本的文学奖》，成为外国语学院历史上公开发表学术论文的第一人。为了鼓励科学研究，英语系研究制定了《关于科研工作的暂行规定》，为学院科学研究提供了制度动力，随后出现了以张德禄、李大川、耿宁、许鲁之、刘生、张法科、樊肇昌、张景华、李玉华为代表的一批学术骨干。到 20 世纪 90 年代初期，教师发表的论文、出版的专著达到 49 篇（部）。

6. 第二课堂教学渐显成效。为提升学生的专业应用能力，学院于 1994 年启动成立第二课堂教研室，从高年级中选拔了一批优秀学生，利用每天下午的课余时间，组织学生开展普通话、外语阅读、外语书法、外语写作、外语口语等方面的训练和考核，提升了英语教育专业学生的基本教学技能。这一传统后来发展成为教师指导的专业社团活动。学生利用课堂教学中习得的知识，通过第二课堂活动进行实践，并在教师指导下，积极参与各级各类专业竞赛，一大批学生在各种专业赛事中获得高层次奖励，提升了学校和学院在省内、国内同行中的知名度。设立外语语言文化节，丰富学生的外语学习知识和外语文化素养；设立外语科技学术节，开展各种外语学习竞赛展演活动，提升学生的外语学习和研究能力；实施外语专业技能达标测试，提高学生的外语应用能力。

7. 国际办学硕果累累。20 世纪末 21 世纪初，外国语学院的国际办学取得了重大发展。2001 年，学校与日本骏河台大学启动交换留学生项目，当年学院有 1 名教师和 3 名学生作为首批交换留学生赴日本学习，之后有数十名师生赴骏河台大学交流学习。仅 2002—2004 年间，先后有 12 名日语专业学生作为交换留学生前往日本。2002 年，学校与韩国京畿大学、庆熙大学签订友好学校协议和学分互认、交换留学生协议。2004 年，首批应用韩语专业 4 名学生作为交换留学生赴韩国高校学习。

8. 成人教育服务地方。1980 年开始截至 1987 年，外国语学院的成人教育仅招英语专科学生。1991 年，增设专升本英语专业；1992 年，第一届函授英语专业专升本学生入校；1993 年，第一届英语专业第二学历专科开始招生；1994 年，开办了函授五年制高起本，同年，成人自学考试经贸英语专业也开始招生。成人自学考试经贸英语专业先后在青岛、济南、烟台、威海、文登、东营、乳山、德州、聊城等地设立了自考点，招收自学考试经贸英语专科学生 5000 多人。以后几年，除了在契合、宁津等地开办中学英语教师提高班之外，受山东省教育厅委托，学院承担了山东省中学英语骨干教师省级培训项目和教育部基础教育研究项目，面向全省中小学英语教师承办了多期培训工作，大大提高了聊城及周边地区的中小学英语师资水平，其中也出现了不少的优秀校友。英语系有近百名校友正担任或曾经担任高校及中小学校的校长、书记、院长、教研员等职，也有不少学员成为省级、市级、县级教学名师，涌出了以李喆、张德禄、张武升、崔秀山等人为代表的一大批各级各类学校的领导者。

9. 大学外语教学改革成绩斐然。随着学生招生规模不断扩大，公共英语教学遇到了教师岗位不固定、经费紧张、教学设备不足的问题，与其他相关二级教学单位的协调和教学管理问题日益明显。为解决这些问题，加强大学英语教学，1987 年，经学校党委决定，公共英语教研室从英语系分离出来，成立大学英语教研室，直属教务处，负责全校非英语专业大学英语、大学俄语等课程的公共外语教学。1992 年 9 月，为加强对全校公共课教学的协调与管理，学校决定把大学英语教研室从教务处分离出来，与教育学、心理学、马克思列宁主义教研室合并，成立独立的二级教学单位基础教学部。合并后，大学英语师资队伍建设和教学条件均得到改善，教师增至 23 人。为进一步加强大学英语教学工作，1997 年 4 月，学校决定把大学英语教研室从基础部分离出来，成立大学英语教学部，为学校独立二级教学单位。大学英语教学部的建立，实现了对我校大学英语教学的独立组织和管理，使我校的大学英语教学工作走上了健康发展的道路。独立建制后的大学英语教学部，狠抓师资队伍建设，针对年轻教师多、学历低、职称低的状况，加大在职教师的培养力度。一方面，通过各种渠道，选派优秀教师出国深造；另一方面，积极鼓励和支持年轻教师攻读硕士学位和博士学位。三年间，先后有16名青年教师考取了硕士研究生。

大学英语教师队伍的科研水平也逐年提高。并入基础部的几年前，公开发表论文50余篇，出版教材3部。成立大学英语教学部以来，教师的科研潜力得到极大开发，成功获批教育厅教研科研项目2项，校级教研科研项目10项，到位研究资金20余万元，先后在《中国翻译》《西安外语学院学报》《外语电化教学》等期刊上发表论文110余篇，出版专著、教材、教辅书籍15部，先后获得山东省优秀教研成果二等奖1项；山东省外语学会优秀教研成果一等奖2项，其他各类奖项25项。

20世纪90年代，大学英语教学部积极开拓，开发面向社会的语言服务。1997年，大学英语教学部先后取得了全国英语等级证书考试资格、剑桥少儿英语考试资格。有30多位教师先后取得了山东省自考办颁发的全国公共英语等级证书考试口语考官资格。以此为依托，大学英语教学部每年面向社会举办多期公共英语等级证书考试辅导班、多期剑桥少儿英语培训班。1997年暑假开始，受中原油田和聊城市教委的委托，大学英语教学部先后利用假期，分别举办了5期涉外人员培训班、3期中小学英语骨干教师培训班。1998年，受陵县县委组织部委托，举办了1期学制一年的全日制涉外干部英语研修班。大学英语教学部还安排教师，面向校内外开展职称晋升英语考试辅导、研究生入学英语考试辅导、全国大学英语四、六级考试辅导等，组织教师承接各类英汉互译业务，为聊城及周边地区的经济社会发展提供了智力支持。2002年以来，大学英语教学部充分利用专业优势和教育资源，一方面继续开展原有的培训等业务，另一方面积极在成人教育和中外合作办学领域拓展新业务。2003年、2004年连续承担继续教育学院函授生的英语教学任务。2004年底，山东省教育国际交流协会留学办公室聊城办事处在大学英语教学部挂牌成立。

从1987年成立大学英语教研室，到1997年成立独立建制的大学英语教学部，再到21世纪初，在韩明岱、王福杭、任连奎等老一辈的带领下，大学英语教学部为学校公共外语教学作出了巨大贡献。2002年以来，大学英语教学部进一步加大了教学改革的力度，转变教学理念，探讨新的教学模式、教学方法，采用现代化教学手段。2003 年秋，大学英语教学部开始实施“改革大学英语教学体系，全面提高学生英语综合应用能力”教学改革研究项目，项目成果在 2004 年被评为省级优秀教研成果二等奖。2003 年 12 月，大学外语教学部被教育部确定为全国大学英语教学改革 180 所试点单位之一，接着于 2006 年 5 月又被评选为全国大学英语教学改革 31 所示范点单位之一，得到了省内外学界的广泛认可，也展现了我校大学英语改革的超前性。

10. 学生管理工作日新月异。学院坚持“一切为了学生发展、一切服从学生发展、一切为学生发展服务”的工作思路，引导学生健康成长，科学发展。为此，2000 年以后，学院加强了学生工作队伍建设，配备了 4 名专职辅导员，辅导员的学历层次也从本科上升到研究生学历。学院首次尝试本科生导师制度，关心学生成长；设立“倾听与倾诉工作室”和女大学生权益服务中心，维护学生的权益，提供及时的帮助和服务，缓解学生的思想压力、生活压力和学习压力；开展贫困学生帮扶活动，关心贫困学生的思想、生活、学习状况；教工党员、学生党员与贫困学生建立“一帮一”帮扶关系，帮助学生解决就业过程中遇到的各种实际困难，提高就业质量；鼓励学生报考研究生继续深造，提升发展层次。

11. 制度建设促进教学质量提升。为提高教学质量，学院先后制定了一系列教学规章制度和教学规范。1993 年 9 月，聊城师范学院召开第一次教学工作会议，确立了教学工作在学校各项工作中的中心地位。英语系认真贯彻学校教学工作会议精神，加强课程教学和考试管理，率先在全校启动考教分离。英语系坚持老教师听课、检查教学进度、检查教师教案和学生作业、召开师生座谈、组织评教等教学管理活动。1996 年，英语系成立教学督导工作组，负责督导教师教学工作。一系列教学管理制度的建立，很好地保证了教学质量，提高了人才培养水平。2006 年，学院制定了《校院系三级教学管理制度》和《同类课程平行班级课程召集人制度》，在学校引领下，学院负责教学工作的宏观管理，系和教研室作为教学管理的基层组织负责组织实施具体的教学活动；课程召集人负责课程群的管理，教学管理责任更加明确，层次更加清晰，效率得到提高。

12. 党建引领，全面提升。学院强调党总支在学院发展、人才培养中的引领作用。学院领导班子一岗双责，注重提高领导水平、理论水平和决策水平，团结协作，分工负责，共谋学院深远发展。学院党总支始终把加强基层党组织建设作为一项重要工作来抓，在教职工中建立了党支部、团支部、工会和妇女组织，通过各种组织有的放矢地开展思想政治工作。制定了《外国语学院教师职业道德规范》和教风建设方案，要求教师做到严谨治学、敬业爱生、乐于奉献、教书育人。学院以党建为核心，开展了大学生思想政治教育工作，增强学生的时代责任感、使命感。党建工作成效显著，1999 年，学院党总支被评为校先进党总支；2000 年，学生党支部被评为校先进党支部；2003 年，教工党支部被评为校先进基层党组织；2004 年，学院被评为校党建和思想政治工作先进集体；2004 年学院党总支被评为聊城市先进基层党组织。学院党员教师袁新、李玉华、李大川、樊肇昌、刘风山等人先后获得各种荣誉称号；大学英语教学部则涌现出校级、部级优秀党员 5 人，校级师德标兵有 1 人。

三、高速发展阶段（2005—2024）

自 2005 年以来，外国语学院的各项工作进入了高质量发展阶段。2008 年，大学英语教学部更名为大学外语教育学院，与外国语学院并立为学校独立二级学院。2018 年，为了充分利用外语教学资源，提高全校外语教学质量，经学校党委决定，外国语学院和大学外语教育学院合并为外国语学院（大学外语教育学院）。师资队伍、教学科研、招生就业、党建工作等的合并，进一步激发了外语学科教学科研人员的工作积极性，外国语学院的专业建设、学科发展、软硬件建设、人才培养、党建工作等，都迈上了新台阶。

1. 专业建设创新突破。2005 年，经教育部批准，学院设立汉语国际教育专业。汉语国际教育专业多年来一直是外国语学院的特色专业，课程设置采用“英语 + 对外汉语”的形式，提升学生对外汉语教学能力与知识素养的同时，学生的外语水平也得到极大地提高，毕业生就业渠道拓宽，在升学就业方面表现出强劲的势头。2006 年，应用朝鲜语专业更名为朝鲜语专业，开始招收全日制本科学生。2012 年，英语专业获批山东省特色名校重点建设专业；2014 年，英语、汉语国际教育专业，与汉语言文学专业结合，获批山东省高水平应用型专业建设立项。小语种专业也得到了发展；2017 年，经教育部批准，学院增设了西班牙语专业，并于当年开始招收全日制本科生，该专业毕业生就业情况良好。受现实形势影响，响应省教育厅及学校政策；2018 年，朝鲜语本科专业停止招生，改为朝鲜语微专业，面向全校学生提供朝鲜语专业核心课程的学习。2021 年，英语专业获批山东省一流建设专业，2022 年获批国家一流建设专业，外国语学院专业建设实现了质的改变。招生规模日趋稳定，自 2005 年以来，全日制在校本科生年均 1500 人左右，硕士研究生年均 200 余人。

2. 研究生教育布局优化。在英语语言文学、外国语言学及应用语言学、英语课程教学论三个专业的研究生教育的基础上，2006 年，作为教育学专业硕士学位的一个方向，学院开始招收学科教学（英语）专业学位硕士研究生，该学位点的毕业生就业率高达 99% 以上，也为本地及周边地区的中学教育注入了鲜活的力量。2010 年，获批翻译硕士专业学位授权点，经过多年的发展，该学位点招生范围得到拓展，从原来的英语笔译、英语口译，扩展到朝鲜语笔译、日语笔译。目前该学位点可以招收英语、朝鲜语、日语三个语种的笔译专业硕士研究生。2021 年，获批外国语言文学一级学科学术硕士学位授权点，可以招收英语语言文学、外国语言学及应用语言学、日语语言文学等二级学科方向的学术学位硕士研究生，这是外国语学院学科发展史上的重要事件，标志着外国语学院的研究生教育上了一个新台阶；同年，还获批国际中文教育专业硕士学位授权点，并于 2023 年招生。截至 2024 年，外国语学院的研究生教育已实现多语种化、多层次化、多领域化。

3. 师资队伍结构更合理。学院出台了《外国语学院教师队伍建设规划》《外国语学院师资队伍培训计划》等师资队伍建设文件，通过引进、培育等方式提高师资队伍的学历、学位水平。截至 2024 年，外国学院共有教职工 156 人，其中教授 14 人，副教授 61 人，51 人具有博士学位教师。师资队伍的学历学位水平大幅提升。2006 年，北京师范大学毕业的柴秀娟是外国语学院引进的第一位博士，接下来的 18 年间外国语学院持有博士学位的教师人数从 0 增加到 49 人，占专任教师人数的 40% 左右。学缘结构也更加合理，学院现有的持有博士学位的教师当中，有国内名校的博士毕业生，包括北京外国语大学、上海外国语大学、华东师范大学、四川外国语大学、北京师范大学、南京师范大学、苏州大学；也有国外名校博士毕业生，包括韩国釜山外国语大学、韩国清州大学、古巴哈瓦那大学等。师资队伍结构的优化，大幅提升了学院的教学教研及科研水平。

4. 外语教学改革再创新高。基于多年教学改革研究成果积淀，2009 年，任连奎教授主持的“以听说能力为主的大学英语教学改革：基于地方普通高校的探索与实践”获得教育部颁发的国家级教学成果二等奖，这是聊城大学，更是聊城大学外语学科发展历史上程碑式的事件。整合学科专业资源，齐登红、刘风山、梁国杰、孙先洪、韩玉平、崔艳嫣、刘风山、胡朝丽、孟令新、张子宪、郑顺姬等人先后获批 13 项省级本科教学改革研究项目及省级研究生教育质量提升项目，其中省级重点教学改革研究项目 1 项，并获得省级教学成果二等奖 3 项。2023 年，刘风山、张慧、鹿清霞等人主讲的“美国文学”课程获批国家一流课程建设立项，这是外国语学院课程建设方面的标志性成果。2024 年，李燕飞主讲的“大学英语”、王红霞主讲的“综合英语”、李静主讲的“英语口译”、肖征的“英语语法”等课程获得了省级一流课程建设立项，外国语学院的课程建设进入了高质量发展阶段。

5. 科学研究质的飞跃。外国语学院建章立制，制定了鼓励科研的政策，以政策带动全院教学科研人员的科研积极性。2010 年，陈万会主持的“英汉语词汇化的历时考察和对比研究”获批国家社科基金项目立项，是聊城大学外语学科发展史上里程碑式的成绩。在此基础上，刘风山的“全球化语境中当代美国文学中的冷战叙事”、王长汶的“日本所藏南洋华侨抗日救国运动资料整理与研究”、赵文兰的“凯瑟琳·曼斯菲尔德对中国现代作家的影响研究”、齐山德的“俄罗斯涅涅茨民族现代进程研究”先后获得国家社科基金项目立项，曲枫的“爱斯基摩史前史与考古学研究”获批国家社科重点基金项目立项；同时，金日山、郑顺姬先后获批3项国家社科中华学术外译项目立项。这些都是外国语学院科研发展史上高层次的标志性成果，涉及语言学、文学、翻译、区域国别、文化传播多个外语学科相关研究领域，对学院科研发展起到了引领作用。

外国语学院教学科研人员年均获得厅级以上科研项目6项以上。其中在教育部人文社科项目立项方面成绩斐然，先后有崔艳嫣、刘风山、王敬媛、李维滨、王长汶、李志岭、秦洪庆、赵文兰、梁国杰、李登桥、张丽红、林娜、耿瑞芹等人获批教育部人文社科项目12项，刘宾等人主持其他部委项目8项。在横向课题立项方面，王长汶、渠海霞、金玉兰的横向课题经费达到了150万元以上。科研获奖方面，赵文兰、陈万会先后获得省级科研成果二等奖3项、三等奖1项；李志岭、刘风山、刘宾等人则获得高校优秀科研成果奖5项。

6.“三位一体”人才培养模式成效突出。学院坚持“课堂教学+社团活动+专业竞赛”三位一体的人才培养模式，三管齐下，着力提升人才培养成效。在课堂教学方面，学院成立有7个教学团队，团队发挥模范带头作用，积极推进课堂教学改革，秉持“学生中心、持续改进”的专业发展理念，积极申报一流课程和教科研项目，参加各类教学大赛等，有效提升了教师队伍的教学能力和教科研能力，教师队伍整体水平大幅提升。在社团活动方面，学生课余生活丰富，可加入外语俱乐部、针眼看世界、戏剧社、演讲与辩论团队、译路相伴、犀言辩论社、慕曲戏剧社等学生社团，参加社团组织的“莎翁杯”话剧大赛，英语演讲大赛、辩论大赛、翻译大赛等。社团活动丰富有趣，既丰富了学生的第二课堂，又有效地结合专业知识，让学生在乐趣中学习，在乐趣中提升。在学科竞赛方面，学院成立有竞赛指导团队，负责指导学生参加山东省师范生从业技能大赛、全国高师教学技能大赛、外研社杯全国大学生英语挑战赛（演讲、辩论、写作、阅读、翻译）、21世纪杯全国英语演讲大赛、全国口译大赛、山东省科技翻译大赛等，均取得了优异成绩。近五年来，学生在山东省师范生从业技能大赛中荣获一等奖11次、二等奖12次、三等奖6次；在外研社杯全国英语演讲大赛中获全国决赛三等奖3次，网络赛区特等奖3次，一等奖1次、二等奖3次、省赛一等奖2次、二等奖2次、三等奖3次；在21世纪杯全国英语演讲大赛中获全国决赛二等奖1次，省赛特等奖1次；在外研社杯和CUDC杯等相关英语辩论赛事中获国家级三等奖2次、省赛一等奖4次、二等奖6次、三等奖25次；近三年来，学生在省科技翻译大赛中获一等奖3次、二等奖4次、三等奖13次；全国口译大赛省赛一等奖1次、二等奖3次、三等奖5次；近一年来，在全国高师技能大赛中荣获一等奖22次、二等奖33次、三等奖42次。总之，在“三位一体”人才培养模式下，学生的外语水平和专业素养得到极大提高，人才培养水平显著提升，聊城大学外语学科人才培养在省内外学界的知名度也逐年提高。

7. 国际合作办学渐入佳境。学院与美国、日本、韩国等国外大学、学术团体开展学术研究和教育教学合作。2010年以来，学院聚焦“一带一路”沿线国家，深度开展中外人文科技交流，积极拓展中外合作。2023年，与古巴哈瓦那大学共建哈瓦那学院和西班牙语研究中心。自2006年以来，学生、教师百余人次先后到美国、英国、日本、韩国、西班牙、古巴等国外知名高校攻读硕士、博士研究生或参与交换留学项目。学院积极推广国际中文教育，20余名师生赴世界各地孔子学院执教，站在世界舞台发出中国声音，尤其在约旦费城大学孔子学院、萨摩亚孔子学院的工作中作出了重大贡献。

8. 服务社会意识逐年增强。自2010年以来，强调学以致用，外国语学院大学生的社会服务意识逐年增强。学院的志愿服务内容和志愿服务形式，主要有四种：一是大学生西部计划和研支团项目。外国语学院先后有60余名志愿者自愿参加新疆、西藏、四川、黑龙江、青海等地的大学生西部计划和研支团，并有18人扎根西部。二是援疆实习支教项目。自2022年起，学院共派遣了三批100余名大学生志愿者远赴新疆麦盖提县进行大学生支教工作，为西部教育事业贡献了自己的智慧。三是大学生“三下乡”“返家乡”“大学生进社区”等志愿服务项目，学院年均组织50多支大学生志愿服务队在家乡和社区开展志愿服务活动。四是国际交流翻译志愿者项目，外院学子成立的“译路相伴”志愿团队，在李静、李相征等老师的指导下，充分发挥自身专业优势，服务当地企事业单位国际交流洽谈的翻译服务。

9. 党建引领的新时代办学。新时代，始终强化学院党委的领导核心作用，加强党对学院工作的全面领导，坚持社会主义办学方向，为学院各项事业的科学健康发展提供坚强的组织保障。切实把党的领导贯穿办学治院各个领域、各个教育教学环节以及人才培养的全过程，教育引导师生听党话、跟党走，突出思想引领，夯实党建基础，强化思政实效。突出教材、教学、教师三个关键环节，将立德树人工作融入学院各工作领域。学院领导带头深入师生，开展思政教育，始终坚持把立德树人成效作为检验学院一切工作的根本标准。

新时代、新目标、新任务，外国语学院将秉承学院老一辈人的优良传统，以外语教育为核心，突出师范教育的办学特色，打造多语种、多专业的应用型人才培养高地。学科发展带动专业提升，学院将制定更加科学合理的教学科研激励政策，制定着眼全球、瞄准未来的人才队伍建设方案，进一步改善学院师资队伍的学历、学缘结构，提升学院教学科研人员的教研科研水平，在教育教学中引入前沿理论和优质的专业实践资源，大幅提升人才培养质量。继续推进国际化办学，继续打造服务地方社会经济发展的人才高地，着力培养优质的应用型外语人才，服务聊城及周边地区的中小学英语教育、企事业国际交流、社会管理、外事交流等各项工作，并在中国文化国际传播工作中发挥积极的作用。

第十节　历史文化与旅游学院

聊城大学历史文化与旅游学院，其前身为1984年建立的聊城师范学院历史系，是学校较早设立的院系之一。2002年改建为历史文化学院，2013年5月更名为历史文化与旅游学院。学院至今40年的发展史，以20年为界，大致可划分为前后两个阶段。前20年，分为创建时期（1984.6—1991.12）稳步发展时期（1992.1—2002.1）和全面快速发展时期（2003.2—2004.12），在正式出版的校史中已有详述，此处重点叙述后20年的发展历程。

近20年来，在学校党委的科学指导下，学院依托聊城大学深厚的文化积淀与历史底蕴，落实立德树人根本任务，凝练和秉承“笃史博文，励志敦行”的院训，团结奋进，守正创新，接续奋斗，在学科建设、人才培养、繁荣学术、传播文化、服务社会、对外交流中彰显镌刻着一代又一代人奋斗的足迹，形成了以太平洋岛国、运河学、黄河学、乡村社会治理、东夷文化为主攻方向，文旅融合发展、教学特色鲜明、学科优势突出的发展新格局，书写出厚重的历史和骄人的成绩，为国家建设和经济社会发展培养了大批优秀人才。何鲁丽、王家瑞、刘新成、王忠林、李肇星、于洪君、杜起文、郝平、周其凤、于杰、任爱荣、许立全、范华平、唐洲雁等领导先后到访，充分肯定了学院服务国家战略、融合地方发展、强化特色的发展思路，对太平洋岛国研究中心和运河学研究院为服务国家外交大局和区域经济发展贡献的智慧力量给予高度评价。

一、发展历程

（一）固本守正时期（2005.1—2011.12）

这一时期，教职员人数相对固定，招生人数逐年攀升的同时本科教学水平也不断提高。学院共有教职员39人，有历史学和旅游管理2个本科专业。鉴于社会需求和办学经费结构变化，旅游管理专业招生人数超过历史学专业。2007 年，历史学专业以优秀等级顺利通过国家高等学校教学水平评估；同年，在山东省高等学校品牌特色专业评审中，历史学专业榜上有名。2011 年，历史学专业获评国家级特色专业。办学层次因硕士点授予权的获批得以提升。2005 年获批中国古代史、中国近现代史、世界史硕士点;2011 年，世界史获批一级学科硕士点招生权。经过长期积累，学院对办学历史做了深刻总结，凝练成“笃史博文，励志敦行”的八字院训。

（二）传承创新时期（2012.1—2024.1）

学院搬迁新址，开设新专业，本科专业增加至三个。2015 年暑假，学院由东校区 2 号教学楼搬迁至 6 号教学楼。根据社会发展需要，申报并获批教育部特设的“外国语言与外国历史”专业，当年面向全国招生第一届学生 30 人，学院本科专业寻找到新的增长点。专业发展及人才培养质量得到更进一步提高。2012 年，历史学、旅游管理 2 个专业获批山东省应用型人才培养特色名校重点建设专业。2019 年、2021 年，陈德正教授领衔的世界古代史和李桂民教授领衔的中国古代史分别获批省级一流课程。2021 年历史学专业获批国家级一流专业建设点。以赛促学促教，无论是创办较早的历史学和旅游管理专业，还是新办的外国语言与外国历史专业，均以专业为基础积极参与相应的全国竞赛，取得了良好效果。以外国语言与外国历史专业为抓手，积极拓展国际化办学渠道。创新学科平台，打造亮丽品牌，以学科带动学院全面发展。2012 年，经学校批准以中国古代史骨干教师为主成立运河学研究院，李泉教授任首任院长。依托世界史骨干教师为主成立南太平洋岛国研究中心（2014 年改为太平洋岛国研究中心），时任校党委书记李喆教授任中心主任，陈德正教授为执行主任。2022 年 4 月中国—太平洋岛国应对气候变化合作中心正式启动。2018 年，在学校支持下通过引进人才创建北冰洋研究中心（2021 年，转入外国语学院管理）。世界史学科在第四、五轮学科评估中分获 C- 和 C 的佳绩，是全校唯一两轮均进入 C 级的学科，在全国世界史领域赢得良好声誉。2014 年陈德正教授当选山东省历史学会世界史专业委员会主任委员。2013 年、2023 年，在中国世界古代中世纪史研究会换届选举中，陈德正教授两次当选副理事长。2023 年，赵少峰教授当选山东省历史学会第十届理事会副理事长。近年来，根据国家学科布局需求又开展了区域国别学建设，并正在形成新的学科增长点。2018 年，中国史上升为硕士学位一级学科。中国近现代社会与乡村治理研究、东夷文化研究也逐渐成为学院的学科品牌。2013 年，为了全面完整体现学院办学特色，学院更名“历史文化与旅游学院”（Schoolof History Cultureand Tourism）。

二、师资队伍建设富有成效

学院把人才队伍建设摆在事业发展总格局的突出位置，坚持“人才是第一资源”

理念，以“奖励高端，调动中坚，扶持青年”为基本路径，着力做活人才“引培留用评”文章，打造建设了一支结构合理、梯队完整、学历层次高、学缘关系多样化的师资队伍。现有教职工 66 人，专任教师 53 人，其中博士生导师（兼职）3 人，高级职称占 55%，具有博士学位占 80%。聘请北京师范大学、荷兰莱顿大学、美国北乔治亚大学等国内外 30 余名知名专家、学者为兼职教授，聘请 20 余名高校历史学学科教育专家、省市级教研专家、中学一线教师为兼职教师。马亮宽、郭学信获国务院政府特殊津贴。李泉、张礼恒、陈德正、郭学信、赵少峰、吴欣、于镭、丛振等 20 多人次荣获曾宪梓教师奖、齐鲁文化英才、山东省有突出贡献的中青年专家、山东省高校重点学科首席专家、山东省教学名师、山东高校十大师德标兵、山东省优秀研究生指导教师、山东省决策咨询委员会特聘专家、山东省智库高端人才、山东省智库决策咨询专家、山东省理论人才“百人工程”专家、“泰山学者”、山东省高层次人才、山东省学科新秀、山东省青年创新榜样等人才称号和荣誉。

三、本科生培养质量稳步提升

学院现有历史学、旅游管理、外国语言与外国历史 3 个本科专业。历史学始于 1984 年，2010 年获批国家级特色专业建设点，2012 年列为山东省应用型人才培养特色名校重点建设专业，2019 年入选山东省一流本科专业建设点，2021 年获批国家级一流专业建设点。2016 年开始设立辅修专业，2021 年设立历史学第二学士学位专业并招生。2018 年获批山东省公费师范生培养资格，2021 年获得师范专业二级认证资格，2022 年列为教育部免试认定中小学教师资格改革试点单位。旅游管理专业始于 2002 年，2012 年被确定为山东省应用型人才培养特色名校重点建设专业，2013 年被确定为山东省旅游人才培养基地依托专业，2017 年被确定为聊城大学高水平应用型立项建设专业，建立了“旅游 +”多学科复合型人才培养模式。2023 年，与世纪金源集团共建旅游管理专业，当年招生 110 人。外国语言与外国历史专业始于 2015 年，为教育部特设新型跨学科专业，是继北京大学之后全国第二所获批招生该专业的高校。学院不断推进教学改革，“世界古代史”“世界近现代史”“中国古代史”和“中国近现代史”为山东省高校精品课程，“世界古代史”“中国古代史”入选省级一流本科课程，“世界古代史”被评为山东省课程思政示范课程。教师主持多项山东省高等学校教学改革项目，获国家级教学成果奖 4 项，省级教学成果一等奖 3 项、二等奖 5 项，创下了连续 6 年获评全国多媒体课件大赛一等奖的骄人成绩。

学院始终坚守“为党育人、为国育才”初心使命，凝练践行“教师好好教”“学生好好学”“管理人员好好服务”的价值理念，构建“厚植家国情怀、打牢基础知识、强化技能训练、突出创新创业”四位一体的人才培养模式，累计培养 9000 余名毕业生（近 20 年 5000 余名），在政界、学界、教育界、文化界及商界涌现出了一大批优秀校友，50 余位成长为中央党校、复旦大学、南京大学、山东大学、北京师范大学等高校硕博士生导师，三分之二的师范生成长为省、市、县教学名师、学科带头人及业务骨干等教育界中坚力量，部分毕业生在各党政机关、企事业单位担任领导职位。毕业生就业率达 90% 以上，考研录取率达 30% 以上，10 余名同学通过“西部计划”扎根西部，推免 50 余名本科生到山东大学、兰州大学、中央民族大学、西北大学、聊城大学等攻读硕士研究生。一批学生考入 985、211、双一流等名校硕士研究生。30 余位学生前往美国、加拿大、澳大利亚、英国等高校交流深造。学生获省级教学技能大赛奖励 27 人次，其中一等奖 13 人次；获国家级教学技能大赛奖励 16 人次，其中一等奖 6 人次。在创新创业各类赛事中，学生获得省级以上奖励 200 余人次，其中获得 2010 年挑战杯全国大学生技能大赛团体一等奖 1 项，实现了学院挑战杯奖励“零”的突破。2009 级本科生朱明忠荣获“挑战杯”山东省创业大赛金奖、全国铜奖。

四、学科建设有特色，科学研究结硕果

学院牢固树立学科建设的龙头地位，抓住关键、集聚资源、政策倾斜，开展前瞻性、战略性的学科布局。坚持“四个率先”目标：率先实现跨学科融合发展，率先建设高水平智库，率先建成人才服务高地，率先建设省内一流科研平台，全面推动学科内涵建设，学科影响力持续增强。在全国第四轮学科评估中，世界史学科进入全国前 60%—70%，获评 C- 等次。在全国第五轮学科评估中，世界史学科进入全国 52%—62% 获评 C 等次。科研平台实现了国家级、省级、市级、校级全覆盖。中国近现代史是“十一五”“十二五”山东省重点学科。2012 年，依托世界史等学科成立“聊城大学南太平洋岛国研究中心”（2014 年 4 月更名为“聊城大学太平洋岛国研究中心”）是国内首个独立建制的研究太平洋岛国的专门机构，也是教育部国别和区域研究中心（备案）、首批山东省重点新型智库建设试点单位、首批山东省外事研究与发展智库，中国太平洋学会太平洋岛国研究分会依托单位。2020 年获评山东省“勇于创新奖”先进集体、山东省“干事创业好团队”和教育部国别和区域研究高水平建设单位。太平洋岛国研究中心团队先后入选山东省高等学校优势学科人才团队培育计划（2016 年）、山东省高等学校青创人才引育计划（2019 年）、首批山东省哲学社会科学青年团队（2023 年）、山东省高等学校青年创新团队（2022 年）。中国史学科所属的运河学研究院成立于 2012 年 5 月，是国内首家以运河及其区域社会为研究对象的机构，拥有山东省社科规划重点研究基地“运河文化研究基地”和山东高校“十二五”人文社科研究基地“运河与区域经济社会发展研究中心”，“运河文化学”获评山东省文化艺术科学重点学科，

在国内运河研究领域居于领先地位。2022 年，太平洋岛国社会环境大数据分析与预警实验室获批山东省高等学校文科实验室，黄河文化与区域社会发展协同创新中心入选山东省高等学校服务黄河流域生态保护和高质量发展协同创新中心。2018 年成立乡村社会转型与治理研究中心，2019 年成立东夷文化研究中心，2022 年成立文旅融合发展研究中心。2022 年 9 月，聊城大学成立区域国别研究院挂靠我院，研究院入选全国高校区域国别学人才培养与学科建设联盟成员单位、中联部世界政党智库合作联盟单位，初步形成了本科生、硕士研究生、博士生联合培养、留学生、培训生“五位一体”的区域国别人才培养格局。

2022 年 4 月，中国—太平洋岛国应对气候变化合作中心揭牌成立，由外交部、生态环境部和山东省共建，聊城大学负责日常运行，办公机构设在聊城大学太平洋岛国研究中心，是我国在气候变化领域成立的第一个多边合作平台，对中国携手太平洋岛国应对气候变化、推动开展务实合作具有重要意义。

学院着力开展有组织科研，以科研精品意识为导向，以高水平科研成果为抓手，从深化科研管理体制、优化科研评价标准等方面入手，狠抓科研工作的提质增效，在重点科研项目、科研奖项、标志性论文等方面取得了历史性突破。获批国家社科基金项目 19 项（含重点项目 3 项、重大子项目 1 项、外国专家项目 1 项），教育部人文社科项目 12 项，其他省部级项目 60 余项。2005—2024 年荣获省部级以上科研奖励 68 项，其他各级各类科研奖励百余项。全院发表、出版各类科研成果（人文社科类）673 项，其中著作 108 部；发表论文 565 篇，其中被 CSSCI 期刊收录论文 144 篇，被 SSCI 期刊收录论文 8 篇。创办《太平洋岛国研究》（集刊）《太平洋岛国发展报告》《中国大运河发展报告》《中国大运河年鉴》《运河学研究》（集刊）《区域国别学文摘》，建设了“太平洋岛国数据库平台”“大运河文化数据平台”。

五、研究生教育扎实推进

学院研究生教育起步于 2002 年，历经“十一五”“十二五”“十三五”事业发展规划和正在实施的“十四五”事业发展规划的持续建设和全院师生坚持不懈的努力，研究生培养在服务需求中经过了从无到有、从小到大的成长历程，建立起比较完整的硕士研究生培养体系，拥有世界史、中国史一级学科硕士学位授权点和学科教学（历史）硕士点。截至 2024 年，培养硕士研究生 540 余名，19 人考取中国社会科学院、南开大学、华东师范大学等高校与研究机构博士生。从 1984 年建立历史系开始，学院就开始了艰难而持续的研究生教育探索。1984—1991 年，在南开大学、武汉大学、山东大学、郑州大学、河南大学等高校以委托、定向方式培养硕士生 6 名，在职培养硕士生 3 名。2002 年获批硕士研究生招生资格。2003 年获批专门史硕士点。2004 年开始招收专门史方向硕士研究生并正式开展研究生教育。2006年开始招收中国古代史、中国近现代史专业硕士研究生。2011年获批世界史一级学科硕士学位授权点。2018年获批中国史一级学科硕士学位授权点。2018年、2024年顺利完成世界史一级学科硕士学位点周期性评估。2023年全票通过中国史一级学科硕士点核验。与学校内涵发展、转型发展、高质量发展同向同行，积极探索研究生培养模式改革，经历了委托代培、联合培养、分类培养到探索应用型人才培养模式的过程，逐步形成了专业化、学术化、国际化于一体的培养特色；选用最优教育资源为我所用，把学术实践、技能提升和人格塑造贯穿于培养全过程，推进学术学位和专业学位研究生教育相互促进、协调发展；与中学联合培养专业硕士，与国内高校联合培养学术硕士，同时在独立培养基础上，与海外高校联合接续培养具有国际视野的博士研究生。不断实施研究生生源质量工程，探索硕士研究生招生制度改革，进行研究生课程建设和实践基地建设，构筑学位论文质量监控体系，建立“温馨提示—学业预警—分流选择”的研究生培养过程管理机制，加强学生思想道德教育、学术道德教育和创新创业教育，举办系列研究生学术和文娱精品活动，完善奖助学金政策体系，初步建立了全过程、全方位的研究生教育质量保障体系，研究生报考热度、生源质量、培养质量、就业质量等均有质的跃升，在体系、规模、质量、能力等方面得到长足发展，有力支撑了高水平大学建设。2011届宋喆的硕士学位论文（指导教师刘卫东）为我院首篇山东省优秀硕士学位论文。毕业研究生就业率达95%以上，研究生发表学术成果400余篇。2016年来，在全日制教育硕士（历史）专业学位研究生教学技能大赛中获奖14项，其中一等奖3项、二等奖6项；省赛中获一等奖、二等奖多项。“十四五”时期，学院以“立德树人、服务需求、提高质量、追求卓越”为主线，坚持新发展理念，紧紧围绕建设高等教育高质量发展体系的要求，遵循研究生教育发展规律，把保障和提高学位与研究生教育质量作为研究生教育改革的核心任务，争取学位与研究生教育事业取得新的更大发展。

六、国际交流合作日益频繁

学院重视国际交流，扎实提升国际化能力，国际合作与学术交流快速发展，与美国夏威夷大学、澳大利亚迪肯大学、英国切斯特大学、斐济南太平洋大学、萨摩亚国立大学、太平洋岛国论坛贸易投资专员署（北京）等建立了友好合作关系，特别是随着聊城大学太平洋岛国研究中心的成立，国际交流工作迈入发展新阶段。学院注重国际学术交流，举办国际学术会议20余次。邀请汤加王国驻华大使拉图、汤加王国驻华大使馆一等秘书西亚梅里耶·蒙娜丽莎·拉图、太平洋岛国论坛贸易投资专员署大卫·莫里斯、萨摩亚国立大学副校长李航、澳大利亚迪肯大学何包钢等来学院讲学，传播了太平洋岛国的历史知识，增进了中太人民的友谊。2017年，与澳大利亚迪肯大学联合举办学术会议。2018年，在萨摩亚举办“第三届太平洋岛国研究高层论坛”，系我校首次独立在海外主办学术会议。2019年，在海口举办首届中澳论坛，与澳大利亚著名的罗伊智库（LowyInstitute）建立了学术联系。2023年8月，在斐济首都苏瓦举办第二届小岛屿国家可持续发展高层论坛，是新中国成立以来赴斐济最大规模的专家代表团，中国驻斐济使馆以明码电报将此次情况汇报外交部和山东省委省政府。鼓励青年教师赴海外访学、援教，6名教师分别赴美国威尔逊中心、澳大利亚国立大学以及英国、加拿大、韩国高校开展为期半年、一年的访学。2名教师在汤加、萨摩亚连续援教3年，1名教师开展1年对外援教。学生提升国际化水平明显提升，引进菲律宾外教Mala为外国语言与外国历史专业本科生和研究生授课。聘请荷兰莱登大学、美国北乔治亚大学、汤加王国前外交官共3位海外知名学者用英语做系列专题讲座。引进刘璐、孙云之鹏、唐若菡、张云飞四位留学日本韩国博士。澳籍教师于镭获批科技部外国专家项目。2022年，与澳大利亚迪肯大学人文和社会科学学院合作举办“湖畔问学”优秀大学生夏令营。10余名本科生前往澳大利亚、波兰、韩国以及中国台湾、中国香港等进行海外学习交流。2023年，与萨摩亚国立大学联合成立“聊城大学—萨摩亚国立大学联合研究中心”。

七、服务社会工作成果丰硕

坚持“开放办院、合作共赢”的发展思路，按照“开放、合作、共享”的工作理念，面向国家和地方重大需求，坚持国际视野、需求导向、大小兼顾，服务社会能力逐步提升，服务社会成果遍地开花。外交部、中联部、商务部、山东省政府等多次提到聊城大学在太平洋岛国研究智库建设、科研平台、教育合作等方面做出的突出成绩，点赞聊城大学“智库研究全国领先”“平台搭建富有成效”“教育合作硕果累累”。基于学院学科特色与优势，与国务院发展研究中心共建太平洋岛国研究中心，向外交部、中联部以及山东省有关部门提供太平洋岛国研究成果，这些成果成为国家及山东省领导出访太平洋岛国、与岛国领导人会谈的基础素材。向国家外交、外事部门、省委省政府等提交研究咨询报告及研究成果100余份，获批各级各类批示（采纳）件50余份，基本实现了国家级、省级、市级等各级批示的全覆盖。依托中国—太平洋岛国应对气候变化合作中心，承担面向太平洋岛国官员、学者和技术人员的应对气候变化培训任务4次，为在南太平洋地区推进“一带一路”倡议贡献智慧和支持。研究人员在《光明日报》《环球时报》《新民晚报》《中国海洋报》发表时事评论文章近70篇，接受中央电视台、新华社、《人民日报》、《中国日报》、《环球时报》以及法新社、俄罗斯卫星通讯社、日本NHK等国内外媒体采访，发出中国学者的声音。石莹丽教授作为聊城大学教育援助萨摩亚领队，顺利完成第二期援教任务，获得外交部领导、中国驻萨摩亚大使和学校领导高度评价。张剑锋远渡重洋、克服疫情、历经生死，勾画了援助汤加的动人故事，有力推动了太平洋岛国的教育发展。中央电视台拍摄的6集专题纪录片《命运与共：中国与太平洋岛国》，播出了学院在萨摩亚援外支教老师的身影。运河学研究院、东夷文化研究中心为黄河国家战略、大运河国家公园建设提供了智力支持。学院与100余家企业、中小学及政府部门签署了合作协议，旅游管理专业在北京瑰丽酒店、北京丽思卡尔顿酒店和北京外国专家大厦等建立了产学研基地。发挥学科教学优势，2022年、2023年积极承担山东省小学、初中、高中骨干教师培训5期，培训学员2000余人，助力参训学员提升教学创新能力、实践育人能力、教研科研能力，为服务基础教育、推动我省历史学科教育事业的发展贡献力量。依托旅游管理学科，承接地方横向课题，为地方企事业单位提供相关的咨询服务与培训，与聊城市宣传部、文旅局、旅游开发集团签署5项合作协议。2022年，与东昌府区旅游发展中心联合举办首届东昌府区抖音短视频旅游博主大赛（点击率2300万），举办聊城大学首届大学生文化旅游节。

八、学团工作科学规范

学团战线以立德树人为根本任务，坚持围绕中心、服务大局，强化功能、发挥作用，以队伍建设为根基，以价值引领为核心，以制度建设为抓手，以品牌打造为突破，教育、管理、服务水平持续提升。在思想引领上下功夫，坚持用习近平新时代中国特色社会主义思想铸魂育人，全面贯彻党的教育方针，思想政治教育工作的针对性、实效性不断提升。学院团委共获7次学校五四红旗团委，其中2013年、2014年、2015年、2016年、2017年连续5年获得学校五四红旗团委，走在全校学院团委的前列。组织“开学第一课”和各类主题班会，组织新生参观校史馆，持续开展爱国主义教育、社会主义核心价值观教育。组织开学典礼、毕业典礼和表彰典礼等“三大典礼”，强化仪式教育。打造了“博史”读书会、教师技能大赛、导游大赛、运河考察等具有学院特色的品牌活动，促进了学生综合素质的提高。网络思政教育出特色，利用聊大易班举办国家安全、防诈骗等6类安全教育活动300余次；组织传染病预防、普法宣传、“易”起安全骑行等网络安全宣传教育活动100余次。学生教育管理工作亮点纷呈，学院获评聊城大学学生工作先进单位、资助工作先进集体、就业工作先进集体、国防教育工作先进集体、宿舍管理工作先进集体、易班工作先进集体等称号。抓好队伍建设，强化制度建设、平台建设、作风建设，严格按照“政治强、业务精、纪律严、作风正”的要求，不断推进辅导员队伍专业化、职业化、专家化发展。1人被授予全省高校优秀辅导员称号，10余人（次）被评为省级社会实践优秀指导教师。2人获全省辅导员职业能力大赛一等奖、二等奖。80人（次）获校级优秀辅导员、班主任、学生资助工作先进个人、宿舍管理先进个人、心理健康教育先进个人等荣誉称号。先后制定完善了《学生党建和思想政治教育工作长效机制建设方案》《学风建设实施方案》《班主任工作条例》《学生干部、党员述职答辩制度》《学生预备党员跟踪考核制度》《学生安全治安管理细则》等20余项制度，实现了学生工作日常管理的规范化、科学化。

牢固树立“大思政”工作理念，构建了“学院党委统一领导、党政齐抓共管、学院团委牵头协调、各系协同参与”的学团工作格局，形成人人、事事、时时、处处“三全”育人的良好局面和强大合力。发放各类奖助学金共计150余万元，精准认定经济困难学生411人。发挥榜样示范作用，推荐省优秀毕业生、省优秀学生、优秀学生干部164人，省优秀班集体3个，校级优秀班集体24个；评选校级优秀毕业生475人，校长奖学金3人，优秀班集体标兵1个；3个团支部荣获聊城大学“十佳团支部”称号，10个团支部被评为聊城大学红旗团支部标兵，3人被评为聊城大学十大优秀学生，4人被评为聊城大学优秀团员标兵，典型示范作用显著。深耕志愿文化，引领青年厚植家国情怀，66名应届本科毕业生入选西部计划。社会实践成果丰硕。动员600余名师生组51支实践团队参加暑期社会实践，10支团队入选全国专项，3支团队在多项全国暑期社会实践展示活动中获评优秀团队，学院获评“镜头中的三下乡”全国优秀组织单位。深入实施“百万大学生进社区”行动，14个团支部到基层社区开展实践活动24次，助力提升大学生社会化能力和综合就业能力。

九、党建工作坚强有力

学院充分发挥党建引领作用，把党的政治建设摆在首位，紧紧围绕立德树人根本任务，统筹发展和安全，全面深化综合改革，弘扬主流价值观，以高质量党建引领学院高质量发展的实际行动，坚定拥护“两个确立”，坚决做到“两个维护”。2021年获评山东省先进基层党组织，2023年获批山东省新时代党建工作标杆院系培育创建单位，连续6年获全校目标管理考核优秀等次。持之以恒抓实理论武装和党性教育，开展理论学习中心组学习和教职工政治理论学习600余次，先后组织开展保持共产党员先进性教育活动、深入学习践行科学发展观活动、创先争优活动、党的群众路线教育实践活动和“三严三实”专题教育、“两学一做”学习教育、“不忘初心、牢记使命”主题教育、党史学习教育、学习贯彻习近平新时代中国特色社会主义思想主题教育等党内集中学习教育，及时学习马克思主义理论中国化的最新成果，铸牢理想信念、锤炼坚强党性。获评聊城大学思想政治教育工作先进集体等称号。建强基层战斗堡垒，调整优化党支部，现设置4个教工党支部（中国史、旅游管理、太平洋岛国研究中心、运河学研究院）和 2 个学生党支部（本科生、研究生），提升各党支部建设的整体效能，基层党建工作规范有效，发展教师党员 3 名，学生党员近千名。从严从实抓好党员队伍建设，高标准开展民主生活会和组织生活会，高质量开展主题党日活动，注重“双向培养”，“双带头人”实现全覆盖。20 多名同志荣获“聊城市优秀共产党员”“聊城大学优秀共产党员”“优秀党务工作者”等荣誉称号。充分发扬民主集中制，持续规范学院党委会和党政联席会议，发挥“头雁效应”，集体科学决策，狠抓督导落实，营造了团结和谐奋进的干事创业氛围。2020 年，太平洋岛国研究中心（团队）荣获全省“勇于创新奖”先进集体、“干事创业好团队”称号。坚定不移从严治党，持续改进工作作风，严格落实中央八项规定及其实施细则精神，依托学科特色常态化开展党风廉政教育，切实维护师生利益，营造了风清气正的办院治院环境。获评聊城大学“师德建设先进集体”等称号。

学院发展史是一面明镜，全景式折射学院的过去、现在和未来。学院将以建校 50 周年、建院 40 周年为契机，以习近平新时代中国特色社会主义思想为指导，坚持社会主义办学方向，贯彻党的教育方针，落实立德树人根本任务，以一流党建为引领、以综合改革为抓手、以立德树人为根本、以学科建设为龙头、以队伍建设为基础、以创新发展为驱动，前瞻性思考、系统性谋划、整体性推进，建设好平台，塑造好优势，构建符合中国国情、具有国际视野的人才培养体系，在服务国家和区域经济社会发展中贡献力量，努力为实现中华民族伟大复兴中国梦作出新的历史性贡献。

第十一节　数学科学学院

数学科学学院与聊城大学同龄，其前身为山东师范学院聊城分院数学系，始建于 1974 年，是聊城大学最早的 6 个院系之一。至 2024 年，学院现有教职工 76 人，其中，教授 10 人，副教授 29 人，博士 52 人。有全国优秀教师 1 人，泰山学者特聘专家 1 名，泰山学者青年专家 1 名，山东省杰青 1 名，山东省教学名师 2 人，山东省优青获得者 1 人，山东省优秀研究生指导教师 3 人，全球高被引科学家 1 人。另有特聘教授 8 人。拥有省级以上教学、科研团队 6 支。学院设有 2 个本科专业：数学与应用数学专业、数据科学与大数据技术专业；拥有 2 个一级学科硕士授权点：数学、系统科学；1 个专业学位招生领域：学科教学（数学）。目前，学院在校本科生 1104 人，硕士研究生 200 人。

一、发展历程篇

从 1974—2024 年，整整 50 年，数学科学学院从小到大、由弱渐强，历经起步创建（1974—1981）、开放发展（1982—2004）两阶段以后，从 2005 年到 2024 年，数学科学学院开启高质量发展期。2005 年至今，历经四任院长、五任书记，数学科学学院的领导班子，一张蓝图绘到底，一届接着一届干，带领全院教职工奋发图强，开拓进取，各项工作均取得了突出的成绩，为学校发展作出突出贡献。

专业结构持续优化：2005 年，学院设有 3 个本科专业：数学与应用数学专业、信息与计算科学专业、会计学专业。2018 年，根据国家发展战略需求，信息与计算科学专业置换为数据科学与大数据技术专业；2019 年，根据学校整体专业规划需要，会计专业转出数学院，并入商学院。至此，学院现有数学与应用数学和数据科学与大数据技术两个本科专业，其中数学与应用数学专业 2021 年通过教育部师范类中教二级认证，2022 年入选国家级一流本科专业建设点。数据科学与大数据专业为山东省大数据人才培训示范基地，2021 年开始与浪潮集团联合招生。

学科和科研厚积薄发：继 2000 年“系统理论”获批二级学科硕士学位授权点、2002 年获批“基础数学”二级学科硕士学位授权点和数学课程教学论专业硕士点后，2005 年，“应用数学”获批二级学科硕士学位授权点；2008 年，获批学科教学（数学）教育硕士专业学位授权点；2011 年，系统科学获批一级学科硕士学位授权点；2017 年，数学获批一级学科硕士学位授权点。至此，学院现有数学和系统科学两个一级学科硕士授权点以及学科教学（数学）专业学位招生领域。其中，系统科学学科在 2022 年教育部第五轮学科评估中取得了“C+”的成绩，这也是聊城大学在学科评估建校以来取得的最好成绩。2005 年以来，累计主持国家自然科学基金 35 项，山东省自然科学基金 64 项，获省部级自然科学奖和科技进步奖 3 项，出版学术专著 8 部。

师资队伍建设成效显著：20 年累计引进和培养博士 55 名，极大提升了数学科学学院教师专业化水平。1 名教师入选山东省泰山学者特聘专家，创造了聊城大学自主培养高层次人才的历史，1 名教师入选山东省泰山学者青年专家、1 名教师入选山东省优青；1 支科研团队入选山东省研究生优秀导学团队、3 支科研团队入选山东省高校“青创人才引育计划”立项建设团队、山东省高校“青创科技计划”团队、山东省高校“青年创新团队”、1 支团队入选聊城大学“十四五”光岳青年学者创新团队。

教学水平和人才培养质量彰显：2 名教师入选山东省教学名师，1 支团队入选山东省黄大年式教师团队、1 支团队入选山东省教学团队、1 门课程入选国家精品视频公开课，1 门课程入选国家一流课程，6 门课程入选山东省一流本科课程，获省级教学成果奖 5 项，出版高水平教材 11 部。培养国家优青、青年长江学者等省级以上高层次人才 10 人，厅级干部 7 人，全国模范教师、中小学校长 30 余人。

二、人才培养篇

我院自建立以来，始终坚持以人才培养为核心，积极构建全方位、多层次的教育体系，努力为社会输送高质量的本科生与研究生人才。经过多年的不懈努力，我院在人才培养方面取得了显著成果。

在本科生培养方面，我院一直保持着较大的招生规模，并注重教学质量的提升。从 2005 年至今，我院共招收本科生 7351 人，绝大多数学生均以优异成绩毕业。学院不仅注重基础知识的传授，还积极引导学生参与实践活动和科研项目，培养学生的创新能力和实践能力。我院学生在各类竞赛和活动中取得了优异的成绩，自 2013 年山东省首届师范类高校学生从业技能大赛以来，累计获省级一等奖、二等奖 11 项；累计获全国大学生数学建模竞赛国家一等奖 6 项、二等奖 10 项，省奖 260 余项；累计获全国大学生数学竞赛国家奖 200 余项。

在研究生培养方面，累计共招收硕士研究生 703 人，毕业研究生 553 人，其中大部分研究生具备较高的学术水平和科研能力。2005 年，数学科学学院第一届研究生毕业，共 8 人，其中系统理论 6 人：王敦强、李令强、赵美香、马振明、陈桂英、张洪芳，数学课程教学论 2 人：金秋、李承虎。近年来，学院通过不断改善和提升研究生科研环境和学术氛围，鼓励他们积极参与科研项目和学术活动，硕士研究生已经成为学院不可或缺的科研力量。累计获山东省优秀硕士学位论文 12 篇，山东省研究生优秀成果奖 10 项，国家奖学金 27 人次，特别夏建伟教授指导硕士研究生获 2023 中国自动化学会优秀硕士学位论文奖，这是聊城大学首次获得 CAA 优秀硕士学位论文奖。2005 年至今，考博 96 人，尤其近 5 年来，数学科学学院学术型硕士研究生考博率一直保持在 50% 左右，高质量人才培养质量已经成为数学科学学院学术型硕士研究生培养的一张靓丽名片。同时各类学科竞赛也取得了出色成绩，累计获山东省师范类高校学生从业技能大赛 8 项，全国研究生数学建模竞赛 12 项，田家炳杯全日制教育硕士专业学位研究生教学技能大赛 8 项。

此外，我院还涌现出了一批优秀人才。这些人才不仅在学术上取得了显著成就，还具备较高的综合素质和领导能力。他们或在国内外知名企业担任要职，或在学术界发挥重要作用，为社会的发展和进步作出了积极贡献。包括：为政府和事业单位培养了数十位高级管理干部，包括 77 级孟广武入选聊城市政协副主席、77 级张跃飞任聊城大学副校长、81 级张春起任中央办公厅信息中心主任、82 级孟庆松入选天津市人民政府党组成员、秘书长、81 级宋中民任烟台大学党委常委、副校长、81级宋涛任山东建筑大学副校长、86级乔丙武任齐鲁工业大学副校长、97级卢强任中国电子科技集团公司第七研究所副所长等。为学术界培养了知名专家学者10余人，例如就职于美国纽约州立大学布法罗分校的89级李小青2007年获ICCM数学奖银奖（原晨兴数学银奖）、就职于山东大学的90级冯俊娥先后入选了山东省杰青和山东省泰山学者特聘专家，就职于厦门大学的93级白正简入选了教育部“新世纪优秀人才支持计划”、就职于中科院研究员93级韩丕功为全国百篇优秀博士学位论文获得者，就职于聊城大学的97级夏建伟入选山东省泰山学者特聘专家、就职于河北师范大学的98级纪奎为全国优秀青年基金获得者、就职于曲阜师范大学98级孙宗耀入选山东省泰山学者青年专家、就职于大连理工大学的2005级牛奔先后入选山东省泰山学者青年专家和教育部青年长江学者、就职于聊城大学的2013级陈国梁入选山东省泰山学者青年专家。

为山东省中小学培养了一批优秀教师和校长。包括李秀莲、王树臣等全国模范教师、山东省特级教师，聊城三中校长王永辉等一批教学名师和名校长。此外，自2005年起，数学科学学院有近70名应届毕业生自愿报名服务西部，其中18名同学已到西藏、新疆等地工作，人数居聊城大学之首，占学校服务西部总人数的近三分之一。尤其可喜的是，数学科学学院西部志愿者陈铭意同学因工作成绩突出，受到中央政治局委员王乐泉同志的亲切接见。2012年，学院的两名同学郑忠伟和李阳，分别作为山东省十大慈孝人物和身残志坚的学生，其感人事迹被中央电视台“新闻直播间”、山东卫视齐鲁频道“每日新闻”和山东卫视公共频道“慈善真情”栏目作专题报道，引起广泛的社会反响。

三、专业建设篇

学院一直秉承专业是立院之本的理念，围绕高水平专业建设，狠抓教学质量提升工程。

2006年，王文省教授主持的山东省教学改革试点课程《高等代数》顺利通过省教育厅组织的验收；同年，王文省教授主持的教学研究项目“高等代数的理论与实践”获山东省教学成果二等奖。

2007年上半年，在教育部本科教学评估中，经过全院师生的共同努力，取得了优异成绩，为学校的教学评估作出了较大贡献。

2007年11月，我院数学与应用数学专业获批山东省高等学校成人高等教育品牌专业。这是聊城大学成人教育唯一的一个省级品牌专业。

2008年7月，孟晗教授主持的《拓扑学》课程被评为省级精品课程。

2009年2月，孟晗教授主编的《概率论与数理统计》教材被评为“山东省高等学校优秀教材”（二等奖）。

2009 年，新上成人教育高中起点 5 年制本科会计学专业。

2010 年，开启学院数学与应用数学顶岗支教新篇章。2008 级数学本科和数学学分互认 111 名学生赴莘县、临清、东昌府区和开发区的实习支教工作，2 名同学到河北大名支教。

2011 年，数学与应用数学专业入选首批山东省特色专业。基础数学教学团队入选山东省高等学校省级教学团队。

2012 年，“数学与应用数学专业”被学校确定为应用型人才培养特色名校山东省财政重点支持专业。“数学与应用数学专业”顺利通过山东省成人高等教育品牌专业建设点现场验收，并获得专家高度好评。“会计学专业”获批“山东省双学位、双专业教育的本科专业”，会计学专业当年报考率列我校各专业之首。信息与计算科学专业获批山东省特色专业建设点。赵建立教授主持的《指向学生实践能力养成与提升的新型实习教学范式构建——地方综合性大学实习教学转型性变革的理论研究与实践探索》获批省级教学改革项目，这是我院首次获得省级教学改革立项。

2014 年，赵建立教授主持的《高校教师教育专业教育实习改革的研究与实践》获省级优秀教学成果二等奖，郭文彬教授参与的《基于“精英”理念的普通高校“1335”国防生培养模式研究与实践》也获得省级优秀教学成果二等奖（5/9）。宋颖老师荣获山东省首届高校青年教师教学大赛理科组一等奖第二名。

2015 年，在山东省本科教学审核评估中，经过全院师生的共同努力，取得了优异成绩，为学校的审核教学评估作出了较大贡献。范丽亚教授主讲的《身边的数学》获批国家视频公开课。房元霞教授主持的《高等数学“‘学案’导学”教学模式的理论与实践》获批省级教改面上项目。李莹老师获得首届全国高等数学微课大赛华东赛区一等奖。

2016 年，数学与应用数学专业入选首批山东省公费师范生培养专业。张凤霞老师获第二届高校数学微课程教学设计竞赛获全国一等奖（山东省唯一）、华东赛区特等奖。

2017 年，信息与计算科学专业入选山东省应用型立项重点建设专业群支撑专业。胡凯获山东省第四届高校青年教师教学大赛理科组一等奖，宋颖、胡凯 2 名教师获第三届高校数学微课程教学设计竞赛华东赛区一等奖。

2018 年，信息与计算科学专业置换为数据科学与大数据技术专业，招收首届本科生 39 名。赵建立教授主持的《新时代地方院校“信息与计算科学”专业实践教学综合改革研究与实践》获得山东省教学改革成果一等奖。这是数学科学学院获得的第一个省级一等奖，在数学科学学院的历史上具有非凡意义。

2019 年 10 月 27 日至 30 日，“数学与应用数学专业”顺利通过教育部师范专业二级认证专家进校考察，专家组对“数学与应用数学专业”给予了高度的评价。樊树芳老师获第五届高校数学微课程教学设计竞赛全国一等奖、华东赛区特等奖。

2020 年，“数学与应用数学”专业正式通过了教育部师范类专业二级认证。“数学与应用数学”专业获批“山东省一流专业”。信息与计算科学专业最后一届学生毕业。

2021 年，数学与应用数学专业成功获批国家级一流本科专业建设点。从此，数学科学学院有了国字号的一流专业，这对数学科学学院的进一步发展具有深远的历史意义；同年，《运筹学》《高等数学》获批山东省一流课程。

2023 年，在教育部本科教育教学评估中，经过全院师生的共同努力，取得了优异成绩，为学校的教育教学评估作出了较大贡献。范丽亚教授主持的《运筹学》获评国家一流课程。与山东大学冯俊娥教授、山东师范大学李海涛教授合作，夏建伟教授、赵建立教授获山东省自动化学会教学成果奖一等奖，成果名称：首创理论引领，多校协同教研：矩阵半张量积理论及其应用的科研体系。

2024 年，姜晶主持的数学课程标准与教材教法研究入选山东省一流课程，并被学校推荐国家一流课程申报。

会计学专业于 1998 年招第一届学生，2018 年转出数学科学学院，并入商学院。会计学专业相关的 15 名教师一起转入到商学院，他们是：张廷新、刘杰、刘世慧、傅奇蕾、张延辉、何倩、刘允岩、翁怀达、李欣、霍艳丽、王树娟、赵迎春、葛新、杨焕云、勇小芹。会计学专业是聊城大学最热门的专业之一，会计系在数学科学学院的 20 年间，专业教师兢兢业业，踏实工作，使这个专业从小到大、从弱到强，得以茁壮成长，也为数学科学学院的发展作出了重大贡献。

需要特别指出的是，张廷新同志作为会计系的主任，对这个专业的教学科研和社会服务等各项工作都作出了突出贡献。

四、师资队伍建设篇

高水平的师资队伍是提高本科教学质量、培养创新型人才的重要保证。学院通过营造宽松的环境、良好的学术氛围，弘扬爱岗敬业的理念、勤奋刻苦的精神，在师资队伍建设方面取得了丰硕的成果。

从 2005 年开始，陆续引进（或学成归来）一批博士，实现了年轻教师博士化的目标，计有：范丽亚、桑波、张兴秋、刘保政、赵建立、夏建伟、伊继金、张化生、王增桂、李令强、刘汉泽、张冬梅、乔立山、胡凯、牛传择、张昕丽、李莹、张丽梅、王庆平、刘广刚、刘学彦、刘兴、辛祥鹏、孙伟、罗鹏、陈桂英、赵军圣、姜晶、范玉华、曾现洋、丁春晓、杨静、张锦、付世华、刘利英、薄纯鑫、邓磊、蒋蒙蒙、赵峰、樊树芳、陈国梁、李新岭、牛霄、刘志敏、袁乐乐、乔海丽、王辉、朱成龙、孙丝雨、刘诗涛、张婧、吴小汉、徐达、傅保增、周月莹等。

涌现了一批名师，计有：

全国优秀教师：孟广武。

泰山学者特聘专家：夏建伟。

泰山学者青年专家：陈国梁。

山东省优秀教师：杨子胥、王文省。

山东省教学名师：孟广武、范丽亚。

山东省优秀研究生指导教师：孟广武、刘希强、庄光明。

山东省十佳学生辅导员：王敦强。

山东高校十大优秀教师提名：孟广武。

全国教育硕士优秀教师：房元霞、于兴江、谷焕春。

2011 年，孟广武主持的基础数学教学团队入选山东省教学团队。

2019 年，乔立山主持的脑与类脑智能系统理论研究创新团队。

2019 年，庄光明主持的复杂系统智能分析与控制创新团队入选山东省高等学校青创科技计划建设团队。

2022 年，陈国梁主持的控制优化与智能决策创新团队入选山东省高等学校青年创新团队。

2023 年，夏建伟主持的复杂系统智能分析与控制团队入选山东省黄大年式教师团队和山东省研究生优秀导学团队。

特别指出，学院先后聘请中国科学院院士石钟慈（2014 年）、华东师范大学魏木生（2012 年）、泰山学院刘明霞（2020 年）、山东科技大学张维海（2016 年）、中国科学院程代展（2018 年）、山东大学冯俊娥（2018 年）、南京理工大学徐胜元（2022 年）、南京邮电大学解相朋（2023 年）等八位知名专家学者为聊城大学的特聘教授，这对数学科学学院的发展起了极大的推动作用。

五、学科建设篇

学院高度重视和发挥学科对学院高质量发展的龙头带动作用。通过组建科研团队，凝练科研方向，营造科研文化、加强对外学术交流、促进校内外融合发展等有效措施，学科建设和科研水平有了质的提升。

系统理论和课程教学论（数学）2002 年开始招生，2005 年第一届学生毕业。

2002 年，获批基础数学硕士学位授权点。2007 年第一届学生毕业。毕业生 4 人：赵琳琳、张立华、于西昌、王玲。

2005 年，获批应用数学硕士学位授权点。

2006 年，系统理论被评为山东省“十一五”重点学科。

2008 年，获批学科教学（数学）教育硕士专业学位授权点。

2011 年，系统科学获批一级学科硕士学位点，这是数学科学学院在学科建设方面取得的重大突破。

2011 年，系统理论被评为山东省“十二五”重点学科。

2016 年，系统科学被列为聊城大学四个博士点培育学科之一。

2017 年和 2022 年，大数据智能分析与优化控制实验室分别获批山东省“十三五”“十四五”高校重点实验室。

2022 年，脑与类脑智能控制工程研究中心被列为山东省首批高校工程研究中心。

2022 年，系统科学被列为聊城大学强特色建设学科。

2023 年，在新一轮学科评估中，系统科学取得了“C+”的成绩，在全国所有参加评估的系统科学学科中稳居全国硕士点建设单位首位，这也是聊城大学在学科评估中取得的最好成绩，学校为此特颁发了“学科突出贡献奖”。

聊城大学的工程学、计算机学科进入全球 ESI 前 1% 榜单，系统科学对此作出了重要贡献——贡献率均占 30% 以上。

六、科学研究与社会服务篇

科研水平是学院发展的动力，这是数学科学学院的治院方略。因此，学院历任领导都高度重视科技创新和科学研究工作，经过 20 多年的优化组合、磨合沉淀，逐渐形成了七个研究人员知识结构合理、研究方向稳定、研究特色鲜明的科研团队：

（1）复杂系统智能分析与控制团队。团队负责人为夏建伟。研究方向包括：随机系统鲁棒控制、非线性系统自适应控制、广义系统容许控制、网络化系统采样控制等。先后入选山东省黄大年式教师团队、山东省优秀研究生导学团队、山东省青创科技支持计划，山东省青年创新团队计划，聊城大学“十四五”首批光岳青年学者创新团队。

（2）智能数据分析科研团队。团队负责人为乔立山。研究方向包括：大数据分析与挖掘理论与应用研究。团队入选获批山东省高等学校青年创新团队发展计划人才引育计划。

（3）矩阵半张量积理论与应用研究团队。团队负责人为李莹。研究方向包括：代数结构、泛维李群、跨维数动态系统等基础理论及动态博弈、布尔网络等应用研究。依托这个团队成立的聊城大学矩阵半张量积理论与应用研究中心，是全国唯一一家专门从事矩阵半张量积理论与应用相关研究的科研平台。聘请半张量积的创始人，中科院程代展先生担任中心的学术委员会主任，直接领导中心的规划、建设与发展。

（4）不确定性数学理论及应用团队。团队负责人为李令强。研究方向包括：模糊集、粗糙集及非经典数理逻辑的交叉理论与应用。这是数学科学学院的传统优势研究方向，数学科学学院的前后三任院长孟广武、赵建立、姚炳学都出道于此。另外，孟晗（后来任计算机学院院长）、张庆德（后来任东昌学院副院长）、乔丙武（现任齐鲁工业大学副校长）也是出自这个方向。

（5）微分方程理论及应用团队。团队负责人为辛祥鹏。研究方向主要包括：微分方程精确解、微分方程数值解、偏微分方程反问题、微分方程定性理论混沌理论等。这是数学科学学院另一个传统优势研究方向，数学院党总支书记刘希强和后任中国海洋大学数学院副院长的王林山教授出自这个方向。

（6）机器视觉与学习研究团队。团队负责人为孙忠贵。研究方向主要包括：图像处理与配准、张量分析、深度学习、智能计算等。

（7）数学教学论研究团队。团队负责人为房元霞。研究方向主要包括：中小学数学教法等。团队为学院师范生的培养作出了重要贡献。特别在 2023 年第十届山东省师范类高校学生从业技能大赛中，指导学生斩获 5 个一等奖，包揽了初中和高中组的前三名和前两名。学校特意为学院发来贺信表示祝贺！

这些团队在科研立项方面，不管是数量上还是质量上，都有了一个明显的提升。

从 2001 年开始，学院的部分教授、博士陆续地参与国家自然科学基金项目，他们是王林山（2001 年，10171072），姚炳学（2002 年，70271048；2003 年，603664001），范丽亚（2003 年，10261005），郭文彬（2003 年，10371044）。

从 2005—2023 年，学院主持国家自然科学基金 35 项，其中面上项目 13 项，青年基金 18 项，天元基金 4 项。获批面上项目和重点项目的老师分别是：

微分方程理论及应用团队的刘希强（2010 年）；刘汉泽（2010 年）。

需要特别指出，刘希强教授的这个项目：流体力学方程与粒子输运方程人为解的应用研究（11076015），系国家自然科学基金与中国工程物理研究院联合基金项目，该成果被用于国防工业中，并获得国家自然科学基金委优秀结题项目，这是数学科学学院主持的第一个国家自然科学基金面上项目，在数学科学学院的历史上，开了主持国家基金的先河。

不确定性数学理论及应用团队的张兴芳（2013 年，2015 年）；李令强（2021 年）。

复杂系统智能分析与控制团队的夏建伟（2015 年、2019 年、2023 年）、庄光明（2017 年、2021 年）、陈国梁（2023 年）。

机器视觉与学习研究团队的乔立山（2019 年）、张丽梅（2021 年）。另外，乔立山合作主持国家自然科学基金重点项目 1 项（2019 年）。

在省部级科研立项方面，从 2005—2023 年，学院共获批主持山东省各类科研项目 64 项。

特别需要指出的是：

2005 年，姚炳学获批教育部科学技术重点研究项目——这是数学科学学院主持的第一个省部级重点研究项目。

2016 年，庄光明获批山东省自然科学基金省属高校优秀青年人才联合基金。

2021 年，特聘教授解相朋获批山东省自然科学基金杰出青年基金项目，这是学院获批的第一个省杰青人才项目。

2008 年，数学科学学院三位博士在科学出版社出版了专著：《群与环上的模糊理论》，姚炳学著；《奇异值分解及其在广义逆理论中的应用》，郭文彬著；《时滞递归神经网络》，王林山著。这是数学科学学院首次在中国最高等级的自然科学出版社出版专著，是科学研究取得的重大成果。

2010 年，孟广武在科学出版社出版专著：《层次 L—拓扑空间论》。

2015 年，张兴芳在科学出版社出版专著：对偶三角模—三角余模逻辑及推理。

2018 年，魏木生在 Nova Science Publishers 出版专著：Quaternion Matrix Computations.

2020 年，魏木生在科学出版社出版专著：《广义最小二乘问题的理论和计算》。

2022 年，孟广武在科学出版社出版专著：《模糊拓扑学》。

高水平学术论文方面也有了质的提升。

2005—2009 年，发表论文 50 余篇，其中 SCI、EI 收录论文 20 余篇。

2010—2018 年，发表论文 460 余篇，其中 SCI、EI 收录论文 240 余篇。

2019—2023 年，发表论文 580 余篇，其中 SCI 收录论文 480 余篇。

在获奖方面，范丽亚 2011 年和李令强 2020 年分别首位获得山东省自然科学奖三等奖；2007 年，姚炳学第二位获得海南省科学技术奖二等奖；2019 年，刘希强第二位获得河北省自然科学奖三等奖；2017 年，乔立山第五位获得教育部自然科学二等奖；2017 年，孔旭第四位获得新疆维吾尔自治区科学技术进步奖二等奖。从 2005—2024 年，获得山东省高等学校科学技术奖 22 项。

在获得荣誉称号方面：

夏建伟获得：泰山学者特聘专家（2023 年），山东省科学技术协会优秀工作者（2021 年），聊城市有突出贡献的中青年专家（2019 年）。特别指出，泰山学者特聘专家系山东省顶尖专家，是聊城大学自己培养的第一个泰山学者。

陈国梁获“泰山学者”青年专家（2022 年）。

孟广武（2006 年）、刘希强（2015 年）、庄光明（2023 年）获山东省优秀研究生指导教师称号。

房元霞（2012 年）、于兴江（2014 年）、谷焕春（2015 年）获全国教育硕士优秀教师称号。

李绍勇获全国教育硕士优秀管理工作者称号（2012 年）。

庄光明获得：聊城市有突出贡献的中青年专家（2023 年）。

在服务社会方面：

2008 年 1 月，数学科学学院成功举办了山东省农村中小学教师素质提高工程专题培训班（200 人）。

2009 年 9 月，数学科学学院和淄博高新技术开发区财政局合作举办了会计人员在岗培训班，培训人数达到 2000 人次。

2010 年 9 月，我院和淄博高新技术开发区财政局、滕州教师进修学校合作举办了会计人员在岗培训班。

2012 年，完成与聊城市统计局横向课题一项，完成与润泽家纺科技开发课题一项，与滕州市教育局合作开展了学校食堂会计的培训工作。

2013 年，承办会计培训 2 期，培训人数达 500 人，与实验中心合作举办了银行从业资格考试和注册会计师资格考试，与企业对接 6 次，与市医院合作建立医学影像研究中心的工作有了重要进展，建立实习、实训基地 2 个。

2017 年，与北京学佳澳软件科技发展有限公司合作成功申报国家计算机软件著作权 3 件。为聊城市人民政府提供咨询和调研报告 2 份，一份是关于全市农村公共供水工程情况调研报告，一份是关于聊城市水利生态文明建设调研报告。

2022 年，获批山东省中小学校长与教师省级在线集中培训项目 2 项。

2023 年，中标高唐县审计局培训项目 1 项，金额 13 万元。中标大学生数学竞赛培训项目 1 项，金额 1.5 万元。

七、国际合作与学术交流篇

在全球化的大背景下，国际合作与交流已成为高等教育发展的重要推动力。数学院积极响应国家、学校关于教育国际化的号召，不断加强与世界各国高校（俄罗斯国立大学、俄罗斯阿莫索夫东北联邦大学、意大利卡梅里诺大学、韩国岭南大学等）的交流与合作，为师生提供了广阔的国际化发展平台。主要举措包括：委派青年骨干教师出国访学与深造，拓宽学术视野。学院先后有 8 位老师赴美国、加拿大、中国香港、中国台湾等海外知名高校攻读博士学位、访学和进行博士后研究，近 20 名教师到中科院、北京大学等国内知名高校和科研院所进行博士后研究和访学，有效拓宽了学院学术资源和国际视野。4 人先后赴萨摩亚进行支教，积极服务国家发展战略；积极推进联合培养项目，共育国际英才。我校与意大利卡梅里诺大学建立了紧密的合作关系，共同实施了联合培养博士生项目。目前，已有 5 位优秀硕士毕业生入选该项目，1 名已经毕业回到学院工作；积极邀请国内外知名专家来校做学术交流，2005 年以来，累计邀请了 600 余场学术报告。这些报告由国内外知名学者主讲，内容涵盖了最新的科研成果、学术动态和前沿技术。使我院广大师生们及时了解学术界的最新动态，拓宽学术视野，激发创新思维；搭建高水平的学术交流平台，共组织国内外学术会议 24 场，这些会议涵盖了多个学科领域，包括数学、系统科学、人工智能等，为不同领域的学者提供了交流合作的契机，加强了我院与国内外学术界的联系和合作，极大提升了学院的学术影响力和知名度。

八、文化建设篇

营造良好的学院文化氛围，对于提高教育教学质量，培养学生的综合素质是十分有益的。数学科学学院十分重视学院文化建设，提出了院训、治院方略等。院训是“厚德，博学，笃志，精算”，治院方略是“教学质量是生存的基础，科研水平是发展的动力”。教育学生的总则是“厚德载物，方可立身处世；格物致知，始能建功立业”。

率先在校园内建起了名人塑像——以王元院士题名的著名数学家华罗庚塑像。

在教学楼及宿舍楼走廊内挂上了 62 个国内外著名数学家画像。同时，在教学楼的门厅、教室和学生宿舍内也加强了独具学院特色的文化建设，真正形成了全方位、立体化的文化氛围。

制作了颇具数学特色的楹联：两爻五行，茫茫宇宙无非代数几何微积分；四相八卦，悠悠乾坤不过信息控制系统论，2005 年悬挂于（东校区）数学楼门柱上。

2019 年数学院从东校区搬回西校区。后又在 11 号教学楼的 U 形区、门厅走廊专门建立了数学文化区，包括华罗庚塑像，上述楹联——专门请王元院士题写了横批：万物皆数。

九、党建工作篇

自“科学发展观”重要思想提出以来，聊城大学数学科学学院党委（党总支）始终坚持以党的指导思想为引领，深入学习贯彻党的历次重要会议精神，不断加强党的建设，推动学院事业持续健康发展。

（1）深入学习贯彻党的指导思想，夯实思想基础

学院党委高度重视理论学习，定期组织党员干部学习“三个代表”重要思想、科学发展观、习近平新时代中国特色社会主义思想等党的创新理论。通过专题学习、研讨会、座谈会等多种形式，不断深化党员干部对党的指导思想的理解和把握，确保学院工作始终沿着正确的方向前进。

（2）制定和修订党委会议议事规则等文件，提升决策水平

为规范党委决策程序，提高决策效率和质量，学院党委结合实际情况，制定并不断完善聊城大学数学科学学院党委会议议事规则、党政联席会议议事规则等

文件。规则明确了会议召开、议题提出、讨论决策、执行监督等各个环节的具体要求，确保党委决策的科学性、民主性和有效性。

（3）历届党委（党总支）书记讲党课，强化党性教育

历届党委（党总支）书记充分发挥示范带头作用，结合学院实际和党建工作要求，定期为党员讲党课。通过讲党课，深入解读党的指导思想，分享党建工作经验，引导党员坚定理想信念，增强党性修养，为学院事业发展贡献力量。

（4）修订、完善相关教学、科研文件，为老师发展保驾护航

出台了包括《数学科学学院关于进一步加强教学管理、提高教学质量的若干意见》《数学科学学院教风学风建设有关规定》《数学科学学院教学绩效工资分配方案》等 30 余个规章制度，形成了完善的体制机制体系，有效促进广大教师教学、科研的积极性。

（5）教师、学生获奖频传捷报，彰显育人成果

在党委的坚强领导下，学院教师、学生积极参与各类竞赛和评选活动，取得了显著成绩。这些成绩的取得，充分体现了学院党建工作的成效和育人工作的成果。

学院先后获学校颁发的教学工作先进单位（2006 年）、“十一五”本科教学工作先进集体，本科教学管理先进单位（2003 年，2012—2018 年），教学管理先进单位（2006—2008 学年），学生工作创新奖（2012 年），师德建设先进单位（2004 年，2014 年，2017 年，2018 年），思想政治工作创新先进集体奖（2006 年）。学生工作综合奖（2005 年），学生工作先进单位（2013 年，2014 年，2016 年），思想政治教育工作先进集体（2009—2010 年，2011—2012 年，2013—2014 年），毕业生就业工作先进集体（2011 年，2014 年，2015 年），连续 10 年被评为学生宿舍管理先进单位（1999—2008 年）。

党总支获聊城大学 2013—2014 年度思想政治教育工作先进集体，聊城大学争先创优先锋党总支（2012 年），聊城市委先进基层党组织（2016 年），聊城大学先进基层党组织（2006 年，2011 年，2016 年）。

数学科学学院团委先后获全省高校思想政治教育工作先进集体（2012 年），山东省五四红旗分团委和山东省高校思想政治教育工作先进集体（2013 年），红旗分团委（2001—2003 年，2006 年，2008 年，2010 年，2011 年，2012 年，2013 年，2014 年，2015 年，2016 年，2023 年）。

潘群同志获山东省“2005—2006 年全省高校思想政治教育工作先进个人”荣誉称号。

2009 年，赵长平同志获山东省教学管理先进个人荣誉称号。

另外有 60 余人次分别入选聊城大学师德标兵、教书育人楷模、大学生良师益

友、聊城大学“三八”红旗手、巾帼建功标兵、优秀工会工作者，工会工作积极分子、聊城大学十佳辅导员、优秀辅导员、优秀班主任等称号。

经过50年的发展，如今的数学院已形成“务实、求实，踏实、扎实”的良好院风，教师认认真真地传道、授业、解惑，学生扎扎实实地审问、慎思、明辨。在师资力量，科研水平，教学质量等各方面，享有良好的社会声誉，堪称聊城大学的品牌学院。

我们相信，数学院的明天会更美好！

第十二节　物理科学与信息工程学院

聊城大学物理科学与信息工程学院是由物理系与通信工程系于2002年11月合并成立的。至2024年3月，学院共有教职工 120 人，其中，专任教师 110人，其中教授22人，副教授55人，硕士生导师71人，具有博士学位教师76人，具有硕士学位38人。学院设有物理学专业、通信工程专业、电子信息工程专业和光电信息科学与工程专业4个本科专业，覆盖3个学科门类，其中通信工程专业还是山东省特色专业、山东省应用型特色名校立项建设专业，物理学专业还是山东省品牌专业并通过教育部师范类专业二级认证；依托通信工程专业、物理学专业、电子信息工程专业，获批山东省高水平应用型重点建设专业群。现有物理学、信息与通信工程、光学工程3个一级学科硕士学位授权点，电子信息、学科教学（物理）2个专业硕士学位授权点。全日制本科在校生2208人，硕士研究生264人。学院坚持立德树人，全面落实“学生中心、产出导向、持续改进”的专业认证核心理念，深化教育教学改革，不断提高人才培养质量。

一、发展历程篇

物理科学与信息工程学院的前身为聊城大学物理系和通信工程系整合而成，历经快速发展、开放发展、内涵发展三个历史阶段。

（一）跨越阶段（2005.1—2010.12）

2002年11月，物理科学与信息工程学院成立后，紧紧抓住“以教学为中心，以科研和学科建设为龙头”这一主线，突出“重点意识、超前意识”，实现了跨越式发展。

2005年学院设有物理系、通信工程系、基础教学部、光通信研究生所、光学与材料物理研究所等5个系所，建有“光通信技术山东省高等学校重点实验室”“山东省光通信重点实验室”和“山东省光通信工程技术研究中心”。本专科专业有物理学、电子信息科学与技术、通信工程、电子信息工程和安全工程。有教职工 85 名，其中教授 16 名，副教授 16 名，博士 11 人，博士后 2 人，在读博士、博士后 5 人。有山东省中青年学术骨干学科带头人培养对象 8 名，全国优秀教师 1 名，山东省有突出贡献的专家 2 名，享受国务院政府津贴专家 2 名，先后有 3 人获曾宪梓教育基金会高等师范院优秀教师奖。学生在校生 2600 余人，全日制研究生 20 余人，物理课程与教学论、光学、通信与信息系统、物理电子学、凝聚态物理等 5 个硕士授权点。

加强师资队伍建设。通过引进、培训、培养、培育等措施，师资队伍整体质量得到提升，教师岗位基本实现硕士化。2009 年 10 月王继锁教授调到曲阜师范大学担任副校长，到 2010 年，有教职工 83 名，其中教授 16 名，副教授 27 名，博士 14 人，博士后 4 人，硕士 45 人，虽然总人数有所下降，但是硕士博士比例明显提高，引进博士、硕士的难度较大，主要是通过定向培养现有教师攻读硕士、博士学位，提供硕博比，教师整体科研和教学水平有所提高，“光通信科学与技术泰山学者”岗位已经通过了山东省教育厅的评审。随着学校的招生规模不断扩大，学院招生人数跨越式增长，从 2005 年的 960 人（学分互认 162 人）到 2010 年 574 人，招生人数趋于稳定，每年在 600 人左右。

（二）开放发展阶段（2011.1—2020.12）

2011 年，通过引进、培训、培养、培育等措施，师资队伍整体质量和层次得到提升，10 年间引进优秀博士（后）50 余名，教师岗位由基本实现硕士化到博士化，对于高层次人才，采取不为所有但为所用的用人政策，其间一直聘任中科院院士、南京大学吴培亨教授为我院我校特聘教授、双聘院士，聘任上海复旦大学泰山学者胡卫生教授、南京邮电大学范曲立教授和南京工业大学董晓臣教授为我校“泰山学者”，2017 年全职引进境外（台湾联合大学）高层次人才 1 名，引进外籍（印度）优秀博士 1 名，2020 年有 1 名教师以全职身份入选山东省泰山学者青年专家，加大与国内外科研院校的交流与合作，先后选派 8 名教师到澳大利亚、英国、法国等知名高校开展短期学术交流，7 名教师到国内知名高校进修学术访问，到 2020 年，有教职工 98 名，其中教授 18 名，副教授 40 名，博士 51 人，博士比例达到 52%，学历层次显著提高。

学院坚持深化教学改革，教学质量进一步得到提升。建立健全教学质量监控体系且执行得力，形成了学院领导听课、督导员督导、教师间听课、学生评教等多项教学监控体系。学院注重教师教学技能和水平的培养提高，聘请复旦大学侯晓远教授为课程教授 5 年，为物理学专业本科生讲授大学的第一堂课，指导学生做好学业规划，取得了较为明显的成效 .

（三）全面快速发展阶段（2021.1—2024.9）

这一阶段，学院由原来的扩张式发展转为内涵建设，各项工作取得了很大成绩和突破。（1）人才引进，特别是高层次人才取得重大突破。截至 2024 年 4 月，有教职工 120 名，青年泰山学者增至 4 人，其中教授 22 名，副教授 54 名，博士 71 人，职称、学历和高层人才大幅度提高，师资力量显著增强。（2）本科专业建设得到全面加强，物理学专业和通信工程专业获批国家级一流本科专业建设点，物理师范专业通过国家二级认证，通信工程专业工程教育认证即将迎来专家进校考察，大力推进“双师双能型”教师队伍建设，先后 20 余名教师派往相关行业企业进行挂职锻炼。(3)党建工作进一步加强。坚持党建带团建，校级样板党支部——通信工程系本科学生党支部组建红色宣讲队、科技创新队、志愿服务队、学风建设队，进行红色宣讲 30 余场次，覆盖 1500 余人次，开展科技微课堂志愿服务 5 次，覆盖 400 余人次，进行一对一学习帮扶 50 余人次。

二、教育教学篇

教育是国之大计、党之大计。在学校党委的坚强领导下，学院全面贯彻党的教育方针，努力落实立德树人根本任务，倾心培养德智体美劳全面发展的社会主义建设者和接班人，数年来坚持以高质量教育教学为核心，与时俱进地更新教育理念和教学内容，创新教学方法，逐步形成了全员育人、全过程育人、全方位育人的人才培养模式，制订和完善了各主要教学环节的质量标准和教学规范与管理制度，同时建设高质量教师队伍，不断提升人才培养质量。

学院始终以教学为中心，建立教学质量保障体系，根据人才培养目标修订课程教学大纲，优化教学内容，课堂教学内容中不断融入前沿科技成果和课程思政。加强课前课中课后的过程性考核，基于以成果导向的“OBE”工程教育理念，反向设计教学过程。结合信息化手段，采用讲授法、讨论法、任务驱动、实验法等多样化教学方法进行课堂教学，不断提高课堂教学质量。

建立了“345”教学质量保障体系，加强常规教学管理。课堂，是教育高质量发展的主阵地，提高课堂教学质量始终是我院的核心任务，不断强化质量是学校和学院生命线和永恒主题的意识，院长和书记作为教学质量第一责任人，严把教学质量关，将年度考核、津贴发放、职称竞聘等与能否高质量地完成本科教学工作密切挂钩。常年聘任教学经验丰富、教学水平高的老教师作为学院督导，建立学院领导听课、督导员督导、教师间听课、学生评教等多项教学监控体系。根据学校文件，建立了教授、副教授上课制度，保证教授、副教授每年至少上一门课。并依据学校文件，先后制定了《物理科学与信息工程学院课堂教学规范和实验教学规范》《物理科学与信息工程学院关于教学质量评价实施意见》《物理科学与信息工程学院关于教学、科研奖励的意见》《物理科学与信息工程学院课堂教学改革实施方案》等制度文件，形成了学院本科教育教学管理制度，保障课堂教学高质量完成。

在加强常规教学管理的同时，根据学校文件，每四年修订专业培养方案，每两年进行教学大纲的修订，每学期都进行课程目标达成度分析，开展以全面加强大学生素质教育和实践能力为目标的课程体系、教学内容、教学方法和教学手段改革。根据学校的办学定位和特色，学科优势和专业特色，各专业逐渐形成了面向应用型人才需求、有效对接学校人才培养目标体系、高于相应专业类教学质量国家标准和专业认证的相关要求的培养目标和毕业要求。同时，建立了具有特色的课程体系，因此学院物理学专业先后被评为山东省品牌专业和山东省、国家级一流本科专业建设点，并通过了师范专业认证。通信工程专业先后被评为校级、山东省特色专业，通信工程专业群获批省重点立项建设专业（群），目前通信工程专业为国家级一流本科专业点，并处于工程教育认证进校考察阶段。为提高课堂教学质量，学院逐步更新修正教学大纲，一是根据时代发展摒弃陈旧知识，融入最新科学前沿发展知识和行业需求相关内容；二是根据《高等学校课程思政建设指导纲要》逐步将课程思政融入课堂教学全过程；三是根据现代化信息手段的发展对课堂教学内容的教学方法进行设计，课程大纲中都建议教师采用讲授法、讨论法、任务驱动、实验法等多样化教学方法进行教学；四是逐步增加期中考试、单元测试、项目式考核、口头答辩等过程性考核，进一步强化课堂教学的重要性；五是逐渐形成了根据每学期的课程目标达成度分析反思教学，持续改进的教学机制，为进一步提高课堂教学质量提供了坚实的基础。

结合我校培养高水平应用型人才的目标定位，我院实验教学逐步形成“11343”模块化实验教学培养体系，以契合电工电子类专业实践教学体系转型需求。我院建设了“四类平台”：基础实验教学平台、综合设计教学平台、科技创新竞赛平台、产学研实践平台。在实验教学体系、管理体制、运行机制等方面进行大胆改革与创新，构建鲁西特色、省内一流的多专业、多功能、共享型电工电子实验教学共享平台。基于电工电子实验教学中心，培养了一批实验基本技能宽厚扎实，实践创新能力强，具有较高职业素养的本科生。近二十年来，学生获国家级奖项100余项，省级奖项一千余项。其中田存伟等老师指导的“基于立体化协同机动的水域环境检测系统”在2023年全国大学生挑战杯课外学术科技作品大赛中获得国家级三等奖。获批国家级和省级大创项目500余项，申请／获批国家发明／实用新型专利1000余项。

全面更新教育教学设施，建成二十多个智慧教室，为所有实验室安装智慧屏幕，有力保障了现代信息化教学课堂教学的实施，为学生沉浸式学习提供了软硬件保障。智慧教室是教育信息化中设施智能化的重要模块，在学院一流本科专业建设和工程教育专业认证过程中，我院逐渐将传统教室改造为智慧教室，更新教室座椅、教室屏幕、电脑设备，鼓励教师积极探索创新信息化教学新模式，采用超星、雨课堂等信息化手段开展分组讨论式教学、智能交互教学等。另外，学校教务处近年来更新了教学设备，增加上下课签到、课堂教学过程录制等功能，为线上教育提供更加良好的服务平台，为教育智能化升级注入新动能，教学质量监控更加便捷，有效保障了教育教学质量。

通过打造优质课堂、一流课堂等政策的鼓励和激励，教职工认真钻研教材、苦练内功，以一批青年教师为代表的精彩课堂不断涌现，教师队伍教学水平不断提高。鼓励教师进行教学改革，申报教学质量项目。近二十年来，专业教师共承担各类教学研究与改革项目200余项，其中：省级项目十余项，校级项目三十余项，教育部高教司产学研合作协同育人项目150余项，教学指导委员会相关项目十余项。加强教材建设。教材在人才培养质量中起到基础性作用，学院要求所有任课教师要不断加强教材建设，鼓励教师编写适合本专业毕业要求和培养目标的教材。采取有力政策吸引行业人士参与编写，开发适用性和实践性的优秀教材，近年来开发教材二十余部。学院重视青年教师教学竞赛，近年来大规模组织青年教师参加竞赛，不断锤炼教师课堂教学水平，并涌现出一大批教学名师和省级教学竞赛获奖教师。近三年学院教师获得省级教学成果二等奖1项，国家级专业类教学竞赛二等奖1项、三等奖1项，省级教学比赛一等奖3项、二等奖2项，校级教学成果奖9项。

我院教育教学取得的成绩是与聊城大学多年来的支持、学院领导多年来的重视、学院教师多年来的努力分不开的。“道阻且长，行则将至；行而不辍，未来可期”，我们将在学校党委的坚强领导下，在学院领导的引领下，踔厉奋发，笃行不怠，坚持把立德树人作为根本任务，加强一流本科专业建设，继续努力培养学生全面成才，为学校教育教学作出更大的贡献！

三、学科建设篇

2008年9月现代光通信山东省高等学校“十一五”强化建设实验室顺利通过山东省教育厅的中期检查和评估，2008年10月成功申报山东省光通信科学与技术重点实验室，2008年11月山东省光通信工程技术研究中心顺利通过山东省科技厅的中期检查和验收。根据国内外的科研发展动态，以承担国家级重大课题，获得重大标志性成果与高层次奖励为目标，育优扶强，凝练已有的研究方向，以光信息科学与技术为主线，形成了量子光学与量子信息、全光网络与光孤子通信、光电功能材料与器件三个主攻方向。学院于2010年成功申报“物理学”“信息与通信工程”两个一级学科硕士学位点，成功申报了“电子与通信工程”领域工程硕士专业硕士学位点。“光通信科学与技术泰山学者”岗位已经通过了山东省教育厅的评审。2011年学院新增工程硕士专业学位点，新增物理学、信息与通信工程二个一级学科硕士学位授权点。光学学科新增为山东省重点学科，光通信实验室继“十五”“十一五”之后再次被评为山东省高校强化建设重点实验室。光通信科学与技术学科新增为山东省政府“泰山学者”设岗学科。2012年、2013年和2014年，超高速光传输技术研究进入校级第一层次重点建设项目、激光技术及应用研究进入校级第3建设层次建设项目。2015年光学学科评为省级重点学科，聘请南京邮电大学的范曲立教授为“泰山学者”特聘教授，学院学科团队与范曲立教授的南京邮电大学学科团队进行了对接，就我院下一步学科方向与团队建设进行规划与实施。我院获得了校级“信息与通信工程”一级学科博士学位授权点培育工程项目，为获得博士学位授权单位打下坚定的基础。完成了山东省级工程技术研究中心—“光通信工程技术研究中心”绩效评估和年度报告，以及山东省光通信示范工程技术研究中心建设综合报告和绩效评估报告书。完成了山东省“十二五”高校重点实验室—“光信息传输与处理”终期评估验收材料、山东省“十二五”省级重点学科—“光学”学科终期评估验收材料。进一步加强了“山东省光通信科学与技术”省级重点实验室、山东省“光学”重点学科建设力度，购置先进的科研设备。学院于2016年进一步完善和论证了“信息与通信工程”一级学科博士学位授权点培育工程项目，为获得博士学位授权单位打下坚定的基础。进一步加强了“山东省光通信科学与技术”省级重点实验室、山东省“光学”重点学科建设力度。完成了一级学科点——物理学、信息与通信工程的评估工作，以及教育硕士的评估工作。以及物理学、信息与通信工程学位授权点自我评估总结报告。完成了吴培亨院士、“泰山学者”特聘教授胡卫生教授的终期考核工作。完成了山东省高校重点实验室的申报，以及教育部重点实验室指南的撰写工作。学院于2017年进一步加强了“山东省光通信科学与技术”省级重点实验室、山东省“光学”重点学科建设力度。申报并获批新增一级硕士点—光学工程硕士点；申报并获批聊城大学光纤通信与传感协同创新中心；我院以山东省光通信科学与技术重点实验室为依托平台，成为首批建设的学术特区。学院于2018年进一步加强了“山东省光通信科学与技术”省级重点实验室、山东省“光学”重点学科建设力度，新增科研设备300余万元。完成我院“物理学”和“信息与通信工程”两个一级硕士学位点的评估工作。组织撰写了“物理学”“信息与通信工程”“光学工程”“山东省光通信科学与技术重点实验室”和“十三五校级协同创新中心”

年度建设规划书，以及聊城大学对接山东省新旧动能转换重大工程建设项目任务书。学院于 2019 年顺利完成了“山东省光通信科学与技术重点实验室”和“光学薄膜与激光技术研究所”校级平台的绩效评估，分别为优秀和良好等级。进一步加强了“山东省光通信科学与技术”省级重点实验室、山东省“光学”重点学科建设力度。学院于 2020 年邀请教育部教指委专家、长江学者特聘教授、国家杰出青年获得者等 20 余人次来校做学术报告及指导国家基金申报与学科建设。通过线上、线下等形式参加国内高水平学术会议 58 人次，做大会报告 32 人次，参加国际学术会议 100 余人次。物理师范专业二级认证和通信工程专业工程教育认证是学院 2020 年“一号工程”。其中，物理师范专业完成了教育部专家进校考查工作，得到了一致好评。通信工程专业自评报告未能通过，又再次提交认证申请，专家反馈意见良好，争取 2021 年通过自评，并积极备战专家进校考查。2021 年，物理学专业师范认证顺利通过，并已被评选为山东省一流本科专业，正在参评国家级一流本科专业。通信工程专业工程教育认证自评报告已根据辅导专家意见进行了修改，争取 2022 年通过自评，并积极备战专家进校考查。2022 年信息与通信工程学科被评为校级冲一流重点建设学科。获批高速光通信系统与智慧物联网高校特色实验室，获批聊城市工业互联网研究与应用重点实验室。2023 年度完成了“信息与通信工程”聊城大学冲一流学科建设绩效自评工作。获批“高速光通信系统与物联网”山东省高校特色实验室。投入 1000 余万元科研平台建设，对综合极端条件材料研究实验室、新型信息光电子材料和器件实验室、高速光通信实验室以及学术研讨室进行改造更新，提升科研平台建设水平。

学院 2005 年 6 月获批“十五”重点强化建设实验室，2006 年 12 月被评为“现代光通信山东省强化建设重点实验室”。2008 年被山东省科技厅批准为“山东省光通信科学与技术重点实验室”，同时在“十一五”“十二五”期间被山东省教育厅列为山东省强化建设重点实验室。2005 年以来，学院以光信息科学与技术为主线，紧紧围绕量子信息与量子通信、光电信息材料与器件、光通信传输与处理、信号检测与应用等四个方向开展深入研究，并形成了自身的优势和特色。荣获教育部高等学校优秀科研成果奖二等奖 2 项，获山东省科学技术奖二等奖 7 项、三等奖 8 项，山东高等学校优秀科研成果奖 30 余项。承担国家自然科学基金项目、山东省自然科学基金重点项目 200 余项，获得科研经费 5000 余万元。在国内外重要学术期刊上发表高水平论文 1000 余篇。出版专著（教材）20 余部，其中国家规划教材 1 部。通过省级鉴定的应用技术成果 30 余项，授权发明专利 100 余项。

四、学科建设篇

量子信息与量子通信方向：1991 年起开始从事压缩态通信理论的研究工作，

在量子光学与量子信息尤其在量子态操纵与传送理论方面达到国际先进水平。王继锁教授团队的“若干物理系统的量子效应研究”和“量子光学中一些理论问题的研究”于2006年和2011年获得教育部提名国家科学技术奖（自然科学奖）二等奖和山东省科学技术奖（自然科学奖）二等奖。冯健教授团队的“新型量子态的构造及量子态新特性研究”于2007年获得山东省科学技术奖（自然科学奖）二等奖。梁宝龙副教授团队于2010年获得山东高校优秀科研成果奖一等奖，并于2018年在科学出版社出版《介观电路的量子理论与量子计算》学术专著。随后，孟祥国教授团队致力非高斯系统的纠缠特性以及系统的退相干效应研究，于2019年获得山东高校优秀科研成果奖二等奖。

光电信息材料与器件方向：该方向最初侧重于有机非线性光学材料、掺杂型磁光材料、高温超导/庞磁电阻多层膜材料和钛酸钡单晶超高压电性能与机理研究等。胡海泉教授和邵鑫教授的团队在2004—2006年期间获批国家“863”计划子课题3项，白成林教授团队的“几类功能薄膜材料的制备及相关物理特性的研究”于2009年获得山东省科学技术奖（自然科学奖）三等奖。随后，学院围绕有机蓝光激光器件及特性、光子晶体微腔蓝光有机激光原型器件、以DNA为模板构建具有记忆电阻效应的纳米膜和纳米线阵列等开展深入研究。王文军教授、张丙元教授、闫循领教授和董瑞新教授所在团队在2011年、2012年、2015年和2016年获得山东高等学校优秀科研成果奖一等奖2项、二等奖2项。接着，学院开展光学薄膜及晶体材料的激光特性研究，以及光泵浦、电泵浦有机聚合物蓝光激光器件、新型光电材料的合成以及光电学特性测试等研究。张栋副教授、王青如教授和张丙元教授所在的团队在2017年和2018年获得山东省高等学校科学技术奖一等奖1项、二等奖2项。

2018年以后，学院全职引进高层次人才台湾联合大学陈南光教授，印度籍Santosh Kumar副教授。陈南光教授和Santosh Kumar副教授组建光纤传感技术与应用团队，开展先进激光和光纤传感技术的研究，包括锁模激光器，光纤拉力、折射率、温度等物理量的传感测试、生物医学以及光纤气体传感等。Santosh Kumar副教授获批2018年度省级引进外国专家项目1项，团队成员王祎然获得山东省高等学校青创团队1项。2020年全职引进吉林大学博士生导师、山东省“泰山学者”青年专家刘才龙教授，组建极端条件光电信息材料与器件团队，刘才龙教授也是全校第一个全职的山东省“泰山学者”青年专家。随后又全职引进吉林大学博士生导师王凯教授、王晓春教授，广东工业大学博士生导师聂兆刚教授，南方科技大学李茜教授，安徽大学李磊教授，团队力量进一步增强。该团队在优质金刚石单晶制备及极端条件光信息材料与器件性能调控方面开展研究。相关成果发表在 JACS、Angew、Adv. Sci.、CarbonEnergy 等国际知名期刊。研究团队入选山东省高等学校青创人才引育计划、青创科技计划团队，团队成员王凯、李茜和李磊教授也相继获批山东省泰山学者青年专家。团队成员王庆林教授获批山东省重点扶持区域引进急需紧缺人才项目。刘才龙教授同时入选享受国务院政府特殊津贴和首批享受省政府特殊津贴。2022 年获得山东省青年科技奖、中国发明协会发明创业奖创新奖二等奖。随后，刘才龙教授团队主导，联合山东聊城莱鑫粉末材料科技有限公司和山东聊城莱鑫超硬材料有限公司在 2023 年获得中国产学研合作创新成果奖优秀奖，王庆林教授获得中国产学研合作创新成果奖个人奖。聂兆刚等人凭借“超短脉冲激光器关键技术研究及产业化”2023 年获得揭榜领题赛高端装备制造领域银奖。

光通信传输与处理：该方向开始主要从事光孤子通信与通信工程的理论和应用研究，研究孤子自频移、光纤三阶色散和双光子吸收等因素对飞秒光孤子稳定传输的影响和消除这些影响的方法，以及群速色散对光孤子传输特性和稳定性的影响等内容。白成林教授团队于 2005 年和 2007 年分别获得山东高校优秀科研成果一等奖。此外，还进行了高维孤子激发模式和激发模式相互作用行为研究，于 2014 年获山东省科学技术奖（自然科学奖）二等奖。随后，致力光纤通信系统中超大容量传输、复用及相干接收过程中各种关键技术研究。郑宏军教授获批国家自然科学基金重点项目子课题 1 项。此外，白成林教授团队实现了集偏振复用与 PMD 信号实时监测、反馈控制、均衡、自适应补偿于一体的高度集成化，首次将不易陷入局部极值的粒子群优化算法及改进型人工鱼群算法应用于集成模块的 PMD 控制及自适应补偿单元，于 2012 年和 2013 年分别获得山东高校优秀科研成果一等奖，“高速光纤通信系统中偏振色散监测、控制、均衡及自适应补偿技术”研究成果于 2015 年获得教育部科学技术进步二等奖。除了上述基础研究外，还积极开展光通信技术的应用研究，包括光纤到户工程、光无线通信和多媒体通信。于会山教授团队于 2007 年和 2011 年分别获得山东省科学技术奖（科技进步奖）三等奖和二等奖。刘山亮教授团队于 2009 年获得山东高校优秀科研成果奖三等奖。

2016 年以后，主要从事直接检测 / 相干检测、模分复用高速光传输、弹性光网络可靠传输关键技术和光电信息器件与系统等方面的研究。范鑫烨、郑宏军、白成林和许恒迎等教师于 2017 年、2018 年、2019 年、2020 年在科学出版社出版四部学术专著。范鑫烨副教授两项发明专利在 2019 年与山东太平洋光纤光缆有限公司取得了企业成果转化，转让费分别为 10 万元和 100 万元，单项 100 万元转让金额是学校历年之最。随后，范鑫烨副教授团队于 2021 年获批山东省高等学校青创团队，致力光电器件与系统研究。

信号检测及应用方向：该方向基于大数据、云计算、网格等先进技术理论，紧密结合地区经济需求，围绕计算机图像处理、模式识别、机器视觉处理与应用以及运动目标图像的检测、传输、识别和实时跟踪展开科学研究。王宝兴教授团队于2009年获得山东省科学技术奖科技进步奖三等奖。于会山教授团队于2010年获得山东高校优秀科研成果奖三等奖。随后，于会山教授团队开展智能充电和智能路灯节能控制研究，于2012年和2014年获第七届山东省“发明创业奖”三等奖、山东省发明专利奖二等奖和山东省优秀节能成果奖，另外，“电动汽车充电技术的研究与应用”于2016年获得山东高校优秀科学技术奖二等奖。同时，王宝兴、于会山、葛广英、田存伟和邹瑞滨等老师的多项科研成果经过山东省教育厅科技鉴定，部分研究成果达到国际先进水平。

学院积极开展高新技术应用开发研究，开展我国当前重点发展的工业互联网、农业物联网等最新应用研究，已获批聊城市工业互联网研究与应用重点实验室，张霞、范鑫烨、田存伟和杨立山老师主要从事该方向研究。同时与大中型企业横向联合，对企业面临的重大技术问题开展联合攻关，不断提高为区域经济和社会的服务质量与水平。其中，白成林教授与山东隆凯信息技术有限公司签订横向项目合同书，项目经费达到660万元，是学院目前单项横向经费之最。田存伟和范鑫烨副教授分别与山东强光新能源科技有限公司和中企科信技术股份有限公司签订横向项目，经费均为160万元。横向项目签订为加快“数字聊城”的建设，落实“数字强省”“数字中国”的战略部署提供可参考的解决方案。

2020年以来，学院基于国家和山东省重大发展战略需求，将基础研究、应用研究和技术创新密切结合，开展新技术、新材料和新方法的基础理论与应用研究，学院科研水平逐步提升。省部级以上科学项目逐年增多，刘才龙教授2023年获批国家重点研发计划子课题1项。同时学术论文的数量和质量正逐步提升，2023年论文发表数量达到181篇，一区收录20篇，二区收录61篇，论文数量和质量都有重大突破。秦书超博士、李和福副教授和纪红柱博士等人分别在Advanced Science、ACSApplied Materials&Interfaces和IEEETransactionson Geoscienceand RemoteSensing发表论文，我校师生以第一单位发表在该期刊上，尚属首次。宋琦博士等人围绕太赫兹光子学器件的研究，2023年连续发表6篇高水平论文。此外，学院鼓励本科生参与教师课题组，张栋、王庆林、桑丹丹等课题组袁骏、王鑫悦和费厚智等本科生在1区、2区和3区都有文章发表。

学院依托山东省光通信科学与技术重点实验室和山东省光通信工程技术研究中心，以国家级一流本科专业“物理学”“通信工程”为支撑，面向国家重大战略需求、山东省新旧动能转换“十强”产业中新一代信息技术前沿，立足光电材料与器件、光纤通信器件与系统、智能光网络等方向开展研究，力争在物理学和信息与通信工程学科领域有一定的影响力，为学校博士点学科的申报贡献力量。

五、政务管理篇

在学校党委和行政的正确领导下，物理科学与信息工程学院认真学习、贯彻落实党的各项方针政策，不断解放思想，凝聚力量，干事创业，全面推进学院各方面工作又好又快地发展。

2005—2008 年，学院根据教育改革和发展的需要，不断进行内部管理体制改革，完善、补充和制定了《物理科学与信息工程学院进一步加强师资队伍建设的几项措施》《物理科学与信息工程学院课堂教学规范和实验教学规范》等，学院制度通过废、改、留、立进一步完善，如先后建立了《物理科学与信息工程学院关于教学质量评价实施意见》《物理科学与信息工程学院关于教学、科研奖励的意见》《物理科学与信息工程学院关于科研团队建设意见》等，在学生、教师层面都建立了相应的激励机制，学生的综合测评有严格的规程，并且作为奖学金和助学金评选的主要依据，对不同的教师岗位制定了较为严格的岗位职责，教师人人有舞台、人人有动力，教师在教学、科研和研发工作中不断找到自己的合适岗位，为聊城大学的发展贡献自己的力量。这些管理办法和条例有力地调动了教职工的工作积极性，促进了物理科学与信息工程学院各项工作的开展。

2009—2011 年，学院进一步加强和改进大学生思想政治工作，促进学风、院风建设，通过认真落实《聊城大学大学生思想政治教育大纲》，加强学生的世界观、人生观和价值观的教育，使学生认识问题、分析问题、解决问题的能力得到了很大提高；注重发挥学生党员和学生干部的模范带头作用，党员的先进性得到了充分发挥，学生综合素质得到了较大提高。同时，创新学生思想政治工作的方法和途径也得到了很大的提高，学院于 2009 年成立“业余党校”、划分党员责任区、党员挂牌制度和党员年度述职考核制度等，这些措施，对学生的思想政治工作和党员的党性修养起了很好的促进作用。学院高度重视学生工作队伍建设，自 2011 级开始，逐步实施每个班级配备一名班主任，实行班级“一对一”管理，充分发挥了辅导员和班主任的班级管理作用。规范完成学生助学贷款、困难补助、勤工助学岗管理和奖助学金发放工作。学院于 2011 年荣获资助工作先进集体。学院连续两年被评为思想政治教育工作创新集体，分团委连续五年被评为红旗分团委。学院通过实施《物理科学与信息工程学院关于加强大学生学风建设的实施方案》，帮助学生树立牢固的专业思想、明确的学习目标和正确的学习方法，针对不同年级开展主题不同的教育活动。在树立牢固专业思想的同时，注重学生创造思想、创新能力和创作水平的培养。

2012—2014 年，学院为加强专业思想教育，把新生开学典礼与专业思想教育相结合，从 2012 年入学初始，学院对新生进行专业引导，激发学生学习兴趣，抓专业教育促学风；建立激励导向机制，抓制度建设促学风。开展理工学院第一届“学习达人”评比活动，充分发挥榜样的模范带头作用；严格学生上课和自习考勤，强化管理促学风。坚持学生晚自习辅导、检查，安排学生班级固定教室，加强学生管理；做好“学困生”的转化工作，加强分类指导，以学业预警工作为抓手，以“点”带“面”促学风。部分学生学习成绩不理想，按挂科成绩门数区分为红色预警和黄色预警，班主任、辅导员分别与之谈话，并与家长进行当面沟通，分析每个学生的具体情况，根据其不同的成绩情况，制定不同的方案；提升学生培养层次，抓考研工作促学风。分专业召开考研动员会和经验交流会，为考研学生安排固定自习室，并力所能及帮其答疑解惑，积极动员和鼓励他们考研，做好学生的后盾；严肃考风、考纪，以考风促学风。加强了学生思想道德教育和成才教育，提高了学生学习的积极性和主动性，促进了良好学风、院风的形成。学院重视学生思想政治工作，认真落实学校《思政大纲》，积极开展各项主题教育活动。努力做好“评优”“推优”工作，学院重视学生心理健康教育工作，制定一系列有力措施，取得了良好的成效，并于 2012 年荣获聊城大学学生心理健康教育先进单位。

2015—2018 年，学院加强共青团自身组织建设，积极引导团员青年成长成才，完成目标任务。学院于 2015 年荣获红旗分团委，优秀团支部标兵等。学生基层组织健全，积极参与学校组织的各项活动，树立先进典型。荣获校级先进集体。学院重视学生的“思想引领”。2015 年在学生中组织开展“三观”“三热爱”主题班会，“辅导员面对面”“与信仰对话”等主题教育，开展“我的中国梦”主题演讲活动。通过强化教育引导、认知践行，着力引导青年学生高扬理想之帆，积极践行社会主义核心价值体系。学院逐步构建“全员育人、全程育人、全方位育人”的德育管理体系。2016 年学院实施了每个班配备 1 名班主任；为大一新生每个寝室配备了一位导师制，助推了学生成长成才。

2019—2022 年，通过学院领导和老师的不断努力，学院管理工作取得一系列优秀成果，学生工作获评“2019 年度聊城大学学生工作先进集体”“2020 年度易班工作先进单位”，获评“山东省易班优秀指导教师”“聊城大学学生工作先进个人”“聊城大学优秀青年工作指导者”“聊城大学优秀青年工作者”，“聊城大学十佳辅导员”“聊城大学优秀辅导员”“聊城大学优秀班主任”等 11 人次，1 名辅导员参加了山东省哲学社会科学教学科研骨干研修班。2020 年学生获评“聊城大学十大优秀学生”“校长奖学金”“聊城大学优秀团干部”“聊城大学优秀团干部标兵”等校级以上荣誉 22 人次，E 通科技社获评“聊城大学五四红旗团支部标兵”“聊城大学活力团支部”。学院引导学生积极投身公益和志愿服务工作，疫情期间 118 名学生党员、入党积极分子主动请缨，加入社区、村上的青春战“疫”中来，学院在许营镇三亢村建设“希望小屋”一处用以改善贫困儿童的学习环境。学院不断加强学风建设，发挥榜样示范作用，举行 2020 年度融信洪恩奖学金颁奖仪式，发放奖学金 3 万元。自 2021 年举办科贸奖学金颁奖仪式，发放奖金 10 万元。2022 年学院获评“聊城大学西部计划工作先进集体”。学院辅导员获“聊城大学西部计划先进个人”“聊城大学易班工作先进个人”聊城大学 2022 年度‘公寓的故事’工作案例与“公寓育人精品课三等奖”等荣誉称号。2022 年，学院获评省级优秀班集体 1 个，省级优秀毕业生 28 人，省级优秀学生 4 人，省级优秀学生干部 1 人。学院获评聊城大学五四红旗团支部标兵 1 个，聊城大学五四红旗团支部 5 个，聊城大学优秀共青团员标兵 1 人，聊城大学优秀共青团干部 19 人，聊城大学优秀共青团员 107 人，聊城大学青年志愿服务先进个人 7 人。

六、结语

经过多年的建设和发展，物理科学与信息工程学院已经形成了以“博学、明理、厚德、致远”为标志的学院文化，和“以人为本，理工结合，成人成才”的建院理念。学院的人才队伍建设、教学工作、科研工作、学科建设工作、学位与研究生教育工作、服务社会工作、学生思想政治教育与日常管理工作等为学生的培养创造了一个良好的环境和氛围。

物理科学与信息工程学院将以教育部本科教学评估为契机，认真落实“二十字”方针，进一步加强师资队伍建设，形成结构更加合理、具有团结协作精神的教学和科研队伍；进一步强化开放办学的意识，加强与企业的合作，与国内高校同类学院的合作，营造一个更加开放的人才培养环境，为区域经济的发展输送更多的应用型人才。

融合传承谋发展，筑梦远航创未来。站在新的起点上，物理科学与信息工程学院将继续大力传承与弘扬聊城大学宝贵的办学精神，砥砺前行，全面落实立德树人的任务，努力为新时代国家建设作出更大的贡献。

第十三节　化学化工学院

聊城大学化学化工学院前身为 1975 年 3 月建立的山东师范学院聊城分院化学系，化学专业是聊城大学最早设置的六个专业之一。五十年来，在历届院（系）

领导班子的带领下，经过几代教职员工的不懈努力，化学化工学院同学校一样，经历了三次跨越，迎来了近二十年的快速发展。目前化学化工学院教学科研条件显著改善，教学改革不断深入，创新人才培养机制和模式初步形成，已培养1万余名化学、化工、应用化学方面的专业人才，他们中间很多已成为科研院所、大学、企事业单位的中坚力量，其中有“973”首席科学家、国家自然科学基金杰出青年基金获得者、教育部长江学者、大学教授、高校和重点中学的校长、优秀教师、教学骨干，也有企业领军人物，为山东乃至全国的教育事业及化学化工产业的发展作出了重要贡献。

近年来，学院围绕立德树人根本任务，坚持党建引领，以人才培养为中心，以科研为先导，以高质量内涵发展、融合发展、特色发展为目标，以博士学位授权点建设为抓手，以人才队伍建设和实验室建设为支撑，在科学研究、服务社会和人才培养等方面都取得了较好的进展，成为聊城大学办学实力较强的学院之一，得到社会各界的广泛赞誉和认可。

一、教育教学体系不断优化

学院坚持教学中心地位不动摇，强化专业硬实力建设，现设有化学、化学工程与工艺、应用化学3个本科专业，拥有化学、化学工程与技术两个一级学科硕士学位点和一个学科教学（化学）专业学位点，与济南大学和意大利卡梅里诺大学联合培养博士生，形成了较完整的人才培养体系。

（一）专业建设不断加强

为适应学校综合性大学办学定位，2005年学院开设的应用化学专业招生，至此形成了化学、化学工程与工艺、应用化学三个本科专业并驱发展的新格局。化学专业2007年被评为山东省高等学校特色专业、国家级第一类特色专业，于2020年、2021年先后获批山东省、国家一流专业建设点，2023年9月通过教育部师范类专业二级认证，擦亮了新时代师范人才培养的底色。化学工程与工艺专业2012年入选省财政重点支持建设专业，2013年入选省级卓越工程师教育培养计划，2016年入围山东省高水平应用型专业群，2018年入选新旧动能转换专业对接产业项目，2022年获批山东省一流本科专业建设点，奠定了山东省内化工类专业人才培养地位。2023年11月，化学、化学工程与工艺、应用化学专业通过了国家本科教育教学审核评估。2024年1月，化学化工实验教学中心获批山东省普通高等学校实验教学示范中心，为深入推进服务区域经济社会发展的应用型人才培养翻开了新的篇章。

（二）课程建设不断提升

学院教师结合学科发展前沿与教育教学实际，积极开展课程建设与教材建设，高质量地服务教育教学。2010 年、2011 年，《分析化学》《有机化学》先后荣获山东省精品课程。2018 年以来，学院支持建设的《高分子化学》《化工基础》《化学反应工程》等课程先后在山东高校课程联盟、智慧树平台上线。2024 年，《分析化学》《化工基础》入选山东省一流本科课程。在教材建设方面，《有机化学专论》《无机化学实验》《有机化学实验》《分析化学实验》《仪器分析实验》《物理化学实验》《启发探究式无机及分析化学实验》《化工原理实验》《化工安全与环保》《大学化学实验》等教材先后在中国海洋大学出版社、西安交通大学出版社、冶金出版社、科学出版社出版发行。2023 年，《化工安全与环保（第二版）》被评为山东省高等教育一流教材。

（三）实验教学资源建设不断优化

为更好地培养学生实践动手能力与创新思维，学院高度重视实验教学资源的迭代更新，为高质量人才培养打下坚实基础，提供强有力保障。2007 年化学实验教学中心获山东省高校骨干学科教学实验中心建设立项；2024 年随着无水乙醇生产工厂的验收投入使用，3000 平方米的化工技术实习实训基地建设完成，包括乙酸乙酯连续生产实物仿真工厂、60 万吨煤制甲醇半实物仿真工厂、无水乙醇生产工厂、化工过程控制实验室、化工单元操作实训室等，高标准、高质量地落实了化工、应化专业的实践教学环节。2024 年化学化工实验教学中心获批山东省普通高等高校实验教学示范中心，标志着我院实验室设施装备达到省内同类院校先进水平。

（四）教育教学成果不断涌现

优秀教学成果奖是高质量教育教学的具体体现。学院教师结合教学实践，潜心开展教学研究，并取得了优异成绩。2005 年，“高师化学专业一级教学平台上分层次教学改革”获山东省高等教育教学成果一等奖。2008 年，“新课标中学化学教材与教学研究”获山东省教育科研优秀成果一等奖。2009 年，“化学复合型创新人才培养的探索”获山东省高等教育教学成果二等奖。2018 年，“地方高校‘学生中心、目标导向、分类培养’一流本科教学体系的研究与实践”获山东省教学成果特等奖、高等教育国家级教学成果二等奖。“地方高校化学工程与工艺专业应用型人才培养模式的探索与实践”获山东省教学成果二等奖。

二、学科平台逐步强化

学院高度重视发挥学科的引领带动作用，持续强化学科平台建设。分析化学学科“十一五”期间再次被评为山东省强化建设重点学科，2006 年被认定为“泰山学者”设岗学科，刘继锋获聘首位泰山学者特聘教授。化学学科自 2011 年进入全球 ESI 前 1%，近年来排名持续提高。2016 年化学学科获评山东省一流学科，在第五轮学科评估中被评为 C-。

2011 年获批化学储能与新型电池技术山东省重点实验室，2016 年获批清洁化学能源技术山东省高校重点实验室，2017 年获批建设化学储能与新型电池技术山东省高校协同创新中心，2020 年获评山东省高校示范协同创新中心，2022 年获批食品安全与生命分析山东省高等学校重点实验室，在相关领域形成了一定的优势。截至 2024 年，学院实验室使用面积为 11000 平方米，大型仪器设备价值共计 1.7 亿多元，相比 20 年前，使用面积增加近 4000 平方米，仪器设备价值增加近 1 亿元。

三、科研能力显著增强

学院以国家“创新驱动”发展战略和“碳达峰、碳中和”重大战略为引领，紧密对接山东省新旧动能转换“十强产业”，积极开展科学研究，不断凝练研究方向，形成了能源化学、食品安全与生命分析化学、功能有机材料化学三个主要研究方向，服务于新能源、新材料、高端化工、医养健康等领域的人才和技术需求，初步发展成聊城乃至鲁西化学化工人才培养的核心高地，为地方教育和产业发展提供了强力支撑。

（一）科研项目申报不断突破

学院不断开拓思路，出台系列制度，深入实施开放融合协同工程，进一步调整完善绩效分配政策，营造良好的学术环境，提高教师科研能力。自 2002 年马春林获批首项国家自然科学基金项目以来，承担的科研项目数量稳步提升，层次不断突破。2005 年获批国家自然科学基金 2 项，到 2014 年学院获得国家自然科学基金项目 11 项，在数量上达到近几年的最高峰。

学院承担的科研项目类型也在不断拓展。2009 年，尹汉东获批科技部“973”项目前期专项，获批经费 70 万元。2010 年，柳仁民参与国家科技重大专项，获批经费 40 万元；张宪玺获批“973”项目子课题，获批经费 100 万元。2011 年，刘继锋获批山东省自然科学基金杰出青年基金项目，获批经费 50 万元，同年获批国家自然科学基金重点专项基金项目，获批经费 280 万元。2014 年与山东大学合作重大仪器专项 1 项，到账经费 142 万元。2016 年与国家纳米中心联合申报重大研究计划项目 1 项，到账经费 65 万元。2016 年李允伍获省优秀青年基金，实现了学院此类项目零的突破。

2014 年学院获批国家自然科学基金项目 11 项，省级课题 6 项，聊城市项目 3 项，纵向科研经费总额 657 万元，经费总额取得历史性突破。2023 年获批国家自然科学基金 8 项，山东省自然科学基金 21 项，实现近年来的新高。2005 年以来学院累计获批国家自然科学基金 106 项。

（二）高层次科研成果不断涌现

2018 年特聘教授王燕兰在 Chem. Soc. Rev.（影响因子 40.182）上发表了聊城

大学署名第一单位的文章。郝洪国在化学领域国际顶级学术期刊《德国应用化学》（Angew. Chem. Int. Ed.）发表文章，开创了我院新纪录，同年曲孔岗团队的论文被选入 ESI 高被引论文。2020 年陶硕为第一作者、聊城大学为第一单位的论文发表在《德国应用化学》上，科研成果质量再次取得重要突破。2022 年陶硕团队在固相合成分子筛及晶化机理研究方面取得重要进展，相关研究成果于 2023 年发表在化学领域顶级期刊《美国化学会会志》（ J. Am. Chem. Soc. ）上，实现新突破。

2009 年窦建民等完成的“某些功能配合物的合成、结构及性质研究”获山东省自然科学三等奖。2011 年王怀生等完成的“生物电分析化学新方法研究”获山东省自然科学二等奖。2015 年柳仁民参与完成的“中药及天然药物活性成分分离新技术研究与应用”获国家科学技术进步二等奖。2018 年李爱峰参与完成的“金银花提质增效、综合开发关键技术研究与产业化应用”获山东省科技进步一等奖，“金银花、丹参、瓜蒌产业化关键技术研究与产学研深度合作开发”获中国产学研合作创新成果二等奖。2019 年王怀生等再次获得山东省自然科学三等奖 1 项。2021 年黄现强等获山东省科技进步三等奖 1 项。

四、人才培养质量稳步提升

学院认真贯彻党的教育方针，全面落实立德树人根本任务，坚持为党育人、为国育才初心使命，立足培养更多德才兼备、全面发展的人才，以战略思维、系统思维、创新思维，科学谋划，凝聚共识，将思想政治引领与专业教育深度融合、与第二课堂深度融合、与管理服务深度融合，坚持思想引领一以贯之、实践育人一以贯之、精心服务一以贯之、队伍建设一以贯之、安全保障一以贯之，汇聚组织领导力量、思政育人力量、管理服务力量，凝聚强大育人合力，统筹构建协同融合的大思政工作格局，确保一盘棋推进、一体化落实，促进学院人才培养提质增效。

学院坚持把实践育人与教书育人、管理育人、服务育人相互融合、协同推进，整合校内外资源，统筹规划校内外实践活动，突出专业特色，加强“学”“做”结合，做好以教师为主导、学生为主体、师生结合的教学实践、社会实践、科研实践顶层设计，沟通课内与课外，联结学习与应用，通过实践育人工作机制的构建，全面提升大学生的科学素养、实践能力、综合素质和社会责任感。注重依托学科优势，搭建科技创新、学科竞赛平台、实践教学和实习基地平台，注重依托学生专业社团，搭建科技服务和专业拓展平台，注重依托山东省一流学科、山东省重点实验室、省协同创新中心等资源，建立“一体化、三层次、开放式”的实践教学体系，不断提升学生的职业综合素质、创新创业意识和综合社会竞争力。

截至 2024 年，学院累计培养毕业生 1 万余名，在不同工作领域涌现出一大批优秀校友。马春林、窦建民、任海涛、仲红波、郑秀文、张建军、由天艳、逯乐慧等成长为高校、省厅（市）或科研院所领导；邵学广、逯乐慧、吴明铂、由天艳、董焕丽、高希珂、刘凯、孙庆福、孙岫、孔祥建等十余人入选国家杰青、教育部长江学者或国家"万人计划";孙国新、孙道峰、刘继锋、赵汝松、张进涛、耿德超等四十余人入选青年千人、国家优青、泰山学者等国家级、省级人才项目;刘乐庆、王相锐、丁淑敏、李银方、马占武、邱子华、朱思光、刘海生、杨伟革、张仿刚等多人获得全国优秀教师、山东省优秀教师、山东省特级教师、齐鲁名校长、齐鲁名师等荣誉称号或被评为正高级教师;刘乐庆、丁淑敏、王相锐、裴希乾、马占武、钟庆喜、田俊杰等三十余人成为中学校级领导；更多的毕业生成长为高校、科研院所、基础教育等岗位的中坚力量，为鲁西、山东乃至全国各项事业及经济社会发展作出了重要贡献，赢得了社会的广泛好评。

五、师资结构持续优化

自 2005 年以来，学院人才队伍发生了巨大的变化，数量、结构、层次等方面都有了巨大的提升。到 2023 年底，学院教师人数已达到 166 人，其中专任教师 153 人，教授 16 人，副教授 50 人，其中具有博士学位的 142 人，占比达到 86%。

（一）人才引进工作持续优化提升

人才引进是提升学院人才队伍的最直接方式。学院结合学校人才引进政策，主动到国内知名高校和科研院所延揽人才，并积极引进国际人才。2006 年，分析化学学科获山东省人民政府批准为"泰山学者"设岗学科，并聘请瑞士联邦洛桑理工学院博士后、学院 1993 届毕业生刘继锋为泰山学者特聘教授。2011 年，学院 1995 届毕业生王炳全依托聊城大学获聘"海外泰山学者特聘教授"（兼职）。2014 年，再次引进"海外泰山学者特聘教授"1 名。2017 年，引进牛津大学欧盟"高级玛丽居里学者"、学院 2003 级学生王燕兰作为特聘教授回校工作。

（二）人才自主培养持续加强巩固

除了人才引进之外，学院还大力开展人才自主培养，通过以老带新、深造交流等各种方式促进人才成长，学院人才队伍整体素质和业务能力稳步提升。窦建民继 2004 年获评全国优秀教师荣誉称号之后，2005 年被推荐为山东省高校优秀共产党员巡回演讲团成员，2006 年获山东省高校"十大"优秀教师称号，2008 年获评山东省有突出贡献的中青年专家。2012 年，王怀生获评山东省有突出贡献的中青年专家，可再生能源化学与技术创新团队获评山东省高校优秀科研创新团队。王怀生、王术皓先后于 2015 年、2019 年获评"山东省山东化工年度精英人物"。2017 年学院教师团队获评山东省高校黄大年式教师团队，李允伍获批山东省属高校优秀青年人才联合培养基金项目。2019 年，为切实加强青年教师的培育工作，进一步强化了青年教师导师制，在此基础上，曲孔岗、李允伍等两个团队分别获得山东省高校“青创科技计划”团队立项支持，薛庆旺负责的团队获山东省高等学校青创人才引育计划立项建设团队，另外还组建了能源新材料，功能有机分子材料和生物电分析化学团队。学院教学工作中心地位进一步提升，教育教学质量进一步提高，学院获得 2019 年“山东省教育系统先进集体”称号。2020 年以来，孔祥晋、王艳兰、陶硕、种晓丹团队相继获得山东省高校“青创科技计划”团队立项支持。截至目前，化学化工学院已累计获批山东省高校“青创科技计划”团队 5 个，山东省高等学校青创人才引育计划立项建设团队 2 个。2022 年，陶硕获批山东省重点扶持区域引进急需紧缺人才项目和光岳青年学者创新团队。2023 年，齐佳霖获批泰山学者青年专家。

六、积极促进产教融合

学院立足山东、面向全国，主动服务于国民经济建设和化学化工行业发展，在提高学院研究水平的同时，更为社会的发展提供了有力支持。

（一）积极推动资源共享

2007 年与山东阳谷华泰化工有限责任公司成立了国家橡胶助剂工程技术中心聊城大学实验室，进行橡胶助剂相关研发工作，并作出多项阶段性成果。2009 年与国家橡胶助剂工程技术中心联合申报山东省研究生联合培养基地并获批。先后与高唐奥博特、聊城市质检所以及齐鲁漆业等公司建立联合研发平台。2020 年与聊城市工信局共建了聊城绿色化工产业发展研究院。2022 年与山东莘县华阳实业有限公司共建华阳实业聊城大学联合实验室等科研平台，共同开展研究项目，申报并获批山东省重大研究计划项目、山东省科技发展计划等项目，实现了资源的最大化利用。2022 年与聊城市工信局合作，成功召开第一届“江北水城”绿色化工高端论坛，2023 年成功召开聊城市绿色化工产业融链固链诊链会议，进一步实现校地之间资源共享。学院先后与企业签署横向课题 20 余项，合同经费 500 余万元，3 项科技成果鉴定均达到国际先进水平，分别获山东省科技进步三等奖、山东省石油和化学工业“十三五”产学研协同创新优秀成果奖，为双方深入合作奠定了坚实的基础。积极鼓励广大教师服务地方企业，近年来，先后有 40 名教师到相关企业担任科技副总。合作内容涉及太阳能选择性吸收薄膜的研究、抗酸碱腐蚀金属板研究、高端反应釜设计、金属防腐液、二氧化碳捕集技术、切削液配方研究等多个方面的内容，为服务地方经济作出应有的贡献。

（二）对接地方产业，主动开展人才培养培训

学院始终致力为社会培养优秀的人才，提供了一系列订单式培养课程，涵盖了化学、化工等多个领域，从 2005 年开始，为鲁西化工、潍坊润丰等知名企业进

行人才的订单式培养，为学生提供了全面的知识和技能，为社会的发展作出了贡献，已经为企业培养 1500 余人，这部分学生有很多已经成为企业的骨干力量，有的成为中层管理人员。2020 年，学院为鲁西集团、聊城莘县工业园、茌平信发集团进行了员工培训。2023 年，利用学院系统的化工实习实训装置，承接了聊城市中小学培训基地，从而帮助中小学生进一步了解化工企业和化工设备。

七、深化国际交流合作

学院不断加强国际化人才培养，增进国际交流合作，拓展合作办学空间，加快特色鲜明的高水平应用型专业建设步伐。

（一）积极申办国际会议，提高学术影响力

2009 年，学院承办亚洲环太平洋配位化学学术会议，来自日本、韩国的专家学者与中国同行一起交流最新进展。2022 年，学院承办了“2022 年可持续能源发展国际会议化学储能与新型电池技术第二分论坛”。2023 年，学院与西安工业大学成功合办“第十四届计算纳米科学与新能源材料国际研讨会”，学院 7 位教师在大会作学术报告。截至 2024 年，学院教师累计参加国际学术会议 30 余人次，作大会报告 10 余人次。

（二）推广师生国外交流学习项目，拓宽国际视野

学院对学生国（境）外交流项目和国家公派高级研究学者、访问学者、博士后项目（国家留学基金委面上项目）申请工作广泛发动宣传。岳巧丽、张伟、洪敏、张远馥等 4 位老师先后获得国家基金委公派资格，至今通过国家留学基金、山东省公派国际访学基金等途径，教师出国访学累计 30 余人次。在人才培养方面，学院与意大利卡梅里诺大学先后联合培养博士生 2 人。通过交换生等项目已联合培养硕士、本科生 10 余名。

（三）开展中外合作办学，推动学科发展

根据国家“一带一路”倡议与山东省发展战略要求，结合我院迫切需要发展的学科。积极开展了聊城大学与古巴哈瓦那大学联合举办中外合作办学机构事宜，2023 年我院与古巴哈瓦那大学（世界大学排名 467 名）就应用化学专业签署了国际合作办学协议。

八、党建工作不断夯实

学院扎实推进党建工作，用高质量党建引领学院高质量发展，目前教师党员人数 109 人，占教师队伍的 67%；学生党员 186 人，占学生总数的 10%。学院坚决贯彻民主集中制原则，充分落实学院党总支（党委）会议事和党政联席会议事制度，涉及学院办学方向、教师队伍建设、师生员工切身利益、人才引进等重大事项，经学院党总支（党委）会或党政联席会讨论研究后决定，推进学院从严治党、党

建工作责任制的全面落实。

（一）强化思想建设，筑牢思想根基

学院坚持党总支（党委）中心组学习制度，尤其是党的十八大以来，学院班子坚持每月集体学习一次，并在学院党政联席会、党委会前有针对性地开展“第一议题”学习，认真学习贯彻习近平新时代中国特色社会主义思想。通过全院教职工集体学习、各党支部或教研室学习等方式，通过理论领学、到红色教育基地学习、邀请专家报告等形式，利用网站、微信公众号、学习强国等平台，带领、组织全体教职员工学习，不断丰富理论学习方式和内容。

（二）强化组织建设，夯实组织基础

2023 年，随着党员队伍的壮大，完成学院党支部调整，实现将“支部建在教研室”的要求，进一步优化党支部设置，设置 7 个教工党支部和 5 个学生党支部，并按照双带头人要求，选举配齐在教职工群众威信高的党支部委员会，选培了优秀的年轻党员担任支部书记和委员。

（三）强化作风建设，彰显责任担当

学院积极开展“加强作风建设，促进社会和谐”、作风建设专项检查、“树师德正师风”专项整治、“我为师生办实事”等活动，持续强化作风建设，增强学院凝聚力。2008 年学院制定了《教书育人先进个人评选办法》，每年评选一次，评选表彰在教书育人工作中作出突出贡献的教师，全院形成一个学先进、争先进的良好风尚，先后涌现出窦建民、刘道杰、王怀生、李海波、王素娜、张骞、岳巧丽等多名市级、校级“优秀共产党员”“先锋共产党员”“优秀共产党员领导干部”“大学生良师益友”“教书育人先进个人”“最美教师”等。2023 年，学院能源实验室科研团队获批学校首批“党员示范岗”。

（四）强化纪律建设，牢守纪律红线

学院党总支（党委）在党风廉政建设工作中，认真履行党风廉政建设第一责任人职责，党政班子成员落实“党政同责”“一岗双责”，明确领导班子的党风廉政建设责任分工，党的十八大以来，学院持续深入开展警示教育和廉洁教育，通过组织全院教职工学习学校文件、观看师德警示教育片和参加科研诚信报告等形式，并结合学院实际，加强对党员干部的理想信念、党风党纪、廉洁诚信教育。

（五）强化制度建设，提升管理质量

完善党政联席会议制度，严格执行例会制度，坚持民主集中制，重大事项集体决策，推动学院议事能力、决策能力的提升；规范党总支（党委）会议制度，定期召开总支委员会议并将学校党群工作会议的内容通过学院党建工作会议等形式及时向党员群众报告；健全了党总支、教授委员会和二级教代会“三位一体”

的管理结构；规范党员会议制度，建立了党总支（党委）委员联系党支部制度等工作规范。

学院深入开展“党的群众路线”教育实践活动、“三严三实”专题教育、“两学一做”学习教育、“不忘初心、牢记使命”主题教育，推动学院各项事业全面协调可持续发展。2006 年，学院党总支被评为省先进基层党组织，2009 年和 2019 年被评为学校先进基层党组织，自 2013—2019 年，学院连续七年获得学校工作目标考核管理优秀单位称号。2016 年、2020 年学院先后召开第五次和第六次党员大会。2023 年学院党委积极配合校党委第二巡察组，开展了十二届省委任期内聊城大学党委第一轮巡察工作，对巡察反馈问题，认真进行整改，并通过建章立制，强化成果运用，使整改工作取得实效。

回眸化学化工学院半个世纪以来的砥砺奋进，春华秋实，学院老、中、青三代人坚守立德树人根本任务，为聊城大学的建设和发展提供了坚强支撑，为党、国家和人民培育了一代又一代生力军。在建校 50 周年之际，化学化工学院将继续凝心聚力谋发展，立足一流区域高水平应用型大学建设和新时代社会主义现代化强省建设的需要，秉承“博学、求真、厚德、正人”的院训，积极推动各项事业不断向前发展，再创化学化工学院的美好明天。

第十四节　地理与环境学院

聊城大学地理与环境学院始建于 1988 年，其前身为聊城师范学院地理系，2003 年更名为环境与规划学院，2021 年更名为地理与环境学院。学院现有教职工 83 人，其中专业教师 71 人。专业教师中，教授 9 人、副教授 31 人、讲师 31 人，硕士研究生导师 32 人，具有博士学位教师 58 人、硕士学位教师 11 人、在读博士研究生 2 人，国家注册环境影响评价工程师 4 人，国家注册城市规划工程师 1 人。学院下设地理科学系、地理信息科学系、环境科学系。拥有地理学一级学科硕士学位授权点和教育硕士专业学位学科教学（地理）专业领域。本科招生专业为地理科学、地理信息科学、环境科学。地理科学专业为山东省一流本科专业、山东省应用型人才培养特色名校省级重点建设专业、山东省高水平应用型立项建设专业（群）。现有全日制在校本科生 1300 余人、硕士研究生 100 余人。“十四五”以来，获批国家一流本科课程 1 门、省级一流本科课程 3 门，主持山东省本科教学改革项目 2 项、参与山东省本科教学改革重大专项 1 项。

学院建有中国—太平洋岛国应对气候变化合作中心（联合）、山东省高校“十三五”重点实验室、山东省“十二五”重点学科、山东省软科学研究基地、高分辨率对地观测系统山东聊城数据与应用中心、大气环境污染与源解析校地共建实验室、土壤环境与污染防控聊城市重点实验室等科研平台。建有土壤学、环境生态、测量与遥感、环境监测等教学科研实验室，实验室建筑面积2800平方米，仪器设备价值总计2300余万元。“十四五”以来，主持获批国家级科研项目7项、省部级科研项目17项、厅局级与横向课题20余项，科研经费1000余万元。发表学术论文近260篇，出版专著、教材3部，授权职务发明专利3项。

学院紧紧围绕立德树人根本任务，秉承“敬业、博学、求实、创新”的聊大精神，坚持“学生中心、产出导向、持续改进”理念，深化教育教学改革，不断提高人才培养质量。建院以来，一大批毕业生已经成为中学校长、优秀教师、教学骨干以及高校、科研院所、企事业单位中坚力量，为国家建设和区域发展作出了重要贡献。

一、发展历程

“十一五”期间，在学校党委、行政的领导下，学院以邓小平理论和“三个代表”重要思想为指导，围绕立德树人根本任务，以内涵建设为主线，大力实施质量立院、人才兴院、特色强院战略，深化改革，抢抓机遇，开拓创新，实现了“三级两元”办学体制，各项工作步入了快速发展的轨道。根据学校“三级两元”办学体制的要求，学院设置了地理科学系、区域规划系、环境科学系和地理信息系统科学系四个系级建制。获得地理学一级学科硕士学位点，拥有自然地理学、课程与教学论（地理）、学科教学（地理）硕士学位授权点和专业领域。“十一五”末，在校本、专科生近900人，在校硕士研究生32人。

“十二五”期间，在学校党委、行政的领导下，学院以邓小平理论和“三个代表”重要思想为指导，深入贯彻落实科学发展观，围绕立德树人根本任务，以内涵建设为主线，大力推进实施质量立院、人才兴院、特色强院战略，开拓创新，各项工作取得了明显的成效。根据学校“三级两元”办学体制的要求，学院设置了地理科学系、资源科学系、城乡规划系、环境科学系和地理信息科学系五个系级建制。拥有地理学一级学科硕士学位点，设自然地理学、人文地理学、地图学与地理信息系统、学科教学（地理）、课程与教学论（地理）专业。“十二五”末，在校本科生1200余人，在校硕士研究生60余人。

“十三五”期间，在学校党委、行政的领导下，地理与环境学院坚持以习近平新时代中国特色社会主义思想为指导，围绕立德树人根本任务，大力加强质量立院、人才兴院、特色强院战略，不断解放思想，深化改革，抢抓机遇，开拓创新，强化内涵建设，各项工作取得了明显成效。把教学质量作为办学治院的生命线，持续更新教育理念，不断强化教学工作中心地位。优化招生专业结构，强化专业内涵建设。2017 年、2018 年分别暂停自然地理与资源环境、人文地理与城乡规划专业招生。“十三五”末，在校本科生 1402 人，在校硕士研究生 100 人。

“十四五”以来，学院坚持以习近平新时代中国特色社会主义思想为指导，落实立德树人根本任务，坚持学生中心、产出导向、OBE 理念，以国家建设和区域发展需求为导向，以重点学科、重点实验室为支撑，进一步落实校、院、系三级办学工作责任，对接黄河流域生态环境保护与高质量发展等重大国家战略和区域发展重大需求，大力推进融合发展，各项工作取得新成效。

二、党的建设

“十一五”期间，学院坚持用中国特色社会主义理论体系武装全体党员和师生员工。深入开展学习党的十七大精神和学习实践科学发展观活动；成功召开学院第二次党员大会；认真贯彻以党政联席会议为载体的民主集中制；加强以打造“五型”党组织为内容的党组织建设；扎实开展以“创先争优，争做聊大先锋”主题内容的德育工作和师德建设工作；全面开展抗震救灾精神大讨论；积极推进以“做勤廉表率促科学发展”为主题教育内容的党风廉政建设；不断加强工会、分团委、统战和学生会工作；扎实开展学院综合治理工作、安全稳定工作和文化建设工作，为学院的改革发展提供了坚强有力的思想政治保证。学院先后荣获聊城大学思想政治教育工作先进集体、综合治理先进单位、工会先进集体等荣誉称号和多项精神文明奖、优秀组织奖；3 人获校、院优秀共产党员荣誉称号；1 人获校党建与思想政治工作教育先进个人称号；培训入党积极分子 600 人，发展师生党员 225 人。

“十二五”期间，学院坚持用中国特色社会主义理论体系武装全体党员和师生员工；深入开展学习党的十八大精神学习、党的群众路线教育与“三严三实”实践教育活动；认真贯彻以党政联席会议为载体的民主集中制；加强以打造“五型”党组织为内容的党组织建设；扎实开展以“创先争优，争做聊大先锋”主题内容的德育工作和师德建设工作；积极推进党风廉政建设；不断加强工会、分团委、统战和学生会工作；扎实开展学院综合治理工作、安全稳定工作和文化建设工作，为学院的改革发展提供了坚强有力的思想政治保证。学院先后荣获山东省高校“创先争优，先锋基层党组织”、聊城大学综合治理先进单位、工会先进集体等荣誉称号和多项精神文明奖、优秀组织奖；2 人获校、院优秀共产党员荣誉称号；1 人获校党建与思想政治工作教育先进个人称号。

“十三五”期间，学院坚持用习近平新时代中国特色社会主义思想武装全体党员和师生员工；认真学习贯彻党的十九大及十九届二中、三中、四中全会精神、习近平总书记系列重要讲话精神、学校第四次党代会精神，学院党的建设和思想政治工作得到不断加强。常态化制度化组织开展“两学一做”学习教育，扎实开展“不忘初心、牢记使命”主题教育，树牢“四个意识”、坚定“四个自信”、做到“两个维护”，进一步强化宗旨观念，永葆共产党员的政治本色。严格落实党风廉政建设责任制，制定关于公务用车、公务接待、办公用房等有关规定和管理办法，严格执行财产申报制度和个人重大事项报告制度，自觉接受监督。组织进行了学院党支部委员会换届选举、选聘系主任。认真贯彻落实党总支委员会和党政联席会议制度、教职工大会制度，扎实开展师德师风建设、综合治理、安全稳定等工作，为改革发展提供了坚强有力的思想政治保证。

“十四五”以来，学院党委认真履行全面从严治党主体责任，将党的建设与学院建设发展同谋划、同部署、同推进、同考核，加强对学院全面从严治党各项工作的领导。扎实开展学习贯彻习近平新时代中国特色社会主义思想主题教育，深入学习党的二十大精神，开展党史学习教育常态化、长效化工作。严格落实两个议事规则、“第一议题”制度和党委理论学习中心组制度。坚持将支部建在专业上、教研室上原则，优化调整党支部设置。2022 年学院党委获评聊城大学标杆学院创建单位、学生第一党支部获评样板支部培育创建单位。2022 年在学校廉洁文化季活动中获评优秀组织单位。开展“靓丽树”活动，在教职工中创建“教书育人党员示范岗”，在学生中创建“优秀学生党员示范岗”，全体党员亮身份、立标杆、树形象，1 名教师党员获评校“党员先锋”，大气污染控制工程教学团队获评校级“党员示范岗”。党员积极主动进行理论学习，学习强国活跃度和学习积分长时间居全校前列，获评聊城市学习强国学习平台优秀学习组织。

三、教育教学与人才培养

“十一五”期间，学院认真贯彻落实学校第四次教学工作会议精神，牢固树立教学工作的中心地位，建立了“学士—硕士”人才培养体系，不断深化教育教学改革，以培养宽口径、厚基础、高素质、强能力的创新型人才为目标，积极探索学分制改革和教育教学改革的路子，加强教学质量工程建设。学院拥有 9 个专业实验室、1 个地矿陈列馆、1 个天象馆和 1 个气象观测园，增加一个土壤生态教学科研基地。实验室面积已达 2800 平方米，仪器设备总值近 600 万元。中外文藏书合计 13.2 万册，中外文期刊近 140 种，图书阅览室面积达 120 平方米。先后建立并完善了河北秦皇岛、豫北太行山区、江西庐山地区等野外地理综合实习基地，在临沂、济南、泰安、聊城等地建有短途实习基地，另在聊城、潍坊、淄博和枣庄等地建有 11 处本科生教育教学实践基地。

大力加强教育教学改革。主持省级研究生教育创新项目 1 项，校级研究生教育创新项目4项（其中2项重点项目），校级教改项目5项。获得山东省高等学校教育科研优秀成果3等奖1项，发表教改论文20篇，出版野外实习教材1部。《自然地理学》获得山东省高等学校基础学科课程建设专项资助，并被评为校级重点课程、校网络教学示范课程；《自然地理学》《人文地理学》和《环境学概论》为校级精品课程。通过强化教学管理，深化教学改革，加强教学质量工程建设。2007—2009学年各有1篇本科毕业论文获得省优秀学士论文。组织学生参加全国性GIS大赛，获得了一等奖4项、二等奖1项、三等奖1项的好成绩。

“十二五”期间，牢固树立教学工作的中心地位，不断深化教育教学改革，以培养宽口径、厚基础、高素质、强能力的创新型人才为目标，积极探索学分制改革和教育教学改革的路子，加强教学质量工程建设。加强实践教学条件环境建设，仪器设备总值近1000万元。先后主持省级研究生教育创新项目3项，校级研究生教育创新项目6项，校级教改项目5项。获得山东省高等学校教育科研优秀成果3等奖1项，发表教改论文20篇。建设《自然地理学》等校级精品课程6门。5篇本科毕业论文获得省优秀学士论文。在全国性GIS大赛中，获得了各个组别的20多项奖励，其中一等奖4项、二等奖1项、三等奖1项和多项鼓励奖的好成绩。

“十三五”期间，学院以培养宽口径、厚基础、高素质、强能力的高素质应用型人才为目标，持续加强专业、师资、课程、实践、制度建设，深化课堂和实践教学改革，积极探索校地协同育人人才培养模式和教育教学方法改革，建成三级教学质量监控体系。山东省应用型人才培养特色名校建设工程重点建设专业、省高水平应用型重点立项建设专业（群）建设工作顺利进行。大力加强实验室条件环境建设。“十三五”末，学院建有16个教学、科研专业实验室和1个天象馆，实验室面积2800平方米，仪器设备总值近2400万元。独立设置实验课程13门，加强实践教学。在泰安市、聊城市新建地理科学专业师范生教育实习基地42个、高水平卓越中学地理教师协同培养基地4个，新建地理信息科学专业实践教学基地5个，新建环境科学专业实践教学基地4个，新建区域地理认知实习基地1处，实践教学条件得到加强。聘请产业教授2名；行业领域专家、教学名师为校外指导教师25位，教学团队水平得到提升。

大力推进教育教学改革。主持获批山东省教改项目1项、山东省一流本科课程1门、山东省在线课程1门。获山东省教学成果二等奖1项（合作）。1人获得第五届全国高等学校GIS青年教师讲课竞赛二等奖，1人获得山东省第六届“超星杯”高校青年教师教学比赛三等奖，1人被评为校级师德标兵、教书育人楷模、教学名师，1人被评为聊城大学大学生良师益友，1人被评为聊城大学向上向善好青年。出版教材2部，发表教研论文30余篇。获得校级教改项目3项、校级金课

2门。学生获批国家级、省级、校级大学生创新创业训练计划项目72项，获国家级、省级学科竞赛特等奖、一等奖等共100余项，获专利1项，发表学术论文7篇，获山东省优秀本科毕业论文2篇。毕业生升学率、就业率持续提升。

学位与研究生教育工作取得新成效。2018年，地理学一级学科硕士学位授权点、学科教学（地理）专业领域顺利通过教育部学位点周期性合格评估。研究生就业率95%以上，其中考取博士5人。获省级优秀硕士学位论文1篇、省级优秀毕业研究生5人次、国家奖学金4项；校级优秀硕士学位论文7篇、校级科技创新成果奖6项、校级优秀专业实践成果奖2项、校级优秀毕业生4人次、校级优秀学生干部4人次。获山东省地理教学大赛一等奖、二等奖各1项。获批山东省研究生教育优质课程建设项目1项、校级研究生教育教学改革研究项目和研究生教育创新计划项目4项。

“十四五”以来，学院充分发挥系和教研室在专业建设中的作用，加强专业思政，强化专业优势特色建设，进一步提升地理科学类专业在全省同类高校中的优势地位和地理信息科学、环境科学专业实力。坚持两性一度标准要求，运用优质教育资源和现代化教育信息技术，强化课程思政，加强慕课、微课、混合式教学课程和课程信息化平台资源建设。建成国家级一流课程1门，省级一流课程2门，校级一流课程2门，建成优秀课程教学案例资源库4门。出版2部教材，发表教改论文15篇。建成3支高水平课程教学团队，培育了1名校级最美教师。全部核心课程已完成课堂教学改革。获得山东省教学成果奖1项、校级教学成果奖4项。

改革本科生导师制，加强科研育人功能。推进科研成果转化为教学资源、教学科研一体化建设，学生参与教师科研项目不断强化。本科生获得国家级、省级、校级大学生创新创业项目86项，获得省级及以上学科竞赛奖励100项，发表学术论文5篇，学生参加国际交流学习30余人次。地理学硕士学位授权点顺利通过周期性合格评估专家评审。学术学位研究生以第一作者发表学术论文共62篇，发表中文核心期刊论文56篇，SCI、EI收录39篇；获得校级优秀硕士学位论文8篇，省级优秀硕士学位论文3篇；考取博士11人，毕业研究生就业率95.33%。学科教学专业学位研究生获全国田家炳杯研究生教学技能大赛三等奖3项，山东省师范类高校学生从业技能大赛二等奖1项，山东省大学生科技节一等奖等40项。获全国专业学位研究生教学案例库项目1项，山东省研究生教育优质课程2门，山东省研究生优秀成果奖4项，校级研究生优秀成果奖5项，校级研究生课程1门、联培基地2项、教改项目等2项。

四、学科专业建设

“十一五”期间，围绕自然地理学和人文地理学是我院最早重点建设的两个基础学科，逐渐形成了年龄、学历和职称结构比较合理的学术团队，产生了一定数量和较高质量的学术成果。自然地理学和人文地理学分别被确定为校级 B 类和 C 类重点建设学科。经过近年的强化建设，其龙头地位已较明显。同时，学院还培育了新的学科生长点——环境科学。2005 年，学院在地理课程与教学论方向招收了建院（系）以来的第一位研究生。2007 年，学院自然地理学专业全日制硕士研究生开始招生，校内在职研究生导师 13 人，校外研究生导师 4 人。在聊城、潍坊、淄博和枣庄等地建有 10 余处研究生教育教学实践基地。地理科学为校级特色专业。

"十二五"期间，自然地理学被确定为山东省重点建设学科，其重要研究方向——河湖关系研究还被评为校级重点建设项目第二层次，成立了东平湖湿地研究所，建立了专门的研究网站；环境科学被确定为校级培育学科。在自然地理学、地理课程与教学论方向招收研究生的基础上，先后设置人文地理学、地图学与地理信息系统、教学·地理等招生方向，研究生培养结构规模取得了长足发展。地理科学为应用型特色名校校级重点建设专业；地理信息科学专业确定为校级人才培养模式实验区。在全国专业排名中，地理科学类进入全国 50 强，在全省专业排名中，地理信息科学专业、地理科学专业连续排名第一、第二，环境科学也由第九跃升为第四，2015 年自然地理与资源环境专业首次评估进入全国前 20 %。

"十三五"期间，不断强化学科平台建设，服务地方能力显著提升。围绕水、土、气三个自然地理核心要素和蓝天、碧水、净土三个主要环境领域，建成了年龄、职称结构合理的学术团队，搭建了黄河下游环境污染与生态安全校级培育学术特区、大气污染源解析校级服务新旧动能转换示范工程、聊城大学乡村振兴研究院生态振兴研究中心等科研平台。与聊城市共建大气环境与源解析实验室、高分辨率对地观测系统山东聊城数据与应用中心、合作成立国土空间规划研究中心，与聊城市中级人民法院合作成立环境资源司法理论研究基地。

"十四五"以来，地理学一级学科硕士学位授权点顺利通过周期性合格评估专家评审。地理科学专业获批山东省一流本科专业建设点。地理科学师范专业二级认证通过专家进校考察。地理科学、地理信息科学、环境科学专业通过教育部本科教育教学评估专家入校考察。

五、科学研究

"十一五"期间，学院教师共承担国家自然科学基金 5 项，山东省自然科学基金、科技攻关项目、中青年科学家奖励基金、社会科学规划项目、软科学研究计划项目、教育厅科学研究计划和学校科研计划项目共 70 余项，纵向科研经费达 300 余万元。共发表学术论文近 400 篇，其中 SCI、EI、ISTP 收录 14 篇，国内核心刊物 150 余篇。获得厅局级以上科研奖励 20 余项，其中，获得山东省科技进步奖 1 项，山东省社科优秀成果奖 2 项，山东省软科学优秀成果奖 8 项，山东省高等学校优秀科研成果奖 2 项。

“十二五”期间，学院共承担国家级科研项目 8 项，其中，国家科技支撑计划项目 1 项、自然科学基金 7 项，山东省自然科学基金、科技攻关项目、中青年科学家奖励基金、社会科学规划项目、软科学研究计划项目、教育厅科学研究计划和学校科研计划项目共 70 余项，纵向科研经费达 350 万元。共发表学术论文近 400 篇，其中 SCI、EI、ISTP 收录 40 余篇，国内核心刊物 150 余篇。获得厅局级以上科研奖励 20 余项。

“十三五”期间，基础与应用研究并重，科研实力不断提升。“生态环境保育与生物资源创新利用”获批山东省“十三五”高校重点实验室。学院获批国家级项目 18 项（合作 8 项），其中国家重点研发计划 1 项（合作）、国家自然科学基金面上项目 6 项（合作 5 项）、国家自然科学基金青年项目 9 项（合作 1 项）、总理基金 1 项，参与编制国家标准 1 项；省部级项目 17 项，厅局级 18 项。纵向课题经费 510 余万元，横向课题经费近 1000 万元。发表学术论文 200 余篇，其中被 SCI、EI 收录 80 余篇，中文核心 80 余篇，授权专利 10 余项，获得科研奖励 13 项。

“十四五”以来，突出区域特色，提高科学研究水平。获批中国—太平洋岛国应对气候变化合作中心（参建），参与获批山东省高校文科实验室，科研平台取得新突破。围绕黄河—运河—南水北调交汇区域湖泊湿地、大气环境与源解析共建实验室、高分辨率对地观测系统山东聊城数据与应用中心、共建土壤环境聊城市重点实验室等学科方向与平台。主持获批国家级科研项目 7 项、省部级科研项目 17 项、厅局级与横向课题 20 余项，科研经费 1000 余万元。发表学术论文近 300 篇。其中以聊城大学为第一单位发表学术论文 173 篇，SCI 期刊学术论文 80 篇、EI 期刊学术论文 14 篇。

六、人才队伍

“十一五”期间，师资队伍不断壮大。学院教学、科研及行政人员 46 人，外聘兼职教授 8 人。专任教师中教授 7 人，副教授 16 人，讲师 16 人，硕士生导师 13 人。专任教师中具有硕士以上学位占 75%。其中博士 11 人，在读博士 6 人；拥有校级教学名师 1 人，师德标兵 2 人，校级优秀人才 5 人。

“十二五”期间，学院师资队伍进一步壮大，素质不断提高。学院教学、科研及行政人员 52 人，外聘兼职教授 10 人。专任教师中教授 7 人，副教授 16 人，讲师 16 人，硕士生导师 17 人。专任教师中具有硕士以上学位占 75%。其中博士 24 人，在读博士 5 人；拥有校级教学名师 3 人，师德标兵 3 人，校级优秀人才 5 人。

“十三五”期间，学院持续加强师资队伍建设。“十三五”末，学院教学、科研及行政人员 69 人。专任教师 57 人，其中教授 6 人，副教授 24 人；博士 43 人，在读博士 2 人；拥有校级教学名师 3 人，师德标兵 4 人，入选校级光岳计划 11 人，其中光岳英才第一层次 1 人、第二层次 1 人。先后派出 2 人次国内外知名大学访问学习。聘请特聘教授 1 人、产业教授 4 人。聘请国外知名学者来校讲学 10 人次。

“十四五”以来，共引进青年博士 13 人，专业技术职务晋升 12 人。获批山东高等学校“青创科技支持计划”2 人。入选聊城大学“光岳人才工程”13 人次，入站博士后 2 人、国内访学 7 人。获山东省高等学校青创科技支持计划创新团队 1 个。

七、服务社会

“十一五”期间，学院充分利用学科特色和优势，加强与地方政府及有关部门的合作与沟通，依托国家环境影响评价资质、山东省土地规划资质和山东省生态环境规划资质，加强横向课题研究。成立“东平湖管理局聊城大学东平湖研究中心”，加强东平湖生态环境保护研究。近五年获得横向课题研究经费达 300 余万元。

“十二五”期间，学院充分利用学科特色和优势，加强与地方政府及有关部门的合作与沟通。国家测绘研究院、聊城市政府与我校联合成立中国智慧城市研究院。获得横向课题研究经费达 300 余万元，在服务区域方面走在全校前列，提高了学校的综合影响力，提升了学院的办学实力，取得了良好的社会、经济和生态效益。

“十三五”期间，学院承担 20 余项生态环境领域地方横向课题；大气环境分析与资源解析实验室向聊城市生态环境局提交 200 余份研究报告，受到高度认可；乡村振兴领域调研报告得到聊城市委书记和市长批示。

“十四五”以来，加强横向联合，服务地方区域经济发展。获得重点实验室开放课题、横向课题 22 项，经费 300 万元。

八、对外开放与学术交流

“十一五”期间，学院先后与北京大学、中科院南京地理与湖泊研究所、新疆生态地理研究所、中科院水土保持研究所、山东大学、河南大学等大学和研究机构建立了良好的学术交流与科技合作关系，为学院科学研究、学科建设、硕士点申报和教育教学质量提高起到了较大的促进作用。先后成功举办聊城市地理学科联谊会和山东省第八届环境学科联谊会。

“十二五”期间，学院对外学术交流与科技合作日益频繁，先后派出 4 人次国外知名大学访问学习，聘请国外知名学者来校讲学 5 人次，引进海归博士 2 人，拓宽了学院的国际化办学视野。

“十三五”期间，学院对外学术交流与科技合作。承办全国“2018 年河湖系统与生态安全学术研讨会”、湿地生态与环境学术会议、2019 年山东地理学会、泰山科技论坛——空间地理大数据助力数字经济发展分论坛、冀鲁豫交界区高校地理学科联席会议。

“十四五”以来，承办全国湿地论坛（第七届）暨中国生态学学会湿地生态专业委员会2023年学术年会、中国地理学会2024年华北地区学术年会。

九、学团工作

“十一五”期间，学院坚持“德育为首，育人为本，全面发展”的育人思想，紧紧围绕学校培养目标，结合学院学生工作实际，积极开展大学生思想政治教育和管理工作，取得了一定的成绩。学院分团委连续5次获红旗分团委称号，有3个班获省级先进班集体称号，有92人获省级优秀学生干部、优秀学生、优秀毕业生等奖励，4人获聊城大学校园“十佳”称号，6位辅导员、班主任20次获得省级和校级奖励。“绿野协会”“地理信息系统协会”结合专业进行科技创新、社会实践，做出了特色，创出了品牌。2008—2010年，连续3年获得全国青少年“绿色长征”接力活动项目资助，在全国青少年“绿色长征”接力活动和“超图大赛”中获“优秀组织高校”等多项国家级的集体和个人奖励。学团活动先后多次被人民网、《中国教育报》、《中国青年报》、《中国文化报》、《中国环境报》、《大众日报》、《齐鲁晚报》、山东电视台等20多家媒体报道，为学校争得较高的荣誉和较好的社会声誉。

“十二五”期间，通过加强辅导员队伍建设，构建学生工作科学管理体系，开展文化、科技创新和大学生社会实践活动，完善心理健康教育与咨询服务体系，用人文关怀塑造大学生自我和谐等措施，做到共青团和学生工作教育人本化、管理科学化、服务精细化，不断引导学生树立正确的世界观、人生观和价值观。建立了“‘爱暖寒冬’聊城大学雷锋志愿服务团”等22支爱心志愿服务团队，开展了“爱心传递，有你有我”等系列主题实践活动。捐献六百余件衣物到新疆喀什地区岳普湖县艾西镇依托格拉克村党支部，收到喀什地委的感谢信件。4名学生参加西部计划，服务于西藏和新疆，学院被评为西部计划组织先进单位。自2013年起参加“大学生志愿者千乡万村环保科普行动”，获全国优秀社团、全国示范小分队、优秀小分队、全国十佳优秀志愿者等荣誉。学生获山东省优秀共青团员、优秀学生、优秀学生干部、社会实践先进个人等省级奖励18项，获校级优秀团员标兵等奖励80余项。

“十三五”期间，紧紧围绕学校培养目标和立德树人根本任务，结合学院学生工作实际，以创新为动力，以机制为保障，扎实开展基础工作，学团工作不断开创新局面。获得全国“大学生在行动优秀组织单位”1次、全国“大学生环保支教活动”一等奖1项、中国青年丰田环境保护资助项目1项；省级志愿服务先进集体1次、省先进班集体1次、省红旗团支部1次、省志愿服务大赛银奖2项；聊城大学红旗团委、聊城大学学生工作先进单位等荣誉40多项；获得省优秀学生5人、省优秀学生干部4人，聊城大学十大优秀学生2人，聊城大学科技创新之星2人。加强对学生科技创新能力的培养，鼓励学生进行科技创新，挑战杯和创青春分获省级三等奖1项，校级一等奖2项。获得省级以上学科竞赛等奖励和荣誉300余项，其中全球GIS青年学者1人。学团活动先后多次被人民网、中国青年网、山东教育电视台等国内主流媒体报道，产生了良好的社会效应。

"十四五"以来，学团工作获得校级荣誉、奖励50余项，思政工作多次被光明网、中国青年网、《大众日报》等国内主流媒体报道，产生了良好的社会效应。获评省优秀学生6人、省优秀学生干部4人，省优秀班集体3个；做好大学生心理健康教育，开展周末心理影院、趣味活动100余场；完善科创服务，提高学生科研创新能力，在2022年第十一届全国大学生GIS应用技能比赛中获得特等奖，在2023全国大学生GIS开发竞赛中荣获全国唯一特等奖，三年累计获得学科竞赛等奖励和荣誉80余项，中国电信奖学金飞Young奖1人；加强职业生涯规划教育和就业创业教育，努力转变学生就业理念，拓宽就业渠道，提升就业质量；多渠道加强困难学生资助，三年来累计资助900人次，累计发放资助金200多万元，实现困难学生资助全覆盖。累计7支队伍入选全国暑期社会实践专项，获得山东省六五实践环境日优秀组织单位、全国大学生在行动优秀组织单位。

十、结语

在学校党委、行政的领导下，2005年以来，地理与环境学院在推进内涵建设和高质量发展的办学过程中，取得了一系列丰硕成果，积累了宝贵经验。面向新时代新使命新要求，学院将全面贯彻党的教育方针，落实立德树人根本任务，秉承"敬业、博学、求实、创新"的聊大精神，坚持"学生中心、产出导向、持续改进"理念，持续深化教育教学改革，全力推进高质量内涵发展、融合发展、特色发展，培养德、智、体、美、劳全面发展的、具有科学精神、人文素质、创新思维和实践能力的高水平应用型专门人才，为国家建设和区域经济社会发展作出新贡献。

第十五节　生命科学学院

截至2024年，学院现有教职工83人，其中专任教师70人；教授9人，副教授28人；硕士生导师35人；博士生导师3人（兼）；具博士学位教师63人，占专任教师队伍90%。全国优秀教师1人，校级教学名师4人。泰山学者特聘青年专家1人，山东省青创团队1个。特聘中科院院士1人、国家杰青1人。入选“光岳人才”工程16人。具有海外留学及学术研究背景的教师18人。先后有10位教师分别担任全国专业委员会主任、理事，山东省专业委员会常务理事、理事，以及山东省现代农业产业技术体系岗位专家。学院现有生物科学（师范）和生物工程两个本科专业，有生物学、生物工程2个一级学科硕士学位授权点和1个学科教学（生物）教育硕士专业学位授权点。全日制本科生1200余人，硕士研究生100余人。学院拥有独立的实验教学楼建筑面积10000余平方米，教学科研设备5300余万元。学院现拥有5个智慧教室，1个大学生创客空间；拥有山东省高校“十二五”重点实验室“生态学与生物多样性”、“十三五”重点实验室“生态环境保育与生物资源创新利用”，山东省重点学科“分子生物学与抗体工程制药”、1个“生物医学研究院”，与中国科学院大学共建“地衣物种与基因资源生物学研究中心”，学院菌物标本馆为中国菌物标本馆联盟理事单位。拥有1个生物科学实验教学中心，1个生物工程实训中心，1个发酵实训实验室，27个教科实验室，1个生物标本馆（山东省科普教育基地、山东省科普示范工程项目、聊城市青少年素质教育基地），1个先进的3D虚拟仿真教学实验室，1个试验园（常见植物认知园），2个大学生双创实训实验室，1个大学生创客空间。

一、人才培养篇

高等教育的根本任务是培养人才，人才培养质量是高等学校的生命线。20年来，学院始终积极进行教育教学改革与创新，寻求教学育人之道，围绕立德树人这一根本任务，全力推动高质量内涵发展、融合发展、特色发展，为努力将学校建设成为国内知名、特色鲜明的一流区域高水平应用型大学做贡献。

生物科学专业2012年获批山东省特色专业，2016年开始招收公费师范生并获批山东省高水平应用型立项建设专业的核心专业，2016—2021年共招生6届公费师范生。2019年获批山东省一流本科专业建设点，2023年顺利通过师范专业国家二级认证专家进校考察阶段。目前聊城大学生物科学专业软科排名位列全国第103位，办学层次为B。师范教育成为学院办学的主要特色，专业教育教学的中心目标是培养德智体美劳全面发展的、能够胜任中学生物教育教学的专门人才。承继着师范教育传统，学院紧紧围绕专业培养目标和规格设计规范教育教学，突出师范特点，根据中学生物教育的发展规律和要求，实施生物科学专业的教学计划，注重基本理论、基本知识的传授，并通过教育见习、教育实习、教育研习等环节加强学生教师基本技能的训练。为满足处于时代变化中的中学生物教学要求，学院探索如何利用第二课堂，加强对学生听、说、读、写能力的培养训练，以培养学生教育教学的综合素质与技能。自 2005 年起，学院在总结前期教学改革基础上，开始把注意力转向全面性的改革。要求生物科学专业学生必须具备五种专业技能：普通话、书法、口语表达、阅读、写作，并对这五种能力做出了定性、定量的规格要求。具体实施途径和方式是第一课堂与第二课堂相结合，学生自练与教师指导相结合，平日训练与达标测评相结合，贯彻于生物科学专业的教育教学过程中。自 2011 年开展教育实习支教，至今累计派出实习学生 13 期，共 1918 人，援疆支教派出 3 期，共计 30 人。2005—2023 年共招生 19 届本科生，总人数 3000 余人。培养了省内尤其是鲁西地区一大批基础教育骨干教师，有效促进和支撑了山东教育事业的蓬勃发展。西部计划累计 39 人，排名居全校前列。

生物工程专业 2012 年获批“山东省应用型人才培养特色名校工程建设专业”，2016 年获批“山东省高水平应用型立项建设专业”，2022 年开设“发酵饮料绿色生产”微专业。生物工程专业经过多年的发展与完善，已逐渐形成了鲜明的工科教育教学特色。2005—2023 年共招生 19 届本科生，总人数 2300 余人。学生毕业后主要到工业、医药、食品、农业、环保等行业的企业、事业和行政管理部门从事与生物工程有关的应用研究、技术开发、生产管理和行政管理等工作，部分到科研机构或中等专业技术学校以及中学从事科学研究或教学工作。为社会和区域经济发展作出较大贡献，拥有良好的社会声誉。根据学校“培养信念执着、品德优良、知识丰富、本领过硬，富有创新精神、创业意识、创新创业能力和良好发展潜质的高素质应用型专门人才”的总体培养目标，生物工程专业在全面总结多年来办学经验的基础上，认真学习和借鉴省内外重点高校专业建设的经验，立足区域经济社会发展对生物工程专业人才的需求，不断优化人才培养模式。于 2017 年启动工程教育认证工作，结合学校“国内知名、特色鲜明的一流区域高水平应用型大学”的定位，调整优化培养方案及课程体系，加大教学改革力度，加强实践教学平台和内容建设，构建了富有专业特色、合理科学的生物工程专业人才培养方案。依靠社会资源，不断巩固、扩大校外教学实习实训基地建设。专业拥有教育部“国家级大学生校外实践教育基地”等 11 家工程实践基地，推进校研企深度合作，强化实习基地建设，增加企业兼职教师聘用，改革实习教学，完善产教融合协同育人机制。与鲁南制药新时代药业有限公司、广东先康达生物科技有限公司、东阿阿胶集团等生物医药行业高新技术龙头企业建立协同育人深度合作关系，共同谋划人才培养、专业建设、平台及团队建设以及改革发展等重要事项。通过新建实习基地，更新企业内容，更好地在企业实习锻炼过程中培养学生专业能力。以工程教育认证 OBE 理念为指导，建成“专业基础实践、专业工程实践和工程综合实践”三位一体的实践教学体系，通过劳动教育与实践、课程实验、综合实践、专业见习实习等课程，系统强化学生复杂工程问题解决能力，提升人才培养质量。此外专业还积极拓宽国际交流渠道，开展中外合作办学，重视学生国际化视野培养。

学院注重教师教学能力提升和课程建设。鼓励教师通过观摩、培训和比赛等多种途径提升教学水平。2005 年以来，我院多名教师被学校授予“教学名师”“教学新星”等荣誉称号，其中黄勇教授于 2007 年获全国优秀教师荣誉称号；多人在“全国高校混合式教学设计创新大赛”“全国生物化学教学设计大赛”和“全国高校生命科学类微课教学展示交流”等活动中获奖；在山东省高校青年教师比赛中荣获二等奖 2 项、三等奖 1 项，在山东省创新教学大赛中荣获三等奖 2 项；在学校组织的各项教学比赛中参赛 30 余人次，获奖 20 余人次。课程建设是保证教学质量的关键。我院以双语教学课程建设、一流课程建设为推手，促进学院教育教学改革，提高教师教学水平和学生学习效果。2010 年张永忠教授负责的《生物化学》获国家级双语教学示范课程，推动了我院双语教学课程建设，为培养与国际接轨的高素质复合型人才奠定了基础。目前学院建有《细胞生物学》和《微生物学》国家级一流课程，《生物化学》《微生物学》《细胞生物学》和《动物学》等 4 门省级混合式一流课程；《生物化学》《微生物学》《细胞生物学》《酶工程》《中学生物课程标准》《植物生理学》和《动物学》等 7 门课程在山东省课程联盟上线。

为规范教育教学工作，学院先后制定了《生命科学学院本科教学工作业绩考核办法》《生命科学学院教学督导工作实施细则》《生物科学专业毕业生跟踪反馈和社会评价机制及运行管理办法》《生命科学学院本科教学质量评价与持续改进工作实施细则（试行）》《生命科学学院课程目标达成度评价机制实施细则》《生命科学学院课程体系设置合理性评价机制》《生物科学专业关于毕业要求达成度评价机制及实施方法》等制度文件，为教育教学质量的提升保驾护航。

学院积极落实以学生能力培养为主的创新创业教育。通过开展大学生科技创新项目和第二课堂等活动，使学生能够及时了解各学科专业的最新发展动态，掌握新的生物技术及其应用，培养专业学习兴趣。要求承担各级科研课题的老师及研究室全面向本科生开放，本科生可以在各研究室完成开放实验专题、进行科研训练等，为创新创业提供了良好的平台。学院建立大学生创客中心，开展对大学生创新创业的实践指导。积极组织学生参加校级和全国生命科学领域的科技大赛，培养在校大学生的动手能力、创新能力和协作精神，使学生的创新意识与能力，解决实际工程问题能力得到培养与提升。学院基本实现科研训练、创新创业实践对学生全覆盖，形成了以学促研、以研促赛、以赛促学的良性循环。积极组织学生参加生命科学领域的科技大赛、“挑战杯”大学生创新创业大赛以及各类科技创新活动，参赛作品以先进科技为理论依据，以实际应用为技术指导，培养大学生的创新能力和协作精神。设立“创新创业项目库”，并匹配一定数额的经费资助，鼓励支持学生参与学科竞赛和创新创业竞赛。丰富多彩的创新创业活动的开展和各级相关赛事的有序组织，促进了学生参与科研和工程实践的积极性，使学生的创新创业能力得到锻炼和提高，增加了学生的综合素质与就业竞争力，同时在各类竞赛活动中取得显著优异的成绩。学生获大学生创新创业训练项目国家级立项 4 项，省级立项 6 项，校级立项 68 项；获挑战杯大学生课外学术作品竞赛省赛特等奖 1 项，获“挑战杯”大学生创业计划大赛国家级铜奖 2 项，省级金奖 1 项、银奖 3 项、铜奖 1 项；获全国生命科学竞赛国家级一等奖 1 项、二等奖 2 项、三等奖 8 项，省级一等奖 5 项、二等奖 5 项、三等奖 9 项；获省级以上奖项共计 372 项。

二、科学研究篇

科研平台方面，学院始终将学科龙头的打造和科学条件的建成作为内涵建设的发力点，大力吸纳高水平的顶尖人才引领科研方向，做好科研中坚力量的培育筑基，加强顶层设计，在已有学科方向的基础上进行了整合和新研究领域的挖掘，获批了“山东省现代农业产业技术体系蜂产业创新团队岗位专家”岗位，建有山东省“十二五”生态学与生物多样性高校重点实验室、“十三五”山东省高等学校“生态环境保育与生物资源创新利用实验室”和山东省“分子生物学与抗体药物工程”“十二五”重点学科，先后成立了聊城大学“生物医学研究院”“海洋生态研究所”“地衣物种与基因资源生物学研究中心”等多个创新平台。

为加快科研团队的凝练，形成特色鲜明的研究方向，学院多方筹措，2021 年开始，自筹经费 360 万元用于科研投入，形成了能进能出、资源倾斜的建设机制，组织筹建了植物种质资源创新与利用科研团队、动物生态与多样性科研团队、菌物种质资源与创新利用科研团队、动物分子遗传育种与细胞工程科研团队、蜂产品功效评价与质量控制科研团队、生物制造与酶工程科研团队等 6 个科研团队，充分发挥团队在科研项目、科研奖励和科研成果方面的主观能动性，最大限度地调动学院的科研资源，确保科研空间在科研贡献中能量的最大释放，2023 年获批 7 项国基金、12 项省基金，取得建院以来标志性科研立项方面的重大突破；横向课题 12 项，成果转化 2 项；科研经费 700 余万元；SCI 收录的科研论文（聊城大学第一单位）产出实现了比 2022 年翻 4 倍。

科学研究方面，在小型底栖生物多样性尤其是自由生活海洋线虫的分类取得突出成绩，以黄勇教授为代表的团队，长期从事我国小型底栖生物生态学和海洋线虫分类学研究，完成了我国东海、黄海和南海北部的海洋线虫种类本底调查，在国际上建立了海洋线虫新属 5 个，发表新种 150 余个，发表 SCI 收录的学术论文100余篇，在科学出版社出版《中国自由生活海洋线虫新种研究》、施普林格出版社出版《Free—livingmarinenematodesfromtheEastChinaSea》等海洋线虫分类专著5部，参编《中国海洋无脊椎动物名录》《中国海洋生物多样性丛书》等专著5部，极大丰富了我国海洋线虫分类的研究，为我国乃至世界海洋线虫的分类学研究做出了较为突出的贡献。

在蜂产品功效评价及质量控制研究方面，以玄红专教授为代表的科研团队长期从事蜂产品相关研究，致力解决蜂产业发展中的难点、痛点问题，在蜂胶功效评价及质量控制、蜂蜜真实性鉴定及蜂花粉高值化利用中取得丰硕成果，发表SCI收录论文30余篇，被引频次超过1000次，授权国家发明专利4项，推动蜂产品相关研究，为我省养蜂业的健康发展作出了突出贡献。

在菌物资源与多样性方面，以贾泽峰教授为带头人的科研团队2018年与中国科学院大学生命科学学院共建“地衣物种与基因资源生物学研究中心”，建成了“聊城大学菌物标本馆”，聘请中国科学院魏江春院士为顾问，在地衣多样性和系统学研究基础上，进行地衣物种资源和基因资源生物学研究，承担了国家应急管理项目“孢子植物志的编写”——中国地衣志厚顶盘目的编写，厘清了中国文字衣科地衣型真菌类群物种350种，为中国地衣型真菌的生物多样性提供了基础资料，该科属分类学研究达世界水平。

学院重视原创性、标志性科研成果的培育，涌现出了大量精品力作，发表在SCI收录期刊上的科研成果位居学校前列，康新江博士在神经生物学领域的研究成果发表在《NatureCommunication》和《ProceedingsoftheNationalAcademyofSciences》杂志上。

科技成果推广方面，王光全教授多年来一直从事山楂、苹果和黄桃的品种选育工作，先后主持完成了农业农村部“全国山楂基地建设项目”、山东省科技厅科技攻关课题“早熟优质苹果新品种选育及丰产技术”“罐藏黄桃定向育种及其应用”和科技成果转化项目“黄桃新品种黄金冠的示范与推广”，选育的山楂和黄桃品种推广后产生了明显社会效益，获得山东省科学技术进步三等奖两项。

学院积极加强学术交流的组织，先后承办了全国“中国地衣生物学青年学术论坛”、全国“整合基因组学研讨会”、第十五届全国高等师范院校生物学课程与教学论专业学术论坛等会议，扩大了学院的学术影响和科研地位。

三、服务社会篇

学院教学、科研设施完善，设备先进。为本科生、研究生的科研和社会服务提供了良好条件。专业教师积极与企业对接，形成了“技术咨询、技术服务、联合研发”等多种合作模式，逐步扩大了学院的社会影响力，也为相关企业持续提供智力支撑。

生物科学专业坚持“立足鲁西，面向山东”的办学定位，以“人才培养质量”为核心，落实“立德树人”根本任务，培养中学优秀生物学师资队伍。深化人才培养服务理念，通过实习实践、社会实践等形式服务中小学基础教育。自2011年起，本专业已累计派出实习支教队伍13期，总人数达1900余人，服务山东地区中小学200余所，基础教育学生15万人以上；同时自2020年起，每年派出10名优秀学生开展援疆支教活动。生物科学专业为地方基础教育的发展进步贡献了聊大力量，为基础教育的品质提高树立了聊大品牌。专业还积极发动学生参加“西部计划”，累计派出学生39人次，服务边疆、建功基层、服务社会。

生物工程专业与多家企业达成人才培养、机构互设、项目合作等事项，并择优建立长期实习教育基地。专业教师充分发挥科研和学科优势，在“本科生导师制”的指导下，通过鼓励学生参加导师科研课题、成立学科竞赛小组等形式将科研过程和成果转化为教学资源，提高学生的实践能力和创新思维，科研反哺教学工作成效显著。生物工程专业与江西邦泰、山东奥博、乖宝宠物食品等省内外八家企业建立稳定合作关系，合作成立六个联合实验室，达成横向课题和成果转化多项，在校企深度融合中发挥重要的作用。依托学院成立的聊城大学绿色健康食品研究院，主要承担发酵食品和保健食品的科学研究与技术创新，以及新产品研发与技术服务工作，是学院开展校企合作服务社会和研究生培养的重要平台。专业教师依托中心积极开展科研和服务区域经济工作，为企业解决技术难题。

学院依托山东省科普教育基地聊城大学生物标本馆，秉承“科学研究、人才培养、公众教育和信息交流”的理念，向社会全面开放了学院成立以来的标本展览。标本馆年度平均接待4000余人次，讲解次数达百余次，有效促进了青少年科普教育，推进人与自然和谐共生的理念。

四、人才队伍建设篇

2005—2024年是学院内涵高质量发展的时期，学院高度重视师资及人才队伍建设，把师资队伍建设作为学院发展的关键，落实人才强院战略，制定规划，内培外引，成效突出，逐渐形成了一支年龄、专业结构合理，教学科研经验丰富，具有国际视野、治学严谨、团结向上、勇于创新的人才队伍。

学院紧紧围绕学校人才发展理念和人才队伍建设目标，贯彻实施学校人才引育建设的“百人计划”“光岳工程”系列人才工程，以及“一人一议”“一事一议”的引人政策，主动作为、积极谋划，建立和完善人才引进、培育、评价、激励、服务等制度体系。二十年来，学院稳中求进，人才队伍建设不断取得新突破。

2005—2010年，共引进9位博士和5位硕士，其后学院按照学校人事政策，不再引进硕士。到2010年底，学院有专任教师41人，其中教授10人，副教授20人，高级职称教师比例为75%；博士23人，硕士11人，硕博比例为83%；硕士生导师15人。形成了生态学与生物多样性、生物化学与分子生物学、细胞生物学、微生物学、植物学、动物学、遗传学和生物工程8个具有相对优势的学科方向和学术团队。但存在不足之处是缺乏学科带头人，博士及教授研究方向分散，高水平学科团队建设成效不明显，科研攻关能力和承担重大项目的能力不强。

为加快学院人才队伍建设步伐，建设一支数量充足、结构合理、创新能力强、学术水平高的人才队伍，根据聊城大学"十二五"发展规划和学院发展需求，学院制订了生命科学学院人才队伍建设"十二五"规划（2011—2015）。学院采取一系列措施，积极引进优秀博士的同时，选派教学骨干和学术带头人到国内外一流高校做访问学者、攻博、做博士后或合作研究。为进一步加强师资队伍建设，根据学校相关文件精神，结合学院实际，制定了学院专业技术岗位职责与考核办法，该办法运用量化总赋，在一定程度上激励了教师教学和科研水平的提高。到2015年底，专任教师数达到60人，特聘中国科学院院士1名，入选"百人计划"有4人。形成了合理的梯队结构，为学院持续发展提供了较强的人才及智力支持，基本满足教学、科研和科技开发的需要。

2016年开始，学院把人才队伍建设作为学院发展的"一号工程"，在"十三五"期间（2016—2020），学院将学科平台的打造和科研团队的凝练作为学科建设的主要内容，大力吸纳高水平的顶尖人才引领科研方向，加强发展的顶层设计，在原有学科方向的基础上进行了整合和新研究领域的挖掘，建有山东省"十三五"山东省高等学校"生态环境保育与生物资源创新利用实验室"，先后成立了聊城大学"生物医学研究院""海洋生态研究所""地衣物种与基因资源生物学研究中心"多个创新平台。引进优秀博士数量增加，到2020年小计引进20位博士，学院师资力量得以增加，为达到生物科学和生物工程的专业认证师资指标要求奠定了基础。不足之处是相对于教研来说，教师科研水平还有待提升，学科团队缺乏领军人才和学术骨干。

2021年进入学校"十四五"发展规划时期，学院依据《聊城大学"十四五"事业发展规划》及学校办学定位，围绕立德树人这一根本任务，坚持"质量立院、学科强院、人才兴院、特色亮院"的发展战略，聚焦内涵发展，锚定"十四五"发展规划目标，求真务实，采取有效措施，真抓实干。学院把学科发展作为学院发展的"一号工程"，把人才引育助推学院高质量发展作为重要抓手，建设六个科研团队，凝练学科研究方向，凸显生科特色和优势。

"十四五"期间，引进优秀人才。积极宣传招聘信息，根据学科和科研团队建设需求，遴选引进优秀博士 15 位，其中副教授 2 名。续聘中国科学院院士魏江春；柔性引进学术带头人 2 名。

“十四五”期间，培育专业教师。建设完成 2 个教学团队，组织各级各类教学教研、学术报告、交流会等活动；请专家指导项目申报和成果培育；鼓励教师国内外访学与交流。获批泰山学者青年专家 1 名、山东省青年创新团队 1 个。教师队伍整体水平提升，并且无高层次人才流失。

“十四五”期间，帮扶青年教师。对新进青年教师的指导，实施“双导师制”，即“教学”和“科研”导师精准帮扶青年教师提升教学水平和科研能力。青年教师课堂教学水平提高，科研成果突显。

到 2024 年，学院有教职工 83 人，其中专任教师 70 人；教授 9 人，副教授 28 人；硕士生导师 35 人；博士生导师 3 人（兼）；具博士学位教师 63 人，占专任教师队伍 90%。全国优秀教师 1 人，校级教学名师 4 人。泰山学者特聘青年专家 1 人，山东省青创团队 1 个。特聘中科院院士 1 人、国家杰青 1 人。入选“光岳人才”工程 16 人。具有海外留学及学术研究背景的教师 18 人。先后有 10 位教师分别担任全国专业委员会主任、理事，山东省专业委员会常务理事、理事，以及山东省现代农业产业技术体系岗位专家。

在学校全面建设国内知名、特色鲜明的一流区域高水平应用型大学的历史交汇点，学院开启人才队伍建设新征程、续写人才队伍发展新篇章，学院将采取更加务实的行动、更加创新的举措，扎实推进人才队伍建设，打造一流专业人才团队，助推学校人才工作，为申报和建设博士学位授权点提供人才支撑，做出更大贡献。

五、国际化办学篇

1. 留学生招生及管理。为开拓国际化视野，自 2018 年开始，招收生物工程专业本科留学生，学制为四年。共计招收来自坦桑尼亚、冈比亚、赞比亚、埃塞俄比亚、索莱托以及津巴布韦等国家留学生 16 人。为此，学院成立了专门的负责人和教学团队，针对性地开展理论及实验教学。所有专业课程均采用全英文授课，专业课程的合格率达到了 100%。目前 2018 级与 2019 级学生已顺利毕业，大部分毕业生选择在国内高校继续深造，部分毕业生选择欧美国家攻读硕士，还有部分毕业生选择回国就业。

2. 中外合作办学。学院与韩国建国大学开展了生物工程中外合作办学项目，2011 年开始招生本科生，2017 年停招。六年共计招生 198 人。2023 年启动与古巴哈瓦那大学生物工程专业中外合作办学项目，计划2024年招生，每年招生100人。

六、办学经验总结篇

学院积极贯彻党的教育方针及国家教育相关政策和改革要求。生物科学专业适应国家基础教育改革发展要求，以立德树人为根本任务，立足鲁西、面向山东，辐射全国，培养德智体美劳全面发展，具有深厚的教育情怀、良好的科学文化素养、良好的师德修养和高度的社会责任感，具备扎实、宽厚的生命科学专业知识和技能，能熟练运用现代教育教学理论、教学方法和育人理念、育人策略，成为具有合作意识、自我发展意识和创新意识，能够顺应国家和地方基础教育政策，具备一定的教育教学研究能力，能够胜任中学生物教学及管理等工作的中学生物学骨干教师。

生物工程专业立足山东，面向全国，培养德智体美劳全面发展，具有良好的职业道德、社会责任感和团队精神，系统掌握并熟练运用生物工程专业基础理论、工程技术知识，能够在生物工程产品制造及相关领域，尤其是发酵、微生物资源利用等行业，从事生产、设计、管理和新技术研究、新产品开发等工作的高素质应用型工程技术人才。

学院师范教育有底色，学科发展有成色，学生成长有特色。底色，即师范教育是学院的一个办学底色。学院发扬师范教育传统，学生专业基本技能突出。自20 世纪 80 年代初，学院就加强“三字一话”教师从教基本技能训练。90 年代，学校不断规范师范生从教技能培养规格，明确培养标准，在师范生培养上，本专业形成了教师教育课程体系、专业课程教育体系、教师教育和专业实践环节、教学方法与手段等内容为一体的教学体系，通过组织开展形式多样的书写训练、书法比赛、演讲比赛、小黑板比赛、走进课堂、锻炼心理调节技能等活动突出了师范生专业技能训练，同时结合比赛赛事，所有师范生均进行教学技能展示，学生在教师技能大赛中成绩突出；学科发展有成色，学科建设是学院生存的生命线，学科是龙头，科研是基础。学院制定科研团队管理办法，从 2022 年 4 月开始组建 6 个科研团队，调整实验室，全部博士归队，给予资源支持。在此 6 个科研团队基础上，凝练形成“生物多样性与种质资源创新利用”“生物发酵和健康食品研发”两大学科方向。学科实力雄厚，反哺了教师教学；学生发展有特色，专业知识和技能全面提升，学生综合素质全面发展，学生的教育教学能力、成长发展等方面成绩突出。生物工程专业结合国家及区域经济需要，以生物发酵为专业特色，为生物工程产品制造及相关领域培养扎实的专业技术人才。

七、结语

生命科学学院历经 39 年的发展，坚持以立德树人为根本，强基创新引领，成就英才济济。学生遍布祖国各地，主要服务于基础教育、高等教育和科学研究等领域，涌现出一大批教学名师和优秀教育工作者，一些优秀校友，成为国家、省级高层次人才，为中国高等教育事业和区域经济社会发展作出了较大贡献。

第十六节　机械与汽车工程学院

一、学院发展总体概况

聊城大学机械与汽车工程学院的前身是汽车与交通工程学院，是聊城大学由聊城师范学院更名后成立的工科学院之一，始建于2003年5月，因专业发展较快，陆续开办了交通运输（2004年）、机械设计制造及其自动化（2005年）、汽车服务工程（2007年）、车辆工程（2010年）、机械电子工程（2013年）等专业，在建院十周年之际，更名为机械与汽车工程学院。2014年获得专业硕士学位授予权，2015年开始招收研究生。学院以立德树人为宗旨，以培养机械类、交通运输类工程技术人才为己任，历经二十年风雨，现已发展成为师资力量雄厚、软硬件环境良好、本硕贯通的应用型人才培养基地，在教学与科研方面具有鲜明的新能源汽车、智能制造等特色。

学院现有机械设计制造及其自动化、机械电子工程、车辆工程3个本科专业，机械工程、车辆工程2个机械专业学位硕士点，新能源汽车、机器人、农产品智能分选3个研究所，山东省高等学校类脑智能控制工程研究中心、山东省新能源商用车动力与控制工程研究中心、聊城市高端装备产业研究院、聊城市东昌府区新能源汽车工程研究院4个省厅级科研平台，聊城大学潍柴智能制造学院、歌尔智能制造学院2个现代产业学院挂靠在本院。学院秉承“知行合一，守正出奇”的院训，为国家培养了6710名工程技术人才，涌现了一大批优秀校友。

机械与汽车工程实验教学中心、工程训练中心始建于2006年，2007—2013年中心连续三期获得山东省高等学校骨干学科教学实验中心建设工程财政专项资金支持，2014年获得山东省应用型名校工程经费支持，2016—2020年连续五年获得山东省高水平应用型重点立项建设专业经费支持，三期获得中央财政支持地方高校改革发展资金支持，建成新能源汽车、智能汽车、自动化、机器人、智能制造、智能分选、增材制造等一批新工科实验室，实验室面积8000平方米，实验仪器设备总值7000万元。

学院现有教职工65人，其中具有博士学位的教师35人。工程训练中心聘用实训教师12人。现有山东省优秀教师1人、优秀研究生指导教师1人、优秀共产党员1人，聊城市有突出贡献的中青年专家2人，水城领军人才2人，聊城大学教学名师1人、师德标兵2人、“最美教师”1人、教书育人楷模2人、大学生良师益友 2 名、“光岳人才” 9 人。全日制在校本科生、研究生 1500 余人。

学院以人才培养为中心，全面提高教育教学质量和人才培养质量。机械设计制造及其自动化、车辆工程是山东省一流本科专业，获批教育部高等学校“专业综合改革试点”项目、山东省卓越工程师教育培养计划项目。车辆工程专业是山东省应用型人才培养特色名校重点建设专业，机械专业群（机械设计制造及其自动化、机械电子工程、车辆工程）是山东省高水平应用型立项建设专业群。工程训练中心为山东省高等学校实验教学示范中心、山东省高等学校示范性实训中心。获批国家一流课程 1 门、省级精品课程 4 门、省级一流课程 5 门、省级教改项目 3 项，获得国家级教学成果二等奖、省级教学成果特等奖、校级教学成果特等奖、山东省高校青年教师教学竞赛一等奖、山东省普通高等学校教师教学创新大赛一等奖。学生参加“挑战杯、创青春、互联网 +、智能车、机器人、机械创新设计、工程训练综合能力”等学科竞赛项目，获省级以上学科竞赛奖励 800 余项，在 2023 年第十八届“挑战杯”全国大学生课外学术科技作品竞赛上取得全国特等奖。

学院以学科建设为龙头、科学研究为先导，学术水平不断提升。在智能电动车辆、机器人、农产品智能分选、增材制造等技术方面具有研究特色，承担国家科技支撑计划子课题、产业技术创新工程子课题、自然科学基金等国家级课题 5 项，获批省部级课题 50 余项，发表学术论文 350 余篇，获得国家专利 170 余项，转移转化 50 余项，主持修订国家标准 2 项，获得中国机械工业科学技术奖 1 项、中国产学研合作创新成果奖 1 项、山东省科技进步奖 4 项。

学院坚持开放式办学理念，积极开展国际合作与交流。与德国、英国、美国、日本、新加坡等国家的高校建立了友好合作关系，公派教师出国研修，邀请国外专家来院讲学，具有半年以上出国访学经历的教师 11 人。

学院先后荣获聊城大学本科教学管理先进单位、学生工作先进单位、国防生培养工作先进单位、创新创业工作先进集体、毕业生就业工作先进集体、考研工作提升先进集体、师德建设先进集体、先进基层党组织、红旗团委、工会先进集体等荣誉称号。学院深入贯彻落实党和国家关于高等教育改革发展的基本方针政策，围绕内涵发展、提升质量、突出特色这条主线，不断加强学科专业建设，为学校高质量发展和区域经济社会高质量发展做出更大的贡献。

二、党建与思想政治工作

2003 年 6 月，学校下文公布学院首届党政领导班子，冯明全同志任学院党总支书记，之后四次调整：2005 年 8 月任忠民、2010 年 1 月冯明全、2018 年 4 月孟庆华、2021 年 12 月包春江同志任学院党组织书记。2008 年 6 月、2016 年 9 月、2020 年 10 月，学院召开三次党员大会，科学擘画学院未来的发展蓝图，明确发展目标任务，推动学院事业发展不断迈上新台阶。根据上级党委的统一部署，学院先后组织开展了保持共产党员先进性教育活动、深入学习实践科学发展观活动、党的群众路线教育实践活动、“三严三实”专题教育、“两学一做”学习教育、“不忘初心、牢记使命”主题教育、党史学习教育、学习贯彻习近平新时代中国特色社会主义思想主题教育等8次党内集中学习教育，统一了思想和行动，汇聚起攻坚克难、团结奋进的强大力量，基层党组织战斗堡垒和党员先锋模范作用日益彰显，党建引领、“一融双高”不断迈出新步伐。

2021年12月，学院党总支改设为党委（聊大委〔2021〕123号），进一步明确党委主体责任，加强对学院的领导，为充分发挥党组织的领导核心、政治核心和战斗堡垒作用，推动学院发展提供更加坚实的组织保障。2022年11月，补选党委委员2名，增强了班子力量，形成了年龄结构搭配合理、专业优势互补的领导班子；2023年，优化党支部设置，设立3个教师党支部、4个学生党支部，实现“双带头人”教师党支部书记全覆盖，夯实了基层支部堡垒；现有教师党员51名、学生党员107名，在各自岗位上发挥着党员光辉。

学院党委坚持用习近平新时代中国特色社会主义思想武装党员干部和师生员工，落实党委理论学习中心组学习制度、“第一议题”制度、“三会一课”制度以及教职工政治理论学习制度，落实立德树人根本任务，培养德智体美劳全面发展的社会主义建设者和接班人。学院党委充分发扬党内民主，认真贯彻民主集中制度，制定实施《机械与汽车工程学院党委会议制度实施细则》《机械与汽车工程学院党政联席会议制度实施办法》，坚持不懈把全面从严治党向纵深推进。根据上级党委的统一部署，开展了加强作风建设专项行动、党风政风专项整治行动、重点领域廉政问题专项整治、“树师德正师风”专项整治活动，不担当不作为乱作为假作为问题专项整治，推动“靓丽树”活动，成效显著。党政领导班子干事创业劲头十足，管理人员工作作风明显改善，专任教师师德师风整体优良，“一融双高”建设取得硕果，2021年、2023年、2024年分别获二级单位绩效考核优秀单位。

学院组织党员赴沂蒙山孟良崮战役遗址、西柏坡纪念馆、孔繁森同志纪念馆等红色教育基地接受党性教育，提升党性修养，传承红色基因，党群团组织取得了较大成绩。2014年获第七届聊城大学师德建设先进集体，2015年获聊城大学第二届“廉洁文化季”活动优秀组织单位，2014年、2016年两次获聊城大学红旗分团委，2016年获聊城大学先进基层党组织，2018年、2022年两次获聊城大学工会先进集体；赵岭同志2019年获山东省教育系统优秀共产党员、2021年获山东省优秀共产党员荣誉称号，多名同志获得聊城大学优秀共产党员、党员先锋、党员示范岗、工会先进工作者、巾帼建功标兵、师德标兵、教书育人楷模、大学生良师益友等荣誉称号。

三、人才队伍建设

学院积极贯彻落实“人才强院”战略，采取“外引内培、专兼结合”的政策，按照“一人一策、一事一议”的原则招聘高层次人才，积极引进具有博士学位的青年教师，目前已经形成一支年龄、职称及学缘结构合理、教师岗与实验技术岗相互匹配，具有一定教学科研能力和发展潜力的师资队伍。

学院高度重视师德师风建设和教师思想政治工作，坚持党建引领，每年对教师从学术诚信、生活作风、业务素质等方面进行师德师风考核，教育引导广大教师立德修身、严谨治学、潜心育人。将师德师风作为导师职称晋升、绩效考核、各类评优评先等表彰奖励的“一票否决”条件。

学院重视教师知识更新，加大对现有教师的培养力度，实施了教师教育“3+1”知识更新计划，鼓励教师脱产攻读博士学位、访问交流和挂职锻炼，2005 年至今派遣 11 名教师赴国外著名大学访学和进修，派遣 7 名教师到政府挂职科技副县长、副局长，派遣 22 名教师赴企业挂职科技副总和担任企业科技特派员，提升了专任的教师的知识结构和能力。

学院重视外聘教师队伍建设，在国内名牌高校聘请特聘教授 2 人，在国内知名企业中聘请产业教授 3 人。还聘请了一批兼职教授，具有代表性的有中国科学院院士清华大学欧阳明高教授、中国工程院院士香港大学陈清泉教授、北京汽车设计总院常务副院长林逸教授，他们定期来学院讲学和指导工作，有力改善了现有教师的知识结构。

学院重视硕士研究生指导教师队伍建设，每年开展硕士研究生指导教师遴选工作，2020—2024 年选聘硕士研究生指导教师 24 人，行业导师 23 人，形成了一支老—中—青年研究生导师梯队。

学院重视全职实训教师队伍建设，外聘全职实训教师 12 人，其中，硕士研究生学历 4 人，高级工程师 1 人，高级技师 2 人，外聘兼职实习教师 22 人，有力支撑了学院的实习实训课程的开展。

学院重视教师在国内外重要学术或行业组织的任职工作，鼓励教师积极开展学术交流，提高在学术同行中的知名度。目前，学院教师已经在 20 多个学术或行业组织任职，其中，在全国性学术组织分支机构担任副主任委员 1 人，在省级学会担任常务理事 1 人。有力地提高了学院的影响力。

四、本科教学（实验室）工作

学院按照“厚基础、宽口径、强实践、重创新”的原则，大力推进教学改革，创新人才培养模式，努力提高学生的实践能力和创新精神。经过二十年的建设，教学工作取得了较大的成绩，进入了快速、健康、有序的发展轨道。

学院按照“调整结构，培育特色，发挥优势，注重内涵”的专业建设思路，根据区域经济社会发展对高素质应用型人才的需要，不断优化专业结构，现已形成机械设计制造及其自动化、车辆工程、机械电子工程共3个本科专业协调发展的专业格局，构建了特色鲜明、结构合理、层次多样、适应区域经济产业发展需求的专业体系，为经济社会发展培养了一大批高素质应用型专门人才。其中机械设计制造及其自动化、车辆工程是山东省一流本科专业，获批教育部高等学校“专业综合改革试点”项目、山东省卓越工程师教育培养计划项目。车辆工程为山东省应用型人才培养特色名校重点建设专业，机械专业群（机械设计制造及其自动化、机械电子工程、车辆工程）是山东省高水平应用型立项建设专业群。现与济南职业学院、青岛工程职业学院、山东理工职业学院等多所职业院校开展“3+2”专本贯通专业人才培养，满足现代经济社会对人才成长的迫切需求。

以培养具有创新精神和实践能力的高素质应用型人才为宗旨，突出本科教育教学中心地位，不断加强课程建设、改革教学方法、提高教学质量，提出并实施教学质量“456”工程（即“教学语言标准，教学方法灵活，多媒体使用正确，教材内容组织科学”四项课堂教学标准；“教学工作委员会、专业教研室、课程负责人、任课教师、学生教学信息员”五级教学管理体系；“院领导和教学管理人员听课、教学督导组、院领导值周和联系班级、教研室教研活动、学生座谈会、学生教学信息员”六条教学质量监控渠道），建设一支高素质、专业化的教师队伍。现已建成国家级一流本科课程1门（《机械设计》），省级一流本科课程5门（《汽车构造》《机械设计》《材料力学》《汽车电器与电子控制系统》《混合动力系统虚拟仿真实验》），省级课程思政示范课1门（《机械设计》）。获得国家级教学成果二等奖、省级教学成果特等奖、校级教学成果特等奖各1项，获批省级教改重点项目2项，面上项目1项。学院获得山东省高校青年教师教学竞赛一等奖1项。学院被评为“十一五”教学管理先进单位。

学院重视加强实验室和校内外实习基地建设，先后建成1个基础教学实验室（工程训练中心）、3个专业教学实验室（机械基础实验中心、汽车与交通实验中心、机电工程实验中心）。目前，学院教室面积1700余平方米，实验室及实习场所面积8000余平方米。新建智能多媒体教室13间。

学院坚持把校企融合发展作为人才培养的重要支撑，推动校企深度融合，现已建成聊城大学·潍柴智能制造现代产业学院，聊城大学·歌尔股份有限公司智能制造学院2个。建立了中国重型汽车集团济南卡车股份有限公司、中通客车控股股份有限公司、山东时风（集团）有限责任公司等20余处校外实习基地，每年利用企业基地开展学生实习 600 余人次，努力营造资源共享、开放服务的实践教学环境。

五、工程训练中心工作

聊城大学工程训练中心（以下简称中心）始建于 2007 年初，于 2012 年被山东省教育厅评为“山东省高等学校实验教学示范中心”。十几年来，中心经历了起步建设、充实发展、规范完善阶段，已成为以大工程意识为背景，以实践与理论相结合、实训与创新相结合、教学科研与人才培养相结合的综合性工程训练中心。

2007 年 3 月，根据本科教育教学审核评估要求，聊城大学工程训练中心开始筹建，初建阶段中心确定了“立足聊大、服务鲁西、辐射周边”的宗旨，实行主任负责制，下设基础实验部、工程训练部、汽车技术培训部和创新培训部，招聘实训指导教师 16 名。

2012 年开始，外聘教师人员构成由厂技术工人开始向有一定的学历要求转变。中心与轴承企业合作研发自动插钉机，授权发明专利 5 项，并进行产业化推广应用。接收东昌学院、山东工程技师学院等学校派学生来实习，与聊城市技师学院开展技能提升培训，提高了学生的实践能力、创新能力及中心的综合实力。

2018 年起，中心按照“全面完善，综合优化，突出强项，培育特色”的发展思路，实施了一系列改革措施，各项工作取得了很大成绩和突破。紧紧围绕能力培养为核心，以提高素质为目的，从高素质应用型人才培养的需求出发，构建了包括基础训练、专业训练、综合训练和创新训练为主体的四个层次的实践教学课程体系，实现了融知识、能力、素质教育于一体，能力培养贯穿始终的教学目标。中心对全校师生开放，平均每年完成 15 万人 / 小时的实践教学工作，已成为我校重要的多学科多专业的实践教学基地。实验室建设力度不断加强。

2019 年以来，先后投入 3000 余万元，建设完成智能制造、数字化设计制造、激光加工、机器人焊接等新的实验实训室。近年来，中心教学改革成果显著，完成《金工实习》在线课程的建设工作，逐步开展实践课程线上线下混合式教学改革；获批 3 项教育部协同育人项目；获省部级及以上教学奖励 5 项。教师队伍结构不断优化。学院选聘中心主任 1 名，并通过事业编招聘引进了 3 名硕士研究生，中心现有专、兼职人员 16 人，其中具有硕士以上学历和高级职称人员 12 人，占总人数的 75%。中心先后成为山东高校工程训练 / 金工教学研究会副理事长单位，华东高校工训 / 金工教学研究会理事长单位，全国虚拟仿真实验教学创新联盟理事长单位。根据学校有关文件，完善了中心安全制度、卫生制度、考勤制度、值班制度等管理制度，完善了中心宣传片制作、网站维护、安全培训及准入考试、宣传栏建设等，中心各项工作正逐步走向规范化、科学化。

六、学位与研究生教育工作

发展专业学位研究生教育是国家迎接新科技革命挑战、发展知识经济的重大举措，专业学位研究生教育在国家教育体系中占有重要的地位。

学院紧紧围绕学校发展规划和学院高质量发展需求、提高人才培养层次的核心任务，深化学位与研究生教育改革。2015年获批设置车辆工程专业硕士学位授权点，2020年改为机械专业硕士学位授权点，2022年将机械专业硕士学位授权点扩充为机械工程、车辆工程2个领域，设置新能源汽车技术、机器人技术、智能农机装备技术、先进制造技术4个研究方向。

学位点扎根鲁西，立足山东，辐射全国，面向经济社会发展和机械行业创新发展需求，服务于机械专业硕士学位研究生的职业发展需求和社会的多元化人才需求，培养政治觉悟高、思想品德高尚，具有坚定的政治立场、深厚的家国情怀，掌握机械领域坚实的基础理论和宽广的专业知识，掌握解决工程问题的先进技术方法和现代技术手段，熟悉本领域的技术现状和发展趋势，具有开拓精神和创新意识，有较强的科研和技术开发能力，具备独立担负工程技术和工程管理工作的能力，从事机械领域教学和科学研究、产品设计开发、生产加工、制造测试、生产技术管理等工作的应用型高层次工程技术人才。

学位点高度重视师德师风建设和研究生思想政治工作，坚持党建引领，每年对导师从学术诚信、生活作风、业务素质等方面进行师德师风考核，教育引导广大导师立德修身、严谨治学、潜心育人。实行导师负责制，强化导师对研究生的思想政治教育，引导研究生树立正确的世界观、人生观、价值观，增强使命感、责任感，既做学业导师又做人生导师。

在学校和社会各界的大力支持下，在学院广大教师的积极努力探索下，专业学位研究生教育工作逐渐形成并不断完善，有力地适应了经济社会发展对高层次应用型专门人才的需要。近年来，学位点招生规模不断扩大，培养模式和管理方式不断创新，培养质量不断提高，社会影响力不断增强。

目前，学位点拥有硕士研究生指导教师34人，行业导师28人，招生人数突破35人/年。年在校研究生数量达80余人，每年与山东省农科院和枣庄学院联合培养研究生5人。研究生累计发表核心期刊论文3篇、EI论文3篇、SCI论文14篇，实用新型专利27个、发明专利6个，荣获山东省研究生优秀成果奖1项，获评山东省优秀硕士学位论文1篇；获A类学科竞赛获省级一等奖1项、二等奖8项、三等奖3项；获B类学科竞赛获国家级三等奖1项，获B类学科竞赛获省级二等奖4项；考取博士研究生9名。指导教师获批省级、校级教改研项目、课程思政示范课程、教学案例库9项。建有12处研究生专业实践基地。

七、学科建设与科研工作

学院学科源于2003年设立的机械设计制造及其自动化专业，2014年获批工程硕士（车辆工程）专业学位授权点，2020年进行专业学位类别调整，更改为机械专业学位授权点，2022年机械专业学位授权点下设机械工程和车辆工程2个专业领域。主要研究方向包括：新能源汽车技术、机器人技术、智能农机装备技术、先进制造技术等。

学院稳步推进学科建设工作，强化内涵建设。联合数学科学学院、计算机科学学院申报获批聊城大学智能科学与技术“强特色”学科。机器人运动与智能控制、认知自动驾驶与人机共融控制团队获批揭榜挂帅攻坚团队。拥有“类脑智能控制”山东省高校工程研究中心，与企业共建“新能源商用车动力与控制”“泥浆泵智能化控制”和“高端滚动体”三个山东省工程研究中心，拥有聊城市高端装备产业研究院、聊城大学东昌府区人民政府新能源汽车工程研究院。

学院着力强化教师的科研意识，始终把科研工作当作学院发展的第一要务来抓。学科累计承担科研项目100多项，其中，国家自然科学基金项目3项、山东省自然科学基金10项、教育部产学研科创揭榜制项目2项、山东省中小型企业提升项目12项、国家重点研发计划子课题（清华大学）1项、交通部重点实验室开放基金重点项目1项、上海交通大学系统控制与信息处理教育部重点实验室开放基金1项、企业委托科研项目46项，总经费1500多万元，每年师均科研经费15万元。发表学术论文354篇（其中SCI/EI/ISTP收录149篇）。授权国家专利167项，软件著作权16项。举办高层次专家科研学术报告32场，其中，“聊大讲坛”报告14场。牵头制定国家标准2项，参与制定国家标准3项。获得中国产学研合作创新成果奖1项、山东省高等学校科学技术一等奖1项、机械工业科学技术奖（科技进步奖）二等奖1项、“潍柴杯”泰山农业机械科学技术奖1项、聊城大学科技进步奖16项。科技成果鉴定达国际先进水平11项，达国内先进水平6项。

八、产学研和服务社会工作

学院紧紧围绕社会需求开展科学技术研究，积极增强服务地方产业发展的能力和水平。鼓励教师围绕生产实践中出现的问题，开展应用型研究，通过技术合作、技术咨询、技术服务和技术指导等形式，加强产学研合作，参与企业科技进步，促进科技开发和科研成果的转化。

2005年，学院创新性地推出了科技特派员挂职活动。先后与时风集团、山东迅力集团、聊城东岳电机等企业签订了产学研协议，派遣2名教师作为企业特派员全职到企业工作，研发新产品2个。近几年，又积极主动响应学校号召，派出多人进行科技副总挂职，累计挂任科技副总26人。

随着学院师资水平、科研能力、社会声誉的不断增强，学院与企业的合作越来越紧密。累计与企业签订产学研合作协议 70 余件，签订横向合作项目 60 多个，项目经费超过 400 万元。学院分别与中国科学院和山东鑫亚股份有限公司联合成立了“凯思博宏环保节能技术研究所”和“汽车整车及零部件检测中心”两个共建的研究机构，引进、培育、孵化科研项目。与聊城市政府经信局签订《聊城市高端装备产业研究院 2021—2022 年度经费拨付协议》，为深入实施新旧动能转换重大工程，推动聊城市高端装备制造产业集群高质量发展开展实质性的工作计划安排，到账经费总额 18 万元。组织科研人员与山东福昊光电科技有限公司、诺伯特智能装备（山东）有限公司等 10 余家公司企业进行科技对接，解决企业技术难题，展示了学院科研实力和服务地方经济建设的能力。与山东易斯特工程工具有限公司、北京索利特自动化科技有限公司、茌平县汇通机械制造有限公司等企业签订项目合作协议，到账经费 232.5 万元。

学院教师积极和企业联合申报省部级项目。2022 年学院教师与企业联合申报山东省科技型中小企业提升工程项目，获批经费 9600 万元。山东省重点研发计划（重大科技创新工程）2 项，合同金额 510 万元，校企合作进入新局面。

学院和企业共同探索研究生联合培养项目，建有 12 个研究生培养基地。教师们针对企业需求积极探索科技创新，累计转化发明专利 50 余件，专利转化金额 150 多万元，其中 2023 年单件专利转化金额 90 万元 1 项。

学院教师积极参与政府部门的科技发展建设，特别是助力聊城市高端装备产业链与聊城市新能源汽车产业链创新发展，12 名教师为聊城市制造业强市咨询委员会专家顾问。同时，积极配合聊城市政府推进聊城市产业链链长制战略，助力制造业强市建设，牵头撰写了聊城市工信局和市场监督管理局的《聊城市农业机械产业链调研报告》《聊城市汽车整车及零部件产业链调研报告》《聊城市高端装备产业链调研报告》《聊城市轴承产业链调研报告》，获得聊城市委领导的签批及聊城市工信局和市场监管局的采纳，为聊城市制造业产业提升和优化发挥了智库作用。

九、学生教育管理与招生就业工作

学院在学生教育管理与招生就业工作方面取得一系列成绩，立足学风建设、教育管理、科技创新、促进就业四大方面持续发力，进步明显、成效显著。

学院持续加强学风建设。2006 年 2 月，学院组织专门会议，研究学风建设问题，制定学风建设实施意见。从学院实际情况出发，根据学校有关文件，制定完善《汽车学院学生工作重心下移实施方案》《汽车学院关于加强大学生学风建设的实施方案》以及《班级管理量化细则》《学生会章程》等管理制度，使各项工作正逐步走向规范化、科学化。早晚自习、卫生、宿管、课堂考勤等日常工作设置工作制度和措施，检查做到日通报，周汇总。此外，通过班主任和班主任助理管理考核制度，加强学习督促。通过严格请销假制度、校纪校规和考风教育培养学生学习的自律性，学风氛围更加浓厚。2015 年，制定和完善班主任、班级、宿舍考核管理办法。经过努力，先后获“省先进班集体”3 次，“校大学生创新创业工作先进个人”10 余次。

学院加强学生教育管理。以宣传党的重大会议精神为重点，开展系列社会主义核心价值观主题学习活动。党的二十大以来，带领学生深入学习贯彻党的二十大精神，引导广大学生听党话、跟党走，奋进新征程。举办 40 余期入党积极分子培训班，发展近千名学生党员。邀请聊大派出所、校保卫处、医院等开展安全教育讲座、逃生演练、传染病的防治和网络安全讲座等活动，提升广大学生的安全意识和应对突发事件的避险自救能力。通过早晚自习督查、课堂监控、手机存放、学生对号入座、班主任听课等措施保证学风建设质量。学生资助、勤工助学方面，累计发放专项困难学生补助 80 余万元，受助学生 1200 多人，设立勤工助学岗 14 个，全年共发放勤工助学工资 40 余万元。

学院大力开展科技创新活动。获批校大学生创新实践基地 3 个、大学生学科竞赛基地 6 个、国家级创新创业训练项目 22 项、校级大学生科技创新项目 20 项。获国家专利 100 余项。学生科技竞赛活动取得丰硕成果，累计获国家级比赛奖励 150 多项，获省级以上奖励 400 余项，获第十八届“挑战杯”全国大学生课外学术科技作品竞赛全国特等奖，获“黑科技”专项赛荣获“恒星”级作品、第九届中国国际“互联网 +”大学生创新创业大赛山东省赛区金奖。2023 年 11 月，获“挑战杯”国赛特等奖 1 项，实现学校在该项赛事国家特等奖零的突破。

学院多措并举，助力学生就业。院长、副书记亲自到杭州、济南、青岛等省内外各地访企拓岗。聘请优秀校友及企业人力资源负责人作就业形势的专题报告，举办上百场企业校园宣讲会和两场机械汽车类专场招聘会，完善用人单位信息库，做好毕业生的推荐工作。组织考研辅导和宣讲百余场，并对考研、考公务员、自主创业、特困生等学生进行专门培训与指导，加强“六位一体”基地建设，推进实践育人工作，搭建绿色就业平台。学院平均就业率达 80% 以上，就业工作位居学校前五名。平均考研报考率 35% 左右、录取率 20% 以上，网签约率 50% 以上，连续四年获得“就业工作先进单位”称号，多次荣获“学校就业工作先进集体”。

二十年风雨沧桑，二十年创新奋进，二十年不懈追求，学院已经化蛹为蝶，成为聊城大学工科支柱学院！抚今追昔，感慨万千！我们不能忘记，学院的每一步发展，都离不开学校党委、行政的正确领导和大力支持，离不开各合作单位和各界人士、校友的鼎力相助，更离不开全体师生员工的不懈努力和辛勤工作。

二十年来，我们共同用汗水默默耕耘，用智慧播种希望，用奉献迎来桃李芬芳！在校庆五十华诞之际，向关爱和支持学院建设和发展的校内外各级领导、朋友、老师、校友，表示衷心的感谢，并致以崇高的敬意！

站在新的历史起点上，面对我国经济高质量发展和高等教育高质量发展新阶段，学院坚持以习近平新时代中国特色社会主义思想为指导，坚持立德树人根本任务，顺应高等教育改革发展趋势，以创建高水平新型工科学院为目标，以通过工程教育专业认证为重点，以增强服务国家发展战略和区域经济社会发展能力为导向，以提升人才培养能力和质量为核心，以建设一流学科、一流专业、一流课程为抓手，以高质量党建为引领，强化师资队伍建设，改善办学条件，推进“一融双高”建设，为学校高质量发展和区域经济社会高质量发展作出更大的贡献。

第十七节　材料科学与工程学院

聊城大学材料科学与工程学院始建于2003年5月，最初学生只有由化学化工学院调拨的材料化学专业2001级、2002级两个年级本科生。经过20年的高速发展，学院现有材料科学与工程、高分子材料与工程、金属材料与工程和新能源材料与器件、材料化学5个本科专业，材料科学与工程一级硕士学位点1个，通过国家工程教育专业认证专业1个，省级应用型人才培养特色名校重点建设专业1个，省级一流专业建设点1个，省级特色品牌专业1个，省级卓越工程师计划培养专业1个。学院建有山东省高等学校稀土功能材料工程研究中心和山东省高校敏感材料与器件特色实验室科研平台2个，与企业联合共建省部级科研平台2个，材料科学学科是ESI全球排名前1%学科。学院拥有8000平方米的实验楼和600平方米的高分子材料与工程实训中心。建立了教学、科研共用的材料制备平台、材料加工平台、材料性能测试平台、材料结构表征平台，装备有场发射扫描电子显微镜、X—射线衍射仪等各种先进教学与科研仪器设备，总值达6500余万元。学院现有专任教师82人，其中教授9人，副教授25人，具有博士学位的教师75人。全日制在校本科生近1100人，在校硕士研究生60人。

一、人才培养

学院始终坚持社会主义办学方向，坚持以立德树人为根本任务，牢记“为党育人、为国育才”的初心和使命，弘扬“崇教、尚学、敦厚、奋进”的聊大校训，秉承“博学明德、立志成才”的院训，注重学生实践能力的培养，因材施教、分类培养、成长成才，旨在培养具有良好的职业道德、社会责任感和团队精神，为社会主义事业培养人格健全、有人文素养、理想远大、富有社会责任感和创新精神、发展全面的合格建设者和可靠接班人。人才培养质量得到不断提高，培养了一大批创新卓越人才。20年来，学院共培养本科毕业生4603人，专科毕业生73人。培养硕士研究生99人，其中攻读博士学位的近50%，学院毕业生就业地域分布在北京、上海、广东、江苏、山东等全国30多个省、直辖市。

（一）教育教学篇

学院积极开展教育教学改革，将新的教育教学理念融入课堂，提升育人成效。所培养的学生具有良好的职业道德、社会责任感和团队精神，系统掌握并熟练运用材料类专业相关的基础理论、工程技术知识和专业技能，具备创新意识和发展潜质，成为能够从事新材料研究与开发、工程设计、生产与管理等方面工作的高层次工程技术人才。

1. 专业建设。根据国家对材料类专业人才需求，学校发展定位转变等要求，学院及时增补和调整专业设置，在建院时仅有材料化学一个专业的基础上，2005年设立材料科学与工程专业，2007年设立高分子材料与工程专业，2012年设立金属材料工程专业，2019年设立新能源材料与器件专业，停止材料化学专业招生。

学院始终注重加强专业建设，提升办学实力和人才培养质量。2012年，高分子材料与工程专业获评山东省品牌特色专业；2013年，材料科学与工程专业获批山东省卓越工程师计划培养专业；2014年，材料科学与工程专业获批山东省应用型人才培养特色名校重点建设专业；2019年，材料科学与工程专业获批山东省一流专业建设点。2017年，学院以高分子材料与工程专业为试点专业开展工程教育专业认证工作，将“学生中心、产出导向、持续改进”的OBE理念融入专业建设和人才培养，教学模式由“以教师为中心”转变为“以学生为中心”，注重学生解决复杂工程问题的能力培养，人才培养质量和学生核心竞争力得到极大提升。2019年，学院明确所有专业均以工程教育专业认证为抓手开展专业建设和人才培养。2022年，高分子材料与工程专业通过教育部工程教育专业认证，成为聊城大学第一个通过工程教育专业认证的专业，实现了聊城大学工程教育专业认证的新突破。2023年金属材料工程专业工程教育专业认证申请获得受理。

2. 课堂教学。学院扎实推进课堂教学改革，广大教师不断探究新的教学方式方法融入教学。根据课程特点，授课方式由传统的板书转变为多媒体为主板书为辅或板书为主多媒体为辅；部分课程的教学模式由线下教学转变为线上线下混合教学。在教学过程中，教师不断优化、重组教学内容体系，合理区分一般、重难点、拓展性教学内容及其比重。学院鼓励教师开发活页式教材，避免照本宣科、一本教材讲到底，搜集、整理思政元素、前沿成果和现实案例等融入课堂教学内容。学院要求老师打破死板、单一的讲授式、灌输式课堂教学方式，充分利用现代信息技术手段，积极采用混合式教学、翻转课堂、基于团队的教学方法、基于问题的教学方法等先进教学方法，在授课过程中加强互动交流和探究讨论，引导学生思考与探究、表达与阐述，激发学生的学习兴趣。为使学生平时真正学起来、忙起来，不断调整优化考核评价模式，打破“一考定成绩”，调整期末考试成绩占比。在课程作业成绩融入课程总成绩的基础上，2014 年，专业核心课程均开展期中考试，减少了期末考试成绩占比。2019 年，专业课程进行阶段测试，进一步降低了期末考试成绩占比。2022 年，在全院范围推进课堂教学改革，明确要求加大过程考核占比，期末考试成绩占比不超过 50%。学院不断探索实验课程评价改革，打破仅靠实验报告成绩评分的考核评价模式。2014 年，所有实验课程采用学生抽题口试、实验操作等方式进行期末考试。2019 年，改进期末考试方式，围绕课程目标进行命题笔试，考查学生对实验的掌握、分析问题及解决问题的能力。

3. 实践教学条件。学院不断加强对实践教学的软硬件投入。2015 年在校内建成 600 平方米的高分子材料与工程实训中心，中心拥有管材生产线、型材生产线、色母粒生产线、吹膜生产线和开炼机、落锤冲击试验机、静液压试验机等加工测试设备，满足学生完成物料配制、生产操作和性能检测等项目的实习实训，促进了对学生实践能力和创新能力的培养。2021 年学校对学院实验室面积进行了增加，在原有 6000 平方米独立实验楼的基础上，在学校工科实训楼建成了 2000 平方米的金属材料与工程实验室。校内实践教学条件得到进一步改善。

4. 教师能力提升。学院教师积极开展教学改革研究，参加各类教学竞赛，提升了自身教学能力，助力提高人才培养。2015 年，倪俊杰老师主持的“应用型人才培养导向下的金属材料专业核心课程教学改革与实践”项目获批山东省本科高校教学改革研究项目面上项目，实现了学院在省级教改项目的突破。2021 年，李伟老师主持的“工程教育专业认证背景下材料类专业应用型人才培养模式研究”项目获批山东省本科高校教学改革研究项目重点项目。2022 年，李光老师主持的“基于工程教育认证的材料类专业‘理实交融’课堂教学改革研究”项目获批山东省本科高校教学改革研究项目重点项目。两个省级教改重点项目的立项，推进了学院的教育教学改革。邵鑫老师和倪俊杰老师获评聊城大学教学名师。教师积极参加各类教学竞赛，获得校级三等奖及以上奖励 32 人次，其中赵利民老师获得聊城大学教学新星，李朋老师和耿婉莹老师获得聊城大学青年教师教学竞赛一等奖。2022 年，李朋老师获得山东省青年教师教学竞赛三等奖，实现了学院青年教师在省级教师教学竞赛获奖的突破。

5. 学位点及研究生培养。学院立足山东，面向全国，培养德、智、体、美、劳全面发展，具有正确的世界观、人生观和价值观，热爱祖国，遵纪守法的社会主义事业合格建设者和可靠接班人。学位获得者应具备坚实的基础理论和系统的专业知识，熟练地掌握一门外语，了解本学科理论研究和应用开发的前沿动态，具有一定的理论分析、实验研究及计算机技术方面的能力，能解决学科有关的实际问题，从事科学研究或独立担负专门技术、研发工作，并取得较系统的研究成果。培养能够在材料科学与工程相关领域从事教学、科研、设计、管理等方面的高层次研究型人才。

2006 年 1 月获批材料物理与化学授权二级学科硕士学位授权点，自 2007 年开始招收硕士研究生。2011 年 3 月获批材料科学与工程授权一级学科硕士学位授权点。材料科学与工程学科是聊城大学“冲一流”重点建设学科，2020 年 ESI 排名进入全球前 1%。本学科面向世界科技前沿和经济主战场，围绕基础材料高性能化与绿色制备、信息功能材料与器件、能量转换与存储材料等研究方向，为服务地方经济发展培养材料专业技术人才。目前在读研究生 60 人。一级学位点下设材料物理与化学、材料学、材料加工工程三个二级学科方向。

近年来，获批山东省研究生教学改革项目 1 项，山东省优质课程 1 门（《材料先进制备技术》）；聊城大学研究生教育优质课程 5 门（《材料科学进展与国家发展战略》《材料现代测试技术》《专业英语》《材料加工技术》《材料先进制备技术》）。立项建设校级课程思政课 1 门（《材料科学进展与国家发展战略》）。获得山东省优秀研究生学位论文 6 篇，聊城大学优秀研究生学位论文 15 篇，山东省研究生优秀成果奖 8 项，聊城大学研究生优秀成果奖 21 项。

（二）学团工作篇

学院立足新时代材料学科特点和学院特色，落实立德树人根本任务，大力弘扬科学家精神、培育学生专业自豪感、提升学生核心竞争力，逐渐形成具有材料学科特色的科技育人之路，培养了一大批创新卓越人才。

1. 思想铸魂。坚持以习近平新时代中国特色社会主义思想为指导，坚守为党育人、为国育才初心使命，深入挖掘专业课程体系中的爱国情怀、科学精神、人文精神等思政元素，将课程蕴含的精神升华为学生的内在精神涵养和价值追求，营造出“课程门门有思政，教师人人讲育人”的良好氛围，提升课程育人实效，并发挥课程思政的引领示范作用，培养出德才兼备的优秀材料人才。举办“大国明星”红色图片展，以“传承科学家精神，担当新时代使命”为主题，让学生深刻领悟科学家精神内涵，厚植爱国情怀，主动肩负起中华民族伟大复兴的历史责任和使命。通过集中培训，先进事迹学习，党员示范等形式，提高学生政治素养和人格魅力。2021 年，学院学生在第十七届“挑战杯”山东省大学生课外学术科技作品竞赛红色专项活动中荣获一等奖。学生党员充分发挥先锋模范作用和示范引领作用，近五年毕业生党员中，深造率达到 80%，就业率达到 95%。

2. 文化润心。学院始终围绕学生、关照学生、服务学生，增强学生对材料学科文化的认同感，提升学生对攻读材料专业的自豪感，为人才培养工作积淀更基本、更深沉、更持久的力量。学院注重拓宽学生的专业视野，以学术报告为主线，举办“聊大讲坛”“光岳学堂”“百家讲坛”等学术讲座，为学生搭建展示学科最新前沿动态信息的平台，拓宽学生视野，激发学生的科研热情。以主题沙龙为辅助线，举办“研究生论坛”“成才沙龙”等活动，为学生搭建自由交流、思维碰撞的平台，激发学生的科研活力。紧紧围绕学生发展需求，构建校企协同育人载体，凝聚校友力量，举办“名企面对面”“‘职’通未来”等活动，帮助学生规划未来发展路，提升学生核心竞争力。学院注重打造育人正能量场，以优秀典型为引领，开展“材料之星”评选、事迹分享会暨风采展等活动，营造人人争优上进的氛围。

3. 学风引领。良好的学风关系到人才培养成效。学院持续以制度正学风、以典范带学风、以帮扶促学风，不断弘扬学风建设优良传统，引导学生时刻聚焦主业，把立德树人根本任务做细做实。制定《材料科学与工程学院关于加强学风建设工作的实施意见》《材料科学与工程学院学生课堂纪律管理办法（试行）》，营造良好的学习氛围，激励学生勤奋学习、努力成才。实施晚自习辅导、学业预警等制度，狠抓考风考纪，加强课堂、早读、晚自习的考勤力度，倡导合理使用手机，督促学生经常性约束、鞭策自己。以评优评奖为抓手，激发学生积极进取的热情，营造比、学、赶、帮、超的良好氛围。为保证学生的考研率，学院采取了诸多措施，取得了显著成效。在教室紧张的情况下，设立考研专用教室，为学生备考提供良好环境；为学生提供前几届考研校友的信息，搜集专业及导师信息，提高报考的针对性；考研预报名之前，搜集他们的报考学校意向，对于“扎堆”报考的，由班主任分头做工作适当调整；研究生初试之后，给予学生复试和面试技巧培训，安排指导教师给予实验指导，以提高学生在复试时的实验技能；在研究生调剂阶段，利用拥有博士学位教师多，在外校读研的学生多，与招收研究生的高校联系多的资源优势，积极主动地与招生高校联系，努力提升录取率。“学风好，考研率高”是学院的一大特色和亮点，连续多年列全校考研率第一。近五年学院本科毕业生考研率 51%，硕士研究生考博率 53.2%，其中进入中国科学技术大学、哈尔滨工业大学、山东大学等“双一流”高校深造人数占比 60%。2023 年，学院本科生考研率达到 58%，位居全校第一。涌现出 9 个考研大满贯宿舍，创历年新高！材料科学与工程专业更是突破了建院以来的纪录，达到 70% 的考研率。

4. 规范管理。规范和建立日常管理中的各项制度，2022 年 6 月，完善《材料科学与工程学院班级规范化建设三项工作制度》，制定《材料科学与工程学院班主任选拔任用管理考核办法（试行）》，规范管理、科学评价班主任工作，将宿舍管理、日常表现与学生个人、班主任考核、班集体评奖评优挂钩，并纳入困难学生资助认证体系。2023 年 10 月，制定《材料科学与工程学院本科班级量化考核实施办法（试行）》，对本科班级进行量化考核，考核结果作为学院评定优秀班主任、优秀班集体、优秀学生干部的重要依据。2021 年 12 月，根据学校的有关规定，学院研究生的教育管理划归学工部门统一管理。学院根据学校要求，对全院学生管理工作进行资源整合，职责细化，成立新一届研究生会学生组织，进一步推进了学生管理工作的规范化。

5. 实践赋能。学院坚持人才培养工作面向实际、深入实践，搭建大学生创新能力培养实践体系，围绕大学生创新创业竞赛建章立制，搭建平台，让学生在实践锻炼中巩固知识、磨砺意志、增长才干。以校赛、校自主创新项目为磨刀石，对从创新活动中脱颖而出的个人和团队，给予“一对一”全过程指导，严把质量关，有力提升项目的核心竞争力和学生的创新实践能力。以国赛省赛、国家级大学生创新创业训练计划项目为主战场，深入各科研团队，挖掘有潜力的创新项目，重点指导和打磨，为培育创新意识强、能力突出的学生提供高水平的实践载体。近 5 年来，有 700 多名同学先后承担或参与我校大学生科技创新项目，获学校科研资助金 65 万余元，发表论文共计 140 余篇、申请专利 5 项；学生在全国金相大赛、全国英语竞赛、“挑战杯”全国大学生竞赛等省级及以上专业竞赛中获奖达 100 余项。近年来学院学生就业率位居学校前列，多次获得就业先进单位称号。学生专业基础扎实，综合素质较高，受到用人单位的一致好评。

二、科学研究

学院面向国家重大需求和区域经济主战场，在信息功能材料与器件、基础材料高性能化与绿色制备和能量转换与存储材料三个方向布局科技研究，服务特色材料创新链。学科立足山东省“十强”产业中的新能源新材料领域，按照聊城大学“十四五”发展规划，组建新工科学科群。解决制约新材料创新发展的瓶颈问题，培养材料领域紧缺人才，增强承担重大科研任务的能力，支撑引领区域经济发展，为山东省高质量发展提供科技和智力保障。

学院积极开展科学研究，不断凝练研究方向，形成了“信息功能材料与器件”“基础材料高性能化与绿色制备”“能量转换与存储材料”3 个主要研究方向。建成 6 支高水平研究团队：环境友好型压电材料团队，新型发光材料团队，金属合金材料绿色精深加工制造关键技术团队，高分子复合材料高性能化与绿色加工团队，离子电池材料研究团队，催化材料及关键技术团队。2020 年 12 月材料学科进入全球 ESI 前 1%，近年来排名持续提高；2023 年材料科学与工程进入软科世界一流学科排名 301—400 位。

科研平台水平逐年提升，2022 年获批稀土功能材料山东省高等学校工程研究中心，敏感材料与器件山东省高等学校特色实验室。2022 年与企业联合获批山东省铜冶炼及稀贵金属综合回收利用技术标准创新中心，2023 年与企业联合获批铜冶炼清洁生产与综合利用工程研究中心，聊城市脱硝技术与空气净化中心，聊城市新能源高端装备线缆重点实验室，聊城市耐磨材料与粉末冶金技术重点实验室。

2005—2015 年，学院累计获批省部级以上纵向科研项目 45 项，厅级课题 5 项，横向课题 19 项，科研经费 1100 余万元，其中国家高技术研究发展计划子课题 2 项，国家自然科学基金项目 13 项，山东省科技厅项目 35 项，山东省高等学校科技计划项目 5 项；获授权国家发明专利 45 项，转化 3 项，发表 SCI 论文 230 余篇。

“十三五”以来，学院累计获批省部级以上纵向科研项目 70 余项，横向课题 40 余项，科研经费 1800 余万元，其中国家重点研发计划子课题 1 项，国家自然科学基金项目 22 项，山东省自然科学基金 54 项，山东省高等学校科技计划项目 2 项；获国家授权专利 66 项，转化 5 项；参与国家和地方标准制定近 30 项；发表 SCI 论文 490 余篇。

2011 年获得山东省科学技术奖科技进步三等奖，2014 年获得山东省科学技术奖科技进步二等奖；2020 年，“环境友好型压电陶瓷材料高性能化研究”获山东省科学技术奖自然科学奖三等奖。累计获得山东省高等学校优秀科研成果奖 10 余项。

2016 年李文智教授入选爱思唯尔高被引学者；2019 年获批“信息功能材料与器件”山东省高等学校青年科技创新团队。近两年有多位教授入选美国斯坦福大学发布全球前 2% 顶尖科学家榜单。2022 年材料科学与工程学科被评为聊城大学冲一流建设学科。

学院积极开展学术活动，举办各种学术会议，拓宽教师的学术视野，提升教师的学术境界。近三年共邀请校外知名专家教授作报告 25 人次，承办和协办国际学术会议 2 次，国内学术会议 2 次。2022 年承办在山东聊城召开的《全省先进材料产业链创新发展推进会暨 2022 山东省材料大会》，2022 年参与协办在宁夏银川召开的第三届国际电化学能源系统大会，2023 年参与协办在尼泊尔召开的 International Chemical Congress。

三、服务社会

学院重视产教融合、校企融合，聚焦全市“十强产业”和聊城市战略性新兴产业发展规划，坚持学校办学适应产业需求、专业建设适应企业需求、教学改革适应岗位需求、课题研究适应创新需求、人才质量适应就业需求的产教融合办学导向，积极推进校企合作，及时将新技术、新工艺、新规范、企业生产典型案例纳入教学内容，促进教育链、人才链与产业链、创新链有效衔接，不断提升学院办学与区域经济社会发展的适应性。

先后与天亚达新材料科技有限公司等十多家企业建立了研发基地，与企业联合成功申报课题包括山东省科技攻关项目、山东省企业成果转化项目、聊城市科技攻关项目等，并与君锐钻石、聊城卓群汽车部件等多家企业建立横向课题研究，结合企业实际情况为企业解决技术性难题。完成科技成果转化 10 余项，获省科技进步奖 2 项。2010 年学院与山东祥光铜业、信发铝业、中色奥博特等合作，成立了聊城有色金属研究院。2022 年举办山东省材料大会暨院士专家聊城行会议，为山东省材料学科和聊城市材料产业发展做出贡献。2023 年作为副理事长单位加入山东省新材料产教融合共同体。

学院多名老师参与聊城当地企业中小企业攀登计划，帮助企业立项科研经费 320 万元。有力地提升了科技型中小企业自主创新能力和核心竞争力，优化了科技资源配置，帮助科技型中小企业自主创新能力和核心竞争力的提升。近五年累计选派 30 名具有博士学位的高层次人才，赴企业担任“科技副总”，“科技副总”充分发挥自己在科研和创新管理方面的丰富经验，帮助企业建章立制、完善研发体系，推进企业研发机构建设和升级等，推动企业创新由“碎片化”向“体系化”转变。

学院积极为地方企业培养人才。2015 年和 2016 年学院受鲁西集团委托，为其培养材料科学技术专业专科生 45 人。自 2018 年开始为鲁西集团培养高分子材料与工程专业高起本成人本科委培生，已毕业 131 人，现有在校生 82 人。在人才培养过程中，学院与鲁西集团共同制定培养方案，方案中增加与企业发展相关的理论、实践课程，毕业设计以鲁西集团生产实际为课题实施“双导师制”（企业导师 + 学校导师)，根据企业需求进行人才培养，取得了较好的培养效果。毕业生为鲁西集团的发展贡献了力量，已有 5 名毕业生成为该集团基层管理干部。学院的人才培养工作得到鲁西集团的高度肯定。

四、人才队伍建设

学院成立后遵循“引进、培育、聘请”并举的工作思路，不断加强师资队伍建设，构建人才高地，为教学科研提供智力支撑。聘请清华大学材料科学与工程研究院潘峰教授任名誉院长，长期聘请中国工程院院士薛群基研究员、中科院金属所杨院生研究员、中山大学孟跃中教授等为兼职教授。经过 20 年的发展，现有教职工

91人，专任教师82人。

人才队伍建设工作经历了三个阶段：2003—2012年按照材料科学与工程学科引进人才，重点引进对区域经济发展重点专业师资；2012—2021年，重点充实各专业师资，凝练科研方向组建科研团队，人才队伍迅速壮大；2021年材料科学与工程学科列为学校冲一流学科，科研方向和团队相对固定，各专业师资已经比较充实，主要依据科研团队建设的需要引进高水平人才。

目前，各科研团队教师情况：金属合金材料绿色精深加工制造关键技术团队19人；高分子复合材料高性能化与绿色加工团队18人；环境友好型压电材料与器件团队9人；高性能发光材料团队5人；先进能源材料研究团队5人；光电催化材料及关键技术团队7人；集成计算材料科研团队9人。各科研团队人员数量比较充足，对标省内、外高校科研团队，科研实力参差不齐，对标博士点建设标准，学院人才队伍存在的主要问题是学科带头人和学科骨干欠缺，这是学院需要重点解决的重要问题之一。

到目前为止，学院师资队伍学缘、职称、年龄结构比较合理，其中，材料科学与工程专业专任教师23人，高分子材料与工程专业专任教师18人，金属材料工程专业专任教师20人，新能源材料与器件专业专任教师20人，各专业生师比均低于18:1，师资队伍均满足教学要求。现拥有教学名师2名，师德标兵1名。

材料科学与工程学科2023年9月被列为学校冲一流学科和博士点重点建设学科。按照冲一流学科和博士点重点建设学科指标要求，学院不断加强对学科带头人和学科骨干的引育力度，全面提高现有科研人员的培养质量，不断提高师资队伍具有工程经历教师的比例，为冲击博士点授予权打下了坚实人才基础。

五、国际化办学

近五年来，我院的国际化办学工作取得了突破性进展。我院先后派出教师赴美国、澳大利亚、意大利、新加坡等国家的知名高校或研究机构进修学习，截至目前，我院具有1年以上海外学习经历的教师共计17名；在2022年，我院引进尼泊尔特里布文大学Mahesh Kumar Joshi副教授为本院兼职教师，承担了本院本科生和研究生部分课程的英文教学任务，并指导研究生进行相关的实验工作；我院成功申请并获批“聊城市高端外国专家引进计划”；此外，我院联合尼泊尔特里布文大学培养的博士生Shiva Pandeya同学于2023年度赴本院进行为期2个月的交流学习并开展了大量博士课题相关的实验工作。

六、办学经验总结

（一）党建与学院中心工作深度融合，是促进学院高质量发展的组织保证。

学院党委不断加强党的建设和思想政治工作，这是做好一切工作的政治基础和组织保证。学院党委以习近平新时代中国特色社会主义思想为指导，全面贯彻落实党的教育方针，坚持社会主义办学方向，用21世纪最新马克思主义成果武装全院师生头脑，统一全院党员干部和师生员工的思想，树牢“四个意识”、坚定“四个自信”、自觉做到“两个维护”，在思想上、政治上、行动上同党中央、学校党委保持高度一致，这是我们做好一切工作的政治基础和组织保证。同时，学院党委注重党建与学院中心工作的深度融合，在教学、科研、服务社会、学生教育管理等工作中，充分发挥党支部的战斗堡垒作用，党员的先锋模范作用，党员教师在项目立项、教学改革、科研成果产出等方面，都取得了较好成绩。

（二）牢固树立本科教学中心地位，是提高学院教育教学质量的前提和基础。

学院立足新时代材料学科特点和学院特色，全面落实以本为本教育理念，突出教学中心地位，以工程教育认证为抓手，以课堂教学改革为突破口，着力提升学院教育教学水平。落实立德树人根本任务，培育学生专业自豪感、提升学生核心竞争力，逐渐形成具有材料学科特色的科技育人之路，人才培养质量得到不断提高，培养了一大批创新卓越人才。

学院注重学生实践能力的培养，因材施教、分类培养。高度重视毕业生就业工作，在众多企业建立了青年就业创业见习基地、就业基地及产学研基地，为毕业生提供更多的就业渠道。历年来就业率位居学校前列，多次获得就业先进单位称号。学生专业基础扎实，综合素质较高，受到用人单位的一致好评。“学在聊大”，更体现在材料科学与工程学院。“学风好”是材料科学与工程学院的一大特色和亮点，从2005—2023届毕业生平均深造比例为46.3%，近三年的深造比例分别为50.6%，56.1%和58.0%，其中进入中国科学技术大学、哈尔滨工业大学、西北工业大学等“双一流”高校比例逐渐提高。

（三）主动适应国家重大战略需求，是学院发展求新求变的法宝。

主动适应国家重大战略和产业结构调整，通过进一步强化材料科学与工程学科专业特色优势，拓展新能源等学科专业，培育形成以材料科学与工程、金属材料工程、高分子材料与工程以及新能源材料与器件四个学科专业为主体的专业新体系。随着国家提出新旧动能转换国家战略、西部经济隆起带和国家蓝黄战略发展区、黄河流域生态保护和高质量发展战略区域、京津冀协同发展区、中原经济区、山东省省会经济圈的叠加区域为聊城大学材料科学与工程学院的发展提供了新的机遇。四个专业与国家和社会区域发展紧密契合，着力培养应用型人才。

（四）充分发挥学科建设龙头作用，是保证学院发展取得长足进步的压舱石。

学院高度重视学科建设和学位点建设，通过凝练科研方向，组建科研团队，打造科研平台，充分发挥学科在学院建设中的龙头作用，经过20年的建设学院取得了长足进步。2022 年材料科学与工程学科列为学校冲一流学科，联合化学化工学院、理工学院共同申报山东省 2023—2029 年博士点立项建设单位重点建设学科。

科研方向更加明确，科研团队建设有成效：目前，学院主要有信息功能材料与器件、基础材料高性能化与绿色制备和能量转换与存储材料三个方向科研，形成了高性能电介质材料，新型发光材料，金属合金材料绿色精深加工制造关键技术，高分子复合材料高性能化与绿色加工，离子电池材料研究团队，催化材料及关键技术团队六支实力较强的科研团队。

（五）建立一支高素质的党员干部队伍，是完成学院各项工作任务的力量源泉。

坚强有力的领导班子是一个单位健康、可持续发展的关键。而一支坚强有力的领导班子的标志是班子团结，党政一心。多年来，学院领导班子团结协作、互相尊重、互相支持，大事讲原则，小事讲风格，齐心协力开展工作，保证了学院各项工作任务的完成。党员干部则是具体落实学院各项发展任务的中坚力量。

（六）树立一种积极向上的学院文化，是涵养学院特质的灵魂。

以“博学明德、立志成才”院训为载体，学院形成了团结、淳朴、实干、向上的学院文化。“学风好、考研率高”已经成为学院一张靓丽的文化名片。学院干部职工面对困难敢于迎难而上，敢打硬仗、善打硬仗的胆识；面临逆境不言放弃，坚忍不拔，直至成功的勇气；遇到硬骨头，千方百计，势必拿下的气魄；重要工作，精益求精，百炼成钢的精神，这是学院多年来形成的学院文化特质，也是涵养学院文化的灵魂。

（七）建立一支高学历高素质的师资队伍，是实现学院发展目标的关键力量。

没有一支有理想信念、有道德情操、有扎实学识、有仁爱之心的高素质师资队伍，没有他们的默默无闻地奉献，学院什么工作也做不成。学院广大教师严格遵守教书育人工作要求，潜心教学，立德树人。甘坐冷板凳，做科研工作的拓荒牛。全体教师以学院高质量发展任务为己任，为教育工程认证、学科平台建设、冲一流和博士点申报工作无私奉献、默默付出，这是学院创新发展的最可靠力量。

二十年砥砺，赓续奋斗。面对未来，材料科学与工程学院将紧密围绕国家经济社会发展和加快经济发展方式转变的战略需求，以党的二十大报告中“坚持教育优先发展、科技自立自强、人才引领驱动，加快建设教育强国、科技强国、人才强国”为行动纲领，踔厉奋发，勇毅前行；以特色优势学科建设培养新时代所需的高素质、复合型、创新型人才，推动教育高质量发展，努力书写新时代高等教育的奋进之笔，为学校建设成为国内知名、特色鲜明的一流区域高水平应用型大学不懈奋斗！

第十八节　计算机学院

聊城大学计算机学院的前身为聊城师范学院计算机科学教育系，1996 年 2 月在聊城师范学院数学系计算数学教研室基础上建立，2003 年 8 月经学校党委研究更名为计算机学院。现拥有软件工程、系统理论 2 个一级硕士学位授予点，计算机科学与技术、软件工程、网络工程、人工智能 4 个本科专业，其中计算机科学与技术、软件工程开展学历留学生教育，形成了以本科教育为主体，研究生、留学生和成人教育协调发展的多层次办学体系。

一、发展历程篇

（一）起步创建阶段（1996.2—2003.7）

1996 年 2 月 8 日聊师院发〔1996〕28 号文决定成立计算机科学教育系（以下简称计算机系），人员主要以数学系计算数学教研室教师为主。有教职工 18 人，本科学生 42 人、专科学生 80 人，计算机科学与技术 1 个专业，1 个实验室，IBM 系列低档微机 60 台，承担本专业教学、实验，以及全校《计算机文化基础》的实验教学和文科学生课堂教学任务。建系之初，设立了计算机基础教研室、计算机专业教研室和计算机中心实验室 3 个教学、实验机构。1996 年开设成人教育计算机专业专科（函授、夜大）。1998 年开设成人教育计算机专业本科。1996 年经山东省教育厅自考委员会批准为“全国计算机等级考试”聊城大学考点，获得良好的社会效益和经济效益。1998 年建立了硬件实验室，先后自筹资金购置了高档微机 50 台，使教学实验用微机达 300 多台。与市邮电局协作，架设了 24 芯电缆，100 多台微机接入国际互联网，建设了当时先进的网络实验室，为网络教学提供了条件。根据经济社会发展需要，2002 年新上信息管理和信息系统专业。在艰苦的办学条件下，全系教职工发扬艰苦奋斗、自力更生的精神，克服困难，团结一致，艰苦奋斗，大力改善办学条件，加强管理，全面提高教育教学质量和办学效益，为计算机系的发展奠定了坚实的基础。

（二）全面发展阶段（2003.8—2011.12）

2003 年 8 月计算机系更名为计算机学院，进入了全面发展阶段。在师资队伍建设上，通过引进博士、硕士，选派教师攻读博士学位，2004 年 45 岁以下的专任教师实现了硕士化。2010 年，博士学位教师突破 10 人。在加强人才队伍建设的同时，学院不断加强教学、科研、学生工作和实验室建设。科学研究水平大幅度提高，学院制定了科研奖励实施细则，对有突出贡献的教师加大奖励力度，通过整合科研力量，初步形成了相对稳定的研究方向，研究领域涉及人工智能与专家系统、计算机网络与信息安全、数据库系统、计算机辅助设计、计算机信息管理系统、计算机过程控制等方面。学术专著、科研论文、高层次科研立项、高层次科研奖励的数量和质量稳步提高。2004 年获得 2 项山东省自然科学基金，学术交流与学术活动逐步加强。2011 年，学院牵头获批山东省十二五“智能信息处理与网络安全”高校重点实验室。同时，学院进一步加强了专业建设，2004 年增设电子商务专业，2008 年增设软件工程专业，2010 年增设网络工程专业。2006 年，计算机科学与技术专业获批校级品牌专业。建立了 2 个硬件实验室，9 个微机实验室和 14 个多媒体教室，用于实验教学的计算机达 300 余台，所有微机室进行了联网，大大改善了办学条件，提高了实验效果和质量。在加强硬件建设的同时，不断建立和健全各项管理措施，进一步修改和完善各种管理规定，使实验室管理工作逐步实现了科学化、规范化、制度化，2000 年计算机中心实验室被评为省一类实验室。

（三）快速发展阶段（2012.1—2023.12）

2012 年起，学院进入发展快车道；同年，软件工程专业入选山东省应用型特色名校工程重点建设专业。2016 年，计算机科学与技术、软件工程专业获批山东省高水平应用型立项建设重点专业，软件工程和网络工程专业在武书连排行榜均居 B+。国际合作交流不断深入，2017 年成立了“知识工程和术语学中法联合研究中心”，3 名教师获聘国外高校博士生导师，与法国格勒诺布尔大学、意大利卡梅里诺大学等高校联合培养博士生多名。2018 年，计算机科学与技术、软件工程专业开展全日制留学生教育，全英文授课。2019 年和 2021 年，软件工程、计算机科学与技术分别获批山东省第一批、第三批一流专业建设点。2020 年增设了人工智能专业。在此期间，学院建设了山东省十二五“智能信息处理与网络安全”、十三五“大数据智能分析与优化控制实验室”高校重点实验室和“中国智慧城市研究院”等平台，形成了智能优化算法及其应用、大数据与自然语言处理、机器学习与多媒体计算、生物智能计算、信息安全等有鲜明特色优势的研究方向。学科建设卓有成效，计算机科学学科进入全球 ESI 前 1%，计算机科学与工程学科连续三年进入软科世界一流学科榜单。

二、教育教学篇

计算机学院始终坚持以人才培养为中心，以全面提高人才培养质量为主线，坚持立德树人根本任务，按照“校内有作为，社会有影响”的工作要求，落实教学工作中心地位，不断深化教学改革，创新“三创”文化活动有效载体，立足专业特点积极探索并优化创新型人才的培养模式，持续加强专业建设、课程建设、教材建设和实验室建设，不断提升教育教学水平和实践教学能力，形成了人才培养的独特品牌。

（一）人才培养模式改革

学院聚焦“大众创业，万众创新”的国家战略，经过学院历届领导班子的不断探索和实践，2020 年，学院提出了计算机类专业“11223”人才培养模式改革的思路，探索了三创人才培养育人机制，搭建了多个校企合作平台，形成了计算机类专业“产教创”三位一体的融合育人新模式。即聚焦“培养学生解决复杂工程问题的能力”一个关键目标，依托“U+ 新工科智慧教学云平台”一个技术平台，探索“线上线下混合式教学模式和课内课外项目式教学模式”两种教学模式，构建“内部评价机制和外部评价机制”两种评价机制，打造“课程目标达成、毕业要求达成和培养目标达成”三个持续改进闭环。经过多年的探索实践，所培养的学生在学术研究、创新性科技竞赛、行业创业实践、产业融合创造等方面均得到了启迪与锻炼，人才培养质量得以明显提升，教学成果大量涌现。

（二）专业建设

学院根据经济社会发展需求和校院两级办学定位，不断优化专业布局、调整专业结构。2019 年停招了信息系统和信息管理专业，2020 年增设了人工智能专业，2021 年停招了电子商务专业。学院十分重视加强专业内涵建设，成果显著。2016 年，计算机科学与技术专业和软件工程专业获批山东省重点建设专业；软件工程专业作为应用型人才培养特色名校建设项目通过验收。软件工程和网络工程专业在武书连排行榜均居 B+。2018 年，计算机科学与技术、软件工程专业开展全日制留学生学历教育，全英文授课。2019 年和 2021 年，软件工程、计算机科学与技术分别获批山东省第一批、第三批一流专业建设点。

（三）课程建设

课程建设是专业建设的抓手，也是教师开展教学改革的重要依托。学院现有山东省一流课程 4 门、山东省课程思政示范课 1 门。2009—2011 年，获批 3 门校级精品课程；2009—2010 年，3 门课程立项校级双语教学课程；2011—2012 年，获批山东省成人特色课程 2 门；2019—2021 年，获批聊城大学一流培育课程 7 门。近年来，学院积极探索以课程提升为导向的计算机专业教学改革实践，不断追求课程内容创新和模式创新，建设了 16 门在线课程，上线运行 10 门，有力地推动了线上线下混合式教学的开展。

（四）教学设施建设

学院持续加大教学投资力度，不断改善教学设施设备，新建精品录播智慧教室 2 间，改建常态化录播智慧教室 14 间，将传统教学与现代化教学无缝融合，提升了信息化教学水平的同时更好实现了师生课堂互动。同时，建设了计算机学院专业教学实验中心，拥有高性能计算服务器，物联网开发平台，计算机原理、单片机原理等实验仪器；智能小车、机器人等实验设备；人工智能实验室、网络安全实验室、软件工程专业工程实践开放云平台以及微机实验室，不断完善信息化设施和数字化教学资源共享平台的建设，为学生实验、实习实训、学科竞赛等提供了有力保障。2024 年 2 月，聊城大学青软创新科技集团股份有限公司实习（实训）基地获批山东省第一批高等学校校外实习实训基地。

（五）教研教改

进一步加强一流专业和课程建设，助力专业内涵式发展，学院及时修订人才培养方案、优化课程体系，鼓励教师积极开展教研教改，不断完善教学工作，规范教学过程，明确教学目标，不断提高教育教学质量和水平。实现了每年稳定 1—2 项的校级立项，特别是 2021 年、2022 年分获 4 项、5 项，教研氛围浓厚。2021 年获批山东省本科教学改革研究重点项目 1 项。2023 年获批山东省本科教学改革研究项目 1 项，山东省高等学校课程思政教学改革研究项目 1 项。3 人获校级教学名师称号，1 人获山东省教学名师称号。在教学成果、青教赛、论文专著等方面也取得了诸多成果，包括 2009 年获山东省本科教育、研究生教育优秀教学成果二等奖各 1 项；2022 年获山东省本科教育、研究生教育优秀教学成果二等奖各 1 项；2022 年获评山东省在线教学优秀案例二等奖 1 项。2018 年，1 人获山东省青年教师教学比赛一等奖；2019 年，1 人获山东省信息化教学比赛二等奖。出版教材近 20 部，发表教研论文近百篇。

三、学科建设篇

（一）学科发展奠基

历经 20 年的发展，学院以国家、山东省重大科技需求为牵引，与中国科学研究院、清华大学、国家测绘地理信息局等单位建立紧密合作关系，学院学科建设水平稳步提升，成效显著。学院学科聚焦智能优化算法及其应用、大数据与自然语言处理、机器学习与多媒体计算、计算生物学、网络空间安全等研究方向，逐步形成了软件工程、电子信息、人工智能等多学科交叉融合的学科特色与研究体系。累计主持各类科研项目 50 余项，获省部级奖励 7 项，厅级奖励 10 余项；发表研究论文 800 余篇，其中 20 余篇论文入选 ESI 高被引。在全国第四轮学科评估中，软件工程学科位列全国前 60%—70%，省属院校排名第 3；2019 年，工程学科已进入 ESI 全球前 1%，计算机学院教师为此作出突出贡献。2022 年，计算机科学学科进入全球 ESI 排名前 1%，省内居于领先地位。2021—2023 年，计算机科学与工程学科连续三年进入软科世界一流学科榜单，学科排名持续提升。

（二）实验平台赋能

2011 年学院牵头获批山东省十二五“智能信息处理与网络安全”高校重点实验室；2014 年学院与中国测绘局、聊城市政府成立了“中国智慧城市研究院”；2017 年学院联合获批“十三五‘大数据智能分析与优化控制实验室’”高校重点实验室；2017 年学院与法国萨瓦大学联合成立“知识工程与术语学中法联合研究中心”；2021 年学院与山东浪潮集团有限公司签订产学研合作战略协议，共建“碳中和实验室创新中心”；2022 年联合申报的“智能科学与技术”学科获批校“冲一流、强特色”学科；2022 年获批首批山东省数据开放创新应用实验室；2023 年学院获批第三批山东省数据开放创新应用实验室。

（三）科教融合培养

计算机学院建有软件工程一级学科硕士学位授予点。学科教学（计算机辅助教学方向）二级学科硕士学位授权点（2005 年开始招生）、计算机软件与理论二级学科硕士学位授权点（2007 年开始招生）、软件工程一级学科硕士学位授权点（2012 年开始招生）、电子信息专业硕士学位授权点（2021 年开始招生），2015 年与法国大学签订合作框架协议书及联合培养博士生项目协议，联合培养博士生。研究生培养规模及质量大幅提升。2023 年计算机科学与技术学科入选省科教融合协同育人联合体建设项目；获山东省研究生教学成果奖二等奖 2 项。20 年累计培养博、硕士研究生 190 余人，毕业研究生深耕新一代信息技术领域，深受用人单位好评。

四、学术研究篇

学院一直将“科研成果转化为学科优势、反哺专业建设”的理念指导学院科学研究工作。自 2004 以来，发表了一些在国内外具有较大影响的成果，科学研究实现新增长。2004 年，杜玉越老师在计算机领域权威期刊《计算机学报》上发表了题为“基于工作流网的实时协同系统模拟技术”的研究成果，杨吉宏老师在权威期刊《山东大学学报》上发表了题为“基于模糊理论的医学图像平滑滤波方法”的研究成果。

2003 年，潘全科博士于南京航空航天大学机电学院毕业入职计算机学院，为学院引入了重要研究方向——智能优化算法及其应用。2004 年，潘老师在国内权威期刊《机械工程学报》上发表了题为“多工艺路线的批量生产调度优化”的研究成果，在《中国机械工程》发表了题为“多工艺路线的作业车间模糊调度优化”的研究成果。2005 年和 2006 年，在《机械工程学报》上发表了题为“基于进化算法和模拟退火算法的混合调度算法”和“面向绿色制造模式调度的 Petri

网模型及优化算法”的研究成果。自此，计算机学院多位老师，包括王文宏、李俊青在潘老师的指导下，发表了多篇具有影响力的成果。在潘老师影响和学院的大力支持下，多位青年教师，如桑红燕、李俊青、高开周等继续读博深造，分别于 2013 年、2016 年、2016 年获得了华中科技大学、东北大学以及新加坡南洋理工大学的博士学位，发表了多篇具有影响力的论文。

2008 年，学院教师开始关注国际 SCI 期刊，并逐步发表了在国际上具有影响力的成果。2008 年在国际权威期刊 Computers&Operations Research 上发表的题为“A discrete particle swarm optimization algorithm for the no-wait flowshop scheduling problem”的论文至目前 Google 引用 600 余次，得到国内外多名知名学者的肯定。

学院全方位、深层次推动国际学术合作，开创了国际学术交流合作的新局面。贾仰理博士获聘 ISOTC37 委员会、全国语言与术语标准化技术委员会、山东省人工智能标准化技术委员会委员，参与一系列国际、国内标准建设。2019 年学院贾仰理博士承担中法“徐光启项目”；2017 年 11 月 5 日，与获得“山东省人才计划”的 RocheChristophe 教授（法国勃朗峰萨瓦大学）合作创办知识工程与术语学研究中心（KETRC, for Knowledge Engineering & Terminology Research Center）。2021 年外国专家项目立项名单公布，由我院贾仰理博士申报的《人工智能研究视域下的知识工程与术语学研究》成功获批“高端类”外专项目，实现我校国家级外专项目“零”突破。

2011 年，软件工程一级硕士学位授权点经教育部授权获得招生资格，2006 年计算机软件与理论二级硕士学位授权点获得招生资格，2021 年软件工程专业硕士学位授权点获得招生资格，学院学术成果进一步提升。在校研究生发表 SCI/EI 论文 50 余篇，申请发表专利 10 余项、软著 50 余项，获得山东省优秀硕士论文 2 篇、山东省优秀研究生成果 3 项。

至目前，计算机学院教师共发表论文 800 余篇，其中 SCI/EI 论文 500 余篇，ESI 高被引论文 20 余篇。获批国家级项目 10 余项，省部级项目 30 余项，获得省部级奖励 7 项，厅级奖励 10 余项。形成了智能优化算法及其应用、大数据与自然语言处理、机器学习与多媒体计算、计算生物学等四个主要研究方向。2022 年，计算机科学学科进入全球 ESI 排名前 1%，居于省内领先地位。1 名教师成功入选“全球顶尖前 10 万科学家”，4 名老师入选“全球前 2% 顶尖科学家”。2021 年，成功举办知识工程与术语学研究中心学术国际研讨会、人工智能前沿国际论坛。2023 年，举办了全国性学术会议“智能优化与控制院长论坛”，来自全国智能优化与控制领域的 70 多位专家学者参加了此次会议，大幅提高了学院的学术影响力。

五、政务管理篇

计算机学院的政务管理历史可追溯到学院成立之初。20 年来，始终致力提高学院的管理效率和服务质量，并始终注重政务管理的规范性和程序性，在学院不断发展的实践中，不断借鉴、优化、调整和提升政务管理的水平和能力。学院健全的政务管理体系为学院稳定、高效运转，教学、科研、服务社会等各项工作的顺利开展提供了坚实的支撑。

一是，管理体制不断完善。进一步优化了组织结构，建立多条包括教学管理、学生管理、科研管理等在内的管理体系，各部门协同合作，确保学院各项工作的顺利进行。学院党政联席会议制度、教授委员会制度、教师代表大会制度等各项制度的制定和落实，有效保障了计算机学院健康、团结、稳步发展。二是，教学管理质量不断提升。学院建立了完善的教学质量监控体系，通过课程评估、教学督导等方式，保证教学质量的稳步提高。同时，积极推进教学改革，不断更新教学内容和方法，以适应社会发展和学生需求。三是，学生工作规范有序。充分发挥党团学组织的引领示范作用，不断涵育优学优教的良好学风建设，加强安全教育管理，在思想引领、心理健康、学业帮扶、创新创业、就业指导等方面持续发力。打造特色品牌，让学生在社会实践、志愿服务中受教育、长才干。四是，科研创新提效增质。学院注重对外交流合作，鼓励教师积极开展科研工作和对外合作，鼓励教师到企业挂职和成果转化，提供良好的科研环境和条件。同时，加强与企业和科研机构的合作，促进科研成果的转化和应用。

总之，建院（系）28 年来，计算机学院在政务管理方面取得了显著成效。通过科学的管理体系、完善的规章制度、信息的透明公开以及跨部门的协同合作，为学院的持续、健康发展提供了有力保障。

六、人才队伍篇

计算机学院始终坚持“人才是第一资源”的理念，始终坚持人才引进、青年骨干人才培养、师资结构优化、团队打造建设、人才评价标准“五位一体”的人才综合“引育用留”体系打造。建院（系）28 年来，教职工人数由 18 人增加到 72 人，其中博士由建院（系）之初 0 人增长到 23 人。

（一）引进高层次人才

聊城大学计算机学院始终坚持以高层次人才引进为先导，不断优化学院的人才结构。学院通过制定具有竞争力的引才政策，加大引进力度，从法国格勒诺布尔、新加坡南洋理工大学、浙江大学、东北大学、北京航空航天大学等国内知名高校吸引了一批国内外知名学者和优秀博士毕业生。这些高层次人才的加入，为学院的教学、科研和团队建设注入了新的活力。学院积极与国内外知名高校和科研机构建立联系，通过学术交流、合作研究等方式，吸引更多高层次人才加盟。同时，学院还注重引进人才的学科交叉和学术创新能力，以提升学院的学术水平和综合竞争力。同时还通过聘请兼职教授等方式，先后聘请了10余名国内知名的学者担任学院的顾问或兼职教授。

（二）培养青年骨干

计算机学院高度重视青年骨干教师的培养工作，通过制订个性化的培养计划，提供丰富的学术资源和实践机会，促进青年骨干教师快速成长。学院鼓励青年骨干教师参与国内外学术交流活动，拓宽学术视野，提升学术水平。同时，学院还设立了青年骨干教师培养计划，通过资助科研项目、提供教学比赛指导等方式，为青年骨干教师的成长创造良好条件。此外，学院还积极推荐优秀青年骨干教师参加各类人才计划，提升其在学术界的影响力。

（三）优化师资结构

学院坚持把教师队伍建设作为基础工作来抓，注重师资结构的合理性和优化性，通过引进高层次人才和培养青年骨干，实现由领军人才带领专家团队的方式，不断优化学院的师资结构。注重教师的学科背景和研究方向的多样性，以形成优势互补的师资团队。同时，学院还注重教师的年龄结构、学历结构和学缘结构，通过合理的师资配置，提高学院的教学质量和科研水平。

（四）加强团队建设

学院以技术技能人才培养、创新服务平台建设、教育教学科研能力提升为重点任务，注重教师团队建设，通过搭建科研平台、组建科研团队、开展合作项目等方式，构建团队教师成长阶梯，加强学院内部的科研合作与交流。学院鼓励教师打破学院系室、专业背景等界限，实现学科交叉和学术碰撞，提高教师科研水平，提升教师学术自信，全力推动科研工作高质量发展。同时，学院还注重与国内外知名高校和科研机构的合作与交流，通过共同承担科研项目、开展学术交流等方式，提高学院的科研水平和国际影响力。目前，学院共凝练出了智能优化算法及其应用、大数据与自然语言处理、机器学习与多媒体计算、计算生物学四个主要学科方向和研究团队，基本做到了人人有团队，人人有目标，人人有项目，教师科研积极性得到了大幅度提升。

（五）完善人才评价体系

计算机学院不断完善人才评价体系，建立了科学、公正、公开的评价标准和程序。学院注重教师的学术成果、教学质量和社会服务等方面的评价，以全面反映教师的综合能力和贡献。同时，学院还注重评价结果的反馈和应用，通过评价结果指导教师的个人发展和学院的师资队伍建设。此外，学院还积极探索建立激励和约束机制，激发教师的工作热情和创造力，推动学院人才队伍建设的持续发展。

总之，计算机学院在人才队伍建设方面取得了显著成效。通过引进高层次人才、培养青年骨干、优化师资结构、加强团队建设和完善人才评价体系等措施，不断优化人才队伍结构，整体实力不断提升。未来，学院将继续加强人才队伍建设工作，为学院的持续发展和学术繁荣提供坚实的人才保障。

七、服务社会篇

学院秉持“立足岗位、服务社会”的办院理念，深化校企合作，推动融合发展工作，以精准对接行业企业发展需求，促进产学研高效融合为主要任务，通过跨学科专业交叉融合、政策激励、应用型人才队伍建设等措施，开创了学院融合发展工作的新格局。

（一）着力深化校地衔接

20 年来，与浪潮集团、青岛软件园等建立校企合作基地 36 个，培养信息技术高素质技术技能人才 13000 余人，为地方经济建设和社会进步作出了突出贡献。2002 年与聊城市信息化办公室联系，开展聊城市公务员的信息化技术的培训工作；2008 年，举办的聊城市网络信息安全技术人员的培训班圆满结束；2009 年，为聊城市农信社培训业务骨干 300 多人，为聊城中国人民银行培训人员 400 人次。2010 年与聊城市国土资源局合作，成立了“聊城市信息地理系统”研发中心，承担了聊城市人口普查的数据处理工作，获得较好的经济和社会效益。2016 年主持获批 4 项山东省经济信息化融合课题（与聊城市经信委联合申报）。2018 年刘广亮老师申报的校企合作项目获批聊城大学应用型科技服务项目。2022 年学院浪潮信息技术学院获评校级现代产业学院。2023 年学院当选山东省新一代信息技术产教融合共同体常务理事单位。2023 年获山东省校企合作优秀单位。

（二）着力破解企业难题

学院主动对接企业需求，解决企业难题，服务地方经济。与潍柴动力、浪潮集团、聊城智慧城管等多家企业开展横向课题研究 30 余项，4 名教师挂职企业副总，27 名教师到企业挂职实习，解决企业难题 24 个，6 项技术成果鉴定获国内领先水平，2 项成果鉴定获国际先进水平。主持并完成新时代兴聊十大工程等课题 7 项；参与修订国际标准 5 项，制订地方标准 7 项；撰写的 4 项研究报告获省部级领导肯定性批示。此外，学院面向社会开展职业培训，不断探索高校社会服务的有效模式和特色机制，积极参加社会培训及资质考试工作。全国计算机等级考试及培训项目、聊城市公安系统技能培训项目、聊城市科技局工作人员技能培训项目轮流开训，近 19000 人次的培训学员，取得多领域、多层次、多途径的职业能力提升，成效明显，好评满满。

（三）着力做好社会服务

全国计算机等级考试聊城大学考点经山东省教育考试主管部门多次重新认证、评估，20 年来，即使新冠疫情期间也未中断，始终由学院承办，参考生 10 万余人次，获得良好的社会效益和经济效益，2022 年被山东省教育厅评为山东省教育考试优秀考点。

八、结语

二十余年风雨兼程、二十余年初心不改，计算机学院在时代的浪潮中砥砺前行，坚守着对计算机科学与技术的执着追求。从最初的蹒跚学步到如今的稳步前行，每一步都烙印着汗水与智慧，也见证着学院的成长与蜕变。在这个数字化、智能化的时代，人工智能、大语言模型等技术的迅猛发展正在深刻改变着世界的面貌。作为培养未来计算机领域人才的摇篮，学院始终站在时代的前沿，紧跟科技发展的步伐，不断更新教育理念，完善课程体系，努力为社会输送具备创新精神和实践能力的高素质人才。

回首过去，倍感自豪；展望未来，充满信心。面对人工智能产业的蓬勃发展，学院将进一步加强与企业的合作，推动产学研深度融合，共同探索人才培养的新模式。同时，也将积极拓展国际合作与交流，引进优质教育资源，提升学院的国际影响力。在这个充满机遇与挑战的新时代，计算机学院将继续秉承“厚德和谐，砺学创新”的院训精神，不忘初心、牢记使命，努力为国家的计算机事业和社会发展作出新的更大贡献。让我们携手共进，共同书写计算机学院更加辉煌的未来篇章！感谢所有为学院发展付出辛勤努力的师生和社会各界朋友，让我们共同期待更加美好的明天！

第十九节　建筑工程学院

20 年沧桑变化，见证新世纪的时代芳华。20 年砥砺奋进，谱写新时代的华美篇章。建筑工程学院历经二十年的发展，从无到有走过不平凡的历程。20 年，它从最初不到 8 人的筹建工作组，成长为如今拥有土木水利专业硕士授权点，土木工程、工程管理、建筑学和智能建造 4 个本科专业，2 个厅级特色实验室，1 个山东省级一流本科专业，1325 余名在校师生的建筑工程教学与科研机构。建筑工程学院扎根鲁西，立足山东，始终不忘“为党育人、为国育才”的初心使命，秉持“立德树人”根本宗旨，在构建人才培养体系、提升科学研究水平、加强学科建设工作、提高服务社会能力、强化国际交流合作等方面持续创新，取得了一定成果，为建筑工程及相关领域输送了6000余人，为国家建设特别是鲁西区域聊城市的经济发展作出重要贡献。

学院成立于2005年7月，是根据教育部和山东省人民政府对聊城大学地方综合性大学的办学定位以及学校为适应建筑行业的快速发展形势和山东省区域经济发展的需求而设立的工科学院。创办之初，学院办学面积1000平方米，招收首届“3+2”连读的建筑工程技术学生（322人）及给排水工程专科生（21人）。2006年开始招收四年制土木工程本科生（86人）及建筑工程技术（86人）、给排水工程专科生（39人），同年12月设立土木工程教研室，夏红春任土木工程教研室主任。2007年开始招收五年制建筑学本科专业。2008年招收土木工程专业专升本新生（2011年停止招生），2009年招收中韩合作办学建筑工程技术专业大专生（59人，2011年停止招生）及四年制工程管理本科专业（首届37人，2022年停招）。2018年，招收赞比亚、埃塞俄比亚等国家的国际留学生16人。2010年获批“管理科学与工程”一级硕士学位授权点，2011年获批“工业设计工程”专业学位授权点，2014年专业学位授权点“工业设计工程”更名为“建筑与土木工程”，获批“风景园林学”一级硕士学位授权点，2019年专业学位授权点“建筑与土木工程”更名为“土木水利”，2022年更名为土木水利领域土木工程专业硕士。2023年，主动适应建筑产业转型升级和“双碳”战略需要，申请并获批“四新”专业—智能建造本科专业。建院以来，始终注重专业内涵建设和高质量发展，土木工程专业在2012年、2017年分别被评为山东省应用型人才培养特色名校重点建设专业和山东省高水平应用型立项建设专业，2019年获批山东省一流本科专业建设点。在学校全面部署下，分别于2007年通过本科教学工作水平合格性评估、2017年以优秀通过本科教学工作审核评估，2023年，通过新一轮本科教育教学审核评估，做到“以评促建、以评促改、以评促强”。2023年，土木工程全面启动工程教育认证准备工作。

学院秉承“错位发展、培育特色”的理念，坚持科研反哺教学，注重解决工程实际问题。以人才培养、科技创新、社会服务为己任，以创建区域一流应用型学院为目标，充分利用专业技术优势和人才优势，将科研成果与社会需求对接，取得了良好的社会效益和经济效益。

一、人才培养篇

全面落实立德树人根本任务，持续做好人才培养根本工作。学院高度重视人才培养方案的修订工作，紧跟行业发展和技术更新，做好人才培养顶层设计，2006年第一次修订土木工程本科专业培养方案，2008年修订土木工程和建筑学专业培养方案，2012年、2016年、2018年、2019年分别修订土木工程、工程管理和建筑学三个本科专业培养方案，根据社会经济的发展，2016—2019版培养方案中人才培养目标为“培养本领域高素质应用型高级专门人才”。在土木工程和工程管理专业2016版培养方案中开始增设BIM技术与应用和建筑工业化相关课程；2022年，结合学校“说理念、说专业、说课程、说质量”系列活动，再次修订土木工程和建筑学专业培养方案，为高度契合学校第五次党代会提出的建设“国内知名、特色鲜明的一流区域高水平应用型大学”办学定位，学院确定人才培养总目标为“具有较好的基础理论、较为系统的专业知识、较强的实践能力和一定创新能力的高水平应用型专门人才”；2023年制定智能建造专业培养方案，智能建造培养方案中课程体系注重土木工程技术与计算机及信息技术、人工智能、机械控制原理、物联网、大数据的融合，聚焦AIGC前沿。依据培养方案，注重工程应用能力培养，于2017年全面修订土木工程、工程管理和建筑学三个本科专业课程标准。2022年，山东省《关于推动课堂教学改革全面提高普通本科高校人才培养质量的通知》出台，提出充分发挥课堂教学的育人主渠道作用，全面提高人才培养质量，学院启动课堂教学改革，对标工程教育认证，优化课程考核方法，注重全过程考核，培养学生解决复杂工程问题的能力，2023年全面修订土木工程和建筑学专业课程标准。2023年学院开始起草《建筑工程学院课程目标达成评价实施办法》《建筑工程学院毕业要求达成情况实施规范》和《建筑工程学院毕业生追踪调查暂行办法》等文件，全面落实“OBE”教育理念，构建学生达成评价实施闭环。

注重教学改革和教材建设，根据办学定位和人才培养目标，持续制定和修订课堂教学、实验教学、实习实训、考试考查、毕业论文（设计）等各制定主要教学环节管理文件20余项，构建校督导、院领导、院督导和系主任四级听课制度和学生信息员反馈制度，构建人才培养质量“生成—保障—评价—评估—保障—反馈—改进”的闭环动态监控和持续改进体系。积极开展有组织教研教改活动，共获批省级教改项目10余项。多渠道提升青年教师教学能力和教学竞赛水平，教学竞赛获行业和校级奖励20余项。有效激励教师赴企事业单位进行挂职锻炼，推动双师双能型教师队伍建设；推动实践教学改革，持续推进实习实训基地建设，与企业、行业单位共建实习实训基地29个，与企事业共享共建实验室6个，每年开展学生实习300余人次。扎实做好课程和教材培育，自建院以来，学院获批山东省一流本科课程2门(《钢结构设计原理》,2019年,杨秀英,《混凝土结构设计原理》,2023年,张绪涛),获批山东省研究生优质教育教学项目2项(《岩土工程数值计算》,2022年，田忠喜，研究生优质课程，《结构实验和工程检测》，2022年，赵腾飞，研究生优质案例库)；持续推进在线课程建设，至2024年，已建成在线课程10门，在省级平台上线4门，国家在线课程平台上线1门。推动高质量教材建设，学院教师主编国家级、省部级和行业规划教材《建筑施工技术》《画法几何与建筑制图》《建筑工程质量事故分析与处理》《房屋建筑学》《土木工程施工技术》《工程地质》《土木工程CAD基础》等10余部。

持续推进人才培养模式和机制改革，2013年起，针对考研学生比例不断增加，学生考研意愿日趋强烈，探索考研和就业学生分类培养，减少大学四年级课程，调整两类学生生产和毕业实习侧重点，此次培养模式的改革在2014年获得山东省高等教育教学成果奖三等奖（崔诗才），随着社会需求对大学生创新能力和工程应用能力日趋提高，学院加强实践教学体系构建，注重学生创新和实践能力培养，此次改革分别在2012年获山东软科学优秀成果奖一等奖（赵庆双），在2018年获得山东省高等教育教学成果奖一等奖（崔诗才）；2020年，学院根据地方高校的服务领域和行业发展对人才的战略需求，遵循人才成长规律，按照功能协同、行动协同、成效协同的原则，重构各育人系统、育人环节的功能结构及关系纽带，形成“专业教育和思政教育同向同行+校企校地同频同进”协同育人的“双协同”特色育人机制，该成果在2021年获得山东省高等教育教学成果奖二等奖（赵庆双）。自2011年专业硕士开始招生以来，持续开展硕士培养模式和育人机制的研究，师范类高校工程硕士培养模式研究和“分阶递进、协同创新”培养模式构建与实践两个教研项目的开展得到广泛认可，研究成果分别于2014年、2018年获山东省高等教育教学成果奖二等奖、三等奖（赵永生）。

办学条件持续改进，硬件设施得到改善。2005年建院之初，寄居在地理学院办学，2024年已拥有15间智慧间教室，每间教室均配备了先进的多媒体教学设备，教学场所近10000平方米；经过建筑工程学院近20年的发展，已建成结构、土木工程材料、力学、工程测量、土工、流体力学、BIM、建筑声学、建筑模型制作等9个专业实验室，建筑面积5000余平方米，实验设备种类和台套数能够满足本科教学实验和学生拓展性实验；其中结构实验室的建设，经过学院全体教工近十年的努力，于2023年底交付使用，该实验室建有山东省最大的反力墙结构，取得建院以来实验室建设的重大突破，对学科和专业的发展形成重要支撑。加大实习实训基地建设和过程管理，已建设建成实践基地15个。截至2024年，实验仪器设备总值达1700余万元。

二、科学研究篇

学院自创建开始就非常注重科学研究，围绕建筑结构优化设计、古建筑研究与保护、小城镇生态规划与绿色建筑设计、建筑工程管理咨询等方向开始初步研究。建院之初，教师数量少，学历层次较低，教学任务繁重等诸多问题造成科学研究方面发展受到极大的限制。在科研项目方面，2006—2015年，学院获得国家自然科学基金项目4项，国家文物局项目1项，山东省自然科学基金项目8项，其中，夏红春博士在2010年获得学院历史上第一个国家自然基金项目（深部土——地下结构界面层物理力学特性研究）。赵庆双、孙胜男、孟昭博教授分别于2012年、2013年、2014年分别获批国家文物局、国家自然基金项目（基于WebGIS的文化遗产信息展示与管理系统研究、水下悬浮隧道锚索的振动机理研究、基于交通激励的古建筑木结构动力分析模型及应用研究和交通激励下古建筑木结构的安全评价指标及应用研究），这为学院古建筑研究与保护方面奠定了一定的科研基础。2016年至今，学院获得国家自然科学基金项目4项（参与2项），山东省自然科学基金项目5项，其中，刘万荣、张巍博士在2022年、2023年分别获批国家自然基金项目（节理裂隙发育带巷道围岩承载力链拱特征及其失稳机理研究、应力扰动促发弱胶结碱性水侵蚀软岩劣化规律及锚固失效机理），这为学院在岩土工程灾害防治方面提供了发展思路。在科研奖励方面，学院对科学技术奖励工作没有重视，造成科学奖励成效甚微。2005年至今，学院共获得科学技术奖励10项，包括西安市科学技术进步二等奖1项（地铁振动对西安钟楼和城墙的影响及隔震减震研究）、中国煤炭工业协会科学技术进步奖3项（构造应力下矿井不规则块段采动覆岩结构运动诱冲机理及防治技术、深部构造岩体劣化信息辨识与耦合失稳灾变机理及关键技术、深部构造岩体劣化信息辨识与耦合失稳灾变机理及关键技术），山东省高等学校科学技术三等奖3项（古建筑木结构安全评价指标及健康在线监测系统应用研究、深部煤层开采底板裂隙扩展机制与防突技术研究、高地应力条件下深部岩体分区破裂的形成机制及支护控制研究），山东省黄河河务局科学技术进步奖一等奖1项（新型复合材料防汛抢险大块石研制与应用），第二届全国博士后创新创业大赛海外（境外）赛银奖1项（海底基础局部泥沙冲刷数值仿真软件——刘名名），山东省科学技术进步奖1项（深部煤岩体劣化释能与水力耦合灾变响应机理及关键技术）。2015年之后的六年内，由于市场经济、人才引进及行政管理方面的原因，学院的科研处于停滞发展阶段，在学校理工科学院排名靠后。直到2022年，学院在第三届第一次教代会提出“加强党建引领，重点做好人才队伍建设，牢固树立教学中心地位，突出学科建设与科研工作”。学院的科研状态有所回升，并在一定程度上有了较好的科研苗头，在学校理工科学院排名有了快速提升，但是还没有改变科研较为落后的局面。

积极营造科研氛围，注重学术成果积累。在学术论文及专著方面，建院至今，学院师生围绕建筑结构优化、新型墙体设计、建筑材料、岩土工程等方向发表782篇学术论文，其中SCI、EI检索文章123篇，中文核心检索69篇。《砂浆薄壁芯管外抹灰墙体》《弹性薄板理论在地下采场顶板变化规律研究中的应用》是学院最早的两篇学术文章，分别发表在2006年10月《墙材革新与建筑节能》和2006年12月《岩石力学与工程学报》。近三年，学院非常注重教师学术成果的积累，特别是青年教师科研团队的培育，鼓励师生与国内外科研院所及企业单位合作，共发表中文核心及以上论文79篇，整体呈现良好态势。2005年至今，学院教师共著作《临清运河遗产健康监测及保护》（赵庆双独著，科学出版社，2018年）、《深部洞室破坏机理与围岩稳定分析理论方法及应用》（张绪涛合著，科学出版社，2017年）、Modelling Rock Fracturing Processes: A Fracture Mechanics Approach Using FRACOD（张保良合著，Springer出版社，2018年）、《一种崭新的水下交通——悬浮隧道》（孙胜男合著，科学出版社，2019年）、《运河城市聊城文脉保护传承研究》（程兴国独著，中国建筑工业出版社，2023年）。在专利授权方面，坚持“存量增效、增量提质、激励促转化”知识产权运营与管理的基本思路，在专利文本撰写、图件绘制、申请申报等方面注重培训，截至目前，我院师生共获得授权发明专利9项，实用新型专利90项，外观设计7项，软件著作16项。其中，一种绿色装配式建筑施工用的建材提升装置、一种海绵城市建设用雨水分流式排放装置、一种用于水下悬浮隧道的通风换气装置等18项专利转化金额5.31万元。2023年9月，我院作为主编单位牵头起草了《建筑工程防水构造》（图集号：SDSJZYXH23J01）。

强化科研平台建设，推进学院科技创新。学院自成立至今，侧重于生产实践应用的人才培养和科研服务工作，基础理论研究较弱，科研仪器设备短缺，科研条件落后。学院部分教师只能依靠国家、省级科研项目经费到其他院校开展试验研究。学院最初只有一个校级科研平台—聊城大学新型建筑工业化研究所，作为学院的科研创新平台，立足学院实际，结合社会和行业发展需要，主要开展以下三个方面的研究：①新型建筑工业化关键技术与计价体系；②工程结构健康检测与防灾减灾；③小城镇生态规划与绿色建筑设计。随着孟昭博教授获批国家级项目，古建筑方向得到快速发展。2016年4月20日，聊城市BIM技术应用协作创新联盟成立，原市政府党组成员、咨询、聊城大学原党委常委、副校长李军生为首届主席。2018年3月27日，聊城市装配式建筑产业技术创新联盟成立大会召开，时任学院院长赵永生担任联盟第一届理事长，山东住工研究院院长么传杰为秘书长。2019年，学院与山东鑫鑫住工装配建筑有限公司共同获批聊城市装配式建筑智慧建造与管理重点实验室。2020年，我院代表学校与聊城市铁路投资发展有限公司成立智慧城市研究院，主要共同打造智慧化信息管控平台、共同搭建工程项目建造和运营管理平台、提供相应的培训服务等方面开展合作。2022年，我院代表学校与裕昌控股集团成立聊城市乡村振兴研究院，重点在乡村产业规划、乡村振兴规划、工程技术咨询等方面进行合作。2022 年、2024 年分别获批山东省高等学校特色实验室—黄河水沙调控及泥沙高效利用特色实验室和山东省数据开放应用创新（建筑遗产）实验室 2 个省级实验平台，学院基础研究条件得到改善。自建院以来，学院共举办钢结构论坛、中国岩石力学与工程学会学术年会、各类研讨会 6 场，邀请海内外专家来院指导和交流 50 余人次。

三、学科建设篇

学院秉承“错位发展、培育特色”的理念，为学科发展和科研能力提升以及学位点建设提供支撑。建院以来，学院主动服务国家战略和建筑行业发展需求，围绕“精绘善建、匠心筑品”院训要求，通过有效跟进，积极组织开展相关学位授权点工作。由最初的建筑工程技术、给排水工程两个专本连读专业发展到土木工程、工程管理、建筑学三个本科专业，从 2009 年的申报管理科学与工程一级硕士学位授权点发展到 2014 年的 3 个硕士学位授权点。2022 年，为进一步顺应行业发展和学校战略部署要求，工程管理专业本科停止招生，新增智能建造专业。在硕士点发展过程中，因师资力量及招考人数不足，管理科学与工程一级硕士学位授权点停招；风景园林学授权点合并至农学院。目前学院仅存土木水利领域土木工程专业硕士学位点。2019 年，土木工程专业为山东省一流建设专业。总体来看，学院的学科建设主要围绕土木工程学科进行发展，其主要研究方向跟随行业发展也进行了一定变化。

（一）2005—2021 年，学院的学科研究方向包括：

研究方向之一：新型建筑工业化关键技术与计价体系研究。该方向主要研究内容涉及：装配整体式建筑设计的标准化研究、新型房屋结构体系研究、连接节点性能研究、装配整体式施工关键技术研究，以及相应的预算计价体系研究。学院从 2008 年开始装配式节能住宅体系的研究，完成了节能示范工程的建设。2013 年与山东日发集团签订了《新型房屋住宅体系（立项）技术合作协议》，开展了装配式钢筋混凝土结构的抗震性能分析、节点技术研究、概念产品设计、工程造价性能对比分析等诸多工作。与山东住工、比兰德、春天建材等企业开展装配式构件、新型建筑体系等方面研究。

研究方向之二：工程结构健康检测与防灾减灾研究。工程结构健康检测与防灾减灾研究为国内外研究的热点问题。目前，已获得国家基金项目 4 项；国家文物局项目 1 项；山东省自然科学基金项目 5 项；山东省教育厅项目 3 项。学院在该领域已取得初步成果，为该方向的进一步深入研究及新型建筑结构体系的防灾减灾研究提供了物资和技术条件。同时，上述研究成果将在聊城段京杭大运河申遗和古建筑保护方面发挥重要作用，同时对新型建筑结构体系的防灾减灾研究提供重要的理论支撑。

研究方向之三：小城镇生态规划与绿色建筑设计研究。我国正处于工业化、城镇化、信息化快速发展的历史时期，人口、资源、环境的压力日益凸显。为探索可持续发展的城镇化道路，我国先后在天津、上海、深圳、青岛、无锡等地开展了生态城区规划建设，并启动了一批绿色建筑示范工程。建设绿色生态城区、加快发展绿色建筑，不仅是转变我国建筑业发展方式和城乡建设模式的重大问题，也直接关系群众的切身利益和国家的长远利益。基于上述国家发展的需求，学院加大了在“小城镇生态规划与绿色建筑设计”方向的研究，已开展多项横向课题研究，项目的完成为“小城镇生态规划与绿色建筑设计”研究奠定了良好的技术和实践基础，将有助于推进城镇化可持续发展的进程。上述三个研究方向，支撑学院三个本科专业和两个一级学术学位硕士点授权点和一个专业学位硕士授权点，逐步形成了从生态规划开始—绿色建筑设计—结构设计与安全保障—工业化建造施工技术—预算与计价体系的一个有机产业链条。

（二）2022 年至今，学院的学科研究方向转变为：

研究方向之一：古建筑安全评估与灾变防护研究。该学科方向瞄准中国传统文化战略、坚定文化自信。党的十八大以来，习近平总书记关于文物保护工作多次作出重要指示，文物保护工作已经提升到保护国家文化安全、提高国家文化软实力、实现中国梦的战略高度。该方向以古建筑保护研究中心为依托，重点就两河流域的古建筑、历史建筑的预防性保护开展相关研究。研究方向包括：（1）环境激励及地震作用下古建筑损伤识别；（2）古建筑结构在线损伤预警；（3）古建筑（群）数字化资源建设；（4）古建筑防护及文化传承。

研究方向之二：绿色建筑智能数字化建造技术研究。该方向瞄准国家“双碳”战略，以绿色建筑、被动式低能耗建筑及智能建筑为核心，围绕技术服务、科技创新、科技成果转化，探索绿色建筑智能化监测、监控技术；研究基于物联网的绿色智能建筑方案设计，开发绿色智能建筑工程领域的产品并进行产业化；进行基于建筑能耗监测、建筑能耗诊断与改造等技术服务与技术推广；开展技术与人才培训，推动绿色智能建筑行业可持续发展。研究方向包括：（1）既有建筑节能绿色改造；（2）绿色智能建造设计及监控技术；（3）智能建造与建筑工业化协同发展机制；（4）全过程咨询项目管理；（5）基于 BIM 技术的智慧建筑建造与运营。

研究方向之三：黄河泥沙调控利用及工程灾害防治。深入贯彻落实习近平总书记“要保障黄河长久安澜，必须紧紧抓住水沙关系调节这个牛鼻子”的重要指示精神，对接黄河生态流域保护和高质量发展，以黄河泥沙为研究对象，完善近岸斜坡海底管道局部泥沙冲刷深度预测理论；建立泥沙物化特性的泥沙固结指标体系，研制系列新型生态建筑制品和防汛抢险材料；探究地下工程灾害发生的机理，提出预防措施。2022 年，由我组织申报的“黄河水沙调控及泥沙高效利用实验室”获批为山东省教育厅特色实验室，目前该实验室正在与聊城市河务局开展黄河大块防汛石的研发。研究方向包括：（1）黄河水沙调控理论；（2）黄河河道和滩区综合治理；（3）黄河沉沙高效利用；（4）岩（土）体工程灾害防治。

研究方向之四：乡村振兴战略视角下美丽乡村规划建设与升级改造。该方向紧紧围绕乡村振兴国家战略实施的创新路径与改革举措，依托乡村振兴研究院，融合校内、校企、校地优势资源，充分发挥建筑技术与多学科交叉融合优势，立足鲁西地区乡村发展实际，按照“一镇一品牌”“一村一特色”的建设思路，着力打造齐鲁乡村振兴样板。研究方向包括：（1）乡村振兴政策研究；（2）美丽乡村与生态振兴；（3）乡村民俗与文化振兴；（4）乡村规划创新设计。

四、服务社会篇

学院立足高校服务社会职能，牢固树立社会责任意识，结合学科与师资优势，用行动反哺社会、用科学引领社会、用专业服务社会，将论文写在祖国大地，推动学科与产业融合。

加强学术交流，积极开展行业培训。学院教师积极服务国家和地方经济发展，在各类学术机构中担任要职，为聊城市建筑行业的发展搭建学术与科技交流平台。学院院长孟昭博任山东省城市更新学会副理事长、山东省土木建筑学会理事、张保良任山东省岩石力学与工程学会副理事长、聊城市国土空间规划专家、刘名名创办英文国际期刊 Sea exlotiation and enviroment、张巍、刘万荣、张保良等多名博士为《采矿与岩层控制工程学报》《山东科技大学学报（自然科学版）》ARABIAN JOURNAL OF GEOSCIENCES 期刊的审稿专家。学院在 2014 年与聊城市建设管理处签订协议，为聊城市建筑业关键岗位人员培训进行培训人员 150 人次；2019 年，与裕昌集团共建 BIM 实训室，并开展 BIM 技术培训 60 人次；2023 年，学院与继续教育学院合作承办 2023 年山东省装配式建筑质量安全与施工技术高级研修班，培训人员 33 人次。师生积极开展建筑行业一线工作，每年进企业达 200 人次，系列活动被人民网、《齐鲁晚报》、中国教育报、中国大学生网等媒体报道，其中赵庆双教授被山东省教育卫视教育筑梦人专题报道《拒做“纸片人”，培养立体化人才》。

促进校企产教融合，服务经济建设。作为主办单位和依托单位成立聊城市 BIM 技术应用协作创新联盟和聊城市装配式建筑产业技术创新联盟。与聊城产业技术研究院、茌平土地发展集团公司、裕昌控股集团有限公司、聊城市建筑建材行业发展中心、山东黄河河务局聊城黄河河务局、山东建筑大学设计研究院、山东日发集团等开展合作，在聊城市会展中心项目规划方案设计优化、新型住宅结构体系研究、装配式建筑预制构件、污水处理厂污泥原位减量技术与生产应用、民用住宅建设工程技术服务、大体积防汛石研制等领域为企业的发展提供需求服务和技术支持。建院 20 年来，学院选派教师到聊城市江北水城度假区、冠县梁堂镇常菜庄村、山东天工岩土有限公司、山东三山公路工程监理咨询有限公司、山东莘州新型建材科技有限公司等单位进行管委会副主任、第一书记、科技副总挂职锻炼，共选派 13 人次。学院共承担企业委托项目 53 项，总签约合同金额 772.43 万元，为企业推荐毕业生 1500 人次，解决实际工程问题 160 余项，参与完成工程建设 1000 余万平方米，特别为聊城地区建筑行业服务作出重要贡献。

五、国际办学

2008 年 3 月，学院尝试开展国际化发展的具体工作，申报并获批中外合作办学建筑工程技术专业。2009 年，学院中外合作办学建筑工程技术专业迎来新生 59 人。2009 年 11 月，韩国东新大学教务处长李柱熹、国际交流所所长金姬成来访。2010 年 4 月，韩国东新大学校长郑奇彦、教务长李柱熹等访问聊城大学和建筑工程学院。2010 年 10 月，吉隆坡建设大学校长张吉平来访，洽谈合作办学事宜。为响应学校全方位国际化办学理念，2018 年春季和秋季，学院分两批接收 8 名来自肯尼亚、赞比亚留学生和 7 名来自肯尼亚、赞比亚、乌干达留学生。学院组织了张保良、田忠喜、尹大刚、袁立群、李希峰、董慧、高树飞、杨杨、张晓宇等老师组成教学团队，开设了《土木工程材料》《建筑力学》《土木工程施工》《土木工程测量》等全英文授课的专业课程。2023 年 5 月，学院聘请伊拉克法拉比大学建筑学院 Nawar Sami Mehdi AL-ALI（纳瓦尔）教授为建筑学专业课程教授，其敬业精神，授课态度受到大家的一致好评。同时，聘请孟加拉国 MD.SALAHUDDIN MURAD 穆拉德博士为建筑学教师。

六、发展成效

学院坚持党建引领，注重业务发展。2005 年 7 月，成立聊城大学建筑工程学院总支部委员会（党总支），2021 年 12 月更名为中共聊城大学建筑工程学院委员会（党委）。党支部由原来的 3 个发展到今天的 5 个党支部。近五年已发展入党积极分子 625 人，预备党员 244 人，推出了党员先锋、教书育人楷模等称号的 23 人。学院现有土木工程、工程管理、建筑学和智能建造四个本科专业，拥有土木水利专业硕士学位授权点和风景园林专业硕士学位景观建筑方向培养点。在校本科生 1176 人，研究生 96 人。学院现有教职工 53 人，其中专任教师 43 人，其中高级职称教师 19 人，博士 27 人（含在读博士 1 人）；国家注册执业工程师教师 16 人。聊城大学首批“百人计划”第二层次人才 1 人，“光岳英才”2 人，“光岳新秀”1 人，聊城大学教学名师 3 人、聊城大学教学新星 3 人;聊城大学优秀教学团队 2 个，校级精品课程 11 门。

目前，学院拥有黄河水沙调节及泥沙高效利用山东省教育厅特色实验室和山东省数据开放应用创新（建筑遗产）实验室两个省级平台，建有聊城市装配式建筑智慧建造与管理重点实验室、聊城市装配式建筑产业技术创新联盟、聊城市BIM技术应用协作创新联盟、古建筑研究与保护研究所、聊城市乡村振兴研究院、结构工程实验室等，实验室设备总值2000余万元。近年来，学院承担国家级科研项目8项、省部级教研、科研项目30余项，横向科研项目50余项。获得7项省级科研奖励，10项厅级奖励，公开发表学术论文780余篇，获得授权发明、实用新型专利、软件著作、外观设计专利120余项。

学院注重人才培养质量建设，已有8篇毕业论文（设计）被评为山东省优秀学士学位论文，60余篇毕业设计被评为聊城大学优秀学士学位论文，3篇研究生论文被评为山东省优秀硕士论文，11篇被评为聊城大学优秀硕士论文。本科生考研率保持在45%左右，其中超过60%考入同济大学、天津大学、重庆大学等双一流建设高校；与中铁十一局集团有限公司、中国水利水电第十四工程局有限公司、中铁建工集团有限公司华北分公司等大型企业签约；已有22名同学参与西部计划。提升创新能力，学科竞赛获奖数量和质量大幅提升，荣获全国大学生结构设计大赛二等奖、全国大学生先进成图技术与产品信息建模创新大赛一等奖、全国高校BIM毕业设计创新大赛一等奖、全国三维数字化创新设计大赛一等奖、山东“互联网+”大学生创新创业大赛银奖等优异成绩。

七、结语

20年来，学院为国家培养了一大批建筑行业人才，本科毕业生6000余人，研究生128名。他们在祖国的建筑设计、工程项目管理及技术管理战线上起着骨干和领导作用。学院从无到有，从小到大，每一段发展历程都充满挑战和机遇，是聊城大学综合发展的重要组成部分。聊大建工人砥砺奋进，奋勇前进的拼搏精神是一笔宝贵的精神财富，值得我们每位师生挖掘与学习。在即将迎来建校五十华诞、建筑工程学院也将在明年迎来20周年院庆之际，相信老师、同学们同样能够赓续建工基因，不忘初心、牢记使命，将个人发展融入学院发展之中，奏响新时代的奋进之歌！

第二十节　农学与农业工程学院

农学与农业工程学院始建于1951年成立的山东省济南农业学校，1958—1959

年毛泽东、朱德、邓小平等党和国家领导人先后到校视察。1964 年迁址聊城，更名为山东省聊城农业学校。1999 年并入聊城师范学院，组建为聊城师范学院职业技术学院。2002 年更名为农学院，2021 年更名为农学与农业工程学院。学院现有教职工 136 人，其中教授 12 人，副教授 49 人，具有博士学位的教师 92 名，博士生导师 5 人，硕士生导师 43 人，国家高等学校教育教学指导委员会委员、甘肃省“飞天学者”特聘教授和“泰山产业领军人才“等 8 人。现有国家马驴遗传评估中心等 7 个省部级以上创新平台，设有 5 个系，建有 5 个本科专业，拥有 4 个硕士学位授权点，在校硕士生 200 余人，本科生 1700 余人，向社会输送优秀毕业生 1 万多名。

一、发展历程篇

从 2005 年开始，学院聚焦农业教育和农业科技发展，以需求为导向，对原聊城农校以专科和中专为主的专业进行改造。通过大力引进高层次人才、培育高水平学科、建设高质量平台，办学层次快速提升，办学水平稳步增长，办学特色日益彰显。

（一）办学层次快速提升

二十年来，完成从专科（高职）到本科，再到研究生办学层次的转变。在原有园艺、动物医学和植物保护等 4 个本科专业，食品科学与工程、动物科学和农林经济管理等 8 个专科（高职）专业基础上，按照现代农业产业链框架逐年建设新专业。2005 年新增食品科学与工程本科专业、园艺和动物医学 2 个专升本专业。2006 年新增动物科学本科专业，2007 年新增种子科学与工程本科专业。2010 年，招收 1 届绿色食品生产与检测专科专业，其他专科不再招生。2019—2021 年连续招收 3 级公费农科生（植物保护）专业。

2021 年 12 月，学院更名为农学与农业工程学院，着重发展新农科专业，提升、改造和停招部分专业。以 2019 年建设“卓越智慧农林人才培养实验班”为依托，2021 年新增智慧农业本科专业，2023 年新增智慧牧业科学与工程专业。开始恢复动物医学、园林和食品科学与工程专业等专升本函授招生。

研究生教育实现从无到有，快速发展。2006 年获批园林植物与观赏园艺二级学科硕士学位授权点，实现办学层次的首次提升。2007 年招收首批 10 名硕士研究生。2011 年增列风景园林学一级硕士学位授权点，获批动物学二级硕士学位授权点招生；2018 年获批风景园林硕士专业学位授权点和作物学一级硕士学位授权点；2019 年开始与意大利卡梅里诺大学联合培养博士研究生；2024 年增列畜牧学一级学科硕士学位授权点和兽医硕士专业学位点。

（二）办学水平稳步增长

1. 落实立德树人根本任务，人才培养质量不断提高。从学科专业实际出发，始终坚持“重视理论、强调实践，做到理论和实践有机结合”的办学理念，一直牢牢抓住“人才培养质量”这个“牛鼻子”。

2006 年下半年开始对课程体系、培养环节和办学条件等工作进行全面总结，基本实现规范化教学，2007 年 5 月通过首次本科教学评估；2015 年对 7 个本科专业的发展定位、人才培养、办学特色等进行重点梳理，顺利通过本科教学工作审核评估；2023 年对教育教学办学特色进行系统归纳，通过新一轮本科教育教学审核评估。

不断推进“因材施教、分类培养”教学模式改革，贯通本科四年的实践能力与创新创业能力培养。2017 年《复合应用型卓越农林人才 3341 培养模式的创新与实践》成果获山东省省级教学成果一等奖。高度重视新农科领域的教学改革研究，获教育部新农科研究与改革实践项目 2 项，山东省教学改革项目 4 项，3 项成果获山东省省级教学成果一等奖。

2. 不断加强教师队伍建设，办学核心竞争力稳步提升。始终把师资队伍建设作为内涵建设的重要内容，提出“内培外引结合，聚敛教学人才”措施，确立人才兴院战略。2005 年之后以引进博士教师为主，教师队伍数量、质量和结构不断优化。

加强党委对人才工作的全面领导，制定《高层次人才引育实施办法》《全面加强高水平学科建设的实施办法》《学科团队管理办法》，从实施原则、人才引进、人才培育、组织保障等方面制定具体措施，加大高层次人才的引进和培养工作，大力引进和培养优秀青年博士，实现了人才队伍的更新。到 2024 年形成了一支总数 136 人的教师队伍，年龄、职称和学缘结构梯队日趋合理。畜牧学教师团队获“山东省黄大年式教学团队”。现有“泰山产业领军人才”1 名，全职引进甘肃“飞天学者”1 名，科研创新团队 11 支，教学团队 10 支，服务社会团队 7 支。

3. 立足社会需求，科研创新能力不断增强。高度重视教学与科研紧密结合，分批成立植物分子研究室、花卉学研究室、预防兽医研究室等科研实验室，建设 11 支创新团队，鼓励科研反哺教学。到 2011 年 8 月累计获批校级以上科研项目 83 项，其中国家级课题 7 项，省级课题 24 项。2019 年科研总经费首次突破千万元，达到 1082 万元。到 2024 年，拥有大型科研设备 75 件。取得多项重要科研成果。

4. 赋能乡村振兴，服务经济社会发展持续提升。通过科技顾问、科技特派员、技术咨询和产业服务团等形式，广大教师活跃在三农第一线，助力产业提升、脱贫攻坚和乡村振兴事业。构建“农业标准 + 技能实训 + 能力提升”职业教育模式，助推脱贫攻坚获 2022 年山东省省级教学成果奖一等奖，学院获“山东省脱贫攻坚先进集体”称号，翟付顺获得“山东省乡村振兴突出贡献奖先进个人”称号，王长法获山东省“先进科技工作者”称号。相关工作被央视、《光明日报》《科技日报》等媒体广泛报道。

5. 办学空间不断改善，育人环境显著提高。通过持续建设，到 2024 年，教学科研实验室面积 1.35 万平方米，仪器设备总值近 7000 万元，校内实习实训基地 3 处。

校内实践基地。2006 年学校投资 260 余万元建成 4000 平方米植物生态园，承担教学科研任务，接待领导、学者和校友参观 35000 余人次。2023 年引入社会力量对其进行现代化改造。原有校内试验田 20 余亩，因学校规划撤销，先后租用泉润现代农业产业园和盛丰农业开发有限公司土地，作为植物类教学和劳动教育基地。教学动物医院每年接诊畜禽 10000 余例，但多次搬迁，并一度停止运行。2019 年联合社会力量共建新的教学动物医院。

校内实验室。2006—2007 年，对现有 1 号实验楼进行整体粉刷和装修，有效改善了实验教学条件。目前正进行现代化改造。

2011 年，在 3 号教学楼五层建设了显微互动开放实验室，使用动物医学和园林专业经费建设了聊城大学畜禽疫病防制技术研究所和虚拟仿真共享实验室；学校在 2014—2015 年期间逐步将东校区 3 号教学楼整体划归我院，先后建设了园林、动物医学、驴研究院和作物学等学科专业平台。学院积极争取校内外资源，并使用校友和企业捐赠，对教学区进行了升级改造。学院的教学、科研等办学条件得到极大改善。

2021 年，食品科学与工程专业获批新工科大楼 1010 平方米教学实验室。2023 年依托畜牧学团队在工程技术与现代农业产教融合大楼获批 1200 平方米的科研实验室。至此，学院办学空间得到明显改善。

（三）办学特色日益彰显

二十年来，全体师生锚定国家“乡村振兴”“黄河流域生态保护与高质量发展”战略，坚持高质量发展，办学特色凸显。

1. 面向社会破解科技难题，产教融合构筑产业高地。

2010 年开始，依托山东省中兽医研究所（聊城），聊城大学动物疫病防制技术研究所、聊城大学园林研究所等产学研平台开展科学研究与服务社会工作。2013 年获批山东省高校生态环境保育与生物资源创新利用十三五重点实验室，2014 年与冠丰种业有限公司共建主要农作物种质创新国家重点实验室。2018 年开始，在驴产业科技领域连续获批国家马驴遗传评估中心（筹）等 7 个省部级以上科研平台，畜牧学成为山东省高水平培育学科，畜牧学教师团队获山东省高校黄大年式团队称号。整体上，以驴科学研究为特色，聚焦产业发展需求，组建集文化传承、科学研究、产业支持和人才培养于一体的高水平育人矩阵，培养了一大批“学得好、用得上、留得住、下得去”的高水平应用型人才和高层次创新型人才。

2. 主动科技赋能乡村振兴，融入黄河流域国家战略

积极对接黄河流域国家战略，在畜禽废弃物处理与资源化利用领域，2022 年获批黑水虻种虫繁育和有机废弃物转化山东省工程研究中心、山东省高等学校“黄河流域生态循环农业协同创新中心”。在沿黄区域生态修复、沉沙池区生态治理、湿地建设和景观营造等方面，探索以“鲁西平原水乡”为景观风貌的地域乡村景观设计模式。完成各类园林规划设计作品近百项，2019 北京世园会北京室外展园设计获 AIPH 大奖。在特色植物种质资源创新与应用方向，选育以“聊红”为特色的系列园林植物新品种，获国家新品种权证书 3 个，“登海鲁西 208/206”玉米新品种（系）通过国审，国槐（聊红槐）被确定为聊城市市树。

3. 学生工作创新发展，育人机制不断完善。

各级团学组织坚持“教育为先，管理为主，提高素质，全面发展”的工作指导思想，牢固树立“以人为本”的教育管理理念，紧紧围绕培养“高素质、创新型、实用型技术人才和管理人才”这一目标，持续优化育人体制与机制。从学生社团“新农科技社”在 2005 年被评为全国高校“优秀学生社团”开始，学院学生管理工作多年来一直保持在全校前列。学院不断探索依托社会实践、专业社团、科技创新为主要载体的学生工作创新模式，涌现出“全国优秀班集体”“山东省五四红旗团组织”“全国高校百强学生社团”等，“挑战杯”全国大学生课外学术科技作品竞赛二等奖。本科毕业生中每届均有毕业论文被评为山东省优秀学士论文。学生考研率就业率多年来一直位居学校前列，毕业生的社会反响良好。到 2024 年，已培养党的十八大、十九大、二十大代表杜立芝等为典型代表的毕业生 10154 名，优秀校友遍布海内外，成为我省我国农业现代化和科技创新的中坚力量。

二、党的建设篇

2002 年成立农学院分党委，2020 年更名为农学院党总支，2021 年更名为农学与农业工程学院党委。学院党委现设 6 个教工党支部、2 个研究生党支部、2 个本科生党支部和 1 个学生党建中心，其中依托国家马驴遗传育种评估中心设立党支部 1 个。现有教师党员 81 名，学生党员 151 名。党委班子成员 6 名，设党委书记 1 名、党委副书记 2 名、党委委员 3 名，有专职组织员 2 名。

坚持以习近平新时代中国特色社会主义思想为指导，贯彻落实新时代党的建设总要求和组织路线，健全组织机构，加强队伍建设，构建特色鲜明、科学有效的党建工作体系，搭建起了新时代院系高质量党建的“四梁八柱”。先后获“山东省脱贫攻坚先进集体”“山东省教育系统先进基层党组织”“山东省党建工作标杆

院系创建培育单位”“山东省高校黄大年式教师团队”“全省教育系统模范职工小家”“山东省五四红旗团组织”“全国高校百强学生社团”等称号，连续两年在学校党组织书记抓党建工作述职评议考核中获得“优秀”等次；多名教师获“山东省乡村振兴突出贡献奖先进个人”“齐鲁巾帼科技创新之星”“山东省优秀科技特派员”“全国优秀学生社团指导教师”“聊城大学优秀共产党员”等称号。

学院出台《落实全面从严治党实施办法》《意识形态责任制实施办法》《党委理论学习中心组学习制度》文件制度等 70 多项，从学院党委、师生党支部、党员个人三个层面形成上下贯通、体系完备、科学有效的新时代高校基层党建制度体系。

充分发挥党支部战斗堡垒作用和党员模范带头作用。3 名党支部书记担任山东省高等学校“青创科技支持计划”团队带头人，园林党支部建成“聊城大学党建工作样板支部”。选派省派第一书记 2 人参与贫困村脱贫和加强基层党组织建设。选派 1 名教工党支部书记参加“农村基层党组织建设工作队”、2 名教师参加“四进”工作、2 人到高新区、经济开发区等挂职科技副职等。

党建成果不断丰实。获批山东省委教育工委党建突破项目，发表党建思政类论文 12 篇。组织编写了《“新农科”课程思政案例汇编》。建立了“四室三台一厅一区”党建平台矩阵，“四室”即 2 个“六有”标准化党员活动室 +1 个“双带头人”工作室 +1 个学生党建工作室，“三台”即党建文化展台、党建示范创建和质量创优平台和微信党建平台，“一厅”即先锋影厅，“一区”即“一站式”学生社区——先锋社区。新华社《高管信息·山东》以《聊城大学农学与农业工程学院深耕“五红”党建》为题报道了党委深耕“五红”党建，淬炼党建“十力”，在党的建设、内涵发展、服务国家战略等方面的新突破。全国高校思想政治工作网、《光明日报》、《科技日报》、新华网、山东电视台农科频道、《聊城大学报》等多家媒体对相关工作进行了报道。

三、人才培养篇

（一）专业建设

2005 年以来，学院共设置 9 个本科专业，分别为食品科学与工程、动物医学、园艺、园林、植物保护、动物科学、种子科学与工程、智慧农业、智慧牧业科学与工程。到 2024 年共有 5 个本科招生专业。

园艺（专业代码：090102）：2002 年开始招生，2007 年开始招收园林植物和观赏园艺硕士研究生。园艺专业所在的园艺工程系，2018 年 10 月更名园林园艺系，2023 年 5 月更名为园林系。园艺专业并入智慧农业专业招生。

动物医学（专业代码：090401）：2002 年开始招生。2012 年获批山东省首批应用型特色名校省财政重点建设专业，2017 年获批山东省高水平应用型重点建设专业群。2023 年学制由四年改为五年，获批省一流专业建设点，所在的动物科学系更名为动物医学系。

植物保护（专业代码：090103）：2003 年开始招生，2019—2021 年招收 3 届公费农科生。专业所在的植物保护系，2017 年 11 月与种子科学与工程系合并，更名植物科学与技术系，2023 年 5 月更名为智慧农业系。植物保护专业 2023 年并入智慧农业专业招生。

园林（专业代码：090502）：2003 年开始招生，2006 年先后获批园林植物与观赏园艺二级学科硕士学位授权点、风景园林学一级学科硕士学位授权点和风景园林硕士专业学位授权点。2014 年获批国家第一批"卓越农林人才教育培养计划改革试点专业"。2015 年获批山东省省属高校应用型专业发展支持计划项目，2017 年获批山东省高水平应用型重点建设专业群（核心专业），2019 年成为山东省一流专业建设点。园林专业所在的园艺工程系、园林园艺系，现更名为园林系。

食品科学与工程（专业代码：082701）：2005 年开始招生。设置动植农产品加工实验室、食品分析实验室和食品安全与评价实验室等 6 个实验室。食品科学与工程专业属于食品科学与工程系。

动物科学（专业代码：090301）：2006 年开始招生。动物科学专业所在的动物科学系，2023 年分为两个系，属于动物科学专业的教师组建新的智慧牧业科学与工程系。因学院专业调整，本专业置换为智慧牧业科学与工程专业招生。

种子科学与工程（专业代码：090105）：2008 年开始招生。2019 年与国家农业信息化工程技术研究中心合作组建"卓越智慧农林人才培养实验班"。专业教师多人获聊城地区优秀科技工作者、聊城大学优秀共产党员、优秀实习指导教师等称号。2017 年 11 月，本专业所在的种子科学与工程系更名为植物科学与工程系，2023 年更名为智慧农业系，并入智慧农业专业招生。

智慧农业（专业代码：082701）：本专业是 2020 年教育部列入国家普通高等学校本科专业目录的新农科专业。本专业于 2020 年经教育部备案获批，是全国开设较早的本科院校，2021 年开始招生。智慧农业专业现属于智慧农业系。2023 年 5 月，部分原属于园林系的教师调整到本系。

智慧牧业科学与工程（专业代码：090307T）：本专业是 2021 年教育部列入国家普通高等学校本科专业目录的新农科专业。2022 年经教育部备案获批，2023 年开始招生。本专业现属于智慧牧业科学与工程系。2018 年成立的聊城毛驴高效繁育与生态饲养研究院原挂靠于动物科学系，现挂靠于智慧牧业科学与工程系。

（二）人才培养

多年来，主动适应区域农业经济社会发展需求，落实教育教学定位，明确各专业人才培养目标，全面推进素质教育，体现“新农科”专业特色。立足新农科育人理念。开设劳动必修课，使劳动思想理论与实践相结合，使中国耕读文明与专业相融合。签约建设“聊城大学大学生劳动教育实践基地”。强化实践育人，不断优化实践教学体系。重视实践能力和创新精神培养，逐步构建基础实践、专业实践和综合实训“三个层次”，实验、实训、见习、实习、暑期实践、第二课堂等“六个环节”的实践教学体系。实践课程学分占总学分的30%以上。依托专业基础实验、专业实验、专业实习实践基地和科研创新平台，形成基本实验技能训练与科学研究能力培养相结合的“多模块、多层次、多元化”实践教学体系。共建设37处教育教学实习实践基地，每年利用实习实践基地开设9个专业共计29门实习课程，学生实习1800余人次。

（三）课堂教学

实施“以学为中心、以教为主导”的课堂教学改革。落实OBE教育理念，修订培养方案、课程标准，以专业核心课程为主率先实施“以学为中心”课堂教学改革。建设智慧教室，推进信息技术与教学过程融合。先后建设了显微互动开放实验室、虚拟仿真共享实验室和智慧教室，实现智能多媒体教室全覆盖、无线/有线全覆盖，为推进信息技术和教学融合提供保障。健全教材管理工作制度，严格选用教材。共计获聊城大学校级教材规划建设项目5项，教师共编写教材14部，3部教材获评聊城大学校级优秀教材。

（四）研究生教育

2006年获批园林植物与观赏园艺二级学科硕士学位授权点，2007年开始招收研究生10人，实现办学层次的首次重要提升。2011年获批风景园林学一级学科硕士学位授权点，此后相继获批动物学二级学科硕士学位授权点、风景园林硕士专业学位授权点和作物学一级学科硕士学位授权点。

2018年，《数字科技背景下风景园林学研究生实践教学》获第八届省级教学成果一等奖。该成果主要解决了在现代数字科技背景下，为提高风景园林学硕士研究生的实践和创新能力，系统规划研究生“四位一体”实践教学模式，探索课堂、实验室、基地、社会实践教学的主要途径，运用多元化实践教学模式，将虚拟现实、3R、3D等数字技术融入课堂教学与实践教学。该成果组建的导师团队，参加国家级和省级三维创新设计大赛，数字技术创新设计作品获奖10项、获批省级项目5项，校级项目4项。在多所高校开展了数字科技实践教学成果的推广应用。

2021年，《“智能+”背景下风景园林学研究生“二元化”培养模式的创新与实践》获第九届省级教学成果奖一等奖。该成果针对“智能+”时代下，人才培养与社会需求脱节、社会实践教学、教学质量保障制度不完善等方面面临的挑战，在实践教学平台建设、培养模式和管理制度建设等方面进行系统研究。探索综合运用人机交互、VR 等智能化手段，建立智慧课堂教学模式，搭建虚拟指导团队，切实提高创新和实践能力的培养，构建并实践了“智能 +”背景下“三融合”的风景园林学专业“二元化”培养模式。围绕“立德树人”，建立了完善的教学质量保障制度，激发了专业教师全员育人、全程育人的积极性，研究生主动实践意识显著增强，科研创新能力逐年提高，社会美誉度明显提升。

2023 年，作物学一级学科硕士学位授权点和风景园林专业硕士学位授权点均顺利通过教育部的专项核验。2023 年开始因国家学科布局调整，撤销风景园林学一级学科。根据山东省教育厅关于学位动态调整的要求，置换为畜牧学一级学科硕士学位授权点。

2018 年开始，与意大利卡梅里诺大学联合培养博士研究生，目前已培养 2 名博士研究生，均已回校入职。

（五）教学成果

2005—2011 年，连续三届本科毕业生中每届均有 3 篇毕业论文被评为山东省优秀学士论文。2 位教师获评聊城大学实验教学能手，3 位教师被评为聊城大学实践教学、实验教学先进工作者和先进个人，获评聊城大学 2005—2007 年度实践教学大学生实践创新工作先进集体。1 门课程获评校级重点建设课程，5 门课程获评校级精品课程，1 门课程获评校级双语教学示范课程，获批校级教改项目 7 项、实验教学改革项目立项 3 项。1 人获评山东省农业科教先进工作者。在学校组织的“老教师多媒体教学观摩竞赛”活动中获一等奖；在“中青年教师教学竞赛”活动中，1 人获二等奖，8 人获三等奖。获评校级优秀教案 3 篇。1 人获聊城大学第四届教学名师提名奖。2 人获评聊城大学教学新星。学院教师编写或参编教材 14 部。

2011—2021 年，园林专业入选省级一流本科专业建设点。共出版各类教材、著作 31 部。出版教材 14 部，其中主编教材 7 部，“十二五”规划教材 7 部，“十三五”规划教材 4 部。著（编）作 19 部，其中主编 10 部。获批教研项目 52 项，其中国家级教研项目 2 项，省级教研项目 6 项。获课程建设项目 18 项，其中省级一流课程 2 门，校级一流课程 6 门，校课程思政项目 3 门。积极总结教学改革成果，获省级教学成果奖 3 项，其中省教学成果一等奖 2 项；获校级教学成果 10 项。注重青年教学技能培养，获省部级以上教学竞赛奖 9 项，校级教学竞赛奖 23 项。获山东省黄大年式教学团队 1 个，聊城大学教学团队 1 个，获山东省研究生优秀成果奖 1 项，聊城大学研究生优秀毕业论文 1 篇，省级优秀学士论文 6 篇。

2022—2023 年，开展基层教学组织体系改革。招生本科专业由 7 个调整为 5 个，依托专业成立5个系，每系设2个教研室，系主任担任党支部书记，以教研室为单位成立党小组，扎实推进“双带头人”培育计划，推动基层党建与立德树人深度融合。构建以“四新”专业建设为引领，以省一流专业建设为驱动的本科教育教学发展新格局。获校级思政示范课程立项4项、规划教材建设立项1项、在线开放课程立项3项。获评山东省普通本科高校劳动教育典型教学案例1项，聊城大学优秀课程案例1项。上线国家智慧教育公共服务平台课程5门。上线山东省智慧教育公共服务平台3门。获批校级教改项目重点项目4项、面上项目6项。切实做好党的二十大精神进教材工作，对学院教师为第一主编的5本教材进行修订，获评聊城大学优秀教材1项，获批校级规划教材立项3项。设置课堂教学改革试点课程5门，开设产教融合课程2门。获山东省高等教育教学成果奖、山东省职业教育类教学成果奖一等奖各1项；获聊城大学第青年教师竞赛奖励14项；获聊城大学教师教学创新大赛奖励7项；获山东生物化学与分子生物学会第二届青年教师微课大赛一等奖1项。获聊城大学课程思政教学比赛暨首届山东省本科高等学校课程思政教学比赛选拔赛三等奖1项、优秀奖1项。1人获评聊城大学教书育人楷模荣誉称号。

（六）学生管理

二十年来，学院学生工作坚持“教育为先，管理为主，提高素质，全面发展”的指导思想，牢固树立“以生为本”的教育管理理念，紧紧围绕培养“德智体美劳全面发展的社会主义合格建设者和可靠接班人”这一目标，积极开展校园文化活动，培育学生社会实践、专业社团、科技创新等特色项目，构建和完善学生成长服务体系，营造风清气正、积极向上的学院学风，学团工作在历年学校评比中成绩显著。

抓好辅导员、班主任、学生干部、学生党员等队伍建设。建立健全学生干部选拔、任用制度，细化党员发展规定，注重对学生干部、学生党员的跟踪培养。实行班团、学生会、研究生会周例会制度，不断提高学生干部自我教育、自我管理、自我服务、自我提高的能力，学生干部做表率、当模范的现象不断涌现，多名学生荣获“十大优秀学生”“校长奖学金”等荣誉。

不断强化学风建设。坚持“教、学、管”三位一体，加强制度、政策双保障，实施专业竞赛、考研就业双引领，确保学院优良学风。学院多次在学科竞赛、创新创业大赛中取得优异成绩。2023年，学院项目《基于质谱的脂质组学技术创新及应用》荣获挑战杯全国二等奖，为学校首个入围全国终审决赛的自然科学类学术论文，实现新突破。

扎实推进就业工作。积极组织召开农学类大型专业招聘会、网络双选会等为学生提供精准就业渠道，帮助学生顺利就业。历届毕业生就业率、考研率均位居全校前列。学生高质量就业水平逐年提高。

做好第二课堂衔接。强化共青团组织建设，指导开展第二课堂教育，围绕培养高素质应用型人才目标，注重大学生综合素质的拓展，高度重视共青团工作、学生第二课堂教育和学生社团的建设与发展。历年在校运动会、越野赛、拔河比赛中均取得突出成绩，多次获得“红旗分团委”“五四红旗团支部”等荣誉称号，新农科技社荣获“全国优秀学生社团”“全国百强学生社团”“全国百优创业社团”等国家级奖项千余项。学生社会实践先进事迹、社团工作被《人民日报》头版、《中国教育报》头版、《光明日报》、《农民日报》、中国教育电视台、山东电视台等多家新闻媒体千余次报道，在社会上引起了强烈反响。

学生工作在宿舍管理、资助工作、心理健康教育、易班网络平台等方面有创新、有突破，努力争先，多次获得学生工作先进单位、就业工作先进单位、创新创业工作先进单位、宿舍管理工作先进单位等荣誉称号。

四、学科建设篇

坚持党建引领学科发展战略。按照党管人才原则，先后引进海外高层次特聘教授、泰山产业领军人才、山东省现代农业产业体系驴产业创新团队首席专家、甘肃“飞天学者”特聘教授、“泰山学者”青年专家等高层次人才，带动了高水平学科和平台建设，实现人才、学科、平台的良好互动。

搭建高水平学科平台。依托山东省中兽医研究所（聊城），聊城大学动物疫病防制技术研究所、聊城大学园林研究所等校级产学研平台，开展科学研究和服务社会等工作。2013 年联合获批山东省高校“生态环境保育与生物资源创新利用”十三五重点实验室；2014 年挂职莘县副县长樊颖伦博士牵头，与冠丰种业有限公司共建主要农作物种质创新国家重点实验室。

打造驴产业科技高水平平台。2017 年筹建聊城市驴疫病防控工程技术研究中心。引进泰山产业领军人才、山东省驴产业技术体系首席专家担任研究院院长；2018 年 6 月，挂牌成立聊城毛驴高效繁育与生态饲养研究院，聊城大学校长蔡先金、聊城市副市长任晓旺为研究院揭牌，与意大利卡梅里诺大学签署两校共建研究院协议。

依托研究院，2018 年获批山东省黑毛驴高效繁育与健康养殖工程技术研究中心。2019 年牵头全国 17 家单位获批山东省高等学校驴产业科技协同创新中心。2020 年，畜牧学学科成为山东省高水平培育学科。2021 年，畜牧学和风景园林学科成为学校“强特色”学科。学校成为山东省现代驴产业技术体系首席专家单位。2022 年，获批山东省高等学校特色畜禽种质资源创新与利用重点实验室。2023 年，获批筹建国家种畜禽遗传评估专业中心——国家马驴遗传评估中心。

至此，我校驴科学研究的特色与优势逐渐凸显，整体进入领跑水平。新华社旗下媒体新华财经以《聊城大学聚力打造现代驴产业科技创新高地》为题，介绍了驴研究院紧紧围绕驴全产业链关键技术问题攻坚克难，构筑起现代驴产业科技创新高地，培养出“学得好、用得上、留得住、下得去”的高水平应用型人才。

2019 年，黑水虻研究团队获批山东省重大科技创新工程“利用黑水虻处理畜禽养殖废弃物关键技术研究与示范”项目。2022 年获批黑水虻种虫繁育和有机废弃物转化山东省工程研究中心；同年，牵头获批山东省高等学校“黄河流域生态循环农业协同创新中心”。科技日报以《科特派培育环保“清道夫”使厨余垃圾变废为宝》为题报道了这项工作。

五、科研创新篇

围绕农业发展，立足于解决“卡脖子”技术问题，按照研究领域和产业发展需要，共组建了驴科学、园林园艺植物水肥一体化等 11 个研究团队，初步实现了团队之外无科研。

2005—2010 年：获批纵向项目 23 项，总经费 179.5 万元，其中国家自然科学基金 4 项，山东省自然科学基金 8 项。获得山东省科技进步三等奖和高等学校优秀成果三等奖各 1 项；发表论文 449 篇，其中 SCI 论文 42 篇；授权发明专利 4 项；出版专著 8 部；国槐（聊红槐）通过品种审定，并于 2018 年 8 月 30 日确定为聊城市市树。

2011—2015 年：获批纵向项目 28 项，总经费 714 万元，横向经费 175 万元；发表论文 336 篇，其中 SCI/EI40 篇；合作获山东省科技进步三等奖和省高校优秀科研成果三等奖各 1 项；授权发明专利 13 项；出版专著 11 部。

2016—2020 年：获批纵向项目 80 项，总经费 1960.4 万元，其中国家自然科学基金 11 项，山东省自然科学基金 23 项；横向课题 62 项，总经费 2690 万元；授权专利 23 项；发表论文 508 篇，其中 SCI/EI60 篇；王长法教授论文发表在世界著名杂志 Nature Communications 上，是我国学者在马属动物研究上发表的最高水平论文。获山东省农牧渔业丰收奖、山东省高等学校优秀科研成果奖二等奖和中国轻工协会科技进步一等奖各 1 项。

2021—2023 年：获批纵向经费 1903 万元，其中国家自然科学基金项目 9 项，重点研发计划子课题等 3 项；获批横向总经费 1224.6 万元；获批授权发明专利 12 项；发表论文 336 篇，其中 SCI 一区 21 篇，二区 87 篇；获山东省科技进步三等奖和中华神农科技奖二等奖各 1 项，其他校级成果奖 17 项；制定地方标准和团体标准 27 项；审定国审玉米品种“登海鲁西 206”“登海鲁西 208”，“聊大红金桃”

获植物新品种权。

六、对外交流篇

2005 年开始，对外交流活动日益增多。敦聘美国得克萨斯农工大学刘同先博士为学院荣誉院长。全职引进包括海外高层次特聘教授在内的外籍教师 5 人。师生对外合作不断深化。与意大利卡梅里诺大学、德国不来梅哈芬大学、美国北乔治亚大学、香港城市大学等开展学生互换、学分互认和师资培训等合作，邀请哈佛大学、东京大学、首尔大学等大学和科研机构学者开展学术交流，学院教师承担了多项国际合作应用项目。

2016 年学院开始与意大利卡梅里诺大学实现人员互访，2020 年我院动物学硕士研究生刘宪斌到卡梅里诺大学攻读交换生并先后获得两个学校的硕士学位和毕业证。2020 年双方合作培养博士研究生，毕业于动物学的杨耀森同学，于 2023 年获卡梅里诺大学的博士学位和毕业证，入职聊城大学。

搭建高水平对外交流平台，服务“一带一路”国家战略。自 2019 年起，应汤加王国教育培训部邀请，受中国教育部委托，先后派出两批共 4 名教师赴汤加开展农业教育援外工作。特别是第二批两位教师克服当地疫情和火山地震等诸多困难，在汤连续坚持工作长达三年之久。他们通过技术推广，致力改善汤加居民饮食结构，提高健康水平，获得了汤加王室和居民的高度肯定。省领导赴汤访问期间，对我校开展的交流工作表示赞赏，并为“山东—太平洋农作物新品种培育推广中心（汤加）”揭牌。此后，通过执行教育部和科技部相关项目，学院多次组团到南太平洋岛国开展技术援助活动。

积极承办国际学术会议。2016 年先后 3 次承（协）办国际驴产业发展学术研讨会，扩大了学校的影响力。2022 年 10 月，承办 2022 年世界运河沿岸景观发展国际会议，来自北京大学、清华大学、同济大学、韩国首尔大学、及我校运河景观领域专家学者及师生 300 余人参会，为我国正在进行的生态文明建设大运河文化公园建设以及乡村振兴战略提供了重要的智力支持。

七、融合发展篇

2005 年共有 8 位教师被聊城市政府聘为科技特派员，朱明才等 10 多位教师被聘为企业技术顾问。其中，张复君老师 2007 年被联合国开发计划署驻华代表处、商务部中国国际经济技术交流中心、科技部中国农村技术开发中心 UNDP 项目管理办公室评为 2007 年度 UNDP 项目省级优秀科技特派员并受表彰；2009 年 6 月被评为全国优秀科技特派员。动物保健实习医院服务周边群众，每年诊治病畜禽 1 万余例。2006 年，学院与阳谷县农业局合作，共同开展中央财政支持的《玉米高产优质高效技术体系应用》项目，在阳谷县 5 个乡镇推广种植玉米 10 万亩，推广农业种植高新技术；同年为东昌府区培训了近千名农村后备人才，《人民日报》（海外版）2006 年 9 月 25 日给予报道。

派驻科技特派员樊颖伦博士在山东冠丰种业集团，参与“主要农作物种质创新国家重点实验室”建设，担任国家重点实验室副主任。翟付顺博士与北京市城美绿化设计工程公司合作主持完成东昌湖景区等 6 个园林规划设计项目。

2012 年聊红槐成果实现转化。“中草药饲料添加剂”新产品应用研究通过省经信委组织的成果鉴定，参与聊城市民生牧业有限公司获批山东省企业工程技术中心。选派科技副县长 1 名，副乡镇长 2 名，到村挂职“第一书记”1 人，贫困县下派科技特派员 3 名，聊城市科技特派员 3 人。

2013 年选派第一书记 1 名、科技副县长 3 名，6 名科技特派员。4 名教师做客 CCTV—7 的《科技苑》《每日农经》，CCTV—10《走进科学》等栏目，扩大了办学影响。

2014 年获批横向项目 16 项，横向签约经费 180 余万元。与鲁西集团、东阿阿胶、泉林集团、凤祥集团等大型企业实现全面合作。与茌平县多种经营办公室、金艺园林公司举办培训班及中职生培训，培训经费 37 万元。

2015 年先后与聊城市经开区、高新区、江北水城旅游度假区，聊城市农委及 5 县市农业主管部门等签订横向项目 19 项，项目金额 162 万元。选派 1 名教师挂职村第一书记，3 名教师到第一书记村担任农业科技特派员。为冠县、高唐、茌平 3 县举办基层畜牧兽医人员技术培训班和聊城市畜牧兽医检验人员技能大赛。

2016 年签订校企合作横向项目 14 项，项目经费 91 万元。与天津渤海生物科技有限公司建立动物疫病联合检测诊断服务中心，与爱阁瑞奇有限公司共建黑毛驴营养实验室。派出 1 名教师挂职第一书记，5 名教师挂职冠县、聊城市高新区 5 个乡镇科技特派员。

2018 年签订校企合作横向项目 10 项，项目经费 166 万元；与企业联合获科技奖励 3 项；新增应用性科技成果 7 项，实现科技成果转化 3 项；获批山东省驻企业科技特派员 1 名，“三区”科技特派员 13 名，派出挂职聊城市高新区管委会副主任 1 名；获批“鲁西农业标准化培训实训基地”，举办培训班 2 期；组建成立了中国乡村研究院乡村产业振兴研究中心。

2019 年获批横向课题 21 项，经费 276.74 万元。1 人挂职开发区管委会科技副主任；14 名科技特派员服务于冠县、莘县和阳谷等贫困县 28 个村的科技扶贫工作。3 人荣获省级优秀科技特派员。为高唐、东阿、聊城—重庆对口协作单位彭水县举办培训班 5 期。

2020 年主持和参与制定国家标准、行业标准和省地方标准 12 项，参与制定省市“十四五”农业产业发展规划。形成“聊红椿”“聊大红金桃”等9项“高校涉农科技成果”拟转化项目。王长法教授等提交的咨询报告获国家领导人批示。

2021年立项国家标准、行业标准和团体标准共5项。选派12名骨干教师挂职企业科技副总或技术中心负责人。新建产学研基地3处。举办农业技术人员素质能力提升培训班，承担了聊城市动物检疫检验员技能培训和职业技能竞赛。

2022年选派16名骨干教师挂职企业科技副总或技术中心负责人，选派5人挂职科技副镇长；同企事业单位联合获批项目16项，其中省部级项目6项，市厅级项目10项；获各级科技奖励6项；同企事业单位共建研发平台4家、产学研基地5家；新增应用性科技成果26项；举办农业技术人员素质能力提升培训班；获批“山东省高素质农民培训基地（田间地头）”“聊城市高素质农民培训基地”；承担聊城市人力资源与保障局职业技能大赛2项。

2023年联合申报项目38项，其中省部级及以上项目17项；联合获得科技奖励6项，共建研发平台和产学研基地5家；新增应用性科技成果10项；畜禽表型智能化精准测定与数字化应用技术项目得到成功转化。提交建议提案3份，其中1份获市主要领导批示；与企业对接或签订合作协议33项。新选派9名骨干教师挂职企业科技副总。征集山东省现代农业产业链高校创新成果推介案例7项（山东省教育厅）。开展各级各类培训项目共8个，培训人数近500人。获批立项建设“聊城市高素质农民培训基地”。

八、结语

从学院创立之初的艰辛起步，历经20年历史旅程，到如今的繁荣兴盛，每一步都凝聚着历代师生的心血和汗水。我们见证了学院在人才培养、学科建设、师资力量、科研创新、社会服务以及国际合作交流等各个方面的显著进步和成就，这些工作为学院未来的发展奠定了坚实的基础。

未来10年，学院将继续秉持“育人为本、质量为魂、创新为要、服务为先”的办学理念，不忘立德树人初心，力求答好“育人三问”，牢记为党育人为国育才使命，培养更多具有家国情怀、“三农”视野和综合竞争力的高水平人才。学院将进一步加强学科筑基，推动科研创新和融合发展，不断推动农业科技创新，全面提升学院的综合实力和核心竞争力。为我国乡村振兴战略、科教兴国战略和人才强国战略贡献农学智慧和使命担当！

感谢所有为学院发展做出辛勤付出和无私奉献的全体师生、广大校友和社会各界人士。让我们携手共进，秉持“敦行致远”院训精神，为2035年把学院建设成为具有重要区域影响力的农业科学院，贡献自己的力量，书写更加辉煌灿烂的明天！

第二十一节　医学院

2014 年 9 月 17 日，聊城大学医学院揭牌成立。医学院是聊城大学最年轻的学院，由聊城大学与聊城市人民医院联合创建，双方资源共享、优势互补，实行校院教学体制一体，基础与临床交融，学科交叉整合的教学模式。同年，学院开设口腔医学技术专业，开始招收培养第一届口腔医学技术专业学生。2020 年，学院开始招收护理学专业四年制本科生，目前在校生 282 名。2023 年，新增智能影像工程专业，学院开始招收培养硕士研究生。至 2023 年，设有口腔医学技术、护理学、智能影像工程 3 个本科专业，在校学生 571 名，专任教师 23 名，全部具有研究生学历，其中副教授 6 人、博士 17 人、齐鲁卫生与健康杰出青年人才 1 人。聘任聊城市人民医院兼职教师 145 人，其中正高级职称 24 人，副高级职称 49 人。拥有现代化实验实训中心 2000 余平方米，以满足学院本科和研究生教学科研需要。

学院以教学为中心，以科研为先导，以师资队伍建设为重点，形成了“敬业博学、厚德育人”的教风、“崇学新知、厚实笃行”的学风和“团结协作、锐意进取、敢闯敢干、务实高效”的院风。

一、党建与思想政治工作

医学院坚持以习近平新时代中国特色社会主义思想为指导，建院 10 年来一直全面贯彻党的教育方针，坚持社会主义办学方向，落实立德树人根本任务，秉承为党育人、为国育才的初心使命，把党的建设融入学院建设全过程，以高质量党建引领学院事业高质量发展。

（一）坚持党的全面领导，认真贯彻落实党的教育方针，围绕国家战略需求培养担当民族复兴大任的时代新人

一是以高质量党建引领学院高质量建设发展。充分发挥学院党委的政治核心作用。健全完善学院党委议事规则和党政联席会议制度，将党建工作与业务工作同谋划、同部署、同推进、同考核，充分发挥学院党委在维护主流意识形态中的战斗堡垒作用和在事关学院重大发展问题上的把关定向作用。加强支部建设，发挥堡垒作用。严格落实“三会一课”、主题党日、组织生活会、民主评议党员等党建基本制度，创新工作方法，确保党的组织和党的工作全覆盖，切实发挥好党支部的战斗堡垒作用。注重党员教育，强化理论武装。扎实开展学习贯彻习近平新时代中国特色社会主义思想主题教育，不断巩固“两学一做”学习教育、“不忘初

心、牢记使命”主题教育、党史学习教育等成效，教育引导广大师生增强信仰信念信心，立大志、明大德、成大才、担大任，做社会主义核心价值观的坚定信仰者、积极传播者、模范践行者，坚定不移听党话、跟党走，努力成为堪当民族复兴重任的时代新人。

二是以高起点站位谋划“三全育人”体制机制。2021年，学校第五次党代会明确了全校师生员工的共同愿景：创建国内知名、特色鲜明的一流区域高水平应用型大学。党代会强调，必须以立德树人为根本任务，坚持质量立校、学科强校、人才兴校、特色亮校、开放活校。围绕这一战略定位，学院凸显立德树人的首要地位，以学生能力提升与素质达成为中心，通过开展“本科生导师制”工作措施等不断健全全员育人、全过程育人、全方位育人的体制机制，构建大思政理念，谱写“三全育人”新格局。

（二）坚持社会主义办学方向，贯彻落实立德树人根本任务，把立德树人成效作为检验学院一切工作的根本标准

一是切实履行办学治院主体责任。学院党委全面贯彻党的教育方针，落实教育“四个服务”的要求。在办学指导思想上，强调“坚持社会主义办学方向”；在办学宗旨上，树牢“为党育人、为国育才”意识，以教学为中心，以科研为先导，以师资队伍建设为重点，形成了“敬业博学、厚德育人”的教风、“崇学新知、厚实笃行”的学风和“团结协作、锐意进取、敢闯敢干、务实高效”的院风。

二是健全完善思想政治工作体系。积极按照《关于加快构建高校思想政治工作体系的意见》，结合学院实际开展实践探索，努力形成党建引领、机制构建、产教融合、文化涵育、队伍建设等“五位一体”的思想政治工作体系。多举措推进习近平新时代中国特色社会主义思想进课堂、进教材、进头脑工作。大力打造“暑期社会实践全国专项行动”“急救志愿服务”等共青团工作品牌，获批“聊城大学辅导员领航工作室”等。

三是注重加强思政和党务工作队伍建设。学院严格落实《关于加强和改进新形势下高校思想政治工作的意见》，党委书记、副书记分别担任班主任。出台《聊城大学医学院班主任岗位职责及工作要求》等规章制度，为每个班级配齐辅导员、班主任，将思想政治教育和专业思想教育有机融合；学院加强思想政治教育工作的资助，提升班主任费的分配标准。设置专职组织员，选拔优秀教师、辅导员担任党支部委员会委员。

（三）建立健全思政工作体系，全面推进“三全育人”

学院以《教育部等八部门关于加快构建高校思想政治工作体系的意见》（教思政〔2020〕1号）精神为指导，完善思政教育内容，创新思政教育方式，提高思政教育质量，通过建立健全思政工作体系，全面推进全员、全过程、全方位育人。

一是完善思政教育内容，全面推进“三全育人”。在传统马克思主义理论教育的基础上，增加符合时代特征的思想政治内容，如社会主义核心价值观、中华优秀传统文化等。同时，注重将理论与实践相结合，引导学生运用所学知识解决实际问题。

二是创新思政教育方式，全面推进“三全育人”。采用多样化的第一、第二课堂方式，如专题讲座、互动研讨、案例分析等，使学生由被动接受转为主动参与。通过开展各种社会实践和志愿服务活动，让学生在实践中感受和理解思想政治教育，增强社会责任感和实践能力。

三是提高思政教育质量，全面推进“三全育人”。通过制定科学合理的评价标准，鼓励教师教学创新，提高思政教育实效性。同时通过党委班子上党课、“靓丽树”“共上一堂思政大课”等形式，提升学院思政教育质量。

（四）贯彻落实教育部《高等学校课程思政建设指导纲要》精神，加强课程思政建设

一是学习贯彻落实《高等学校课程思政建设指导纲要》。为推进医学院课程思政建设，发挥好每门课程的育人作用，提高人才培养质量，医学院组织全体教职工学习了《高等学校课程思政建设指导纲要》。二是深化教学改革，夯实课堂教学主渠道。优化课堂教学，构建面向全体学生的必修 + 选修结合的思政课程体系，将《习近平新时代中国特色社会主义思想概论》《思想道德与法治》等课程加入2022版培养方案，日常教育、课堂教育注重融入习近平总书记关于教育的重要论述，全面推动习近平新时代中国特色社会主义思想进教材、进课堂、进师生头脑工作。三是完善日常教育体系。开展课程思政，在专业课中融入思政元素，将课程思政融入课程标准、融入教学目标、融入教学内容、融入教学方法。四是提升专业教师思政教育水平。不定期组织教师参加课程思政最新理论与实践的培训讲座，并组织教师参加首届山东省本科高等学校课程思政教学比赛，我院教师任世强获得优秀奖。

十年以来，为及时发现、解决师生思想政治、道德品质等方面负面问题，学院建立相关预警机制，如学生心理健康预警机制、家校联合预警机制、教职工廉政风险预警机制等。学院设立心理咨询室，配备专职心理辅导教师，建立朋辈辅导机制，为学生提供心理健康服务，同时建立学生心理健康档案，及时发现和解决学生心理问题。学院建立家校联合预警机制，通过假期实地走访、电话访谈、面对面等形式不定期与学生家长沟通，了解学生家庭环境中的情况，共同关注和解决学生在思想、道德品质方面的问题。学院建立教职工廉政风险预警机制，组织全体教师集体学习《关于加强和改进新时代师德师风建设的实施意见》，把师德师风作为年度考核、岗位竞聘、推优评先、表彰奖励等工作的首要要求，逐级、逐层签订《廉政风险承诺书》，通过课堂观察、师生座谈等方式，及时了解师生思想动态和道德品质状况。学院党委充分认识新形势下加强和改进高校思想政治教育工作的重要性和紧迫性，敢于跳出具体问题的框框，全面分析解决问题，做好学院思想政治教育工作。

二、师资队伍建设工作

学院始终坚持以习近平新时代中国特色社会主义思想为指导，把思想政治建设放在首位，在教师工作部统一指挥下，健全工作机制，引导教师坚守立德树人使命，坚定理想信念，涵养高尚师德，将师德表现贯穿教师教育教学全过程，老师们的使命感更强，行动更加自觉，学院教师未发生严重违反师德师风行为。

学院现有教职工 31 人，专任教师 25 名，全部具有研究生学历，其中副高级以上职称 6 人、占比 24%，具有博士学位者 19 人、占比 76%；有境外学习经历者 2 人，齐鲁卫生与健康杰出青年人才 1 人。教师年龄结构、职称结构、学历结构合理，能够很好地完成本科教育教学任务。

近三年，教师获聊城大学优秀多媒体课件评选优秀奖 1 人、山东省青年教师教学竞赛优秀奖 1 人、聊城大学青年教师教学竞赛一等奖 1 人、聊城大学教师创新大赛三等奖 1 人、聊城大学课程思政教学比赛优秀奖 1 人、聊城大学青年教师教学竞赛优秀奖 1 人。学院教师承担校级及以上教学改革和研究项目 5 项，其中省部级 2 项，校级 3 项；近三年，教师发表教研论文 8 篇，参编教材 1 部，承担山东省自然科学基金项目 2 项、横向项目 4 项、厅级科技项目 1 项，总经费 181 万元；发表科研论文 27 篇，其中 SCI 论文 19 篇。

根据医学院新老师多的特点，学院发扬老教师“传帮带”的传统，聘请学校优秀教师来院指导，聆听李保国、郭永华先进事迹，举办从业三十年教师荣退仪式营造尊师重教的良好氛围，汇聚教师们积极向上的奋进力量。同时，老师们积极响应，主动参与学院学生管理工作中，举办关爱女大学生师生谈心谈话、以“巾帼逐梦，绽放时代芳华”为主题的师生读书会等活动，有效增强了教师争做“四有”好老师，四个“引路人”内驱动力。

三、本科教育教学工作

在办学方面，医学院坚持社会主义办学方向，全面贯彻党的教育方针，遵循高等教育规律，坚持本科教学工作中心地位，实施本科教学工程，深化教育教学改革，创新人才培养模式，修订人才培养方案，完善教学质量保障体系，进行系列教学活动。

2022年2月14日，医学院邀请了山东第一医科大学护理学院院长刘化侠教授、聊城市人民医院口腔科主任兼科研处处长李克义教授、聊城市人民医院口腔科夏春鹏教授、聊城市人民医院护理部主任杨春玲教授、聊城市人民医院东昌府院区副院长张春燕教授以及我院教授委员会成员对学院口腔医学技术和护理学专业人才培养方案进行指导、“问诊把脉”。与会专家通过审阅材料，讨论交流等，对学院专业人才培养方案的修订工作给予了充分肯定，并结合专业需求和建设实际为人才培养方案的修订提出了具有专业亮点和前瞻性的意见和建议。

在教育教学改革方面。2021年至今，医学院共申报山东省教改项目1项，校级教改项目6项，校级规划教材1部，本科生课堂教学改革试点课程5门。此外，学院秉承“敬业、博学、求实、创新”的校训，发扬“崇教、尚学、敦厚、奋进”的聊大精神，强化创新创业教育，设置“四史”教育通识教育必修课程，《音乐鉴赏》《中国美术史》《艺术与审美》等通识选修课程；开设《劳动教育》理论课程，根据专业特点结合实习实训、创新创业训练、社会实践、勤工助学等开展劳动实践。近两年，我院获批15项大学生创新创业训练计划项目，其中，国家级项目1项，省级项目2项。

在实验教学方面，经学校批准，原东校区校医院的2—5层划归为医学院实验实训中心。2021年，学院投资约200万元完成了一期护理实验实训中心的建设，2022年，投资116万元完成了二期护理实验实训中心建设，2023年，追加96万元完成了三期护理实验实训中心建设，可以较好满足护理学的实验教学。2022—2023年，建设智慧虚拟仿真解剖实验室，一期18万元，二期61万元，共计79万元。为深化医学教育改革，创新实践教学体系，强化医学生的基础理论、基本知识、基本技能，提升评判性思维和临床思维能力、人文关怀精神和团队合作意识，全面提升人才培养质量，医学院每年均组织相应的学科竞赛。如2022年5月21日，由创新创业学院主办、医学院承办2022年聊城大学大学生第一届护理专业技能大赛。创新创业学院、医学院负责人、专业评委以及医学院护理学专业教师团队和2020级护理学专业学生等参加本次比赛，比赛邀请聊城市人民医院护理部副主任姜勇作专业点评。2023年6月12日，由创新创业学院主办、医学院承办2023年聊城大学大学生第二届护理专业技能大赛。比赛的成功举行，真正做到了以赛促教，以赛促学，以赛促建，以赛促改，助力创新型应用型人才培养。

在教育教学质量方面，以新一轮本科教育教学审核评估工作为契机，为全面保障学院本科教育教学质量，2023年11月16日下午，医学院在会议室召开本科教育教学质量保障体系建设研讨会。会上，与会人员结合自己的教学、管理工作实际，围绕当前本科教育教学质量保障体系建设与实践、教学质量保障与持续改进方法、新一轮审核评估视角下学院质量保障与质量文化建设等方面，就推动质量文化形成和增强教师育人能力的具体措施进行了深入的探讨与交流。学院本科教学工作应从目标导向入手，通过开展纵向和横向教研活动、建立听课反馈机制、加强外聘教师的管理、采取师生双向评价、定期举行座谈会等方式实现教学相长，丰富和完善学院质量保障体系。

为持续深化教育教学改革，完善本科教学质量保障体系，切实提高学院的教育质量和办学水平，2023 年 12 月，医学院在会议室召开了四次本学期科学反思研讨会。深度教学反思的举办，有助于教师教学质量的提升，对提高教师授课艺术、优化课堂教学大有益处。

为贯彻落实“必须坚持系统观念”，“为前瞻性思考、全局性谋划、整体性推进党和国家各项事业提供科学思想方法”党的二十大报告精神，进一步提升本科生的科研素养和科研思维水平，加强自主创新意识和综合科研能力，2023 年 12 月，医学院拟定了《本科生科研素养提升工程》，该方案涉及绪论、科研诚信、文献检索与研读、科研选题、研究设计、项目申请书的撰写、论文写作与发表七个主题。拟在下学期采用线上线下同步教学，对大一至大三年级学生实施该方案。该方案已通过了党政联席会审议。

为进一步推进新医科建设，医学院于 2022 年申报了“智能影像工程专业”，且于今年开始招收第一批智能影像工程专业本科生，共 40 人。为增进医学院 2023 级智能影像工程专业学生对本专业学习方向的了解程度，提升专业自信心与自豪感，医学院举行了三次新生研讨课，分别邀请了聊城市人民医院磁共振室主任张传臣、CT 室主任刘大亮，东软医疗 CT 产品事业部中国区经理张昕秋、人工智能与临床创新研究院资深科学家凌玉婷，华东师范大学、上海市磁共振重点实验室、医学影像人工智能研究中心教授汪红志，山东大学齐鲁医学院教授李振平担任主讲专家，此次新生研讨课的举办，让同学们对自己未来学习与就业方向有了明确的规划，对智能影像工程专业有了更加清晰地认知。

2023 年 12 月，是聊城大学本科教育教学审核评估期间。评审专家抽调医学院试卷 424 份，本科毕业论文 10 份，听课 2 次，访谈 4 次，各项工作均获得专家好评。学院积极组织青年教师参加青教赛，2023 年下学期，刘凤兰荣获校级一等奖、任世强获二等奖、盛源获三等奖。

四、研究生教育教学工作

研究生教学工作是医学院教育体系中的重要组成部分，也是医学生的培养和学院发展的重要推动力量。研究生教学工作可以促进学院与学术界和医疗机构的交流与合作，提高医学教育的质量，还可以促进学院的学术研究和科研创新。

（一）发展历程

（1）2023 年，学院孟震等 4 名教师被聊城大学聘为硕士研究生导师。

（2）2023 年，学院导师依托生命科学学院招收李亚楠等 2 名学生攻读生物学硕士学位。

（3）2023 年，医学院在生物学一级学科下结合学院发展实际设置研究方向，制定了硕士研究生培养方案。

（4）2023 年，制订 2024 年度招生计划，计划独立招收生物学硕士研究生 4 名，并顺利完成了 2024 年硕士研究生推免复试工作，孔丽、全雨欣、顾晋菲等 3 名研究生通过复试，拟于 2024 年入学，攻读生物学硕士学位。

（二）研究生教育体系

（1）招生学科：生物学

（2）培养目标

培养适应我国社会主义现代化建设需要的德智体美劳全面发展的生物医学领域高层次学术型和应用型人才，坚持“拓宽基础、加深专业、强化能力、突出创新”原则，秉持基础理论和科研能力并重，着力培养研究生自主开展科学实验的研究能力和创新能力。

（3）学制

本专业研究生实行以基本学制为基础的弹性学习年限。基本学制为 3 年，其中最长学习年限为 5 年（含休学、延期等学习时间）。

（4）培养方向

①肿瘤生物学：应用多组学、分子生物学、细胞生物学、病理学、免疫学、药理学、肿瘤学等前沿科学理论和技术，围绕肿瘤病因、发病机制及其防治的生物学问题开展基础和临床转化研究，寻找新的肿瘤标志物和药物靶标，为肿瘤分子预警、早期诊断方法的建立和生物治疗的设计提供新的科学依据。

②生物材料与再生医学：利用材料学、细胞生物学、分子生物学方法研究用于疾病诊疗、病损修复材料的合成与改性，阐明细胞与生物材料的相互作用机制。

（三）师资队伍

学院现有硕士研究生导师 4 名，其中校内导师 3 名，校外导师 1 名。

（1）孟震：医学博士、副教授、副主任医师、硕士研究生导师，入选齐鲁卫生与健康杰出青年人才工程，兼任中华口腔医学会生物医学专委会委员、山东省医药技术学会理事、山东省口腔医学会激光医学分会常务委员和头颈肿瘤分会委员、山东省研究型医院协会口腔颌面外科学会委员、聊城市口腔医学会常务理事。主要研究方向为头颈肿瘤的基础和临床转化研究。主持国家自然科学基金项目 1

项，山东省自然科学金项目 2 项，中国博士后科学基金项目 1 项。发表 SCI 论文 30 余篇。获山东省医学科学三等奖 1 项。

（2）杨茜茜：博士，讲师、主管护师，硕士研究生导师，研究方向为心理健康与维护、精神性疾病的发生机制及护理要点。以第一作者发表SCI、SSCI论文5篇，中文论文 4 篇，主持参与国家级、省级课题 3 项，申请专利 2 项。兼任护士心理健康委员会副主任委员、山东省护理教学与实践专业委员会委员、BMCHealth Services Research、Clinical Nursing Research 期刊审稿人。

（3）杨睿：博士、副教授、硕士研究生导师。主要研究方向为肿瘤生物学。主持国家自然科学基金项目 1 项，山东省自然科学基金项目 1 项，在 Neuro—Oncology、Oncogene 等知名期刊上发表论文 10 余篇。

（4）姜小红（校外）：博士、主任技师、硕士研究生导师。入选齐鲁卫生与健康杰出青年人才工程，主要研究方向为肿瘤细胞成像及诊治，主持国家自然科学基金项目 1 项，山东省自然科学基金项目 1 项，中国博士后科学基金项目 1 项，山东省医药卫生科技发展计划项目 1 项，发表 SCI 论文 5 篇。

五、学科建设与科研工作

（一）学科建设

医学院立足于服务国家和区域重大战略需求，坚持推进学科内涵发展，注重谋求差异化发展、错位发展，充分借鉴吸收兄弟学院学科建设发展经验，积极寻求学科发展的新方向，寻求学科转型的新突破。聚焦人才培养核心任务，将学科建设和人才培养有机结合起来，实现学科建设水平和人才培养能力的双向赋能。

2022 年以来，学院学科建设工作迅速发展，逐步成立了学科教研室和实验室。2022 年成立基础医学教研室、口腔医学技术教研室、护理学教研室，启动生物医学实验室建设工作。2023 年，根据学院学科发展需要，新增成立智能影像工程教研室，生物医学实验室建成并投入使用。积极响应学校“冲一流、强特色”学科建设工作，与药学院、生物制药研究院等共同建设聊城大学“生物医药”强特色学科。

学科建设是培养高素质医学人才的基础，不仅可以提供专业领域的优质教学资源，还可以为学生提供更广阔的发展空间和更丰富的学术氛围，培养出更加优秀的医学人才。通过高水平医学学科可以吸引优秀的科研人才，为科研团队提供良好的研究环境和优质的科研条件，推动医学科研和技术创新取得更多突破性进展。学科建设对于医学教育改革和发展具有重要推动作用。不断完善和提升医学学科建设水平，有利于推动医学教育模式的创新和改革，促进医学教育向深度发展。学科建设有助于提高医学服务水平，通过为医学生和医护人员提供系统、全面的医学知识和技能培训，为医疗服务提供了坚实的理论和实践基础，从而提高了医疗服务的质量和水平。医学学科建设不仅关乎医学院自身的发展和提升，更是服务社会、促进人类健康事业发展的重要保障和推动力量。

（二）科学研究

科研在医学院的发展中扮演着不可替代的重要角色，对于推动医学科技进步、培养高水平医学人才、提升学术声誉和影响力、支撑人才培养和学科建设以及促进医学院与社会的交流与合作都具有重要的意义和价值。

2022 年横向课题《利用 Crispr—cas9 技术进行 T 细胞的多基因编辑的技术开发》《跨尺度微结构调控的氧化锆陶瓷材料设计与制造》到账经费 62.5 万元，申请博士科研启动基金 5 项，经费 128 万元；与化学院合作发表第一署名单位 SCI 论文 1 篇，与江南大学等单位合作发表第二署名单位 SCI 论文 2 篇、EI 论文 1 篇。

2023 年获批山东省自然科学基金青年基金项目《寨卡病毒感染人星形胶质细胞诱导 RIPK3 依赖性的程序性坏死的分子机制和生物学功能研究》，经费 15 万元，执行期 3 年。在研山东省自然科学基金项目《融合基因 TRIM52—RACK1 通过调控 AnnexinA2 苏素化促进口腔鳞状细胞癌迁移和侵袭的研究》，经费 10 万元。横向课题《氧化锆浆料小试与打印试样性能分析》《仿生氧化锆粉体性能分析与小试》《提高中药制剂稳定性方法的研究》等，到账经费 51 万元。申请博士科研启动基金 3 项，经费 48 万元。科技成果《人工智能多模态图像处理应用技术》转移转化资金 101.5 万元。广泛开展科研合作，2023 年度，与德国 Helmholtz 研究中心、青岛大学附属医院、聊城市人民医院等单位合作，发表第一署名单位文章 6 篇，SCI 收录 5 篇，其中临床医学研究 3 篇，护理学 2 篇；出版著作《现代护理学精编》1 部。

加强国际交流合作，派出 1 名博士教师到美国 Fox Chase Cancer Center 进行博士后研究工作；1 名博士教师进入山东大学——聊城市人民医院博士后工作站，兼职从事博士后研究工作；1 名护理学硕士教师到中国医科大学护理学院读博。

生物医学实验室于 2023 年建成并初步投入使用，结合研究基础和科研优势，初步形成以与医院合作共赢为目标的临床研究、以新引进博士为主体的医学生物材料学研究、以生物医学实验室建设为基础的肿瘤生物学研究三个方向。

六、学生教育管理工作

截至 2024 年 1 月，医学院全日制在校本科生 572 人，学生党员 21 人，共青团员 381 名，团青比 66.7%；已毕业学生 140 人。按照“重基础、强优势、勇创新、促特色、出亮点”的工作思路，做好“医学 +”思政育人文章。

共青团工作方面。一是党建领航，“医学 + 思政教育”品牌响亮。学院党委高度重视共青团工作，党委委员以上党课、谈心谈话、座谈会、班主任等形式，开展思想政治教育。其中，护理专业学生“共上一堂思政大课”——庆国际“5•12”护士节活动成为学院专业思政活动品牌。二是固本强基，“医学＋组织建设”持续优化。各团支部依托“智慧团建”平台，严格落实“三会两制一课”运行机制“智慧团建”信息准确率、“学社衔接”率一直保持良好水平，成功召开7次学生代表大会、2次共青团员代表大会，创新制定《医学院学生会工作明白纸》，优化学生工作规范有序。三是美育浸润，“医学＋校园文化”专业特色。“大学生护理专业技能大赛”“最美医德演讲比赛”“天使合唱团”“大学生生命健康教育微课堂”“雕牙大赛”，学院团委遵循护理学、口腔医学技术等专业特点，强化顶层设计，营造“以美育人、以美培元”的美育环境，开展高质量、融入专业元素的活动。四是“社会实践＋志愿服务”融合赋能。通过构建“123”模式，实现社会实践和志愿服务工作共谋共融、双向奔赴，充分发挥志愿服务实践育人功能。依托“芳华”大学生生命健康教育工作室开展系列“医学＋”活动，通过“请进来”“走出去”，邀请聊城市人民医院、市疾控中心、120急救中心、东昌府区妇幼保健院等行业专家入校作报告、做义诊，充分实现社会实践与志愿服务校地共建。依托护理学专业组建“医”心向阳志愿服务队，依托口腔医学技术专业组建“医”路有你志愿服务队。其中，“医”路有你青春行健康医疗服务队连续5年入选“三下乡”全国专项，自成立以来，先后赴山西省灵丘县东河南镇水涧村等六个村镇开展健康医疗义诊服务，免费制作义齿近30副，价值近20万元，口腔筛查服务群众200余人。

学生教育管理方面。一是学风建设常抓不懈。学院分管副书记亲自上“开学第一课”，强调严格、常态化学风管理工作。通过制定规章制度，严格校规校纪管理、考试管理，明确学生行为准则，同时建立学生诚信档案。定期开展学风建设活动，如学术讲座、榜样力量、研讨会、餐厅沙龙等，对毕业生、新生开设专题教育。通过早自习、晚自习，加强学生纪律建设，对迟到、旷课等突出问题进行重点整治，强化课堂纪律教育。二是理论＋实践，全面培养学生综合能力。精心制定口腔医学技术、护理学、智能影像工程专业人才培养方案，精心设计系列学科基础课程，覆盖90%以上学生全面系统掌握学科基础知识。利用多媒体教学、实验教学，并联合聊城市人民医院专业医生现场教学，多元化教学方式激发学生对专业的学习兴趣，提升学习实效，学院建有口腔数字化实验室、护理实验室，设立多个科研项目，近三年有15个创新创业项目校级立项。三是体育＋美育＋劳动教育，全面开展通识教育。通过校级篮球联赛、运动会、广播操比赛、校园马拉松等体育活动，鼓励学生积极参与，提高身体素质，同时注重培养学生的团队协作能力。学院创建医学院“天使”合唱团，由65名女同学组成，丰富课余文化生活的同时提升医学生职业素养。“迎新晚会”“5·12”护士节等各种文艺展演，鼓励学生积极参与，发挥自己的艺术才能，培养审美能力和艺术素养。四是开展内容丰富的心理健康教育，扎实有效。开设《大学生心理健康教育》课程，36 学时。成立心理咨询室，配备专职辅导员，为学生提供心理健康咨询、心理测评、心理疏导等服务。定期开展心理健康知识讲座和培训活动，建立朋辈互助平台，帮助学生增强自我认知和心理调适能力。五是毕业生就业工作务求实效，教育引导学生转变就业观念，积极开拓毕业生就业市场，学院连续多年的毕业生初次就业率在 80% 以上，位居学校前列。

学院坚持育人为本、德育为先，把思想政治教育摆在人才培养的首要位置，建章立制，坚持教育与管理相结合，把思想政治教育融于学院管理之中，形成了具有鲜明专业特色的学生教育管理模式。

第二十二节　药学院

聊城大学药学院创建于 2010 年 11 月，由聊城大学与抗体药物国家工程研究中心联合创建，聘请海军军医大学（原第二军医大学）肿瘤研究所所长，抗体药物与靶向治疗国家重点实验室(原)和抗体药物国家工程研究中心主任、“长江学者”特聘教授、国家杰出青年基金获得者、大分子药物与规模化制备全国重点实验室首席科学家郭亚军教授担任首任院长。截至 2024 年 7 月，药学院现有教职工 53 人，其中专任教师 43 人，教授 4 人，副教授 14 人，兼职教师 22 人。学院现有“长江学者”“国家杰青”“国家特聘专家”等国家级人才 3 人，“泰山学者”特聘教授等省级人才 9 人。学院现设有制药工程、生物制药和药学 3 个本科专业，生物化学与分子生物学 1 个硕士学位点。学科和专业方面拥有山东省重点学科(2011 年)——“分子生物学与抗体工程”、山东省高水平应用型重点立项建设专业（2016 年）和山东省一流专业（2019 年）——“生物制药专业”、国家级和省级一流课程——“生物化学”(2023 年)、山东省现代产业学院(2022 年)——“生物制药及规模化制备”；科研平台方面建有山东省高校重点实验室（2017 年）——“药物分子设计与高端制剂”、山东省现代产业学院（2022 年）——“生物制药与规模化制备”、全国重点实验室(2023 年，共建)——“大分子药物与规模化制备”山东省重点实验室——“蛋白与多肽类药物应用技术”(2024 年，牵头)。全日制本科在校生 1000 余人，硕士研究生 64 人，函授生 305 人。学院始终坚持以习近平新时代中国特色社会主义思想为指导，坚持社会主义办学方向，全面贯彻党的教育方针和学校第五次党代会精神，落实立德树人根本任务，引领药学本科教育高质量发展。

一、发展历程篇

2010 年学院建院初期下设生物制药系和化学制药系，分别从生命科学学院和化学化工学院分流了 20 名教师和 76 名本科生。学院分别于 2012 年和 2013 年获批制药工程专业和生物制药专业并开始独立招生。创院十余年，学院历经融合创建、内涵发展和产教研高质量融合发展 3 个发展阶段。

（一）融合创建阶段（2010.11—2015.04）

2010 年，海军军医大学（原第二军医大学）肿瘤研究所所长、抗体药物国家工程研究中心主任郭亚军教授为支持家乡高等教育事业，特别是为填补聊城大学医药学科建设和人才培养的空白，同时为了实践郭教授首创的“哑铃型”人才培养模式，经商定，聊城大学联合抗体药物国家工程研究中心创建药学院，郭亚军教授被聘为学院首任院长，以生物制药人才培养和生物大分子药物创新为专业和学科发展方向。同年 11 月，聊城大学药学院正式挂牌成立。

学院从零起步，建院伊始没有药学相关专任教师学院和生源，分别从化学化工学院化学工程与工艺专业和生命科学学院生物工程专业 2010 级学生中转调 2 个班级共 76 名本科生组成药学院第一届本科生，又分别从化学化工学院和生命科学学院抽调不足 10 名专任教师形成药学院的第一批专业课教师。当时学院办公场所在生命科学学院实验楼（3 号实验楼）一楼，总的办公面积不足 150 平方米。学院教师的科研场地是临时占用生科院的本科实验教学场地。

即使教学和科研条件简陋，在学院师生的共同努力下，以及各级领导的关怀和支持下，学院于 2011 年 6 月获批山东省省级重点学科——“分子生物学与抗体药物工程”；2012 年，“单克隆抗体药物工程”被遴选为聊城大学重点建设项目第一层次、学院获批山东省专项资金骨干学科教学实验中心、郭尚敬教授获批科技部“863 项目”子课题——“动物细胞大规模批次流加培养关键技术及产品研发”、学院与上海新生源生物医药有限公司签订意向书计划共建抗体药物中试研究平台。同年，学院获批制药工程专业，当年招生 80 人，主要培养适应国家制药工业发展需要，具有良好的创新意识、创业精神和职业道德，具备解决复杂工程问题能力的高素质应用型专门人才。

2013 年学院迎来了跨越式发展的一年，由聊城大学牵头，联合上海张江生物技术有限公司、山东省医学科学院、泰山医学院、齐鲁制药有限公司、鲁南制药集团股份有限公司、山东阿华生物药业有限公司、上海新生源生物医药有限公司 8 家单位共同申报并获批山东省抗体制药协同创新中心（培育）。中心下设四个研究平台，围绕生物大分子药物制剂、抗体药物评价与表征分析、抗体药物生产关键原材料和抗体药物中试与产业化四个领域开展技术集成和产业化研究。

2013 年 12 月 20 日，在聊城市政府和聊城高新区的大力支持下，聊城大学与聊城高新生物技术有限公司共同投资近 3000 万元的山东省抗体制药协同创新中心开工建设，平台建设面积约 2500 平方米，中心于 2014 年 2 月 18 日建成并投入运行，平台从设计到建设完成仅用时 58 天。国家千人计划专家韩军教授任中心主任，农学院原副院长王正平，药学院原副院长郭尚敬、药学院原党总支副书记刘德芳任中心副主任。同时依托该中心建设的聊城高新区生物技术研发中心和聊城大学生物活性物质及临床营养研究中心同步启动。同年，生物制药专业获批招生，招生 80 人。

2014 年 10 月 25 日，由山东省教育厅主办，聊城大学和山东省抗体制药协同创新中心（培育）承办的“泰山学术论坛——抗体药物暨纳米药物与缓控释药物制剂国际研讨会”成功举办。会议期间，许霆、王皓、郑忠辉、陈有海等专家分别作了大会报告，报告涉及抗肿瘤抗体药物、酶制剂与生物制药等领域。同年，引进国家千人计划专家张席妮博士，在东校区 4 号实验楼 4 楼建立了面积约为 250 平方米的小分子化学药物创新实验室。至此，学院在生物制药和化学制药两个方向都建立了科研平台，并组建了科研团队。

在融合创建阶段，学院先后建立了制药工程和生物制药 2 个本科专业，建设了山东省抗体制药协同创新中心和山东省纳米药物与释药系统工程研究中心 2 个省级科研平台。2014 年底学院教职工人数达到 19 人，在校本科生 280 余人，研究生 10 余人，学院初具规模。

（二）内涵发展阶段（2015.05—2021.12）

2015 年 4 月，山东省抗体制药协同创新中心从药学院剥离，单独成立聊城大学生物制药研究院。从此，药学院进入了一个新的发展阶段。学院以学校“十三五”规划制定为契机，围绕“提升内涵、提高质量、强化服务、彰显特色”的指导思想，制定了药学院《2013—2020 年综合改革实施方案》，并经药学院首届教职工代表大会审议通过，全院师生意气风发、锐意改革，扎实推进内涵式发展。

从 2016 年开始，学院将专业和学科建设的重点聚焦于生物与医药方向，并进一步加强与郭亚军教授团队的合作与交流。2016 年生物制药专业获批山东省高水平应用型重点立项建设专业，2017 年获批“十三五”山东省高等学校重点实验室——药物分子设计与高端制剂，2018 年“制药工程专业应用型人才校研企合作培养模式的探索与实践”获得山东省省级教学成果奖二等奖，2018 年制药工程专业获批山东省教育服务新旧动能转换专业对接产业项目，2019 年生物制药专业获批山东省一流专业，李军教授带领的肿瘤免疫靶向治疗创新团队获批山东省高等学校优秀青年创新团队。2020 年药学专业获批建设和招生，当年招生 40 人。

在人才培养方面，学院致力提升教育教学质量和人才培养质量，自 2017 年以来以打造“教师富有魅力，学生充满活力，学院有竞争力”的品牌学院为主旨，实施自信力提升工程，简称“十个一工程”。2018 年 6 月新时代全国高等学校本科教育工作会议召开，学院认真学习并全面贯彻本次会议精神“坚持以本为本，推进四个回归，加快建设高水平本科教育，建设中国特色、世界水平的一流本科教育”，不断强化自信力提升工程和导师制等人才培养举措，教师教学水平、科研水平和学生素质与能力的提升效果非常明显，为学生就业质量的逐步提升奠定了坚实的基础，全力促进毕业生充分、高质量就业，取得了一系列骄人的成绩。学院本科生连续 5 年考研率逐年攀升，连续 4 年被学校评为“就业先进集体”，2019 年、2020 年连续就业率位居全校第一，2020 年考研率及考研提升率均位居全校第一。

（三）产教研高质量融合发展阶段（2022.01 至今）

2022 年以来，学校谋定“十四五”规划，坚定不移地走特色发展、高质量发展之路，深入推进城校融合，深入践行“校内、校地、校企”融合发展办学思路，强化校地校企产学研协同创新，加快创建高水平应用型大学。学院积极响应学校号召和要求，立足产教研发展模式，深入落实和践行学校融合发展战略，推动学院高质量发展。

在人才培养方面，2022 年 11 月，学院与上海张江生物技术有限公司（抗体药物与靶向治疗国家重点实验室）、东富龙科技集团股份有限公司合作成立的生物制药及规模化制备现代产业学院成功获批山东省现代产业学院。现代产业学院的成立旨在整合我国生物医药领域高端创新链与产业链，建设成具有中国特色的全国生物医药产业科技创新和示范性人才培养高地。2023 年 3 月，学院联合上海张江生物技术有限公司成功获批“科教产教融合研究生联合培养专项计划”项目，贯通医药专业“本科 + 研究生”培养全过程。2023 年 3 月，药学学科获批山东省科教融合协同育人联合体建设项目；2023 年 5 月，冀芦沙教授主讲的《生物化学》获批国家级本科一流课程，2023 年 12 月，《生物化学》获批山东省课程思政示范课，2024 年 2 月，王瑞副教授主讲的《分子生物学》获批山东省本科一流课程。学院始终以“产出”为导向，以“实现充分就业”为目标，学生培养成效显著，创新能力大幅提高，在全国大学生生命科学竞赛、全国生命科学类大赛、山东省生物化学实验技能大赛、医药生物技术技能大赛、挑战杯等各项赛事获奖 100 余项。其中获全国大学生生命科学大赛创新一等奖 1 项、二等奖 10 项、三等奖 6 项；获批省级以上大学生创新创业立项 10 项，其中国家级立项 5 项。硕士研究生荣获“山东省研究生优秀成果奖”三等奖 3 项；3 人荣获“山东省高校师范类优秀毕业生”荣誉称号；4 人获得聊城大学优秀毕业论文。

在师资建设方面，2022 年以来，先后引进优秀博士 10 人，进一步优化了学缘结构和人才梯队，增强了学院的发展后劲。2022 年 12 月王学堃副教授融合院内科研力量，组建的“抗体与小分子药物设计和筛选创新团队”获批山东省高等学校优秀青年创新团队。

在学科建设方面，2022 年 5 月，学院牵头，联合生物制药研究院、医学院和生命科学学院申报获批聊城大学强特色重点建设学科“生物与医药”。2023 年 3 月，学院与聊城市产品质量监督检验所、悠思福生物技术有限公司联合共建的聊城市灵芝产品质量控制及药效评估重点实验室获批市级重点实验室建设。实验室主要围绕山东省道地药材、“聊城三宝”之一的灵芝为研究对象，聚焦灵芝产品质量不规范、灵芝药效成分及作用机制不明确等科学技术问题开展研究。该重点实验室的建立是聊城大学服务区域经济社会和产业发展、全面深化校地融合战略的一项重要举措。2023 年 3 月学院参与重组共建的大分子药物与规模化制备全国重点实验室获批建设。大分子药物与规模化制备全国重点实验室由中国工程院院士、温州医科大学校长李校堃教授担任主任，由上海张江生物技术有限公司、温州医科大学、聊城大学、东富龙科技集团股份有限公司、上海恒润达生生物科技股份公司、上海复旦大学附属中山医院组成产学研医联合支撑。实验室面向国家重大战略需求，聚焦加快攻关包括抗体和重组蛋白等大分子药物研发领域的“卡脖子”问题，为体表创伤和神经损伤、代谢紊乱及其并发症、心脑血管疾病、恶性肿瘤等重大疾病提供临床治疗药物，实现相关药物从跟踪仿制到源头创新，从国内认证走向国际公认和从适应西方标准到建立国际公认中国标准的战略需求；建立从理论创新—靶点发现—规模化制备—产业转化的全链条技术体系，建成支撑我国大分子药物发展的高能级研发和产业化示范平台。实验室的总体目标是建成国际一流的新药研发平台，开拓基于疾病响应的内源性调控因子为药源分子或靶标的创新药物研发新路径，引领国际新药创制新方向。实验室将重点打造三大特色集群，即重组蛋白药物创新与规模化生产集群、细胞治疗技术与工艺开发集群、新型大分子药物技术集群。

二、教育教学篇

（一）办学定位

学院始终牢记和坚持党的教育方针和社会主义办学方向，立足全面落实立德树人根本任务的时代新使命，瞄准国家生物医药产业布局，对接山东省新旧动能转换医养健康产业，着力打造鲁西地区生物制药、制药工程及药学专业人才培养制高点。从建院以来，学院始终坚持产学研合作办学思路，产学研合作办学成为学院在教育教学和人才培养方面的特色。

（二）办学特色和举措

为了深入实施产学研人才培养模式，不断提高人才培养质量，学院从第一届本科生开始就加强与医药企业的合作开展人才培养工作，在郭亚军教授团队的指导和帮助下，先后与上海百迈博生物制药有限公司、上海迪赛诺化学制药有限公司、北京悦康药业集团股份有限公司、天津药明康德药物研发有限公司、山东科兴生物制品有限公司、山东华鲁制药有限公司等20家实习实践基地。从2013—2017年先后共有400余名学生参与到企业的集中生产实习实践中，每届学生的实习时长达到60天以上。另外，学院与企业在校内共建科研和人才培养平台，促进教研相长，2016年学院与山东中泰药业有限公司达成协议，共建现代药物研究院聊城大学研究中心，开展产学研深度合作。2017年9月研究中心建成后以项目和本科生导师制为依托，吸纳本科生进入研究中心开展科研实践，先后培养本科毕业生130余人，研究生8人。

在校研企合作办学过程中，学院邀请企业管理和技术人员共商人才培养方案的制定，解决了人才培养目标和方案与行业企业对人才需求脱节的问题。从2016版本科人才培养方案开始增加了药学概论、制药设备与车间设计、抗体工程、药品质量管理规范、疫苗研究与应用等课程，并大幅增加了实践教学的学分和学时比例，占到总学分的30%以上，提高学生所学知识技能与企业需求的对接度和满意度。经过多年的探索和实践，产学研校企合作人才培养模式逐渐完善和成熟，2018年学院申报的“制药工程专业应用型人才校研企合作培养模式的探索与实践”获得山东省本科教学成果二等奖。

2017年以来，在加强与校外企业合作的同时，学院持续加强内涵建设，学院深入实施专任教师导师制和自信力提升工程（“十个一工程”），实现对学生全覆盖、全过程、全方位指导。导师既是学生大学四年的学习导师，也是考研就业帮扶责任人，学生考研就业情况作为评价奖励导师的重要指标。同时，全面推动“十个一”工程：一人讲好一门品牌课；一人一学期进行1次课程示范研讨；一人跟一名教学名师学讲课；一人一聘期内发表一篇教研论文；一人在研一项科研项目；一人一学年一次学术讲座；一名学生一名学业导师；一名学生一项创新课题；一名学生一次竞赛；一名学生一项成果。学院还制定了全面保障“十个一工程”顺利实施的措施，每一项都有奖励措施，还统一印制记录册，供教师对所开展的工作进行记录。通过内涵建设，坚持“生药交叉，产学研融合，厚基础，重素质，强能力”的人才培养目标，贯穿“OBE”理念，让学生在实践中充分理解产业实际需求，历届人才辈出，社会声誉优良。

在就业方面，学院依托校研企合作培养的深厚基础，持续优化就业举措，依据“一人一策，一师一责，跟踪指导，精准发力”的就业指导工作策略，准确掌握每一名毕业生的就业意向和动态变化，不断提高人才培养和就业质量。主要有以下几方面做法：（一）健全“就业思政”工作体系，强化就业育人实效。学院始终把毕业生就业作为“三全育人”的重要内容，不断健全“就业思政”工作体系。开展以“成才观、职业观、就业观”为核心的就业主题教育活动，通过政策形势讲座、榜样示范引领等形式，引导学生树立健康、积极、理性的就业心态，把个人理想追求融入现代化国家建设新征程，鼓励毕业生积极参与西部计划、“三支一扶”、选调生、大学生应征入伍，到祖国需要的地方建功立业；（二）加强就业服务信息化，高效利用大数据掌握学生就业进展情况。学院先后与鲁南制药、华鲁制药、鲁西质检中心等多家知名企业合作，建立了较为完善的用人单位数据库；借助云端多渠道精确采集岗位要求和求职意向，向毕业生精准推送岗位信息；建立就业动态数据库，全方位掌握学生就业状态，健全毕业生就业统计机制，做到了精准帮扶；（三）发挥毕业校友和在校学生骨干的作用，建立就业拓展新机制。组建毕业生校友考研就业指导群，广泛汇聚考研就业资源，多种方式拓宽考研调剂和就业岗位信息来源。发挥毕业生学生党员、入党积极分子、学生干部、舍长在就业方面的模范作用，构建了教师—学生骨干—毕业生的一体化就业框架，保证了信息传达通畅，学生反馈的问题得到及时解决；（四）关注重点群体，重点帮扶促就业。实施低收入家庭毕业生、少数民族、残疾等重点群体毕业生就业能力提升行动，开展重点群体毕业生就业能力培训。建立低收入家庭毕业生就业帮扶工作台账，按照“一人一档”“一人一策”进行重点帮扶，帮助有就业意愿的贫困学生尽快就业。

（三）办学成效

2018 年，学院教学成果“以工程素养为导向的地方本科院校生物工程专业人才培养模式的探索与实践”获山东省本科教学成果二等奖。学院坚持“理工融合”专业发展模式，整合药学（理学）、生物制药（工学）和制药工程（工学）三个专业成立六个课程团队：“细胞工程教研室”“药物化学教研室”“药物分析教研室”“药剂学教研室”“药理学教研室”“药剂学教研室”和“制药设备与工程教研室”。已建成《生物化学》《药理学》《药剂学》《药物分析》《药物化学》《分子生物学》《计算机辅助药物设计》7 门在线开放课程。《生物化学》课程在智慧树平台成功运行 5 轮，累计注册人数超 5000 人，完成课程人数 2517 人。“十三五”期间学院共获批省级以上教学改革项目 7 项，获山东省省级教学成果奖二等奖 2 项；出版教材

2 部（科学出版社），发表教研论文 20 篇，其中 EI 论文 2 篇，核心期刊 6 篇。专任教师参加省部级教学竞赛 8 项，其中获国家级二等奖 1 项、三等奖 2 项，优秀奖 1 项。

在教育教学改革和人才培养过程中，涌现出了冀芦沙老师和王瑞老师等典型模范。冀芦沙教授（执行院长）在学院教育教学方面树立了标杆和榜样，先后以首位获得山东省省级教学成果奖特等奖和二等奖各 1 项、山东省青年教师教学竞赛奖励 5 项、山东省“三八”红旗手、水城最美科技工作者、聊城大学良师益友、聊城大学教书育人楷模等奖励和荣誉，主讲的《生物化学》课程被评为国家级本科一流课程和山东省课程思政示范课。王瑞老师甘守三尺讲台，关爱学生，成为学生的知心大姐姐，先后荣获聊城大学青年教师教学竞赛一等奖、聊城大学第四届大学生“良师益友”提名奖、2020—2021 年度聊城大学巾帼建功标兵，主讲的《分子生物学》课程分别被评为聊城大学校级一流课程和课程思政示范课程和山东省本科一流课程。

学院不断完善教学管理制度建设，全面构建“学院教学指导委员会—专业负责人—课程负责人—导师 / 教师”管理环节，以产出为导向，改革培养方案，加大综合性和创新性实验的比例，基础和专业实践 16 学分，综合实践 24 学分，毕业（设计）论文选题与科研项目、生产实际相结合的比例达 90% 以上。近年来本科生和研究生在全国大学生生命科学竞赛、全国生命科学类大赛、山东省生物化学实验技能大赛、医药生物技术技能大赛、挑战杯等各项赛事获奖 100 余项，其中获全国大学生生命科学大赛创新一等奖 1 项、二等奖 10 项、三等奖 6 项；获批省级以上大学生创新创业立项 22 项，其中国家级立项 12 项。研究生荣获“山东省研究生优秀成果奖”三等奖 3 项；3 人荣获“山东省高校师范类优秀毕业生”荣誉称号；4 人获得聊城大学优秀毕业论文。

近三年，学院考研率稳居学校前三，其中考入“双一流”高校的比率分别为 28.90%、25.69%、30.14%，连续三年被评为考研工作“先进集体”。毕业生到本行业就业率分别为 99.37%、98.69%、80.34%，学院连续五年荣获聊城大学“就业优秀奖”。值得提出的是，2019 级生物制药 6 班团支部以全省第一名的成绩成功入选 2022 年度山东省高校活力团支部，以全国第四名的成绩成功入选 2022 年度全国高校“活力团支部”。

经过十余年的发展，学院办学规模与结构不断优化。学院在稳定办学规模、提升办学层次、优化办学结构上取得显著成就。学院全日制在校生规模达到 1008 人，研究生 64 人，学历继续教育学生 305 人。研本比由 2015 年的 3.6% 升至 2023 年的 4.3%。

三、学科建设与学术研究篇

（一）学科和团队概况

学院自建院以来，紧密依托上海张江生物技术有限公司和郭亚军教授团队，以及国家千人计划专家韩军博士，专注于肿瘤和大分子药物以及高端药物制剂研究，现已建设成了基因水平—蛋白水平—细胞水平—活体水平研究药物递送靶向性和药物体内药代动力学的药物发现与研究的国家级和省级科研平台，包括大分子药物与规模化制备全国重点实验室、蛋白与多肽类药物应用技术山东省重点实验室、山东省抗体制药协同创新中心、山东省纳米药物与释药工程研究中心、药物分子设计与高端制剂山东省高校重点实验室，形成了“泰山学者”青年专家团队、免疫与抗体团队、药物化学团队、微生物与生物技术药物团队共 4 个科研团队，其中，李军教授和王学堃副教授团队分别获批山东省高等学校青年创新团队。

（二）学科平台建设历程

学院首个省级重点学科——“分子生物学与抗体工程”建于 2011 年，2013 年依托生物化学与分子生物学硕士点开始招收硕士研究生，是山东省内关于重组蛋白药物、抗体等大分子药物研究最早和特色突出的学科点。在该省级重点学科基础上，在学校大力支持下和郭亚军教授团队参与指导下，2013 年聊城大学联合上海张江生物技术有限公司、山东省医学科学院、泰山医学院、齐鲁制药有限公司、鲁南制药集团股份有限公司、山东阿华生物药业有限公司、上海新生源生物医药有限公司 8 家单位共同申报并获批山东省抗体制药协同创新中心（培育）。抗体制药协同创新中心的建立旨在共同建设形成国内领先的抗体药物研发和中试平台，并协同多个产业化基地促进成果转化，着力解决药物创新、药物生产的关键原材料、药物评价与表征分析、中试与产业化、创新药物制剂等方面存在的关键共性技术，形成完整的药物研发和生产技术创新体系，提升人才、学科、科研三位一体的创新水平，推进我省生物医药产业的发展和升级。

2014 年韩军教授牵头申报获批山东省纳米药物与释药系统工程技术研究中心，该中心紧密围绕临床用药的重大需求，以纳米给药系统（包括纳米靶向制剂、脂质体、亚微乳等）、固体纳米 / 固体分散释药技术及缓控释技术为主要研究对象，开展新型制剂的实验室技术研究、中试及产业化工艺研究。同时进行体内外筛选评价、质量控制标准等系统的建立，从而解决新型给药技术药物从实验室到走向临床过程中的关键共性技术问题，为今后山东省的医药新剂型的研发及走向国际化起到有效的推动作用。

2017 年，依托山东省省级重点学科——“分子生物学与抗体药物工程”申报的“十三五”山东省高等学校重点实验室——药物分子设计与高端制剂获批建设。

该重点实验室集聚包括国家“千人计划”特聘专家、“泰山学者”特聘教授、“泰山学者”海外特聘专家和山东省中青年学术骨干等高层次人才，围绕天然活性先导化合物与创新化学药物研究、高端药物制剂研究、生物大分子药物研究和药物作用细胞与分子机制研究等领域和方向开展研究。

2023 年，学院在学科和科研平台建设中取得重大突破。2023 年 5 月，由我院牵头，联合生物制药研究院、医学院和生命科学学院申报获批建设校级重点学科——“生物与医药”。该重点学科的建设旨在借助“大分子药物与规模化制备全国重点实验室”重组契机，将聊城大学生物医药学科打造成全国领先的大分子药物产业高能级平台，夯实聊城大学在大分子药物及相关新兴技术领域的优势地位，进一步加快应急药物研发、快速诊断治疗等方面的瓶颈技术突破，提升原创生物医药科技成果转化能力。通过五年建设，将聊城大学药学、生物与医药学科建设成 B 类学科。2023 年 3 月学院参与重组共建的大分子药物与规模化制备全国重点实验室获批建设。该实验室的获批将显著增强我院在重组蛋白药物和抗体等大分子药物研究水平和能力，促进省级重点学科——“分子生物学与抗体工程”和校级重点学科——“生物与医药”的建设和发展。2024 年 7 月，聊城大学作为牵头单位，联合华润昂德生物药业有限公司、温州医科大学共建的蛋白与多肽类药物应用技术实验室获批山东省重点实验室。

（三）学科建设成效

在“十三五”期间，学院先后承担国家“863”子课题项目 1 项，国家重点研发计划项目、国家自然科学基金、国家科技攻关计划等国家级科研课题 12 项，山东省自然科学基金和山东省重点研发计划项目 20 项，累计发表科研论文 400 余篇，获授权国家发明专利 13 项。2015 年，柳仁民教授参与完成的成果——“中药及天然药物活性成分分离新技术研究与应用”荣获国家科学技术进步奖二等奖；同年，严守升博士参与完成的成果——“美拉唑系列产品产业化与国际化的关键技术开发”荣获国家科学技术进步奖二等奖，实现国家级奖励的双丰收；2017 年，柳仁民教授参与完成的成果——“金银花提质增效、综合开发关键技术研究与产业化应用”荣获山东省科技进步一等奖；2019 年，郭亚军教授主持的“咽喉疾病相关的功能保全与重建的机制及应用研究”荣获上海市科技进步一等奖。

学院通过加强国内外学术交流，不断提高学院知名度，进一步加强了学科建设。2022 年 4 月，“才聚水城、智汇聊大、共创未来”2022 国际青年博士论坛——聊城大学药学院分会场在我院成功举办。韩国国立全南大学韩付博博士、南京师范大学楚肖晓博士、天津科技大学孟换美博士分别作了精彩的学术报告，并与学院教师进行了热烈的学术交流。通过此次论坛的成功举办增强了与国内外同行的交流，同时吸引了海内外优秀青年博士和高层次人才加盟学院，同谋发展，共创未来。2023年5月，为深入推进药学及生物与医药学科建设，深化药学学科交叉融合、协同创新，推进教育科技人才一体化发展，执行院长冀芦沙带领学院相关教师参加了“首届全国药学学科高质量发展论坛”；同月，由聊城大学发展规划与学科建设处、聊城大学科学技术处主办，由我院和大分子药物与规模化制备全国重点实验室承办的“首届大分子药物与规模化制备全国重点实验室研究方向研讨会暨生物医药学科高质量发展论坛”在我校成功召开。论坛围绕大分子药物与规模化制备全国重点实验室建设发展中的重大关键科学问题、核心技术瓶颈问题和拔尖创新人才培养难题等开展研讨，凝练形成学科共识。通过此次论坛活动，深化了生物医药学科交叉融合、协同创新，推动了大分子药物与规模化制备全国重点实验室建设一体化发展。

近年来我院学术研究屡结硕果，显著提升了我院在国内的学术影响力，体现了我院教师砥砺奋进、锐意创新的精神，涌现出一批学术新星。天然产物靶向药物设计与发现创新团队刘国运老师和杨杰老师聚焦中草药资源，以姜黄和荜茇等中草药中的活性小分子为先导化合物进行结构设计以及对中药有效物质基础进行分离和鉴定，并进一步评价其在抗肿瘤、抗氧化、抗炎和抗衰老等方面的活性，另外通过结构修饰、前药设计或纳米载药系统等手段，改善药物的生物利用度，提高药理活性，提高靶向性，研究小分子化合物与功能蛋白的相互作用、药效分析及药代动力学分析。团队成员先后在Biomedicine&Pharmacotherapy（中科院1区Top，IF7.419）、Chemico—biological Interactions（中科院2区，IF5.168）、Molecular Pharmaceuticals（中科院2区，IF5.307）、《International Journalof Molecular Sciences（中科院2区，IF6.208）等国际著名期刊发表研究论文30余篇。2023年肿瘤免疫靶向治疗团队贾殿隆老师针对巨噬细胞免疫检查点CD47/SIRPα，基于TAMs“再教育”和CD47阻断的综合策略，构建新型多功能脂质体药物，在体内外实验中显示出很强的抗结肠癌活性，为CD47/SIRPα免疫检查点的药物开发提供了新的见解和思路。相关成果发表在药剂学著名期刊JournalofControlledRelease（中科院1区Top，IF10.8）。2023年生物化学与生物学创新团队王印虎老师基于天然抗菌活性成分和厚朴酚的骨架架构，通过引入多种亲水性正电荷和亲脂性侧链，构建与抗菌肽类似的两亲性结构，获得具有成药前景的抗菌肽模拟物，与对照药物多黏菌素和万古霉素的抗菌活性相当，而且该化合物还表现出抗菌谱广、杀菌速度快，不易产生耐药性等诸多特点。相关研究成果发表在药物化学权威期刊European Journalof Medicinal Chemistry（中科院1区Top，IF7.088）上。2023年合成生物学与化学生物学创新团队王帅老师与中国医学科学院药物研究所戴均贵研究员团队合作，研究发现并功能鉴定了三尖杉烯合酶 CsCTS，首次明确了海南粗榧内酯等三尖杉烷型二萜前体为三尖杉烯，并阐明了其环化机制，相关成果发表在国际知名期刊 Angewandte Chemie International Edition（中科院 1 区 Top，IF16.6）上。

四、党建思政篇

（一）党建引领立德树人办学任务

学院始终坚持以习近平新时代中国特色社会主义思想为指导，坚持社会主义办学方向，全面贯彻党的教育方针和学校第五次党代会精神，落实立德树人根本任务，引领本科教育高质量发展。班子成员严格落实“一岗双责”夯实本科教育教学地位，不断提升人才培养质量与经济社会发展需求相适应。

1. 坚持党的全面领导，培养时代新人

一是以党的政治建设为核心。坚持把方向、谋大局、定政策、促改革作为学院高质量发展的重要航行，贯彻落实党委领导下的院长负责制，进一步修订和完善学院党委会、党政联席会议事规则，严格落实“三重一大”决策制度，规范议事决策流程，确保学院党委切实履行办学治校的主体责任。二是以党的思想建设为引领。强化党对意识形态领域的领导，落实党委会、党政联席会“第一议题”制度和理论学习中心组学习制度，制定学习计划，编印《药学院师生政治理论学习材料》；学院官网、微信公众号推出理论学习专栏，学院党委每月编制一期《药学院政治理论学习材料》，全面推动习近平新时代中国特色社会主义思想入心入脑，切实将党的创新理论转化为推进学院教育教学高质量发展的重要力量源泉。三是以党的组织建设为基础。实施二级学院党政负责人双向交叉任职和《药学院党委委员联系指导党支部工作制度》，由学团干部担任本科生党支部书记，学生党员担任支部委员并负责开展工作，学院党委委员对所联系支部的标准化规范化建设予以指导，结合“班主任”和“导师制”等工作机制，把学生党支部建设与专业知识学习与实践应用相结合，切实把“为党育人、为国育才”的初心使命落实到学科体系、教学体系、教材体系、管理体系。

2. 坚持社会主义办学方向，贯彻落实立德树人根本任务

一是坚持社会主义办学方向，贯彻落实立德树人根本任务。全面贯彻党的教育方针，坚持为党育人、为国育才。深入实施《药学院攀登计划》和“药学院荣誉体系建设”，推进学科体系、教学体系、管理体系改革统筹谋划、统筹推进，着力培养德智体美劳全面发展的社会主义合格建设者和接班人。二是始终把立德树人作为检验一切工作的根本标准。制定并实施《药学院专业技术岗位竞聘晋级办法》，将教师教学质量作为职称评聘的首要条件，教师平均三年的评教成绩不得低

于 30%。完善专业技术职务评聘办法，在职称评审、岗位聘任、评奖评优中实施师德师风一票否决制。

（二）思政教育

1. 构建思政体系，开展“三全育人”

一是坚持党的全面领导，构建“三全育人”工作格局。把落实党对一切工作的全面领导落实到学院管理和人才培养全过程和各环节。落实党委班子成员、党支部书记“我来讲党课”制度，组织开展党史知识竞赛。二是加强党团班寝一体、家校共育建设。构建“党委统筹领导、团委牵头负责、教师相互协同、学生自主自治、家校联动支撑”的协同联动机制。原教工第一党支部获“聊城大学首批样板支部培育创建单位”并被聊城市委宣传部授予“学习强国”平台 2022 年度“优秀学习组织”称号，学院党委组织员获“优秀管理员”称号。

2. 完善思政队伍，建设思政课程体系

一是加强思政队伍建设，讲好思政课程。根据《聊城大学辅导员队伍建设管理办法》，按照师生比例不低于 1:200 的比例配齐辅导员教师队伍，职称评审单列计划，2023 年新分配专职辅导员 1 人。二是优化课程设置，全过程育人。在课程设置中按照教育部相关要求开设《马克思主义基本原理》《中国近现代史纲要》《毛泽东思想与中国特色社会主义理论》《习近平新时代中国特色社会主义思想》等必修课程，始终将立德树人理念、思政课程建设推进到课程建设的第一线。三是凝心铸魂，培育时代新人。坚持用习近平新时代中国特色社会主义思想凝心铸魂，引导学生梳理马克思主义立场，不断增强中国特色社会主义道路自信、理论自信、制度自信、文化自信，厚植爱国主义情怀。通过开展新生入学教育、分党校专题培训、主题党日活动等形式不断强化学生的思想建设，努力把学生培养成为又红又专的时代新人。

3. 推进课程思政，提升课程育人实效

一是全面落实教育部《高等学校课程思政建设指导纲要》精神，结合专业课程特点，有效将课程思政元素融入培养方案、课程说明书、课件等教学资料，并将专业基础课和专业核心课的课程思政元素汇编成册。二是将课程思政元素融入效果纳入评估督导体系，作为教师课堂教学评价的重要指标。《生物化学》课程获批山东省课程思政示范课，《分子生物学》课程获批校级课程思政示范课，力争建设成为省级课程思政示范课。

4. 坚守师德师风底线，把好意识形态重要关口

一是按照《聊城大学师德失范行为负面清单及处理办法（试行）》《聊城大学落实〈严禁教师违规收受学生及家长礼品礼金等行为的规定〉实施方案》，制定《药

学院党委落实全面从严治党主体责任清单》，由学院党委纪检委员和工会主席具体负责师德师风建设工作，每学期至少开展1次师德师风专题培训，持续加强师德师风教育。二是制定《药学院网络舆情处置工作应急预案》和《药学院党委关于贯彻落实意识形态工作责任制的实施方案》，每学期召开1次意识形态专题党委会，定期研判分析舆情，新生入学开展宗教信仰排查，不断完善意识形态和师德师风预警机制，学院未发生意识形态和舆情等方面的问题。

第二十三节　音乐与舞蹈学院

聊城大学音乐与舞蹈学院前身是筹建于1988年的聊城师范学院艺术系，1990年开始招生。至2024年4月，学院有专任教师69人，其中，教授4人，副教授27人，博士生导师3人，硕士生导师27人，具有硕博学位教师占比93%。教师学历、专业、学缘、年龄等结构合理。26人次入选山东省有突出贡献的中青年专家、山东省教学名师、山东省理论人才“百人工程”、山东省签约文艺评论家、山东省社会科学新秀、“光岳人才”计划，获得最美教师、最美社科工作者、水城文化英才、良师益友等各类荣誉称号五十余项。

学院设有音乐学、舞蹈学两个本科专业，招收学术学位（艺术学）、专业学位（音乐）及学科教学（音乐）方向硕士研究生，是山东省首批音乐与舞蹈学一级学科硕士学位授权点之一。现有全日制在校本科生1080人，研究生129人，形成了本科教育与研究生教育相互支撑的培养体系。音乐学专业为山东省应用型人才培养特色名校建设工程重点建设专业、山东省高水平应用型立项建设专业、省级一流本科专业。学院建有3600多平方米的专业技能实训中心、琴房楼、音乐厅、电子钢琴室、多功能排练厅、舞蹈室、双排键室、MIDI音乐室、录音棚、智慧教室等专业实训设施。

学院立足“学生中心、产出导向”，形成一专多能、三台并重（舞台、赛台、讲台）、五育并举（德智体美劳）+N（实践课程群）的“135N”本科特色人才培养模式，坚持以教促学、以演促学、以赛促学的实践教学理念，人才培养效果显著。先后荣获全国大学生艺术展演、全国高等艺术院校声乐展演“金孔雀”、山东省高校音乐舞蹈专业师生基本功大赛、挑战杯、互联网+等省部级以上奖励200余项。

一、发展历程篇

从2005年至今，音乐与舞蹈学院的发展经历了三个重要的历史时期，包括艺术学院音乐系时期、音乐学院时期、音乐与舞蹈学院时期。

（一）艺术学院音乐系时期（2005.1—2009.12）

秉持自建系以来传承与创新并重的教育理念，不断加强内涵建设。

坚持引培并举，建设高水平师资队伍。这一时期共引进培育 8 名专任教师，其中博士 1 人、硕士 7 人，至 2009 年底，有教职工人数 41 人，其中教授 3 人，副教授 5 人，具有博士学位教师 2 人。

拥有音乐学、音乐表演两个本科专业和艺术学、课程与教学论（音乐）方向两个硕士学位授权点，形成了本科教育、成人教育和研究生教育的多层次办学体系。

艺术理论研究、音乐表演艺术、音乐教育研究等学科建设与学术研究方面建立了良好基础，学术交流与合作频繁，教师科研和艺术创造能力全面提升。

提出了“规范管理，严肃纪律、提高行为素质”的学生教育和管理指导思想，制定了《艺术学院学生管理条例》，提升了学生管理水平。

重视第二课堂，鼓励学生参与艺术实践活动，与地方政府合作举办各种专场晚会和音乐会，积极参与社会艺术活动，扩大学院影响；“阳春音乐会”等活动促进学生艺术实践能力提升。

学院建立了较为完善的考核机制，不断提高教学质量和工作水平，激励教职工积极进取。同时，学院加强了对学生的管理，建立学生综合素质评价体系，关注学生的学习和成长，及时给予指导和帮助。

（二）音乐学院时期（2010.1—2018.4）

2010 年初，根据学校整体发展规划，艺术学院拆分为音乐学院与美术学院，音乐学院进入一个新的发展时期。在这一时期，音乐学院在师资队伍建设、教育教学、专业建设与人才培养、学科建设与学术研究、学生工作以及国际交流等方面取得了进一步的成就。

这一时期引育并举，共引进及培养专任教师 9 名。其中博士 3 人、硕士 6 人，教职工人数增至 45 人。其中教授 3 人，副教授 14 人，拥有博士学位教师增至 5 人。同时还聘请了奥地利声乐专家 FranzDonna 教授、瑞典斯德哥尔摩大学 Ulrika 和 Eva 两位专家以及美国休斯敦大学著名小提琴教授 Alicia 等进行短期教学交流，提升广大师生的国际视野。

2010 年、2012 年新增艺术硕士（音乐）专业硕士授权点和舞蹈学本科专业，形成了多学科、多层次、多种办学方式的教学体系。加强了科研创新平台建设，组建“艺术治疗研究中心”，“山东省运河区域音乐文化研究”“鲁西运河流域传统音乐”研究成果突出，学科发展扎实推进。

修订了教学大纲和技能考级曲目，提高了教学质量。建立多个培训基地和实习基地，加强学生实践能力培养。

学院成立了合唱协会、戏曲协会、民乐协会等多个学生协会，鼓励学生参与校内外艺术实践，建立实践基地，扩大学生的社会实践经验。

学院外演剧目丰富，如“天价名琴音乐之旅”，学生参与重大节目演出，如“庆祝中国人民解放军建军九十周年”特别节目；2015 年，舞蹈系师生登上北京卫视《环球春晚》舞台。

2014 年，学院派出 2 位年轻教师前往美国北乔治亚大学讲学；2012 年，学院派出民乐团队前往美国北乔治亚大学交流，为期一个月；2013 年以来，先后有 4 位教师前往该校担任客座教授，讲授中国传统音乐。开展聊城大学与美国北乔治亚大学签署的互换教师讲学项目，由美国北乔治亚大学 Gabe 教授在我院讲学。2016 年邀请美国亨廷顿大学 Jeoung Jiyoung 博士来学院进行钢琴学术交流，并任教一年。举办两次国际文化交流（赴韩国韩世大学进行中韩文化交流、邀请韩国光明市合唱团进行文化交流）。

（三）音乐与舞蹈学院时期（2018.5—2024.5）

2018 年 4 月，音乐学院更名为音乐与舞蹈学院，10 月增设舞蹈系。这一新阶段，学院秉承“发展为首要任务，创新为动力，实干为基础”的原则，各项事业得到了稳步发展。

这一时期引培并举强师资，共引进专任教师 24 名，外派培养博士 9 名。引进教师中博士 13 人、硕士 11 人，教职工人数增至 69 人。其中教授 4 人，副教授 27 人，其中拥有博士学位的教师 24 人，形成了年龄、职称、学历结构合理的师资队伍。教师队伍建设水平快速提升。近年来，学院在人才引进与师资队伍建设方面取得重大突破，在学校 2022 年、2023 年的人才专项考核中获评“优秀”。

这一时期，进一步优化专业设置，完成学位授权点调整，2021 年根据形势发展需要，对本科专业进行优化，撤销音乐表演与舞蹈表演两个本科专业，集中力量建设音乐学与舞蹈学专业。全面启动音乐学师范认证，完成培养方案的修订，推进教学改革。2022 年，完成音乐学、舞蹈学 2022 版人才培养方案修订。对标师范专业认证标准，以立德树人为根本，推进混合式教学、多维学业评价等全方位改革。

音乐学专业获评山东省一流专业，深入推进“135N”人才培养模式，增强学生的实践能力。

重视文化建设和学科研究，建立多个研究工作室团队，进行特色音乐研究。

持续开展美育活动，2021—2024 年开展“博雅大讲堂”“行走的美育课堂”，打造“音乐驿站”十余处，提升学生的艺术素养和实践能力。

组织多场大型演出和音乐会，如“上善若水、情满水城”新年音乐会和“天涯共此时，冰雪新篇章”2019 环球跨年冰雪盛典等特别节目，提高学院的社会影响力。

获评校红旗团委、五四红旗团委、心理健康先进单位、就业工作先进单位、优秀青年工作者等。新挂牌大学生就业基地 8 处，65 人入选西部计划志愿者和研究生支教团。

从 1990—2024 年，音乐与舞蹈学院不断强化教学改革，推动学科专业的多元化发展，注重学术研究与社会服务的结合，致力培养具有创新能力和实践技能的艺术人才。

二、教育教学篇

培养高质量的人才是高等教育学校的核心任务，也是其存在的关键。自建院以来的 35 年间，音乐与舞蹈学院一直致力教育与教学的改革及创新，不断探索有效的教育方法，成效明显。

（一）艺术学院音乐系时期（2005.1—2009.12）

在这个阶段，音乐系秉持着聊城大学深厚的教育传统，将师范教育的特色贯穿于教学与培养过程之中。此外，音乐系也积极响应国家及省级教育管理机构的指示，致力教育与教学改革的推进。为了确保教育质量，音乐系以音乐教育的专业目标和标准为依托，规划并执行了精心设计的教学计划。这一计划不仅考虑了中等教育阶段音乐教学的演变规律和需求，而且在理论知识的传授基础上通过教育见习与实习等多个环节，加大了对学生职业技能训练的强度，以确保学生能够掌握必要的职业技能。

随着中小学教育形势的发展，学院先后修订 2005 版、2009 版音乐学、音乐表演专业人才培养方案。课程相应进行了更新，力求拓宽学生艺术视野，提升学生专业技能与职业技能的整体水平。同时教育教学的改革目标对标教育部普通高等学校教学水平评估的指标体系，以评促建、以评促改，教育教学水平稳步提升。2007 年本科教学以优秀成绩顺利通过教育部本科教学水平评估。

提高教学质量是永恒的主题。音乐系始终以培养人才为基准，坚持不懈地把工作重点放在教学质量与水平提高上。一是加强课程教学与建设，这一时期，声乐课程获批校级重点课程。二是提高教师课堂教学质量，教学水平稳步提升。2005 年，刘瑾老师主讲的《西方音乐史》获校第九届中青年教师课堂教学竞赛文科组一等奖；2009 年刘瑾老师主讲的《西方音乐史》获校级精品课。2009 年暑假，音乐系组织 40 岁以下青年老师全部接受了现代教育技术的培训，为全面提升多媒体教学技术打下了基础。三是提升教师音乐技能水平，通过鼓励教师参加各种赛事的方式提升教师技能水平，以赛促学，以赛促教。2006年，白雪老师获山东省音乐舞蹈专业师生基本功比赛教师美声组一等奖。四是组织和鼓励教师积极进行教学研究活动，科研助力教学。2008年，王敏老师撰写的《艺术教育发展的新方向和新境地之探析》获山东省教育厅第二届大学生艺术展演活动高校艺术教育论文二等奖；2009年2月闫震老师撰写的《以乐感为基础的视唱练耳教学的审美体验研究》和卢爱华老师撰写的《普通高校戏曲教育技术策略思考》荣获教育部全国第二届大学生艺术展演论文评选活动三等奖；2009年4月，音乐系召开第二届音乐理论主修课程及专业提高课程教学研讨会。

（二）音乐学院时期（2010.1—2018.4）

更名音乐学院后，学院的发展进入了快车道。通过深化教育教学改革，按照“三二三”人才培养模式，修订了音乐学、音乐表演与舞蹈学的培养方案，进一步完善了学科建设。同时继续对标教育部本科教学审核评估的各项指标体系，加大教育教学改革力度，2015年顺利通过教育部本科教学审核评估，学院教学质量得到专家认可。学院加大教学研究支持力度，出台鼓励政策，在职称评聘、绩效分配方面向教学方面倾斜。以上举措成效明显：2013年《中国音乐史》获批校级精品课程、音乐学专业获批校级特色专业，《音乐教学论》建成校级案例式教学、研讨式教学改革示范课程。2010年何丽丽老师获聊城大学第四届教学竞赛教学新星称号，2015年何丽丽老师被评为第九届山东省教学名师，2016年曲谱老师获得聊城大学第三届青年教师教学竞赛二等奖，2017年闫震老师讲授“视唱练耳”课程获“聊城大学2017年度教学观摩竞赛”二等奖；李雯老师讲授“中国民族民间舞蹈”课程获“聊城大学第五届青年教师教学竞赛”三等奖。王敏老师申报的“多元媒体语境下的普通高校公选课《大学生音乐修养》课程改革与实践创新”获批“聊城大学2017年度本科教学改革培育项目”；李雯老师申报的“综合性大学舞蹈专业课‘课内外一体化’教学模式的实践研究”获“聊城大学优秀教学成果二等奖”；王敏老师撰写的《高校艺术教育服务社会的路径及实施研究》获山东省教育厅第五届大学生艺术展演艺术教育科研论文一等奖。

学院重视教育创新和学生能力的培养，通过参与国内外比赛、专业实习基地的建立、精品课程的开发等多种方式，提高教师的教学水平和学生的实践能力及创新意识。2010—2018年，我院8名教师在第四届至第七届省高校音乐舞蹈专业基本功比赛中获15项奖励，其中一等奖1项、二等奖5项、三等奖9项；2013年楚守涛老师获“第四届海伦杯全国高校音乐教育专业钢琴教师演奏比赛即兴伴奏三等奖”；桑发德同学在由省文化厅、省高校工委主办的“唱响中国梦，喜迎十艺节”山东省大学生器乐艺术展演中获西洋乐独奏组一等奖；这些成绩反映了学院教育质量的不断提升，展现了学院较强的学术实力和教学水平。

学院秉持开放的姿态和国际化的视野，通过与国内外知名音乐院校的交流与合作，教师和学生有机会拓宽视野，提升专业技能。2010 年聘请了奥地利声乐专家 Franz Donna 教授举办了声乐讲学，瑞典斯德哥尔摩大学 Ulrika 和 Eva 两位专家为期三周的戏剧教育讲学，美国休斯敦大学著名小提琴教授 Alicia 为期一个月的大师班授课，并成功举办了大师班小提琴音乐会。2013 年小提琴大师大卫·斯图亚特“天价名琴音乐之旅”在音乐学院音乐厅举行了音乐会；美国北乔治亚大学安迪戴维博士在学院进行了为期一个月的讲学。2015 年开展聊城大学与美国北乔治亚大学签署的互换教师讲学项目，由美国北乔治亚大学 Gabe 教授在我院进行为期一个月的讲学。2016 年，学院邀请了美国亨廷顿大学 Jeoung Jiyoung 博士，进行了为期一年的钢琴授课，这不仅提升了钢琴教研室教师们的演奏技巧和教学质量，还成功举办了四场钢琴教学音乐会。同时，学院积极派出教师到国内外高校访学交流，以提升教师的学术水平、教学能力和国际视野。2011 年起，尹蕾、王敏、王蒙萌、闫震、郭伟萍等教师赴美国北乔治亚大学讲学，加强了学院与外界的学术联系和合作，促进学术交流与资源共享。通过与不同文化背景和教育体系的学者交流，教师们拓宽了视野，增强跨文化沟通能力，为学院的国际化发展贡献了力量。

学院还积极参与社会文化活动，承担教育部、教育厅等部门组织的“高雅艺术进校园”以及省委宣传部、中央电视台等单位节目录制；师生多次受邀赴美国、韩国等国家开展学术交流和演出活动；民族管弦乐团、崇乐合唱团、舞蹈爱好者协会等校级艺术实践社团，活跃于各级演出舞台;“美育浸润计划”“音乐驿站”“百场微演走一线”“新时代红色文艺轻骑兵”“音乐课堂进乡村”等系列活动，在校内美育教育普及和社会艺术涵养提升等方面发挥了积极作用，广受好评。

（三）音乐与舞蹈学院时期（2018.5—2024.5）

2018 年 4 月，音乐学院更名为音乐与舞蹈学院，致力构建富有艺术特色的教育管理模式，走向了高质量发展的新征程。

这一时期专业与课程建设获得显著提升和发展，体现在以下几个方面：深化了“音乐与舞蹈学”一级学科硕士学位授权点内涵建设;完善了“艺术治疗研究室”的建设。2022 年音乐学专业获批省一流本科专业。2023 年《音乐治疗实践》获批国家级一流本科课程，2024 年《中国音乐史》获批山东省一流课程。

特色人才培养模式基本建成。把专业认证理念贯穿培养全过程，结合新师范建设要求，强化专业技能和教师职业技能训练，实施“一专多能、三台并重（舞台、赛台、讲台）、五育并举（德智体美劳）+N（实践课程群）”的“135N”本科特色人才培养模式改革，取得显著的成效。

通过聘请专家进校讲学，提升教学质量。2018 年邀请中国传统音乐学会会长乔建中、沈阳军区原前进歌舞团舞蹈队技巧教员王金棠来校授课、举办“山东曲艺名家进校园”等系列教学活动，开拓了学生的视野；积极推动课堂教学革命，创新教学方法，推动信息技术与教育教学深度融合。围绕“产出导向”进行教学改革，《中国民族音乐》课程中把地方音乐舞台化，通过践行达成传承；鼓励学院教师积极参与教学改革项目的申报、建设。贾振鑫老师申报的《基于应用型人才培养的音乐舞台编导课程建设研究》获校级教研立项；2018 年，教师共发表 8 篇教研论文；获评 1 篇省级优秀学位论文；获评 3 项校级创新创业项目。2019 年获批校级金课立项建设 1 门；郭伟萍老师获评“2019 聊城大学最美教师”；王敏老师获评“2020 新时代聊城大学最美青年”、美国北乔治亚大学“访问学者”和聊城市首批“羡林学者青年培育人才”荣誉称号；2021 年获聊城大学本科教学成果一等奖、“齐鲁最美翻译”演讲大赛一等奖；2023 年王蒙萌老师获山东青年教师课堂教学比赛二等奖；获评校级规划教材、课程思政示范课、教改课题、在线开放课程、区域特色课程等 12 项，教师教学质量及教学能力获得明显提升。

师资队伍建设与人才引进工作成绩突出，这一时期引进包括博士、博士后在内的优秀人才 24 人。

学院不断强化其专业优势和特色，积极参与“博雅大讲堂”“行走的美育课堂”等美育普及项目，2021 年入选“山东省美育浸润行动计划试点单位”，推动艺术教育及美育活动深入社区和校园。2022 年 5 月启动“艺术实践周”专题活动，迄今为止已成功举行了三届。通过邀请乔建中、孙国忠、蔡梦等国内外知名专家学者举办讲座、院内教师的分享、学生展演以及校内演出等多种形式，扩大受众范围，提升学生的学术视野和专业素养。

六年来，学院积极开展专业实践活动，多项赛事获得突出成绩。2019 年学院《音乐治疗对视障儿童盲态纠正的干预及意义研究》项目获第十六届“挑战杯”全国大学生课外学术科技作品竞赛二等奖，是学院建院以来在大型赛事中的重大突破。2020 年“音乐治疗”项目团队获第五届中国青年志愿服务项目大赛全国金奖，实现我校在此项目上的历史性突破。2021、2023 年全国高等艺术院校声乐展演取得历史性突破，我院本科生王梓源、研究生张家会获“金孔雀”奖。

学院坚持教学中心地位，重视创新与实践能力培养。建院三十五年来，音乐与舞蹈学院以其优秀的教学质量、不断创新的教育理念、深厚的学术底蕴和丰富的社会实践经验，在省内乃至国内高等艺术教育领域占据了重要地位。学院将继续努力为社会培养出更多更好的艺术教育专门人才。

三、学科建设与学术研究篇

自2005年以来，音乐与舞蹈学院致力深化学科建设与提升学术研究水平，其发展历程可分为三个阶段。

（一）艺术学院音乐系时期（2005.1—2009.12）

这一时期是学科建设起步时期。此时期拥有课程与教学论和艺术学两个硕士学位授权点，2002年课程教学论（音乐）专业开始招生，2004年艺术学（音乐）专业开始招生，形成了本、专科教育和研究生教育、全日制与各类成人教育，多学科、多层次、多种办学方式并存的学科与教学体系。学院在艺术理论研究、音乐表演艺术、音乐教育等方面已经有了较好的基础，对外学术交流与合作日趋增多，科学研究水平和艺术创造能力得到全面提升。五年来，共出版专著5部，发表论文50余篇，参加高水平艺术展演活动近50次，获国家级奖6项，省部级奖15项。2005年，学院成功举办了“东方音乐文化国际研讨会”，吸引了来自世界各地的学者专家，提升了学院的学术影响力。此外，学科平台“传统音乐文化研究中心”的建设初见成效，通过深入调研与整合资源，为后续学科发展提供了丰富的学术支撑。

（二）音乐学院时期（2010.1—2018.4）

这一时期是学科建设获得突破的时期。拥有艺术学一级学科硕士学位授权点，艺术学、音乐学二级学科硕士学位授权点和艺术硕士（音乐）、学科教学（音乐）两个专业硕士学位授权点，形成了以本科教育为主干，包括专科教育、本科教育、研究生教育三个层次的纺锤形办学结构。特别是艺术硕士（音乐）专业硕士学位授权点，是全省首批获得艺术硕士（音乐）专业学位授权点的三所院校之一，丰富了学院的学科结构，提升了学院的办学层次。2012年、2013年分别成功获批校级重点学科“山东省运河区域音乐文化研究”“鲁西运河流域传统音乐”，并完成年度建设任务。2015年开始招收艺术硕士（舞蹈）专业硕士研究生，成为省内最早招收舞蹈专业学位硕士研究生的院校之一。学院结合学科的特点与优势，组织研究生开展形式多样、内容丰富的艺术展演、专题报告与学术沙龙等活动，不仅使研究生做到了“学”与“研”的良好结合，同时还锻炼了学生的理论与实践相结合的专业综合能力。同时加强研究生教学质量的管理工作，制定研究生教学管理相关制度文件，进一步规范研究生的日常教学、论文开题、中期筛选、论文答辩以及研究生毕业等环节的相关工作。学院不断强化学科优势，加强硕士点的内涵建设，为后续学科建设奠定了良好基础。

学术研究方面。2010年，学院修订并实施了科研奖励制度，有效激发了教师的科研热情。这一时期整合学院的学术资源，争取高层次科研课题和奖励。在声乐教学与研究、视唱练耳教学与研究、西方音乐史、中国音乐史、中国传统音乐等较为成熟的研究方向不断积聚力量，为省级课题、国家级课题申报积累成果。其中依托校级重点学科“鲁西运河流域传统音乐”研究，整合多方资源，推动学科的深度发展。

为进一步增强音乐创作与学术研究水平，推动学科建设与发展，加强区域音乐创作、音乐表演、音乐文化研究领域的对话与互动，学院与地方科研机构联合举办聊城非物质文化遗产聊城大学音乐学院传习所、聊城市古琴学会研训基地、聊城市合唱协会研训基地、聊城市葫芦丝巴乌艺术委员会研训基地，开展多场高质量的学术报告会和师生研讨会，形成校地协同的科学创作研究共同体。

这一时期共出版专著 10 部，发表高层次论文 25 篇，获得山东省社科优秀成果二等奖、山东省文化创新奖、泰山文艺奖、聊城大学社科优秀成果奖等奖项 10 余项。获批国家社科基金课题、山东省社科规划项目等省部级课题 10 项，到账经费 70 余万元。

（三）音乐与舞蹈学院时期（2018.5—2024.5）

这一时期学科建设的力度逐渐增强，学科发展的思路也更加清晰。学院按照发展与提高的原则，根据学院学科发展的历史与现状，进一步寻找和确立学科发展的空间和新的生长点。一是始终把学科建设作为专业发展的基础来抓，强化了音乐史学和曲艺理论两个重点学科的建设，使其优势彰显。二是大胆发现和培养学科带头人，建构可持续发展的学科团队，着力把那些知识渊博、基本功扎实、思维敏捷、心胸宽广、处在学术研究前沿和重点方向领域的中青年优秀人才遴选到学科建设的重要位置上来。建成了结构合理的学术梯队，推进了学科建设的持续健康发展。在此基础上，于 2018 年成立“音乐治疗研究中心”，2019 年成功承办了第五届中国高等院校曲艺教育峰会，并获批中国曲协认定的“全国曲艺理论学术研究基地”，2022 年学院两项国家社科基金项目顺利结题，其中包括《中国古代文化中的乐律学理论研究》等重大课题，体现了学院在学科建设和学术研究领域的深度与广度。2023 年成立“音舞文化研究中心”，发挥学科优势，凝练学科方向，有组织的科研逐步形成，这不仅展示了学院的学术实力，也为学科建设开辟了新的方向。同时加强学科交叉与融合，拓展应用性科学研究。深化实施“三大融合”发展战略，积极推动学科交叉与融合，汇聚科研力量，深度拓展各专业方向应用性研究，提升协同创新能力。

六年来，学院教师主持国家社科基金艺术学项目、国家社科基金后期资助项目、教育部人文社科项目、山东省社科规划课题、山东省研究生教育质量提升计划等省部级以上课题 10 余项，到账经费近 40 万元，与企事业单位合作横向课题 23 项，到账经费 341.6 万元，参研国家社科基金重大项目多项。先后在《音乐研究》《中国音乐学》《中央音乐学院学报》《文艺研究》等核心期刊发表学术论文 15 篇，获山东省社会科学优秀成果奖、山东省泰山文艺奖、刘勰文艺评论奖、山东省文化创新奖、山东省高校音乐舞蹈专业师生基本功比赛、山东省教学创新大赛及各级教研成果奖励 30 余项。

音乐与舞蹈学院的学科建设和学术研究成就，是师生共同努力、不懈追求的结果。学院将继续以科研为先导，深化学科建设，提升教育教学水平，为培养更多的艺术人才，为推动艺术教育的发展作出更大贡献。

四、政务管理篇

多年来，音乐与舞蹈学院始终坚持党的领导，认真落实党的教育方针，坚持立德树人根本任务，认真落实民主集中制，坚持集体领导与个人分工相结合，努力优化学院内部治理体系，积极探索和打造党政齐抓共管、分工明确、职责清晰、团结协作、运转流畅、协调高效的工作机制，努力提升学院人才培养能力，不断提高人才培养质量，大力推动学院高质量发展。

（一）艺术学院音乐系时期（2005.1—2009.12）

这一时期音乐系积极落实省教育厅及学校的“质量立校、高教强省”行动计划，全面推进学院内涵建设，实现跨越式发展。学院加强党总支和教职工的例会制度，制定《艺术学院领导班子议事规则》《艺术学院系主任、研究所所长竞聘办法》《艺术学院人事分配制度改革实施意见》《科研工作量奖励办法》。学院党总支充分发挥党支部的战斗堡垒作用，使广大党员在各项工作表现突出，获得校内外各类模范、先进荣誉称号近 200 人次。学院重视学生全面发展，结合艺术类学生特点，提出了“规范管理，严肃纪律、提高行为素质”的学生教育和管理指导思想，把第二课堂作为学生工作的重要阵地，积极组织和鼓励学生参加艺术实践活动，定期举办“阳春音乐会”、校内演出等活动，与地方政府合作举办各种专场晚会和音乐会，积极参与社会艺术活动，扩大学院影响促进学生艺术实践能力和综合素质的提升，承办新中国成立 60 周年、建党 88 周年文艺晚会等校园文化活动。在共青团工作、学生资助工作、大学生心理健康教育方面取得优异成绩。

（二）音乐学院时期（2010.1—2018.4）

2010 年初，根据学校整体发展规划，艺术学院拆分为音乐学院与美术学院，音乐学院进入一个新的发展时期。学院领导班子自觉执行党的路线方针、政策，遵守党的政治纪律，在思想上、行动上始终与党中央、与学校党委保持高度一致。在学院重大问题和重大决策上坚持民主集中制，执行“党政联席会议”决策制度。实施《音乐学院过硬党支部建设方案》，按照“五个过硬”目标，全面推进过硬党支部建设。2016年音乐学院本科学生党支部第一次党员大会，师生党员充分发挥专业优势，注重专业教学与丰富校园文化、生活相结合，年度校园文艺演出近百场。引导广大党员立足岗位讲奉献、发挥专业优势，组织了党员文艺服务队，设计开展了“红色文艺轻骑兵”“百场微演走一线”师生支部品牌活动，将文艺演出送到基层。《立足专业优势，搭建微演平台，创新党员实践模式，推进“两学一做”学习教育常态化制度化》典型材料，被学校党委收录组织工作创新奖案例。2015年，音乐学院第一届全体教职工暨工会会员大会第四次会议召开，会上通过《音乐学院关于进一步加强教研室建设的实施意见（草案）》《音乐学院科研奖励办法（试行）》，学院统一思想，凝心聚力团结带领全院教师参与校内外各项比赛和活动，在迎新晚会、运动会、排球比赛、教职工文艺汇演中表现出色，1个作品获全省职工歌曲展演比赛一等奖；1名教师获评聊城大学第三届“良师益友”；1名教师获评聊城大学教书育人楷模。学院学生教育管理，围绕学院中心工作，立足专业、创新模式，扎实开展学团工作，取得重要突破。继续推进学生早读、晚自习制度，完善《音乐学院学生早读资料汇编》，选派多名西部计划志愿者参与西部计划，连续获得西部计划工作先进单位；2012年启动“音乐文化课堂进乡村”关爱农民工子女志愿服务项目，在第二届中国青年志愿服务项目大赛中喜获国赛二等奖，取得新突破；2014年，崇乐合唱团在省大学生艺术展演中荣获一等奖；2015年，舞蹈系师生登上北京卫视《环球春晚》舞台；2016年，学院民族管弦乐团受邀赴韩国演出圆满成功；学生在全国声乐演唱电视展演、山东省校园歌手大赛、山东省大学生校园最美歌声大赛中取得佳绩。在纪念红军长征胜利七十周年系列活动、新年音乐会、迎新晚会、毕业典礼上均有音乐学院学子活跃的身影。

（三）音乐与舞蹈学院时期（2018.5—2024.5）

2018年4月，音乐学院更名为音乐与舞蹈学院，10月，学校批复同意增设舞蹈系。“十三五”圆满收官、“十四五”全面开启之际学院发展进入新阶段。学院党总支坚定不移地贯彻学校党委工作要求，规范议事规则和程序，按照要求认真开好党委会、党政联席会、全体教工会，形成了集体领导与分工协作有效互动的良好局面，高水平应用型学院建设初见成效。引导党员立足岗位讲奉献、发挥专业优势，在基层党建、党风廉政建设方面等方面取得突破。2021年12月学院党总支改为音乐与舞蹈学院党委，学院党委扎实落实理论中心组学习和党委会、党政联席会“第一议题”制度，带领全院师生勠力同心，团结奋进，真抓实干，特色推进红色基因传承及红色文艺研习传播，排演红色文艺专场演出百余场。疫情期间，全体师生党员积极参与，构筑校园疫情防控坚固防线，学院7名教师的12件作品先后被各级媒体报道，其中3件登上“学习强国”平台；党员教师组建党员先锋队、爱心车队，接送返校学生，为隔离学生送饭。《红色文艺推动党史学习教育走深走实》获评 2021 年度全省高校院系党组织书记抓基层党建突破项目优秀成果；《身处寒冬，守望暖阳——海的那边与祖国同在》荣获省高校“最美巾帼奋斗者疫情防控阻击战”短视频一等奖；《硝烟中的摇篮》获山东省委组织部全省优秀党员教育电视片评选三等奖；《小舞台大情怀》——“我和我的支部”获评“山东省高校‘我来讲党课’优秀党课”；党课《两袖清风不染尘，雪域立功苦耕耘——〈公仆赞〉》获评全省高校“精品党课”等精品微党课、山东省高校思政短视频三等奖；获评“聊城大学先进基层党组织”“聊城大学优秀共产党员”“党员先锋”“党员示范岗”“山东省百姓宣讲员”等多项荣誉。全面落实立德树人根本任务，坚持全员育人，加强对学生思想引领，推进学风建设，丰富第二课堂内容，科学开展实践活动，立足学院实际，积极探索学生教育管理新方法、新思路，促进学生全面成长成才。

学院圆满召开学院第二届教职工暨工会会员大会第四次会议，举办师德师风专项建设，制定学院教师师德建设工作条例，获批“齐鲁最美教师候选人”“聊城大学教书育人楷模”“三八红旗手”“聊城大学良师益友”“山东省教育系统劳模和优秀人才创新工作室”等荣誉。学院学团工作紧扣立德树人中心思想，在思想引领、学风建设、社会实践、创新创业、学生资助、心理健康等方面实现突破。出台了《聊城大学音乐与舞蹈学院本科教学质量监控与保障实施办法》《音乐与舞蹈学院课堂教学改革实施细则》《音乐与舞蹈学院本科实践教学实施办法》《音乐与舞蹈学院学生公寓管理条例（试行）》《音乐与舞蹈学院琴房管理条例（试行）》《音乐与舞蹈学院学生考勤办法（试行）》，重新修订《音乐与舞蹈学院请销假制度》《音乐与舞蹈学院外出实习管理办法》《音乐与舞蹈学院突发事件应急预案》等，不断健全完善学生工作管理制度。

组织爱国主义影片系列展播，积极排演红色演出，建设网络思想传播阵地，发挥学生专业特色，推进各项工作稳中求进，学院获得“红旗团委”“西部计划先进单位”“心理健康教育先进单位”“国防教育先进单位”“就业工作先进单位”等荣誉；《用爱浇灌，以乐助梦》《用乐助力“小海豚”，用心传递爱之歌》项目获得山东省“爱心传递”优秀案例；《“音”为有你，“舞”与伦比——聊城大学以“心”助“爱”打造阳光心理》活动获山东省高校心理健康教育月展示活动二等奖；2019 年级徐文迪生获“山东省优秀共青团员”；崇乐合唱团获评“山东省高水平大学生艺术团”；多个团队获评全国、山东省暑期社会实践优秀团队。在创新创业方面，这一时期，实现跨越式发展，不断取得学校和学院新突破。2019 年，获第十六届“挑战杯”国赛二等奖；2020 年，获第十二届“挑战杯”省赛银奖、第六届“互联网 +”省赛获铜奖；第五届中国青年志愿服务项目大赛全国金奖；2021 年，第十七届“挑战杯”国赛三等奖、第七届“互联网 +”省赛银奖；2022 年，第十三届“挑战杯”省赛金奖、第八届“互联网 +”省赛铜奖、第十三届中国青年志愿者项目大赛全国优秀项目奖；2023 年，获第十三届“挑战杯”国赛银奖、第 18 届“挑战杯”省赛主赛道二等奖、省赛红色专项 2 项；第九届“互联网 +”省赛红旅赛道二等奖、第二届山东省青年志愿服务公益创业赛金奖；音乐治疗项目分别获第 13 届、第 16 届全国大学生创新年会优秀项目并进行宣传推介；“音为你”志愿服务队获评山东省志愿者优秀组织；2019—2024 年共获批国家级创新创业项目 5 项，省级创新创业项目 17 项，校级创新创业项目 35 项。

二十年来，学院始终坚持党的领导，积极探索党务和政务管理、思想政治教育以及学生事务管理的新策略和新途径，全面推进过硬党支部建设，强化师生党员的专业优势，深化校园文化生活，扩大学院影响力。通过举办各种文化活动和艺术实践，促进了学生艺术实践能力和综合素质的全面提升。展现了音乐与舞蹈学院鲜明的专业特色和扎实的专业实力。

学院始终追求高起点、高境界的发展向度，按照质量立院、人才兴院、特色强院的基本思路，突出教育教学的中心地位，全面提升教育教学质量，致力培养具有广博专业知识、较高人文素质、较强实践创新精神，胜任中学音乐与舞蹈教育教学、从事社会文化建设和管理工作的专门人才。

面向未来，音乐与舞蹈学院将继续凝心聚力，锐意进取，以更加开放的姿态和创新的举措，推动学院事业的发展和进步，为培养更多艺术人才贡献力量。

第二十四节　美术与设计学院

聊城大学美术与设计学院始建于 1989 年。至 2024 年，学院有教职工 59 人，其中，教授、副教授 30 人，硕士生导师 28 人，具有博士学位教师 17 人，在读博士 3 人。学院设有美术学、视觉传达设计、环境设计、书法学四个本科专业，其中书法学专业是全国最早设立的书法教育专业。设有艺术学学术型硕士学位一级学科授权点和学科教学（美术）、艺术硕士（美术与书法、设计）专业型硕士研究生学位点。学院具有推荐并接受免试攻读硕士学位研究生资格，全日制在校本科生 1087 人、硕士研究生 159 人。学院拥有山东省中华优秀传统文化传承基地、山东省民间美术资源保护与研发重点实验室、山东省非物质文化遗产研究基地、山东省非物质文化遗产传承教育实践基地等4个省部级教学科研平台。学院创建全省高校首个学生公寓“党建工作站”，获批首批全国党建工作样板支部培育单位并如期顺利通过验收。学院始终围绕“立德树人”根本任务，把教学作为学院中心任务，把师资队伍建设作为强院关键，坚持“学科龙头、科研先导”的发展思路，大力推进制度立院、人才兴院、特色强院三大发展战略，不断提升学院办学水平和育人质量。

一、发展历程篇

美术与设计学院是在聊城师范学院艺术系基础上建立起来的。随着学校的发展而经历了艺术系、美术系、艺术学院、美术学院、美术与设计学院五个发展阶段。

（一）艺术学院时期（2005.01—2009.12）

2002年2月，聊城师范学院更名为聊城大学，学校决定将音乐系和美术系合并成立艺术学院。2002年11月，艺术学院成立，下设音乐、美术、设计、书法4个系。有音乐学、音乐表演、美术学、艺术设计、美术学（书法）5个本科专业和音乐学、美术学2个专科专业，艺术学、音乐学、课程与教学论3个硕士点，2004年9月“非物质文化遗产保护学”获批为山东省文化艺术科学省级重点学科。有全日制与成人教育两种办学类型，专科教育、本科教育和研究生教育三个办学层次，全日制本、专科在校生1983人，研究生37人，继续教育在校生170余人。全院教职工112人，其中教授11人，副教授10人，具有博士学位的4人，具有硕士学位的30人，硕士生导师8人。

2009年9月学院与传媒技术学院合办动画专业开始招生（两个学院隔年轮流招生），至此本科专业发展到6个。2009年12月，美术、设计、书法三个系全日制本科在校生1192人。

（二）美术学院时期（2010.01—2020.04）

2010年1月，学校撤销艺术学院，成立美术学院和音乐学院。美术学院设美术、设计、书法3个系。有美术学、艺术设计（2012年正式调整为视觉传达设计和环境设计）、美术学（书法）（2014年、2015年由于学科调整停招两年，2016年以书法学专业名称招生）、动画（只招收了2010、2012两级本科生）4个本科专业和影视动画（中外合作办学，招收了2010—2012三届）1个专科专业，“非物质文化遗产保护学”于2011年获批为山东省文化艺术科学“十二五”重点学科，拥有美术学学术型硕士学位一级学科授权点和学科教学（美术）、艺术硕士（美术、设计）专业型硕士研究生学位点。

学院从2010年开始，面向山东、辽宁、河北、山西、江苏、安徽、江西、湖南、陕西、四川、云南等省市招生，至2020年5月全日制本科在校生1092人，研究生 128 人。到 2020 年 5 月教职工人数 46 人，其中教授、副教授 25 人，博士 8 人，在读博士 2 人，兼职教授和外聘教师 20 余人，硕士生导师 23 人，教师硕博比高达 93%。学院资料室有涵盖美术学、书法、设计学、美学及人文历史等各类图书 1.8 万余册。学术期刊 100 多种，专业报刊 5 种。

（三）美术与设计学院时期（2020.05—2024.06）

2020 年 5 月，美术学院更名为美术与设计学院，设有美术学、视觉传达设计、环境设计、书法学四个本科专业。研究生招生专业于 2023 年调整为艺术学学术型硕士学位一级学科授权点和学科教学（美术）、艺术硕士（美术与书法、设计）专业型硕士研究生学位点。学院本科生生源稳定在山东、河北、山西、江苏、安徽、江西、湖南、四川、云南等 9 个省，至 2024 年 6 月学院全日制在校生 1088 人，研究生 157 人。目前全院教职工总数 59 人，其中教授、副教授 30 人，博士 17 人，在读博士 3 人，硕士生导师 28 人，兼职教授和外聘教师 20 余人，教师硕博比高达 90%。按照学校安排，学院图书资料于 2023 年 3 月全部上交校图书馆，由校图书馆统一管理，学院不再设立图书资料室。

二、党的建设

党的建设是推进学院高质量发展的根本保证。自建院以来，学院党政领导班子始终高度注重党的思想建设，坚持马克思列宁主义、毛泽东思想、邓小平理论、“三个代表”重要思想、科学发展观，深入学习贯彻习近平新时代中国特色社会主义思想，先后组织开展学习实践科学发展观、党的群众路线教育实践活动、“三严三实”专题学习、“两学一做”教育活动、“不忘初心、牢记使命”主题教育、党史学习主题教育，以及习近平新时代中国特色社会主义思想主题教育，切实加强全院党员干部理论武装，不断提高党员干部思想觉悟和政治素质，有效解决学院稳定和发展的诸多现实问题，有力推动学院事业快速发展。

学院党委始终注重党的组织建设，建立健全党的组织机构，切实加强管理干部队伍建设，配备配齐党务工作人员，不断提高全院干部队伍综合素质和工作能力，最大化增强基层党组织的组织力和凝聚力。严格执行党委会、党政联席会会议制度，利用“第一议题”、理论学习中心组、教职工理论学习等深入学习贯彻党的精神，2013 年创建山东省内首个“学生公寓党建工作站”，创新提出“五区”建设和“八个一”实践活动；2018 年成功获批首批“全国党建工作样板支部”创建培育单位，2022 年如期通过验收；2015 年学院学生党员自发成立“美 · 益角”基金，定期开展困难帮扶活动，充分发挥新时代基层党组织战斗堡垒作用和党员示范模范作用。

学院党委注重党的制度建设，先后制定实施学院党委会会议议事规则、学院党政联席会会议议事规则、学院党委落实“三重一大”制度实施办法、学院关于建立学生党建与思想政治教育长效机制的实施方案等二十余项制度措施；创新推出学生党支部“讲党性、重修养、强素质、敢担当、育新人”主题宣传教育实践活动季，学生党史学习教育“七个百”工程、“146N”体系，学院党组织“双培双创”工程等特色工作，扎实开展新时代高校基层党组织党建示范创建和质量创优工作，全面提升学院党建工作质量，扎实开展新时代高校基层党组织党建示范创建和质量创优工作，全面提升学院党建工作质量。

学院党委坚持注重党员教育效果，高质量开展“三会一课”、主题党日、党课宣讲，创新开展教工党支部“一刻钟”微党课、学生党支部“四点半”微党课、教工例会“艺”心讲廉微课，以及教工党员和学生“大手拉小手”结对帮扶、学生党员和入党积极分子“左手拉右手”成长帮扶制度；推出学生党员“每周一星”，定期评定党员先锋和党员示范岗；学院学生党建工作案例入选全国高校基层党支部书记网络培训示范班课程，获批多项省级精品党课等荣誉，不断推进党建带团建工作。

学院党委始终坚持把政治建设放在首位，牢牢抓住并履行全面从严治党主体责任、领导班子成员“一岗双责”；制定全面从严治党和党风廉政工作清单、学院作风建设工作清单；坚持高质量召开主题教育民主生活会，不断深化运用监督执纪“第一种形态”制度；严格落实中央八项规定精神，增强师生党员纪律规矩意识大力倡树“严、真、细、实、快”工作作风，树立党员干部良好形象。

三、学科建设

学科建设是教师队伍建设和教师教育改革的先导和龙头。学院历来重视学科发展，拥有美术学和设计学两个学科，分别含有四个本科专业和三个硕士研究生招生专业。

美术学学科：美术学学科是学院最早发展的学科，从 1989 年艺术系时期招收第一届美术教育专业专科生开始，到 1993 年招收美术学本科生，学科发展上了一个新台阶；美术专业教师达到 21 人，下设中国画、油画、应用美术、艺术理论 4 个教研室。在 1995 年美术系时期开始招收第一届美术学（书法）专科学生，2000 年招收美术学（书法）本科学生，进一步拓宽美术学学科发展领域。美术学本科专业于 2019 年获批山东省一流专业建设点，进一步彰显了学科发展实力。学院于 2003 年获艺术学硕士学位授予权，2005 年开始招收艺术学原理、中外艺术史论方向和中外设计史论三个方向的美术领域的研究生；2011 年，新增艺术学硕士学位授权一级学科。2014 年，艺术学二级学科分艺术美学和中外设计史论两个方向招生，2020 年艺术学二级学科停止招生。

2012 年，学科教学（美术）方向开始招收第一届专业型硕士研究生，年招生人数约 2—4 人；当年度一级学科艺术学硕士学位对应调整为美术学学术型一级学科硕士点，下设国画、油画、书法三个方向；2021 年增加民间美术研究方向，年招生人数 4—8 人，获批美术学学术型一级学科标志着美术学科的发展再上新台阶。响应国家政策，学院从 2014 年开始招收艺术硕士（专业型），其中从属于美术学科的美术（专业型）专业开设国画、油画、书法三个方向，年招生人数在 15 人左右。2023 年 9 月，美术学学术型一级学科名称对应调整为艺术学，美术（专业型）专业对应调整为美术与书法专业。美术学科的师资力量进一步加强，有专任教师 26 人，其中教授、副教授 13 人，具有博士学位教师 11 人，研究生导师有 14 人。

设计学学科：设计学学科发展从 1994 年招收装潢设计与工艺教育专科专业学生开始，1998 年增设艺术设计本科专业，招收一个本科班（25 人），从而提高了设计学科发展层次。2003 年，艺术设计分为平面设计和环境艺术设计两个方向；2007 年增加数字艺术方向，为 2009 年动画本科专业招生打下基础。2012 年国家调整专业目录，原从属于文学的一级学科艺术学升格为艺术学门类，随之原艺术设计的两个方向对应调整为视觉传达设计和环境设计专业，进一步丰富了设计学科发展的内容，提高了艺术学科的学术地位。

2012 年设计学科的视觉传达设计专业被评为山东省应用型人才培养特色名校重点建设专业，2021 年视觉传达设计专业又获批山东省一流专业建设点，凸显了设计学科的教学实力。学院在 2003 年获艺术学硕士学位授予权，于 2005 年招收中外设计史论方向研究生。到 2014 年开始招收艺术设计专业的艺术硕士，开设视觉传达设计和环境艺术设计两个方向，年招生 25 人左右，2023 年 9 月原艺术设计专业对应调整为设计专业，招生方向未变化。目前，学院设计学科的师资力量雄厚，有专任教师 23 人，其中教授、副教授 14 人，具有博士学位教师 7 人，研究生导师 15 人。

学科平台。学科的发展离不开科研平台的建设，最早在美术系时期就建立了广告装饰艺术研究所和民俗艺术研究所两个研究所。在 2004 年、2011 年连续获批山东省文化艺术科学重点学科——非物质文化遗产保护学，该学科设有非物质文化遗产传承与保护研究和石刻研究两个研究方向，学科艺术实践成果丰硕，科研成绩突出，在省内艺术学科领域内具有相当的知名度和影响力。

学院充分挖掘鲁西地区传统文化资源，持续打造以黄河流域与运河流域的美术资源为核心的科研平台，于 2018 年获批学校第一个文科类省级重点实验室——山东省民间美术资源保护与研发重点实验室，2020 年 8 月获批山东省中华优秀传统文化传承基地，2021 年 12 月获批山东省非物质文化遗产研究基地，2022 年 1

月获批山东省非物质文化遗产传承教育实践基地。目前，学院已拥有 4 个省部级教学科研平台，有力保障并推动美术学科和设计学科的快速发展。

四、学术研究篇

学术研究是提升教师整体素质和发展的重要手段和重要途径。美术与设计学院积极响应区域发展战略，始终注重学术研究和艺术创作，以学术研究服务艺术人才培养、中华优秀传统文化研究与两创、黄河流域社会经济文化发展，努力成为美好生活的创造者和优秀文化的传承者，先后产出一系列具有学术价值、富有专业特色的新成果和新佳作。

科研团队建设取得新突破，切实提高学院学术研究深度和广度。加大学院团队交流与合作，促进科研资源共享和研究成果产出，培养出一批科研骨干。2019 年以张兆林副教授为带头人的团队获批“山东省高等学校青创人才引育团队”，2023 年获批第三批“山东省哲学社会科学青年人才团队”。张兆林副教授于 2019 年获评“山东省社会学科新秀奖”，2023 年入选山东省理论人才“百人工程”。

美术学研究领域研究以美术理论研究、美术史论与美术教育研究为基础，并在此基础上拓展了民间美术研究和非物质文化遗产保护领域，形成了新的学术增长点。

在民间美术研究和非物质文化遗产保护领域，张兆林副教授以黄河流域及运河流域木版年画的生产、传承与保护为突破点开展非物质文化遗产保护相关研究，先后承担《从群体生计到文化遗产：聊城木版年画研究》（2018 年，教育部人文社会科学研究基金项目）和《艺术人类学视角下的移民社会与木版年画变迁研究》（2019 年，国家民委民族研究项目），并在 2022 年承担国家社会科学基金艺术学重大项目《中国艺术民俗学的理论与实践研究》子课题“工艺造型类民俗艺术研究”，实现了学院在承担国家级项目的突破。同时，李健、万桂香、刘昆、潘娜、王蕊等多名副教授、博士积极参与该领域研究，形成了高水平研究团队，产出大量研究成果，使学院成为山东省该领域的研究高地。学院在该领域先后获得教育部项目、省社科规划项目等省部级课题立项十余项；在《文化遗产》《民俗研究》《美术观察》《艺术百家》《中国社会科学报》等期刊报纸发表论文数十篇，并被《新华文摘》《人大复印资料》摘登摘编索引，研究成果获得山东省社会科学优秀成果奖一等奖 1 项、二等奖 2 项。

在传统美术研究与当代美术研究方面，2015 年张函博士以论文《回归“美术”——当代中国美术史研究的方法与边界》入选全国美术高峰论坛；2018 年王希博士以“当代中国画评价标准体系的建构研究”、2019 年冯保荣副教授以“山东画人研究”为研究对象，分别在中国传统绘画研究方面对美术史研究方法、品评标准及山东地区绘画名家进行研究，发表相关文章、出版著作，并获得多项省部级项目资助。当代艺术研究方面，张彬副教授出版《融：象意美学·傣族孔雀艺术·当代艺术跨领域研究》对民族美术与当代艺术融合进行探讨，史秀娜副教授以“基于图式理论的中国当代艺术域外传播研究”获批省社科规划项目，侧重当代艺术的再认识。

学院书法学科的优势是书法理论研究与教育研究。向彬教授以书法教育研究为研究重点，先后获批教育部人文社科规划基金一般项目、省社科基金重点项目及省教育规划重点项目，其著作《中国古代书法教育》获得2013年度教育部高校科学研究优秀成果奖二等奖，并获第四届中国书法兰亭奖，在书法学术界和教育界引起较大反响。张函教授先后以论文《道德·艺术·学术：古代书法的品评标准》《揭傒斯书法探微》《张照的书学思想》《庾肩吾的家世家学》等20余篇论文探讨古代书家的文艺思想，构建自己的学术框架。

设计学研究注重与时代同步、与实践同行。2018年钱品辉教授团队申报的“鲁西地区民间美术遗产‘一体两翼’保护传承研究”，2021年于学勇副教授团队申报的“文化聚焦 小题大做——小高村乡村文化振兴的创新实践”分别获得第三届、第五届山东省文化创新奖，这是学院设计实践转化成果的最好佐证和最佳成效。赵永豪副教授出版《聊城风物记——聊城地域代表性文化符码的社会审视》，其中对地域风物学的研究影响较大；横向课题是设计实践转化的重要组成，李凯、王青嵩、郭瑞芳、刘春景、傅金辉、王洪香等多名副教授、博士以品牌文化建设、室内设计与园林景观设计等为主要方向，横向项目不断取得突破，2023年度到账145.6万元，为社会经济发展提供智力支持和设计动能。

高层次展览与赛事成为学院艺术创作与设计实践的发力点。方建光副教授作品先后获得首届中国书法兰亭奖（创作），全国第八届书法篆刻展“全国奖”及首届中国书法院奖等多项重要奖项；武晨明博士国家艺术基金项目《东山高卧》（国画创作）顺利结项，方建光副教授“《九曲黄河入海清》黄河生态文化主题书法创作”2023年获得立项；沈锋老师《黑白乐章》（综合材料作品）入选第十二届全国美术作品展，张西同副教授《绿水青山我的家》（雕塑作品）入选第十三届全国美术展览；李健副教授版画作品先后入选波兰罗兹国际版画双年展核心展、东京第七届NEC国际版画双年展等重要展赛。陈艳博士国画作品入选“艺彩新锋——山东美术新人新作展（2023）”，并在山东省美术馆进行个人展览。马昭银、张西同、方建光等多名教师美术作品先后获得“泰山文艺奖”。钱品辉、李凯、于学勇、傅金辉等教师同时为社会机构、经济实体完成数百项标志设计与环境设计。

学院积极响应区域发展战略，突出学院在民间美术、设计实践转化方面的优势，以黄河流域民间美术和文旅发展为突破点，承办“山东非物质文化遗产资源挖掘与保护传承学术研讨会暨山东省民俗学会2022年学术年会”“黄河流域文化遗产传承与保护学术研讨会”等学术会议，以定期举办学术研讨、专家讲座等多种组织形式，提升教师学术水平、拓宽学术视野、进行学术规划，有效提升全院教师科研水平。扎实推进省部级教学科研平台建设，2017年、2018年、2019年连续三年承担“山东省非物质文化遗产传承人群研修研习培训计划”，2023年承担山东省文化和旅游厅非遗工坊带头人培训工作，邀请非遗传承人开展系列讲座数十次。

五、教育教学篇

学院落实立德树人根本任务，立足黄河、运河国家战略坐标区域艺术人才需求，依托综合类大学多学科交叉优势，凸显区域文化资源保护与创新应用特色，强化人才培养核心地位，主动适应国家和山东省重大战略发展需求，服务区域经济社会发展，综合推进教育教学改革。

学院以本科教育为核心，以研究生教育为引领，紧紧围绕“培养什么人、怎样培养人、为谁培养人”这一根本问题，实现知识传授、能力培养与价值引领的有机统一，努力培养德智体美劳全面发展的美术、书法与设计应用型人才，形成了本科——研究生贯通的人才培养体系。

学院根据专业特点及分类发展提升教育教学水平，美术学专业立足师范教育，注重学生专业能力提升与教师职业能力培养，不断完善教师教育课程体系，切实提升学生教育实践能力；书法学以展赛带动教学，强调综合人文素养培养，建立了厚基础、宽口径、可持续发展的人才培养模式；视觉传达设计专业坚持理论、实践相结合的“知行合一观”核心理念，积极构建基于“认识—理解—应用—创造”的培养模式；环境设计专业强调学科交叉、课程综合性与知识前沿性，以项目制教学推动学生实践创造能力培养。

在制度建设方面，学院深化“目标导向、学生中心、因材施教”的人才培养模式改革，强化一流本科教育质量保障体系和运行机制建设，推动学院本科、研究生教育步入高质量内涵发展新阶段。学院积极贯彻“学生中心、产出导向、持续改进”的教育理念，建立健全教学管理制度，先后出台学院课堂教学改革方案、学院本科教学质量评价与持续改进工作实施细则等质量保障基本体系；对课程目标达成度评价、毕业要求达成度评价、人才培养目标合理性评价、课程体系合理性评价与课程标准修订等相关系列文件，保证体系健全、环节完整、条目清晰可执行，有力地推进学院本科教育质量提升。学院重视教学管理工作的科学化、制度化、规范化与民主化，出台或修订学院本科教学指导委员会条例、学院教学督导委员会工作细则，加强和改进学风考风，加大教学建设力度，提高教学质量和教学管理水平；学院重视实习、实践教学制度的建设与完善，美术学专业以师范类专业认证为标准完善了各实习实践环节管理办法，毕业论文、毕业设计（创作）、实习见习、艺术考察等相关文件健全，并结合专业特点制定相应细则。

学院坚持将“学生中心”理念贯穿人才培养全过程。学院每四年进行人才培养方案整体修订、每两年进行局部调整。2022 年人才培养方案修订过程中，积极征集用人单位、毕业生与在校生意见，保证培养目标、毕业要求与课程体系的体系化和合理性，保证三级体系的对标与科学合理。学院组织三个专业教师面向全校“说专业”，《透视与解剖》《平面设计原理》两门课程面向全校“说课程”，并获学校课堂教学改革“金课”一等奖、三等奖各 1 项，学院获评 2022—2023 学年课堂教学改革先进学院。

学院以教学改革与课程建设为抓手，积极推动教学质量提升，学院教学改革与课程建设层次明显提升。课程建设方面，2020 年孙秀霞副教授以《平面设计原理》获评山东省一流本科课程，2023 年郭瑞芳副教授、刘春景博士以《美丽乡村设计与创新实践》再获山东省一流本科课程；冯保荣、王伟、万桂香、王洪香等多名教师获批校级课程思政示范课程；刘辉副教授获评校级在线开放课程；史秀娜、孙秀霞、王洪香、万桂香等教师先后立项校级教学改革项目十余项，推动学院教育教学改革纵深发展。

学院重视教材建设与课程资源建设。2008 年钱品辉教授编写《平面设计原理》多次再版，并被多校选用，影响较大；2012 年杨国新教授、孙秀霞副教授编写的《标志设计》与 2013 年钱品辉教授编写的《色彩构成》由人民美术出版社出版；张兆林副教授《中国民间美术导论》（2023 年出版）与刘昆副教授《东昌府木版年画艺术教程》分别于 2021 年、2022 年获校级规划教材建设项目立项。此外，学院教师还出版各种教材十余种；2019 年王伟副教授以《书法经典作品临摹》立项山东省专业学位研究生教学案例库；2022 年孙秀霞副教授获评校级在线教学优秀案例。

学院教师职业能力和育人水平不断提升，师生在各项赛事中取得佳绩。2015 年，王伟老师获第二届山东省青年教师教学比赛三等奖；2022 年，孙秀霞副教授获山东省普通高等学校教师教学创新大赛三等奖。刘辉、史秀娜、万桂香等教师多次获得校级青年教师教学比赛奖项；2023 年，孙秀霞、刘辉、万桂香、王蕊等多位教师获得山东省高校美术与设计专业师生基本功比赛教师组奖项 4 项。学生在中国大学生广告艺术节学院奖、全国大学生广告艺术大赛时报金犊奖、“青未了”山东省高校毕业生优秀作品展等重要赛事中先后获奖数百项，体现了学院良好的人才培养水平。

六、政务管理篇

学院秉承着为社会培养优秀人才理念，坚持探索、勇于创新，逐步发展成为具有鲜明特色的学院。学院注重教育教学质量提升，注重学生综合素质培养，注重师资队伍建设，逐步形成独特的办学特色，在教育教学、科学研究、社会服务等方面均取得显著的成果，为国家和地方经济社会发展作出了积极贡献。

1989—2000 年，美术系处在创建起步阶段，工作任务繁重，生活条件艰苦。院系历届领导班子坚定执行党的教育方针，坚持社会主义办学方向，对师生进行艰苦奋斗、勤俭朴素革命传统教育，克服资源匮乏、设施不完善等困难和挑战，团结一心，共同参与决策，引领师生一边学习一边用自己的双手建设校园，以饱满的热情参加学校基本建设、绿化校园等义务劳动，为改善办学条件做了不懈努力，为学院发展奠定了基础。

2000 年，美术系与音乐系合并为艺术学院，学院领导班子始终根据形势变化与发展，努力探索党务政务管理、思想政治教育及学生工作新思路和新方法，与时俱进地解决学院稳定和发展的诸多现实问题，推动了学院事业的发展和进步。在思想政治教育方面，学院始终紧跟党中央战略部署和决策，按照学校党委工作部署和要求，在师生中进行社会主义初级阶段理论教育和社会主义精神文明教育。尊重每个教职员工的个性和价值，最大限度地发挥每位教师才干和潜能，营造了一种宽松和谐的人文环境，形成了人和政通的工作局面。

2010—2020 年，艺术学院美术系发展为美术学院，在新的历史时期，学院政务工作面临着新的挑战和机遇，学院立足学校发展的新形势，确立了构建专业高地、学科高地、人才高地与学术研究高地，建设特色鲜明优势突出高水平学院新目标，形成了良好氛围。学院领导班子始终坚持以党的思想为指导，认真贯彻落实党的教育方针，紧紧围绕学院的发展目标，不断加强党的建设，推进全面从严治党，加强师德师风建设，加强学生思想政治教育，加强校园文化建设，努力营造良好的育人环境。学院党团组织、工会组织和党员教师从发展这个大局出发，做好表率，率先垂范，齐心协力地推进学院发展。

2020 年 5 月至今，美术学院更名为美术与设计学院。面对新问题、新挑战，特别是数字化、网络化、人工智能等新技术的影响，学院注重强化党的建设，推进全面从严治党，树牢“四个意识”，坚定“四个自信”，坚决做到“两个维护”，不断夯实“两个责任”，加强党风廉政建设，提升党员干部队伍思想政治教育和管理水平，不断推进党建工作与业务工作深度融合。进一步加强师资队伍建设，注重教师队伍培养和引进，不断提高教育教学质量；进一步加强教育教学改革，不断推进课程建设和教材建设，切实提高教学质量和水平。重视学生思想政治教育工作，加强学生思想政治教育，推进校园文化建设，协力营造良好的育人环境。在创新创业中获得历史性突破，分别于2022年在大学生创新创业训练计划立项中获国家级立项1项，省级立项1项；2023年取得“互联网+”大学生创新创业大赛省级银奖一项，山东省科创赛省级银奖一项。注重加强和积极开展对外合作与交流，加强与国内外高校和企业的合作，推进学术交流和项目合作，不断提升学院影响力和知名度。

美术与设计学院自成立以来，不断强化党委及所属党支部政治功能与组织功能，始终坚持党的领导核心地位，注重经验总结，创建工作品牌。始终坚持正确的育人方向，已经为社会培养了6000余名优秀的学子，活跃在美术教育、艺术设计、书法传承等领域，部分优秀学子已经成为领域内的知名学者、优秀设计师、书法教育工作者等。始终重视科学研究的先导作用，在民间美术、乡村振兴、非遗保护、书法批评等领域发出了自己的声音，获得省部级科研奖励8项。注重教师技能提升，强化技能对人才培养的辅助作用，学生获得各种竞赛奖励达千余项。始终重视师资队伍建设，教师发展为近六十人的师资队伍，涌现出了包括于茂阳、张宪平、钱品辉等一批优秀的师资。

美术与设计学院将在学校党委行政的统一领导下，遵循“至真崇善尚美”院训，积极发挥专业优势，围绕“三全育人”“五育并举”，在人才培养、科学研究、服务社会、文化传承等方面，继续坚持“练好内功，注重外联，积极协同，巩固特色”的工作思路，稳步提升学校整体美育氛围，打造美育实效，不断提升学院在人才培养、科学研究、社会服务、文化传承等方面的贡献率。

第二十五节　运河学研究院

聊城大学运河学研究院成立于2012年6月，其前身是聊城大学运河文化研究中心，是国内首家以运河及其区域社会为研究对象的院级科研实体单位，拥有山东省社科理论重点研究基地“山东省运河文化研究基地”、山东省社科规划重点研究基地“运河文化研究基地”、山东省铸牢中华民族共同体意识研究基地三个省级平台及山东高校“十二五”人文社科研究基地“运河与区域经济社会发展研究中心”、山东省地方史志办公室“山东省地方史志系统运河文化研究基地”两个厅级平台，“运河文化学”获评山东省文化艺术科学重点学科。下设“运河史”“运河区域社会经济发展”“运河文化”三个研究中心和三个编辑部（负责编辑《中国大运河蓝皮书》《运河学研究》集刊和《中国大运河年鉴》）。研究院共有专职科研人员 20 人，其中教授 5 人、副教授 11 人，讲师 4 人，拥有博士学位者 18 人，同时聘请朱士光、李孝聪、赵毅、赵世瑜、马俊亚、孙竞昊、吴滔、樊如森、路伟东等运河研究专家为兼职教授。拥有国务院特殊津贴 1 人、山东省“有突出贡献的中青年专家”2 人、山东省政府参事 1 人。研究领域涵盖历史学、文学、地理学、社会学、人类学、艺术学、民族学、图书馆与情报学等多个学科门类，在中国史和文献学两个方向培养硕士生。目前，研究院已经培养研究生 100 余名，学院教师承担中国古代史、运河文化学、中国文化概论等本科生课程，实现了教学科研的互相促进与共同发展。

一、党建工作

运河学研究院党支部坚持党建引领，深入贯彻落实习近平总书记关于大运河文化保护传承利用的重要指示精神，充分发挥党支部政治优势、组织优势，以支部建设指导科研工作，以科研工作促进支部建设，切实做到运河学学科建设与服务经济社会发展有机结合，取得了显著成绩。

一是组织队伍建设情况。运河学研究院党支部现有党员 13 名，其中博士 12 名，硕士 1 名，党员职称结构合理，其中教授 2 名，副教授 9 名，讲师 2 名。党支部设有支部委员会，设书记、副书记、纪检委员、组织委员、宣传委员各 1 人，均为教工优秀党员，具备坚定的理想信念和丰富的教学科研经验。运河学研究院党支部始终坚持党建引领不动摇，以党的理论指导科研、促进科研，团队学术科研能力、社会实践能力不断提升，实现了专职队伍科研、社会服务水平的双提升，影响力不断扩大。一方面，营造了科研团队良好学术氛围，培养了科研人员创新精神；另一方面，以理论研究为基础，以服务社会为宗旨，广泛宣传，强化交流，扩大影响，在学术界、社会各界产生了巨大影响力。2023 年 7 月，运河学研究院党支部被评为聊城大学党员示范岗。在党支部日常工作、研究院科研工作等方面，学校党委、历史文化与旅游学院党委均给予了充足的经费支持及人力、物力保障。

二是思想政治学习与制度建设情况。坚持以习近平新时代中国特色社会主义思想为指导，全面贯彻落实党的二十大精神，教育引导党员强化宗旨意识，坚定理想信念。严格落实“三尺讲台有纪律、科学研究有底线”，加强党对教育工作的全面领导，严明政治纪律和政治规矩。坚持“师德是教师的灵魂”和“师德一票否决制”，筑牢信仰之基，补足精神之钙，把稳思想之舵。在作风建设和廉洁自律方面，自觉接受群众监督，时刻做到头脑清醒，政治坚定，清正廉洁。一方面，坚持理论学习常态化。认真落实“三会一课”制度，定期讲党课，定期开展“主题党日”活动及民主评议党员活动。每两周开展一次集中学习活动，努力做到理论学习常态化和制度化。研究院党支部组织党员集中学习了《习近平新时代中国特色社会主义思想学习问答》《习近平谈治国理政》《中国共产党简史》《社会主义发展简史》《中华人民共和国简史》等重要学习材料，并撰写学习笔记。另一方面，完善制度建设，充分发挥党支部战斗堡垒和党员示范引领作用。在贯彻与落实《历史文化与旅游学院党风廉政建设责任制》《运河学研究院党支部班子成员工作细则》《运河学研究院党支部主题党日活动案例》《历史文化与旅游学院网络意识形态工作责任制实施细则》等文件基础上，充分发挥党支部战斗堡垒作用，从抓班子建设、稳定队伍、创造和谐工作环境入手，团结带领班子成员，坚持民主集中制原则，做到小事常沟通、大事由班子集体研究讨论决定。扎实做好党员管理和党员发展工作，规范党费收缴台账，严格按标准、按时足额上缴党费。按时发布理论学习、现场教育等活动信息，并及时上传灯塔 e 支部。定期召开党支部会议，并做好相关会议记录。

三是丰富党建生活与内容情况。一方面，党支部通过观看爱国主义教育影片、参观红色文化遗址、邀请专家讲学、实地学习交流等方式，不断丰富理论学习手段，增强党员理论学习的积极性和主动性。2021 年 5 月，研究院党支部组织师生前往莘县鲁西北革命烈士陵园、马本斋烈士纪念园参观学习。2023 年 5 月，党支部组织党员前往孔繁森同志纪念馆、聊城市革命烈士陵园、六二七纪念园、张家楼抗日遗址纪念馆、北杨集烈士亭等红色教育基地接受党性教育，传承先烈精神。2023 年 11 月，前往河北省故城县冀南四二九烈士陵园追忆革命历史，缅怀革命先烈，取得了良好效果。另一方面，研究院党支部深入开展与党员谈心谈话活动，及时了解党员教师所思所想。成立“党员之家”和生活交流群，认真听取党员及群众教师意见建议，积极为他们排忧解难，切实增强党支部的凝聚力和向心力。2019 年 11 月 14 日，党支部赴东阿铜城镇汝道口村开展帮扶、慰问活动。2021 年 7 月 24 日，党支部前往临清魏湾镇中心小学参观学习并座谈交流，双方围绕运河文化展板设计、运河文化特色教育等问题进行了深入交流。2022 年 7 月 10 日前往冠县开展乡村振兴专题调研工作，为乡村发展献计献策。

二、科研工作

近年来，在聊城大学党委的正确领导下，在社会各界的关心支持下，全院教职工突出运河学研究特色，紧扣国家战略和地方经济社会发展需求，凝神聚力抓科研，积极对接搞服务，在基础研究和服务社会两方面均取得了显著成绩。

一是积极申报科研项目。研究院承担或完成“民间文献与京杭运河区域社会研究”“京杭运河文献整理与研究”“明清运河区域社会变迁”“明清山东运河河工、河政与区域社会研究”“明清时期京杭运河区域社会组织研究”“京杭运河与明清时期区域农业开发”“明清黄运地区的河工建设与生态环境变迁研究”“全新世以来东平湖变迁与黄河洪水关系及动力机制研究”“清代黄运地区河工经费研究”“明清山东黄运地区环境史研究”“明代江南上贡物资转运研究”等国家级课题 25 项（含国家社科重点项目 4 项、一般项目 13 项、国家自然科学基金项目 1 项）、省部级课题 60 余项，厅级项目 80 余项。国家级课题包括国家社科基金重点项目、国家社科基金一般项目、国家社科基金后期资助项目、国家社科基金重大项目子课题等。省部级课题包括教育部人文社科基金项目、教育部哲学社会科学研究后期资助重大项目、全国高校古籍整理项目、中央社会主义学院研究项目、国家民委民族研究项目、山东省社科智库重大调研咨询项目、山东省社会科学规划研究项目等。

二是努力产出科研成果。出版《中国运河历史文献集成（80 册）》《明清山东运河区域社会变迁》《中国运河文献书目提要》《明清京杭运河沿线漕运仓储系统研究》《明清时期山东运河区域民间信仰研究》《逋赋治理与明代江南财赋管理体制的变迁》《山东运河文化遗产保护、传承与利用研究》《清代山东运河河工经费研究》《明清山东运河区域社会生态变迁研究》等著作 40 余部，发表学术论文 400 余篇，出版社包括人民出版社、中华书局、中国社会科学出版社、商务印书馆、科学出版社、社科文献出版社等国家级出版社；在《光明日报》《中国社会科学报》《北京社会科学》《城市史研究》《民俗研究》《中国农史》《史学月刊》《历史地理》《人文杂志》《史林》等核心期刊发表文章。获省部级科研奖励 20 余项，厅校级奖励 60 余项。省部级获奖涵盖山东省社科突出贡献奖，山东省社科优秀成果一等奖、二等奖、三等奖等。

三是着力打造科研品牌。研究院着力打造“两书一刊一平台”，运河学研究品牌影响力逐步提升。一是《中国大运河蓝皮书：中国大运河发展报告》。自 2018 年开始，运河学研究院与“世界运河历史文化城市合作组织”联合编写《中国大运河蓝皮书：中国大运河发展报告》。本书从水利航运、旅游开发、学术文化、遗产保护、文化带建设、运河城镇等几个方面，利用官方数据和实地调查材料，对中国大运河各项事业的发展状况作出细致的考察和梳理，分析当前存在的问题，提出相应对策建议，以期为相关部门提供参考与借鉴。这是一本直接服务于社会，介绍中国大运河现状，为各级政府决策提供依据的著作。《中国大运河蓝皮书：中国大运河发展报告》每年出版一本，今已出版 5 本。二是《中国大运河年鉴》。2022 年研究院组织编写了《中国大运河年鉴》，《中国大运河年鉴》充分考虑和借鉴其他年鉴的编纂体例，结合大运河特色，设定了政策法规、水利工程、航道运输、文化旅游、生态保护、学术研究、大事记等七个版块，体现大运河年度动态和运河学研究特色。目前《中国大运河年鉴（2022）》《中国大运河年鉴（2023）》《中国大运河年鉴（2015—2021）》已经正式出版。三是《运河学研究》。自2018年起，运河学研究院还创办了学术刊物。本书是专注于运河及其相关问题的综合性学术集刊，主要专栏包括："理论研究"，着力进行运河学及相关研究方向的学科理论、研究方法探讨；"专题研究"，探讨运河发展史、运河区域社会变迁、运河文化等各个方面的问题；"新书评介"，点评近年出版的学术著作，向读者介绍其价值及阅读路径；"研究综述"，评介当年运河学方面的研究成果、学术活动，总结过往，为读者提供学术资讯。本刊物一年两辑，今已出版至第8辑。四是"大运河文化数据平台"。获批山东省委宣传部中华优秀传统文化传承发展工程重点项目。目前各项版块设置完成，平台内容充实完毕，已经具备了文化推介、资料查询、交流互动功能。

三、服务社会工作

一是充分发挥运河智库功能。同国家民政部地名所合作横向课题"运河地名文化数据库"和"地名·运河丛书"；参与国家发改委《大运河国家文化公园建设保护规划》的论证和评审；受山东省发改委委托编制完成《山东省大运河国家文化公园建设保护规划方案》（送审稿）；成功获批山东社科智库沙龙重大调研咨询项目，结项报告《山东省大运河国家文化公园建设存在问题与对策建议》（《山东社科成果专报》2020年第18期）获原山东省委书记刘家义肯定性批示，并转省文旅厅等部门调研落实；《写好"千年运河"的齐鲁新篇章》在《大众日报》（理论版）发表，并在"学习强国"平台上予以推介。同山东运河经济文化研究中心合作编写《山东运河文化丛书》，承担其中8本论著，已在济南出版社出版；此外，研究院还同聊城市委宣传部、民政局、东平县文史委等部门合作开展运河文化研究；同聊城市委统战部合作开展铸牢中华民族共同体意识研究等。充分发挥研究院在运河研究领域的智库功能。

二是切实加强与地方的交流合作。积极参与大运河文化保护、传承相关工作，服务地方经济社会发展。与江苏凤凰传媒集团合作，编纂出版《中国运河志》（《文献》《人物》《大事记》三卷）；受山东省委党史研究院委托，编纂《京杭大运河·山东段志》；受聊城市委宣传部委托，编制《聊城市大运河国家文化公园样板工程规划与建设方案》；受聊城市文旅局委托，编制《聊城市大运河国家文化公园建设保护方案》；受聊城市中国运河文化博物馆委托，编制《聊城中国运河文化博物馆改造提升展览大纲》；同汶上县委组织部签订战略合作协议，开展干部政德教育专题培训，成立聊城大学运河学研究院教育实践基地和南旺研究所；同临朐县史志办合作，成立聊城大学岳镇海渎研究中心。

三是积极推动运河文化普及推介。建有"运河文物文献展览馆"和"数字运河研究中心”（负责“民间文献整理室”和“大运河文化数据平台”）。在国内运河研究领域居于领先地位。其中运河文物文献展览馆是聊城大学运河学研究院建设、管理的特色展览馆。展览馆自建成开放起，就坚持突出特色、不断充实、逐步提升的发展思路，先后建成古籍、碑刻、家谱、运河名家名著、贡砖等展室，形成了鲜明的展陈特色。自 2013 年开馆以来，累计接待全国人大常委会原副委员长何鲁丽、全国政协原副主席王家瑞、外交部原部长李肇星等领导及专家学者 2 万余人次，成为展示运河文物文献、宣传普及运河文化的重要平台，并成功入选聊城大学品牌文化驿站。

第二十六节　生物制药研究院

聊城大学生物制药研究院成立于 2015 年 4 月，是一个具有产学研特点和优势的二级学院。学院由具有丰富学术和世界 500 强企业管理经验的国家特聘专家领军，团队成员由山东省“泰山学者”“泰山产业领军人才”、万人计划专家、相关行业的知名学者、海归和著名院校毕业的优秀博士组成。研究院现有教职工 23 人，其中国家特聘专家 2 人、山东省“泰山产业领军人才”2 人、教授 3 人、副教授 8 人，师资结构合理，具有良好的基础理论素质和丰富的技术开发与应用经验。

研究院成立伊始，一直重视产学研平台的建设，坚持兼顾基础理论研究和应用研究，并把培养复合型人才和应用成果转化作为研究院的主攻方向。研究院坚持与聊城市政府共建的指导方针，经过多年的努力，搭建了山东省抗体制药协同创新中心、山东省纳米药物及释药系统工程技术研究中心、山东省抗病毒药物工程实验室、山东省新型研发机构、聊城大学生物活性物质与临床营养研发中心、聊城高新区生物技术研发中心、聊城大学大众健康与临床营养科普工作室、山东省科普教育基地、山东省侨联新侨创新创业基地等省市级研究和宣传基地。整个平台的投入超过 6000 万元，主要实验室有物理药学实验室、生物大分子药物实验室、药物制剂及分析实验室、临床营养实验室等。除实验室之外，研究院还建有动物房和中试基地，大大提高了研究成果的转化效率。2024 年 6 月，由韩军教授担任主任，申报的“山东省蛋白与多肽类药物应用技术重点实验室”成功获山东省科技厅批准成立。

研究院的主要研究和技术开发方向包括药物制剂、药物晶型研究、处方前研究、药物一致性评价、纳米药物与缓控释制剂、水凝胶、新药开发和功能食品 / 保健食品/临床营养等，搭建了“热熔挤出”平台并形成了难溶性药物制剂核心关键技术。研究院近年来承担国家重大专项1项、申请发明专利40余项，授权20余项，已经完成专利成果转化6项，金额100万余元。获批国家自然科学基金6项，山东省自然科学基金28项，累计获批纵向经费630余万元。签订横向课题30余项，累计获得横向课题经费共计600余万元。

学科建设方面研究院也取得了长足的进步，现设有分析化学、生物化学与分子生物学两个专业，培养药物分析、药物制剂与物理药学、功能食品与临床营养等方向的研究生。现有硕士研究生导师14人，其中校内导师12人，校外兼职导师2人。目前有在校研究生硕士43名，博士3人，毕业生考博深造人数逐年增加，有数位毕业生进入华海药业、药明康德、荣昌生物等著名大型企业、医院等，成为企业的技术骨干力量。纵观研究院的发展史，我们从如下几个方面进行了总结。

一、党建工作

在学校机关党委的领导下，生物制药研究院于2016年10月成立党支部。2023年年末，党支部共有党员19人，其中教师党员12人，研究生党员7人。自党支部成立以来，始终坚持党的领导，坚定走中国特色社会主义道路，始终紧密围绕国家与地方在医药、食品领域的战略需求，积极参与各类科技项目的研发工作，为我国生物制药、食品行业的发展作出了诸多贡献。研究院与国内外知名高校、科研机构建立了广泛、紧密的合作关系，共同推动生物制药、食品领域的科技创新。在这个发展过程中，生物制药研究院党支部充分发挥了党组织的战斗堡垒作用，部分党员教师能够发挥先锋模范作用，带头攻克难题。在此带动影响下，研究院内已形成良好的科研氛围，标志性科研成果快速涌现。此外，研究院始终坚持以人为本，关心关爱科研人员，为他们提供良好的工作环境和条件。研究院多次组织开展党的群众路线教育实践活动，加强师德师风建设，积极倡导严谨治学、诚信为本的科研精神，严格要求院内教师遵守学术道德规范，为学生树立良好的榜样，严格按党章要求，做好教工、研究生预备党员纳新及转为正式党员的工作，按时组织收缴党费。

二、人才培养

（一）青年教师的培养

目前，生物制药研究院青年教师占比达80%以上，为此，研究院平时重视青年教师的师德涵养和业务培养，把政治素质好、思想水平高、业务能力强、教研意识先进的青年教师及时吸收进骨干教师队伍，要求大家敢于挑重担，具有创新发展的目光，要加强与其他教师的协作，在学术研究上有敢试、敢闯、敢于担风险的勇气，起到带头和示范作用。研究院提供相关经费，采用“请进来”“走出去”

的方法有效增加教师们的学术交流。“请进来”即请一些学术专家、学者来研究院或学校作讲座，让青年教师耳闻目染地得到熏陶。目前，研究院邀请来校做学术交流的专家达 100 人次之多。“走出去”即鼓励青年教师外出听课、听讲座，参观学习、培训进修等，拓宽其视野，开阔思维，使各方面得到进一步提高。研究院已有一名青年教师在美国进修访学并在化学权威期刊《美国化学会志》（JACS，IF=14.695）发表论文 1 篇，实现了我校第一单位在该期刊发表论文的突破。

研究院鼓励青年教师要勇于创新，自我加压，反思、总结教学科研经验，有明确的科研方向和教学特色，积极申报国家、省部级科研课题，争取社会、企业的横向课题资金，积极申报校级、省级研究生教改项目，争取早日成为骨干教师或学科带头人。

（二）硕士及博士研究生的培养

研究院现设有分析化学、生物化学与分子生物学两个学术硕士学位点，在药物分析、物理药学与药物辅料应用、合成药物化学与药理（分析化学专业）和抗体药物与靶向治疗、先进药物制剂与智能递药系统、功能食品与临床营养（生物化学与分子生物学）等 6 个研究方向招收硕士研究生。目标是培养具有化学或生物学基础，能够从事药学或食品营养学方面的教学、科研、设计、管理等方面的高层次人才。学科师资力量雄厚，人员组成和学历结构合理，科研、教学成果成绩显著，培养方式采取课程学习和科研论文相结合，实行导师或导师小组负责制，鼓励研究生入校即进入课题组，课程学习与科学研究同步进行。

在培养过程中，要求研究生在学期间参加前沿讲座不少于 10 次，包括各类学术论坛、学术讲座、学术会议等，主讲前沿讲座不少于 2 次。导师负责考核评价，通过者获得 1 学分，前沿讲座贯穿于研究生培养的全过程。研究生应参加社会实践工作，工作量应不少于 32 学时，社会实践活动考核由学院、指导教师和导师综合评定，通过者获得 1 学分。学术学位研究生实行中期筛选考核制度，综合考察研究生思想品德、课程学习、科研能力等情况，达到合格及以上者获得 1 学分，继续进行学业。不合格者，予以淘汰或分流。研究生在读期间取得的科研成果应符合研究院科研成果的基本要求。自研究院 2016 年招收硕士研究生以来，研究生培养质量逐年增高，在校期间发表多篇高质量学术论文，其中以 SCI 一、二区为主，近年考博人数占比达到 85% 以上。获得省级奖励人次也逐步增多，包括省级优秀创新成果奖 7 项、省级优质课程 1 项、省级优秀毕业生 3 项、省级优秀毕业论文 2 项、省级优秀学生 1 项、省级优秀班干部 1 项。到 2023 年年末，已毕业硕士研究生 5 届，共计 41 人，在读硕士研究生 43 人。

研究院积极开展联系培养博士生工作，现有 2 名教授分别被山东师范大学、济南大学聘为博士生导师，已招收博士生 6 名，其中毕业 3 名，在读 3 名。为学校相关学科申报博士点打下良好基础。

三、学科建设

学科建设体现着一所高校的整体办学实力、学术地位和核心竞争力，是高校建设和发展的核心，是建设高水平应用型大学的必由之路。作为我校主导建设的“政产学研用”协作创新平台，研究院的成立是我校加强学科建设、完善培养体系的重要举措。建强我校药学、化学、生物学等学科体系、促进相关学科发展、培养生物医药领域优秀人才始终是我院办院目标，学科建设工作更是我院各项工作的重中之重。2017 年 12 月，我院入选我校首批学术特区建设单位；由韩军教授主持的“泰山学者”团队，按照计划顺利开展，于 2020 年完成了结题验收；2022 年 6 月，我院成为我校“冲一流”“强特色”学科——生物与医药学学科建设单位。在我校各相关单位的支持下，研究院前后获批山东省抗体制药协同创新中心等省级科研平台 4 个，建成难溶性药物制剂中心等技术子平台 9 个。

山东省抗体制药协同创新中心成立于 2013 年 9 月，由山东省教育厅、科技厅、财政厅联合批准成立，以抗体制药为特色的综合性药学科研创新平台。中心由聊城大学作为牵头建设单位，会同上海张江生物技术有限公司、齐鲁制药集团等 14 家协同单位共同建设，成为省内乃至国内抗体制药行业交流合作及成果转化平台。经过两年培育期和五年建设期，研究院已经建成协同中心药物创新制剂研发平台。2017 年开始设立协同创新中心开放课题，陆续立项“抗体高通量筛选”“人源化单克隆抗体中试研究”等科研项目 46 项。2019 年 12 月省教育厅组织的高校协同创新中心现场绩效评价工作，中心获得优秀评价等次。

山东省纳米药物与释药系统工程技术研究中心成立于 2014 年 12 月，是以聊城大学为依托，联合聊城市人民医院、聊城高新生物技术有限公司共同建设，由山东省科技厅批准建立的旨在推动工程技术创新的研究机构。主要解决新型给药技术药物从实验室到走向临床过程中的关键共性技术问题，为今后山东省的医药新剂型的研发及走向国际化起到有效的推动作用。工程研究中心于 2019 年 12 月成功入选山东省技术创新中心培育库。

山东省抗病毒药物工程实验室于 2020 年 6 月由山东省发改委批准成立。我院整合抗病毒药物合成和制剂相关力量，通过化学药物晶型和绿色制造技术创新中心建设，提升我国化学药物原料药和制剂产品绿色工艺的研究开发能力，并推进其应用于产业化。

2016 年 9 月，与聊城高新生物技术有限公司联合申报并获批聊城市热熔挤出药物制剂工程研究中心。2019 年 11 月，与聊城高新生物技术有限公司联合申报并获批聊城市高端引才示范基地。2020 年 4 月，聊城高新生物技术有限公司获批山东省科技型中小企业。2020 年 11 月，与聊城高新生物技术有限公司联合申报并获批山东省新型研发机构。2021 年 4 月，获批聊城市特殊医学用途配方食品工程重点实验室。2023 年 7 月，聊城大学生物制药平台被认定为山东省侨联新侨创新创业基地。如今，生物制药“产学研”平台已经建设成为以热熔挤出为核心技术的高端药物制剂综合研发平台。

四、科研创新

研究院科研作为一家独立科研机构，一直以科研工作为重，努力开拓创新。自建院以来科研工作稳步发展，不断突破，取得了一系列阶段性成果，学术成果产出数量及水平持续攀升。累计发表学术论文 300 余篇，其中 SCI 论文 200 余篇。申请发明专利 40 余项，授权 20 余项。注重专利技术成果转化，目前完成转化 6 项，金额 100 万余元。获批国家自然科学基金 6 项，山东省自然科学基金 28 项，获批纵向经费 630 余万元。签订横向课题 30 余项，获得横向课题经费共计 600 余万元。标志性科研成果如下：

（一）洛匹那韦 / 利托那韦复方片和利托那韦片的成功上市

研究院国家特聘专家、“泰山学者”韩军教授利用热熔挤出技术在艾滋病药物洛匹那韦和利托那韦的制剂研发中取得重大突破。项目获得了国家“重大新药创制”科技重大专项《口服固体高端制剂共性技术国际化研究项目》课题之一：难溶性药物制剂共性关键技术研发（2017ZX09201-003-013）支持，并圆满完成。

洛匹那韦 / 利托那韦复方片剂为艾滋病治疗二线用药，药品长期依赖原研厂家进口。利托那韦也是辉瑞新冠治疗药物 Paxlovid 的组成成分，洛匹那韦 / 利托那韦复方制剂入选《新型冠状病毒感染的肺炎诊疗方案》1—8 版建议用药，属于国家战略储备药物。其制剂研发难点在于其难溶特性。基于此，生物制药研发团队构建了热熔挤出技术开发和转化平台，基于该技术顺利完成了洛匹那韦 / 利托那韦复方片和利托那韦片两个产品的 BE。所开发洛匹那韦 / 利托那韦片于 2023 年 8 月成功上市；利托那韦片于 2024 年 3 月成功上市。项目相关技术开发收入逾 1000 万元，上述产品的成功上市，为推动我国难溶性药物的开发和产业化提供了技术支持。

（二）D- 核糖系列产品的技术开发和上市

研究院国家特聘专家、“泰山产业”领军人才王正平教授领衔完成了 D—核糖系列产品开发的开发与上市工作。项目获得山东省重点研发计划项目：高稳定性肿瘤肠内全营养乳剂制备关键技术研究及产业化（2018YYSP008）的支持。

心肌毒性是造成心脏损伤的重要诱因，生物制药研究团队针对该临床问题开发了 D—核糖组方系列产品。通过大量实验数据证实该组方可通过下调“铁死亡”减轻心肌毒反应，为其在临床上作为辅助治疗产品改善由缺氧和化疗引起的心肌损伤奠定了理论基础。同时，该组方能有效地改善人体耐缺氧阈值和疲劳体征，提高缺氧状态下心肌细胞中 ATP 的含量、缓解由于缺血缺氧造成的乏力、睡眠障碍等症状。新冠肺炎疫情期间，对新冠病毒确诊患者进行了营养干预辅助治疗临床试验，证实了 D—核糖复方制剂联合常规治疗方案在促进患者体能及健康状况恢复、缩短治疗期方面具有巨大潜力。目前，成果已完成固体饮料、特膳及运动营养商业化产品等的产业化和上市，市场累计销售收入 5000 万元以上。

（三）天然活性成分共包封研究领域获得重要进展

研究院刘敏教授、博士生导师带领团队在功能性生物大分子共包封联合药物的作用机制与功能改善方面取得突破性进展。项目获得两项国家基金面上项目（21473085；22073039）支持。

癌症至今仍严重威胁人类生命和健康，如何有效预防和治疗癌症是亟待解决的研究前沿问题。研究团队用经典热力学方法研究蛋白质对天然活性成分的共包封，从热力学角度阐明了共包封对活性成分的抗氧化性、稳定性及抗癌活性的影响，将竞争作用与“1+1>2”的协同效应有机关联，为基于蛋白质的多种活性成分共包封在食品和医学中的应用提供了重要理论依据。同时，团队利用 DNA 四面体等功能性生物大分子对多种药物成分进行包封，利用量热学、谱学和分子模拟等手段研究该复杂包封体系的相互作用机制及对抗癌效果的影响。结果表明：联合药物成分的协同抗癌可减少药品用量，避免剂量依赖性的毒性效应，这将对联合药物的开发及临床应用提供理论依据。相关研究成果在 International Journalof Biological Macromolecules、Food Chemistry 和 LWT—Food Scienceand Technology 等期刊发表 SCI 论文 60 余篇，授权发明专利 6 项，获山东省高等学校科学技术奖 2 项，转化科技成果 2 项。

五、人才队伍

生物制药研究院由国家海外特聘专家领军，包括山东省“泰山学者”特聘教授、万人计划专家、相关行业的知名学者和年轻的海归博士、著名院校毕业的优秀博士，兼顾基础理论研究和应用研究，侧重产学研平台建设，培养复合型人才的科研院所。研究院现有教职工 23 人，教授 3 人，副教授 8 人，其中国家特聘专家 2 人、国家万人计划专家 1 人、山东省“泰山学者”1 人、山东省“泰山产业领军人才”2 人，江苏省“双创人才”1 人，“光岳”系列人才 9 人（含“光岳学者”2 人），2023 年引进外传双百人才 1 人。研究院人员学历高，科研能力强，专业布局、职称梯队、年龄结构合理，为研究院发展奠定了良好的人才基础。现有硕士研究生导师 14 人，其中校内导师12人，校外兼职导师2人。2022年，韩军教授和王正平教授被授予2022年度“水城最美科技工作者”称号。2023年，韩军教授获批山东省“泰山产业领军人才”。

研究院始终坚持人才是第一资源，注重人才成长，踏实做好人才建设工作，将推进人才队伍建设摆在研究院发展的突出位置。为此，研究院积极响应学校的人才学术奖励机制，建立灵活的人才评价管理方式，遵循优绩优酬理念，在人才聘用、职称评聘、科研项目申报、薪酬分配等方面以工作能力用人才，以成果实绩论英雄，以贡献价值取薪酬，灵活运用奖励性绩效工资，形成公平有效的内部分配机制，鼓励想干事业、能干事业的教师脱颖而出，激发人才队伍创业活力和发展动力。在人才队伍建设过程中，充分肯定教师为学校或研究院作出的贡献，进一步挖掘其学术和领导潜力，建立各项学术等交流机制，实现良性竞争与合作，帮助教师实现自我价值，提升组织忠诚度，共同引领学科发展。再者，全面优化教师成长发展需要的环境建设，提供优质工作环境和良好条件保障，整合人才支持计划、完善经费使用制度等，在团队、学生、实验室、资金等方面均给予大力支持，让教师安心从教、静心科研，多出成果、出好成果。

六、服务社会

山东省抗体制药协同创新中心（聊城大学）与荣昌生物制药（烟台）股份有限公司等省内知名抗体药物研发企业、机构联手，成立山东省抗体药物创新创业共同体，并在此基础上于2021年由韩军教授主持依托“山东省抗体药物创新创业共同体重大科技项目”开展ADC药物冻干制剂优化、单克隆抗体高浓度制剂开发等合作项目。

研究院联合聊城高新生物科技有限公司开展的“重大新药创制”热熔挤出共性关键技术国家科技重大专项于2021年顺利结题，支持和促进了合作单位安徽贝克制药股份有限公司利托那韦/洛匹那韦片剂、利托那韦片剂生物等效的顺利通过、申报和上市。

2021年11月，研究院与海门品尚医药科技有限公司开展包括恩他卡朋、达格列净及奥拉帕利技术开发的合作，横向课题资金60万元，帮助企业解决了在上述品种研发过程中遇到的原料晶型筛选、关键质量属性、关键工艺因素确认以及有关物质分析方法开发等技术难点。

由生物制药研究院和聊城高新生物技术有限公司联合申报，王正平教授主持的山东省重点研发项目——高稳定性肿瘤肠内全营养乳剂制备关键技术研究及产业化成果完成结题，鉴定结果“优秀”并达到国内领先水平。

2022年7月，王正平教授领衔的“聊城大学健康管理及临床营养科普工作室”

入选首批山东省科普专家工作室。科普工作室领衔专家王正平教授组织开展健康管理及临床营养科普活动，活动总受益公众数量达 2 万多人。鉴于疫情过后民众普遍出现乏力、胸闷、肌肉酸痛等“长新冠”症状，王正平教授课题组积极开展 D—核糖复方制剂的相关研究（D—核糖复方制剂结合常规治疗能够有效改善新冠患者治疗期间的疲乏程度和睡眠质量，缩短住院时间），并于 2023 年 1 月 31 日在《聊城晚报》对该项科研成果进行了报道。同时，基于王正平教授课题组关于 D—核糖复方制剂的科研成果，录制心脏保护相关科普视频，惠及人数近 2 万人。

研究院与聊城高新生物、山东天音、山东靓健、浙江新维士、深圳乐土、山东乖宝等企业开展技术开发合作和专利转让工作。累计横向课题资金 180 万元。协助聊城高新生物有限公司研发的高水溶性稳定性叶黄素 / 玉米黄质口服液体制剂已经成功投放市场，该合作成果于 2023 年 9 月 27 日被《聊城日报》头版“聚力九个突破，推动强市建设”专栏介绍。

七、对外开放

生物制药研究院在对外交流方面取得了可喜的成果。以研发高端药物制剂及临床营养为主要方向的科研平台，在 2023 年接待了近十次国外参观团的来访，并多次出访英国、德国、比利时等欧洲国家。

在接待国外参观团方面，通过多次接待巴西、比利时等来访团队，研究院成功展示了其在高端药物制剂和临床营养方面的研发实力和技术成果。来访团队对研究院的设施设备和研究成果显示出了浓厚的兴趣，并给予了高度赞赏。这些参观活动提供了一个重要的平台，促进了国内外专家、学者和研究人员之间的交流与合作，为今后的合作奠定了基础。

其次，研究院积极开展了多次出访活动，特别是以韩军院长及王正平教授为代表的出访团队，在英国、德国、比利时等欧洲国家的访问中，与多个国际知名高校、研究机构和制药企业进行了深入的交流与合作。这些出访活动为研究院搭建了与国际先进科研机构和企业进行技术合作、人才交流和项目合作的桥梁。2023 年，与英国德蒙福特大学（De Montfort University）建立实质性合作协议，并通过山东省“外专双百人才”项目引进李明忠教授为生物制药研究院兼职特聘教授。2024 年 3 月，韩军院长出访古巴，并与古巴哈瓦那大学达成科研合作意向。

在对外交流中，研究院不仅向国外专家和同行们展示了其核心竞争力，还从国外取得了宝贵的研究经验和前沿科技动态。这使得研究院能够更精准地把握国际前沿科技发展方向，并将其应用于自身的研究项目中，提高研发技术水平和科学创新能力。

此外，通过对外交流还有助于增加研究院的知名度和影响力，加强了研究院与国际同行的合作关系。其中包括与国外著名制药企业的合作，如合作开展联合研发项目、共享技术和资源等，为研究院的创新发展提供了更多的机会和支持。

八、内部治理

生物制药研究院在对内治理方面取得了令人满意的成果。在面对校级、市级、省级的安全及卫生检查工作时，研究院始终以高度责任心和严谨的态度对待，通过检查并获得了优异成绩。

研究院注重安全管理，建立了健全的安全制度和规章制度。通过制定、修订和执行安全管理制度以及相关操作规程，研究院确保了安全管理工作的有效开展。同时，加强对安全宣传教育，增强全体员工的安全意识和应急处理能力，为研究工作的顺利进行提供了强有力的安全保障。

其次，研究院高度重视卫生管理，建立了严格的卫生管理制度。通过定期的卫生检查和整改工作，研究院保障了实验室和生产车间的卫生状况符合标准要求。此外，研究院还加强了对食品安全的管理和监督，确保了生产过程中的食品安全和质量。

研究院还制定了完善的日常工作监督检查方案，保证了各项工作的有序进行。通过制定工作计划和目标以及实施定期考核，研究院有效地管理和监督了日常工作进展。同时，及时发现和解决工作中的问题和难点，提高了工作的质量和效率。

九、公共服务

研究院自成立以来，致力创建技术创新体系并把自主创新作为战略目标，确定在技术创新中的主体地位和责任，并积极采取多种方式推动科技进步。与2014年5月成立的聊城高新生物技术有限公司进行“产学研”合作，建成生物制药平台，秉承“诚信为本，用心做药”的理念，在体制机制创新、人才引进培养、创新体系创建、技术突破等方面为推动科技进步、为经济和社会发展作出了积极贡献。

平台本着服务社会，为人类健康而努力的初心和决心，一致坚持在药物制剂和临床营养方面开展公共服务。

平台团队掌握了热熔挤出、喷雾干燥、纳米研磨、高压微射流均质等高端药物制剂核心技术，为我国各大医药企业（安徽贝克、深圳信立泰、中美华东、爱博、鲁抗等）提供技术咨询和技术服务，采取有力措施，加快科研成果转化。

研究院充分利用高端药物制剂技术开发出高端肠内营养乳剂及其他医用食品、功能食品、功能饮料、保健食品等，并联手武汉蔡甸区医院、北京世纪坛医院、安徽省肿瘤医院、聊城市人民医院等积极开展横向课题研究，在新冠病毒患者体能恢复、老年人群肌肉减少症和癌性疲劳改善等方面加大临床研究的力度，联手社区医院、体检中心，大力拓展退行性病变的个性化健康管理体系的建设。成立了聊城大学健康管理及临床营养科普工作室，积极参加全国科普日、山东科学大讲堂等活动，积极组织线上及线下科普活动，为聊城大学在校师生、聊城市企事业单位职工开展有针对性的健康科普活动，同时利用协作单位聊城高新生物有限公司资源通过线上直播方式为老年人群体开展科普讲座。本科普工作室自工作室命名至今，共组织或参与开展线上及线下科普活动 18 场，其中举办或参与线下科普讲座 14 场，线上科普讲座 4 场。包括“健康中国·人才先行——青年科技人才健康管理及临床营养科普主题活动”“三八妇女节人社局专题讲座”“中国优生优育协会儿童成长与特殊食品专业委员会成立大会”“‘蜂益万家走进科学’对话访谈系列节目——关于益生菌和益生元与不同疾病的关系”以及山东立海健康食品有限公司员工健康科普宣传、第 558 期山东科学大讲堂活动。

2020 年和 2023 年，聊城高新生物技术有限公司连续获批高新技术企业。2020 年 12 月，在中共山东省教育工委和山东省妇女联合会共同举办的全省高校女性争做最美巾帼奋斗者助力疫情防控阻击战艺术作品征集评选活动中，生物制药研究院联合共创的作品《科研巾帼别样红》获得短视频类一等奖。2023 年 10 月，韩军教授的“热熔挤出技术在难溶性药物制剂开发中的应用”获得第二届全国博士后创新创业大赛海外（境外）赛铜奖。

平台已形成以“健康调理新思维”为主题的系列科普图文资料以及科普读物，主要针对心脑血管疾病、退行性骨病、肌少症、肠道菌群紊乱、心肌缺血缺氧等疾病进行健康科普，制作科普课件 4 个、编写科普推文 8 篇，并在协作单位公众号发布，阅读量累计达 300 余人次。同时，在第 558 期山东科学大讲堂举办后，根据特邀专家的讲座内容，向省科协“每日科普”供稿 3 篇。

生物制药研究院全体师生秉承“敬业、博学、求实、创新”的聊大精神和“诚信为本、用心做药”的平台理念，共同努力为山东乃至全国的药物研发作出更大贡献。

第二十七节　继续教育学院

聊城大学继续教育创办于 1980 年，涵盖成人高等学历继续教育和非学历培训继续教育两大领域，经过 44 年的潜心耕耘，我校共培养国家和社会发展需要的应用型优秀继续教育人才 14 万余人。2005 年以来，继续教育学院始终坚持正确的办学方向，紧握时代脉搏，与时俱进创新发展路径，结合地方经济、社会和行业企业的发展需要，努力融入、服务、贡献国家区域和学校发展战略，在稳定规模、提升内涵的发展过程中走出了一条“以学历教育为基础、以非学历培训为拓展、强党建引领赋能提质”的可持续、规范化、信息化的办学之路。下面，从重制度，确保继续教育安全规范、守初心，育时代新人春华秋实（学历教育）、担使命，应国家所需亮点纷呈（非学历培训）及固根基，强党建引领赋能提质四个方面编撰聊城大学继续教育学院近20年的发展史。

一、重制度，确保继续教育安全规范

党和国家高度重视继续教育工作，二十年来，教育部和人社部纷纷出台了一系列关于继续教育的新政策新要求。为进一步促进聊城大学继续教育安全、规范办学，切实提升办学质量，学院与时俱进，紧跟国家继续教育发展新政及山东省教育厅相关文件精神，结合学校继续教育工作实际，制定了《关于进一步规范成人教育办学行为的通知》（聊大校发〔2007〕53号）、《关于加强成人教育招生和办学秩序管理的规定》《成人高等教育教学计划》《聊城大学成人高等教育网络课程管理办法》《聊城大学非学历教育管理办法（试行）》及《聊城大学高等学历继续教育本科毕业生学士学位授予工作实施办法（试行）》等20余项制度，修订了《聊城大学高等学历继续教育函授管理规定》《聊城大学高等学历继续教育招生管理规定》《聊城大学高等学历继续教育考试管理规定》《聊城大学继续教育学院公务接待管理规定》等10余项制度，做到了依法办学、规范办学，为继续教育健康发展提供了根本遵循，为维护学校良好办学声誉提供了坚实保障。同时制定了《继续教育学院党政联席会议制度实施细则》《继续教育学院院务会议制度》等5项党建规章制度，实现了学院党建和业务工作相互配合、相互促进、共同提高。

二、守初心，育时代新人春华秋实（学历教育）

（一）成人高等学历教育招生规模稳步提升

随着成人高等学历教育生源的减少和高等学校成人教育竞争的日趋激烈，继续教育学院不断改革创新、调整优化招生策略。由起初的继续教育学院主导招生，到发动学校各学院作为成人教育办学主体多方聚力；适当增设、停办部分校外教学点，整合、优化校外教学点布局，调整优化招生专业；在依法规范办学的前提下，采取加大招生宣传力度、调整学费分配比例以及对招生业绩突出的校外教学点实行奖励等多方面有力措施；充分利用新媒体加大招生宣传力度，为考生提供优质服务。以上措施确保我校成人高等学历继续教育招生规模稳中有升，由2005年每年招生3000余人提升至2024年每年招收10000人以上的规模。

（二）成人高等学历教育质量稳步提高

一是适应社会需要，专业设置结构日益优化。继续教育学院始终服务国家区域和学校发展战略，结合地方经济、社会和行业企业的发展需要，动态化调整招生专业，发展至2023年，学校共设35个继续教育专业，学科门类涵盖文史、理工、经管、教育、医学等。同时，围绕“职业化、应用型”人才培养目标，适时修订人才培养方案，使其更加注重专业特色塑造、课程体系优化、优质教学资源建设和共享，能够更好地适应高等学历继续教育的发展与要求。截至2023年，有2个专业被评为山东省成人高等教育品牌专业建设项目，11门课程被评为山东省成人高等教育特色课程，13门数字化课程被评为山东省继续教育数字化精品共享课程，2个项目荣获山东省“终身学习品牌项目”。

二是改革教学模式，教学管理全面信息化。根据成人学生的学习特点和学习需求，继续教育学院推进现代网络教学和管理技术的运用，积极推进混合式教学模式，努力提升管理的信息化水平，逐步实现了教学管理的全面信息化，有效提升了成人教育的管理效率、质量和服务水平。

2006年，继续教育学院与网络教育学院密切合作，初步搭建起成人教育网络教学平台，加大网络课程资源开发建设的力度，尝试开展网上选课与教学。

2008年，网络教学平台的教学资源建设、网络课程库建设、教育资源管理系统开发、通用远程教学系统支持平台开发等顺利开展。

2010年，数学与应用数学专业已完成成人教育网站建设；在校级特色课程建设过程中积极探索网络教学，完成网络课程录播的前期准备工作。

2013年，学生正式使用聊城大学成人教育管理系统，教学计划、学生名单、网络课程、省级、校级特色课程视频资源上传至系统，部分通知、公告也由系统发布，学生考试成绩实现电子化。

2014年，省、校两级教学管理系统全面投入使用，信息化管理程度不断提高。

2016年，学生开始使用“聊城大学成教在线学习平台”，开启了“以学生为导向、线上线下融合、资源众筹共享、管理运行高效”的“面授+网络”混合式教学模式，平台基本涵盖教学计划内的大部分课程资源，同时配备了电子教材，并安排专业教师进行网络答疑。

2017年，“山东省高等学历继续教育监管平台”投入使用，加强对各教学单位面授、考试等教学环节的监管，继续教育管理的标准化、规范化和智慧化得到进一步提升。

2018年，开启精品数字化课程建设工程，成功录制国家级精品数字化课程3门，三年中期规划建设数字化课程72门。

2019年，制定了《聊城大学成人高等教育网络课程管理办法》，投入课程建设经费163.5万元，开发国家级标准数字化精品课程3门、优质数字化课程21门，报送省教育厅成人高等教育数字化遴选课程 4 门。

2020 年，通过“聊城大学成人教育在线学习平台”统计学生在线课程学习时长、学生登录次数、完成作业情况等，根据各项统计数据加强对学生学习的督导；完成了 20 门成人高等教育网络课程建设项目立项工作，4 门成人数字化课程获得省成人高等教育（继续教育）数字化精品课程。

2021 年，持续优化“聊城大学成人教育在线学习平台”建设，充分运用大数据、人工智能等技术手段，创新高等学历继续教育办学管理方式，加强招生、教学、考试、学籍、证书、收费等各环节的全流程管理，提高办学管理的数字化智能化水平。

三是加强过程监管，教育教学质量日益提升。2006 年，建立起校、院二级教学督导体制，进一步完善了教学质量监控体系；2008 年，进一步完善教学督导制度、课堂教学质量评价制度，实施双线听课制度（督导员听课和学院负责人听课）；2014 年，对校内 5 个学院的 9 个专业试行一级管理，学生的教学和学籍管理工作由继续教育学院直接组织实施；2015 年，制定《聊城大学关于聘任函授、夜大主讲教师的暂行意见》，实行主讲教师聘任制，落实教学辅导教师、实验或实习指导教师的岗位职责，并实施《聊城大学成人高等教育教师教学工作规范》和《聊城大学成人高等教育教学督导工作条例》，规范教师教学过程；2016 年，修订了《聊城大学成人高等教育教学及管理运行规范》《聊城大学成人高等教育考试管理规定》和《聊城大学成人高等教育考试纪律及违规处理办法》，制定了《巡考人员工作职责》；2019 年，制定了《聊城大学成人高等教育在线学习平台教师辅导答疑工作要求》。与时俱进的体制建设，大大促进了对过程的监管，实现了教育教学质量的日益提升。

四是鼓励理论研究，成教科研成果日益丰硕。2010 年，制定了《聊城大学成人教育科研立项管理办法》（聊大校发〔2010〕27 号），积极组织科研立项申报工作，共有 15 个课题获批立项，成为我校首批成教科研项目；2014 年，制定了《聊城大学成人教育项目经费使用办法》（聊大校发〔2014〕131 号），明确了成人教育项目经费的来源、使用和管理。截至目前，我校共立项成人教育科研项目 168 项，发表论文 116 篇，有力推动了我校继续教育的创新发展。

三、担使命，应国家所需亮点纷呈（非学历培训）

作为学校非学历继续教育管理部门，学院严格执行《聊城大学非学历教育管理办法》，凝练培训特色，应国家所需，打造“聊大教师培训品牌”；积极开展专业技术人员的培训和申报工作；探索职业技能培训模式，实现继续教育与职业教育的深度融合；有序开展社会公益类培训活动；拓宽非学历教育培训地域，非学历培训转型升级，“聊大培训”名片不断彰显。

一是落实“管办分离”政策，明确归口管理。2005年，继续教育学院赴省内近20所高校考察学习成人教育发展情况，积极探索开拓非学历培训的新路子，经过20年的探索发展，2023年聊城大学出台了《聊城大学非学历教育管理办法（试行）》（聊大校发〔2023〕4号）文件，明确了继续教育学院非学历培训的定位，即继续教育学院作为学校非学历继续教育管理部门，积极推进、落实非学历培训“管办分离”政策，同时积极探索该政策下非学历培训的新思路，努力实现非学历培训的转型升级。

二是凝练培训特色，打造“聊大培训”名片。依托学校良好的办学条件，充分发挥教师教育特色，探究教师培训新模式。近年来，高质量完成教育部“国培计划”、教育厅省级教师培训项目、省外中小学培训项目、聊城市各类教师培训项目等，“聊大培训”名片日益彰显。

三是创新培训形式，积极开展专业技术人员提升培训。根据不同层次专业技术人才的特点，精心设计培训方案，综合运用集中培训、研讨、案例教学等多种形式，为专业技术人员提供相关培训，搭建聊城大学专业技术人员继续教育基地线上学习平台，为非学历培训工作提供了有力的信息化支持和服务。近年来，共获批山东省人社厅专业技术人才知识更新工程高级研修项目4项，开展15706人次的各类专业技术人员培训。

四是打造职业技能培训模式，实现继续教育与职业教育深度融合。2004年，继续教育学院组织相关学院与鲁西化工集团等大、中型企业联合招生，开始了职业资格证书培训教育的新尝试，按照企业对人才的不同需求实行“订单式”委托培养。20年来，聊城大学已为鲁西集团累计培养函授专科及函授本科毕业生2421人，且大多数毕业生已成为企业的技术骨干和中坚力量。于2020年启动了鲁西集团在职职工学历提升合作，134名职工顺利通过聊城大学成人教育专升本入学考试，开创校企合作新模式。作为聊城市退役军人职业技能教育培训基地，连续三年与聊城市退役军人事务局合作，高质量完成5期退役军人职业技能培训班，服务退役军人209人次。实现继续教育与职业教育深度融合。

五是有序开展社区教育培训，挖掘拓展特色创新项目。依托山东省全民终身学习品牌项目——中国尺八讲演堂，积极开展社区教育培训。目前，已成功举办了4期“中国尺八讲演堂”公益培训，建立社会实践教育基地2个，培训学员200多人。开展3期我为群众办实事系列之“开启情绪智慧，活出幸福人生”心理健康教育公益科普培训，在拓展特色创新项目方面做出了积极探索。

六是积极开拓非学历教育培训市场，实现地域、领域双拓展。拓展培训地域，坚持“引进来”与“走出去”相结合，扩大培训辐射面。相继与重庆市、新疆喀什等省外自治区、直辖市区域开展培训业务，非学历教育培训实现有力开拓。非学历培训涵盖教师培训、干部培训、企业培训、农业技能培训、职业技能及社区教育培训等领域。

四、固根基，强党建引领赋能提质

加强党的建设是做好各项工作的根基。继续教育学院尤其注重加强基层组织建设，建强基层战斗堡垒，用真心倾真情出真招，切实提升基层党组织的向心力、战斗力、创造力，让党的执政根基稳如磐石。20 年来，学院党总支以抓好党建为着力点，深化党建工作内涵，拓宽党建工作思路，把党建引领作为推进工作的重要方法，通过一系列有效举措将党组织的政治优势转化为继续教育事业持续发展的竞争优势，以高质量党建推动高质量发展，促进继续教育事业不断迈上新台阶。

路虽远，行则将至；事虽难，做则必成。高等学历继续教育已经到了转型提质的历史关键期，做好继续教育事业使命光荣、责任重大。让我们紧密团结在以习近平同志为核心的党中央周围，全面深入学习贯彻党的二十大精神，锚定学校第五次党代会确定的奋斗目标，大力发扬“和衷共济、舍我其谁”的奋斗精神，扎实做好继续教育各项工作，积极构建继续教育社会效益和经济效益相互促进的新发展格局，不断谱写学校继续教育事业高质量发展新篇章，为建设国内知名、特色鲜明的一流区域高水平应用型大学贡献智慧和力量。

大事记

2005 年大事记

1 月

5 日 我校副校长李剑萍主持我国第二届高等教育发展研究新年论坛。

7 日 校领导视察学苑公寓“国防生之家”。

7 日 我校学术委员会召开会议，对 2004 年度专业技术岗位竞聘人员进行评议、表决。

8 日 我校获全国“三下乡”活动先进单位，校团委获“山东省红旗团委”荣誉称号。

13 日 我校与韩国京畿大学“2 + 2”项目启动。

15 日 我校自然科学课题立项有重大突破，获得 3 项国家自然科学基金课题，8 项省自然科学基金课题，3 项省博士基金课题。

24 日 我校文学院曹桑荣获第七届夏衍电影文学奖。

26 日 我校召开党委扩大会，强调严守“五不许”规定，维护高校干部良好形象。

30 日 我校各级党组织召开 2004 年度党员领导干部民主生活会。

2 月

22 日 我校召开全体干部会，对 2004 年工作进行了认真总结，对 2005 年工作作了全面部署。

25 日《聊城通史》修纂工作会议暨聊城文明起源讨论会在我校召开。

3 月

5 日 我校被授予中国大学生赛艇与龙舟协会副主席单位。

5 日 我校马列部教授苏树厚荣获 2004 年度“山东省高校名师”称号。

7 日 我校成功举行 2005 年毕业生供需洽谈会。

10 日 聊城大学东昌学院申报独立学院，接受省专家组评议。

12 日“山东省世界社会主义共产主义运动研究基地”挂靠我校。

16 日 我校召开党总支（分党委）、直属党支部书记会议，对基层党组织先进性建设工程作出了部署。

26 日 我校被正式批准为教育硕士专业学位研究生培养单位。

4 月

2 日《聊城大学：学生党员有份责任田》获双桂冠，入选“山东高校十佳新闻”和“2004 年度山东高校‘党建和思想政治工作十佳新闻’”。

23 日“聊城大学国防教育暨社会实践基地”签约及揭牌仪式在 71901 部队训练基地举行。

25 日 全省加强和改进大学生思想政治教育工作检查督导领导小组来校检查工作。

28 日 我校体育学院厉成晓被评为“山东高校十大优秀学生”。

29 日 我校举行东湖宾馆开业庆典暨荣膺三星级宾馆揭牌仪式。

5 月

11 日 孙培青教授受聘我校兼职教授。

12 日 美国宾州西彻斯特大学文化研修团来访。

16 日 省教育厅专家组来我校检查评审省重点学科（实验室）。

19 日 济南军区调研组来我校调研依托培养工作，并对国防生培养教学工作进行检查指导。

5 月 19 日—6 月 1 日 我校学术交流考察团考察欧洲高等教育，与瑞典斯德哥尔摩教育学院签订了《建立友好校际合作协议书》。

20 日 日本地球文化交流协会来访。

24 日 我校被评为全省保密工作先进单位。

28 日 我校学生社团“新农科技社”被团中央、教育部、全国学联授予“全国优秀学生社团”称号。

28 日 我校艺术学院学生齐山萍在中国“德艺双馨”大赛成年声乐民族组总决赛中获“十佳”奖第一名。

28 日 我校召开 2005 届毕业生第二次供需见面洽谈会。

28 日 我校获 6 项山东省社会科学优秀成果奖。

28 日 山东省高校校报好新闻评奖中，我校共有 7 件作品获奖。

6 月

2 日 我校大学生心理健康教育工作赢得省督导组好评。

4 日“山东省 2005 法理学学术年会”在我校召开。

4 日 我校召开校园网络管理工作会，研究部署校园网络教育和安全管理工作。

9 日 我校编制的《聊域生态城市建设规划》通过了专家组的评审论证。

14 日 我校与日本地球文化交流协会签订了文化教育交流项目意向书。

15 日 我校顺利通过山东省普通高校函授夜大学教育评估。

24 日 学校校团委下发通知，部署大学生志愿者暑期社会实践活动。

25 日“聊城大学东昌学院”获批独立学院。

7 月

2 日 我校举行 2005 届 43 名服务西部志愿者欢送仪式。

8 日 我校首届国防生赴 71901 部队见习锻炼。

8 日 我校敦聘谢琼桓教授为体育学院名誉院长兼特聘教授。

8 日 聊城大学文化建设工程正式实施，《聊城大学文化建设方案》印发全校各单位。

10 日 我校敦聘美国得克萨斯 A & M 大学刘同先博士为我校农学院名誉院长兼客座教授。

11 日 2004 年度“感动中国十大人物”徐本禹受聘支教队名誉队长。

16 日“重走繁森路”大学生思想政治教育社会实践活动出征仪式在孔繁森同志纪念馆举行。

16 日 东昌学院第一届董事会成立。

19 日 我校“重走繁森路”大学生社会实践团抵达革命圣地延安，并于 20 日在延安市川口乡安寺村建立了社会实践活动基地。

26 日 我校与西藏大学建立友好校际关系。

28 日 我校 2005 年本科招生录取工作基本结束，共录取考生 4291 人。

8 月

2 日“重走繁森路”大学生社会实践团凯旋。

7 日 省教育厅在我校进行基础教育新课程教材培训。

8 日 市运会武术比赛，我校男、女武术队各夺得 1 枚金牌。

9 日 山东省教育厅聊城大学基础教育课程研究中心成立。

13 日 首届全国青年普通话演讲大赛，我校 2 名学生喜获一等奖。

14 日 曹发魁受聘我校兼职教授。

15 日 省委先进性教育活动检查组来校指导工作。

17 日 2005 年度山东省高校教师岗前培训聊城大学培训点开课。

28 日 我校举行中国人民抗日战争胜利 60 周年纪念章颁发仪式。

9月

1日 我校举行外国留学生开学典礼。

2日 聊城市委和我校党委组织我校百名博士教授党员观摩团参观考察了聊城经济社会发展。

10日 国防大学杨毅少将受聘我校兼职教授。

15日 我校组织30名博士教授党员赴冠县、茌平参观考察知名企业，调研地方经济发展情况。

17日 我校2005级新生报到工作全面结束，共有各类新生11522人入学，创历史新高。

26日 聊城市第一届运动会开幕式在我校体育场隆重举行。

10月

11日 我校重启与国外高校教师交换项目，友好学校瑞典斯德哥尔摩教育学院的Erik Backman抵达我校。

14日、20日 我校举行党员先进事迹报告会。

18日 中国领导科学研究会专家参观我校。

22日 我校获4项国家自然科学基金立项。

22日 我校办学空间不断扩大，占地由700余亩，发展到3946.08亩。

21日 山东省社会科学规划2005年度项目评审会在我校召开，我校共申报53项社科基金项目，居省高校前列。

22日 我校6项省级教学改革项目顺利通过鉴定验收。

27日 省教育厅专家组来我校考察2005年拟增专业，我校拟增8个本科专业。

29日 我校王文军教授被国务院授予2004年政府特殊津贴。

11月

2日 我校财务处处长姚忠平被评为“山东省先进会计工作者”。

5日 我校学生刘其文同学的书法作品在全国大学生艺术展演中获一等奖。

5日 我校高水平运动队通过教育部专家委员会的评审。

5日 我校招生规模逐年扩大，由2001年招生总数的6248人到今年的11335人。

6日 我校9名学生获“济南军区优秀国防生”称号。

11日 我校新建学生公寓接受省级标准化学生公寓评审专家组验收。

12日 我校抓住高等教育发展的大好机遇，本科专业由2000年的32个到现在的62个。

12日 我校15项实验技术研究项目通过省教育厅立项。

18日 我校校医院成为中国医药生物技术协会协作单位。

19日 我校科研工作取得了长足进展，重点学科增加到24个。

29日 我校召开国际交流与合作工作座谈会。

29日 我校健美操队在全国健美操大赛中获奖。

12月

8日 我校2006届校学生会、校学生社团、大学生创业中心成立。

10日 全国围棋甲级联赛走进高校，鲁连之站在我校举行。

13日 我校召开第二次研究生工作会议，全面推进内涵建设，积极发展学位与研究生教育。

17日 我校获12项省级教学成果奖，其中一等奖2项，二等奖4项，三等奖6项。

18日 俄罗斯奥廖尔国立技术大学与我校签订合作协议。

24日 我校2005年省社科规划立项获重大突破，共有20项省社科规划项目立项。

24—25日 光学与凝聚态物理高峰论坛在我校举行。

24日、26日 李毅、詹明生、高克林受聘为我校兼职教授。

31日 我校运动训练本科专业申报成功，实现了我校自主招生本科专业零突破。

31日 我校被确定为山东省高校贫困生工作研究基地。

2006年大事记

1月

5日 国家社会科学基金项目评审专家、教育部当代社会主义研究基地副主任、山东大学政党研究所所长、博士生导师、国务院特殊津贴享受者王韶兴教授来我校访问。

7日 宋益乔校长签署我校与英国温彻斯特大学的友好合作谅解备忘录。

9日 济南军区依托国民教育培养军队干部工作军地校领导座谈会在我校召开。

9日 韩国京畿道中小学文化研修团一行来访。

11日 我校召开保持党员先进性教育活动经验交流暨总体情况通报大会。

15日 我校党委书记程玉海出席山东省第十届人民代表大会第四次会议。

19日 校长宋益乔前往北京看望我校名誉校长、国学大师季羡林先生。

20日 江苏省委组织部副部长、原南京大学党委副书记郭广银来校调研校园文化建设情况。

21日 山东省军区副政委南兵军、山东省军区政治部副主任王德波、山东省军区装备部副部长王岱一行来校走访慰问。

24日 聊城市委书记郭兆信、市长张秋波到我校走访慰问。

2月

2日 加拿大达英国际学院驻中国代表 Bevrly Han 女士来校访问。

7日 聊城市第十四届人民代表大会第四次会议和政协第十届委员会第四次会议在我校召开。

16日 我校被评为“山东省干部档案工作先进集体”。校党委常委、副校长张贵桥在会上作典型发言。

18日 聊大花园东苑教工住宅小区建设工程全面开工。

20日 学校组成检查组，对全校各教学单位“十一五”发展规划进行检查。

24日 我校召开党委常委会，研究部署贯彻落实省科技大会精神。

25日 山东省师范类高校首场毕业生供需洽谈会在我校举行。

3月

1日 日本地球文化交流会理事祁放、事务局局长坂本樱花来我校访问。

3日 韩中研究院驻山东代表任昌柱一行来校访问。

4日《聊城通史》写作总结报告会在我校举行。

9日 校党委书记程玉海、党委副书记张桓，聊城市公安局党委书记、局长任建军等出席聊大派出所挂牌仪式。

10日 我校召开迎接全省高校“平安校园”建设检查评估工作动员大会。

13日 校长宋益乔会见埃及驻华大使 Mahmoud Allam 先生。

16日 菏泽学院党委书记韩广洁、院长郁章玉一行来校考察交流。

22日 安徽安庆师范学院院长汪青松一行来校考察。

24日 学校附小同韩国长子小学建立友好姊妹关系。

24日 山东建筑大学副校长沙凯逊一行来校考察。

25日 我校获2005年度山东高校“十佳新闻”奖。

26日 省人大常委会副主任邵桂芳来校视察。

28日 我校第六轮后勤社会化改革正式启动。

4月

1日 程玉海获山东省2005年度有突出贡献的中青年专家称号。

1日 我校新增25个硕士学位授权点。二级学科硕士点总数达到45个。

7日 全国人大代表、校长宋益乔做客第四期“东湖之约”文化论坛。

10日 校党委下发通知，要求在全校深入开展学习贯彻胡锦涛总书记重要讲话精神，加强社会主义荣辱观教育活动。

10日 高校审计工作会在我校召开。

15日 我校成为山东省首批为农村培养教育硕士师资的4所高校之一。

15日 我校敦聘中国科学院院士吴培亨为物理科学与信息工程学院兼职教授。

18日 教育部发展规划司高校后勤改革处处长朱宝铜来校检查指导工作。

20日 全省高校宣传工作会议暨山东省高等学校思想政治教育研究会换届选举会议在我校召开。

20日 我校颁发第一笔海外奖学金——日本地球文化交流会理事长奖学金。

26日 我校高水平运动员开始招生。

5月

2日 我校2006级教育硕士专业学位研究生开学典礼在东校区举行。

5日 我校龙舟队在第三十二届日本冲绳国际龙舟赛660米环绕赛中夺得亚军。

10日 我校与韩国明知大学洽谈合作。

13日 校党委书记程玉海出席山东省国际政治与国际共运2006年年会。

18日 我校举行民主党派座谈会。

18日 学生第二十八届、教工第十七届田径运动会隆重举行。

19日 北京工业大学副校长马志成一行来校考察学习。

20日 我校成为“全国大学英语教学改革示范点”。

24日 我校顺利通过省“平安校园”建设检查评估。

27日 我校6项成果获省社科优秀成果奖。

6月

1日 我校举行庆祝建党85周年暨纪念红军长征70周年大型合唱比赛。

5日 校党委决定于6月5日—9月30日开展庆祝建党85周年活动。

12日 省教育招生考试院检查我校英语四、六级考点。

13日 聊大花园东苑先期主体工程完成。

17日 我校获4项国家社科基金项目。

19日 我校与韩京大学签订合作协议。

21日 我校召开迎接教育部本科教学工作水平评估动员大会。

21日 山东教育电视台聊城记者站落户我校。

22日 教育部专家组来校调研大学英语教学改革情况。

24日 山东省高考咨询会在我校举行。

25日 我校在图书馆举行首届国防生毕业典礼。

26日 我校举行2006届研究生毕业典礼。

7月

1日 我校隆重举行庆祝建党85周年暨先进性教育活动总结表彰大会。

7日 省“双拥”工作检查组一行来我校检查指导工作。

7日 美国芝加哥大学教授艾恺先生被敦聘为我校历史文化学院兼职教授。

10日 国际老舍学术研讨会在我校隆重召开。

12日 学校召开“十一五”重点学科与学位点建设工作会议。

15日 学校召开党委常委会，研究部署编写《聊城大学校史（1974.08—2006.07)》。

16日 鲁能杯中国乒乓球俱乐部超级联赛“聊城大学杯”专场比赛在我校举行。

17日 全国车辆工程学科组年会在我校召开。

18日 大学生国防教育基地在莘县建立。

23日 山东省水利厅厅长宋继峰、副厅长尚梦平一行来校考察。

29日 全省高校教育技术系主任协作会在我校召开。

8月

3日 山东省林业局在我校主持召开“聊红”国槐新品种选育成果鉴定会。

10日 我校在省12届大运会上获“校长杯”。

12日 我校《世界古代史》《无机化学》《光学》三门课程被评为省级精品课程。

15日 我校敦聘美国奥本大学胡兴平博士为兼职教授。

21日 党委副书记王昌松一行赴新疆慰问我校服务西部志愿者。

19日 我校共录取本专科学生6247人。

21日 我校敦聘美国宾州西彻斯特大学蔡维薇为我校客座教授。

22日 东校新建学生餐厅通过验收。

29日 校党委发出《关于认真学习〈江泽民文选〉的通知》（聊大委发〔2006〕42号），要求认真学习，全面推进我校内涵发展。

9月

1日 我校与韩国湖西大学签署合作协议。

7日 泰山学者刘跃进受聘我校兼职教授。

10日 全校师生欢度第22个教师节。

13日 我校召开2006级新生军训动员大会。

16日 我校获六项省高校思政教育优秀研究成果奖。

18日 河北科技大学来校考察。

19日 我校教育硕士培养工作通过专家检查。

20日 韩国湖西大学来校访问。

23日 我校大学英语四六级考点获省通报表扬。

24日 我校将与澳大利亚高校联合办学。

24日 我校“黄金冠”桃新品种选育通过省级鉴定。

27日 李剑萍当选省教师教育学会副会长。

28日 省委统战部副部长张殿洪一行来我校指导统战工作。

29日 我校敦聘西北科技大学教授、管理学博士、博士生导师罗剑朝为兼职教授。

10月

3日 校龙舟队勇夺中国大学生龙舟锦标赛亚军。

10日 我校召开会议，对“高教强省”行动计划重点建设项目申报工作进行安排部署。

12日 大学生事务一站式服务中心启用。

22日 教育部专家李进才来校指导本科教学评估工作。

24日 山东省教育厅高等学校办学条件核查工作小组来校核查办学条件。

24日 我校参加中美工程技术研讨会与专家对接项目。

25日 生物学专家国凤利受聘为我校兼职教授。

28日 我校名誉校长季羡林、著名学者欧阳中石向我校捐赠200册《中华传统美德警句名言》。

28日 我校分析化学成为泰山学者岗位。

11 月

1 日 法国维斯福特商学院客人来我校访问。

2 日 我校与西影集团达成合作办学意向。

3 日 省教育厅新上专业考察组来校对 7 个新专业进行考察。

4 日 我校获 5 项国家自然科学基金立项。

7 日 聊城市代市长林峰海、秘书长刘新东来我校指导工作。

7 日 我校与韩国明知大学签订交流协议。

8 日 省政协副主席王修智视察我校。

8 日 中国石油大学考察团来访。

14 日 省高校处级干部培训班学员来校考察。

14 日 潍坊学院党委副书记牛钟顺来我校访问。

17 日 我校百名学子获公安系统捐助。

17 日“欧洲制度发展与欧洲一体化”国际学术研讨会在我校召开。

18 日 程玉海受聘华中师范大学博士生导师。

18 日 我校敦聘著名劳动经济学和人力资源管理专家曾湘泉为管理学院学科建设领军人物。

24 日 我校与澳洲莫道克大学签订合作协议。

27 日 西华师范大学党委书记佘正松来我校考察。

30 日 青岛大学副校长邵彬率团来我校考察。

12 月

1 日 我校敦聘法国生物学界著名专家盖伊教授、勒娜特博士为我校客座教授，敦聘中国海洋大学教授张志南为我校兼职教授。

3 日 教育部社会科学司司长杨光、北京师范大学副校长韩震一行来校指导工作。

7 日 陈章元中将为国防生作专题报告。

12 日 省高师院校教师教育教学改革研讨会在我校召开。

16 日 我校获 10 个“十一五”省级重点建设项目。

16 日 我校网络教学资源库建成。

17 日 省科学社会主义政治学研究会年会在我校召开。

23 日 我校获得 9 项山东省社科基金项目。

25 日 我校被山东省高校工委、省教育厅授予“平安校园”称号。

2007年大事记

1月

4日 华中师范大学敦聘我校党委书记程玉海教授为该校科学社会主义与国际共产主义运动专业博士生导师。

11—13日 学校开展本科教学工作水平试评估工作。

12日 我校被授予“2006年平安山东建设先进单位”荣誉称号。

21日 学校组织的研究生全国统一入学考试圆满结束。我校考点共有考生1146人，设标准考场39个。

2月

9日 根据《聊城大学文化建设方案》，我校视觉识别系统正式启用。

3月

7日 烟台大学副校长房绍坤一行来我校考察依托培养工作。

9日 我校本科教学工作水平预评估专家意见反馈会在东湖宾馆报告厅举行，本科教学工作水平预评估顺利结束。

13日 省教育厅副厅长杨瑛一行在聊城市副市长董金刚的陪同下来我校检查指导工作。

14—15日 我校举行2007届毕业生供需见面会。省内外210多家企事业单位前来招聘，共提供就业岗位5000多个。

21日 韩国宜宁郡议长诸勋一行12人在聊城市人大、市政府相关人员陪同下来我校参观。

23日 省审计厅副厅长宋晋一行来我校参观。

4月

3—5日 我校兼职教授、中国工程院院士薛群基教授来校讲学。

5日 山东省副省长、原聊城市委书记、市人大常委会主任郭兆信来校看望广大师生。

7日 我校升级为中国教育科研网城市节点单位，揭牌仪式在学校网络信息中心隆重举行。

10日 聊城市委书记宋远方来我校视察工作。

16日 学校敦聘中国社会史学会会长、南开大学博士生导师常建华为兼职教授。

18日 国务院学位委员会系统科学专家组郑毓蕃一行6人来我校考察工作。

21日 山东省人民政府副省长黄胜、省政府办公厅副秘书长刘俭朴、省教育厅副厅长宋承祥等来校进行调研。

22日 我校本科教学工作水平评估汇报会在图书馆大报告厅举行。出席汇报会的有教育部高等教育教学评估中心主任刘凤泰，评估专家组组长、云南大学校长吴松教授，专家组副组长、西华师范大学校长陈宁教授，全校副处级以上干部，机关科级以上干部，教授及学生代表、老干部代表和民主党派代表400余人参加了汇报会。

26日 经过6天的工作，教育部专家组对我校本科教学工作水平评估圆满结束。

5月

14—15日 山东省教育厅中外合作办学项目考察评议专家王敏一行3人来我校考察工作。

19日 山东省高等教育管理科学研究会高校综合管理专业委员会成立大会暨2007年年会在我校东湖宾馆隆重召开，来自山东省100余所高等院校的会员单位代表参加了会议。

我校教务处处长、博士生导师林建华教授荣获“山东青年五四奖章”荣誉称号，是我校建校以来第一位获此殊荣的同志。

25日 济南军区政治部干部部副部长李东明大校来校考察国防生依托培养工作。

6月

9日 教育部公布了新增设的高校本科专业名单，我校今年新增设6个本科专业。分别是：对外汉语、高分子材料与工程、汽车服务工程、数字媒体艺术、建筑学、种子科学与工程。

14日 我校2007年大学生志愿者服务西部计划招募协议书在校团委会议室签订，来自12个学院的25名志愿者入围。

28日 我校2007届研究生毕业典礼暨硕士学位授予仪式在图书馆大报告厅举行。

30日 文学院院长、硕士生导师石兴泽教授受聘为山东师范大学博士生导师、泰山学院兼职教授。

7月

7日 我校图书馆王云、商学院宋士云、政法学院杨道波获得2007年国家社会科学基金项目，经费分别为11万元、9万元、8万元。

12日 我校生命科学学院与聊城市药品检验所共建生物制品研发中心签约、揭牌仪式举行。

8月

3日 西安交大考察团来我校参观访问。

9日 我校首位“泰山学者”特聘教授刘继峰博士与师生见面。

15日 聊城大学援建费县刘庄接峪联合小学教学楼奠基仪式在该小学建设工地举行，副校长张贵桥代表学校捐助20万元。

29日 河北工业大学校长戎贤率团来我校考察。

9月

10日 2007级新生开学典礼在西校区田径场举行。

15日 我校获批8项国家自然科学基金立项。

19日 省教育厅财务处处长司金贵一行来校考察我校中外合作办学工作。

21日《中国青年报》副社长宁光强来我校调研共青团工作。

10月

2—4日“塘沽杯”国际大学生龙舟邀请赛在天津举行，我校龙舟队参加比赛，获得1金、1银、1铜的好成绩和体育道德风尚奖。

7—15日 应瑞典斯德哥尔摩教育学院的邀请，我校派遣赵富才、赵长林、谢国栋三位教授赴斯德哥尔摩教育学院参加瑞典—亚洲国际合作研究项目研讨会。

9日 中国科学院院士、中国工程院院士、第九届全国政协副主席宋健及省政协有关领导来我校参观。

12日 聊城军分区参谋长冯熹大校，东昌府区武装部部长李松立上校莅临我校商讨征兵工作。

19日 山东理工大学党委书记都光珍一行四人来我校参观考察。

省教育厅高校后勤管理处副处长李政玉一行三人莅临我校考察指导后勤工作。

23日 我校杨葆华等获全国多媒体课件大赛一等奖。

11月

2—5日“自由主义与近代中国”学术研讨会在我校隆重召开。中国社会科学院、北京大学、清华大学、中国人民大学、南京大学、日本东京大学等著名高校和科研院所的50余名专家学者参加了此次学术盛会。

3日 第五届国际马克思大会在法国巴黎召开。我校世界共运研究所林建华教授应邀出席本届大会。

6—8日 韩国东新大学校长郑奇彦一行6人来我校访问，双方签署了《聊城大学（中国）与东新大学校（韩国）交流合作协议书》。

10日 李剑萍教授申报的《中国现当代课程问题史论》获得全国教育科学“十一五”规划2007年度国家青年基金课题立项；黄富峰副教授申报的《大众传播伦理》获得国家社科基金后期资助项目立项。2007年我校已获批五项国家社科基金项目。

11日 奥运火炬“祥云”巡游来到聊城。经商学院精心策划和积极争取，活动主办方将我校设为巡游活动聊城站的重点站。

17日 我校汉语言文学和历史学2个专业入选省级特色专业。至此，包括思想政治教育和化学在内，我校的省级特色专业达到4个。

我校2007年度国家奖、助学金和省政府奖学金评选完毕。53名学生获国家奖学金，837名学生获国家励志奖学金，23名学生获省政府奖学金，3909名学生获国家助学金。

19日 我校分析化学学科“泰山学者”特聘教授工作合同签字仪式在东湖宾馆336室举行。校长宋益乔代表学校与我校首位泰山学者——分析化学学科特聘教授刘继锋博士签订工作合同。

东营市委书记，原聊城市市长张秋波来我校参观考察。

20日 国家质检总局副局长葛志荣来我校视察。

21日 省高校房地产管理专业委员会2007年年会在我校召开。

23日 数学科学学院首届“燎原励志奖学金”颁发及设立庆典在我校举行，35名学生获得奖励。

24日 光通信研究所刘山亮教授主持完成的“多端口输入输出单纤双向掺铒光纤放大器”科技成果通过了山东省科技厅的鉴定，认为该成果达到了国际先进水平，填补了国内空白。

27日 我校学科与学位点建设工作会议在图书馆大报告厅隆重举行。

12月

1日 我校有两项课题获批教育部人文社会科学项目。向彬的《中国古代书法教育研究》获批年度规划基金项目，李柯的《论文革期间的平面设计艺术的视觉风格和审美特征》获批年度专项任务项目。这是我校首次获批有经费资助的教育部人文社会科学研究项目。

2日 国家橡胶助剂工程技术研究中心聊城大学实验室揭牌仪式在我校隆重举行。

14—16日 中国科学院院士、南京大学超导电子学研究所所长、超导电子专家吴培亨教授来我校指导学科建设工作。

16日 诸城市政府专场招聘会在我校成功举办，近700名毕业生达成初步就业意向。这是我校首次与县级地方政府合作举办区域性招聘会。

17—18日 全国政协委员、中国高等教育学会会长，教育部原副部长、清华大学副校长周远清莅临我校视察指导工作。围绕“当前高等教育形势及和谐文化建设”为我校师生作了专题报告。我校敦聘周远清教授为高级顾问并颁发了聘书。

27—28日 全省教育纪检监察工作座谈会在我校召开，会议传达学习了教育部纪检监察工作座谈会和教育行风民主评议工作座谈会精神。

2008年大事记

1月

5日 学校7名教师荣获山东省高等学校优秀骨干教师国际合作培养项目资助。

7日 学校党委书记程玉海当选为第十一届山东省人民代表大会代表。

民进省委常委、民进聊城市委主委、数学与系统科学学院院长孟广武当选市人大常务委员会委员。

九三学社省委常委、九三学社聊城市委主委、继续教育学院院长潘延红，民革省委常委、民革聊城市委主委、文科学报主编马亮宽当选为市政协副主席。

民革聊城市委副主委、聊大民革支部主委、教育学院副院长王学臣当选为市政协常务委员会委员。

9日 学校敦聘山东大学特聘教授、博士生导师、环境科学与工程学院院长高宝玉为兼职教授。

12日 学校孟宪龙、杜长涛同学荣获全国首届教育硕士优秀学员称号。

15日 党委常委、副书记张桓率团赴澳大利亚和新西兰有关高校访问。

26日 化学专业被评定为国家级首批第一类特色专业建设点。

校长宋益乔当选为第十一届全国人民代表大会代表。

2月

22日 学校确定2008年为“质量水平年”。

23日 学校新增体育装备工程和软件工程2个本科专业。

25日 新建校医院启用。

29日 学校召开学科建设与学位点申报现场工作会。

3月

7日 学校举行“泰山学者”学术骨干工作协议签订仪式。

8日 瓦努阿图共和国驻华大使馆来我校招聘。

山东省物价局党组成员、省物价检查所书记王文宁来校考察。

9日 山东省师范类毕业生首场招聘会在我校举行。

学校明德公寓开发建设工程全面动工。

17日 学校开展“五一口号”60周年纪念活动。

25日 学校成立运河文化研究中心。

27日 学校敦聘中国科学院院士吴培亨为特聘教授。

学校中文系毕业生肖雷在文学院设立“肖雷奖学助学金”。

4月

1日 学校召开第八次教职工代表大会暨工会会员代表大会筹备和部门工会改选换届工作。

3日 学校荣获“全国绿化模范单位”称号。

9日 学校在教育部本科教学工作水平评估中取得“优秀”成绩。

14日 学校2008年“西部计划”招募志愿者工作正式启动。

16日 学校召开纪念中共发布“五一口号”六十周年报告会。

学校在冠县设立产学研基地。

17日 山东省教育厅中外合作办学项目评审专家组来校考察中外合作办学项目。

21日 山东省委书记姜异康来我校视察。

24日 教育部专家组对我校大学英语教学改革示范点建设情况进行检查。

25日 共青团聊城大学第八次代表大会隆重召开。

5月

2日《中国教育报》头版头条报道我校服务西部事迹。

12日 山东省委组织部检查我校“泰山学者”岗位建设情况。

15日 学校举行向四川灾区募捐启动仪式。

18日 学校敦聘北京理工大学博士生导师林程为兼职教授。

21日 聊城大学第八届教职工代表大会暨工会会员代表大会第一次会议隆重召开。

25日 我校科技成果参展省产学研展洽会。

26日 学校汽车学院学生王伟当选奥运志愿者。

27日 学校敦聘中国浦东干部学院科研部教授、博士生导师刘昀献为兼职教授。

28日 学校老干部工作通过省委老干部局考核检查。

29日 学校研究生学术论坛启动。

30日 学校35名志愿者签约“西部计划”。

31日 学校新增“社会体育”“广播电视编导”“环境科学”“应用心理学”“交通运输”“园林”和“电子商务”七个本科专业。

学校石兴泽教授当选山东省教学名师。

我校农学院辅导员井岗被授予“山东高校十佳辅导员”称号，文学院辅导员秦治洲被授予“山东高校百优辅导员”称号。

学校76000余元抗震救灾“特殊团费”捐献灾区。

学校历史文化学院学生王璐被团中央、全国学联评为2007年度“中国大学生自强之星”提名奖，并荣获“中国大学生新东方自强奖学金”。

学校敦聘英国工程技术院士、美国阿肯色大学终身教授西蒙·洪为兼职教授。

6月

3日 学校召开2008年成人教育招生宣传动员会。

4日 学校办公自动化系统部分模块开始试运行。

6日 学校化学教学团队入选省级教学团队。

9日 山东新闻联播节目对我校大学生学习莒县农民支前精神的活动作了报道。

14日 国家农业野生植物鉴定评价中心野生稻繁育、试验基地在我校东校区正式投入使用。

学校大学英语教学部更名为大学外语教育学院。

17日 学校召开综合治理委员会全体（扩大）会议，安排部署综合治理大检查工作。

21日 学校喜获4项国家社科基金年度项目。

24日 学校举行2008年大学生志愿服务西部计划表彰大会暨志愿者欢送仪式。

25日 学校举行2008届国防生毕业典礼。

27日 学校隆重举行2008届硕士生毕业典礼。

28日 学校隆重召开庆祝中国共产党成立87周年暨表彰大会。

7月

5日 学校孟晗教授《拓扑学》课程被评为省级精品课程。

体育学院7篇论文入选2008年奥林匹克科学大会。

8日 我校敦聘卢森堡欧亚大学校长、台湾著名学者龚鹏程为兼职教授。

14日 解放思想大讨论在我校全面展开。

26日 学校物理实验教学示范中心被评为山东省普通高等学校实验教学示范中心。

31日 中央电视台新闻频道报道我校灾区支教活动。

8月

7日 学校喜获邵逸夫基金赠款500万港元。

15日 山东省教育厅专家组来校考察新上专业建设。

17日 山东省第三届大学生物理教学技能比赛我校十名学子获一等奖。

18日 学校2008年高考招生录取工作圆满结束。

20日 山东省委统战部来校调研指导工作。

27日 学校党委扩大会议隆重召开。

30日 山东省政府参事任辉莅临我校检查指导。

9月

5日 学校召开2008年新生入学资格审查工作会议。

6日 聊城大学高新技术产业集团正式组建成立。

9日 2008级新生开学典礼隆重举行。

10日 我校荣获山东省社会科学优秀成果奖11项，学科新秀奖1项。

11 日 2008 级新生军训动员大会召开。

23 日 学校“十一五”省级重点学科通过中期评估。

25 日 中国社科院专家来校调研国际共运学科发展。

26 日 学校隆重举行 2008 迎新文艺演出。

27 日 我校获 12 项国家自然科学基金课题。

学校举行 2008 年新生军训总结表彰大会。

28 日 学校思想政治教育专业成为第三批国家级高等学校特色专业建设点。

10 月

11 日 学校 6 篇论文在第三届山东高校辅导员工作论坛获奖。

13 日 全校开展纪念改革开放 30 周年活动。

16 日 全国第六次课程学术研讨会在我校召开。

山东省教育厅专家组来校检查宿管工作。

18 日 学校与美国得克萨斯 A&M 国际大学签订交流与合作谅解备忘录。

23 日 山东省军区政治部副主任王德波大校、政治部选培办主任陈俚清上校，市军分区副政委韩学义来校视察指导工作。

26 日 中央马克思主义理论研究和建设工程《国际共产主义运动史》教材编写课题组在我校召开首次研讨会。

11 月

1 日 我校社会科学处处长黄富峰同志被授予“山东省优秀青年知识分子”荣誉称号。

6 日 山东省第四届中外教师外语教学研讨会暨 2008 年山东省外国文教专家“教学奖”授奖仪式在校举行。

8 日 学校举办“纪念改革开放 30 周年”高端学术论坛。

12 日 山东省委政策研究室来校调研。

14 日 山东省部分本科高校实践教学工作研讨会在校召开。

17 日 山东省副省长黄胜到校调研。

李喆当选山东省高校后勤工作研究会副理事长。

28 日 学校与华伦·威尔逊学院签订合作备忘录。

学校附小操场投入使用。

12 月

4 日 学校翰苑、博苑餐厅通过山东省高校标准化食堂评估验收。

12 日 学校举行 2009 届毕业生首场招聘会。

13 日 学校文灵华博士获国家自然科学基金理论物理专款资助。

18 日 学校 2009 届省级优秀毕业生评选工作启动。

23 日 山东德育示范高校考察组来校检查。

26 日 东阿阿胶研究院落户我校。

27 日 学校多项国家级省级质量工程项目获专项经费。

28 日 学校被评为山东省高校学生宿舍管理工作示范单位。

29 日 学校继续担任中国大学生体协赛艇与龙舟分会副主席单位。

《光明日报》报道我校毕业生当村官网上授科技事迹。

31 日 学校敦聘张夫也、张杰博士任兼职教授。

2009 年大事记

1 月

5 日 聊城军分区政委张顺华、原政委李胜庆一行来校走访慰问。

7 日 聊城市委书记宋远方莅临学校视察指导工作。

12 日 学校在东湖宾馆报告厅召开党委（扩大）会议，党委书记程玉海讲话。

15 日 省委高校工委副书记傅华峰一行走访慰问我校老干部、老教授。

21 日 学校荣获 2008 年度“中国大学生自强之星”高校优秀组织奖，数学科学学院学生高冉获“中国大学生自强之星”提名奖和“中国大学生新东方自强奖学金”。

28 日 中国工程院院士、山东大学副校长、医学院院长张运教授来校考察。

2 月

2 日 聊城市中小学教师培训基地揭牌仪式暨 2009 年寒假培训班开班典礼在学校图书馆大报告厅举行。

12 日 学校第八届教职工代表大会暨工会会员代表大会第二次会议召开。

3月

5日 全省中等职业学校学生信息管理系统培训工作会议在学校召开。

7日 学校在西校图书馆大报告厅举行国防生签约暨开训动员大会。

12日 学校召开深入学习实践科学发展观活动动员大会，对学习实践活动进行动员和部署。

13日 学校无党派知识分子联谊会正式成立，通过了聊城大学无党派知识分子联谊会章程，选举产生了第一届理事会成员，聘请校长宋益乔担任名誉会长。

24日 学校党委常委举行深入学习实践科学发展观活动第一次专题理论学习会，集体学习研讨《毛泽东邓小平江泽民论科学发展》。

27日 以中央音乐学院院长王次炤教授为组长的全国艺术硕士专业学位教育指导委员会专家组一行四人莅临考察学校申请增设的艺术硕士专业学位培养单位。

4月

1日 学校召开“山东省成教品牌专业”建设工作会议。

2日 学校党委常委举行深入学习实践科学发展观活动第二次专题理论学习会，集体学习研讨《科学发展观重要论述摘编》。

9—11日 俄罗斯科学院元素有机化学研究所著名学者VladimirI.Bregadze教授对学校进行学术访问。

11日 中央音乐学院副院长周海宏教授做客学校并开展题为“走进音乐世界——兼谈艺术在人类生活中的意义”的音乐讲座。

14日 学校党委常委举行深入学习实践科学发展观活动第三次专题理论学习会，集体学习纪检监察系列会议精神，研讨校领导深入学习实践科学发展观活动调研题目。

22—24日 由复旦大学全国古代文学研究中心主办、聊城大学文学院承办的第五届全国高校古代文学与古代文论学术研讨会在学校召开。

29日 数学科学学院2006级学生张翔荣获2009年“‘大众报业杯’山东高校十大优秀学生”荣誉称号。

5月

9日 山东省国际政治与国际共运学会2009年学术年会暨“全球化与中国特色社会主义发展”学术研讨会举行，党委书记程玉海教授出席并作主题报告。

14日 山东省军区政治部副主任王德波来学校检查指导国防生综合素质观摩交流活动准备工作。

15日 省教育厅高校内部审计工作调查组莅临学校检查指导内部审计工作全面转型进展情况。

19日 学校召开纪委全体（扩大）会议，会议传达学习了中央纪委、省纪委和省教育纪检监察会议精神，总结学校2008年党风廉政建设和反腐败工作，部署2009年工作任务。

21日 学校党委常委召开深入学习实践科学发展观专题民主生活会。

22日 山东省社会治安综合治理委员会办公室、省国家安全厅授予学校“山东省国家安全人民防线建设先进集体”荣誉称号。学校樊庆勋同志被山东省社会治安综合治理委员会授予2008年度全省“平安山东”建设先进个人荣誉称号，并记二等功一次。

25日 学校黄富峰教授入选2008年享受国务院政府特殊津贴人员；山东省教育厅授予我校赵长林教授山东省教学名师称号。

6月

9日 学校举行2009届优秀毕业生颁奖典礼暨座谈会。

16日 山东省教师教育学会校长领导与学校发展研究会成立大会暨第一届理事会召开。我校副校长李剑萍教授当选为理事长，教育科学学院教育学系主任胡志坚教授当选为副理事长兼秘书长。

22日 聊城市廉政研究基地—聊城大学廉政研究中心揭牌仪式在学校东湖宾馆报告厅举行；聊城市委书记宋远方莅临学校指导，在校长宋益乔的陪同下，考察了校史展览馆、文学院及聊大花园。

25日 学校举行2009届国防生毕业典礼暨出征仪式。

28日 山东省当代中国哲学研究基地年会暨“塑造论哲学”研讨会在学校召开。

7月

2日 俄中文化教育发展基金会教育经理库斌·亚历山大·米哈伊洛维奇及别尔格莱德文化艺术学院、列宾美院、南方联邦大学、莫斯科国立人文大学、弗拉基米尔国立大学、图拉国立大学、圣彼得堡国立技术大学的相关领导来校访问，并与学校签订教育交流与合作框架协议。

19日 学校名誉校长季羡林先生的遗体告别仪式在北京八宝山革命公墓东礼堂举行。学校党委书记程玉海、校长宋益乔代表学校全体师生送季老先生最后一程。

22日 聊城市—聊城大学产学研工作会议在学校召开。

8 月

5 日 科技部计划司副巡视员刘玉兰，北京科技大学副校长谢建新，清华大学材料学院副院长、我校名誉副校长潘峰一行十人组成的考察组莅临学校进行调研。

10 日 学校党委常委、副校长张贵桥率团赴加拿大多伦多大学、温莎大学，美国哥伦比亚大学、北乔治亚州立大学等高校访问。

18 日 民盟山东省八届十二次常委会议在学校召开。

9 月

1 日 教育部下发《关于表彰全国优秀教师和全国优秀教育工作者的决定》，我校林建华教授喜获“全国优秀教师”荣誉称号。

7 日 山东省妇女联合会下发《山东省妇联关于表彰三八红旗手、三八红旗集体的决定》，我校潘延红教授获“山东省三八红旗手”荣誉称号。

10 日 学校举行 2009 级新生开学典礼和新生军训动员大会。

12 日 学校召开产学研工作经验交流会。

16 日 学校召开深入学习实践科学发展观活动总结大会。

22 日 山东省委高校工委纪工委书记贾宝赞来学校主持召开惩治和预防腐败体系建设调研座谈会。

29 日 李剑萍副校长会见来访的美国萨姆·休斯敦州立大学（SamHouston State University）国际项目部主任玲子·克拉克（ReikoClark）女士。

10 月

5 日 学校出台《聊城大学大学生思想政治教育实施大纲（第二课堂）》（试行稿）。

8 日 第十一届全运会“如意”圣火传递到聊城。我校教师刘继峰担当火炬手，7 名聊大学子担任火炬护跑手，71 名聊大学子担任火炬传递志愿者。

12 日 学校召开干部大会，宣布山东省委关于聊城大学校长的任免决定，李喆任聊城大学校长。

22 日 中国国际共运史学会副会长、学校党委书记，博士生导师程玉海教授出席中国国际共运史学会 2009 年年会暨学术研讨会并主持大会发言。

26 日 “瑞典—亚洲”国际合作研究项目结题暨学校与斯德哥尔摩大学项目合作商讨会议在学校东湖宾馆召开，学校党委副书记、校长李喆出席开幕式。

27 日 学校敦聘加拿大温莎大学教育学院院长派特·罗杰斯和许世静博士为兼职教授。

31日　中共聊城大学委员会召开全体委员会议，集体审议通过了《中共聊城大学委员会关于召开中共聊城大学第三次代表大会的决议（草案）》，决定于11月19日召开中共聊城大学第三次代表大会。

11月

5日　山东省经贸委办公室副主任单忠杰一行来校视察、调研实习基地和校企共建工作。

6日　中国作家协会名誉副主席张炯做客文学院，为文学院学生及中国现当代文学研究所的人员作学术报告。

16日　韩国东新大学入学交流处处长李炷熹、国际交流协力中心主任金姬成一行来校访问。

20日　中国共产党聊城大学第三次代表大会在艺术学院音乐厅召开。省委高校工委书记傅华峰、聊城市委副书记金维民分别代表中共山东省委组织部、省委高校工委、省教育厅党组和中共聊城市委讲话。程玉海同志代表上一届校党委作工作报告。开幕式由李喆同志主持。

21日　中国共产党聊城大学第三届委员会在艺术学院音乐厅举行第一次全体会议。程玉海、李喆、张桓、徐传光、冯健、李军生、张贵桥、孔祥华、窦建民、张跃飞等10名同志当选为中国共产党聊城大学第三届委员会常务委员会委员；程玉海同志当选为中国共产党聊城大学第三届委员会书记，李喆、张桓、徐传光当选为副书记。

21日　中共聊城大学新一届纪律检查委员会在艺术学院207会议室召开第一次全体会议，会议选举孔祥华为纪委书记，姚广振为纪委副书记。

30日　第十一届“挑战杯”全国大学生课外学术科技作品竞赛在北京航空航天大学举行，学校参赛作品《两个氮杂金属冠醚[Mn6（anhz）6（DMF）6]2DMF和[Mn（pnhz）（DMSO）]6的合成、结构及性质研究》获自然科学类学术论文三等奖。

12月

4日　中共中央对外联络部欧亚局局长田永祥来学校作专题学术报告，校党委书记程玉海主持报告会。

9日　省高校党风建设和反腐倡廉工作专项检查组来学校检查。

10日　中共中央政治局原常委、中央纪律检查委员会原书记吴官正来学校视察。吴官正同志对学校近年来的建设和发展成就给予充分肯定，并提出殷切期望，要求学校进一步加强学术交流，提升科研水平，创新人才培养模式。山东省副省长才利民、聊城市委书记宋远方、学校党委书记程玉海、党委副书记、校长李喆等陪同活动。

31日 学校召开学科建设会，研究部署学科学位点建设，人才队伍建设、科学研究和研究生教育工作。党委书记程玉海、校长李喆分别作讲话。

2010年大事记

1月

7日《聊城大学报》获评省级优秀报纸。

9日 我校后勤服务产业集团获评全国高校后勤系统信息与宣传工作先进单位。

12日 我校获评山东省“老教授新贡献先进集体”。

14日 我校团委获评山东省“红旗团委”。

19日 我校获评山东省高校民主管理先进单位。

20日 我校安全技防建设工程顺利完成。

23日 我校获山东省教育技术与装备工作学术论文评选一等奖1项、二等奖2项、三等奖2项；我校艺术类专业首次在外省招生。

29日 我校党委宣传部、山东教育电视台聊城大学记者站获评山东省教育新闻宣传工作先进集体；我校获评全省高校统战工作争先创优活动一等奖。

30日 我校获评山东省高校思想政治教育优秀成果一等奖2项、二等奖2项、三等奖3项。

31日 我校获评山东省教育国际交流与合作工作先进单位。

2月

1日 我校召开高层次人才政策发布会，宣布《聊城大学高层次人才引进与管理办法（暂行）》和《聊城大学课程教授聘任管理办法》。

6日 我校林建华教授入选山东省首批“齐鲁文化英才”。

19日 省人大常委会副主任陈延明、副省长郭兆信等视察我校。

23日 我校学前教育、车辆工程和网络工程三个专业获教育部审批通过。

25日 全国教育专业学位教育指导委员会专家来校检查指导工作。全国教育专业学位教育指导委员会秘书长、原北京师范大学教育学院院长、博士生导师张斌贤受聘我校兼职教授。

3月

2日 我校与韩国建国大学签订友好关系协议书。

8—9日 我校特聘教授、中国科学院院士、超导电子学家、南京大学教授吴培亨来校指导学科建设工作。

9日 我校教授任连奎主持的《网络环境下视听说教学改革后续研究》获山东省大学英语省级教学改革立项。

12日 我校第八届教职工代表大会暨工会会员代表大会第三次会议召开。

27日 我校两课题获山东省“十一五”语言文字应用科研立项。

4月

2日 我校召开纪委三届二次全体（扩大）会议。

3日 我校与韩南大学缔结友好校际关系。

15—17日 我校举办学生第31届、教工第20届田径运动会。

19日 我校同韩国东新大学签署合作办学项目有关协议。

23日 第七届山东省外国文学学会在我校召开。

24日 著名材料学家、中国工程院院士左铁镛受聘我校高级顾问。

26日 山东省中兽医研究所（聊城）成立揭牌仪式在我校农学院举行。

27日 山东省学校卫生协会2010年度会议在我校召开。

29日 我校与临清市签署全面合作协议。

5月

7日 我校教育学专业获评山东省高等学校品牌专业。

8日 我校大学英语课程教学团队获评省级教学团队。

11日 山东省2010年研究生招生录检工作会议暨山东省研究生招生专业委员会一届三次会议在我校召开。

13日 我校获评山东省国防教育工作先进单位。

15日 香港孔教学院院长汤恩佳向我校捐赠孔子圣像；山东省法学会社会法学研究会换届会议暨2010年学术年会在我校召开。

16日 我校学生获首届全国大学生数学竞赛三等奖。

17日 美国北乔治亚学院暨州立大学与我校签署全面交流合作协议。

18日 山东省教育厅高水平运动队建设评审专家组来校检查评估；我校成立建筑安全隐患鉴定委员会。

21日 我校获8项山东省研究生教育创新计划项目立项。

22日 我校学生获评“全国优秀学生干部”，一班级获评“全国先进班集体”。

29日 我校承办山东省第二届高校美术与设计专业师生基本功比赛。

6月

1日 亚太大学联合会副主席、秘书长如苯·乌玛利来校访问。

3日 美国北乔治亚学院暨州立大学4名教授来校授课。

12日 我校《现代教育技术》《大学英语》《分析化学》获评“山东省省级精品课程”；我校6项课题获2010年度国家社科基金项目评审立项。

20日 我校举办首个校园开放日。

24日 我校在潍坊青岛建立首批优秀生源共建基地。

29日 聊城大学体育工程研究中心在社体部正式成立。

7月

5日 我校人力资源管理课程入选山东省成人高等教育特色课程。

20日 我校2名学生获山东省大学生物理教学技能比赛一等奖，6名学生获二等奖。

21日 我校在山东省“泰山文艺奖”评选中获三等奖2项。

25日 我校在大竹山岛建“聊城大学流动图书馆”。

26日 我校《生物化学》课程获批国家级双语教学示范课程，教育学教学团队获批国家级教学团队，历史学专业获批国家级特色专业建设点。

28日 我校散打队在山东省22届运动会中取得金、银、铜3枚奖牌。

8月

5日 我校李剑萍教授、陈万会教授荣获全国教育硕士专业学位优秀教师。

7—8日 我校与高唐县政府签署产学研全面合作协议书。

10日 我校获批国家民委民族问题研究项目课题立项1项。

11日 日本骏河台大学校长成田宪彦来校访问。

12日 我校获评全国绿化模范单位。

18日 我校15项课题获国家自然科学基金项目立项。

20—22日 中国科学院院士刘盛纲教授、姚建铨教授、叶朝辉教授、吴培亨教授以及“长江学者”黄维教授来校考察指导工作。

21日“区域、跨区域与文化整合”国际学术研讨会暨中国社会史学会第十三届年会在我校举行。

23日 我校获评全国普通高等学校毕业生预征工作先进集体。

26日 台湾大学校长李嗣涔来校交流访问。

27日 全国人大常委会原副委员长、民革中央原主席何鲁丽来校视察。

28日 我校教师在全省高校青年教师多媒体教育软件竞赛中获一等奖2项、二等奖2项、三等奖1项。

9月

2日 我校获批新增翻译硕士、体育硕士和工程硕士三个专业学位授权点。

4日 我校林建华教授获评山东高校十大优秀教师。

6日 我校中层管理干部海外培训项目启动；我校6项成果获全省高校思想政治教育优秀成果奖。

12日 我校第一个校友联谊组织——东营校友会成立。

14日 我校获评“全省教育工作先进单位”；我校获两项山东省“泰山文艺奖”艺术理论研究类三等奖；《聊城大学史》（1974.8—2004.12）获山东省开发利用档案信息资源成果一等奖。

17—19日 2010年中国世界古代史学术研讨会在我校举行。

20日 我校廉政研究中心联合主办的第三届中华廉洁文化理论与实践交流会在聊开幕。

28日《中国教育报》整版报道我校大学生“实习支教双提高”工程活动情况。

26日 我校老教授协会、老科技工作者协会成立。

27—28日 全省高校德育工作研究基地建设暨思想政治教育研究课题工作会议在我校召开。

28日 我校获“挑战杯”山东省大学生创业计划竞赛一等奖1项、二等奖3项、三等奖2项；我校张景生教授申报的“信息技术价值观与网络道德养成的实证研究”获批全国教育科学“十一五”规划项目。

10月

12—13日 山东省“学科馆员服务实践与探索”学术研讨会在我校召开。

12—18日 我校参加海峡两岸大学校长论坛及科学技术研讨会，并作专题报告。

14—16日 山东省高校图书馆自动化工作会议在我校召开。

18日 山东师范大学校友总会聊城分会成立。

19 日 我校财务处获评“全省教育系统财会工作先进集体”。

21 日 美国萨姆休斯敦州立大学代表团来访。

23 日 我校“管花肉苁蓉引种”项目成果填补省内空白。

25 日 我校同加纳科福里杜亚理工学院签署合作协议；我校学生获全国大学生电子信息类实践创新作品大赛一等奖 1 项、二等奖 2 项、三等奖 2 项。

26 日 我校与马来西亚吉隆坡建设大学签署合作协议；我校获评“山东省高校学生食堂管理工作示范单位”。

28—30 日 我校承办的 2010 年山东省高校教职工乒乓球赛在聊举行。

29 日 我校获评“山东省高校后勤工作先进集体”。

30 日 教育部高等学校大学外语教学指导委员会主任委员、南京大学博士生导师、国家级教学名师王守仁教授来校指导工作。

11 月

1 日 我校获全国多媒体课件大赛一等奖 2 项、三等奖 1 项。

2 日 山东省老教授协会三届七次会议在我校召开。

8 日 济南军区副政委王健中将来校检查指导国防生培养工作。

9 日 我校林建华教授课题获“齐鲁文化英才工程”专项资金重点资助。

10 日 我校学生在全国高校 GIS（地理信息系统）大赛中获一等奖 4 项、二等奖 1 项。

10—11 日 山东省高校骨干学科教学实验中心建设工程绩效考评专家组来校考评。

15—17 日 我校特聘教授、中国科学院院士、超导电子学家、南京大学教授吴培亨来校指导工作。

16 日 我校药学院成立；我校（“中药与天然药物活性物质高效分离纯化单元技术平台”）首次获得国家科技重大专项项目立项资助。

22 日 我校获评 2010 年全省职工健身活动月先进单位。

24 日 我校在“调研山东”大学生社会调查活动中获一等奖、二等奖各 1 项。

26 日 山东省新建重点实验室评审专家组来校考察。

29 日 我校李海英副教授课题组《〈中国近现代史纲要〉教与学系统》获教育部人文社会科学研究专项任务项目立项；我校 3 篇论文获评全省教育管理工作优秀科研成果。

12 月

4 日 我校东湖宾馆获评全国高校旅游接待服务先进单位。

7 日 我校理工学院文灵华博士与中国科学院物理研究所等合作在国际上首次发现新型拓扑奇点——“隐涡旋”；我校图书馆获评山东省高等我校图书馆管理先进集体。

11—12 日 全国民族理论专题学术研讨会在我校召开。

14 日 我校 2 项课题获国家自然科学基金理论物理专款资助。

28 日 以我校为平台的聊城有色金属研究院成立；我校与中南大学签署全面合作协议；中国科协副主席、中南大学校长、中国工程院院士黄伯云教授受聘我校有色金属研究院学术委员会主任、名誉院长。

2011 年大事记

1 月

7 日 山东青年管理干部学院院长尹方一行 6 人来我校参观学习，双方交流了办学过程中取得的经验。

11 日 我校与台湾大学就学生交流项目签署《聊城大学与台湾大学交换学生暨访问学生项目协议书》，标志着我校正式启动与台大的合作交流；我校出台了《关于进一步深化教师教育改革的意见》，成立教师教育学院；我校获批新增小学教育、学科教学·美术、学科教学·思想政治教育、学科教学·历史和学科教学·生物 5 个教育硕士研究生招生学科领域，新增招生学科领域从 2011 年开始招生。

22 日 校党委书记程玉海，党委副书记、校长李喆，党委副书记徐传光，纪委书记孔祥华带领相关部门负责人一行到济南军区、山东省军区走访慰问和汇报国防生培养工作。

2 月

15 日 我校名誉教授何兹全先生逝世。

18—19 日 第八届教代会暨工代会第四次会议隆重召开。

3 月

11 日 我校第五次教学工作会议第一次筹备会议召开，会议的主题是：育人为本，创新人才培养模式，大力提高学生的创新能力和实践能力，为把我校建设成为山东省高级应用型人才培养的特色名校而努力奋斗。

15日 省委统战部来校调研指导工作，调研组对我校党外人士队伍建设所采取的措施和取得的成果给予充分肯定。

22日 由总参谋部、总政治部、国防部、教育部、财政部共同组成的征兵工作联合调研工作组来我校调研大学生征兵工作。

29日 我校学科建设新增应用经济学、政治学、教育学、中国语言文学、艺术学、历史学、物理学、地理学、生物学、系统科学、材料科学与工程、信息与通信工程、管理科学与工程13个硕士学位授权一级学科点。

31日 中国人民解放军总参谋部兵种部原政委田永清少将莅临我校。

4月

2日 我校纪委三届三次全体（扩大）会议召开，推动反腐倡廉工作。

19日 我校获批建设山东省化学储能与新型电池技术重点实验室，标志着我校的实验室建设又上一个新台阶。

29日 校长李喆接见韩国韩南大学对外协力处处长徐荣成一行，双方就合作办学、学生及教师交流项目等共同关心的话题深入交换意见。

30日 我校与韩国建国大学合作申办的生物工程专业本科教育项目顺利获批，成为我校首个获批的中外合作办学本科项目。

5月

6日 我校党委书记、中国国际共运史学会副会长、博士生导师程玉海连任省国际政治和国际共运学会名誉会长。

12日 省教育厅督察组来校检查“泰山学者”岗位建设情况，希望我校再接再厉，努力实现“泰山学者”攀登计划。

13日 中国校园文学委员会常务副会长、作家王世龙来我校指导校园文学工作。

13—15日 我校在第十届全国信息化核心技能大赛暨微软办公软件核心技能世界大赛中国区总决赛中获得多个奖项。

17日 抗体药物国家工程研究中心主任、解放军总医院肿瘤中心主任郭亚军教授来校指导工作，就生物制药、化学制药等方面与药学院相关负责人进行学术交流。

20日 山东省教育厅厅长张志勇来校考察省级教师教育基地建设工作并作总

结讲话。

20—21 日 首届全国高校大学（公共）外语教育学院发展专题论坛在我校举行，本次论坛将对出版界策划出版更好的外语教材服务于大学外语教育产生积极的影响。

24 日 著名作家、河南省作家协会副主席二月河成为我校名誉教授。

26 日 山东省作协主席张炜受聘我校名誉教授文学院名誉院长。

6 月

1 日 聊城大学—北乔治亚学院暨州立大学第二届“教育文化交流活动周”启动仪式成功举办，我校校长李喆和北乔治亚学院暨州立大学副校长约翰·克洛尔共同为活动周揭幕。

7 日 我校参加第四届中国大学生龙舟锦标赛获一金一银。

8 日 陈德正、王文军被评为第六届省高校教学名师。

10 日 王强就任我校党委常委、副校长。

12—22 日 我校党委常委、副校长冯健应邀率团访问欧洲斯德哥尔摩大学、不来梅应用技术大学、德累斯顿工业大学并洽谈交流合作，双方达成以项目为平台，推动校际实质性合作的意向。

21 日 我校获省教育系统优秀调研成果一等奖。

24 日 庆祝中国共产党成立 90 周年理论研讨会召开。

我校增汽车服务工程、种子科学与工程、运动训练、对外汉语、数字媒体艺术、高分子材料与工程六个学士学位授予专业；我校获 9 项 2011 年度国家社会科学基金项目。

30 日 我校隆重召开庆祝中国共产党成立 90 周年大会。

7 月

7 日 我校分析化学、中国现当代文学、科学社会主义与国际共产主义运动、光学、课程与教学论、自然地理学（黄河下游资源环境与生态安全）、系统理论、中国近现代史、分子生物学与抗体药物工程等 9 个学科获批“十二五”省级重点学科。其中，前 3 个学科被确定为省级特色重点学科；我校获批 6 个省“十二五”高校科研创新平台；光信息传输与处理、智能信息处理与网络安全、清洁化学能源技术、生态学与生物多样性 4 个实验室获评山东省“十二五”高校重点实验室，其中，光信息传输与处理实验室获评强化建设实验室；运河与区域经济社会发展研究中心、教师教育创新研究基地获评山东省“十二五”高校人文社会科学研究基地。

12日 我校获批重点教改立项和一般项目10项，共获建设经费40万元，立项数量和经费总数均创历史新高；我校获批12项省研究生教育创新计划项目；我校喜获3项省优秀硕士学位论文和3项省优秀科技创新成果奖。

18日 加拿大阿尔伯特大学教育学院劳瑞·伯克纳（LarryProchner）博士一行来访，就两校教育交流与合作项目进行洽谈。

26日 我校召开会议部署全国教育硕士专业学位教学合格评估迎评工作，校党委常委、副校长冯健出席会议并讲话。

8月

2—4日 我校国际合作交流处和文学院的相关同志赴京，与上海合作组织及塔吉克斯坦等中亚三国洽谈教育交流与合作，我校国际化办学再取新突破。

4日 台湾动漫创作协会理事长邓有立一行来访。

11日 中央电视台《和平年代》栏目播出反映我校女国防生成长历程的专题片《木兰花开》。

17日 我校在东阿阿胶建立继续教育培训基地。

20日 我校获批15项国家自然科学基金。

23日 我校在全省高校人才工作目标责任制年度考核中获优秀等级。

9月

2日 教育部教指委专家来校检查指导我校教育硕士专业学位教学工作和教学合格评估准备工作。

6日 我校与德国安哈尔特应用技术大学开展的机械设计制造及其自动化专业中外合作项目获批。

17日 中共中央政治局委员、国务委员刘延东在省委书记、省人大常委会主任姜异康等陪同下来我校视察调研，刘延东充分肯定了我校近年来的工作。

20日 我校引进的高层次人才、上海交通大学胡卫生教授被省政府聘为光通信科学与技术岗位泰山学者特聘教授。

27日 达隆尼加市将每年的9月20日确定为“聊城大学日”。

10月

9日 我校获批设立山东高校反腐倡廉理论教育基地。

10日 教育部专家组来校评估教育硕士专业学位教学工作。

17日 校党委书记程玉海续任中国国际共运史学会副会长；台湾昆山科技大学校长苏炎坤率团来访，与我校签署两校研修生交流合作协议书，标志两校开展实质性交流的良好开端。

18日 西班牙纳瓦拉公立大学副校长哈维尔·卡沙里（JAVIER·CASALI）一行来访，与我校签订关于交换生学习和交流的合作协议书。

20日 法国耐克森公司大中华区人力资源副总裁李磊、山东阳谷新日辉电缆有限公司总经理夏旭兵一行来校洽谈校企合作事项。

26日 我校举行山东省高校反腐倡廉理论教育基地揭牌仪式；我校建立山东高校慈善文化研究基地；省委高校工委来校检查“五项工作”情况。

29日 聊城大学鲁西化工集团定向本科生“三方协议”签订仪式举行。

11月

2日 我校召开干部大会，调整领导班子。我校原党委副书记、校长李喆担任校党委书记；原泰山学院党委书记、院长马春林担任校党委副书记、校长；我校原党委书记程玉海调任青岛农业大学党委书记；我校党委常委、副校长张贵桥转任聊城大学党委副书记。

15日 美国北乔治亚学院暨州立大学校长博尼塔•雅各布斯女士(BonitaJacobs)率团来访，与我校签署教师交流项目和学生双学位项目的合作协议。

18日 我校赴澳大利亚、新西兰访问团完成出访任务。

22日 我校获评山东省人才工作先进单位，全省仅9所高校获此殊荣。

23日 山东省成人高等教育教学工作专项检查组来校检查。

26日 聊城大学泰安校友会成立。

27日 校党委书记李喆率团访问韩国韩南大学、建国大学和日本骏河台大学、德山大学。

12月

1日 青岛农业大学党委副书记张铭锦一行来访。

2日 新西兰坎特布雷大学来访，磋商两校理科学院交流项目和框架性交流协议。

4日 山东省2011年高校毕业生秋冬季综合类就业市场暨聊城市“春华秋实”毕业生招聘会启动仪式在我校举行。

6日 我校获批“乐高”教育部区域性技术教育教师培训基地，省内仅有两所高校入选。

20 日　我校 3 项课题获批国家自然科学基金。

23 日　日本山口县周南地区日中好协会代表团来访。

2012 年大事记

1 月

4 日　校党委书记李喆，党委副书记、校长马春林率领领导班子以及各职能部门、学院负责人，赴河南理工大学、济南大学考察学习。

8 日　枣庄学院党委副书记、校长胡小林，党委常委、副校长曹胜强等一行来我校访问。

9 日　校党委书记李喆和党委常委、副校长冯健、张跃飞分别率团赴山西大学和苏州大学，就学科、科研平台建设，党建工作和科技开发等进行学习考察。

我校 2012 年首个共青团青年就业创业见习基地在山东燎原发光科技有限公司落户。

2 月

13 日　青岛农业大学校长李宝笃，副校长宋希云、李欣章同领导班子一行来访。

16 日　第九届教代会暨工代会第一次会议隆重召开。

17 日　第九届学校工会委员会召开第一次全委会，以无记名投票的方式选举刘树山为聊城大学工会主席。袁新、李新海、黄勇（兼）、宋培宪（兼）为工会副主席。

24 日　德国不来梅哈芬应用技术大学副校长格哈德・马克西米利安・菲尔德迈耶博士率团来我校访问。

29 日　青岛农业大学党委副书记刘国秋、工会主席陈玉凤等一行来我校考察。

3 月

6 日　学校在东湖宾馆报告厅召开专题会议，部署我校“十二五”重点学科建设项目的遴选申报工作。

8 日　韩国延世大学校国际教育院教授、前韩国显微镜学会主席滕永建一行在聊城市人民医院院长张彬的陪同下来我校考察交流。

10 日　济南军区政治部干部部副部长邹铁平，干部部人才办副主任赵磊、副主任王强来校调研我校国防生培养工作。

21日 北京军区原司令员李来柱上将来我校考察指导，为我校捐赠了书籍并受聘为我校名誉教授。

22日 山东农业大学党委常委、纪委书记董新胜等一行5人来我校考察纪检监察工作。

4月

17日 聊城市委副书记王忠林，市委常委、高唐县委书记刘春华，市委常委、市直机关工委书记蔡同民，副市长李吉增，市政协副主席贾少勇来校考察指导工作。

26日 美国北乔治亚学院暨州立大学教育学院院长Bob Michael夫妇来我校访问，商谈与我校开展双学位（教育学）及有关培训合作项目。

5月

4日 2012 中华龙舟大赛（鄱阳站）在江西省鄱阳湖国家湿地公园举行，我校男子龙舟队应邀参赛。

8日 抗体药物国家工程研究中心主任、解放军总医院肿瘤中心主任、我校药学院院长郭亚军教授和北京鼎晖创业投资中心执行总裁焦震应邀来校考察指导工作。焦震受聘为我校客座教授和顾问。

14日 美国南加州大学药学院教授沈维强一行来我校考察交流。

校党委常委、副校长王强在办公楼A105接见来自美国北乔治亚学院暨州立大学的5名教授讲学项目老师。

中国工程院院士候选人、山西大学科技处处长董川教授应邀到我校讲学，在西校图书馆大报告厅为我校师生作了题为“科学研究与创新思维”的学术报告。

15日 我校敦聘聊城市中级人民法院院长黄伟东为兼职教授。

17日 首届全国大学生传统运动会在临沂大学举行。我校代表队荣获1金、1银、团体第5名的好成绩，并获体育道德风尚奖。

18日 第11届全国信息化核心技能大赛暨微软办公软件核心技能世界大赛中国区选拔赛在华东师范大学举行。历史文化学院教师刘建峰带领11名选手最终获得Excel2003和PPT2007两个项目组的团体冠军。

23日 加拿大温莎大学副校长DainaKao博士一行来我校考察访问。

24日 韩国延世大学原州校区总长韩奇洙一行来我校访问。校长马春林与其签署了两校校际合作协议书。

28日 印尼国家警察学院院长吾葛咯申诺上将和印尼爱心基金会总主席钟家燕女士一行人来我校交流访问。

30 日 韩国清州大学校长金润培一行 3 人来我校交流访问，校长马春林、副校长王强热情接待。

6 月

1 日 海军航空兵原副政委，民族英雄马本斋之子马国超少将来校考察，校党委副书记徐传光等陪同活动。

11 日 聊城大学农作物育种研究所在农学院会议室宣布成立。

7 月

4 日 李喆赴天津职业技术师范大学考察，双方就学校发展定位等问题进行了座谈。

6 日 湖南女子学院副院长黄立宏教授等一行来我校就学前教育专业建设进行考察交流。

15 日 我校与韩国清州大学合拍微电影《告别会》开机。

21 日 省第七届大学生物理教学技能大赛在我校举行。

8 月

7 日 我校校友韩震任北京外国语大学校长。

10 日 省商务厅副厅长魏华祥来校考察，对今后如何实现农校对接、解决农产品供应问题以及加大食品安全资金、技术支持提出了指导性意见。

15 日 北京外国语大学校长、我校校友韩震来校考察交流。

9 月

7 日“魏仕杯”山东省第四届大学生物理科技创新大赛理工学院 11 件作品全部获奖，其中一等奖三项，二等奖三项。

12 日 省委第七巡视组组长徐国力代表省委巡视组向我校反馈巡视工作情况，省委第七巡视组副组长龙春光对巡视工作下一步有关事宜作了安排。

聊城大学美术学院两名学生荣获山东省文联、山东美术家协会主办，山东省美协油画艺委会承办的第四届齐鲁风情油画展一等奖。

14 日 南开大学陈志强教授受聘我校兼职教授。

16 日 我校与约旦费城大学合作共建的约旦费城大学孔子学院揭牌仪式在约旦首都进行。

18 日 聊城市委常委政法委书记刘强来校考察。

27日 第五届中国体育工程学术会议在我校东湖宾馆报告厅召开。

10月

13日 省人大常委会副主任温孚江一行来校考察。

21日 教育部教师工作司司长许涛来我校视察指导教师教育工作。

中国国高等教学会语文教育专业委员会年会在我校召开。

27日 辽宁省教育厅关工委常务副主任齐再光、副主任郭素芹来校考察。

29日 韩国大学代表团来访。

30日 张聿法将军受聘我校兼职教授。

11月

1日 中共山东省委常委、省军区政委刘从良，在省军区参谋长李亚东、省军区政治部副主任吴巨峰，聊城军分区司令员刘述明、军分区政委王勇，聊城市政府副市长白志等一行来校检查指导国防生培养工作。

3日 首期“名师讲堂”聘请教育部高校教师培训专家、南京师范大学博士生导师杨启亮教授，我校国家精品课程主持人、省级教学名师李焕勤教授为四百余名45岁以下中青年教师作了专题报告。

4日 中共中央组织部原部长张全景莅临我校检查指导工作。

6日 以山东理工大学副校长邹光德为组长的专家组莅临我校，对我校的建筑工程教学实验中心两个省骨干学科教学实验中心建设情况进行绩效考评。

7日 由我校承办的山东省2012年中小学综合实践学科骨干教师培训开班典礼在东湖宾馆报告厅举行。

10日 我校社体部教练员张彪勇夺两项世界传统武术锦标赛冠军。

17日 2012年中国矩阵与数学学术代数会议在我校东湖宾馆报告厅召开。

22日 我校敦聘加拿大Symanta公司合伙创建人和首席技术官、我校87级校友孙伟为兼职教授，党委常委、副校长王强为其颁发聘书。

23日 美国麻省大学吴兆硕博士来校考察。

28日 十八大代表、高唐县农业局副局长、农学院1982级校友杜立芝应邀来校。

在办公楼A111会议室敦聘国内外数值代数领域著名学者魏木生先生为我校特聘教授。

12月

1日 济南军区政治部干部部人才办主任李新光一行莅临我校检查指导我校保障军区国防生培养工作会议筹备情况。

2日 第四届中国书法“兰亭奖”中，我校美术学院副院长兼书法系主任向彬教授的专著《中国古代书法教育研究》获得理论二等奖。

4日 中科院生态环境研究中心副研究员刘晶一行来我校考察院士工作站选址情况。

5日 山东省高等学校军事理论课教学检查评估专家组来校检查。

10日 全国教书育人楷模、大连海事大学马克思主义学院教授贾凤姿应邀来校，在西校区图书馆大报告厅作师德先进事迹报告。

16日 在中华龙舟大赛总决赛中聊城大学龙舟男队，获得第六名，是我国高校男子龙舟队在中国职业联赛总决赛中首次获奖。

18日 在第七届全国信息技术应用水平大赛总决赛中我校计算机学院陈元芳和理工学院葛昭友两位同学分别荣获电子商务运营项目和PCB设计项目全国总决赛一等奖。

19日 中国聊城大学—约旦费城大学孔子学院外方院长DrGhazu（卡祖）博士来校考察交流。

2013年大事记

1月

1日 原聊城师范学院院长张明同志于2013年1月18时08分在聊城逝世。

5日 我校后勤服务产业集团被评为“2012年山东省高校能源管理与节能减排工作先进单位”。

7日 学校出台《关于进一步加强校领导和机关干部联系学生班级制度建设的实施意见》。

22日 全省统战部长会议在济南召开，我校被评为“统战工作规范化建设年”活动先进单位。

24日 聊城市安全生产目标责任考核组来校检查安全工作。

2月

3日 我校党委理论学习中心组召开专题学习会，认真传达学习省“两会”精神。

20日 学校召开党委常委会对2013年工作进行了研究。

21日 山东省军区原副政委鲁建华一行来校，就国防生培养工作进行调研交流。

27日　我校在大学生事务服务中心召开2013年学生工作会议，全面总结我校2012年学生工作，安排部署了学校2013年学生工作。

27日　德国不来梅哈芬应用技术大学副校长格哈德·玛克西米利安·菲尔德迈耶一行来访。

3月

2日　我校数科院“带母亲上大学”的90后小伙郑忠伟荣获第一届“感动聊城2012年度人物”荣誉称号。

6日　聊城市总工会女职工委员会授予我校张华鑫教授“2012年度全市女职工建功立业标兵”荣誉称号。

13日　我校男子龙舟队获得中华龙舟大赛万宁站200米直道竞速赛第六名、500米直道竞速赛第五名，团体总分第五名佳绩。

13日　我校人事处处长白成林荣获“2012年度山东省高校教师网络培训工作先进个人”称号。

19日　聊城大学节能监管平台项目建设正式启动。

25日下午　我校工会主席刘树山被授予“聊城市十佳优秀工会干部”荣誉称号和“富民兴聊”劳动奖章。

25日　法国萨瓦大学教授克劳福·罗彻来校访问。

4月

1日　学校召开“第一书记”工作经验交流会。

4日　山东省武术套路锦标赛中，我校运动员常城获得拳术、刀术两项银牌、马国威获得枪术项目的银牌，魏全仓获得南拳、南棍、全能三项铜牌。

11日　我校敦聘北京师范大学政党研究中心主任、政治发展与政府创新研究中心主任施雪华先生为兼职教授。我校敦聘中国人民大学博士生导师魏坚教授为兼职教授。

15日　山东省军区司令员荣森之来我校检查指导国防生培养工作。

20日　我校与中通客车控股股份有限公司签署校企战略合作协议。

5月

3日　我校召开纪委三届五次全体（扩大）会议，部署2013年党风廉政建设和反腐败工作。

5日　聊城大学抗体制药协同创新中心、山东聊城新生源抗体药物工程研究中心有限公司正式揭牌。

19日 山东省人民代表大会城乡建设与环境资源保护委员会副主任委员张秋波一行来我校参观考察。

27日 省委第七巡视组来校开展回访督查工作。

28日 我校召开2013年防洪防汛工作会议。

28日 我校召开党务校务公开网站建设与管理研讨会。

28日 韩国东新大学入学交流处处长李炷熹率团来访。

29日 石河子大学副校长张法林一行4人来我校考察后勤改革工作。

30日 韩国龙仁大学国际处处长许旭、国际教育交流中心主任文志勋来校交流合作事宜。

6月

3—21日 美国蒙特克莱尔州立大学社会学系教授王庸博士应邀来我校外国语学院讲学。

10日 省委研究决定，孙兰雨同志任我校党委常委、副校长。

14日 我校申报的12项创新计划中，11项获批立项，其中资助项目9项，自筹经费项目2项。

17—18日 山东省大学生心理健康教育专业委员2013年学术年会，我校被评为“2013山东省大学生心理健康节优秀组织单位”。

19日 学校出台《中共聊城大学委员会关于加强效能建设的意见》。

19日 我校出台《聊城大学公务接待工作暂行规定》。

29日 我校2013届研究生毕业典礼暨硕士学位授予仪式隆重举行，609名毕业研究生被授予了学位。

7月

8日 敦聘山东师范大学教授、博士生导师王玮为我校特聘教授。党委常委、副校长王强为其颁发了聘书。

13日 学校召开党委扩大会，传达学习中央党的群众路线教育实践活动工作会议精神和省委有关会议精神。

14日 韩国清州大学电影系教授、制片人金京圭博士来我校讲授专业课程。

16日 山东省社会科学界联合会、省委高校工委、教育厅等九部门联合为全省首批“德耀齐鲁”道德示范基地授牌。

26日 山东省高校教师微课教学比赛，我校选送的4件微课作品获一等奖，另有3件作品获二等奖。

29日 在美国洛杉矶举行的第17届长堤龙舟世界锦标赛中，我校龙舟队和我校与天津体院组建的中国大学生队包揽了该赛事大学生组全部三枚金牌。

8月

17日 我校召开党的群众路线教育实践活动督导组专题工作会议。

30日 山东大学马克思主义学院院长，山东大学政党研究所所长王韶兴来校，作报告。

31日 学校召开会议全面总结“十二五”上半阶段及今年上半年工作完成情况，安排部署新学期工作。

31日 教务处组织召开了本学年第一学期本科教学督导员第一次会议。

9月

2日 我校下发《关于组织全校学生党员开展党的群众路线教育实践活动理论学习的通知》。

11日 意大利卡梅里诺大学校长访问团来我校商谈校际合作事宜。

12日 第十二届全运会上我校社体部运动员赵艳敏一举夺得田径女子400米决赛冠军，社体部运动员杨增鑫及队友获得了男子2000米四人单桨无舵手项目冠军和男子2000米八人单桨有舵手项目冠军，张吉点、王文涛与队友夺得皮划艇男子1000米四人皮艇决赛冠军。

26—28日 教育部中外合作办学发展研究中心主任林金辉一行莅临我校。

27日 我校和东阿县房奇大米种植专业合作社合作共建的“聊城大学产学研基地”“作物育种研究所试验基地”揭牌。

10月

15日 我校召开党委常委会议，传达学习习近平总书记指导河北省委常委班子党的群众路线教育实践活动专题民主生活会重要讲话精神及省委有关会议精神。

16日 美国奥豪斯集团为我校捐赠了价值十万余元的仪器设备。

15—17日 美国亨廷顿大学国际办公室主任 Shoshannah Mckinney 女士来我校访问。

21日 聊城大学东校区东门通车仪式正式启动。

22日 聊城市·聊城大学共建人才高地战略合作签约仪式在我校举行。

23日 土耳其DOGA教育机构代表吾格尔·葛赞克一行来我校参观考察。

28日　我校与韩国龙仁大学签署了两校间《合作交流协议书》和《博士项目执行协议书》两份文件。

11月

10日　我校刘哲、李雯老师编导的舞蹈作品八角鼓《坚守》在“2013海峡两岸欢乐汇”优秀曲艺节目展演活动中获得二等奖。

11日　教育部第十三届全国多媒体课件大赛，我校辛灵美、孙士银和刘建峰等16位师生合作的多媒体课件《中国民俗旅游》和《旅游客源国概况》分别获得高教文科组的一等奖和二等奖。

16—17日　首届“山东省师范类高校学生从业技能大赛”在山东师范大学举行，我校共获得6项一等奖、5项优秀指导老师奖，排名第二。

18日　学校党委常委领导班子在第二会议室召开党的群众路线教育实践活动专题民主生活会。

21日　乌克兰利沃夫国立音乐学院院长易格里教授，外事院长奥斯达普·伊万诺维奇博士等一行6人来我校访问。

21日　我校召开党委中心组（扩大）专题学习会，集中学习十八届三中全会精神。

26日　山东省抗体制药协同创新中心（培育）、聊城高新区生物技术研发中心、聊大新生源协同创新中心、聊大生物活性物质及临床营养研究中心等四个中心在我校签约开工。

29日“聊城市教育系统法制教育培训基地”签约揭牌仪式在我校举行。

12月

3日　马来西亚驻华使馆教育参赞林佑穰先生一行来我校参观考察。

3日　我校与阳谷电缆光电信息产业园签订合作协议，挂牌设立“聊城大学大学生实践基地”。

19日　加拿大布鲁克大学教育学院终身教授、孔子学院院长路春雷教授莅临我校。

19日　校党委中心组召开专题研讨会，深入学习党的十八届三中全会及习近平总书记系列讲话精神。

23日　我校传媒技术学院李焕芹教授主讲的《电视教材编导与制作》获批国家级精品资源共享课建设项目。

30日“聊城大学·聊城市人民医院中原生物医学研究院”“聊城大学·聊城

市人民医院组织工程与再生医学研究所”“聊城大学·聊城市人民医院人类生殖遗传研究所”揭牌仪式在我校隆重举行。

31 日 我校召开党委全委会议，总结学校 2013 年工作。

2014 年大事记

1 月

3 日 我校与聊城市公安局就信息化建设和发展战略达成合作。

10 日 聊城市安全生产执法考核小组来我校进行安全生产目标责任考核。

11 日 山东省重点实验室评估专家组曲音波教授一行来校评估重点实验室建设。

2 月

10 日 学校召开贯彻落实党委全委会议精神 2014 年工作务虚会。

11—18 日 党委常委、副校长王强率团访问了马来西亚理工大学、林登大学，韩国汉阳大学、京畿大学四所高校并签订合作协议。

18 日 学校邀请中科院院士吴培亨，“泰山学者”特聘教授胡卫生为学校改革发展召开座谈会。

21—22 日 学校举行聊城大学第九届教职工代表大会暨工会会员代表大会第三次会议。

25 日 我校被聊城市人民政府授予“2013 年度安全生产工作先进单位”称号。

27 日 我校与中兴通讯股份有限公司举行校企合作签约仪式。

3 月

8 日 学校召开聊城大学国防生 2013 年度签约表彰暨 2014 年开训动员大会。

11 日 校党委书记李喆、校党委常委、副校长王强一行拜会了中共中央对外联络部副部长于洪君、外交部中国—太平洋岛国对话会特使李强民。

19 日 学校召开聊城大学全面深化改革领导小组第一次会议暨 2014“深化改革年”工作会议，强调要落实好全面深化改革和 2014“深化改革年”的各项工作。

21 日 我校刘东方教授与何丽丽副教授获山东省第七届刘勰文艺评论奖。

29 日 我校举行山东省 2014 年春季高校毕业生综合类就业市场、山东省 2014 年师范类高校毕业生供需见面会。

4月

1日　学校召开校庆部署工作会议并公布了《聊城大学庆祝建校40周年活动实施方案》，确定校庆日为9月26日，活动主题为学术·文化·交流。

2日 省委第二巡回督导组来我校调研指导教育实践活动整改落实工作。

14日 教育厅网站专访校党委书记李喆谈深化改革。

17—18日 我校举办学生第35届、教工第24届田径运动会。

19日 太平洋岛国研究高层论坛在我校隆重召开，中共中央对外联络部副部长于洪君，教育部国际司教育涉外监管处副处长张静一行来校参观考察学校建设；太平洋岛国驻华外交使节、中国社科院世界历史研究所党委书记赵文洪、中国现代国际关系研究院副院长李绍先等与会代表，参观考察了我校太平洋岛国研究中心。

22日 学校启动博士、硕士一级学科及专业学位授权点遴选培育工作。

30日 我校获全省高校纪念思想政治教育学科设立30周年优秀成果奖。

5月

7日 我校与约旦费城大学签署教育合作协议，正式建立校际合作关系；山东省大学生思想政治教育工作测评专家组来我校检查。

13日 教育部发展规划司高校后勤改革处处长朱宝铜、中国教育科学研究院副教授卢彩晨来到我校调研指导“农校对接”工作。

15日 山东省知识产权局局长于智勇、聊城市副市长郭建民一行来我校调研知识产权工作。

16日 教育部副部长郝平等领导接见了我校党委书记、太平洋岛国研究中心主任李喆，校党委常委、副校长王强一行；我校于会山教授荣获山东省第十四届专利奖二等奖。

23日 聊城大学·聊城审计产学研基地正式成立；聊城大学中通新能源汽车研究院成立。

29日 我校启动校庆系列活动“木铎扬声 立德树人——教学名师名家讲坛”。

6月

5—7日 山东省大学生心理健康教育专业委员会2014年学术年会在我校召开。

6日 省委高校工委副书记黄琦来我校，对学校改革发展和大学生思想政治教育工作进行了调研指导。

12 日 马莉副教授和张洪方副教授主持两项课题，获批 2014 年高校人文社会科学研究计划资助经费项目，系该计划实施以来我校首次同时获批两项课题。

13 日 丁廷峰教授、王玉珠教授被授予“山东省有突出贡献的中青年专家”荣誉称号。

17 日 山东省委组织部人才工作处处长张志波来我校，就我校与聊城市合作推进人才工作、共建人才高地进行考察指导。

27 日 我校举行 2014 届研究生毕业典礼暨硕士学位授予仪式。

29 日 我校济南校友会成立座谈会在山东省政协会议室举行。

7 月

2 日 学校颁布《聊城大学“百人计划”管理办法》，我校正式启动“百人计划”人才工程。

11 日 教育部郝平副部长、山东省教育厅左敏厅长一行来到校调研；我校举行季羡林先生铜像揭幕、季羡林学院揭牌仪式；中国孔子基金会、聊城市人民政府、聊城大学联合主办的“纪念季羡林先生逝世五周年座谈会”在学校召开；我校敦聘卞毓方为季羡林学院名誉院长、聊城大学兼职教授，敦聘季承为季羡林学院顾问、聊城大学兼职教授。

13 日 聊城市聊大正信食品研究所成立。

23 日 学校连续颁布实施了《聊城大学高层次人才引进与管理办法》等 10 份系列文件并召开专门会议对人才引进工作进行再推进。

25 日 我校与山东泉林纸业有限责任公司成立“新型化肥研究院”。

8 月

4 日 高校国别和区域研究机构调研组专家、北京师范大学特聘教授涂勤来校考察，调研指导我校太平洋岛国研究中心建设发展。

5 日 山东教育卫视播发消息《聊城大学 2014 年 92 名大学生志愿服务“西部计划”》。

13 日 中国测绘科学研究院地理信息系统与地图工程研究所所长李成名等一行来到我校，就聊城市、国家测绘局地名研究所、聊城大学共同成立“中国智慧城市研究院”的相关事宜进行磋商。

14 日 山东省教育厅《关于同意山东科技大学等 11 所高校实施学分制管理试点的批复》批准我校为学分制管理改革试点单位。

17—22 日 山东教育卫视播出《西行日记》来反映我校西部计划志愿者事迹。

20日 我校获批26项国家自然科学基金，获批立项数量和获批经费为近年来最高。

23日 全国人大常委会原副委员长、民革中央原主席何鲁丽来校考察；傅斯年铜像在我校落成。

29日 我校召开新学期工作部署大会。

9月

9日 教师节表彰暨师德标兵报告会隆重举行。

10日 我校隆重召开2014级新生开学典礼暨军训动员大会。

20日 全国地方综合性大学协作会第25次年会在我校召开，来自全国29所高校的党政领导聚首聊大，交流研讨地方综合性大学综合改革的做法与经验；我校举行聊城大学聊城校友会成立大会。

21日 献礼校庆2014企业家论坛隆重召开。

22日 聊城大学文化建设丛书出版发行，分别是《亲历与见证》《文化与精神》《校友风采录》《观点与智慧》《名师风采录》《青春与奉献》。

23日 我校召开庆祝建校40周年校地共谋发展座谈会。

24日 聊城市人民政府、国家测绘地理信息局和聊城大学合作共建的中国智慧城市研究院在我校揭牌成立。

25日 我校举行首届“于茂阳书法奖学金”颁奖仪式。

26日 我校举行庆祝建校40周年暨校友会成立大会；我校举行庆祝建校40周年暨2014迎新师生联欢晚会。

27日 我校召开聊城大学40周年校庆大学校长论坛暨鲁西大学科技城建设座谈会。

28日 我校举行山东省军区首届国防生军事比武。

30日 省委决定，省委决定，党委副书记、校长马春林主持党委、行政全面工作，李喆同志调任临沂大学党委委员、书记。

10月

5日 国家教育行政学院赵庆典教授来校调研高校服务社会工作。

10日 中共山东省委高校工委下发《关于表彰全省高校校园文化建设优秀成果的决定》，我校获6项全省高校校园文化建设优秀成果奖。

14—15日 我校王云、李泉两位教授担任主编的大型丛书《中国大运河历史文献集成》出版。

15日 汤加驻华使馆一等秘书塞西莉亚·蒙娜丽莎·拉图来校讲学并受聘兼职教授

17日 韩国NUVOTEC股份有限公司总裁韩巨熙博士一行来访，就援建韩语专业与我校达成合作，韩巨熙受聘为兼职教授。

22日 我校同澳门科技大学签署校际合作协议书。

11月

3日 学校召开重点行政工作推进会议，对照年度工作计划要点，检查督导各单位目标任务完成情况，部署推进年度工作任务的顺利完成。

4日 学校敦聘河南省小麦抗病虫育种首席专家茹振钢为兼职教授。

7日 我校召开山东省高等教育管理科学研究会高校校友工作联盟2014年会。

9日 我校龙舟队问鼎中国龙舟公开赛总决赛冠军。

17日 中科院院士石钟慈受聘我校兼职教授。

12月

6日 我校节约型校园节能监管平台顺利通过验收。

7日 我校龙舟男队获得中华龙舟大赛总决赛大学生组总成绩冠军，女队获得职业组总成绩季军。

13日 我校承办首届全国全日制教育硕士学科教学（语文）专业教学技能大赛。

17日 学校召开表彰座谈会，决定授予聊城大学龙舟队“杰出运动队”称号，授予吕艳丽“功勋教练员”称号。

25日 我校首获国家社科基金中华学术外译项目。

29日 张乐方、唐玉琴等编著的《高校家庭经济困难学生的多维透视》被列入《高校德育成果文库》。

2015年大事记

1月

7日 美国亨廷顿大学学术副校长德尔·道蒂博士一行来校访问。

8日 控制理论及应用学术前沿动态研讨会在学校召开，来自南京理工大学、山东大学等高校的50余位专家出席。

17日 山东省委高校工委高校办公用房清理整改工作第五巡查组来学校巡查。

17 日　学校承办山东省第四届分析化学年会，中国科学院院士陈洪渊、山东师范大学校长唐波等出席会议。

21 日　根据中共山东省委高校工委《关于表彰 2014 年度全省高校党建研究基地优秀成果的决定》，学校 8 项成果荣获全省高校党建优秀成果奖。

22 日　法国萨瓦大学克劳福·罗彻教授来学校访问。

29 日　外交部中国—太平洋岛国论坛对话会特使（副部长级）、中国外交史学会会长杜起文接见了学校党委常委、副校长王强一行。

2 月

2 日　学校召开领导班子民主生活会，省委督导组、省委组织部人才工作处处长张志波、省第一地质矿产勘查院工会副主席郝鹏出席会议。

5 日　校领导徐传光、王昭凤、胡海泉带领对口联系帮扶困难家庭的机关单位党支部负责人，到学校“第一书记”帮包村走访慰问困难群众。

3 月

4 日　山东省军区 2015 年度国防生培养工作例会在学校召开，省军区政治部副主任刘玉昂大校出席会议。

4 日　白成林教授经国务院批准，享受 2014 年国务院政府特殊津贴。

7 日　聊城大学第九届教职工代表大会暨工会会员代表大会第四次会议召开。会议听取审议通过了校长马春林作的学校工作报告、校工会主席刘树山作的工会工作报告及《聊城大学章程》等文件。

9 日　刘东方教授被授予“山东省有突出贡献的中青年专家”荣誉称号。

10 日　国家测绘地理信息局智慧城市时空信息云平台分领域评价指标体系探讨会在学校举行。国家测绘地理信息局国土司副司长孔金辉、聊城市副市长张旋宇等参加研讨会。

16 日　美国亨廷顿大学校长代表团来访，与学校签署了《合作备忘录》及《学生交流合作协议》。

19 日　山东省高等教育学会保卫学专业委员会八届一次理事会议暨 2015 年年会在学校召开，省委高校工委副书记黄琦，省公安厅国保局副局长李登全等出席会议。

20 日　体育学院研究生许文豪的摄影作品获首届“低碳中国”摄影大赛网络人气奖。

21 日　学校女子龙舟队获中华龙舟大赛（青年组）总成绩金牌，男队获得总成绩银牌。“杂交水稻之父”袁隆平教授亲自为女队颁奖。体育学院学生闫月成功入选国家女子龙舟队，成为学校有史以来首位在校大学生国家队队员。

27日 学校荣获2014年度山东高校“十大新闻”奖，王秀清、张萍获山东高校优秀新闻宣传工作者。

4月

8日 聊城大学生物制药研究院成立，韩军任院长。

15日 学校在教育部“国培计划”项目会上作典型发言。

26日 团省委学校部部长郑思洁来校调研共青团工作。

26日 学校男子龙舟队首夺中华龙舟大赛青年组总成绩金牌。

5月

7日 中国—太平洋岛国论坛对话会特使（副部级）杜起文来校调研指导太平洋岛国研究工作。

18日 学校与法国萨瓦大学联合申报的2015中法“徐光启项目”获得资助批准。

19日 2012级机械与汽车工程学院国防生王琛、刘宙晓分别获得全国大学生英语竞赛C类特等奖、一等奖。

20日 学校召开全体干部大会，宣布中共山东省委对学校领导班子调整的决定，马春林同志任聊城大学党委书记。

24日 中华龙舟大赛福州站学校女队100米摘金。

28日 赵富才教授获评“全国大学生心理健康教育优秀工作者”，并当选第二十届全国大学生心理咨询专委会常委。

29日 学校制定下发《聊城大学视觉形象识别系统管理办法》，文化标识体系广泛应用。

31日 学校党委常委、副校长王强一行出席在北京举行的萨摩亚独立国53周年国庆庆典活动。

6月

1日 山东省政协大运河山东段考察活动启动仪式在学校举行，省政协副主席许立全、省文物局局长谢治秀出席。

5日 学校保卫处汤振、刘晓敏两名同志被山东省公安厅评为“优秀校（护）卫队员”。

13日 学校化学学科进入ESI全球化学学科排名前百分之一。

15 日 770 名聊大学子踊跃报名参加志愿服务西部计划，其中 160 人报名参加山东计划。

21 日 学校申报的《让文学之花芳香沁人——聊城大学十年校园文学文化建设》荣获第八届全国高校校园文化建设优秀成果二等奖。

7 月

2 日 传媒技术学院教师高凤燕荣获山东省富民兴鲁劳动奖章。

3 日 学校在山东省高校校报好新闻评选中获一等奖 9 件、二等奖 5 件，在 71 家参评单位中位居榜首。

8 日 世界卫生组织西太区原副主任、世卫组织全球卫生治理工作组中国代表韩铁如受聘为学校兼职教授和太平洋岛国研究中心学术顾问。

10 日 山东省副省长季缃绮一行来校视察。

27 日 中国共产党聊城大学第四次代表大会召开，选举产生了中国共产党聊城大学第四届委员会和纪律检查委员会，31 人当选为党委委员，21 人当选为纪委委员。

28 日 中国共产党聊城大学第四届委员会举行第一次全体会议，马春林、徐传光、王强、孔祥华、窦建民、张跃飞、段培永、王昭风、胡海泉等 9 名同志当选为中国共产党聊城大学第四届委员会常务委员会委员；马春林当选为中国共产党聊城大学第四届委员会书记，徐传光、王强当选为副书记。

29 日 中共聊城大学新一届纪律检查委员会召开第一次全体会议，孔祥华当选为纪委书记，马泽生当选为纪委副书记。

30 日 学校在全省第一轮第一书记工作中考核优秀，选派的第一书记夏立军获全省通报表扬。

8 月

3 日 山东省副省长王书坚一行来校视察。

11 日 校党委副书记王强应邀率团访问萨摩亚国立大学和南太平洋大学，与两校分别签署了全面交流合作备忘录。

23 日 学校承办第 22 届国际历史科学大会聊城卫星会议。

9 月

9 日 马克思主义学院李海英教授荣获“全国师德标兵”称号。

10 日 历史文化与旅游学院郭学信教授荣获 2015 年“山东高校十大师德标兵”

荣誉称号。

13日 学校龙舟队获得世界休闲体育大会龙舟赛总成绩冠军。

14日 学校教职工餐厅正式开业。

15日 法学院张进军副教授主讲的《法理学》获评教育部“马工程”重点教材相应课程“精彩一课”。

19日 学校男子赛艇队夺得首届全国大学生赛艇锦标赛冠军。

22日 由省委高校工委督查组来校指导工作，对贯彻落实全省高校党建工作会议精神、开展“三严三实”专题教育和安全制度落实年等工作情况进行督查。

24日“运河学研究”学术论坛在学校举行，来自香港科技大学、香港中文大学、中山大学、日本大阪大学、山东大学、淮阴师范学院以及聊城大学的30余位专家学者出席。

26日 学校龙舟队代表中国获得俄罗斯国际龙舟邀请赛冠军。

28日 历史文化与旅游学院郭学信教授、音乐学院何丽丽副教授获评第九届山东省教学名师。

10月

10日 英国伯恩茅斯市前市长、市议员、自然科学社团主席罗德·库伯一行来学校访问。

12日 政治与公共管理学院党总支书记孙德海同志撰写的论文《高校创建服务型基层党组织须确立“十大理念”》获全国高校党建制度体系建设研究二等奖。

15日 音乐学院师生在山东省第六届高校音乐舞蹈专业师生基本功比赛中获一等奖1项、二等奖6项、三等奖22项。

19日 音乐学院贾振鑫老师的山东快书《一张存折》荣获泰山文艺奖“曲艺类编剧创作作品奖”，填补聊城市曲艺类泰山文艺奖空白。

21日 9名教师在山东省第二届高等学校体育教师教学基本功大赛中获奖，其中5人获得一等奖，4人获得二等奖。

24日 第七届全国地衣生物学研讨会在学校召开，中国菌物学会常务副理事长、中科院微生物研究所研究员郭良栋出席会议。

27日 农学院学生团队——红蕴园林设计工作室荣获全国3D大赛山东省赛特等奖。

29日 化学化工学院王怀生教授获评“山东化工年度精英人物”，是唯一以高校教授身份获评的人选。

31日 学校承办《中国大百科全书·世界历史》“北美大洋洲”分卷编委会议。

11月

6日 校党委副书记王强等应邀出席中国与萨摩亚建交40周年招待会，全国政协副主席齐续春出席。

8日 学校在首届“众成清泰杯”山东省高等学校大学生模拟法庭比赛中获得比赛最高奖项特等奖。

10日 学校获《中国教育报》2015年度事业贡献奖。

10日 学校首批12个“辅导员协同创新社区”工作室揭牌成立。

15日 学校男女龙舟队双双夺得中华龙舟大赛（东莞麻涌站）青年组总成绩金牌，获7金1银。中央电视台《新闻联播》报道了学校夺金消息。

16日 学校运河学研究院李泉、吴欣教授主讲的《古往今来话运河》与数学科学学院范丽亚教授主讲的《身边的数学》两门中国大学视频公开课在“高等学校本科教学质量与教学改革工程”支持建设的高等教育课程资源共享平台“爱课程网”上获批上线。

18日 韩军、范曲立两位教授入选新一批山东省泰山学者特聘专家名单，授予“泰山学者特聘专家”称号。

19日 学校太平洋岛国研究中心申报的“太平洋岛国研究”获批2015年度国家社科基金重点项目立项。

24日 生命科学学院辅导员陈永光获得山东省辅导员职业能力大赛二等奖。

25日 李合亮、王辉、唐明贵、李华锋四位教授入选山东省理论人才“百人工程”。

30日“聊城大学在线开放课程信息平台”正式开通。

12月

1日 后备军官学院辅导员肖文昌获第六届“山东高校十佳辅导员”，生命科学学院辅导员段艳林获第六届“山东省高校优秀辅导员”。

3日 音乐学院的“音乐文化课堂进乡村”关爱农民工子女志愿服务项目获全国青年志愿服务项目大赛银奖。

3日 6件作品在全国多媒体课件大赛中获奖，其中一等奖1项，二等奖4项，三等奖1项。

6日 学校龙舟队包揽2015中华龙舟大赛青少年组男女年度总冠军。

7日 机械与汽车工程学院教师赵岭获山东省高校青年教师教学竞赛一等奖，美术学院教师王伟获二等奖。

11日 约旦费城大学校长代表团来校访问，详细了解两校合作兴办的孔子学院发展情况。

15日 运河研究院李泉教授所著《清代聊城傅氏家族文化研究》（中华书局）、丁延峰教授所著《清代聊城杨氏藏书世家研究》（中华书局），分获山东省第29次社会科学重大成果奖。

16日 学校获批9项省本科高校教学改革研究项目，资助经费居省属高校首位。

25日 校党委副书记王强当选为山东省高校形势与政策专业委员会副主任委员，党委宣传部部长乔丙武当选为副秘书长。

28日 学校政治与公共管理学院党总支被评为2013—2014年度全省高校思想政治教育工作先进集体。党委宣传部副部长王秀清，文学院党总支副书记、副院长辛业，美术学院分团委书记杨庆实，学生工作处学生科科长田兆臣被评为全省高校思想政治教育工作先进个人。

马克思主义学院王红霞主持的《山东高校少数民族大学生文化适应现状与引导机制研究》课题获批2015年高校人文社会科学研究计划（思想政治教育专题研究）重点资助项目，学生工作处田兆臣主持的《高校大学生社会主义核心价值观培育和践行长效机制研究》课题获批一般资助项目。

31日 学校荣获2015年度"山东最具网民口碑的本科院校"荣誉，学校官方微博荣获"山东高校最具影响力官方微博"奖。

2016年大事记

1月

5日 学校获评2015年度"山东最具网民口碑的本科院校"，学校官方微博获评"山东高校最具影响力官方微博"。

政治与公共管理学院工会获评"全国模范职工小家"荣誉称号。

学校男女龙舟队双双荣获"2015中华龙舟大赛青少年组年度总分第一名"。

6日 学校廉政研究中心挂靠政治与公共管理学院，徐传光担任廉政研究中心名誉主任，孔祥华担任中心主任。

8日 我校作为主要完成单位参与的"奥美拉唑系列产品关键制备技术与产业化"项目荣获国家科学技术进步奖二等奖。

11日 学校举行赴萨摩亚教育援外工作会议暨援教工作队欢送仪式，张桂清、陈彦、肖燕、石莹丽和汝晶5名同志作为首批国家公派志愿教师，赴萨摩亚开展为期一年的教育援助工作。

学校党委常委、副校长张跃飞率团对新西兰怀卡托理工学院、澳大利亚墨尔本大学等6所高校进行访问考察。

12日 学校表彰2013—2014年度思想政治教育工作先进集体和先进个人。

16日 学校举行聊城质量发展研究中心与聊城大学质量学院成立仪式。

18日 学校和济南大学、烟台大学、魏桥集团、海尔集团等单位联合发起的山东省校企合作促进会在济南正式成立。

22日 学校党委副书记徐传光被评为2015年度山东省关心国防建设十佳个人。

26日 法学院杨道波教授入选2015年度“双千计划”名单。

2月

4日 我校马亮宽教授被聘为山东省人民政府参事。

学校举行聊城市人大常委会地方立法服务基地揭牌暨立法咨询专家聘任仪式。

16日 学校调整增设质量管理工程，书法学，政治学、经济学与哲学三个本科专业。

19日 山东省标准化研究院钱恒院长一行来我校考察交流。

3月

7日 学校出台《聊城大学关于深化本科生创新创业教育改革的实施意见》。

15日 我校外国语言与外国历史专业在2016—2017年中国大学本科教育分专业类排行榜中被评为4星级专业。

我校李红、丰保成老师获评全省“优秀教育志愿者”。

我校获批省重点马克思主义学院和重点研究基地。

23日 由社会科学文献出版社、斐济驻华大使馆和我校太平洋岛国研究中心共同主办的新版列国志《斐济》新书发布会在北京召开。

30日 我校龙舟队在第12届亚洲龙舟锦标赛摘得两枚银牌，创造了我校参加国际A级赛事最好运动成绩。

4月

1日 学校举行数据科学前沿动态研讨会暨聊城大学—甲骨文（Oracle）数据科学研究中心揭牌仪式。

5日 韩国韩世大学金圣惠校长率代表团来校访问。

12日 我校学生在2016年国际大学生数学建模竞赛（MCM/ICM）中荣获国际

二等奖 1 项、三等奖 1 项。

15 日 聊城大学产学研合作基地和聊城大学农业科技成果推广示范基地揭牌仪式在日照市高新技术开发区举行。

16 日 山东省国际政治和国际共运学会第十届会员代表大会暨 2016 年学术年会召开，来自省内高校党校、科研院所的专家学者七十余人参加会议。

17 日 我校张宪涛同志获评“2015 年度全国教育后勤系统信息宣传工作先进个人”。

18 日 学校获评 2015 年度全省舆情信息工作先进单位，乔丙武获评“重大舆情立项课题突出贡献个人”。

19 日 俄罗斯圣彼得堡彼得大帝理工大学安德烈·阿列克桑果夫教授一行来我校访问。

英国南威尔士大学以及山东山教国际交流有限公司代表团来校洽谈本硕层次学生合作项目。

20 日 聊城市 BIM 技术应用协作创新联盟暨聊城大学研究生工作站在学校揭牌。

24 日 我校举行“一带一路”视阈下的国别和区域史研究——山东省世界史专业委员会第九届研讨会暨新版列国志《图瓦卢》《所罗门群岛》新书发布会，国务院学位委员会世界史学科评议组以及来自省内外 22 所高校的专家学者 80 余人参加会议。

我校女子龙舟队以全胜大满贯成绩蝉联中华龙舟大赛江西鄱阳站总成绩第一名。

29 日 学校召开“两学一做”学习教育工作部署会。

5 月

3 日 学校举行 2016 年五四表彰大会暨纪念“五四运动”97 周年青春诗会。

10 日 我校首次向社会发布学位与研究生教育年度质量报告。

11 日 学校出台《关于建立健全师德建设长效机制的实施意见》，以政策鼓励和制度规范的方式，全面提升教师师德素养。

12 日 山东省委常委、组织部部长杨东奇同志来我校抗体制药协同创新中心调研。

15 日 学校承办召开高等学校建筑电气与智能化学科专业指导委员会 2016 年工作会议。来自全国 36 所高校的专家学者，上级部门与行业代表 70 余人参加了会议。

20日 三峡大学校长何伟军一行来我校考察交流。

29日 我校学生在第六届全国商务秘书职业技能大赛获速录环节一等奖1项，书法环节一等奖、最佳才艺奖1项，综合能力一等奖1项、三等奖1项，团体三等奖1项，郝学华和邢红静老师获“优秀指导教师”称号。

30日 美国林肯纪念大学副校长兼教务长克莱顿·赫斯一行来校洽谈合作项目。

30日 学校举行驻聊高校“征兵工作站”授牌仪式。

31日 学校召开2013—2015年师范生从业技能大赛总结表彰暨2016年竞赛工作部署会。

泰山学院党委书记王庆功一行来校考察交流后勤工作。

6月

2日 省委高校工委检查组来校就“校园安全隐患大排查快整治严执法集中交叉检查行动”工作进行检查指导。

3日 2016年度国家社科基金年度项目评审结果公布，我校获批8项国家社科基金项目年度课题。

我校学生在第六届“浩辰杯”华东区大学生CAD应用技能大赛获二维工程图组一等奖1项，二等奖1项，三等奖3项；三维数字建模组三等奖2项。

10日 我校龙舟队一举包揽中华龙舟大赛福州站8枚金牌，男女队同时获得中华龙舟大赛大满贯。

15日 日本驻青岛总领事馆总领事远山茂一行来校交流访问。

16日 德州学院院长冯健一行来校考察交流学校发展规划和人事制度改革工作。

27日 学校举行2016年大学生志愿服务西部计划表彰大会暨志愿者欢送仪式。

29日 学校举行2016届国防生毕业典礼暨出征仪式。

30日 学校举行2016届研究生毕业典礼暨硕士学位授予仪式。

7月

1日 学校召开庆祝中国共产党成立95周年暨表彰大会。

6日 全国政协委员、省政协副主席，致公党中央常委、致公党山东省委主委，山东省立医院副院长赵家军教授一行来校调研。

7日 学校承办山东省高校档案管理专业委员会2016年年会，来自省内近百所高校140余名档案管理工作者参加了会议。

8月

17日 学校龙舟队在中华龙舟大赛江苏南京站比赛中得四枚金牌。

25日 学校党员领导干部参加德廉和党风党纪知识集中测试，取得优异成绩。

9月

7日 学校举行2016级新生开学典礼暨军训动员大会。

19日 省教育厅新生入学资格审查工作督导组侯典明处长一行来我校检查督导2016年新生入学资格审查工作进展情况。

23日 学校成立生物制药专业校友会。

24日 山东广播电视大学党委书记刘龙海一行来校考察交流党建工作。

25日 学校龙舟队在中华龙舟大赛昆明滇池站获8枚金牌，以全胜大满贯战绩夺魁。

学校和聊城高新区联合举办纳米药物与释药系统专题泰山学术论坛，海内外高校和科研机构的专家学者、制药企业高管等200余人共同参会。

27日 由学校太平洋岛国研究中心主办的第二届太平洋岛国研究高层论坛在北京召开。中共中央对外联络部原副部长、中国人民争取和平与裁军协会副会长、全国政协外委会委员、聊城大学太平洋岛国研究中心名誉主任于洪君等国内领导、知名专家学者近70人参加了论坛。

10月

13日 在第十届国际大学生iCAN创新创业大赛中国总决赛中，我校学生获二等奖1项，三等奖1项。

16日 在第四届“蔡司·金相学会杯”全国高校大学生金相大赛暨第二届“标乐·金相学会杯”全国高校大学生材料综合技能大赛中，我校学生获一等奖1项、二等奖1项和三等奖1项。带队教师王长征和马杰获得“优秀指导老师”荣誉称号。

20日 潍坊学院党委书记孙文亮一行来校考察党建、综合改革和党风廉政建设工作。

学校举行“丹富仕奖学金”发放暨“驴营养研究”签约仪式，爱阁瑞奇国际公司（中国区）总裁金精九参加仪式。

21日 我校国防生参加“精武—2016”军事项目对抗赛，共获国防生组四个单项第一，两个单项第二，总排名国防生组第一名。

23日 我校承办举行山东物理学会2016学术年会暨物理学院（系）院长（系

主任）联席会议，省内外 40 余所高校代表及我校师生共计 400 余人参会。

我校龙舟女队参加第六届中国大学生龙舟锦标赛，包揽女子组三枚金牌。

25 日　校党委常委、副校长段培永，东昌学院院长王相水应邀出席“2016 海峡两岸大学校长论坛暨科学技术研讨会”，并代表学校与台湾 3 所高校签署了合作协议，为学校未来与台湾高校交流拓宽了渠道。

11 月

1 日　根据省委组织部安排，学校召开中层以上干部会议，宣布省委对我校领导班子调整的决定：蔡先金同志任聊城大学党委委员、党委副书记、校长；徐昌然同志任聊城大学党委委员、党委常委、副校长；马春林同志不再担任聊城大学校长职务。

4 日　学校敦聘澳大利亚著名学者大卫·沃克为客座教授、北京外国语大学李建军为太平洋岛国研究中心兼职研究员。

8 日　学校承办山东省首届大学生军事训练营，来自省内 45 所高校的 225 名大学生进行了为期 3 天的军事训练比武活动，我校与山东警察学院获得团体一等奖。

9 日　学校男女龙舟队参加中华龙舟大赛浙江丽水站比赛，分获总成绩银牌与铜牌。

14 日　学校举办第二届辅导员职业能力大赛，75 名一线专兼职辅导员参加比赛，最终评出 12 个优秀单位，51 名辅导员分别荣获个人一二三等奖、优秀奖和鼓励奖，65 人次荣获 5 个比赛项目的单项奖。

22 日　学校官方微博被评为“2016 年度山东高校最具影响力官方微博”。

25 日　山东工程技师学院党委书记王风雷一行来我校交流后勤工作。

26 日　学校成立上海校友会。

29 日　学校举办第一届班主任“班情熟知”比赛，15 人被评为第一届班主任“班情熟知”比赛优秀班主任。

12 月

3 日　我校学生在第三届中国青年志愿服务项目大赛获银奖 1 项。

4 日　我校龙舟女队蝉联 2016 中华龙舟大赛年终总决赛青少年组总成绩冠军，男队获得季军，男女队蝉联年度总积分冠军。

5 日　省高校形势与政策课督导组对我校形势与政策课教育教学情况进行专项督导检查。

10 日 学校举办第八届“环聊大杯”冬季越野赛。

13 日 省委高校工委第三督导调研组来校督导调研“两学一做”学习教育和基层党建重点任务落实情况。

20 日 我校工会获评“全省教育系统模范职工之家”。

30 日 学校举行聊城大学理事会成立大会暨第一届理事会第一次会议，审议通过《聊城大学理事会章程》、聊城大学第一届理事会组成名单，选举产生了聊城大学第一届理事会领导机构。中国科学院院士、我校双聘院士吴培亨、石钟慈等出席会议。

2017 年大事记

1 月

5 日 体育学院龙舟队团支部、后备军官学院 2014 级第一团支部获 2016 年全国高校“活力团支部”荣誉称号。

6 日 北京大学教授赵世瑜做客聊大讲坛，作题为《从天运纪年到运河漕帮》的报告。

2 月

18 日 聊城大学第十届教职工代表大会暨工会会员代表大会在图书馆大报告厅召开。

3 月

3 日 爱思唯尔发布“2016 年中国高被引学者榜单”，生命科学学院张永忠教授、材料科学与工程学院李文智教授再次登榜。

8 日 微软办公软件专家社团、书画协会两个学生社团荣获全省“百佳学生社团”称号。

13 日 外交部中国—太平洋岛国论坛对话会特使杜起文做客聊大讲坛，作“2017——世界变局与中国崛起”报告。

17 日 学校新闻作品《建设质量强国，亟须填补人才缺口》（中央电视台等媒体报道）荣获山东高校优秀新闻奖；陈升磊被评为年度优秀新闻宣传工作者。

17 至 18 日 山东省高等学校学生教育与管理 2017 年年会举行，学生工作部（处）长张乐方做了题为《聊城大学学生公寓党建实践与探索——以美术学院“党建工作站”为例》的交流汇报。

27日 美国纽约州立大学联盟奥尔巴尼分校哈维·查尔斯博士一行来访我校。

25至28日 全国教育后勤系统信息宣传与理论研究工作年会在苏州召开，后勤服务产业中心荣获先进单位荣誉。

30日 由山东省教育厅主办、我校承办的山东省2017年师范类高校毕业生供需见面会暨聊城大学2017年师范类专场招聘会举行。

4月

8—9日 中国高教学会大学文化研究分会成立大会暨大学文化高层论坛在清华大学召开。我校当选为常务理事单位，校长蔡先金教授当选常务理事，并以“文化自信与大学之道”为题作主题发言。

10日 省委高校工委、省妇女联合会授予我校侯丽、康建军家庭2016年度山东高校最美家庭荣誉称号。

20日 学生第38届、教工第27届田径运动会在西校南体育场举行。

24日 全国政协副主席王家瑞率调研组来我校运河学研究院进行调研。

25日 山东省首批重点新型智库建设试点单位——聊城大学太平洋岛国研究中心揭牌仪式暨新版《列国志》太平洋岛国系列阶段性成果发布会在我校举行。

26日 由中国教育技术协会、国家教育科学规划十二五重点课题“工业化、信息化、城镇化、农业现代化同步推进下的农村教育改革与发展研究”项目组、聊城大学运河学研究院主办的“VR+运河文化遗存与推动农村教育改革”研讨会在我校举行。

27日 由聊城大学运河学研究院主办的“中国大运河：工程、交通、旅游发展论坛”在我校举行。

5月

3日 学校2016年度五四表彰大会暨纪念建团95周年、“五四运动”98周年青春诗会在音乐厅隆重举办。

6至9日 第五届全国高等学校历史教育专业本科生教学技能比赛在聊城大学举办。我校获得讲课组一等奖1项，二等奖1项；说课组一等奖1项，三等奖2项。

7至8日 “十三五”国家重点研发计划课题“新型半导体直接泵浦钛宝石超短脉冲激光器（2016YFB0402105）”研讨会在我校举行。

10日 聊城大学中俄数学联合研究中心揭牌仪式在第四会议室举行。

17日 聊城大学召开聊城大学教育发展基金会第一届理事会换届大会暨二届

一次理事会。

20至22日 我校理工学院、商学院参赛作品获第十五届“挑战杯”山东省大学生课外学术科技作品竞赛一等奖，学校荣获优秀组织奖。

27日 聊城质量发展研究中心和聊城大学质量学院承办的质量论坛暨中国（聊城）区域质量发展报告会在我校举行。

6月

2日 聊城大学学术委员会换届会议暨新一届学术委员会第一次全体会议召开，35位委员当选新一届校学术委员会，胡海泉当选为校学术委员会主任。

5日 学校被山东省人民政府征兵办公室、山东省教育厅联合授予“山东省大学生征兵工作先进单位”。

同日，法学院徐娇、政管学院胡又尹、理工学院吕俊璋获全国大学生英语竞赛特等奖；38名同学获得一等奖，获奖人数为历年之最。聊城大学获得全国优秀组织奖。

6日 省教育厅副厅长郭建磊、高教处副处长郭念峰来校调研指导本科教学和学分制改革工作。

11日 学校第四次学生代表大会在西校区图书馆报告厅隆重开幕。

15日 学校敦聘南京大学赵宪章教授为文学院特聘教授。

16日 学校直饮水项目在西校区试点开通。

20日 约旦费城大学孔子学院申报的约旦高等教育史上首个汉语与中国文学本科专业获得约旦高等教育与科学研究部批准。

25日 学校“太平洋岛国研究中心”获批教育部学科平台。

27日 美术学院外籍专家穆拉德教授荣获第二届龙承奖“2017年度中国软装行业风云人物奖”。

28日 聊城大学2017届学生毕业典礼暨学位授予仪式在市体育馆隆重举行。

30日 国家科技部高新技术及产业化司副司长曹国英一行到我校生物制药研究院调研指导。

7月

7日 学校下发《关于公布聊城大学首批山东省高水平应用型立项重点建设专业支持计划（2017—2020年）的通知》。

14至15日 学校举办中国海洋湖沼学会海洋底栖生物学分会理事会会议。

19日 第三届中国大学生赛艇锦标赛决赛在北京奥林匹克水上公园举行，我校男队再获八人单桨有舵手2000米冠军，女队首次参赛即获金牌。

8月

6—9日 第十四届山东省大学生机电产品创新设计竞赛决赛在临沂大学举行。我校同学获得一等奖1项，二等奖2项，三等奖6项，瑞康奖学金1项。

11日 聊城大学获批优秀应届本科毕业生免试攻读研究生资格单位。

教育部高教司发布《关于公布有关企业支持的2017年第一批产学合作协同育人项目立项名单的函》，我校申报的11个项目获批。

14至17日 中国自动化学会主办的2017中国机器人大赛在日照市举行。我校机械与汽车工程学院勇夺双冠。

23日 运河学研究院吕德廷获年度国家社科基金艺术学立项，丁延峰、杜宏春获高校古籍委员会重点项目立项。

24日 教育部学校规划建设发展中心创新发展处处长刘志敏一行来校调研产教融合项目建设进展情况。

9月

1日 华为核准了聊城大学申报项目，捐资24.46万元资助学校开展大学生学科竞赛活动。

7日 由聊城大学和社会科学文献出版社联合主办的“太平洋岛国研究智库平台暨聊城大学太平洋岛国系列丛书发布研讨会”在京举行。

10日 共青团聊城大学委员会2017年团员代表会议在团委多功能厅召开。选举美术学院分团委书记杨庆实为我校参加共青团山东省第十四次代表大会代表。

19日 山东省教育厅下发了《关于山东省高等学校课程联盟在线课程建设项目有关事项的通知》，我校冀芦沙、高国元负责的在线课程获批。

我校马克思主义学院华敏获2016年度全省高校思想政治教育优秀成果奖论文类一等奖，黄昊获调研调查与研究报告类一等奖。

21日 2017中华龙舟大赛第五个分站赛在南京六合区金牛湖举行，我校女队实现年度总成绩五连冠。

22至24日 第九届山东省大学生科技节——物理科技创新大赛在曲阜举行。理工学院郭辉《磁场综合演示仪》、张明昊等《室内PM2.5实时检测系统》获得一等奖。

23日 聊城大学民族管弦乐团在韩国光明市市民文化艺术中心举办“中韩友好城市交流中国民族管弦乐”专场音乐会。

2017 年“泛海助学山东行动”暨“同心·光彩助学行动”分会场捐助仪式在聊城市举行，我校 251 名品学兼优、家庭困难的大学生受到资助 125.5 万元。

28 日 第三十一次社会科学优秀成果奖评选结果揭晓，蔡先金教授《简帛文学研究》获得全省唯一特等奖；马亮宽、李合亮、张兆林获得一等奖；另有 5 项二等奖、7 项三等奖。

俄罗斯自然科学院院士彼特里琴科·弗拉基米尔等 7 个国家的 14 余名海外高层次专家学者来我校参观访问。

28 至 29 日 山东省高等学校校报研究会 2017 年学术年会在德州召开，我校在会议上作典型发言。王黎获得山东新闻奖通讯类一等奖；另有 12 件作品获山东省高校校报好新闻奖。

29 日 第十届山东省泰山文艺奖颁奖典礼在济南举行。我校美术学院方建光获书法类一等奖。

10 月

11 日 山东省第五届大学生艺术展演在济南大学开幕。我校代表队朗诵篇目《最放心的娃》斩获大赛第一名。

12 日 教育部长江学者、全国师德标兵、东南大学博士生导师王志功教授应邀来我校作《工程教育认证标准的理念、标准与申请》专题报告。

13 日 美术学院教师张西同雕塑创作获中国文联 2017 年文艺创作资助项目。

斯里兰卡卢哈纳大学校长森纳纳雅克·伽弥尼一行来校交流访问。

20 至 22 日 第七届“华文杯”师范院校师范生教学技能大赛在临汾市举行。我校政治与公共管理学院和生命科学学院学子斩获特等奖和一、二等奖数项。

由省教育厅主办的第五届山东省师范类高校学生从业技能大赛在鲁东大学举行。我校夺得一等奖 9 项、二等奖 15 项、三等奖 6 项。

21 至 22 日 由山东省人才工作领导小组办公室、山东省教育厅主办，聊城大学、聊城市人才工作领导小组承办的第六届山东省“泰山学者主题沙龙”召开。100 多位高层次人才为山东省和聊城市新旧动能转换献计献策。

26 至 27 日 2017 海峡两岸大学校长论坛在青岛举行，校长蔡先金出席论坛并作了题为《大学学科与专业关系理顺与修复》主题报告。

11 月

1 日 学校在 2017 年度山东省社会科学规划项目评审中获批 31 项。

2 日 农学院翟付顺副教授主持设计的“北京园”在第九届中国花卉博览会展

园评奖中获“室外展园设计布置特等奖”。

5日 聊城大学举行海外高层次人才签约暨知识工程和术语学中法联合研究中心揭牌仪式。英国皇家科学院院士肯·葛瑞坦等8位专家教授加盟我校。

6日 法学院代表队在山东省高等学校大学生模拟法庭比赛中获团体一等奖。

9日 2016年度中国高校校报好新闻评奖结果公布。我校参评作品分获6个类别一等奖，位居全国高校之首。

美术学院方建光副教授接受中央电视台戏曲频道《翰墨戏韵》栏目采访，并在央视数字书画频道演播大厅录制15期《一日一书》节目。

13至22日 校长蔡先金率团访问澳大利亚詹姆斯库克大学、汤加教育部暨高等教育研究院、萨摩亚国立大学。

14日 山东省委宣讲团成员、省委高校工委副书记黄琦来到我校宣讲党的十九大精神。

15日 山东省人民政府学位委员会公布了2017—2023年博士硕士学位授予立项（培育）建设单位名单，学校获批山东省博士学位授予A类立项建设单位。

23至24日“精武—2017”军事项目对抗赛在南京举行，我校国防生成功卫冕。

24日 塞浦路斯尼科西亚大学副校长马里诺斯一行来校交流访问。

25日 中国矩阵论与数值代数学术会议在我校召开。

12月

7至9日 第十届“全国三维数字化创新设计大赛”总决赛举行。我校参赛团队获得一等奖3项、二等奖1项、三等奖1项，学校被评为优秀组织奖。

10日 2017中华龙舟大赛总决赛在海南陵河落幕，我校男女龙舟队再次双双加冕总积分冠军。

12日 加拿大院士、肯考迪亚大学研究讲席教授ResearchChair苏春翌来校交流考察。

18日 共青团聊城大学第十次代表大会在图书馆大报告厅胜利召开。团中央青年志愿者行动指导中心项目管理处副处长毛怀远等领导等出席大会开幕式。

19日 学校获评山东省档案工作科学化管理示范单位。

21日 学校化学储能与新型电池技术协同创新中心与山东特色文献与传统文化双创研究协同创新中心获批第二批山东省高等学校协同创新中心培育建设资格。

24日 中国高等教育学会院校研究分会和聊城大学在聊城市共同举办“双一流”建设与院校研究高端论坛。

2018年大事记

1月

3日 滨州学院党委书记罗公利，党委副书记、院长刘春华一行来访。

5日 学校当选为山东省技术转移联盟第一届理事会理事单位。

12日 学校工会主席江涛当选为山东省教育工会第五届委员会委员。

19日 学校欢送第三期赴萨摩亚教育援外工作队。

21日 学校与东昌府人民医院共建聊城大学第二附属医院签约仪式举行。

2月

2日 学校荣膺“全省文明校园”荣誉称号。

6日 山东省副省长任爱荣到聊城大学太平洋岛国研究中心调研指导工作。

25日 学校与约旦费城大学共同筹建的孔子学院首届汉语本科专业学生开学。

28日 学校重点参与的《中国大运河蓝皮书：中国大运河发展报告（2018）》正式发布。

3月

1日 建立“聊城大学汤加学院”被列入《中华人民共和国教育部与汤加王国教育部关于教育交流与合作的谅解备忘录》。

3日 聊城大学十届二次教代会暨工代会召开。

14日 学校表彰2017年度目标管理考核先进单位。

15日 乌克兰卢甘斯克国立大学斯塔什夫斯卡·茵娜一行来访。

20日 学校荣获2017年度中国轻工业联合会科学技术进步奖一等奖。

21日 学校申报调整增设的4个本科专业获批。

25—30日 副校长徐昌然率团访问台湾东海大学等高校。

29—30日 学校组织开展第三届辅导员职业能力大赛。

30日 中国驻汤加王国大使王保东参访太平洋岛国研究中心。

聊城大学初等教育学院（临清）揭牌。

4月

17日 台湾中国文化大学大陆文教处处长陈佩怜一行到访学校。

19日 学校敦聘北京语言大学教授方铭、《光明日报》国学版主编梁枢为兼职教授。

19—20日 学校举行聊城大学学生第39届、教工第28届田径运动会。

22日 学校召开新时代高校教材建设报告会。

23日 学校获得聊城市“全民阅读示范基地”。

24日 世界运河历史文化城市合作组织（WCCO）主席朱民阳来学校运河学研究院考察。

学校龙舟队荣获第22届“山东省青年五四奖章集体”称号。

学校获评2017年度全省舆情信息工作先进单位。

28—30日 2018年河湖系统与生态安全学术研讨会在学校举行。

29日 学校宣传部党支部的党建成果获评第二届全国高校“两学一做”支部风采展示优秀作品。

5月

3日 学校召开2018年度五四表彰大会。

10日 山东省史志办公室副主任李刚一行来校考察调研。

11日 学校成立农作物种质创新研究院、海洋底栖生物多样性研究院、聊大鑫鹏轻质高强合金材料研究院。

14日 学校当选全国大学校园服务与管理第三届理事会理事单位。

17日 学校“金银花提质增效”项目荣获2017年度山东省科技进步一等奖。

18日 学校荣获“山东教育政务新媒体先进单位”“山东教育政务新媒体组织工作先进单位”。

25日 日本城西国际大学副校长福岛和伸一行来访。

印度理工学院校长特派项目官员布拉杰什·库马尔来校访问。

26日 学校获得“2017年全国教育后勤系统信息宣传工作先进单位”。

第五届运河学论坛、《运河学研究》首发仪式在学校举行。

27日 首届北冰洋研究论坛在学校举行。

6月

3日—8日 国务院学位委员会学科评估专家组对学校3个硕士学位授权点进行评估。

12日 学校刘桂芹、刘文强老师入选山东省现代农业产业体系创新团队。

14日 山东省《京杭大运河山东段志》编纂工作启动会议在学校举行。

15日 学校举行2018年西部计划志愿者签约仪式。

21 日 国家督学、教育部财务司副司长钟泽海来校调研

22 日 学校主动服务山东省新旧动能转换重大工程动员大会举行。

25 日 意大利卡梅里诺大学校长助理雷纳托·德里昂教授一行来访。

28 日 在 2017 年度山东省高等学校校报好新闻评选中，学校 11 篇作品获得一等奖。

7 月

5 日 山东省教育学会高中通用技术教学研究专业委员会在学校成立。

6 日 学校成立聊城大学 MBA 教育中心。

10 日 学校成立简帛学研究中心、生物医学研究院、人工智能研究院、通用技术教育研究所。

16 日 汤加王国教育与培训部长佩尼西马尼·费费塔、驻华使馆陶阿伊卡·乌塔阿图一行来访。

19 日 学校与都柏林理工学院在北京爱尔兰大使馆签署两校合作备忘录。

8 月

1 日 学校举行 2018 届国防生毕业典礼暨出征仪式。

2 日 省政府督察组来校调研创新驱动发展工作。

9 日 学校 10 项成果获山东省社会科学优秀成果奖。

学校 11 位教师在山东省高校青年教师教学比赛中获奖。

24 日 学校新学期工作部署会举行。

28—30 日 由聊城大学和萨摩亚国立大学联合举办第三届太平洋岛国研究高层论坛在萨摩亚首都阿皮亚举行。

30 日 学校培育的国槐（“聊红”槐）被聊城市确定为市树。

9 月

7 日 学校组织召开 2018 年教师节座谈会。

10 日 学校与萨摩亚国立大学共同筹建的孔子学院揭牌。

19 日 学校 3 个项目喜获 2018 年国家社科基金后期资助项目立项。

20—29 日 党委书记马春林受邀率团访问“一带一路”沿线国家著名高校。

26 日 学校举办文化成果发布会，发布《聊大组歌》，大型话剧《蔡元培》等 7 个原创文化成果。

27 日 聊城大学中国乡村研究院成立。

28日 聊城大学生物医学研究院成立。

10月

1日 学校国旗护卫队获第五届全国升旗手展示大赛二等奖。

11日 学校探索住宿式书院模式的学记书院正式成立。

12—14日 2018青年学者泰山国际论坛聊城大学分论坛成功举办。

17日 学校召开服务新旧动能转换重大工程建设工作落实推进会。

19日 聊城大学论语学研究中心、聊城大学傅斯年研究中心成立。

20日 第七届出土文献与中国文学史研究学术研讨会在学校举行。

20—22日 学校李泉教授主编的《运河学研究》获第七届人文社会科学集刊“优秀新刊奖”。

26日 学校获得第十七届“海峡两岸大学校长论坛”承办权。

27日 学校举办首届“青软杯”电子设计及应用大赛。

28日 学校龙舟队在第七届全国大学生龙舟锦标赛中获6枚金牌。

山东省2018槐产业发展高峰论坛在学校举行。

31日 聊城大学与伦敦大学城市学院签署博士联合培养协议。

11月

1日 校长蔡先金教授当选教育部文化素质教育指导委员会委员，吕福堂教授入选教育部园艺类教学指导分委员会委员。

3日 山东省法学会法学教育研究会2018年年会在学校召开。

5日 学校举办第四届海峡两岸海上丝绸之路研讨会（聊大会场）。

10日“2018中国蚩尤文化研讨会”在学校举行。

16日 学校西部计划项目办在2018年度大学生志愿服务西部计划绩效考核中获评优秀等次。

17日 第一届区域产业质量国际高峰论坛在学校举办。

21日 学校荣获2018年度高校教育新闻宣传先进单位。

20日 泰山学院党委书记范真一行来学校考察交流。

22日 台湾16所高校的29名师生代表来学校开展研学交流。

23日 学校敦聘澳大利亚悉尼麦考瑞大学教授陈慧，山东大学刘心明、王承略为学校客座教授。

29日 学校纪念改革开放40周年校园文艺发展座谈会暨校园文艺与文化研究会成立大会举行。

学校荣获 2018“青春中国”校园制作联盟研讨活动 16 个奖项。

30 日 学校与韩国檀国大学签署博士联合培养协议。

学校表彰 2018 年度国防生比武队。

12 月

1 日 学校北冰洋研究中心揭牌仪式及学术研讨会举行。

学校 6 篇作品在 2017 年度中国高校校报好新闻颁奖中获奖。

7 日 萨摩亚国立大学孔子学院理事会议在学校举行。

13—14 日 学校举办海外高层次人才引进交流会。

14 日 学校海南校友会成立大会在海口举行。

18 日 学校成立聊城大学创建全国文明校园工作领导小组。

19 日 学校被授予“全省政法干部培训基地”。

20 日 学校荣登“2018 年度山东高校最佳社会声誉榜”“2018 年度山东最具影响力高校政务新媒体榜”。

21 日 校长蔡先金受聘山东省高等教育专家咨询委员会委员。

学校党委书记马春林教授主持完成项目荣获高等教育国家级教学成果二等奖。

22 日 学校举办首届国际文化艺术节。

27 日 聊城大学对 2018 年度水上运动队进行表彰。本年度，聊大龙舟队在国际、国内各项赛事中取得 21 枚金牌、23 枚银牌、17 枚铜牌。

学校成为全国高校官博联盟单位。

28 日 学校矩阵半张量积理论与应用研究中心揭牌仪式举行。

29 日 学校召开纪念改革开放 40 周年青年教师座谈会。

30 日 学校天津校友会在天津成立。

2019 年大事记

1 月

17 日 联合国亚太工商业论坛主席、原太平洋岛国论坛贸易与投资专员署首席代表大卫·莫里斯（David Morris）来校访问。

18 日 学校召开 2018 年度党总支书记抓党建述职评议会议。

2月

2日 我校获评山东省高校后勤思想政治管理工作先进单位、商贸管理工作先进单位、幼教管理工作先进单位、校园绿化与景观建设先进单位。

21—22日 聊城大学第十届教代会暨工代会第三次会议召开。

22—24日 聊城大学“强学习、提站位、深反思、促整改”专题教育活动全面启动、展开。

28日 共青团聊城大学第十届委员会第三次全体会议召开。

3月

8日 我校与意大利卡梅利诺大学联合培养博士研究生工作座谈会暨我校首届联合培养博士研究生欢送会召开。

20日 烟台大学党委书记张伟一行来访。

21日 郭永怀先生事迹报告宣讲团走进聊城大学。

22日 我校举行思想政治理论课教师座谈会，深入学习贯彻习近平总书记在学校思想政治理论课教师座谈会上重要讲话精神。

26日“聊城大学卓越教师协同培养基地”“全国教育硕士专业学位研究生联合培养示范基地”揭牌仪式在学校举行。

27日 我校召开安全工作会议，部署2019年学生安全工作。

30日 我校在图书馆大报告厅召开中共聊城大学纪委四届五次全体（扩大）会议。

4月

18—19日 聊城大学学生第40届、教工第29届田径运动会举行。

20日 萨摩亚国立大学孔子学院举办“联合国中文日暨孔院开放日”活动。

21日 2019年中华龙舟大赛长沙芙蓉站落下帷幕，比赛共决出15项冠军。

28日 我校在图书馆报告厅举行2019年五四表彰大会。

5月

6日 学校敦聘克里斯托夫·洛奇教授为人工智能研究院外方院长。

7日 学校正式成为山东省技术市场协会会员。

11日 ESI更新数据，数据从2009.1—2019.2，化学学科全球共有1212个机构进入排名，聊城大学排名889位；工程学学科全球共有1420个机构进入排名，聊城大学校排名1379位，比3月1431位进步52位。

12日 第五届全国高等院校曲艺教育峰会在学校举行。聊城大学曲艺研究所在会上成立。

15日“弘扬爱国奋斗精神，建功立业新时代——李保国先进事迹报告会”在学校举行。

17日 学校荣获“2018—2019年度山东教育政务新媒体先进单位”“2018—2019年度山东教育政务新媒体组织工作先进单位”。

19日 2019中华龙舟大赛江苏盐城站比赛在大洋湾湿地公园举行，学校青少年男队包揽100米、200米、500米直道赛金牌，蝉联大满贯；青少年女队收获100米、200、500米银牌，职业女队、聊大卓创资讯青少年男队收获500米铜牌。

校工会召开工会女职工委员会全委会。

23日 学校召开纪委全委会议。

30日 第十六届“挑战杯”山东省大学生课外学术科技作品竞赛终审决赛在齐鲁工业大学落下帷幕。学校4支团队获特等奖、3支团队获一等奖，我校夺得“优胜杯”，荣获优秀组织奖。

6月

学校新增公费农科生招生计划，招生专业为植物保护，面向山东省招生。

校团委荣获“山东省五四红旗团委”称号，聊城大学绿野协会荣获“山东省青年志愿服务先进集体”称号。

7日 2019中华龙舟大赛福建福州站，学校龙舟队夺得6个组别16枚金牌中的6枚金牌。

15日 2019届研究生毕业典礼暨硕士学位授予仪式举行。

18日 学校党委理论学习中心组开展“不忘初心、牢记使命”专题学习。

22日“中国共产党治国理政七十年”高峰论坛在学校举办。

26日 聊城市委书记、市人大常委会主任孙爱军，市委常委、秘书长陈秀兴，市政府副市长、阳谷县委书记田中俊一行，来校调研指导。

29—30日 中华龙舟大赛四川简阳站，学校青少年女队再次包揽3枚金牌；男队获得2枚金牌，1枚银牌；职业女队收获2枚直道赛铜牌。

30日 聊城大学政治与公共管理学院党总支荣获“山东省先进基层党组织”称号。

7月

5日 学校召开廉政工作联席会议。

13日 傅斯年先生之侄、台湾学者傅乐治先生携家人一行7人到访。

17—28日 学校115名西部计划志愿者分批出征。

19日 聊城大学2019届国防生毕业典礼暨出征仪式举行。

24—26日 第五届山东省“互联网+”大学生创新创业大赛金银奖决赛在青岛大学举行。学校荣获金奖1项，银奖4项，铜奖3项。

8月

2日 学校与赵春江院士团队共建“卓越智慧农林人才培养实验班”合作协议签署仪式在第四会议室举行。

4日 2019年第四届全国青少年龙舟锦标赛暨U系列龙舟赛及夏令营竞赛在武汉市落幕，学校龙舟健儿获得U19组100米直道赛金牌、300米直道赛银牌，U17组100米铜牌，分获两个组别一、二等奖。

16日 学校在第四会议室举行校地战略合作推进会，校地双方拟成立聊城市·聊城大学校地战略合作领导小组。

18—25日 2019世界龙舟联合会第十四届世界龙舟锦标赛在泰国举行，学校12名女生与广东名门世家九江职业俱乐部12名男队员组队，获得2000米绕标赛银牌，200米直道赛铜牌，以及1000米、500米直道赛第四名和第五名。

22日 学校太平洋岛国研究中心负责人代表学校接受了“中国太平洋学会太平洋岛国研究分会”牌匾。

24日 我校召开新学期工作部署会。

9月

9日 我校举行教师节师生座谈会暨最美教师、教书育人楷模表彰会。

16日 学校召开“不忘初心、牢记使命”主题教育工作会议，对全校“不忘初心、牢记使命”主题教育工作进行安排部署。

17日 王昭风同志任聊城大学党委副书记、校长；李兆俊同志任聊城大学党委委员、党委常委、副校长。

省委组织部副部长、省公务员局局长朱开国，第二批主题教育省委第七巡回指导组一行，来校调研。

18日 学校领导师生3000余人汇集十一广场举行“我与祖国共奋进——国旗下的演讲”特别主题团日活动。

19日 党委理论学习中心组举行“加强党的政治建设”专题学习会。

学校在西校区南田径场举行2019级新生开学典礼暨军训动员大会。

20日 山东省人大常委会副主任王随莲一行来校，就贯彻实施《山东省学校安全条例》情况开展调研指导工作。

23日 聊城大学“不忘初心、牢记使命”主题教育读书班开班仪式在图书馆大报告厅举行。

26日 外交部原部长李肇星莅临学校为广大党员干部作了《不忘初心、爱国敬民》的辅导报告。

27日“不忘初心、牢记使命”主题教育读书班结业式举行。

28日“喜迎国庆节、建功新时代”全省高校教职工气排球比赛（决赛）在山东财经大学举行。学校女队勇夺女子组冠军。

30日 聊城大学“坚守初心使命　致敬伟大祖国”特别主题党日活动——庆祝新中国成立70周年主题升国旗仪式于西校区十一广场举行。

10月

1日 学校收看庆祝中华人民共和国成立70周年大会直播。

8日 学校召开“不忘初心、牢记使命”主题教育工作调度会。

学校萨摩亚国立大学孔子学院举行萨大孔院成立一周年暨全球孔子学院日庆祝活动。

11—14日 山东省高校升旗手交流展示活动中，聊城大学国旗护卫队荣获团体一等奖，2018级体育学院柯宇锋同学获评“升旗手优秀奖”，国旗护卫队指导老师吴俊美获评优秀指导老师。

13日 学校第五次学生代表大会暨第一次研究生代表大会召开。

14日 党委常委、副校长赵长林主持召开2019—2020学年第一学期人才培养工作会议，安排部署本学期人才培养工作。

密克罗尼西亚联邦科斯雷州副州长阿尔西·奈纳一行到访。

19—20日 由中国世界近代史研究会主办、聊城大学历史文化与旅游学院承办的中国世界近代史研究会暨庆祝新中国成立70周年学术研讨会在学校召开。

23日 聊城大学“不忘初心、牢记使命”主题教育党委常委调研成果交流会举行。

24日 党委书记马春林在学校“不忘初心、牢记使命”主题教育党支部书记培训班上，为学员开讲第一课。

学校“不忘初心、牢记使命”主题教育党支部书记培训班开班。

25日 由聊城大学主办、台湾海洋大学协办的2019海峡两岸大学校长论坛在聊城顺合铂顿酒店举行。

27日 王泽山院士先进事迹报告会在西校图书馆大报告厅举行。

28—30日 东北师范大学教师教育研究所所长李广平教授任专家组组长的教育部师范类专业认证专家组一行7人到访。

11月

5日 学校党委常委班子对照党章党规找差距专题会议举行。

7日 山东省高等学校美育工作评价专家组到我校进行美育工作专项评估。

8日 学校召开“不忘初心、牢记使命”主题教育工作推进会。

第十六届“挑战杯”全国大学生课外学术科技作品竞赛结果揭晓，学校1件作品获二等奖，2件作品荣获三等奖。

学校首届研究生支教团正式成立。

15日 校党委常委班子成员到孔繁森同志纪念馆，开展主题教育现场教学，重温繁森精神，接受党性教育。

山东省高等学校体育工作评价专家组到学校进行评价复核。

22日 我校2019年学生就业工作会议召开。

23日 学校“一带一路”沿线非通用语研究中心揭牌。

26日《聊城大学学报》（社科版）获评“全国高校社科精品期刊”，“华北区域社会研究”栏目获评“全国高校社科期刊特色栏目”，赵常伟获评“全国高校社科期刊优秀主编”。

28日 我校成立学习贯彻党的十九届四中全会精神宣讲团，党委书记马春林作为宣讲团团长，作首场宣讲报告。

29日 学校召开“不忘初心、牢记使命”主题教育工作推进会。

党委理论学习中心组召开党的十九届四中全会精神专题学习研讨会。

12月

1—3日 聊城大学参加了2019年山东省大学生合唱艺术节，获专业组一等奖，聊城大学获优秀组织奖。

2日 学校党委常委班子“不忘初心、牢记使命”专题民主生活会举行。

3—4日 学校荣获“2019年度教育新闻宣传先进单位”荣誉称号。

11日 约旦费城大学孔子学院外方院长迪玛博士访问我校。

萨摩亚国立大学孔子学院2019年度理事会在学校举行。

24日 汉语言文学等3个专业入选国家级一流本科专业建设点，化学等19个专业入选省级一流本科专业建设点。

25日 聊城大学与山东理工大学合作共建马克思主义学院协议签约仪式在山东理工大学举行。

27日 学校召开纪委全委会、廉政工作联席会议及党风廉政建设和反腐败工作协调小组会议，深入贯彻十九届四中全会精神，深化“不忘初心、牢记使命”主题教育成果。

31日 聊城市法学会依托我校法学院成立的法治聊城研究会举办成立大会和揭牌仪式。

2020年大事记

1月

4日 学校与拉萨师范高等专科学校签订马克思主义学院合作共建协议。

14日 聊城大学召开“不忘初心、牢记使命”主题教育总结大会。

聊城市人民政府—聊城大学城校融合发展签约仪式在东昌宾馆隆重举行。

23日 学校太平洋岛国研究中心获评山东省“勇于创新奖”先进集体。

24日 王昭风召开专题会议，传达落实省委省政府和省教育厅关于新型冠状病毒感染的肺炎疫情防控要求，安排部署疫情防控工作。

26日 马春林召开专题会议，传达落实中央和省委省政府疫情防控工作有关指示精神，进一步部署疫情防控工作。

2月

4日 学校党委常委班子成员以及疫情防控领导小组成员在第四会议室收听收看全省教育系统新型冠状病毒感染的肺炎疫情防控工作视频会议。

10日 山东省人民政府印发《关于下达2020年省重大项目名单的通知》，学校工程技术与现代农业产教融合项目在列。

21日 教育部下发《教育部关于公布2019年度普通高等学校本科专业备案和审批结果的通知》（教高函〔2020〕2号），学校申请增设的人工智能（080717T）、护理学（101101）、药学（100701）三个本科专业获批设置，三个专业自2020年开始招生。

3月

3日　校党委副书记、校长王昭风主持召开学校疫情防控推进会。

4日　山东省教育厅发布《关于公布2019年山东省一流本科课程认定结果的通知》，学校22门课程被认定为2019年山东省一流本科课程。

6日　山东省哲学社会科学工作办公室公布2020年度社会科学规划研究项目立项名单，学校有15项课题获得立项。

12日　学校化学、工程学学科排名继续稳定在全球ESI前1%，学校在20所上榜山东省属高校中排名第10位，在国际6581所上榜机构中排名2664位，排名较上一次提升18位。

20日　教育部公布《关于2020年度教育部人文社会科学研究一般项目立项的通知》，学校7项课题获准立项。

4月

15日　学校召开2020年工作推进会。

22日　山东省外事研究与发展智库座谈会公布省外办认定的第一批11家外事研究与发展智库，太平洋岛国研究中心名列其中。

24日　东昌府区人民政府—聊城大学校地合作协议书签约仪式在阿尔卡迪亚酒店举行。

5月

8日　学校在图书馆大报告厅召开开学工作部署会。

9日　学校在办公楼A111会议室召开“不忘初心、牢记使命”主题教育指导组工作会议。

13日　山东省人民政府官方网站“新型冠状病毒疫情防控”栏目发布《“聊大方案”确保书法学专业招生联考顺利进行》。

20日　山东省副省长于杰一行来校调研指导常态化疫情防控下学生返校复学工作。

21日　二级单位党组织书记向校纪委全会述责述廉会议在西校区图书馆小报告厅举行。

24日　聊城大学·聊城江北水城旅游度假区校地合作签约仪式在度假区管委会举行。

6月

3日 第十届教代会提案工作委员会会议在学校第四会议室召开。

4日 聊城大学·聊城市人民医院共建医学院合作协议签约仪式在学校第四会议室举行。

10日 聊城大学岳镇海渎文化研究中心在第四会议室揭牌。

12日 聊城大学·聊城市中级人民法院共建环境资源司法理论研究基地合作签约仪式在第一会议室举行。

“聊城大学卓越教师协同培养基地”揭牌仪式在聊城三中举行。

16日 聊城大学·邹平市人社局校地协同人才战略合作座谈会在第一会议室举行。

18日 第十届教代会暨工代会主席团第八次会议在图书馆小报告厅举行。

19日“聊城大学冀鲁豫边区革命史研究中心”成立仪式在第四会议室举行。

20日 聊城大学在山东教育政务新媒体联盟年度盛会上荣获“2019—2020年度山东教育政务新媒体先进单位”。

22日 学校申报的“山东省抗病毒药物工程实验室”被认定为山东省工程实验室。

24日 学校与聊城市退役军人事务局共建“聊城双拥学院”签约揭牌仪式在第四会议室举行。

7月

2日 学校召开纪委委员全体会议暨党风廉政建设工作会。

3日 学校召开2020年度意识形态工作专题会议。

6日 聊城大学·聊城高新区全面战略合作签约仪式在高新区管委会举行。

10日 聊城大学与聊城市全面依法治市委员会办公室校地合作签约暨聊城法治建设研究院成立仪式在学校第二会议室举行。

22日 学校与聊城市人力资源和社会保障局签署了校地合作协议。

本月“聊城大学统战理论研究中心”被山东省委教育工委评为“山东高校统战工作理论研究基地”。

8月

3日《山东省教育厅关于公布2020年山东省中华优秀传统文化传承基地名单的通知》（鲁教体函〔2020〕14号）发布，学校依托美术与设计学院申报的“东昌府木版年画”项目成功入选。

14日 学校和山东省民政厅在济南联合举办《山东慈善条例（草案）》立法论证会。

16日 山东省教育厅、中国教育工会山东省委员会下发《关于公布山东省第七届“超星杯”高校青年教师教学比赛获奖人员名单和优秀组织奖获奖单位的通知》，学校9位教师获奖，学校荣获优秀组织奖。

26日 山东省司法厅下发鲁司〔2020〕64号文件，公布了山东省司法厅政府立法研究服务基地名单，聊城大学位列其中。

27日 教育部官网发布《关于新农科研究与改革实践项目拟立项名单的公示》，学校申报的2项新农科研究与改革实践项目获得认定。

9月

1日 学校新学期工作部署会在图书馆报告厅举行。

学校召开警示教育大会，通报今年以来违纪违法典型案例和问题线索反映的廉政风险问题，开展警示教育。

3日 山东省哲学社会科学工作办公室公布《2020年度山东省社科规划研究专项立项名单》，学校12个项目获准立项。

4日 教育部办公厅发布《关于公布新农科研究与改革实践项目的通知》（教高厅函〔2020〕20号），学校申报的2项新农科研究与改革实践项目获得认定。

7日 全国教育科学规划领导小组办公室公布了《全国教育科学“十三五”规划2020年度课题立项名单》，学校2项课题获批国家级一般项目。

8日《中国教育报》第6版以《聊城大学构建一主多辅育人新范式》为题刊发消息。

9日 学校在第四会议室隆重举行聊城大学2020年教师节座谈会暨最美教师、教书育人楷模表彰会。

10日 化学、工程学学科稳居全球ESI排名前1%，学校排名提升19位。在全国高校排名178位、山东高校排名第13位，山东省属高校排名第10位。

19日 由学校主办的山东省大运河国家文化公园建设路径及对策座谈会在第四会议室举行。

23日 2019年度国家哲学社会科学成果文库入选名单公布，宋士云教授申报的《中国劳动经济史（1949—2012）》成功入选。

25日 聊城大学—聊城产业技术研究院战略合作签约仪式在聊城产业技术研究院举行。

26日 学校在西校区南体育场隆重举行2020级新生开学典礼。

27日　学校在山东省学校后勤协会组织的山东高校后勤系统疫情防控表彰活动中受到表彰。

全国哲学社会科学工作办公室公布了2020年国家社科基金年度项目和青年项目立项名单，学校6个项目获得立项。

29日　全国哲学社会科学工作办公室公布了2020年国家社科基金后期资助项目立项名单，学校三个项目获资助。

10月

4日　山东省第34届社会科学优秀成果奖揭晓，学校12项成果获奖。

12日至14日　教育部师范类专业认证专家组莅临学校，对物理学专业开展第二级认证考查。

15日　高等教育评价专业机构软科发布“2020软科中国最好学科排名”，学校有6个学科上榜。

23至25日　由山东省教育厅主办，聊城大学承办的“2020青年学者泰山国际论坛聊城大学分论坛暨青年博士光岳论坛”成功举行。

24日至25日　学校第六次学生代表大会暨第二次研究生代表大会顺利召开。

29日　学校北冰洋研究中心正式加入东北亚北极航运研究联盟，取得了在该联盟中的首批会员资格。

30日　聊城大学与聊城市工业与信息化局签约揭牌仪式在第四会议室举行。

11月

9日　以市水利局、市教体局及市机关事务管理局共同组成的“节水型高校建设”评估专家组来对学校节水型高校建设工作进行评估，学校达到了《节水型高校评价标准》各项要求，同意通过评估。

9至11日　第八届山东省师范类高校学生从业技能大赛举办，学校40位选手在决赛中获奖，其中9人获一等奖，8人获得优秀辅导教师荣誉称号，学校获优秀组织奖。

18日　山东省妇联印发表彰决定，学校龙舟队教练、体育学院副教授吕艳丽和药学院教授冀芦沙荣获山东省“三八红旗手”荣誉称号。

24日　科睿唯安发布的ESI最新数据显示，学校材料科学进入ESI全球排名前1%。

27至28日　由聊城大学主办的《运河学研究》和《太平洋岛国研究》在第九届人文社会科学集刊年会上成功入选CNI名录集刊。

12月

2日 团中央书记处第一书记贺军科、团中央组织部部长张传慧、团山东省委书记刘天东一行来校考察调研。

5日 学校化学储能与新型电池技术协同创新中心获批山东省高等学校示范协同创新中心。

9日 国家级非物质文化遗产·山东琴书进课堂暨国家级非物质文化遗产项目（曲艺）传承基地授牌仪式在青年之家举行。

10日 学校召开“聊城大学城校融合暨服务社会推进会”。

22日 聊城大学与聊城市疾病预防控制中心共建“大学生公共卫生实践教学基地”签约揭牌仪式在第四会议室举行。

23日 山东省教育厅、聊城市人民政府共建聊城大学暨推动聊城教育高质量发展签约仪式隆重举行。

25日 2020山东教育品牌建设与传播管理研讨会发布2020山东最佳社会声誉高校、2020山东最具影响力教育政务融媒体两大榜单，学校均榜上有名。

2021年大事记

1月

1日 一元复始，大幕新启。校党委书记马春林、校长王昭风发表主题为《以奋斗拥抱2021》的新年献词，号召教在聊大、学在聊大、爱在聊大的广大师生员工、离退休老同志及海内外校友，与时代同向而行、与国家同频共振，勠力同心、攻坚克难，开启省市共建、城校融合高质量发展的新征程。

5日 后勤服务中心荣获“全国高校校园商业服务新冠肺炎疫情防控先进集体”称号。

12日 太平洋岛国研究中心获评教育部校国别和区域研究高水平建设单位。

19日 聊城大学对口新疆喀什地区开展国家通用语言文字培训开班仪式在聊城、喀什两地线上线下同时举行。

27日 学校在西校区图书馆大报告厅召开全校中层以上干部会议，宣布省委关于我校领导班子调整决定。关延平同志任聊城大学党委委员、常委、书记；肖海荣同志任聊城大学党委委员、常委；白青、肖海荣同志任聊城大学副校长。马春林同志不再担任聊城大学党委书记、常委、委员职务。

2月

3日 校党委书记关延平，党委副书记王强，副校长白青赴冠县慰问我校省派第四轮“第一书记”，并看望了帮包村贫困户。

19日 学校召开“十四五”规划编制工作部署推进会。

24日 由我校运河学研究院课题组撰写的《山东省大运河国家文化公园建设存在问题与对策建议》获山东省委主要领导肯定性批示。

25日 我校文学院2001届毕业生陈涛、2008届毕业生张年亮，荣获“全国脱贫攻坚先进个人”荣誉称号。

3月

1日《中国教育报》报道我校“三跨四结合铺就小学卓越教师成长路”。

16日 我校美术与设计学院学生党支部顺利通过首批“全国党建工作样板支部”培育创建单位验收。

19日 聊城大学党史学习教育动员大会在学团楼三楼会议室召开。

29日 3月29日我校学生接种新冠疫苗工作启动。

31日 我校马克思主义学院李华锋、太平洋岛国研究中心赵少峰和商学院（质量学院）杨宏力入选山东省理论人才“百人工程”。

4月

6日 我校北冰洋研究中心入选第二批山东省外事研究与发展智库。北冰洋研究中心于2018年12月在我校揭牌成立，是国内第一家以北冰洋人文社会科学为研究对象的学术机构。

15日 聊大学生第41届、教工第30届田径运动会隆重开幕。本届运动会共有1080名学生运动员、560名教工运动员参加了22个田径项目的角逐。

27—28日 在雄壮的国歌声中，中国共产党聊城大学第五次代表大会在东校区学团楼三楼会议室隆重开幕。关延平、王昭风、胡海泉、徐梅、赵长林、赵明吉、白成林、李兆俊、白青、肖海荣、庄波、苏明海等12名同志当选为中国共产党聊城大学第五届委员会常务委员会委员；关延平同志当选为中国共产党聊城大学第五届委员会书记，王昭风、胡海泉同志当选为副书记。

5月

7日 学校党委理论学习中心组开展2021年第四次集中理论学习，就深入学习贯彻习近平总书记重要讲话精神和扎实开展党史学习教育提出要求。

15日 聊城大学第十届教代会暨工代会第五次会议在图书馆大报告厅隆重召开。

6月

1日 聊大幼教中心欢度“六一”儿童节。

15日 校党委副书记、校长王昭风，党委副书记胡海泉，党委常委、副校长李兆俊一行分赴吉林大学、东北师范大学考察交流、学习先进办学理念、招聘优秀人才。

22日 我校农学院荣获“山东省脱贫攻坚先进集体”称号。

7月

1日 我校2000余名师生齐聚十一广场，升国旗，唱国歌，重温入党誓词，唱响党的颂歌，隆重庆祝中国共产党成立100周年。

4—5日 由聊城大学北冰洋研究中心和山东省与北极地区交流合作研究中心主办的第三届北冰洋研究高端论坛——“中国近北极地区呼伦贝尔研究”学术研讨会在内蒙古额尔古纳市成功举办。

6—7日 学校组织开展“新时代高水平应用型人才培养大讨论”教学研讨活动。

16日“学党史、悟思想、办实事、开新局——聊城大学高水平应用型大学建设论坛”在学团楼“青年之家”举行。

20—23日 我校在第九届山东省师范类高校学生从业技能大赛省级决赛取得突破性成绩，获奖层次和获奖人数创历史新高，获奖总人数居全省第一，并首次获得团体奖。

28日 学校召开防汛防台风工作部署会。

8月

6日 我校举办思政课教师教学能力提升暨师德师风建设专题研修班。

10日 我校2021年普通高考本科招生录取工作自7月5日开始，于8月9日顺利结束，在全国27个省（市、自治区）共录取新生7844人。其中录取山东省本科新生6574人。

25日 学校实验实训楼项目交付使用。

26日 聊城大学与济南文旅发展集团战略合作签约仪式在学校第四会议室举行。

9月

3日 新学期开学第一天，全体校领导分组对全校开学工作进行深入调研、检查和指导。

3日 国家自然科学基金委员会公布了2021年国家自然科学基金的评审结果，我校共获批26项，其中面上项目9项，青年项目17项。立项数量、立项质量、立项经费均达到我校历史最好水平。

7日 我校农学院王长法教授负责的“畜牧学教师团队”荣获第二批“山东省高校黄大年式教师团队”，这是我校继化学系课程教师团队后又一次获得“山东省高校黄大年式教师团队”。

18日 聊城大学—浪潮集团战略合作签约仪式在学团楼举行。

18日 我校体育学院获评国家体育总局评选的“全国群众体育先进单位”。

24日 国家主席习近平同汤加王国国王图普六世通话。两位国家元首对两国关系发展走势表示肯定，并对两国未来在“一带一路”框架内的合作领域和发展方向进行谋划。

25日 我校汤加教育援外教师认真学习中汤两国元首通话精神。

25日 我校高分子材料与工程专业接受中国工程教育认证专家组现场考查。以武汉理工大学张超灿教授为组长的教育部工程教育专业认证专家组来我校，对高分子材料与工程专业进行了为期三天的认证现场考察。

10月

4日 党委书记关延平在《山东教育报》头版“学习贯彻习近平总书记‘七一’重要讲话精神笔谈”专栏发表题为《深学笃行砺初心担当实干开新局》的署名文章。

10日 学校发布关于“牢记教书育人使命，提升课堂教学质量”的倡议。

14日 聊城大学与山东社会科学院合作签约仪式在社科院科研楼隆重举行。

22日 山东省第16届大学生运动会女子丙组足球赛落幕，经过五天四场激烈比拼，我校女子足球队4战2胜2负积6分获得季军，时隔18年再次登上山东省大学生运动会领奖台。

26日 聊城大学高层次人才挂职“科技副总”聘任仪式在阿尔卡迪亚国际会议中心举行。

29日 党委理论学习中心组开展2021年第13次集中理论学习，深入学习贯彻习近平总书记在深入推动黄河流域生态保护和高质量发展座谈会上的重要讲话精神和视察山东重要指示要求、《中共中央国务院关于加快构建新发展格局的意见》。

11月

7日 我校顺利完成2022年接收推荐免试攻读硕士学位研究生工作。今年我校共接收录取推免研究生92人，推免生录取人数创历史新高，生源质量进一步得到提升。

7日 地理与环境学院在中国大学生GIS软件开发竞赛中夺得特等奖。

22日 赵少峰教授正式入选山东省智库高端人才。

10日 我校新增马克思主义理论、心理学、体育学、外国语言文学4个一级学科硕士学位授权点和法律、汉语国际教育、公共管理、会计4个硕士专业学位授权点。

25日 聊城大学教职工足球协会成立，同日聊城大学教职工足球精英（趣味）赛在西校区南田径场隆重举行。

12月

2日 我校传媒技术学院高国元主持的“现代教育技术”课程入选全国慕课与线上线下混合式典型教学案例。

20日 学校召开本科教学工作推进会，就国家级一流本科专业的申报跟进、青年教师教学比赛与教学创新大赛的协同组织、国家级一流本科课程的申报准备等工作进行部署。

21日 省委巡回指导组来校开展党史学习教育评估。

21日 我校于学勇团队的“文化聚焦小题大做——小高村乡村文化振兴的创新实践”获第五届山东省文化创新奖获奖。

21日 我校马亮宽教授获山东省第十五届社会科学突出贡献奖，赵少峰教授获山东省第十五届社会科学学科新秀奖。

22日 我校获批2021年山东省中华经典诵吟特色学校。

24日 我校荣登山东“最佳社会声誉高校”和“最具影响力教育政务融媒体”榜单。

28日 我校被评为“山东省节水型高校”。

2022 年大事记

1 月

4 日　山东社科网公布了《山东省社科界第八届人文艺术作品大赛获奖作品名单及大赛组织工作优秀单位》的通知，我校一等奖 4 项，二等奖 8 项，三等奖 8 项，为我校参加此项赛事以来的最佳成绩。

9 日　长江学者、国家杰出青年基金获得者胡少伟教授受邀，为我校作了一场《如何高质量写好国家自然科学基金申请书》的辅导报告。

11 日　我校成功获批由省文化和旅游厅组织申报的山东省非物质文化遗产研究基地和山东省非物质文化遗产传承教育实践基地，成为近期连续获得山东省非遗保护传承“双基地”唯一高校。

12 日　贾少波教授的“全市陆生野生动物资源调查服务采购”项目获得聊城市自然资源和规划局资助。

13 日　翟胜教授团队在国际顶级期刊《有害材料杂志》上发表了题为《氧化改性梧桐树叶生物炭对水中镉的吸附机理》的研究性论文。

14 日　学校党委举行党的十九届六中全会精神宣讲报告会暨党委理论学习中心组 2022 年第一次集中理论学习，党委书记关延平主持会议并作总结讲话。

18 日　山东省纪委监委公布了对 2021 年省属高校纪检监察机构工作了解核实的结果，我校获评“优秀等次”。

19 日　聊城大学 24 项成果荣获山东省第 35 届社会科学优秀成果奖。马亮宽教授荣获突出贡献奖，赵少锋教授荣获学科新秀奖，宋士云教授的《中国劳动经济史（1949—2012）》获优秀成果奖特等奖。

20 日　党委书记关延平赴冠县辛集镇走访慰问我校第五轮省派第一书记。

21 日　山东省老教授协会第五次会员代表大会在济南召开，我校被评为“山东省老教授协会 2015—2021 年度工作先进单位”。

党委书记关延平在《山东教育》（高教版）“深入学习贯彻党的十九届六中全会精神笔谈”专栏，发表了题为《汲取前行智慧　凝聚奋进力量　以高质量党建引领高校高质量发展》的署名文章。

27 日　聊城市科学技术局局长王相东一行到我校调研。

2月

11日 山东省教育厅公示了第九届省级教学成果奖（高等教育类）拟授奖成果名单，我校19项教学成果在本届评选中喜获佳绩。

12日 聊城市副市长王刚、市外办主任盛强一行来到太平洋岛国研究中心考察调研。

18日 教育部发布了《2021年“基础教育精品课”遴选工作“部级精品课”名单的公示》，聊城市有3门课程入选。

21日 山东省教育厅日前公布了关于第六届学生“学宪法 讲宪法”活动开展情况的通报，我校荣获全省先进单位。

21日 山东省委外事办公室副主任陈白薇一行来校调研指导太平洋岛国研究中心工作。

24日 聊城大学矩阵半张量积理论与应用研究中心与莫斯科国立罗蒙诺索夫大学学术交流与合作视频会议成功举行

26日 中国人民政治协商会议第十四届聊城市委员会第一次会议胜利闭幕。唐明贵、黄勇全票当选聊城市政协副主席。

3月

1日 聊城大学2022年大学生生命科学竞赛顺利举行。

2日 我校党委副书记、校长王昭风一行赴中国科学院大气物理研究所考察调研。

10日 省生态环境厅应对气候变化处处长吴泓洋一行到太平洋岛国研究中心考察调研。

20日 我校团委党支部入选第三批全国党建工作样板支部培育创建单位。

25日 聊城大学政治与公共管理学院与聊城市机关事务管理局举行合作共建签约暨教师实践（学生实训）基地揭牌仪式。

26日 第十七届“挑战杯”全国大学生课外学术科技作品竞赛终审决赛举行，我校法学院斩获国赛一等奖。

4月

12日《菏泽日报》和《大众日报》报道了我校学生李甲伟为患者捐献造血干细胞的事迹。

14日 我校药学院院长郭亚军教授入选爱思唯尔2021“中国高被引学者”榜单。

15日 中共中央对外联络部原副部长、中国人民争取和平与裁军协会副会长于洪君教授应邀做客“聊大讲坛”。

16日《太平洋岛国发展报告（2021）》和《太平洋岛国研究》（第六辑）新书发布会在聊城大学举行。

21日 聊城大学与聊城市第四人民医院签署战略合作协议。

27日 聊城大学2022年国际青年博士论坛举行。

28日 第九届“大唐杯”全国大学生移动通信5G技术大赛省级获奖名单揭晓，聊城大学学子共获奖65项。

5月

2日 赵少峰教授荣获“山东青年创新榜样”荣誉称号。

3日 曲枫教授应邀在斯坦福大学东亚研究中心作题为《中国北方达斡尔仪式景观构建》的学术讲座。

11日 聊城大学与聊城水务集团签署战略合作协议。

12日 我校收到由高等教育出版社颁发的《普通昆虫学实验》数字教材出版证书。

21日 在南京举办的第三届全国金工/工训青年教师微课教学评优及第三期教学研究项目论证会上，屈鹏、刘海宾分别荣获特优奖和优秀奖。

22日 第十二届山东省青年科技奖评选揭晓，刘才龙教授榜上有名。

23日 省民族宗教委党组成员、副主任马辉来我校调研民族工作。

26日 运河学研究院主持编纂的《京杭大运河山东段志》在中华书局出版。

26日“泉润佰合杯”聊城大学第一届教职工足球联赛开幕。

6月

7日 2021—2022年度约旦费城大学孔子学院理事会以视频会议形式同时在聊城大学和约旦费城大学召开。

9日 聊城大学外国语学院成功获批首批《国际中文传播教师证书》考试考点。

12日 我校思想政治教育、英语、物理学3个专业入选2021年度国家级一流本科专业建设点。

14日 聊城大学与歌尔股份有限公司举行共建现代产业学院合作签约仪式。

15日 山东省政协副主席、党组成员，山东师范大学党委书记唐洲雁来校调研民族与宗教工作。

16日 聊城大学“现代驴产业服务团”成功入选2022年“科创中国”科技服务团。

16 日 聊城大学与聊城市交通运输局签署战略合作协议。

17 日 韩军教授、黄现强教授获 2022 年度“水城最美科技工作者”称号，王庆林副教授获评 2022 年度“水城优秀科技工作者”称号。

聊城大学获评山东省首批“中华优秀传统文化示范校”荣誉称号。

26 日 中国工程教育专业认证协会公布了 2021 年工程教育专业认证结论，我校高分子材料与工程专业顺利通过认证。

27 日 聊城大学被认定为山东省高等学校科技成果转化和技术转移基地。

30 日 肖海荣同志荣获全省语言文字工作“先进个人”称号。

7 月

2 日 第五届太平洋岛国研究高层论坛在聊城举办。

3 日 山东省畜牧兽医局总畜牧师鲍霞、处长朱发成来校调研我校两个现代农业产业技术体系畜产品生产加工工作。

6 日 我校与冠县人民政府全面深化合作签约仪式举行。

6 日 江苏省人民政府外事办公室副主任刘建东来校调研太平洋岛国研究中心工作。

21 日 聊城大学与东昌府区人民政府共建新能源汽车工程研究院签约仪式举行。

8 月

3 日 省委外办印发《关于公布山东省外事研究与发展智库（第三批）名单的通知》，我校加勒比研究中心入选。

15 日 2022 TCCT 逻辑系统控制学术会议在聊城召开。

20 日 聊城大学第十一届教职工代表大会暨工会会员代表大会第一次会议在礼堂隆重召开。

21 日“聊城大学第一届功能簇合物学术研讨会”成功召开。

25 日 中国工程院院士沈昌祥、姚斌莅临我校指导学科专业建设工作。

26 日 郭安福副教授斩获中国国际“互联网 +”大学生创新创业大赛山东省区赛金奖。

29 日 由中国科学院和聊城大学共同举办的小岛屿国家可持续发展与气候变化应对学术研讨会在山东聊城举办。

9 月

7 日 山东省第二届学校思政课教学比赛落下帷幕，徐亚娜老师斩获一等奖、董怀良老师获得二等奖。

15 日“聊城大学低碳能源与智能制造研讨会”成功召开。

16 日 聊城大学与聊城市文化和旅游局签署战略合作协议。

28 日 山东省第十二届全民健身运动会龙舟项目比赛在聊城市东昌湖举行，我校龙舟队荣获全部一等奖。

10 月

3 日 我校郭雅琳同学成功获评 2021 年度“全国大学生自强之星”。

4 日 第十五届中国大学生计算机设计大赛落下帷幕，冯天敏老师和王丽萍老师分别荣获微课与教学辅助组国家级二等奖。

8 日 我校退役学生杜雨欣同学荣获军队授予的个人三等功奖励。

11 日 文学院团委书记石勇荣获山东省辅导员工作优秀案例一等奖。

14 日 我校与东昌府区人民政府签署《东昌府区·聊城大学深化校地合作协议》等 4 项合作协议。

20 日 校团委下发了《关于对杜雨欣同学进行通报表扬的决定》。

26 日 基里巴斯驻华大使戴维·蒂阿博携夫人、大使馆一等秘书伊欧娜·蒂阿博参访聊城大学。

27 日 由我校运河学研究院主持编写的《中国大运河年鉴》（2022）正式出版发行。

29 日 2022 年世界运河沿岸景观发展国际会议在我校成功举行。

11 月

2 日“桑红燕创新工作室”荣列 2022 年度省教育系统劳模和优秀人才创新工作室名单。

3 日 梁甲瑞博士荣获第四届中国海洋发展研究青年论坛一等奖。

5 日 聊城大学成功举办大运河文化研讨会暨《中国大运河年鉴 2022》《中国大运河发展报告 2022》新书发布会。

14 日 公维才教授荣获第八届山东省人力资源社会保障优秀科研成果一等奖。

15 日 夏建伟教授（数学学科）入选科睿唯安发布了 2022 年度“高被引科学家”榜单。

18日 档案馆韩伟副研究馆员荣获《2022年山东省档案系统“守正创新杯”档案修裱技术基本技能竞赛》决赛一等奖。

26日 我校生物制药及规模化制备现代产业学院成功获批山东省现代产业学院。

12月

2日 聊城大学“黄河学研究院”获批高校服务黄河重大国家战略项目。

3日 第四届大洋洲高层论坛在聊城大学举行。

10日“山东非物质文化遗产资源挖掘与保护传承学术研讨会”暨山东省民俗学会2022年学术年会在聊城大学举行。

17日 由我校呈报的“聊城大学打造高水平师资队伍全链条式引育模式”案例获得山东省副省长孙继业阅签。

23日 由聊城大学主持承担的国家档案科技项目“高校档案资源区域共享与利用模式研究”顺利通过国家档案局验收。

2023年大事记

1月

1日 学校北冰洋研究中心与美国印第安纳大学美洲印第安研究院正式签订框架合作协议。

学校获评山东省高校党组织书记抓基层党建突破项目优秀成果2项。

3日 学校被评定为“山东省绿色学校”。

14日 学校桑托斯·库玛（Santosh Kumar）副教授当选国际光学工程学会会士（SPIE Fellow）。

15日 崇乐合唱团获评“山东省高水平大学生艺术团”。

16日 2018届校友、山东领酷体育文化传播有限公司法人、创始人何志明获评“山东优秀大学生创业者”。

19日 科睿唯安（Clarivate Analytics）公布ESI最新统计数据，学校全球ESI排名稳中有升，国际排名2121名，提升103位；国内排名182位，总体学科影响力位列山东省属高校第8位。

2 月

11 日　学校主持省级教改重大专项，全面推进黄河文化、黄河精神进课程教材研究工作。

12 日　学校召开 2023 年工作部署会，全面实施“五大提质行动”，开启高质量发展新篇章。

20 日　在第十届山东省师范类高校学生从业技能大赛中，学校获一等奖 19 项、二等奖 24 项、三等奖 11 项，其中一等奖和二等奖数量之和位居全省第一。我校荣获团体铜奖和优秀组织奖。

3 月

3 日　学校获批 2022 年度山东省社科规划研究专项 14 项，立项总数量居全省第四位，省内排名创历史最好成绩。

8 日　学校女子足球队以全胜战绩勇夺山东省青少年足球联赛（大学生组）冠军。

10 日　基里巴斯内政部长布图 • 巴特里基、基里巴斯驻华大使戴维 • 蒂阿博等一行来我校访问。

14 日“山东省技术经纪服务联盟”工作站落户聊城大学。

15 日　全国劳动模范、齐鲁最美青年、聊城大学校外兼职思政课教师李振月走进思政课堂，为我校学子讲思政课。

17 日　学校建成山东高校首家档案保护与修复室。

19 日　在第十三届“挑战杯”中国大学生创业计划竞赛中，学校音乐与舞蹈学院《音为你　汇聚爱——随班就读听障儿童音调感知训练项目》获国赛银奖，数学科学学院《无障视觉——一种辅助视障人士安全出行的智能导盲眼镜项目》获国赛铜奖。

21 日　学校资产管理信息一体化平台正式启用。

《聊城大学学报（社会科学版）》首次入选中国人文社会科学（高校综合性学报）核心期刊扩展版。

22 日　学校首次跻身全国高校大学生竞赛榜单前 200 强。

27 日　学校在 2023 年全国教科文卫体系统职工气排球比赛中获女子组全国第五名的佳绩。

4月

7日 机械与汽车工程学院教师刘海宾、屈鹏在首届全国高等学校教师工程创客教学能力大赛中分获二、三等奖。

11日 学校10门课程获批第二批国家级一流本科课程。

13日 历史文化与旅游学院赵少峰教授、商学院（质量学院）杨宏力教授、马克思主义学院刘子平教授、美术与设计学院张兆林副教授入选山东省理论人才“百人工程”，1部专著入选山东省优秀理论成果。

14日 学校召开学习贯彻习近平新时代中国特色社会主义思想主题教育工作部署会。校党委书记关延平出席会议并讲话，省委第二十巡回指导组副组长郭庆兵到会指导。会议由党委副书记、校长王昭风主持。指导组成员王伟、王誉钦，全校中层副职以上干部参加会议。

16日 北冰洋研究中心主任曲枫教授论文入选罗德里奇出版社“世界”系列《西伯利亚世界》分卷。

学校获中国产学研合作创新与促进奖3项。

18日 学校获评“全省高校文化单位成绩突出保卫组织”。

19日 学校新增智慧牧业科学与工程、智能影像工程、智能建造三个“四新”本科专业。

22日 学校首届西部计划文化节启动。

23日 德国卡尔·杜伊斯堡公益中心总经理哈登比克一行来我校洽谈国际教育合作事宜。

药学院2019级6班团支部入选2022年度全国高校“活力团支部”最具改革味TOP100。

26日 古巴哈瓦那大学第一副校长玛丽安·埃尔南德斯·科林率团来我校访问。

29日 学校教师刘子亭、张骞获中国专业学位案例中心立项。

5月

10日 巴拿马孔子学堂校长刘科率团来我校访问。

学校获批筹建国家马驴遗传评估中心。

11日 党的二十大代表、齐鲁时代楷模、我校优秀校友杜立芝回访母校并作主题报告。

14日 校党委书记关延平一行到上海开展访企拓岗考察调研。

学校举办第四届北冰洋研究论坛—北极环境人文国际会议。

16 日 外国语学院副教授刘宾受聘为“中国语言资源保护工程”专家委员会青年工作组成员。

17 日《中国运河史》编写专家委员会主任黄镇东一行来校开展《中国港口史》和《中国运河史》编纂工作调研。

21 日 学校获第十七届全国大学生结构设计竞赛山东省分区赛承办权。

24 日 基里巴斯议会营养健康特别委员会主席塔伊亚基·伊拉塔率团来我校访问。

26 日 学校“明法工作室”获批山东高校辅导员名师工作室。

乌克兰国家农业科学院副院长巴良·阿努什院士一行来我校考察交流。

28 日 学校获批山东省高校思想政治理论课教学青年名师工作室。

30 日 赵少峰教授主持的太平洋岛国研究团队入选首批山东省哲学社会科学青年人才团队。

学校位居武书连 2023 中国大学排行榜第 195 位，在山东省内排名第 14 位。

31 日 农学与农业工程学院翟付顺副教授被授予“山东省乡村振兴突出贡献奖先进个人”称号。

6月

2 日 学校党委领导班子成员赴鲁西第一个党支部纪念馆开展党性教育。

8 日 山东省委第二十巡回指导组组长毕荣青一行来我校调研指导主题教育工作。

学校 4 位教授入选校友会 2023 中国大学高贡献学者榜单。

14 日 化学化工学院黄现强教授获评“山东化工年度精英人物”。

16 日 学校举行庆祝西部计划实施 20 周年大会暨 2023 年西部计划志愿者出征仪式。

17 日 学校龙舟队在“第 11 届中国大学生龙舟锦标赛（昆明滇池站）”包揽所在组别全部 9 个项目的 9 块金牌，成功获得大满贯。

18 日 学校西部计划教育展馆正式开馆。

21 日 学校荣获 2020—2021 年度全国无偿献血促进奖。

29 日 学校召开纪委委员全体（扩大）会议暨党风廉政建设和反腐败工作协调小组会议、廉政工作联席会议。

7月

1 日 学校获山东软科学研究会产教融合“突出贡献奖”。

7日　瓦努阿图议会议长瑟勒・戴维森・西米恩携代表团参访学校太平洋岛国研究中心。

12日　学校与古巴哈瓦那大学举行共建哈瓦那学院签约仪式。

学校党委开展中层干部任前集体谈话和年轻干部谈心谈话。

15日　商学院徐鹏杰教授学术成果入选“中国政治经济学最具影响力的200篇学术论文（2020—2022）”榜单。

22日　学校获批72项山东省自然科学基金。

23日　数学科学学院夏建伟教授为主要负责人的“复杂系统智能分析与控制教师团队”获评第三批“山东省高校黄大年式教师团队”。

28日　学校召开学习贯彻习近平新时代中国特色社会主义思想主题教育调研成果交流暨典型案例剖析会议。

29日　学校北冰洋研究中心与挪威北极大学社会人类学系签订合作协议。

学校“化学、医药营养与大众健康科普教育基地”正式启用。

8月

13日　在第16届龙舟世锦赛中，学校龙舟队代表中国在参加的U24组别全部七个比赛项目中以6枚金牌、1枚银牌圆满收官。聊城大学龙舟队收到山东省政府、省教育厅贺信。

15日　学校入围2023软科世界大学学术排名前1000强，位列801—900名。

24日　学校党委常委会召开学习贯彻习近平新时代中国特色社会主义思想主题教育专题民主生活会。校党委书记关延平主持会议并作总结讲话，省委第二十巡回指导组副组长郭庆兵到会指导并作点评讲话。

26日　学校获批2023年国家自然科学基金35项，立项经费1149万元。

28日　学校太平洋岛国研究中心主任陈德正教授获聘山东省决策咨询委员会特聘专家。

韩国清州大学校长金润培教授一行来我校访问。

29日　学校举办“江流万古 文润千年——2023年中华传统晒书活动”暨“运河古籍的挖掘、保护与利用”研讨会。

30日　历史文化与旅游学院党委、物理科学与信息工程学院通信工程系本科学生党支部入选山东省第三批党建“双创”培育创建单位，马克思主义学院原理教研室党支部书记工作室入选山东省第二批高校“双带头人”教师党支部书记工作室培育创建单位。

31日　学校在斐济举办小岛屿国家可持续发展高层论坛。

9月

4日 中国—太平洋岛国应对气候变化合作中心中标生态环境部2023年应对气候变化南南合作培训项目。

11日 学校运河学研究院张熙勤老师申报的“《大明清类天文分野之书》校注”获批2023年度高校古委会直接资助项目。

校党委书记关延平率团访问斐济、萨摩亚、澳大利亚三国部分高校。

13日 学校纪检监察机构对新选拔、调整的中层干部进行集体廉政谈话和警示教育。

18日 学校研究生招生网正式上线。

20日 校党委副书记、校长王昭风率团访问日韩高校。

22日《聊城大学学报（社会科学版）》获评“全国高校优秀社科期刊”。

25日 学校获批2023年国家社科基金项目10项，其中重点项目2项、一般项目5项、青年项目1项，国家社科基金教育学项目2项。

26日 学校举办2023迎新晚会暨50周年校庆启动仪式。

27日 古巴哈瓦那大学副校长席尔瓦一行5人来我校访问。

28日 吉尔吉斯共和国副总理埃迪尔·拜萨洛夫在山东省人民政府外事办公室党组书记、主任蔡先金陪同下来我校考察访问。

29日 学校太平洋岛国研究中心学术顾问西亚梅利耶·拉图先生荣获“山东省人民友好使者”称号。

10月

7日 孟磊磊博士成果被国际工程领域著名机构Advances in Engineering（AIE）遴选为关键科学文章。

10日 学校东校区田径场整修改造完成并正式启用。

12日 意大利卡梅里诺大学副校长埃马努埃莱·汤迪（Emanuele Tondi）率团来校访问交流。

13日 运河学研究院周嘉副教授申报的“大运河区域中华民族交往交流交融史料整理与研究”获批2023年度国家民委民族研究项目重点课题。

以哈尔滨师范大学副校长臧淑英教授为联合认证专家组组长的专家组一行对我校地理科学、生物科学两个师范专业进行国家二级认证现场考查。

16日 太平洋岛国记者来华参访团欢迎仪式在我校举行。

19日 太平洋岛国青年外交官代表团来校交流访问。

20 日 日本城西国际大学副校长仓林真砂斗、国际教育中心副所长宫伟来我校访问。

23 日 学校在井冈山大学举办 2023 年度教师党支部书记培训班。

24 日 学校获批 2023 年度教育部人文社会科学研究项目 9 项。

25 日 学校成功申办首届亚洲大学生龙舟锦标赛。

26 日 在第二届全国博士后创新创业大赛中，我校两支团队分获海外（境外）海洋开发与应用领域银奖和揭榜领题赛高端装备制造领域银奖。

27 日 学校 9 个学科进入 2023 年软科世界一流学科榜单。

地理与环境学院“3S 大学生科技创新实验室”本科生肖业丰团队作品《“立体融合，都市智行”——城市公交时空感知分析及运营优化系统》获全国特等奖。

在第十八届“挑战杯”全国大学生课外学术科技作品竞赛中，学校获特等奖 1 项、二等奖 1 项、三等奖 1 项，“揭榜挂帅”专项赛二等奖 1 项，“黑科技”展示活动两项作品分别获评恒星级作品和卫星级作品，“红色专项”展示活动获三等奖 1 项。

28 日 校党委副书记、校长王昭风，党委常委、副校长赵明吉分别率队赴青海、新疆维吾尔自治区、新疆生产建设兵团、陕西看望慰问西部计划志愿者和研究生支教团成员。

30 日 外国语学院崔艳嫣教授申报的“基于《职业中文能力等级标准》的约旦‘中文 + 旅游’课程建设研究”获批 2023 年国际中文教育研究课题。

31 日 生态环境部应对气候司对外合作交流处处长陈志华一行来我校指导太平洋岛国研究中心和中国—太平洋岛国应对气候变化合作中心建设工作。

11 月

2 日《聊城大学史（2005—2024）》编纂工作正式启动。

3 日 学校获首届高校区域国别学人才培养案例一等奖。

4 日 心理健康协会获批团中央直接联系、跟踪培养社团。

5 日 欢声“孝”语服务队入选团中央“圆梦工程”志愿服务项目。

6 日 学校龙舟队获评“山东省教育系统共产党员先锋岗”，马克思主义学院思想道德与法治教研部党支部书记华敏获评“山东省教育系统党务工作先锋”。

8 日 农学与农业工程学院教师宋勇被聘为山东省“乡村好青年导师”。

11 日 海峡两岸系统控制学术研讨会暨第二届海峡两岸系统科学与控制学术前沿论坛在我校举办。

15 日 运河研究院主持编写的《中国大运河年鉴（2015—2021）》正式出版发行。

16 日　运河学研究院杜宏春教授申报的《刘秉璋奏议校证》获批国家社会科学基金后期资助项目。

17 日　校党委书记关延平，党委常委、副校长白成林等一行赴温州医科大学考察交流，并出席大分子药物与规模化制备全国重点实验室启动仪式。

23 日　瓦努阿图前驻华大使、驻北京名誉领事罗治伟一行参访我校太平洋岛国研究中心。

24 日　政治与公共管理学院秦正为教授撰写的咨询报告被中共中央宣传部采纳。

27 日　学校获批两项教育部中外语言交流合作中心“汉语桥”线上团组项目。

28 日　学校在第 23 届中国机器人大赛暨 RoboCup 机器人世界杯中国赛中，获二等奖 1 项、三等奖 1 项。

学校文学刊物《九歌·四季刊》成为中国作家网驻站内刊。

12 月

1 日　校党委副书记房增福应邀率团访问意大利、西班牙、古巴等国家的知名高校，并拜访中国驻相关国家大使馆领导、相关国家教育行政主管部门负责人。

4 日　学校“乐动风俗——鲁西黄河音乐公共文化服务创新与实践”项目被山东省人民政府授予“文化创新奖”。

8 日　学校完成新一轮本科教育教学审核评估。

10 日　约旦费城大学校长阿卜杜拉·贾拉赫、费城大学孔子学院外方院长迪玛·马拉梅来我校访问。

11 日　法学院本科生刘强获评 2023 年全国大中专学生志愿者暑期文化科技卫生“三下乡”社会实践活动全国优秀个人。

17 日　音乐与舞蹈学院王海华创新工作室入选山东省教育系统劳模和优秀人才创新工作室。

20 日　山东省铸牢中华民族共同体意识示范创建工作检查组来我校检查调研铸牢中华民族共同体意识研究基地建设工作。

25 日　学校在山东省高校 2023 届毕业生就业工作分类评价中被评为“绿灯”先进高校。

外国语学院汉语国际教育专业硕士研究生、纳米比亚籍学生琳达获 2023 年度优秀来鲁留学生荣誉称号。

26 日　学校毛驴高效繁育与生态饲养研究院获评山东省巾帼文明岗。

27 日　物理科学与信息工程学院刘才龙教授获山东省 2023 年度引进人才奖励。

28 日 计算机学院桑红燕教授当选 SCI 一区 Top 期刊 Expert Systems with Applications（《专家系统与应用》）副主编。

29 日 学校关工委获评“全省教育系统关心下一代工作先进集体”，刘道杰同志荣获“最美五老”荣誉称号。

附录

聊城大学

LIAOCHENG UNIVERSITY

山东师范大学聊城分院历任领导名单

【党委书记】

邵　阳（1974.08—1977）

1974年8月任筹建分院领导小组组长

1975年10月任党的核心小组组长

刘汉民（1979.04—1981）

1977年11月任山东师院聊城分院党的核心小组副组长、山东师院聊城分院院长

1979年4月起任山东师院聊城分院、聊城师范学院党委书记

【院　长】

邵　阳（1975.10—1977.11）任革命委员会主任

刘汉民（1977.11—1979.04）

王春华（1979.07—1981.09）

聊城师范学院历任领导名单

【党委书记】

刘汉民（1981.07—1984.04）

王文正（1984.04—1995.08）

赵润生（1995.08—2002.06）

【院　长】

王春华（1981.09—1984.05）

张　明（1987.02—1991.12）

仝素勤（1992.03—1994.02）

刘大文（1994.02—1996.10）

程玉海（1997.06—2002.06）

【党委副书记】

王春华（1981.09—1984.04）
陈　英（1981.07—1984.04）
王礼训（1984.04—1986.03）
赵润生（1989.05—1995.08）
刘大文（1990.05—1996.10）
仝素勤（1992.02—1994.02）
李富成（1996.09—1999.10）
程玉海（1997.06—2002.06）
于茂阳（1997.06—2002.06）
徐同文（1999.10—1999.12）
王庆功（2000.10—2002.06）

【副院长】

曹佐成（1981.07—1993.12）
汪德营（1981.07—1989.06）
王文正（1981.07—1984.05）
薛绥之（1981.07—1984.05）
张　明（1984.05—1987.02）
张效之（1989.06—1995.09）
张传真（1990.06—1992.03）
李富成（1993.12—1996.10）
程玉海（1993.12—1997.06）
徐同文（1996.10—1999.10）
张锡忠（1997.06—2002.06）
张泮舟（1997.06—2002.06）
张　桓（1999.12—2002.06）
宋益乔（1999.10—2002.06）
董泉增（1999.10—2002.06）
马春林（2000.10—2002.06）
李剑萍（2002.01—2002.02）

【纪委书记】
刘汉民（兼）(1981.07—1984.09)
郭恩敦 (1990.05—1997.06)
于茂阳（兼）(1997.06—1999.10)
王昌松 (1999.10—2002.06)

聊城大学历任领导名单

【党委书记】
程玉海 (2002.07—2011.10)
李　喆 (2011.10—2014.09)
马春林 (2015.05—2021.01)
关延平 (2021.01 至今）

【校　长】
宋益乔 (2002.07—2009.10)
李　喆 (2009.10—2011.11)
马春林 (2011.11—2016.11)
蔡先金 (2016.11—2019.03)
王昭风 (2019.08—2024.01)

【党委副书记】
于茂阳 (2002.07—2003.01)
王庆功 (2002.07—2004.09)
王昌松 (2003.11—2009.09)
张　桓 (2005.12—2010.12)
李　喆 (2009.11—2011.10)
徐传光 (2009.11—2017.09)
马春林 (2011.10—2015.05)
张贵桥 (2011.10—2013.12)
王　强 (2015.07—2021.04)
蔡先金 (2016.11—2019.03)

窦建民（2018.12—2021.04）

王昭风（2019.08—2024.01）

胡海泉（2021.04 至今）

房增福（2022.01 至今）

【副校长】

张锡忠（2002.07—2003.11）

张泮舟（2002.07—2003.11）

张　桓（2002.07—2005.12）

董泉增（2002.07—2009.10）

李剑萍（2002.07—2010.11）

李军生（2003.11—2012.09）

冯　健（2003.11—2013.07）

张贵桥（2003.11—2011.11）

李　喆（2009.10—2011.11）

王　强（2011.06—2015.07）

窦建民（2009.11—2018.12）

张跃飞（2009.11—2018.10）

孙兰雨（2013.06—2015.06）

段培永（2014.07—2017.04）

王昭风（2014.07—2019.08）

胡海泉（2014.07—2021.04）

徐昌然（2016.11—2020.05）

赵长林（2018.12—2022.09）

肖海荣（2021.01—2022.12）

赵明吉（2019.01 至今）

白成林（2019.01 至今）

李兆俊（2019.09 至今）

白　青（2021.02—2021.05）

【纪委书记】

王昌松（2002.07—2003.11）

李　喆（2003.11—2005.12）

徐传光（2005.12—2009.09）
孔祥华（2009.09—2017.02）
徐　梅（2017.02—2022.09）
高秀鹏（2023.04 至今）

2004 年以来各级各类专业建设

（一）国家级

1. 国家级特色专业（4 个，教高函〔2007〕31 号、〔2008〕21 号、〔2009〕16 号、〔2009〕26 号）

序号	专业名称	所属学院	类别、获批时间
1	化学	化学化工学院	国家级特色专业建设点，2007 年 10 月
2	思想政治教育	政治与公共管理学院	国家级特色专业建设点，2008 年 10 月
3	汉语言文学	文学院	国家级特色专业建设点，2009 年 10 月
4	历史学	历史文化与旅游学院	国家级特色专业建设点，2010 年 7 月

获批文件为：教育部财政部关于批准第二批高等学校特色专业建设点的通知（教高函〔2007〕31 号）、教育部财政部关于批准第三批高等学校特色专业建设点的通知（教高函〔2008〕21 号）、教育部财政部关于批准第四批高等学校特色专业建设点的通知（教高函〔2009〕16 号）、教育部财政部关于批准第五批高等学校特色专业建设点的通知（教高函〔2009〕26 号）

2. 国家级第一批本科专业综合改革试点项目（1 个，教高司函〔2013〕56 号）

序号	项目名称	所属学院	负责人	获批时间
1	机械设计制造及其自动化专业	机械与汽车工程学院	惠鸿忠	2013 年

3. 首批国家级卓越农林人才培养项目（1 个，教高厅函〔2014〕13 号）

序号	项目名称	所属学院	负责人	获批时间
1	园林专业——国家第一批卓越农林人才教育培养计划改革试点项目	农学院	张秀省	2014 年

4. 国家级一流本科专业（9 个）

序号	专业名称	所属学院	类别	获批时间
1	汉语言文学	文学院	国家一流本科专业建设点	2019 年
2	通信工程	物理科学与信息工程学院	国家一流本科专业建设点	2019 年

续表

序号	专业名称	所属学院	类别	获批时间
3	小学教育	教育科学学院	国家一流本科专业建设点	2019 年
4	化学	化学化工学院	国家一流本科专业建设点	2021 年
5	历史学	历史文化与旅游学院	国家一流本科专业建设点	2021 年
6	数学与应用数学	数学科学学院	国家一流本科专业建设点	2021 年
7	英语	外国语学院	国家一流本科专业建设点	2022 年
8	物理学	物理科学与信息工程学院	国家一流本科专业建设点	2022 年
9	思想政治教育	马克思主义学院	国家一流本科专业建设点	2022 年

（二）省级

1.省级品牌特色专业（12 个）

序号	专业名称	所属学院	类别	获批时间
1	化学	化学化工学院	省级特色专业建设点	2006 年
2	思想政治教育	政治与公共管理学院	省级特色专业建设点	2006 年
3	汉语言文学	文学院	省级特色专业建设点	2007 年
4	历史学	历史文化与旅游学院	省级特色专业建设点	2007 年
5	教育学	教育科学学院	省级品牌专业建设点	2010 年
6	物理学	物理科学与信息工程学院	省级品牌专业建设点	2009 年
7	生物科学	生命科学学院	省级特色专业建设点	2011 年
8	数学与应用数学	数学科学学院	省级特色专业建设点	2011 年
9	信息与计算科学	数学科学学院	省级特色专业建设点	2012 年
10	高分子材料与工程	材料科学与工程学院	省级特色专业建设点	2012 年
11	经济学	商学院	省级特色专业建设点	2013 年
12	通信工程	物理科学与信息工程学院	省级特色专业建设点	2013 年

2.省级一流本科专业（22 个）

序号	专业名称	所属学院	获批时间
1	生物科学	生命科学学院	2019 年
2	软件工程	计算机学院	2019 年
3	机械设计制造及其自动化	机械与汽车工程学院	2019 年
4	材料科学与工程	材料科学与工程学院	2019 年

续表

序号	专业名称	所属学院	获批时间
5	土木工程	建筑工程学院	2019 年
6	生物制药	药学院	2019 年
7	教育技术学	传媒技术学院	2019 年
8	美术学	美术与设计学院	2019 年
9	园林	农学与农业工程学院	2019 年
10	经济学	商学院	2019 年
11	运动训练	体育学院	2019 年
12	车辆工程	机械与汽车工程学院	2020 年
13	视觉传达设计	美术与设计学院	2020 年
14	广播电视编导	传媒技术学院	2020 年
15	哲学	政治与公共管理学院	2020 年
16	地理科学	地理与环境学院	2022 年
17	计算机科学与技术	计算机学院	2022 年
18	化学工程与工艺	化学化工学院	2022 年
19	动物医学	农学与农业工程学院	2022 年
20	行政管理	政治与公共管理学院	2022 年
21	质量管理工程	商学院	2022 年
22	音乐学	音乐与舞蹈学院	2022 年

3. 山东省高水平应用型重点立项建设专业（群）

序号	专业群名称	专业名称	所属学院
1	生物科学专业群	生物科学（核心专业）	生命科学学院
		生物工程	生命科学学院
		生物制药	药学院
		动物医学	农学院
2	通信工程专业群	通信工程（核心专业）	物理科学与信息工程学院
		电子信息工程	物理科学与信息工程学院
		软件工程	计算机学院
		计算机科学与技术	计算机学院
		物理学	物理科学与信息工程学院

续表

序号	专业群名称	专业名称	所属学院
3	机械设计制造专业群	机械设计制造及其自动化（核心专业）	机械与汽车工程学院
		车辆工程	机械与汽车工程学院
		机械电子工程	机械与汽车工程学院
		材料科学与工程	材料科学与工程学院
		信息与计算科学	数学科学学院

4. 山东省自筹经费立项建设高水平应用型专业（群）

序号	专业群名称	专业名称	所属学院
1	经济学专业群	经济学（核心专业）	商学院
		国际经济与贸易	商学院
		会计学	数学科学学院
		数学与应用数学	数学科学学院
2	小学教育专业群	小学教育（核心专业）	教育科学学院
		教育学	教育科学学院
		应用心理学	教育科学学院
		思想政治教育	政治与公共管理学院
		教育技术学	传媒技术学院
3	汉语言文学专业群	汉语言文学（核心专业）	文学院
		秘书学	文学院
		英语	外国语学院
		汉语国际教育	外国语学院
4	化学工程与工艺专业群		
	化学工程与工艺（核心专业）	化学化工学院	
		应用化学	化学化工学院
		材料化学	化学化工学院
4		高分子材料与工程	材料科学与工程学院
5	园林专业群	园林（核心专业）	农学院
		植物保护	农学院
		地理科学	环境与规划学院
		自然地理与资源环境	环境与规划学院

5. 山东省应用型人才培养特色名校重点建设专业

序号	专业名称	所属学院	经费来源
1	经济学	商学院	省财政重点支持
2	教育学	教育科学学院	省财政重点支持
3	汉语言文学	文学院	省财政重点支持
4	英语	外国语学院	省财政重点支持
5	数学与应用数学	数学科学学院	省财政重点支持
6	通信工程	物理科学与信息工程学院	省财政重点支持
7	化学工程与工艺	化学化工学院	省财政重点支持
8	车辆工程	机械与汽车工程学院	省财政重点支持
9	材料科学与工程	材料科学与工程学院	省财政重点支持
10	动物医学	农学院	省财政重点支持
11	法学	法学院	校自筹经费支持
12	思想政治教育	政治与公共管理学院	校自筹经费支持
13	社会体育指导与管理	体育学院	校自筹经费支持
14	历史学	历史文化与旅游学院	校自筹经费支持
15	地理科学	环境与规划学院	校自筹经费支持
16	土木工程	建筑工程学院	校自筹经费支持
17	软件工程	计算机学院	校自筹经费支持
18	制药工程	药学院	校自筹经费支持
19	生物工程	生命科学学院	校自筹经费支持
20	行政管理	政治与公共管理学院	校自筹经费支持
21	旅游	历史文化与旅游学院	校自筹经费支持
22	音乐学	音乐与舞蹈学院	校自筹经费支持
23	广播电视编导	传媒技术学院	校自筹经费支持
24	视觉传达	美术学院	校自筹经费支持

6. 省级卓越工程师教育培养项目

序号	项目名称	所属学院	负责人	获批时间
1	车辆工程	机械与汽车工程学院	包春江	2013
2	化学工程与工艺	化学化工学院	刘军海	2013
3	材料科学与工程	材料科学与工程学院	滕谋勇	2013

（三）校级

1.2006 年校级特色专业（17 个）

序号	专业名称	所属学院
1	化学	化学化工学院
2	思想政治教育	思政与马克思主义学院
3	历史学	历史文化学院
4	汉语言文学	文学院
5	物理学	物理科学与信息工程学院
6	数学与应用数学	数学科学学院
7	英语	外国语学院
8	生物科学	生命科学学院
9	体育教育	体育学院
10	经济学	商学院
11	地理科学	环境与规划学院
12	教育技术学	传媒技术学院
13	计算机科学与技术	计算机学院
14	教育学	教育科学学院
15	电子信息科学与技术	物理科学与信息工程学院
16	人力资源管理	管理学院
17	材料化学	材料科学与工程学院

2.2012 年校级特色专业（10 个）

序号	专业名称	所属学院
1	哲学	政治学院
2	广播电视新闻学	文学院
3	应用心理学	教育科学学院
4	信息与计算科学	数学科学学院
5	广播电视编导	传媒学院
6	通信工程	物理科学与信息工程学院
7	工商管理	商学院
8	高分子材料与工程	材料学院
9	动物医学	农学院
10	土木工程	建筑工程学院

3.2013 年校级特色专业（5 个）

序号	专业名称	所属学院
1	音乐学	音乐学院
2	法学	法学院
3	教育技术学	传媒技术学院
4	化学工程与工艺	化学化工学院
5	园林	农学院

2004 年以来课程建设

（一）国家级

1. 国家级精品课程名单（1 门，教高函〔2009〕21 号）

序号	课程名称	所属学院	课程负责人
1	电视教材编导与制作	传播技术学院	李焕勤（2009 年）

2. 国家级双语教学示范课程名单（1 门，教高函〔2010〕11 号）

序号	课程名称	所属学院	课程负责人
1	生物化学	生命科学学院	张永忠（2010 年）

3. 国家精品视频公开课名单（3 门，教高厅函〔2014〕12 号、教高厅函〔2016〕15 号）

序号	课程名称	所属学院	课程负责人	批次、获批文号、年月
1	走进老舍	文学院	石兴泽	第五批，教高厅函〔2014〕12 号，2014 年 4 月
2	古往今来话运河	运河学研究院	李泉、吴欣	第八批，教高厅函〔2016〕15 号，2016 年 2 月
3	身边的数学	数学科学学院	范丽亚	第八批，教高厅函〔2016〕15 号，2016 年 2 月

4. 国家精品资源共享课名单（1 门，立项：教高司函〔2013〕132 号；获批：教高厅函〔2016〕54 号）

序号	课程名称	所属学院	课程负责人
1	电视教材编导与制作	传媒技术学院	李焕勤（2013 年）

5. 国家级一流本科课程（12 门）

序号	课程名称	负责人	团队成员	所属学院	课程类型	获批时间
1	光学	王文军	刘云龙、吕太国、牟娟、杜倩倩	物理科学与信息工程学院	线下一流课程	2020 年
2	现代教育技术	高国元	杨凤梅、李娟	传媒技术学院	线上线下混合式一流课程	2020 年
3	龙舟训练理论与实践	陈翀	张雪临、吕艳丽、张春燕、王梁	体育学院	社会实践课程	2023 年
4	音乐治疗实践	王海华	牟艳丽、潘佩佩、蔡勇刚、吕清林	音乐与舞蹈学院	社会实践课程	2023 年
5	大气污染控制工程	王岩	邓焕广、曹建荣、李珊珊	地理与环境学院	线上线下混合式课程	2023 年
6	机械设计	郭安福	—	机械与汽车工程学院	线上线下混合式课程	2023 年
7	美国文学	张慧	刘凤山、鹿清霞	外国语学院	线上线下混合式课程	2023 年
8	美学原理	刘晋	朱玉超、李德芳、延玥	政治与公共管理学院	线上线下混合式课程	2023 年
9	生物化学	冀芦沙	程波	药学院	线上线下混合式课程	2023 年
10	中国近现代史纲要	陈士军	李士峰、黄昊、邓广、杨玉青	马克思主义学院	线上线下混合式课程	2023 年
11	文学概论	殷学明	孔令辉、赵宪章、杨春忠、谭德生	文学院	线下课程	2023 年
12	运筹学	范丽亚	辛祥鹏、胡凯、杨静、韩红燕	数学科学学院	线下课程	2023 年

（二）省级

1. 省级精品课程名单（30 门）

序号	课程名称	所属学院	课程负责人	获批文号
1	高等代数	数学科学学院	赵建立（2004 年）	鲁教高字〔2004〕14 号
2	心理学	教育科学学院	赵富才（2005 年）	
3	世界古代史	历史文化学院	陈德正（2006 年）	鲁教高字〔2006〕8 号
4	无机化学	化学化工学院	窦建民（2006 年）	鲁教高字〔2006〕8 号

续表

序号	课程名称	所属学院	课程负责人	获批文号
5	光学	物理科学与信息工程学院	王文军（2006年）	鲁教高字〔2006〕8号
6	电视教材编导与制作	传播技术学院	李焕勤（2007年）	鲁教高字〔2007〕7号
7	拓扑学	数学科学学院	孟晗（2008年）	鲁教高字〔2008〕7号
8	中国教育史	教育科学学院	李剑萍（2009年）	鲁教高字〔2009〕13号
9	大学英语	大学外语教育学院	齐登红（2010年）	鲁教高字〔2010〕15号
10	分析化学	化学化工学院	傅崇岗（2010年）	鲁教高字〔2010〕15号
11	现代教育技术	传媒学院	杨凤梅（2010年）	鲁教高字〔2010〕15号
12	中国近现代史纲要	思政学院	李海英（2011年）	鲁教高字〔2011〕25号
13	有机化学	化学院	尹汉东（2011年）	鲁教高字〔2011〕25号
14	基础物理联合申报课程电磁学	理工学院	董瑞新（2011年）	鲁教高字〔2011〕25号
15	基础物理联合申报课程力学	理工学院	闫循领（2011年）	鲁教高字〔2011〕25号
16	基础物理联合申报课程热学	理工学院	孙长勇（2011年）	鲁教高字〔2011〕25号
17	历史学专业主干课联合课程—世界近现代史	历史文化学院	吕桂霞（2012年）	鲁教高字〔2012〕15号
18	历史学专业主干课联合课程—中国古代史	历史文化学院	郭学信（2012年）	鲁教高字〔2012〕15号
19	历史学专业主干课联合课程—中国近现代史	历史文化学院	张礼恒（2012年）	鲁教高字〔2012〕15号
20	历史学专业主干课联合课程—世界古代史	历史文化学院	陈德正(2012年）	鲁教高字〔2012〕15号
21	汽车电器与电子技术	机械与汽车工程学院	惠鸿忠(2013年）	鲁教高字〔2014〕10号
22	汽车发动机原理	机械与汽车工程学院	吴海荣(2013年）	鲁教高字〔2014〕10号
23	汽车构造	机械与汽车工程学院	包春江(2013年）	鲁教高字〔2014〕10号
24	汽车设计	机械与汽车工程学院	陈峥峰(2013年）	鲁教高字〔2014〕10号
25	基本体操	体育学院	张永虎(2013年）	鲁教高字〔2014〕10号
26	健美操	体育学院	李富菊(2013年）	鲁教高字〔2014〕10号

续表

序号	课程名称	所属学院	课程负责人	获批文号
27	体操	体育学院	钟明宝（2013 年）	鲁教高字〔2014〕10 号
28	鲁迅研究	文学院	刘东方（2013 年）	鲁教高字〔2014〕10 号
29	中国当代文学史	文学院	卢军（2013 年）	鲁教高字〔2014〕10 号
30	中国现代文学史	文学院	隋清娥（2013 年）	鲁教高字〔2014〕10 号

2. 山东省一流本科课程（61 门）

序号	课程名称	课程负责人	团队成员	所属学院	课程类型	获批时间
1	材料力学	赵岭	唐娟、赵艳荣	机械与汽车工程学院	线下一流课程	2020 年
2	财政学	匡萍	—	商学院	线下一流课程	2020 年
3	单片机原理与应用	田存伟	邹瑞滨、赵红	物理科学与信息工程学院	线下一流课程	2020 年
4	光学	王文军	刘云龙、吕太国、牟娟、杜倩倩	物理科学与信息工程学院	线下一流课程	2020 年
5	国际共产主义运动史	陈兆芬	刘子平、李华锋	政治与公共管理学院	线下一流课程	2020 年
6	机械设计	郭安福	—	机械与汽车工程学院	线上线下混合式一流课程	2020 年
7	基础会计学	周琳	—	商学院	线下一流课程	2020 年
8	教师职业基本技能微格教学训练	房元霞	姜晶、金秋、谷焕春、刘兰之	数学科学学院	线下一流课程	2020 年
9	平面设计原理	孙秀霞	崔若健、王青嵩、刘澈	美术与设计学院	线下一流课程	2020 年
10	普通昆虫学（二）	王桂清	祝国栋、张蕾蕾	农学院	线下一流课程	2020 年
11	汽车电器与电子控制系统	惠鸿忠	黄贤广、楚晓华、陈林林、冯德赢	机械与汽车工程学院	线下一流课程	2020 年
12	世界古代史	陈德正	孙学美、张思、王志鹏、胡长江	历史文化与旅游学院	线下一流课程	2020 年
13	数据结构	桑红燕	韩玉艳、张振领、郑丽萍	计算机学院	线下一流课程	2020 年
14	体操	张永虎	高健	体育学院	线下一流课程	2020 年
15	微生物学	杜秀菊	—	生命科学学院	线上线下混合式一流课程	2020 年

续表

序号	课程名称	课程负责人	团队成员	所属学院	课程类型	获批时间
16	文学概论	殷学明	孔令辉、赵宪章、杨春忠、谭德生	文学院	线下一流课程	2020 年
17	现代教育技术	高国元	杨凤梅、李娟	传媒技术学院	线上线下混合式一流课程	2020 年
18	小学语文课程与教学论	王建峰	于源溟、邵怀领、陈霞	教育科学学院	线下一流课程	2020 年
19	运筹学	范丽亚	辛祥鹏、胡凯、杨静、韩红燕	数学科学学院	线下一流课程	2020 年
20	自然地理学（二）	刘子亭	姚敏、陶宝先、李如雪、张保华	地理与环境学院	线下一流课程	2020 年
21	古树养护与复壮虚拟仿真实验	高祥斌	郭尚敬、张秀省、吕福堂、任秋萍、刘守柱	农学院	虚拟仿真	2020 年
22	混合动力系统虚拟仿真实验	郭宏亮	郭伟强、黄贤广、王超、李兵	机械与汽车工程学院	虚拟仿真	2020 年
23	龙舟训练理论与实践	陈翀	陈翀、张雪临、吕艳丽、张春燕、王梁	体育学院	社会实践课程	2021 年
24	音乐治疗实践	王海华	王海华、牟艳丽、潘佩佩、蔡勇刚、吕清林	音乐与舞蹈学院	社会实践课程	2021 年
25	大气污染控制工程	王岩	王岩、邓焕广、曹建荣、李珊珊	地理与环境学院	线上线下混合式课程	2021 年
26	电视节目制作技术	李焕芹	李焕芹、郭峰、吕爱杰、赵厚福	传媒技术学院	线上线下混合式课程	2021 年
27	钢结构设计原理	杨秀英	杨秀英、赵庆双、高树飞	建筑工程学院	线上线下混合式课程	2021 年
28	高等数学	宋颖	宋颖、樊树芳、夏建伟	数学科学学院	线上线下混合式课程	2021 年
29	计算机组成原理	段朋	段朋、王贤勇、李树榜、师庆玲、张彪	计算机学院	线上线下混合式课程	2021 年
30	美国文学	张慧	张慧、刘凤山、鹿清霞	外国语学院	线上线下混合式课程	2021 年

续表

序号	课程名称	课程负责人	团队成员	所属学院	课程类型	获批时间
31	美学原理	刘晋	刘晋、朱玉超、李德芳、延玥	政治与公共管理学院	线上线下混合式课程	2021年
32	汽车构造	吴海荣	吴海荣、包春江	机械与汽车工程学院	线上线下混合式课程	2021年
33	生物化学	冀芦沙	冀芦沙、程波	药学院	线上线下混合式课程	2021年
34	生物化学	王琪琳	王琪琳	生命科学学院	线上线下混合式课程	2021年
35	细胞生物学	侍福梅	侍福梅、李洁、李成萍	生命科学学院	线上线下混合式课程	2021年
36	中国近现代史纲要	陈士军	陈士军、李士峰、黄昊、邓广、杨玉青	马克思主义学院	线上线下混合式课程	2021年
37	教育学概论	满忠坤	满忠坤、侯爱荣、岳建军、李慧慧	教育科学学院	线下课程	2021年
38	鲁迅研究	卢军	卢军、隋清娥、刘勇、杨有楠	文学院	线下课程	2021年
39	中国古代史（上、下）	李桂民	李桂民、官士刚、马越、高海云、翟桂金	历史文化与旅游学院	线下课程	2021年
40	光纤预制棒制备及光纤拉制虚拟仿真实验	张丙元	范鑫烨、房文敬、纪红柱、张霞	物理科学与信息工程学院	虚拟仿真课程	2021年
41	操作系统	姜华	姜华、赵阳、陈晶、孟磊磊	计算机学院	线上线下混合式课程	2024年
42	大学英语（二）	李燕飞	李燕飞、赵蕴萱、侯丽、王志霞、李鹏飞	外国语学院	线上线下混合式课程	2024年
43	动物学	闫华超	闫华超、王猛、黄冕	生命科学学院	线上线下混合式课程	2024年
44	分析化学	李爱峰	李爱峰、李海波、杨冰川、薛庆旺、李霞	化学化工学院	线上线下混合式课程	2024年
45	分子生物学	王瑞	王瑞、李军、陈芳、贾殿隆、张香梅	药学院	线上线下混合式课程	2024年

续表

序号	课程名称	课程负责人	团队成员	所属学院	课程类型	获批时间
46	化工基础	张骞	张骞、洪敏、李川、刘杰、张艳	化学化工学院	线上线下混合式课程	2024 年
47	环境规划学	刘衍君	刘衍君、张二勋、肖燕、孟静静	地理与环境学院	线上线下混合式课程	2024 年
48	混凝土结构设计原理	张绪涛	张绪涛、苏志彬	建筑工程学院	线上线下混合式课程	2024 年
49	计算机网络	于承敏	于承敏、李成友、亓民勇、李元振	计算机学院	线上线下混合式课程	2024 年
50	金属热处理原理及工艺	倪俊杰	倪俊杰、赵性川、马杰、郝雪卉	材料科学与工程学院	线上线下混合式课程	2024 年
51	马克思主义基本原理	马莉	马莉、王红霞、赵化民、于欣	马克思主义学院	线上线下混合式课程	2024 年
52	数学课程标准与教材教法研究	姜晶	姜晶、李莹、张昕丽、陈国华	数学科学学院	线上线下混合式课程	2024 年
53	思想道德与法治	华敏	华敏、刘行玉、高庆涛、王巧玲、李瑞	马克思主义学院	线上线下混合式课程	2024 年
54	西方哲学史	孟伟	孟伟	政治与公共管理学院	线上线下混合式课程	2024 年
55	英汉 / 汉英口译	李静	李静、徐旭	外国语学院	线上线下混合式课程	2024 年
56	英语语法	肖征	肖征、程鹤、李维滨	外国语学院	线上线下混合式课程	2024 年
57	中国音乐史	尹蕾	尹蕾、杨康宁	音乐与舞蹈学院	线上线下混合式课程	2024 年
58	综合英语（二）	王红霞	王红霞、孟令新、牛洪垒、贾梦媛	外国语学院	线上线下混合式课程	2024 年
59	美丽乡村设计与创新实践	郭瑞芳	郭瑞芳、刘春景、宁改存、傅金辉、于恒	美术与设计学院	社会实践课程	2024 年
60	师范生红色研学	邵怀领	邵怀领、黄春平、马海燕	教育科学学院	社会实践课程	2024 年
61	画法几何与机械制图	朱颜	朱颜、于翰文、曹乐乐、金含、魏衍侠	机械与汽车工程学院	线上课程	2024 年

聊城大学省级实验教学示范中心清单

序号	中心名称	级别	设立时间
1	教育与传媒技术实验教学中心	省部级实验教学示范中心	2003
2	大学物理实验教学示范中心	省部级实验教学示范中心	2004
3	工程训练中心	省部级实验教学示范中心	2007
4	化学化工实验教学示范中心	省部级实验教学示范中心	2023

硕士学位授权简况表

聊城大学硕士学位授权一级学科简况表

序号	学科门类	学科代码	一级学科名称	批准时间
1	经济学	0202	应用经济学	2011 年 3 月 3 日
2	法学	0302	政治学	2011 年 3 月 3 日
3	法学	0305	马克思主义理论	2021 年 10 月 26 日
4	教育学	0401	教育学	2011 年 3 月 3 日
5	教育学	0402	心理学	2021 年 10 月 26 日
6	教育学	0403	体育学	2021 年 10 月 26 日
7	文学	0501	中国语言文学	2011 年 3 月 3 日
8	文学	0502	外国语言文学	2021 年 10 月 26 日
9	历史学	0602	中国史	2018 年 3 月 22 日
10	历史学	0603	世界史	2011 年 8 月 5 日
11	理学	0701	数学	2016 年 9 月 23 日
12	理学	0702	物理学	2011 年 3 月 3 日
13	理学	0703	化学	2006 年 1 月 25 日
14	理学	0705	地理学	2011 年 3 月 3 日
15	理学	0710	生物学	2011 年 3 月 3 日
16	理学	0711	系统科学	2011 年 3 月 3 日
17	工学	0803	光学工程	2018 年 3 月 22 日

续表

序号	学科门类	学科代码	一级学科名称	批准时间
18	工学	0805	材料科学与工程	2011 年 3 月 3 日
19	工学	0810	信息与通信工程	2011 年 3 月 3 日
20	工学	0817	化学工程与技术	2020 年 3 月 20 日
21	工学	0835	软件工程	2011 年 8 月 5 日
22	工学	0836	生物工程	2018 年 3 月 22 日
23	农学	0901	作物学	2018 年 3 月 22 日
24	艺术学	1301	艺术学	2023 年 9 月 14 日

聊城大学硕士专业学位授权点简况表

序号	专业学位类别代码	专业学位类别名称	批准时间
1	0351	法律	2021 年 10 月 26 日
2	0451	教育	2005 年 2 月 23 日
3	0452	体育	2010 年 9 月 2 日
4	0453	国际中文教育	2021 年 10 月 26 日
5	0454	应用心理	2018 年 3 月 22 日
6	0551	翻译	2010 年 9 月 2 日
7	0854	电子信息	2019 年 5 月 6 日
8	0855	机械	2019 年 5 月 6 日
9	0859	土木水利	2019 年 5 月 6 日
10	0862	风景园林	2018 年 3 月 22 日
11	1251	工商管理	2018 年 3 月 22 日
12	1252	公共管理	2021 年 10 月 26 日
13	1253	会计	2021 年 10 月 26 日
14	1352	音乐	2023 年 9 月 14 日
15	1354	戏剧与影视	2023 年 9 月 14 日
16	1356	美术与书法	2023 年 9 月 14 日
17	1357	设计	2023 年 9 月 14 日

聊城大学重点学科、科研平台一览表

聊城大学重点学科一栏表

序号	学科名称	类别	批准时间	批准单位
1	畜牧学	山东省高等学校高水平学科培育学科	2021年1月16日	山东省教育厅
2	化学	山东省一流学科	2016年12月1日	山东省教育厅
3	分析化学	山东省“十二五”重点学科（特色重点）	2011年6月24日	山东省教育厅、财政厅
4	中国现当代文学	山东省“十二五”重点学科（特色重点）	2011年6月24日	山东省教育厅、财政厅
5	科学社会主义与国际共产主义运动	山东省“十二五”重点学科（特色重点）	2011年6月24日	山东省教育厅、财政厅
6	光学	山东省“十二五”重点学科	2011年6月24日	山东省教育厅、财政厅
7	课程与教学论	山东省“十二五”重点学科	2011年6月24日	山东省教育厅、财政厅
8	自然地理学（黄河下游资源环境与生态安全）	山东省“十二五”重点学科	2011年6月24日	山东省教育厅、财政厅
9	系统理论	山东省“十二五”重点学科	2011年6月24日	山东省教育厅、财政厅
10	中国近现代史	山东省“十二五”重点学科	2011年6月24日	山东省教育厅、财政厅
11	分子生物学与抗体药物工程	山东省“十二五”重点学科	2011年6月24日	山东省教育厅、财政厅
12	非物质文化遗产保护学	山东省文化艺术科学“十二五”重点学科	2011年10月10日	山东省文化厅
13	科学社会主义与国际共产主义运动	山东省“十一五”重点学科	2006年12月10日	山东省教育厅、财政厅
14	课程与教学论	山东省“十一五”重点学科	2006年12月10日	山东省教育厅、财政厅
15	中国古典文献学	山东省“十一五”重点学科	2006年12月10日	山东省教育厅、财政厅
16	中国现当代文学	山东省“十一五”重点学科	2006年12月10日	山东省教育厅、财政厅
17	中国近现代史	山东省“十一五”重点学科	2006年12月10日	山东省教育厅、财政厅
18	分析化学	山东省“十一五”重点学科	2006年12月10日	山东省教育厅、财政厅
19	系统理论	山东省“十一五”重点学科	2006年12月10日	山东省教育厅、财政厅

续表

序号	学科名称	类别	批准时间	批准单位
20	非物质文化遗产保护学	山东省文化艺术科学“十五”重点学科	2004年	山东省文化厅
21	国际共产主义运动	山东省“十五”重点学科	2001年	山东省教育厅、财政厅
22	分析化学	山东省“十五”重点学科	2001年	山东省教育厅、财政厅
23	课程与教学论	山东省“十五”重点学科	2001年	山东省教育厅、财政厅
24	中国古典文献学	山东省“十五”重点学科	2001年	山东省教育厅、财政厅

聊城大学重点科研平台信息表

序号	平台名称	级别	平台类型	批准时间	批准部门
1	山东省光通信工程技术研究中心	省	山东省工程技术研究中心	1995年3月24日	山东省科学技术委员会
2	光通信技术实验室	厅	山东省“十五”高校重点实验室	2005年	山东省教育厅
3	山东省世界社会主义共产主义运动研究基地	省	山东省社会科学规划重点研究基地	2005年1月10日	山东省哲学社会科学规划领导小组
4	山东省当代中国哲学研究基地	省	山东省社会科学规划重点研究基地	2006年11月27日	山东省哲学社会科学规划领导小组
5	生态学和生物多样性实验室	厅	省“十一五”高校重点实验室	2006年12月10日	山东省教育厅、财政厅
6	现代光通信实验室	厅	省“十一五”高校重点实验室	2006年12月10日	山东省教育厅、财政厅
7	运河文化研究基地	厅	省人文社会科学研究基地	2006年12月10日	山东省教育厅、财政厅
8	山东省光通信科学与技术重点实验室	省	山东省重点实验室	2008年11月4日	山东省科学技术厅、财政厅
9	山东省运河文化研究基地	省	山东省社会科学规划重点研究基地	2009年10月18日	山东省哲学社会科学规划领导小组
10	山东省化学储能与新型电池技术重点实验室	省	山东省重点实验室	2011年3月23日	山东省科学技术厅、财政厅
11	光信息传输与处理	厅	山东省“十二五”高校重点实验室	2011年6月28日	山东省教育厅、财政厅
12	清洁化学能源技术	厅	山东省“十二五”高校重点实验室	2011年6月28日	山东省教育厅、财政厅
13	生态学与生物多样性	厅	山东省“十二五”高校重点实验室	2011年6月28日	山东省教育厅、财政厅

续表

序号	平台名称	级别	平台类型	批准时间	批准部门
14	智能信息处理与网络安全	厅	山东省“十二五”高校重点实验室	2011年6月28日	山东省教育厅、财政厅
15	运河与区域经济社会发展研究中心	厅	山东省“十二五”高校人文社会科学研究基地	2011年6月28日	山东省教育厅、财政厅
16	教师教育创新研究基地	厅	山东省“十二五”高校人文社会科学研究基地	2011年6月28日	山东省教育厅、财政厅
17	山东高校反腐倡廉理论教育基地	厅	山东高校反腐倡廉理论教育基地	2011年9月20日	山东省委高校工委
18	山东高校慈善文化研究基地	厅	山东高校慈善文化研究基地	2011年9月29日	山东省委高校工委
19	山东省产业升级与经济协同发展软科学研究基地	省	山东省软科学研究基地	2012年12月20日	山东省科学技术厅
20	抗体制药协同创新中心	省	山东省高等学校协同创新中心	2013年9月12日	山东省教育厅、科学技术厅、财政厅
21	国家体育总局体育文化发展研究中心体育文化研究基地	厅	国家体育总局体育文化发展中心研究基地	2013年11月3日	国家体育总局体育文化发展研究中心
22	山东省纳米药物与释药系统工程技术研究中心	省	山东省省级示范工程技术研究中心	2014年12月4日	山东省科技厅、财政厅
23	中外社会主义比较研究基地	省	山东省理论建设工程重点研究基地	2016年3月10日	山东省委宣传部
24	聊城大学太平洋岛国研究中心	省	山东省重点新型智库建设	2016年9月1日	山东省委宣传部
25	大数据智能分析与优化控制实验室	厅	“十三五”山东省高等学校重点实验室	2017年3月30日	山东省教育厅、财政厅
26	生态环境保育与生物资源创新利用实验室	厅	“十三五”山东省高等学校重点实验室	2017年3月30日	山东省教育厅、财政厅
27	药物分子设计与高端制剂实验室	厅	“十三五”山东省高等学校重点实验室	2017年3月30日	山东省教育厅、财政厅
28	鲁迅与中国现代文学文化研究中心	厅	“十三五”山东省高等学校人文社会科学研究基地	2017年3月30日	山东省教育厅、财政厅
29	高等教育治理与发展研究中心	厅	“十三五”山东省高等学校人文社会科学研究基地	2017年3月30日	山东省教育厅、财政厅
30	太平洋岛国研究中心	省部	国别和区域研究中心	2017年6月13日	中华人民共和国教育部
31	化学储能与新型电池技术协同创新中心	厅	山东省高等学校协同创新中心	2017年10月12日	山东省教育厅、财政厅
32	山东特色文献与传统文化“双创”研究协同创新中心	厅	山东省高等学校协同创新中心	2017年10月12日	山东省教育厅、财政厅

续表

序号	平台名称	级别	平台类型	批准时间	批准部门
33	聊城大学简帛学研究中心	省	山东省社会科学规划重点研究基地	2018年6月12日	山东省社会科学规划管理办公室
34	“民间美术资源保护与研发”重点实验室	厅	山东省文化科技重点实验室	2018年6月21日	山东省文化厅
35	山东省黑毛驴高效繁育与健康养殖工程技术研究中心	省	山东省工程技术研究中心	2018年12月17日	山东省科学技术厅
36	太平洋岛国研究中心	省	山东外事研究与发展智库	2019年9月10日	山东省人民政府外事办公室
37	驴产业科技协同创新中心	厅	山东省高校对接产业类协同创新中心	2019年1月10日	山东省教育厅
38	全国曲艺理论学术研究基地	厅	平台类型修改为全国曲艺理论学术研究基地	2019年12月17日	中国曲艺家协会
39	山东高校统战工作理论研究基地	厅	山东高校统战工作理论研究基地培育建设单位	2020年6月15日	山东省教育厅
40	山东省抗病毒药物工程实验室	省	山东省工程实验室	2020年6月22日	山东省发展和改革委员会
41	教育部普通高校人文社会科学重点研究基地北京师范大学教师教育研究中心山东分中心		级别定为厅，平台类型为教育部普通高校人文社会科学重点研究基地省分中心，平台名称修改为北京师范大学教师教育研究中心山东分中心	2020年7月22日	北京师范大学教师教育研究中心
42	山东省中华优秀传统文化传承基地——东昌府木版年画	厅	山东省中华优秀传统文化传承基地	2020年8月3日	山东省教育厅
43	高分辨率对地观测系统山东聊城数据与应用中心（共建，第二位）	厅	国家高分辨率对地观测系统聊城数据与应用中心	2020年11月3日	山东省工业和信息化厅
44	化学储能与新型电池技术协同创新中心	厅	山东省高等学校示范协同创新中心	2020年12月5日	山东省教育厅
45	北冰洋研究中心	省	山东外事研究与发展智库	2021年4月6日	中共山东省委外事工作委员会办公室
46	山东省高校党建工作研究基地	厅	山东省高校党建工作研究基地	2021年7月22日	山东省委高校工委
47	山东省非物质文化遗产研究基地	厅	山东省非物质文化遗产研究基地	2021年12月29日	山东省文化和旅游厅
48	山东省非物质文化遗产传承教育实践基地——东昌府木版年画	厅	山东省非物质文化遗产传承教育实践基地	2022年1月12日	山东省文化和旅游厅
49	稀土功能材料工程研究中心	厅	山东省高等学校工程研究中心（立项建设）	2022年3月7日	山东省教育厅

续表

序号	平台名称	级别	平台类型	批准时间	批准部门
50	类脑智能控制工程研究中心	厅	山东省高等学校工程研究中心（立项建设）	2022 年 3 月 7 日	山东省教育厅
51	山东省运河文化研究基地	省	山东省社科理论重点研究基地	2022 年 4 月 6 日	山东省委宣传部
52	党的建设与孔繁森精神研究基地	省	山东省社科理论重点研究基地	2022 年 4 月 6 日	山东省委宣传部
53	中国—太平洋岛国应对气候变化合作中心	国家	外交部、国土资源部、山东省共建	2022 年 4 月 28 日	—
54	黑水虻种虫繁育和有机废弃物转化山东省工程研究中心	省	山东省工程研究中心	2022 年 5 月 24 日	山东省发展和改革委员会
55	加勒比研究中心	省	山东外事研究与发展智库	2022 年 7 月 22 日	中共山东省委外事工作委员会办公室
56	山东省铜冶炼及稀贵金属综合回收利用技术标准创新中心（共建单位）	厅	山东省技术标准创新中心（试点）	2022 年 10 月 12 日	山东省市场监督管理局
57	黄河学研究院	厅	高校服务黄河重大国家战略项目	2022 年 11 月 16 日	山东省教育厅
58	特色畜禽种质资源创新与利用重点实验室	厅	高校重点实验室	2022 年 11 月 23 日	山东省教育厅
59	大数据智能分析与优化控制重点实验室	厅	高校重点实验室	2022 年 11 月 23 日	山东省教育厅
60	食品安全与生命分析重点实验室	厅	高校重点实验室	2022 年 11 月 23 日	山东省教育厅
61	高速光通信系统与智慧物联网特色实验室	厅	高校特色实验室	2022 年 11 月 23 日	山东省教育厅
62	敏感材料与器件特色实验室	厅	高校特色实验室	2022 年 11 月 23 日	山东省教育厅
63	黄河水沙调控及泥沙高效利用特色实验室	厅	高校特色实验室	2022 年 11 月 23 日	山东省教育厅
64	太平洋岛国社会环境大数据分析与预警文科实验室	厅	高校文科实验室（B 类）	2022 年 11 月 23 日	山东省教育厅
65	数据开发技术创新应用实验室（数据存储治理）	厅	山东省数据开放创新应用实验室	2022 年 11 月 23 日	山东省大数据局
66	山东省防震减灾科普宣教基地——聊城大学地理与环境学院	厅	山东省防震减灾科普宣教基地	2022 年 12 月 5 日	山东省地震局
67	黄河流域生态循环农业协同创新中心	厅	山东省高等学校服务黄河流域生态保护和高质量发展协同创新中心	2022 年 12 月 10 日	山东省教育厅
68	黄河文化与区域社会发展协同创新中心	厅	山东省高等学校服务黄河流域生态保护和高质量发展协同创新中心	2022 年 12 月 10 日	山东省教育厅

续表

序号	平台名称	级别	平台类型	批准时间	批准部门
69	生物制药及规模化制备现代产业学院	省	山东省现代产业学院	2022年12月22日	山东省教育厅、山东省工业信息化厅
70	山东省筑牢中华民族共同体意识研究基地——聊城大学运河学研究院	厅	山东省筑牢中华民族共同体意识研究基地	2022年12月27日	山东省民族宗教事务委员会办公室
71	山东省学校黄河文化传承指导中心	省	全省学校文化建设研究指导服务平台	2022年12月27日	中共山东省委教育工委
72	铜冶炼清洁生产与综合利用山东省工程研究中心（共建单位）	省	山东省工程研究中心	2023年2月20日	山东省发展和改革委员会
73	大分子药物与规模化制备全国重点实验室	国家	全国重点实验室	2023年3月17日	科学技术部
74	国家马驴遗传评估中心	国家	国家种畜禽遗传评估专业中心（筹建）	2023年5月8日	全国畜牧总站
75	数据开放应用创新（建设遗产）实验室	厅	山东省数据开放创新应用实验室	2023年12月27日	山东省大数据局
76	数据开放应用创新（智慧农业、智能制造）实验室	厅	山东省数据开放创新应用实验室	2023年12月27日	山东省大数据局

2005—2024年聊城大学获省部级以上奖励情况（科技部分）

序号	获奖成果	奖励名称	授奖单位	获奖等级	项目完成人	获奖时间	备注
1	长距离视频终端驱动器的研制	山东省科学技术奖	山东省人民政府	科技进步奖三等奖	于会山、张德伟、张民	2006年	—
2	主族金属有机化合物的合成、结构及性质研究	山东省科学技术奖	山东省人民政府	自然科学奖三等奖	尹汉东、马春林、窦建民、李大成、王大奇	2006年	—
3	若干物理系统的量子效应研究	教育部高等学校科学研究优秀成果奖（科学技术）	中华人民共和国教育部	自然科学奖二等奖	王继锁、于肇贤、冯健、宋同强、焦志勇、高云峰、孙金祚	2006年	—
4	新型量子态的构造及量子态新特性研究	山东省科学技术奖	山东省人民政府	自然科学奖二等奖	冯健、王继锁、高云峰	2006年	—
5	山东省小城镇可持续发展研究	山东省科学技术奖	山东省人民政府	科技进步奖三等奖	王志宪、张保华、董杰、刘兆德、李红、程道平	2007年	—

续表

序号	获奖成果	奖励名称	授奖单位	获奖等级	项目完成人	获奖时间	备注
6	几味活血化瘀中药的表面活性及应用研究	山东省科学技术奖	山东省人民政府	科技进步奖三等奖	桑青、魏西莲、秦东风、张金宝、尹宝霖、谭政民	2007年	—
7	有机锡等功能配合物的合成、结构及性质研究	山东省科学技术奖	山东省人民政府	自然科学奖三等奖	尹汉东、马春林、窦建民、李大成、王大奇	2008年	—
8	优质黄桃新品种“黄金冠”的选育和推广应用研究	山东省科学技术奖	山东省人民政府	科技进步奖三等奖	王光全、黄勇、孟庆杰、张秀省、张维祥、李强	2008年	—
9	几类功能薄膜材料的制备及相关物理特性的研究	山东省科学技术奖	山东省人民政府	自然科学奖三等奖	白成林、王文军、胡海泉、王长征、王国菊	2008年	—
10	大学新校区建设项目选址分析与决策	山东省科学技术奖	山东省人民政府	科技进步奖三等奖	杜泽超等	2008年	联合获奖
11	国槐新品种聊红槐选育	山东省科学技术奖	山东省人民政府	科技进步奖三等奖	邱艳昌、张秀省、黄勇、杨重军、于守超、赵红霞	2009年	—
12	自动变库数字桩考系统的研制	山东省科学技术奖	山东省人民政府	科技进步奖三等奖	王宝兴、韩保存、王金亮、曹银杰、温路新、张世英	2009年	—
13	利用CATV网实现区域监警系统的推广与应用	山东省科学技术奖	山东省人民政府	科技进步奖二等奖	于会山、曹银杰、穆健、郎丰法、赵桂青、于舍云、亓汝石、董经代	2010年	—
14	量子光学中一些理论问题的研究	山东省科学技术奖	山东省人民政府	自然科学奖二等奖	王继锁、焦志勇、孟祥国、于肇贤、梁宝龙	2010年	—
15	广义凸性和广义逆及在微分方程和控制系统中的应用	山东省科学技术奖	山东省人民政府	自然科学奖三等奖	范丽亚、姚炳学、刘希强、张兴秋、桑波	2010年	—
16	某些功能配合物的合成、结构及性质研究	山东省科学技术奖	山东省人民政府	自然科学奖三等奖	窦建民、孙道峰、李大成、马春林、尹汉东	2010年	—

续表

序号	获奖成果	奖励名称	授奖单位	获奖等级	项目完成人	获奖时间	备注
17	生物电分析化学新方法研究	山东省科学技术奖	山东省人民政府	自然科学奖二等奖	王怀生、赵金生、陶绪泉、贾文丽、崔慧	2010 年	—
18	全自动机器人激光下料机	山东省科学技术奖	山东省人民政府	科技进步奖三等奖	张丙元、胡海泉等	2010 年	联合获奖
19	玉米主要病害发生与寄主抗性机理和生态控制技术及其应用	教育部高等学校科学研究优秀成果奖（科学技术）	中华人民共和国教育部	科技进步奖二等奖	王桂清等	2010 年	联合获奖
20	硅烷交联阻燃抑烟聚氯乙烯电缆料	山东省科学技术奖	山东省人民政府	科技进步奖三等奖	滕谋勇、邵鑫、陶绪泉、贾正锋、邓爱霞	2011 年	—
21	基于模型的花生和甘薯管理决策支持系统的构建与应用	山东省科学技术奖	山东省人民政府	科技进步奖二等奖	—	2011 年	联合获奖
22	山东道地药材生产及质量控制技术体系建立与应用	山东省科学技术奖	山东省人民政府	科技进步奖二等奖	柳仁民等	2011 年	联合获奖
23	纯电动华客车核心技术研究	山东省科学技术奖	山东省人民政府	科技进步奖三等奖	—	2011 年	联合获奖
24	优异山楂种质创新及其系列新品种选育	山东省科学技术奖	山东省人民政府	科技进步奖三等奖	孟庆杰、王光全、黄勇、钱关泽、张秀省、连建国、李强、孟凡蕾、王光珍、崔超、连茂杰、杨宗芳	2012 年	—
25	农用汽车关键承载部件结构优化设计	山东省科学技术奖	山东省人民政府	科技进步奖三等奖	包春江、林连华、张利鹏、朱训栋、赵栋杰、池建美、陈峥峰、孙玉鹏、张兰江	2012 年	—
26	同轴并联混合动力客车机电耦合驱动系统及整车开发与应用	山东省科学技术奖	山东省人民政府	科技进步奖二等奖	—	2012 年	联合获奖
27	新型孤子激发模式的构造及其稳定性和传输特性研究	山东省科学技术奖	山东省人民政府	自然科学奖二等奖	白成林、赵红、刘山亮、郑宏军	2013 年	—

续表

序号	获奖成果	奖励名称	授奖单位	获奖等级	项目完成人	获奖时间	备注
28	汽车智能网络	山东省科学技术奖	山东省人民政府	科技进步奖三等奖	惠鸿忠等	2013年	联合获奖
29	工业化高效液相层析分离提纯装备	山东省科学技术奖	山东省人民政府	科技进步奖三等奖	柳仁民等	2013年	联合获奖
30	高速光纤通信系统中偏振模色散监测、控制、均衡及自适应补偿技术	教育部高等学校科学研究优秀成果奖（科学技术）	中华人民共和国教育部	科技进步奖二等奖	白成林、张晓光、张霞、席丽霞、许恒迎、唐先锋、张文博	2014年	—
31	阿胶生产关键技术创新及应用	山东省科学技术奖	山东省人民政府	科技进步奖二等奖	—	2014年	联合获奖
32	功能与寿命同步型高光效农业设施覆盖材料	山东省科学技术奖	山东省人民政府	科技进步奖二等奖	滕谋勇等	2014年	联合获奖
33	奥美拉唑系列产品关键制备技术与产业化	国家科学技术进步奖	中华人民共和国国务院	科技进步奖二等奖	严守升等	2015年	联合获奖
34	金银花提质增效、综合开发关键技术研究与产业化应用	山东省科学技术奖	山东省人民政府	科技进步奖一等奖	李爱峰、柳仁民等	2017年	联合获奖
35	新型快速工程模拟方法的理论研究及其应用	新疆维吾尔自治区科技进步奖	新疆维吾尔自治区人民政府	自然科学奖二等奖	孔旭等	2017年	联合获奖
36	问题特性感知的知识驱动智能集成优化理论及应用	江苏省科学技术奖	江苏省人民政府	自然科学奖二等奖	李俊青等	2018年	联合获奖
37	生物电化学传感器的制备及应用研究	山东省科学技术奖	山东省人民政府	自然科学奖三等奖	王怀生、贾丽萍	2019	—
38	非线性偏微分方程的对称性及守恒律	河北省自然科学奖	河北省人民政府	自然科学奖三等奖	刘希强等	2019	联合获奖
39	咽喉疾病相关的功能保全与重建的机制及应用研究	上海市科技进步奖	上海市人民政府	科技进步奖一等奖	郭亚军等	2019	联合获奖

续表

序号	获奖成果	奖励名称	授奖单位	获奖等级	项目完成人	获奖时间	备注
40	模糊集在拓扑、粗糙近似算子及数据特征提取和分类中的应用研究	山东省科学技术奖	山东省人民政府	自然科学奖三等奖	李令强、姚炳学、范丽亚、金秋、胡凯	2020	—
41	环境友好型压电陶瓷材料高性能化研究	山东省科学技术奖	山东省人民政府	自然科学奖三等奖	李伟、郝继功、付鹏、杜鹃	2020	—
42	驴健康养殖技术推广与示范	山东省科学技术奖	山东省人民政府	科技进步奖三等奖	刘桂芹、朱明霞、刘文强、王长法、于杰、何飞	2021	—
43	分子氧条件下锰取代钨氧簇催化合成二硫化四苄基秋兰姆	山东省科学技术奖	山东省人民政府	科技进步奖三等奖	黄现强、王怀生、杜孟成、董瑞国、师利龙、崔传生	2021	—
44	面向复杂系统的知识驱动智能协同优化理论与方法	山东省科学技术奖	山东省人民政府	自然科学奖二等奖	段培永、李俊青、高开周、潘全科等	2021	联合获奖
45	面向复杂系统节能降碳的数据与知识驱动能量动态优化方法	山东省科学技术奖	山东省人民政府	自然科学奖二等奖	段培永、李俊青、高开周、韩玉艳、郑志新等	2023	联合获奖
46	岩石混合裂纹扩展破坏机理及煤矿动力灾害FRACOD防控技术	山东省科学技术奖	山东省人民政府	科技进步奖二等奖	张保良等	2023	联合获奖

2005年至今聊城大学获省部级以上奖励情况（社科部分）

序号	获奖成果	奖励名称	授奖单位	获奖等级	项目完成人	获奖时间
1	道德思维论	山东省社会科学优秀成果奖	山东省社会科学优秀成果奖评选委员会	一等奖	黄富峰	2005年
2	谢榛全集校笺（上、下集）	山东省社会科学优秀成果奖	山东省社会科学优秀成果奖评选委员会	二等奖	李庆立	2005年
3	1949—1978年中国农村社会保障制度透视	山东省社会科学优秀成果奖	山东省社会科学优秀成果奖评选委员会	二等奖	宋士云	2005年

续表

序号	获奖成果	奖励名称	授奖单位	获奖等级	项目完成人	获奖时间
4	鲁迅的医者身份和文化品格—从另一种角度走近鲁迅	山东省社会科学优秀成果奖	山东省社会科学优秀成果奖评选委员会	三等奖	刘广涛	2005 年
5	论苏联经济增长方式变迁的经验教训	山东省社会科学优秀成果奖	山东省社会科学优秀成果奖评选委员会	三等奖	赵常伟	2005 年
6	辛亥滦州兵谏与滦州起义	山东省社会科学优秀成果奖	山东省社会科学优秀成果奖评选委员会	三等奖	赵润生	2005 年
7	斯大林在苏联工业化时期提出的两个口号论析	山东省社会科学优秀成果奖	山东省社会科学优秀成果奖评选委员会	二等奖	林建华	2006 年
8	农村公共物品供给与消费水平相关性分析	山东省社会科学优秀成果奖	山东省社会科学优秀成果奖评选委员会	三等奖	楚永生	2006 年
9	论不确定性	山东省社会科学优秀成果奖	山东省社会科学优秀成果奖评选委员会	三等奖	丁祖豪	2006 年
10	从景观空间中突围——一种心理地理学的批判	山东省社会科学优秀成果奖	山东省社会科学优秀成果奖评选委员会	三等奖	王昭风	2006 年
11	论“教师即研究者”	山东省社会科学优秀成果奖	山东省社会科学优秀成果奖评选委员会	三等奖	李润洲	2006 年
12	浅论教育技术价值观	山东省社会科学优秀成果奖	山东省社会科学优秀成果奖评选委员会	三等奖	张景生	2006 年
13	谢榛全集校笺（上、下集）	第四届中国高校人文社会科学研究优秀成果奖	中华人民共和国教育部	三等奖	李庆立	2006 年
14	自由主义与马克思主义 :《独立评论》对中国共产党的态度	第四届中国高校人文社会科学研究优秀成果奖	中华人民共和国教育部	三等奖	张太原	2006 年
15	老舍与 20 世纪中国文学和文化	山东省社会科学优秀成果奖	山东省社会科学优秀成果奖评选委员会	一等奖	石兴泽	2007 年
16	新科技革命与当代中国的科教兴国战略	山东省社会科学优秀成果奖	山东省社会科学优秀成果奖评选委员会	二等奖	赵常伟	2007 年
17	《论语》学的形成、发展与中衰 :汉魏六朝隋唐《论语》学研究	山东省社会科学优秀成果奖	山东省社会科学优秀成果奖评选委员会	二等奖	唐明贵	2007 年

续表

序号	获奖成果	奖励名称	授奖单位	获奖等级	项目完成人	获奖时间
18	何启胡礼垣评传	山东省社会科学优秀成果奖	山东省社会科学优秀成果奖评选委员会	二等奖	张礼恒	2007 年
19	聊城通史（三卷）	山东省社会科学优秀成果奖	山东省社会科学优秀成果奖评选委员会	二等奖	程玉海	2007 年
20	中国现代教育问题史论	山东省社会科学优秀成果奖	山东省社会科学优秀成果奖评选委员会	二等奖	李剑萍	2007 年
21	体育组织文化研究	山东省社会科学优秀成果奖	山东省社会科学优秀成果奖评选委员会	二等奖	王玉珠	2007 年
22	新中国劳动制度发展与创新研究	山东省社会科学优秀成果奖	山东省社会科学优秀成果奖评选委员会	二等奖	苏树厚	2007 年
23	科学课程知识观的重建发展	山东省社会科学优秀成果奖	山东省社会科学优秀成果奖评选委员会	二等奖	赵长林	2007 年
24	选本批评与古人的文学史观念	山东省社会科学优秀成果奖	山东省社会科学优秀成果奖评选委员会	二等奖	樊宝英	2007 年
25	《萨蒂在 20 世纪的命运》——“萨蒂的价值”问题述评	山东省社会科学优秀成果奖	山东省社会科学优秀成果奖评选委员会	二等奖	刘　瑾	2007 年
26	新经济视角下的产业组织理论研究	山东省社会科学优秀成果奖	山东省社会科学优秀成果奖评选委员会	三等奖	巨荣良	2007 年
27	消费时代的音乐文化症候：中国流行音乐研究	山东省社会科学优秀成果奖	山东省社会科学优秀成果奖评选委员会	三等奖	王　辉	2007 年
28	比较与借鉴：东西方社会主义的理论和实践	山东省社会科学优秀成果奖	山东省社会科学优秀成果奖评选委员会	三等奖	林建华	2007 年
29	家庭承包经营体制下的农地产权分析	山东省社会科学优秀成果奖	山东省社会科学优秀成果奖评选委员会	三等奖	宋士云	2007 年
30	公用事业民营化：国际经验及启示	山东省社会科学优秀成果奖	山东省社会科学优秀成果奖评选委员会	三等奖	丁子信	2007 年
31	论道德概念	山东省社会科学优秀成果奖	山东省社会科学优秀成果奖评选委员会	三等奖	黄富峰	2007 年
32	杜威重建经验概念的课程价值	山东省社会科学优秀成果奖	山东省社会科学优秀成果奖评选委员会	三等奖	马开剑	2007 年

续表

序号	获奖成果	奖励名称	授奖单位	获奖等级	项目完成人	获奖时间
33	论我国企业品牌国际化体育营销战略	山东省社会科学优秀成果奖	山东省社会科学优秀成果奖评选委员会	三等奖	张华鑫	2007 年
34	认知同化论语境下对可理解输入的再界定及其对外语网络教学作用的实验分析	山东省社会科学优秀成果奖	山东省社会科学优秀成果奖评选委员会	三等奖	任连奎	2007 年
35	论我们拥有一双“发现的眼睛”——浅谈视唱曲的情感表达	山东省社会科学优秀成果奖	山东省社会科学优秀成果奖评选委员会	三等奖	吕云路	2007 年
36	论《合同法》对格式条款的法律规制——评析《合同法》第 39、40、41 条	山东省社会科学优秀成果奖	山东省社会科学优秀成果奖评选委员会	三等奖	庄海丽	2007 年
37	追求平等：和谐社会中的受教育权问题	山东省社会科学优秀成果奖	山东省社会科学优秀成果奖评选委员会	三等奖	张进军	2007 年
38	可持续发展时代的经济观	山东省社会科学优秀成果奖	山东省社会科学优秀成果奖评选委员会	三等奖	张二勋	2007 年
39	长江三角洲地区可持续发展的态势与对策	山东省社会科学优秀成果奖	山东省社会科学优秀成果奖评选委员会	三等奖	王志宪	2007 年
40	失地补偿安置制度改革：保障农民利益、保护土地资源的关键	山东省社会科学优秀成果奖	山东省社会科学优秀成果奖评选委员会	三等奖	公维才	2007 年
41	20 世纪中国哲学的历程	山东省社会科学优秀成果奖	山东省社会科学优秀成果奖评选委员会	二等奖	丁祖豪	2008 年
42	实践逻辑：审视教育理论与实践的新视角	山东省社会科学优秀成果奖	山东省社会科学优秀成果奖评选委员会	二等奖	李润洲	2008 年
43	全球化语境下胡适的白话文学观	山东省社会科学优秀成果奖	山东省社会科学优秀成果奖评选委员会	二等奖	宋益乔	2008 年
44	明清山东运河区域社会变迁	山东省社会科学优秀成果奖	山东省社会科学优秀成果奖评选委员会	二等奖	王　云	2008 年
45	教育学导论（2006 年修订版）	山东省社会科学优秀成果奖	山东省社会科学优秀成果奖评选委员会	三等奖	李剑萍	2008 年

续表

序号	获奖成果	奖励名称	授奖单位	获奖等级	项目完成人	获奖时间
46	德育思维论	山东省社会科学优秀成果奖	山东省社会科学优秀成果奖评选委员会	三等奖	黄富峰	2008 年
47	现代远程教育技术及其应用研究	山东省社会科学优秀成果奖	山东省社会科学优秀成果奖评选委员会	三等奖	李焕勤	2008 年
48	中小学信息教育师资培养研究	山东省社会科学优秀成果奖	山东省社会科学优秀成果奖评选委员会	三等奖	张景生	2008 年
49	穿越文本——20 世纪中国文学的两极阅读	山东省社会科学优秀成果奖	山东省社会科学优秀成果奖评选委员会	三等奖	王　辉	2008 年
50	本事迁移理论视野中的经典再生产	山东省社会科学优秀成果奖	山东省社会科学优秀成果奖评选委员会	三等奖	杨春忠	2008 年
51	论宋代士商关系的变化	山东省社会科学优秀成果奖	山东省社会科学优秀成果奖评选委员会	三等奖	郭学信	2008 年
52	景观社会	山东省社会科学优秀成果奖	山东省社会科学优秀成果奖评选委员会	二等奖	王昭风	2009 年
53	伯恩施坦在1880—1895 年间的思想变化评析	山东省社会科学优秀成果奖	山东省社会科学优秀成果奖评选委员会	二等奖	程玉海	2009 年
54	清代民事诉讼与社会秩序	山东省社会科学优秀成果奖	山东省社会科学优秀成果奖评选委员会	二等奖	吴　欣	2009 年
55	新时期地方高师院校转型的典型个案研究	山东省社会科学优秀成果奖	山东省社会科学优秀成果奖评选委员会	二等奖	李剑萍	2009 年
56	论傅斯年的现代白话语言观	山东省社会科学优秀成果奖	山东省社会科学优秀成果奖评选委员会	二等奖	刘东方	2009 年
57	向非营利性组织捐赠的税法研究	山东省社会科学优秀成果奖	山东省社会科学优秀成果奖评选委员会	三等奖	杨道波	2009 年
58	新中国农村五保供养制度的变迁	山东省社会科学优秀成果奖	山东省社会科学优秀成果奖评选委员会	三等奖	宋士云	2009 年
59	预成式语文课程几点批判	山东省社会科学优秀成果奖	山东省社会科学优秀成果奖评选委员会	三等奖	于源溟	2009 年
60	《全清散曲》曲家考补	山东省社会科学优秀成果奖	山东省社会科学优秀成果奖评选委员会	三等奖	刘英波	2009 年

续表

序号	获奖成果	奖励名称	授奖单位	获奖等级	项目完成人	获奖时间
61	体育竞赛公平竞争机器制度建设研究	山东省社会科学优秀成果奖	山东省社会科学优秀成果奖评选委员会	三等奖	张春燕	2009年
62	思想政治教育探本——关于其源起及本质的研究	山东省社会科学优秀成果奖	山东省社会科学优秀成果奖评选委员会	三等奖	李合亮	2009年
63	消费时代的中国流行音乐	山东省社会科学优秀成果奖	山东省社会科学优秀成果奖评选委员会	三等奖	王　辉	2009年
64	地方高等师范院校的转型与发展	山东省社会科学优秀成果奖	山东省社会科学优秀成果奖评选委员会	二等奖	李　喆	2010年
65	老舍研究的历史回顾与思考	山东省社会科学优秀成果奖	山东省社会科学优秀成果奖评选委员会	二等奖	石兴泽	2010年
66	校长领导与学校效能研究：山东省中小学校调查	山东省社会科学优秀成果奖	山东省社会科学优秀成果奖评选委员会	二等奖	李剑萍	2010年
67	中国学习者二语词汇习得研究	山东省社会科学优秀成果奖	山东省社会科学优秀成果奖评选委员会	二等奖	陈万会	2010年
68	中美商人团体与近代国民外交（1905—1927）	山东省社会科学优秀成果奖	山东省社会科学优秀成果奖评选委员会	二等奖	贾中福	2010年
69	《诗经》305篇曲式分析	山东省社会科学优秀成果奖	山东省社会科学优秀成果奖评选委员会	二等奖	李婷婷	2010年
70	科学课程知识观的重建：在人文与科学之间	山东省社会科学优秀成果奖	山东省社会科学优秀成果奖评选委员会	三等奖	赵长林	2010年
71	政府医疗管制模式重构研究	山东省社会科学优秀成果奖	山东省社会科学优秀成果奖评选委员会	三等奖	王丙毅	2010年
72	商业文化的发展与宋代士林风气	山东省社会科学优秀成果奖	山东省社会科学优秀成果奖评选委员会	三等奖	郭学信	2010年
73	发展我国农村集体经济组织的几点思考等	山东省社会科学优秀成果奖	山东省社会科学优秀成果奖评选委员会	三等奖	魏宪朝	2010年
74	金圣叹“腰斩”《水浒传》《西厢记》文本的深层文化分析	山东省社会科学优秀成果奖	山东省社会科学优秀成果奖评选委员会	三等奖	樊宝英	2010年

续表

序号	获奖成果	奖励名称	授奖单位	获奖等级	项目完成人	获奖时间
75	分工视角下的产业集群形成与演化研究	山东省社会科学优秀成果奖	山东省社会科学优秀成果奖评选委员会	三等奖	马中东	2010 年
76	三段论推理中信念偏差效应的研究	山东省社会科学优秀成果奖	山东省社会科学优秀成果奖评选委员会	三等奖	姚志强	2010 年
77	“掌握”教学模式对体育专业学生目标定向类别的影响	山东省社会科学优秀成果奖	山东省社会科学优秀成果奖评选委员会	三等奖	宋进文	2010 年
78	20 世纪 30 年代“中医科学化”思潮论析	山东省社会科学优秀成果奖	山东省社会科学优秀成果奖评选委员会	三等奖	刘卫东	2010 年
79	海源阁藏书研究	国家哲学社会科学成果文库	全国哲学社会科学规划领导小组	—	丁延峰	2011 年
80	大众传媒伦理研究	山东省社会科学优秀成果奖	山东省社会科学优秀成果奖评选委员会	一等奖	黄富峰	2011 年
81	傅斯年社会政治活动与思想研究	山东省社会科学优秀成果奖	山东省社会科学优秀成果奖评选委员会	一等奖	马亮宽	2011 年
82	怀麓堂诗话校释	山东省社会科学优秀成果奖	山东省社会科学优秀成果奖评选委员会	二等奖	李庆立	2011 年
83	论语学史	山东省社会科学优秀成果奖	山东省社会科学优秀成果奖评选委员会	二等奖	唐明贵	2011 年
84	竞争合作范式与网络化企业组织研究	山东省社会科学优秀成果奖	山东省社会科学优秀成果奖评选委员会	二等奖	巨荣良	2011 年
85	影响城市社区居民体育服务需求的人口结构因素分析	山东省社会科学优秀成果奖	山东省社会科学优秀成果奖评选委员会	三等奖	姜大勇	2011 年
86	道德悖论与道德选择	山东省社会科学优秀成果奖	山东省社会科学优秀成果奖评选委员会	三等奖	王敬华	2011 年
87	英国工党与工会关系研究	山东省社会科学优秀成果奖	山东省社会科学优秀成果奖评选委员会	三等奖	李华锋	2011 年
88	海源阁藏书研究	山东省社会科学优秀成果奖	山东省社会科学优秀成果奖评选委员会	重大成果奖	丁延锋	2012 年
89	解析与建构：当代中国思想政治教育的哲学反思	山东省社会科学优秀成果奖	山东省社会科学优秀成果奖评选委员会	一等奖	李合亮	2012 年

续表

序号	获奖成果	奖励名称	授奖单位	获奖等级	项目完成人	获奖时间
90	列宁“民族自决权”思想缘起探析	山东省社会科学优秀成果奖	山东省社会科学优秀成果奖评选委员会	二等奖	张祥云	2012 年
91	英国工党性质的三维解读	山东省社会科学优秀成果奖	山东省社会科学优秀成果奖评选委员会	二等奖	李华锋	2012 年
92	中国现代歌诗概念初探	山东省社会科学优秀成果奖	山东省社会科学优秀成果奖评选委员会	二等奖	刘东方	2012 年
93	《乐经》考论	山东省社会科学优秀成果奖	山东省社会科学优秀成果奖评选委员会	二等奖	李婷婷	2012 年
94	国际视野中的高中技术教育——基于课程与史实的研究	山东省社会科学优秀成果奖	山东省社会科学优秀成果奖评选委员会	二等奖	马开剑	2012 年
95	梁启超与中国现代史学：以跨学科为中心的分析	山东省社会科学优秀成果奖	山东省社会科学优秀成果奖评选委员会	二等奖	石莹丽	2012 年
96	阎宗临的世界古代史教学与研究	山东省社会科学优秀成果奖	山东省社会科学优秀成果奖评选委员会	二等奖	陈德正	2012 年
97	基于 DMI 模型的我国产业集群升级	山东省社会科学优秀成果奖	山东省社会科学优秀成果奖评选委员会	二等奖	马中东	2012 年
98	中国农村金融体系构建研究——基于“三农”实证视角	山东省社会科学优秀成果奖	山东省社会科学优秀成果奖评选委员会	三等奖	雷启振	2012 年
99	寻租理论的发展流变及其方向瞻望——兼论隐匿权威寻租的源起与治理	山东省社会科学优秀成果奖	山东省社会科学优秀成果奖评选委员会	三等奖	杨宏力	2012 年
100	物业税功用及风险规避：观照美国与韩国	山东省社会科学优秀成果奖	山东省社会科学优秀成果奖评选委员会	三等奖	石子印	2012 年
101	人民币升值对我国产品出口价格影响的实证分析——以对美纺织品出口为例	山东省社会科学优秀成果奖	山东省社会科学优秀成果奖评选委员会	三等奖	徐鹏杰	2012 年
102	萌动与选择：20 世纪 30 年代中国社会的现代化走向	山东省社会科学优秀成果奖	山东省社会科学优秀成果奖评选委员会	三等奖	秦正为	2012 年
103	现代性视域下民国政府宗教政策研究	山东省社会科学优秀成果奖	山东省社会科学优秀成果奖评选委员会	三等奖	马　莉	2012 年

续表

序号	获奖成果	奖励名称	授奖单位	获奖等级	项目完成人	获奖时间
104	张栻论语解的理学特色	山东省社会科学优秀成果奖	山东省社会科学优秀成果奖评选委员会	三等奖	唐明贵	2012 年
105	抗战时期山东北海币与法币的关系述论	山东省社会科学优秀成果奖	山东省社会科学优秀成果奖评选委员会	三等奖	刘卫东	2012 年
106	农业生态系统可持续性评价研究	山东省社会科学优秀成果奖	山东省社会科学优秀成果奖评选委员会	三等奖	翟胜、王巨媛、张二勋	2012 年
107	英国工党与工会关系研究	第六届中国高校人文社会科学研究优秀成果奖	中华人民共和国教育部	三等奖	李华锋	2013 年
108	国际视野中的高中技术教育——基于课程与史实的研究	第六届中国高校人文社会科学研究优秀成果奖	中华人民共和国教育部	三等奖	马开剑	2013 年
109	中国古代书法教育研究	第六届中国高校人文社会科学研究优秀成果奖	中华人民共和国教育部	三等奖	向彬	2013 年
110	中国体育组织文化建设与体育产业持续发展的研究	山东省社会科学优秀成果奖	山东省社会科学优秀成果奖评选委员会	一等奖	王玉珠	2013 年
111	教师教学决策论	山东省社会科学优秀成果奖	山东省社会科学优秀成果奖评选委员会	二等奖	张朝珍	2013 年
112	牧场工行动	山东省社会科学优秀成果奖	山东省社会科学优秀成果奖评选委员会	二等奖	吕桂霞	2013 年
113	直隶惊雷——辛亥革命在京津冀	山东省社会科学优秀成果奖	山东省社会科学优秀成果奖评选委员会	二等奖	赵润生、马亮宽	2013 年
114	兴衰之路：民族问题视域下的苏联民族国家建设研究	山东省社会科学优秀成果奖	山东省社会科学优秀成果奖评选委员会	二等奖	张祥云	2013 年
115	意识形态·意识形态控制力·思想政治教育	山东省社会科学优秀成果奖	山东省社会科学优秀成果奖评选委员会	二等奖	李合亮	2013 年
116	公益性社会组织营利活动的法律规制	山东省社会科学优秀成果奖	山东省社会科学优秀成果奖评选委员会	二等奖	杨道波	2013 年
117	新中国社会保障制度结构域变迁	山东省社会科学优秀成果奖	山东省社会科学优秀成果奖评选委员会	二等奖	宋士云	2013 年

续表

序号	获奖成果	奖励名称	授奖单位	获奖等级	项目完成人	获奖时间
118	中国农民养老保障论	山东省社会科学优秀成果奖	山东省社会科学优秀成果奖评选委员会	二等奖	公维才	2013年
119	东西方文化影响与老舍文学世界的建构及研究	山东省社会科学优秀成果奖	山东省社会科学优秀成果奖评选委员会	三等奖	石兴泽	2013年
120	如何理解涉身认知	山东省社会科学优秀成果奖	山东省社会科学优秀成果奖评选委员会	三等奖	孟　伟	2013年
121	质量成本、收入分配与垂直产品差异研究	山东省社会科学优秀成果奖	山东省社会科学优秀成果奖评选委员会	三等奖	高建刚	2013年
122	我国高校龙舟运动员体能特征及其评价模型的研究	山东省社会科学优秀成果奖	山东省社会科学优秀成果奖评选委员会	三等奖	田振华	2013年
123	理论与实践：社会主义在中国的发展	山东省社会科学优秀成果奖	山东省社会科学优秀成果奖评选委员会	三等奖	魏宪朝	2013年
124	村落与宗族：明清山东运河区域宗族社会研究	山东省社会科学优秀成果奖	山东省社会科学优秀成果奖评选委员会	一等奖	吴欣	2014年
125	北宋士风演变的历史考察	山东省社会科学优秀成果奖	山东省社会科学优秀成果奖评选委员会	二等奖	郭学信	2014年
126	《唐女郎鱼玄机诗》版本源流考	山东省社会科学优秀成果奖	山东省社会科学优秀成果奖评选委员会	二等奖	丁延峰	2014年
127	中国共产党地方党委制的组织形态与运作机制研究	山东省社会科学优秀成果奖	山东省社会科学优秀成果奖评选委员会	二等奖	邹庆国	2014年
128	1992—2006年中国社会保障支出水平研究	山东省社会科学优秀成果奖	山东省社会科学优秀成果奖评选委员会	二等奖	宋士云	2014年
129	研究生学术道德培育研究	山东省社会科学优秀成果奖	山东省社会科学优秀成果奖评选委员会	二等奖	黄富峰、宗传军、马晓辉	2014年
130	高校教师“PPT依赖症”的归因分析与对策探讨	山东省社会科学优秀成果奖	山东省社会科学优秀成果奖评选委员会	二等奖	杨凤梅	2014年
131	苏联“增量腐败”及其当代警示	山东省社会科学优秀成果奖	山东省社会科学优秀成果奖评选委员会	三等奖	张祥云、秦正为	2014年
132	中国共产党干部选拔民主化研究	山东省社会科学优秀成果奖	山东省社会科学优秀成果奖评选委员会	三等奖	于学强	2014年

续表

序号	获奖成果	奖励名称	授奖单位	获奖等级	项目完成人	获奖时间
133	康有为《论语注》探微	山东省社会科学优秀成果奖	山东省社会科学优秀成果奖评选委员会	三等奖	唐明贵	2014 年
134	在传统与现代性之间——1626—1894 年间的中朝关系	山东省社会科学优秀成果奖	山东省社会科学优秀成果奖评选委员会	三等奖	张礼恒	2014 年
135	德雷福斯的“无表征智能”及其挑战	山东省社会科学优秀成果奖	山东省社会科学优秀成果奖评选委员会	三等奖	孟　伟	2014 年
136	跑台上走、跑能量消耗与运动速度的相关关系研究	山东省社会科学优秀成果奖	山东省社会科学优秀成果奖评选委员会	三等奖	孙　泊	2014 年
137	分离，融合？——课程改革中的文化适应问题研究	山东省社会科学优秀成果奖	山东省社会科学优秀成果奖评选委员会	三等奖	王　平	2014 年
138	周原庙祭甲骨与“文王受命”公案	山东省社会科学优秀成果奖	山东省社会科学优秀成果奖评选委员会	一等奖	李桂民	2015 年
139	制度变迁视角下的城乡劳动力市场一体化研究	山东省社会科学优秀成果奖	山东省社会科学优秀成果奖评选委员会	二等奖	张福明	2015 年
140	论思想政治教育学科建设的基础与关键	山东省社会科学优秀成果奖	山东省社会科学优秀成果奖评选委员会	二等奖	李合亮	2015 年
141	凯瑟琳·曼斯菲尔德小说研究	山东省社会科学优秀成果奖	山东省社会科学优秀成果奖评选委员会	二等奖	赵文兰	2015 年
142	革命与秩序	山东省社会科学优秀成果奖	山东省社会科学优秀成果奖评选委员会	二等奖	罗衍军	2015 年
143	傅斯年传	山东省社会科学优秀成果奖	山东省社会科学优秀成果奖评选委员会	二等奖	马亮宽	2015 年
144	我国个人所得税：如何调节收入分配	山东省社会科学优秀成果奖	山东省社会科学优秀成果奖评选委员会	三等奖	石子印	2015 年
145	基于表征视角的旅游目的地形象内涵及其建构过程解析	山东省社会科学优秀成果奖	山东省社会科学优秀成果奖评选委员会	三等奖	刘建峰	2015 年
146	英国工党政坛沉浮与主导思想的关系研究	山东省社会科学优秀成果奖	山东省社会科学优秀成果奖评选委员会	三等奖	李华锋	2015 年
147	中国特色社会主义国家利益观	山东省社会科学优秀成果奖	山东省社会科学优秀成果奖评选委员会	三等奖	秦正为	2015 年

续表

序号	获奖成果	奖励名称	授奖单位	获奖等级	项目完成人	获奖时间
148	国际非政府组织国际法规制研究	山东省社会科学优秀成果奖	山东省社会科学优秀成果奖评选委员会	三等奖	刘海江	2015 年
149	一种现象学介入认知科学研究的建设性路径	山东省社会科学优秀成果奖	山东省社会科学优秀成果奖评选委员会	三等奖	孟　伟	2015 年
150	国外技术压力研究的梳理与前瞻	山东省社会科学优秀成果奖	山东省社会科学优秀成果奖评选委员会	三等奖	赵　磊	2015 年
151	转型时期中国浪漫主义文学研究	山东省社会科学优秀成果奖	山东省社会科学优秀成果奖评选委员会	三等奖	石兴泽	2015 年
152	审美与意识形态的变奏	山东省社会科学优秀成果奖	山东省社会科学优秀成果奖评选委员会	三等奖	谭善明	2015 年
153	“蒙恬造筝”说辩证	山东省社会科学优秀成果奖	山东省社会科学优秀成果奖评选委员会	三等奖	李婷婷	2015 年
154	基于腰部加速度计的行走能耗建模实验研究	山东省社会科学优秀成果奖	山东省社会科学优秀成果奖评选委员会	三等奖	孙　泊	2015 年
155	“异地高考”的根源、理念探究与对策	山东省社会科学优秀成果奖	山东省社会科学优秀成果奖评选委员会	三等奖	翟月玲	2015 年
156	傅斯年研究	山东省社会科学优秀成果奖	山东省社会科学优秀成果奖评选委员会	三等奖	郭学信	2015 年
157	新中国城镇住房保障制度改革的历史考察	山东省社会科学优秀成果奖	山东省社会科学优秀成果奖评选委员会	三等奖	宋士云	2015 年
158	社会公平判断——决策科学视角的研究	山东省社会科学优秀成果奖	山东省社会科学优秀成果奖评选委员会	三等奖	赵立军	2015 年
159	民族传统体育非物质文化遗产法律保护的路径选择	山东省社会科学优秀成果奖	山东省社会科学优秀成果奖评选委员会	三等奖	张春燕	2015 年
160	山东省社会科学突出贡献奖	山东省社会科学优秀成果奖	山东省社会科学优秀成果奖评选委员会		石兴泽	2016 年
161	《论语》研探	山东省社会科学优秀成果奖	山东省社会科学优秀成果奖评选委员会	二等奖	唐明贵、刘伟	2016 年
162	中国社会福利制度的改革与转型	山东省社会科学优秀成果奖	山东省社会科学优秀成果奖评选委员会	二等奖	宋士云	2016 年

续表

序号	获奖成果	奖励名称	授奖单位	获奖等级	项目完成人	获奖时间
163	关于思想政治教育价值认识的哲学审视	山东省社会科学优秀成果奖	山东省社会科学优秀成果奖评选委员会	二等奖	李合亮	2016 年
164	罗尔斯政治哲学导论	山东省社会科学优秀成果奖	山东省社会科学优秀成果奖评选委员会	二等奖	孟　伟	2016 年
165	《希腊志略》《罗马志略》校注	山东省社会科学优秀成果奖	山东省社会科学优秀成果奖评选委员会	二等奖	陈德正、韩薛兵	2016 年
166	傅斯年评传	山东省社会科学优秀成果奖	山东省社会科学优秀成果奖评选委员会	三等奖	马亮宽	2016 年
167	广学会与晚清西史东渐	山东省社会科学优秀成果奖	山东省社会科学优秀成果奖评选委员会	三等奖	赵少锋	2016 年
168	荀子思想与战国时期的礼学思潮	山东省社会科学优秀成果奖	山东省社会科学优秀成果奖评选委员会	二等奖	李桂民	2016 年
169	本杰明·克莱因不完全契约理论研究	山东省社会科学优秀成果奖	山东省社会科学优秀成果奖评选委员会	二等奖	杨宏力	2016 年
170	曼斯菲尔德《鸽子先生和夫人》的重复叙事探析	山东省社会科学优秀成果奖	山东省社会科学优秀成果奖评选委员会	三等奖	赵文兰	2016 年
171	“东柳”与运河文化互动关系研究	山东省社会科学优秀成果奖	山东省社会科学优秀成果奖评选委员会	二等奖	何丽丽	2016 年
172	全国青少年校园足球活动价值研究	山东省社会科学优秀成果奖	山东省社会科学优秀成果奖评选委员会	三等奖	侯学华	2016 年
173	公益性社会组织约束机制研究	山东省社会科学优秀成果奖	山东省社会科学优秀成果奖评选委员会	二等奖	杨道波	2016 年
174	网络教研场域中教师专业发展的实证研究	山东省社会科学优秀成果奖	山东省社会科学优秀成果奖评选委员会	三等奖	郭　峰	2016 年
175	科学课程的社会学研究	山东省社会科学优秀成果奖	山东省社会科学优秀成果奖评选委员会	三等奖	赵长林	2016 年
176	英国工党执政史论纲	山东省社会科学优秀成果奖	山东省社会科学优秀成果奖评选委员会	三等奖	李华峰、李媛媛	2016 年
177	农村最低生活保障制度创新研究	山东省社会科学优秀成果奖	山东省社会科学优秀成果奖评选委员.会	三等奖	苏树厚	2016 年

续表

序号	获奖成果	奖励名称	授奖单位	获奖等级	项目完成人	获奖时间
178	简帛文学研究	国家哲学社会科学成果文库	全国哲学社会科学规划领导小组	—	蔡先金	2017年
179	简帛文学研究	山东省社会科学优秀成果奖	山东省社会科学优秀成果奖评选委员会	特等奖	蔡先金	2017年
180	聊城文化史	山东省社会科学优秀成果奖	山东省社会科学优秀成果奖评选委员会	一等奖	马亮宽	2017年
181	解构与诠释：思想政治教育的基本问题研究	山东省社会科学优秀成果奖	山东省社会科学优秀成果奖评选委员会	一等奖	李合亮	2017年
182	非物质文化遗产领域的行业协会研究	山东省社会科学优秀成果奖	山东省社会科学优秀成果奖评选委员会	一等奖	张兆林	2017年
183	汉字文化教育与课程开发体系研究	山东省社会科学优秀成果奖	山东省社会科学优秀成果奖评选委员会	二等奖	邵怀领	2017年
184	中国能源效率、环境绩效与政策优化	山东省社会科学优秀成果奖	山东省社会科学优秀成果奖评选委员会	二等奖	高建刚	2017年
185	唐宋聊城仕宦家族研究	山东省社会科学优秀成果奖	山东省社会科学优秀成果奖评选委员会	二等奖	郭学信	2017年
186	论中国特色协商民主理论与话语体系建构	山东省社会科学优秀成果奖	山东省社会科学优秀成果奖评选委员会	二等奖	孙德海、方世南	2017年
187	从晚清权利观念看清末国家构建的内在困境	山东省社会科学优秀成果奖	山东省社会科学优秀成果奖评选委员会	二等奖	胡其柱	2017年
188	基于技术接受模型的网络道德行为研究	山东省社会科学优秀成果奖	山东省社会科学优秀成果奖评选委员会	三等奖	张景生、李娟、徐恩芹	2017年
189	教师的个人特质与教育信息技术的采纳	山东省社会科学优秀成果奖	山东省社会科学优秀成果奖评选委员会	三等奖	高　峰	2017年
190	大学生的认识信念	山东省社会科学优秀成果奖	山东省社会科学优秀成果奖评选委员会	三等奖	周　琰	2017年
191	1949年后我国中小学语文课堂文本解读的方法论检讨	山东省社会科学优秀成果奖	山东省社会科学优秀成果奖评选委员会	三等奖	王建峰	2017年
192	由“国治”到“乡治”的桥梁	山东省社会科学优秀成果奖	山东省社会科学优秀成果奖评选委员会	三等奖	袁滢滢	2017年

续表

序号	获奖成果	奖励名称	授奖单位	获奖等级	项目完成人	获奖时间
193	蒲安臣对华租界政策考析	山东省社会科学优秀成果奖	山东省社会科学优秀成果奖评选委员会	三等奖	田肖红	2017 年
194	《群经音辨》研究	山东省社会科学优秀成果奖	山东省社会科学优秀成果奖评选委员会	三等奖	杜季芳	2017 年
195	鱼允中与“壬午兵变”的善后处理	山东省社会科学优秀成果奖	山东省社会科学优秀成果奖评选委员会	二等奖	张礼恒	2018 年
196	十八大以来共产党对意识形态认识的创新与深化	山东省社会科学优秀成果奖	山东省社会科学优秀成果奖评选委员会	二等奖	李合亮、高庆涛	2018 年
197	政府非政府组织在环境治理中的作用研究	山东省社会科学优秀成果奖	山东省社会科学优秀成果奖评选委员会	二等奖	刘子平	2018 年
198	现代史学语境下的经学认知——顾颉刚的经学	山东省社会科学优秀成果奖	山东省社会科学优秀成果奖评选委员会	二等奖	王红霞	2018 年
199	英国工党进入“激进社会主义”时代	山东省社会科学优秀成果奖	山东省社会科学优秀成果奖评选委员会	三等奖	李华锋	2018 年
200	试论宋代士大夫忧患意识的时代特征	山东省社会科学优秀成果奖	山东省社会科学优秀成果奖评选委员会	三等奖	郭学信	2018 年
201	基于竞争优势理论的我国竞技体育发展战略问题探析	山东省社会科学优秀成果奖	山东省社会科学优秀成果奖评选委员会	三等奖	钟明宝、张春燕、史丹、王玉珠、侯学华	2018 年
202	陆子学谱	山东省社会科学优秀成果奖	山东省社会科学优秀成果奖评选委员会	三等奖	李绂撰、杨朝亮	2018 年
203	构建党的建设制度改革运行机制	山东省社会科学优秀成果奖	山东省社会科学优秀成果奖评选委员会	三等奖	周浩集、张书林	2018 年
204	国际法治视野内国际非政府问责	山东省社会科学优秀成果奖	山东省社会科学优秀成果奖评选委员会	三等奖	刘海江	2018 年
205	OECD 国家教育评价发展的关键主题检视	山东省社会科学优秀成果奖	山东省社会科学优秀成果奖评选委员会	三等奖	曾　琳	2019 年
206	杨以增研究丛集：全 2 册：上册，杨以增年谱、代下册，杨以增奏稿校注	山东省社会科学优秀成果奖	山东省社会科学优秀成果奖评选委员会	二等奖	丁延峰	2019 年

续表

序号	获奖成果	奖励名称	授奖单位	获奖等级	项目完成人	获奖时间
207	基于结构方程模型的中国风能产业发展障碍因素研究	山东省社会科学优秀成果奖	山东省社会科学优秀成果奖评选委员会	三等奖	高建刚、马中东、王丙毅	2019 年
208	宋代士大夫群体意识研究	山东省社会科学优秀成果奖	山东省社会科学优秀成果奖评选委员会	一等奖	郭学信	2019 年
209	建构艺术教育人类学的学理思考	山东省社会科学优秀成果奖	山东省社会科学优秀成果奖评选委员会	二等奖	郝春燕	2019 年
210	英国工党理论与实践专题研究	山东省社会科学优秀成果奖	山东省社会科学优秀成果奖评选委员会	二等奖	李华锋	2019 年
211	20 世纪 80 年代中国电影大众文化意识的生成	山东省社会科学优秀成果奖	山东省社会科学优秀成果奖评选委员会	三等奖	李慧君	2019 年
212	一本书读懂中国史	山东省社会科学优秀成果奖	山东省社会科学优秀成果奖评选委员会	二等奖	李　泉	2019 年
213	百年来中国科幻文学的译介创作与出版传播	山东省社会科学优秀成果奖	山东省社会科学优秀成果奖评选委员会	三等奖	卢　军	2019 年
214	斯大林国家利益观研究	山东省社会科学优秀成果奖	山东省社会科学优秀成果奖评选委员会	三等奖	秦正为	2019 年
215	从海洋自由到海洋霸权：威尔逊海洋政策构想的转变	山东省社会科学优秀成果奖	山东省社会科学优秀成果奖评选委员会	三等奖	曲　升	2019 年
216	民国学界对于历史统计学的认同与质疑	山东省社会科学优秀成果奖	山东省社会科学优秀成果奖评选委员会	三等奖	石莹丽	2019 年
217	谢良佐《论语解》的诠释特色	山东省社会科学优秀成果奖	山东省社会科学优秀成果奖评选委员会	三等奖	唐明贵	2019 年
218	新农村社区体育共生发展模式研究	山东省社会科学优秀成果奖	山东省社会科学优秀成果奖评选委员会	二等奖	薛明陆	2019 年
219	《〈中华人民共和国慈善法〉专家建议稿》	山东省社会科学优秀成果奖	山东省社会科学优秀成果奖评选委员会	一等奖	杨道波	2019 年
220	《〈新翻（羽）调绿腰〉新解——兼与郑祖襄先生商榷唐代“翻”》	山东省社会科学优秀成果奖	山东省社会科学优秀成果奖评选委员会	三等奖	尹　蕾	2019 年

续表

序号	获奖成果	奖励名称	授奖单位	获奖等级	项目完成人	获奖时间
221	新时期文学中的创伤叙事研究	山东省社会科学优秀成果奖	山东省社会科学优秀成果奖评选委员会	二等奖	张婧磊	2019年
222	清朝驻日使领与朝鲜“朝士视察团”	山东省社会科学优秀成果奖	山东省社会科学优秀成果奖评选委员会	二等奖	张礼恒	2019年
223	山东省社会科学学科新秀奖	山东省社会科学优秀成果奖	山东省社会科学优秀成果奖评选委员会	—	张兆林	2019年
224	论武术的本质与质变	山东省社会科学优秀成果奖	山东省社会科学优秀成果奖评选委员会	二等奖	朱　君	2019年
225	《中国劳动经济史（1949—2012）》	国家哲学社会科学成果文库	全国哲学社会科学规划领导小组	—	宋士云	2020年
226	宋代《论语》诠释研究	山东省社会科学优秀成果奖	山东省社会科学优秀成果奖评选委员会	一等奖	唐明贵	2020年
227	明清京杭运河沿线漕运仓储系统研究	山东省社会科学优秀成果奖	山东省社会科学优秀成果奖评选委员会	二等奖	郑民德	2020年
228	山东解放区的农村财粮征收（1946—1949）	山东省社会科学优秀成果奖	山东省社会科学优秀成果奖评选委员会	二等奖	邓　广	2020年
229	西史东渐与中国史学演进（1840—1927）	山东省社会科学优秀成果奖	山东省社会科学优秀成果奖评选委员会	二等奖	赵少峰	2020年
230	基于文化自觉视角的非物质文化遗产保护与新文化创造	山东省社会科学优秀成果奖	山东省社会科学优秀成果奖评选委员会	二等奖	张兆林、束华娜	2020年
231	中国共产党党内政治生活科学化的历史演进与经验启示	山东省社会科学优秀成果奖	山东省社会科学优秀成果奖评选委员会	二等奖	刘子平	2020年
232	基于“互联网+”背景的供应链金融模式创新与发展研究	山东省社会科学优秀成果奖	山东省社会科学优秀成果奖评选委员会	二等奖	徐鹏杰、吴盛汉	2020年
233	Anthropology and Historiography: A Deconstructive Analysis of K C Chang's Shamanic Approach in Chinese Archaeology	山东省社会科学优秀成果奖	山东省社会科学优秀成果奖评选委员会	三等奖	曲　枫	2020年

续表

序号	获奖成果	奖励名称	授奖单位	获奖等级	项目完成人	获奖时间
234	《<欧洲史略><西学略述>校注》	山东省社会科学优秀成果奖	山东省社会科学优秀成果奖评选委员会	三等奖	王　娟	2020年
235	湖北巴东旧县坪遗址宋代仓储建筑研究——兼论宋代仓储建筑形制转变的时间	山东省社会科学优秀成果奖	山东省社会科学优秀成果奖评选委员会	三等奖	官士刚、魏坚撰	2020年
236	基于绿色视角的大学建设研究	山东省社会科学优秀成果奖	山东省社会科学优秀成果奖评选委员会	三等奖	侯爱荣	2020年
237	东传科学与康有为今文经学的嬗变	山东省社会科学优秀成果奖	山东省社会科学优秀成果奖评选委员会	三等奖	刘　星	2020年
238	山东省社会科学突出贡献奖	山东省社会科学优秀成果奖	山东省人民政府	—	马亮宽	2022年
239	山东省社会科学学科新秀奖	山东省社会科学优秀成果奖	山东省人民政府	—	赵少峰	2022年
240	中国劳动经济史（1949—2012）	山东省社会科学优秀成果奖	山东省人民政府	特等奖并一等奖	宋士云、宋博、程连升、于东阳、吴连霞、孙金峰	2022年
241	敦煌游艺文化研究	山东省社会科学优秀成果奖	山东省人民政府	一等奖	丛振	2022年
242	我国区域创新发展能力差异研究——基于政府与市场的视角	山东省社会科学优秀成果奖	山东省人民政府	一等奖	徐鹏杰、黄少安	2022年
243	明清运河漕运仓储与区域社会研究	山东省社会科学优秀成果奖	山东省人民政府	二等奖	郑民德	2022年
244	中国高校学生资助政策体系理论与实践研究	山东省社会科学优秀成果奖	山东省人民政府	二等奖	杨庆实	2022年
245	非物质文化遗产集体性项目传承人保护策略研究——以聊城木版年画为核心个案	山东省社会科学优秀成果奖	山东省人民政府	二等奖	张兆林	2022年
246	克里斯托弗·诺兰电影文化研究	山东省社会科学优秀成果奖	山东省人民政府	二等奖	王传领	2022年

续表

序号	获奖成果	奖励名称	授奖单位	获奖等级	项目完成人	获奖时间
247	论五四时期女作家小说的叙事文体	山东省社会科学优秀成果奖	山东省人民政府	二等奖	赵文兰	2022年
248	技术恐惧的哲学研究	山东省社会科学优秀成果奖	山东省人民政府	二等奖	赵　磊	2022年
249	劳工主义而非社会主义：英国工党早期主导思想探析	山东省社会科学优秀成果奖	山东省人民政府	二等奖	李华锋	2022年
250	山东水文化	山东省社会科学优秀成果奖	山东省人民政府	二等奖	宋立杰	2022年
251	环境史视野下清代河工用秸影响研究	山东省社会科学优秀成果奖	山东省人民政府	三等奖	高元杰	2022年
252	民国时期的古籍丛书研究	山东省社会科学优秀成果奖	山东省人民政府	三等奖	崔建利	2022年
253	李渔生活审美思想研究	山东省社会科学优秀成果奖	山东省人民政府	三等奖	刘玉梅	2022年
254	共有产权与乡村协作机制：山西“四社五村”水资源管理研究	山东省社会科学优秀成果奖	山东省人民政府	三等奖	周　嘉	2022年
255	身体、情境与认知：涉身认知及其哲学探索	山东省社会科学优秀成果奖	山东省人民政府	三等奖	孟　伟	2022年
256	在臆想与真实之间：黄遵宪《朝鲜策略》新论	山东省社会科学优秀成果奖	山东省人民政府	三等奖	张礼恒	2022年
257	19世纪来华传教士对西方古典学的引介和传播	山东省社会科学优秀成果奖	山东省人民政府	三等奖	陈德正、胡其柱	2022年
258	论“童年的秘密”的教育意蕴及其早期教育启示	山东省社会科学优秀成果奖	山东省人民政府	三等奖	满忠坤	2022年
259	《诗经》之器乐研究	山东省社会科学优秀成果奖	山东省人民政府	三等奖	李婷婷	2022年
260	罗奇伯格与新浪漫主义音乐作品研究	山东省社会科学优秀成果奖	山东省人民政府	三等奖	王敏、王晓峰	2022年
261	宋代士风研究	山东省社会科学优秀成果奖	山东省人民政府	三等奖	郭学信	2022年

续表

序号	获奖成果	奖励名称	授奖单位	获奖等级	项目完成人	获奖时间
262	试论罗汝芳对《论语》的易学解读	山东省社会科学优秀成果奖	山东省人民政府	三等奖	唐明贵	2022年
263	承续永嘉精神：夏鼐早年治学的心路历程及其学术风格	山东省社会科学优秀成果奖	山东省人民政府	三等奖	刘春强	2022年
264	文化聚焦小题大做——小高村乡村文化振兴的创新实践	山东省文化创新奖	山东省人民政府	—	于学勇、刘春景、钱品辉、崔若建、张兆林、刘艾新、孙洪锋、陈洁、王庆友	2022年
265	乐动风俗——鲁西黄河音乐公共文化服务创新与实践	山东省文化创新奖	山东省人民政府	—	尹蕾、宗传军、王海华、刘哲、李雯	2023年
266	山东省社会科学学科新秀奖	山东省社会科学优秀成果奖	山东省人民政府	—	丛　振	2023年
267	历史语言研究所与中国现代学术体制的建构	山东省社会科学优秀成果奖	山东省人民政府	一等奖	马亮宽、马晓雪、刘春强	2023年
268	中国共产党社会整合的百年探索与基本经验	山东省社会科学优秀成果奖	山东省人民政府	三等奖	刘子平	2023年
269	中国浪漫主义文学研究（1950—1960）	山东省社会科学优秀成果奖	山东省人民政府	三等奖	石兴泽、石小寒	2023年
270	衍圣公府与民初《崇圣典例》修订始末	山东省社会科学优秀成果奖	山东省人民政府	三等奖	李先明	2023年
271	清代山东运河河工经费研究	山东省社会科学优秀成果奖	山东省人民政府	三等奖	王玉朋	2023年
272	文艺批评深度媒介化的发生和运作机制	山东省社会科学优秀成果奖	山东省人民政府	三等奖	王传领	2023年
273	山东运河文化遗产保护、传承与利用研究	山东省社会科学优秀成果奖	山东省人民政府	三等奖	胡梦飞	2023年

后 记

弹指一挥间，聊城大学已经走过了50年的风雨历程。为铭记先贤前赴后继创业之功，激励师生继往开来兴校之志，为今日聊大人提供一本学校传统教育的好教材，向50周年校庆献上一份厚礼，学校党委研究决定编写《聊城大学校史（2005.1-2024.6）》（以下简称《校史》），力求在《聊城大学史（1974.8-2004.12）》基础上，翔实续写2005年以来的历史，对近20年的学校事业做一个全局性的展示。

“举一纲而万目张；解一卷而众篇明。”2024年10月，学校召开党委常委会研究校史编写问题，决定成立校史编委会和编写组。首要工作，即确定校史编纂的体例与纲目，明确写作思路，以传统修史体例中的纪传体为基准，根据学校建设与发展的历史脉络，采用纵横结合的体例和叙议结合的方式，坚持尊重历史、实事求是的原则，既肯定成绩，也不讳言不足，尽量做到纵不断线，横不缺项，大事突出，要事不漏，新事不丢，琐事不录。为确保校史编纂工作的顺利进行，会议决定成立校史编纂委员会和编写组，校党委书记关延平和时任校党委副书记、校长王昭风任编委会主任，学校党委副书记胡海泉、房增福，党委常委、副校长赵明吉、白成林、李兆俊，时任党委常委、副校长白青，党委常委、纪委书记高秀鹏，党委常委、组织部部长庄波，党委常委、宣传部部长苏明海任编委会副主任，学校各二级单位负责人任委员；学校党委常委、副校长李兆俊任编写组组长，党委常委、宣传部部长苏明海，党委办公室（学校办公室）副主任、档案馆馆长齐如林任副组长，各相关单位具体责任人为成员。

“其作始也简，其将毕也必巨”。校史编撰任务，光荣而艰巨，各职能部门、学院的参与同志都加班加点，守土有责，完成各自负责的板块。其中，第一章为“序章”，主要内容为2005年1月至2024年6月的发展简史，主要执笔人为齐如林、董文良、岳增刚、宋家臣、陈升磊、吴锐、程德香，审稿人为房增福、李兆俊、苏明海。第二章为“主要办学领域综述”，包括党的建设工作、思政与学生工作、教育教学工作、学科科研工作、师资队伍建设工作、融合发展工作、国际化办学工作、服务保障工作八个部分，主要执笔人为董文良、岳增刚、刘丙利、张德伟、肖文昌、陶梦山、王丽英、杨莉等，审稿人为各牵头处室负责人。第三章为35个“院级单位发展概述”，主要执笔人为范华亮、仲伟通、梁树广、刘洁、邵怀领、秦建波、高国元、郝学华、刘风山、李增洪、夏建伟、王明红、段艳林、刘子亭、李晓鹏、王锋波、郑永朝、李树榜、张保良、刘文强、王炜明、李永新、卢爱华、张兆林、胡梦飞、刘治芳、王欣彦等，审稿人为各院级单位负责人。对于第二和第三章两部分内容，由于各单位工作重心及特色有别，故写法也常多样，通读起来，难免繁简参差，编写组在尊重“原著”内容的前提下，作了些修枝剪叶的工作。第四章为2005年至2024年共计20个年份的“大事记”，执笔人王振、尹磊、冯静、任杰、许利、李荣华、李姮、吴洪宇、宋义明、宋家臣、陈永光、陈晓琳、秦治洲、唐龙龙、陶珊珊、桑滨、康建军、韩伟、景伟超、魏京祥，审稿人为李慎令、王欣。附录部分主要包括历任学校领导、各级各类学科专业课程建设、科研获奖等情况，由相关单位负责提供。我们将这部分的年度“大事”，理解为学校改革发展史上各类具有重要意义之事件，其主体资料来自学校的校报、年鉴。关于最后的“附录”部。设计这一部分的本意，是以极俭省之篇幅凸显尽量丰富的内容。但收到初稿，发现事与愿违，篇幅太长，恰处书末，有“尾大不掉”之弊。因所占篇幅实在太大，编写组只好忍痛割爱，对部分内容进行了必要精简。

本史是集体劳动的成果，承担校史编撰工作，编写组深感责任重大，同时也深受鼓舞。从资料收集到校史编校，学校领导非常重视，党委书记关延平对校史编撰的体例和时间跨度等给予具体指导，党委常委、副校长李兆俊多次召开推进会议，听取撰写情况、协调编写分工，指导修改完善，学校很多老领导和老专家也多次给予耐心指导。编写组成员夜以继日、废寝忘食，全力以赴投入修史工作，其间辛劳，不言自明。这或许正是聊城大学50年来脚踏实地做好每一项工作，加快推动学校蓬勃发展的一个缩影。

“文章千古事，得失寸心知”。囿于全书体例、篇幅及诸多原因的限制，原先计划的部分内容临时忍痛割爱，或也存在一些应进入校史而未列入的“遗珠之憾”。当然，在编写过程中，由于全面收集档案资料存在难度和时间短促，尤其是统稿、修改的时间较短，故纰意讹词，衍文漏字，在所难免。再因本书为集体修史，很难整齐划一。对于某些事件、人物是否入史，恐有思虑不周，或有挂一漏万。加之编纂者水平有限，一定还有错误和疏漏之处。敬请不吝指正，以期我们日后作进一步修正。